中国古代法律文献研究

第十二辑

中国政法大学法律古籍整理研究所 编

徐世虹 主编

赵 晶 执行编辑

社会科学文献出版社
SOCIAL SCIENCES ACADEMIC PRESS (CHINA)

“中央高校基本科研业务费专项资金资助”（supported by “the Fundamental Research Funds for the Central Universities”）

编辑委员会

目录

《中国古代法律文献研究》第十二辑
2018 年，第 001～048 页

再论礼律

——以“失礼入刑”为例

高明士*

摘　要： 礼、律（广义曰法）是传统文化中的基本要素。礼是服膺天地的自然法则，以规范人间秩序；律是将人间秩序予以强制化，对于违反规制者予以惩罚，广义而言，还应该包含令等法规，可释为法制。魏晋以下诸王朝，致力于将儒教法制化，即是对儒教的具体实践。礼、律如同魂魄，德礼是魂，政刑是魄，不能偏废。近代立法，采用西方法，几舍德礼（魂），等于丧失“中华魂”。自秦汉至隋唐的文化进展过程中，最重要的成果，即是礼律密切结合。在运作时呈现一体，具体表现在“失礼入刑”。本文透过传统家、学、国来探讨秩序运作原理。家由家长责任，学由师生关系，国由对内、对外君臣关系作说明，使个人行为无逃于天地之间，亦可呼应“天地君亲师”的社会秩序指标，谓为中华传统文化的缩影，似不为过。

关键词： 礼律　开元礼　刑书　失礼入刑　庙学　讲堂

* 台湾大学历史系名誉教授。

前　言

我个人最近出版《中国中古礼律综论——法文化的定型》一书，今日讨论这个问题，除借重此书外，也兼及其他著作，大致可说是个人二三十年来对礼律的关注作一简单的报告。

近代礼律并论，值得注目者，如众所知，除陈寅恪外，当数瞿同祖、陈顾远以及马小红等。瞿同祖、陈顾远的宏论，都耳熟能详，此处从略。最近马小红的学说，颇能发聋振聩。马氏指出近代以来研究领域的“误区”，影响最大者当数将中国古代社会中的礼与法视为矛盾与对立，过分强调礼对法的搁置与破坏作用。她因而提出传统法是礼和法的“共同体”，而且强调礼是中国传统文化的核心，同时也是传统法的核心；礼最大的特征，就是追求和谐。马氏更语重心长地指出：“珍惜传统不只是为了过去，更是为了面向现实与未来。”① 此说令人深省。张中秋亦重视传统的礼法关系，而提出“宗法伦理型的法律文化”。这种文化含有平等和权利的规定，但因人而异，其与西方自然法意义上的“正义”“权利”，或者说“法”，是有区别的。张氏更进一步指出礼法关系或者德刑关系，是德礼为主、刑法为辅的主从式关系，而都依附于“道”。张氏最近更一步指出传统中国的礼法结合构成了教化→控制→和谐的价值链，这是通向王道政治的途径，体现了它追求高远的道德政治的理想。也就是出礼而入于刑，施刑而返于德，禁暴而归于道。②“道”可说是传统中华文化最高境界，由最高度来看礼法，是有其正面意义。王立民在唐律研究中，有一章讨论“唐律的礼与法”，虽不是很深入，但其中探讨了“礼与法的矛盾及解决”，③ 这是较少受关注的问题，也值得推介。此外，楼劲提出所谓“中古制定法运动”，以为魏晋至隋唐的法律儒家化，把礼、法关系准则和相应的理念、

① 参看马小红《礼与法：法的历史连接》（修订本），北京大学出版社，2017，第 17 页。

② 参看张中秋《中西法律文化比较研究》，法律出版社，2009，第 243、413 页。张中秋《概括的传统中国的法理观——兼论对当代中国法理学的意义》，收入张中秋等著《法与理：中国传统法理及其当代价值研究》，中国政法大学出版社，2018，第 365 页。

③ 参看王立民《唐律新探》，北京大学出版社，2007，第 59～68 页。

范畴体现于法律的内容和形式，有别于秦汉以来和唐宋以后法典流变的轨迹。[①] 此说与笔者主张中古是儒教在法制的实践有相近之处，也可供参考。俞荣根将中国古代法的本质定位为礼法，尤其将“失礼入刑”视为礼法通义，并以为礼法之治在于德礼为主、法刑相辅的治理模式。俞氏在讨论荀子的法思想时，指出“礼法”一词为荀子首创，又说“礼法”即法，是一个双音节的法概念，一个法哲学范畴，中国古代法的律、令、典、刑等等只是礼法的外在形式。此说富有启发性。[②]

在还没进入主题之前，此处先提出一个现实问题，以供思考。

近来观光客到台北来游览，正负面的评价都有。负面有指出台北建筑太过于老旧，正面则以为台北捷运、公交车的“博爱座”让座，令人印象深刻。我不清楚这个“博爱座”的渊源为何，或谓来自北欧。1970 年代，我在东京乘坐地铁，车厢已设有“优先席”（听说始于 1973 年的中央线），但让座情况极少，最近到东京，这个现象依然没改善多少。但台北捷运乃至公交车的“博爱座”，让座情形较多。就个人权利而言，人人购票，权利一样，为何要让座？让与不让，就法律而言，或许事涉契约问题，但一般较关注的，是在法律之外的道德问题。“让”的工夫，来自仁人之心，也就是博爱，可说是世界文化的公分母。[③] 设定“优先席”的着眼点，当是何人可“优先”坐下？主体指“妇孺老幼”，暂时称为 A；而“博爱座”的着眼点，则希望妇嬬老幼以外的一般人能让座，主休在于“一般人”，暂时称为 B。简单说，A 是被让者，B 是在座位的让者；A 直接的要求在于特定对象有其需要，B 直接的要求在于普遍要求发挥个人的仁爱之心；广义而言，都是重视把机会让给最需要的人，用以推广礼让的美德。中国大陆称为“老幼病残孕专座区”，似为 AB 要求的折衷，而直接要求礼让的

① 参看楼劲《魏晋南北朝隋唐立法与法律体系》，中国社会科学出版社，2014，尤其第 717～759 页。

② 参看俞荣根《儒家法思想通论》（修订本）之《自序》及第二、三、六章，商务印书馆，2018。

③ 韩愈曰：“博爱之谓仁，行而宜之之谓义，由是而之焉之谓道。”参看马其昶校注《韩昌黎文集校注》，世界书局，1967 再版，第 7 页。关于仁与礼关系，黄俊杰综合各家所论而有详细解说，参看黄俊杰《东亚儒家仁学史论》，台湾大学出版中心，2017，第 135～210 页，尤其第 150～180 页。

美德。这样的分析不一定正确，但因各地让座效果不一，也出现尴尬的场面，如何化解？也就是如何激发“让”的意念？仁智之见都有，但如果从传统文化来思考时，这个答案应该是由“敬”推展到礼让的修养工夫。传统文化以礼为本，礼主敬，所以常说敬让、礼让，大家能够互相敬让，即可实现礼的秩序。①

一 礼的秩序：纳礼入律令

（一）礼律建国

关于礼的起源及礼仪的产生，陈顾远以为：“礼肇于俗，而生于祭”；又说：“俗又因何而进化为礼？此系经过古代祭仪及周初‘礼制’段落，而始达于儒家所创的礼，具有统一规范性质，与法家所尚的法分庭相抗。”② 到周初时，理论上，礼的内涵，已具有礼之仪、礼之制、礼之义等三义。春秋时期，更丰富其内涵。从战国晚期到汉初所见三礼著作（《仪礼》《周礼》《礼记》），正是礼之三义说达于完备的代表。此后诸王朝致力编撰属于国家的礼典，为配合专制皇权的发展，乃着重于礼之仪、礼之制的表现，礼之义的发挥，显然较受忽略。

礼是基于自然法则，而建立身份差序，正如《孟子·滕文公上》所说：“使契为司徒，教以人伦：父子有亲，君臣有义，夫妇有别，长幼有序，朋友有信。”③ 这样的礼教社会，是在分别亲疏、尊卑、长幼、贵贱，

---

① 例如《左传》“僖公十一年”：“礼，国之干也。敬，礼之舆也；不敬则礼不行。”“僖公三十三年”：“敬，德之聚也。”“成公十三年”：“礼，身之干也。敬，身之基也。”孟子亦曰：“君子所以异于人者，以其存心也。君子以仁存心，以礼存心。仁者爱人，有礼者敬人。爱人者人恒爱之，敬人者人恒敬之。”（《孟子·离娄下》）《唐律疏议·名例律》（以下引《唐律疏议》，书名省略，直接引用篇名）“十恶”第六曰“大不敬”，谓盗大祀神御之物、乘舆服御物；盗及伪造御宝；合和御药，误不如本方及封题误；若造御膳，误犯食禁；御幸舟船，误不牢固；指斥乘舆，情理切害及对捍制使，而无人臣之礼。疏议曰：“礼者，敬之本；敬者，礼之舆。”刘知幾也说：“夫贤者当以仁恕为先，礼让居本。”（《史通》卷六《浮词》第二二）参看徐复观《以礼为中心的人文世纪之出现及宗教之人文化》，载氏著《中国人性论史》，台北，台湾商务印书馆，1989，第6版，第48~49页。

② 陈顾远：《中国法制史概要》，三民书局，1977，第362页。

③ （清）阮元校刻《十三经注疏》之《孟子注疏》卷五下，中华书局，2009，第5884页。

乃至男女等，正如天地阴阳现象不可更易。《春秋繁露》卷九《奉本》曰：

> 礼者，继天地，体阴阳，而慎主客，序尊卑、贵贱、大小之位，而差外内、远近、新故之级者也，以德多为象。①

同书卷一《玉杯》曰：

> 春秋之法，以人随君，以君随天。②

所以礼的作用，即依据天地自然法则，“别异”身份；律的作用，则对失礼或违礼或无礼者予以惩罚，这就是“失礼入刑”。

礼的秩序要建立制度化，秦汉以来的发展，朝向两方面：一是将礼的内涵具体编著成礼典，一是将礼的内涵融入法典。总的方向，秦汉以后诸王朝，沿续先秦传承，进而以礼律建国，构成传统中国坚实的文化基石。王朝可以更替，但文化仍绵延不断，成为世界古文明唯一幸存者，其因即在于有厚实的礼律文化奠基之故。

曹魏及西晋初（265?）所完成的《新礼》，是王朝第一次采用五礼（吉、凶、军、宾、嘉）作为礼典的内容。但因不完备，未获实行。其后经两晋宋齐及南梁天监、北魏太和的补正，到隋朝完成《开皇礼》，其编撰原则是祖述《周官》，近取北齐、南梁之礼，可说集汉、魏、晋、南北朝以来五礼的大成。③ 其后至唐代，修礼不断，包括太宗贞观、高宗显庆诸朝礼典，但以玄宗开元二十年（732）颁行的《开元礼》最为完备，直至清代，成为制礼的蓝本。《开元礼》卷首三卷为序例，记述礼的纲目及通礼，其下再分吉、宾、军、嘉、凶五礼，主要为朝仪及士礼，并无含庶民家礼。

---

① （汉）董仲舒撰，（清）苏舆义证《春秋繁露义证》，钟哲点校，中华书局，1992，第275页。

② 《春秋繁露义证》，第31页。

③ 详细论证，参看吴丽娱主编《礼与中国古代社会：秦汉魏晋南北朝卷》，中国社会科学出版社，2016，第246～301页；高明士《中国中古礼律综论——法文化的定型》，元照出版公司，2014，第11～25页。

魏晋到隋唐所见的王朝礼典，其内容多偏向礼之仪、礼之制，而西晋泰始律令才具体融入礼之义，这是值得注意的发展。纳礼入律令，可说是汉以来所努力的方向，到魏晋之际初步实现，同时也建立违礼、令则依律处罚的原则，实现东汉廷尉陈宠名言：“礼之所去，刑之所取；失礼则入刑，相为表里者也。”[①] 可简称为“失礼入刑”。陈寅恪说：

> 司马氏之帝业，乃由当时之儒家大族拥戴而成，故西晋篡魏亦可谓之东汉儒家大族之复兴。典午开国之重要设施……其最可注意者，则为厘定刑律，增撰周官为诸侯律一篇[②]（见《晋书》三十《刑法志》）。两汉之时虽颇以经义折狱，又议论政事，解释经传，往往取儒家教义，与汉律之文比傅引伸，但汉家法律，实本嬴秦之旧，虽有马、郑诸儒为之章句（见《晋书》三十《刑法志》），并未尝以儒家经典为法律条文也。然则中国儒家政治理想之书如周官者，典午以前，固已尊为圣经，而西晋以后复更成为国法矣，此亦古今之巨变，推其原故，实亦由司马氏出身于东汉儒家大族有以致之也。[③]

这是说西晋司马氏以出身于东汉儒家大族，而将中国儒家政治理想之书由“圣经”作为“国法”，实是“古今之巨变”。在施政之具体做法，就是建制新的律令制度，同时也进行编纂礼典，此事虽没能如愿完成，但其具体以礼律建国，确实是“古今之巨变”，尤其颁行令典，除建立制度外，更具儒家教化意义。易言之，此一时期最值得注意的时代意义，就是将儒家教化思想在“国法”中予以具体实践，可简称为礼律的儒教化。

（二）律令与礼

就律而言，此处是简称，在隋唐宜曰律、令、格、式。但自从商鞅变

① （南朝宋）范晔撰，（唐）李贤等注《后汉书》卷四六《陈宠传》，中华书局，1965，第1554页。

② 曹旅宁《玉门花海〈晋律注〉的〈诸侯律〉论考》（载氏著《秦汉魏晋法制探微》，人民出版社，2012，第265页）以为“增撰周官为诸侯律一篇”，在《晋律注》的律文内容上找不到根据。至于汉代诸侯法禁与《周礼》有无关系，也无直接的材料加以说明。

③ 陈寅恪：《崔浩与寇谦之》，载氏著《金明馆丛稿初编》，里仁书局，1981，第129页。

秦，修改旧有法制，建置新的刑律，此即所谓“改法为律”，[①] 直至清末，二千数百年的主要成文法典，都以“律”称。其实先于“律”存在的法制用语为“刑”或“法”字，为何最后“律”脱颖而出？可能是刑字有刑罚、杀戮、威吓之义，不免失于偏；法字有法度、法数、法则等义，则又不免失于宽。只有律字因含有声或音的自然法则，可普及人间的规范意义，看来较为中性，容易被各阶层接受。

秦汉律令方面，自发现云梦秦简以来，迄今又发现颇多简牍，因此对秦汉律令的理解，再迈进一大步。可确定的是它仍不能用已成为系统化、制度化的晋泰始律令来比拟。过去对秦令的理解甚为有限，但今日已可确定秦统一前，诏敕都称为令；统一以后，都改称为诏。汉令继承秦令，令是皇帝诏本身，律是皇帝诏制定的规定。也就是律是通过皇帝诏（令）一条一条制定，令是命令之令，律是法律之律。[②]

自晋泰始律令以后，律与令成为相对的法制。律为惩罪，令为定制度，违令有罪，依律惩罚。而令与礼同作为禁其未然，或教其未然，具有

① 关于商鞅“改法为律”说，见于《唐律疏议·名例律序》、《唐六典》卷六“尚书刑部郎中员外郎”条注。由于永徽律疏编纂严谨，诠释细腻，其说当言之有据，只是今日不知其依据为何，以致对于其说，迄今说法纷纭，尚难定论。最近的看法，以为此说是编纂永徽律疏时，由编纂者所加入的“新说”，并非历史事实，可视为“伪史的创造”。这个看法，颇具挑战性，聊备一格。参看〔日〕广瀬薰雄《秦漢律令研究》，汲古書院，2010，尤其第 51～53 页。现在的问题，在于“改法为律”之原意，究竟为一事抑或二事？也就是广狭解释问题。徐世虹参照各家说法，看来倾向广义的二事说，而以为“改法”与“为律”是两个并列的结构，或历史事实。柳立言亦解为“改变秦国旧有的法度和修定新的刑律”，“法是通称，刑是专称”。参看徐世虹《文献解读与秦汉律本体认识》，载柳立言主编《史料与法史学》，中研院历史语言研究所，2016，第 14～21 页；以及柳立言在《史料与法史学》的“《前言》，第ⅲ页”此等说法，颇具说服力，可供参考。又，高明士《中国中古礼律综论——法文化的定型》（第 39～40 页）亦有简单说明。

② 近来关于秦汉律令的研究，成果辉煌，就律与令两者关系而言，其代表作，如〔日〕冨谷至《通往晋泰始律令之路（Ⅰ）：秦汉的律与令》，载杨一凡、朱腾主编《历代令考》（上），社会科学文献出版社，2017，第 143 页；〔日〕广瀬薰雄《秦漢律令研究》，第 116 页。此文朱腾译《秦令考》，亦收入《历代令考》（上），第 180 页；〔日〕广濑薰雄《秦汉时代律令辨》，载徐世虹主编《中国古代法律文献研究》第 7 辑，社会科学文献出版社，2013，第 120、124 页；赵晓磊《汉代的令与诏》（载《历代令考》上，第 216 页）大致亦持此意，但格外强调单一诏书令不仅用于汉令的立法，而且也用于汉律的立法，它几乎承载了汉代的全部立法。同律相比，汉令才是汉代的主要立法产物。张忠炜又将历来有关秦汉至魏晋律令研究，归纳为三论：律令转化、律主令辅及律令分途。对于律令研究史的理解，亦甚有帮助。参看张忠炜《秦汉律令的历史考察》，载《历代令考》（上），第 56～80 页。

教化作用。[①] 礼所以解为令，或令解为礼，这是因为令典含有大量纳礼入令条文的缘故。所以令典的规定，具有礼教的作用，也就是在建立尊卑、贵贱、亲疏、长幼的等差秩序。《新唐书·刑法志·序》曰："令者，尊卑贵贱之等数，国家之制度也。"[②] 其意除说明令典的性质是规定国家的制度以外，又以令典来规定礼制。这个礼制，正如《荀子·富国篇》说："礼者，贵贱有等，长幼有差，贫富轻重皆有称者也。"[③] 隋文帝开皇末，侍御史刘子翊议曰："律以弊刑，礼以设教……礼律两文，所防是一。"[④] 凡此都是以礼建立差序，以礼制定律、令条文，并以此设教，彰显礼之义，使固有法成为伦理化、道德化，实是中古实践儒教的重要方针。

就唐律与礼的关系而言，根据张文昌的研究，引用三礼（《周礼》《仪礼》《礼记》），共有 54 条，其中《名例律》即占 31 条，一半以上，足见引用礼文，基本上是作原则性规范，以伸张礼义。[⑤]

就唐令与礼的关系而言，池田温指出仁井田陞的《唐令拾遗》附录《唐令拾遗采择数据索》，依据《开元礼》（洪氏唐石经馆丛书本）前三卷的《序例》，复原了唐令共有 125 条，如下：

卷一《序例上》：《祠令》32 条（有重复《学令》1 条）
卷二《序例中》：《卤簿令》5 条
卷三《序例下》：《祠令》7 条

① 《晋书·刑法志》说："（前略）故不入律，悉以为令。施行制度，以此设教，违令有罪则入律。"［（唐）房玄龄等撰《晋书》卷三〇《刑法志》，中华书局，1974，第 927 页］杜预奏事亦曰："（前略）凡令以教喻为宗，律以惩正为本。此二法虽前后异时，并以仁为旨也。"［〔日〕黑板胜美编辑《令集解》，卷一《官位令·序》，吉川弘文館，1981，第 7 页］《唐六典》卷六"刑部郎中"条曰："令，教也，命也。"［（唐）李林甫等撰《唐六典》，陈仲夫点校，中华书局，2014，第 184 页］凡此均强调令为设教之义。日本《养老·官位令》《集解》引："或云"："令者教未然事，律者责违犯之然。"（《令集解》，第 7 页）此即将令解为礼，也可解为禁其未然之前。宋神宗曰"禁其未然之谓令"，（《宋会要辑稿》，《刑法一·一二》，刘琳等校点，上海古籍出版社，2014，第 8223 页）也将令解为"禁其未然"。

② （宋）欧阳修、宋祁撰《新唐书》卷五六《刑法志》，中华书局，1975，第 1407 页。

③ （清）王先谦撰《荀子集解》卷六《富国篇》，沈啸寰、王星贤点校，中华书局，1988，第 178 页。

④ （唐）魏徵、令狐德棻撰《隋书》卷七一《刘子翊传》，中华书局，1973，第 1653 页。

⑤ 张文昌：《〈唐律疏议〉与"三礼"》，载高明士主编《唐律与国家社会研究》，五南图书出版公司，1999，第 23～71 页，尤其第 70 页。

卷一《序例上》：《衣服令》51 条、《仪制令》15 条、《假宁令》10 条、《丧葬令》5 条

约占《唐令拾遗》六分之一以上。一本书只有三卷内容，居然包含大量唐令条文，这个例子，在其他书是找不到，而且《开元礼》一百五十卷的其他一百四十七卷，都是规定仪式过程，并没含有唐令佚文，[①] 说明纳礼入令，主要在于礼之制与礼之义，其仪节仍留在礼典中；而令与礼的亲近性，也于此获得具体的证明。

二 《新唐书》礼律说的检讨

宋代欧阳修监修《新唐书》诸志，对于唐代礼律的记述，有异于其他典籍，由于学界经常引用，值得进一步探讨。

（一）“礼乐为虚名”如何理解？

欧阳修在《新唐书·礼乐志》序说：“由三代而上，治出于一，而礼乐达于天下；由三代而下，治出于二，而礼乐为虚名。”[②] 因为古代（三代）“凡民之事，莫不一出于礼。”[③] 三代以下，唯重簿书、狱讼、兵食而曰为政治民，礼乐则藏于有司，用之于郊庙、朝廷而曰为礼教民，所以治出于二。序文末对所谓“礼乐为虚名”，指“具其文而意不在焉。”[④] 也就是没有在“居处、动作、衣服、饮食之间”教民为“孝慈、友悌、忠信、仁义者”。[⑤] 若以礼之三义（礼之仪、礼之制与礼之义）来解时，所谓“具其文”，宜指当代的礼典仪注，至多只含礼之仪及礼之制；无其“意”，指无含礼之义。这样的批评，其实至多只对一半，就官方礼乐而言的确如此，唯就中古的士族而言，有其家学、礼法，所以未必适合。同时就魏晋至隋

① 参看〔日〕池田温《唐令と日本令：「唐令拾遺補」編纂によせて》，载池田温编《中国礼法と日本律令制》，東方書店，1992，第 165～193 页，尤其第 176 页。

② 《新唐书》，第 307 页。

③ 《新唐书》，第 307 页。

④ 《新唐书》，第 309 页。

⑤ 《新唐书》，第 307 页。

唐的律、令建设而言也未必适合。盖此时的律（含《律疏》）及令典，实含有相当浓厚的礼之制与礼之义，尤其《律疏》。欧公对制定法的着墨，如《新唐书·刑法志》所见，只记述其编纂过程及条文的表面性，并无提及当时的立法原则，即连《旧唐书·刑法志》也是如此，所以不能了解魏、晋以来纳礼入律及令的原理，以及在律、令当中所呈现的礼之义，尤其《礼记》乃至《春秋》等儒家诸经典，在立法方面所起的指导作用。它是实质的将礼落实于律、令法典而予推行，并非流为“虚名”。[①]

（二）何谓“刑书”?

《新唐书·刑法志》曰：“唐之刑书有四，曰：律、令、格、式。”[②]同书《百官志》则曰：“凡刑法之书有四：一曰律，二曰令，三曰格，四曰式。”[③]足见所谓“刑书”是指“刑法之书”；律、令、格、式自然也就极易被解为“刑法之书”。此处之“刑法”，若看成今日六法的“刑法”，[④]那将会产生极大的误解。

钱大群20多年来一直致力辩解此一问题，而认为《新唐书》是“篡改”，最近更总结地说：

> 《新唐书》把律令格式概括为“刑书”，不但混淆取代法学意义上的法律种类作概括的“文法”与“法律”，而且对目录学上法律图书的栏目名“刑法”也是篡改。目录学概念上的“刑法”，并不是春秋时代的“刑书”。[⑤]

---

① 详细论证，参看高明士《中国中古礼律综论——法文化的定型》，第1~22页，尤其第22页。

② 《新唐书》，第1407页。

③ 《新唐书》，第1199页。

④ 王立民认为唐律是定罪量刑的“刑法”，同时也以为违反令、格、式都要受刑罚制裁，所以都是属于“刑法”，此说暂不取。参看王立民《唐律新论》，第45~58页。

⑤ 参看钱大群《律令格式不能以其图书管理栏目名称取代其法学概括——〈新唐书〉“四刑书”说辨析续篇》，载霍存福主编《法律文化论丛》第6辑，知识产权出版社，2016，第19页。又，钱氏此文亦刊杜文玉主编《唐史论丛》第24辑，三秦出版社，2017，第180~189页。钱氏所谓“续篇”，指延续其初刊之大作《律令格式与唐代法律体系》，《法学研究》1995年第5期。其后再发表《唐代法律体系正确理解的转折点——辨〈新唐书〉“唐之刑书有四”说并复有关观点》，《北方法学》2015年第3期；再经修订，收入夏锦文、李玉生主编《唐典研究》，北京大学出版社，2015，第9~35、270~272页。

钱氏年过杖朝，犹笔耕不辍，堪称学界典范。对于钱氏说，大致可赞同，但此处拟再作若干补充。

首先，钱氏将《新唐书》四“刑书”说解为“篡改”，似乎言重了。其渊源当是直接取法《隋书·经籍志》的“刑书”说（详后），而采用四部分类法，将“刑书”定位，所以《新唐书》四“刑书”说仍有其正当性。

其次，《新唐书》的“刑书”说（《刑法志》）是指“刑法之书”（《百官志》），应当解为“刑法（篇）之书”，而非直指“刑法”。所以在《新唐书·艺文志》将有关四法等书归在史部“刑法类”，《旧唐书·经籍志》亦同，也是源自《隋书·经籍志》。

问题是《唐六典·刑部郎中》条与《旧唐书·职官志》将律令格式统称为“文法”，其曰：“凡文法之名有四：一曰律，二曰令，三曰格，四曰式。”[①] 显然《旧唐书·职官志》是取法《唐六典》。成书较后的《新唐书·刑法志》与《新唐书·百官志》不取前两书之“文法”说，而改称为“刑书”或“刑法之书”，且无取法《隋书·经籍志》对“刑法”作定义（详下），为何如此？令人费解。所谓“文法”，即文书法律，钱大群释为“成文法律”，[②] 是秦汉以来常见的用语，具有概括法令之义。《唐六典》与《旧唐书》之编者或许发觉《隋书·经籍志》用“刑书”一词范围较狭隘，易生误解，而改采秦汉以来惯用的“文法”之词。

再次，《隋书·经籍志》在史部“刑法篇”之前言，曰：

> 刑法者，先王所以惩罪恶，齐不轨者也……然则刑书之作久矣。盖藏于官府……隋则律令格式并行。自律已下，世有改作，事在刑法志。汉律久亡，故事驳议，又多零失。今录其见存可观者，编为刑法篇。[③]

① 《唐六典》，第 180 页；（后晋）刘昫等撰《旧唐书》卷四三《职官二》，中华书局，1975，第 1837 页。

② 参看钱大群《律令格式不能以其图管理栏目名称取代其法学概括——〈新唐书〉“四刑书”说辨析续篇》，第 20 页附表“隋唐律令格式分类概括比较表”。

③ 《隋书》卷三三《经籍二》，第 973 页。

《隋书·经籍志》这一段记载，值得注意者有四：一、定义“刑法”，曰：“惩罪恶，齐不轨”，此为司法上的法律用语，有类于今日的刑法。[①] 二、指出“刑书之作久矣”，其下接“隋则律、令、格、式并行”，《新唐书》谓律、令、格、式为“刑书”，或源于此。三、“刑法志”是记述律以下之改作，检视“刑法志”，可知包含法令之内容。四、“刑法篇”是“录其见存可观者”，检视“刑法篇”，包括著录《隋律》《隋大业律》《隋开皇令》《隋大业令》，均属“刑书”，此处无列格与式，当是省略。值得注目的是“刑法篇”列在史部之下。两唐志在“刑法志”“刑法篇”的记述方式与《隋书·经籍志》同。《新唐书》的四“刑书”说，宜曰“刑法之书”，除可归于史部“刑法篇”之书外，《隋书·经籍志》的“旧事篇”亦将律、令、章程、仪法等定为“制度”，其曰：

> 汉时，萧何定律令，张苍制章程，叔孙通定仪法，条流派别，制度渐广。晋初，甲令已下，至九百余卷，晋武帝命车骑将军贾充，博引群儒，删采其要，增律十篇。其余不足经远者为法令，施行制度者为令，品式章程者为故事，各还其官府。搢绅之士，撰而录之，遂成篇卷，然亦随代遗失。今据其见存，谓之旧事篇。[②]

所谓“制度渐广”，即指此事。然则四“刑书”不得视为现代之刑法，彰彰明甚。[③]

按，《隋书·经籍志》是史上第一次采用经史子集四部分类图籍，成

① 今日刑法定义，指“规定犯罪成立要件及其法律效果为内容的国家法律属之”。主要有两部分，一为犯罪，一为刑罚。参看黄仲夫（黄源盛）编著《简明刑法总则》，元照出版公司，2015，第10页。

② 《隋书》卷三三《经籍二》，第967页。

③ 李勤通指出律、令、格、式不过是后世制度变革中发挥不同作用的“刑书”之不同组成部分而已。在传统观念里，“刑书”并非仅指刑事法律制度，而且往往关系到制度变革。宋代正处于唐宋变革的重要时期，制度大变革的背景下律、令、格、式都在发挥着工具作用。所以“刑书”与现代刑法基本是两个概念。参看李勤通《令、格、式何以称刑书——对〈新唐书〉“唐之刑书有四”的解读》，载杜文玉主编《唐史论丛》第22辑，三秦出版社，2016，第142～143页。此说与笔者说法相近，只是李氏无参照《隋书·经籍志》。

为后世所遵循的四部分类法。《旧唐书·经籍志》与《新唐书·艺文志》，著录律令等书在“乙部史录”之下的“刑法类”，即是受《隋书·经籍志》的影响。《隋书》“五代史”，于唐太宗贞观年间由魏征领衔编纂，其“十志”则由令狐德棻、长孙无忌监修，于高宗显庆初成书，起初两者分别刊行，至迟到五代后晋修《旧唐书》时已合并成一书而行。

《唐六典》与《旧唐书》之编者，在定位律、令、格、式时，或许发觉《隋书·经籍志》用“刑书”一词可能会引起误解，而改采秦汉以来惯用的“文法”之词。但欧阳修等人在编修《新唐书》时，忽视这一变动，而直取《隋书·经籍志》之“刑书”用语，或只着重于《隋书·经籍志》在四部分类的开拓性，而忽略魏晋以来律令演变的时代意义。若再与前述有关唐礼之误判，不免令人觉得宋儒对魏晋至隋唐之礼律发展似有隔阂之感。[①] 其中有关以令建制、纳礼入律令、违礼令依律惩罚等原则，也就是礼律的法制化与实践性，礼、令、律三者成为中古法制不可或缺的要素，到宋代以后逐渐被忽视。这种变化，或与“唐宋变革”之时代差异有关联。宋以后终于走向以理代礼，可能也是这种变化的反映。[②]

三　失礼入刑举隅

唐律不直接使用失礼或违礼或无礼之词，而曰“背礼违义”（总6条）、“不依礼令之法”（总98条）、“各依礼法，如有乖失违法者”（总105条）、“紊乱礼经”（总178条）、“礼敬顿乖”（总332条）、“忘情弃礼”（总345条）等，大致是指失礼或违礼；“无礼”的场合，是特指“无人臣之礼”。或许“礼”在此时虽有礼典的颁行，但因自魏晋以来具有规范性的礼文多已纳入律、令，所以唐律通常以“违令”“违法”加以规

---

① 楼劲指出“刑书”也就是“法书”。称之为“书”，强调的是这四部法律指经删定编纂，有其篇章卷帙和整体效力。又说《新志》作者对于唐前期法律的认识是有隔膜的。此说亦可参考，参看楼劲：《魏晋南北朝隋唐立法与法律体系》，第502、503页。

② 张中秋指出：“传统中国的律学滥觞于秦，兴起于汉，繁荣于魏晋，隋唐集其大成，至宋元而趋向衰落，明清复兴，迄清末而终结。”也就是以为传统中国律学之衰，始于宋代，并作若干探讨。虽然此处无批判《新唐书》说，但作为背景说明，与鄙见略同。参看张中秋《中西法律文化比较研究》，第247～255页。

范，只有“无礼”是采用“无人臣之礼”的罪名来惩罚。但“礼”的范围甚广，其不在律、令规范内的礼，又如何？理论上是由道德来约束，也就是“理”的规范，就律文而言，是用《杂律》的“不应得为”条（总450条）来处罚。[①] 这样一来，违礼一事，都可用律来处罚。兹分由家、学乃至国的秩序，再举若干规范，进一步说明礼律关系。

（一）家：以家长、尊长的角色为例

自战国以来，新的国家社会形态出现后，经过秦汉大一统的发展，在国家社会组织方面，可分由两个切面来考察：一是以家族为单位，一是以州县乡里为单位。前者从社会结构来考虑，后者则由行政规划来考虑。从国家秩序的观点而言，可分为家法与国法。《户婚律》条文顺序，首曰“脱漏户口增减年状”（总150条），此条的内容，就是具体规定由家长代表整户的家口直接对国家负责；《户婚律》次一条曰“里正不觉脱漏增减”（总151条），再次曰“州县不觉脱漏增减”（总152条），这种处罚户主及地方基层首长的序列：家——里——县——州，应该是有意义的。

唐开元二十五年《户令》规定：“诸户主皆以家长为之。”[②] 所以“家长”的法律用语是“户主”，两者其实通用。所谓的“尊长”，《名例律》“以理去官”（总15条）疏议定义如下：“尊长，谓祖父母、父母、伯叔父母、姑、兄姊是也。”同时在《名例律》“称期亲祖父母”条（总52条）规定：“诸称‘期亲’及称‘祖父母’者，曾、高同。”由此可知曾祖父母、高祖父母、祖父母、父母、伯叔父母、姑、兄姊等人，都是法定的“尊长”。从敦煌文书所见，平均一户为五口，户主通常为家长，尤其是父亲，也就是尊长可以父亲为代表。尊长法定的特权，包括财产权、主婚

① 参看高明士《唐律中的“理”——断罪的第三法源》，《台湾师大历史学报》第45期，2011年，第1～40页；亦收入黄源盛主编《唐律与传统法文化》，台湾中国法制史学会发行，元照出版公司总经销，2011，第1～40页。亦收入高明士《律令法与天下法》，五南图书出版公司，2012，第193～237页，第13～62页；上海古籍出版社，2013，第152～186页。

② （唐）杜佑撰《通典》卷七《食货七·丁中》，王文锦等点校，中华书局，1988，第155页。

权、教令权、代表权。[①] 其中代表权指代表家族承担国家所规定的义务，这种义务，其实也是责任，一旦有犯，惩罚亦重。权力与责任在唐律的规范中是相对的意义，学界论述尊长或家长责任时，常只注意其特权而忽视其责任，有待厘正。

有关家长（户主）在唐朝律令的责任，可归纳为如下几项：(1) 祭祀祖先的义务，(2) 教养子孙的义务，(3) 申告户口的义务，(4) 输纳租税的义务，(5) 主婚权与责任，(6) 家人共犯而独坐家长。[②] 兹分别简单说明。

(1) 祭祀祖先。一家一户的建立，是由婚姻开始。但家庭关系则以父子关系为主轴。[③]《礼记·昏义》曰："昏礼者，将合二姓之好，上以事宗庙，而下以继后世也。故君子重之。"[④] 从婚姻到组成家庭，其主要任务，在于上事宗庙，下传后代。其责任，自是由家父长承担。在唐代，礼、令皆规定官人五品以上须立家庙，六品以下至庶人则祭于寝。《开元礼》卷三《序例下·杂制》：

> 凡文武官二品以上祠四庙，五品以上祠三庙。（三品以上不须兼爵，四庙外有始封祖者，通祠五庙。）牲皆用少牢。六品以下达于庶人，祭祖祢于正寝，用特牲。（纵祖父官有高下，皆用子孙牲。）[⑤]

此制又见于《通典》卷四八《礼典》"诸侯士大夫宗庙"条，仁井田陞将此条收入《开元二十五年令》的《仪制令》条。此条规定五品以上立家庙，六品以下至庶民，皆祭祖祢于正寝。其主祭者，自是以家长为之。这样的规定，仍然源自礼经。《礼记·王制》曰：

> 天子七庙，三昭三穆，与大祖之庙而七。诸侯五庙，二昭二穆，

---

① 刘俊文：《唐律疏议笺解》，中华书局，1996，第 58～61 页。

② 参看高明士《中国中古礼律综论——法文化的定型》，第 335～364 页。

③ 参看王玉波《中国家长制家庭制度史》，天津社会科学院出版社，1989，第 91～97 页。

④ 《十三经注疏》之《礼记正义》卷六一，第 3647 页。

⑤ 《大唐开元礼》卷三《序例下·杂制》，古典研究会发行，池田温解题，汲古书院，1972，第 12 页 a（总页第 34 页上）。

与大祖之庙而五。大夫三庙，一昭一穆，与大祖之庙而三。士一庙。庶人祭于寝。[①]

又，《天圣·假宁令》唐2条规定：

诸百官九品私家祔庙，除程，给假五日。四时祭者，各给假四日。[并谓正（主）祭者。] 去任所三百里内，亦给程。（若在京都，除祭日，仍各依朝参假例。）[②]

此处规定官人私家祔庙，亦给程假。《开元礼》卷三《序例下·杂制》规定，官人依其官品高低而立不等之家庙数，庶人无庙，但祭于寝。所谓寝，即正寝，指“人家前堂待宾之所”。[③]

有名的故事是贞观六年（632），侍中王珪位高正三品，并无依法立三庙，而只祭于寝，是失礼又违法。结果被法司弹劾，太宗虽赦免其罪，仍应依官位立三庙。[④] 又，宪宗元和二年（807）六月，淄青节度使李师道的家庙，追祔其曾祖、祖、父三代以及其兄师古神主，亦被弹劾，太常议曰：

谨按《封爵令》，传袭之制，皆子孙以下相继，并无兄弟相继为后之文。则明师古神主，不合入师道之庙。[⑤]

---

① 《十三经注疏》之《礼记正义》卷一二，第2890页。

② 《太平御览》卷六三四《治道部十五·急假》引《假宁令》曰：“诸百官九品私家祔庙，除程，给假五日。四时祭祀，各给假四日（并课主祭者）。去任所三百里内亦给程（若在京都除祭日，仍各依朝参。）”文字略有出入，唯“并课主祭者”之“课”字，当以上引《天圣令》文曰“谓”为是。《天圣令》最后的注文曰“仍各依朝参假例”，多出“假例”两字，当以《天圣令》为是。上引《天圣令》，参看天一阁博物馆、中国社会科学院历史研究所天圣令整理课题组校证《天一阁藏明钞本天圣令校证（附唐令复原研究）》，中华书局，2006，第324～325页。

③ （宋）王溥撰《唐会要》卷一〇上“诸里祭社稷仪”条注，上海古籍出版社，2006，第276页。

④ 《通典》卷四八《礼八·诸侯士大夫宗庙》，第1344页；《唐会要》卷一九“百官家庙”条，第449页。

⑤ 《唐会要》卷一九“百官家庙”条，第450页。

太常意见，以为家庙中追祔其兄师古神主是违礼，敕旨依奏。足见唐朝律令除严加规定宗庙礼制以外，亦甚为重视官民对祖先的祭礼，其追究责任的对象，当然是家长或尊长。宋以下至明清，其文武官及诸王亦均有立庙之规定，违制有罚。

（2）侍亲教养。《斗讼律》“子孙违犯教令”条曰：“诸子孙违犯教令及供养有阙者，徒二年。（谓可从而违，堪供而阙者。须祖父母、父母告，乃坐。）”疏议曰：

> 祖父母、父母有所教令，于事合宜，即须奉以周旋，子孙不得违犯；“及供养有阙者”，礼云“七十，二膳；八十，常珍”之类，家道堪供，而故有阙者：各徒二年。故注云“谓可从而违，堪供而阙者”。若教令违法，行即有愆；家实贫窭，无由取给：如此之类，不合有罪。皆须祖父母、父母告，乃坐。[①]

所谓“礼云”，语出《礼记・王制》。此条在于确立父母有教令权，子孙不得违犯；其次，子孙不能供养有阙。这也是源自《礼记》的规范，可说典型的失礼入刑条文。再者，《名例律》“免所居官”条（总 20 条）疏议曰：

> 委亲之官，依法有罪。既将之任，理异委亲；及先已任官，亲后老疾，不请解侍：并科“违令”之罪。[②]

所谓“委亲之官”，指弃亲任官，“之”作动词，其刑事处分是“免所居官”。其罪刑，详见《职制律》“府号官称犯父祖名”条（总 121 条）规定（徒一年）。[③] 后者情况与“委亲”不同，科“违令”之罪，指《杂律》“违令”条（总 449 条），笞五十。所谓“令”，指《户令》的侍丁

① （唐）长孙无忌等撰《唐律疏议》，刘俊文点校，中华书局，1983，第 437～438 页。

② 《唐律疏议》，第 57 页。

③ 参看律令研究会编《譯註日本律令（五）——唐律疏議譯註篇一》，東京堂出版，1979，《名例律》“免所居官”条（总 20 条）滋贺秀三解说，第 124 页。

制度。[1] 按，侍养亲人属于古代养老之礼，其规定见于《礼记·王制》《荀子·大略》；唐令见于前引《户令》，这是为人子事亲，谨守孝道，实现儒家的社会理想。[2] 此条亦是纳礼入律，违令依律处罚的例子。

又，同《名例律》“会赦应改正征收”条（总36条）疏议曰：

> 准令：“自无子者，听养同宗于昭穆合者。”若违令养子，是名“违法”。[3]

此处之“令”，亦指《户令》；[4] 而“听养同宗于昭穆合者”，当即依据《仪礼·丧服》“同宗则可为之后，何如而可以为人后，支子可也”。[5] 然后定为令文者。唯令文正面是规定作为同宗的养子，而《仪礼》则规定承祠之事，因此就两者一并思考时，宜解为作为同宗的养子，即支子，亦须承祠该宗，即为人后者。所谓“违法”，当指《户婚律》“养子舍去”条（总157条）、“养杂户等为子孙”条（总159条）的规定。

（3）申告户口。《户婚律》“脱漏户口增减年状”条（总150条）规定：“诸脱户者，家长徒三年。”疏议曰：“率土黔庶，皆有籍书。若一户之内，尽脱漏不附籍者，所由家长合徒三年。”[6] 这是对“家长”脱漏户口的严格惩罚。

（4）输纳租税。《户婚律》“部内田畴荒芜”条（总170条）规定：

> 诸部内田畴荒芜者，以十分论，一分笞三十，一分加一等，罪止徒一年。（州县各以长官为首，佐职为从。）户主犯者，亦计所荒芜五分

---

① 《户令》侍丁制度，参看仁井田陞：《唐令拾遺·户令》第一二、一三条，東京大学出版会，1964，复刻发行（1933初版），第231～232页。赵晶对《名例律》“免所居官”条以及《唐令拾遺·户令》第一二、一三条亦有解说。参看赵晶《从“违令罪”看唐代律令关系》，《政法论坛》2016年第4期，第186页。

② 参看李锦绣《唐代的给侍制度——儒家学说的具体实现》，载氏著《唐代制度史略论稿》，中国政法大学出版社，1998，第357～376页。

③ 《唐律疏议》，第97页。

④ 参看仁井田陞：《唐令拾遺·户令》第一四条，第233页。

⑤ 《十三经注疏》之《仪礼注疏》卷二九，第2382页。

⑥ 《唐律疏议》，第231页。

论，一分笞三十，一分加一等。[1]

《户婚律》“输课税物违期”条（总174条）规定：

诸部内输课税之物，违期不充者，以十分论，一分笞四十，一分加一等。州、县皆以长官为首，佐职以下节级连坐。户主不充者，笞四十。[2]

疏议曰：“百姓当户，应输课税，依期不充，即笞四十，不据分数为坐。”凡此均指一户的生产、赋役有违规定者，追究户主（家长）责任。

（5）嫁娶有违律。嫁娶有违律者，追究尊长。《户婚律》“嫁娶违律”条（总195条）规定：“诸嫁娶违律，祖父母、父母主婚者，独坐主婚；若期亲尊长主婚者，主婚为首，男女为从。”[3] 违律为婚，如同姓为婚、亲属为婚、良贱为婚、贱民非当色为婚、有妻更娶等（总193条）。此外，如父母夫丧、父母被囚禁而作嫁娶等（总179、180、181条），均属违律。

（6）家人共犯。《名例律》“共犯罪造意为首”条（总42条）规定：“诸共犯罪者，以造意为首，随从者减一等。若家人共犯，止坐尊长。（于法不坐者，归罪于其次尊长。尊长，谓男夫。）”[4] 又，《卫禁律》“不应度关而给过所”条（总83条）疏议曰：“若冒度、私度、越度，事由家长处分，家长虽不行，亦独坐家长，此是‘家人共犯，止坐尊长’之例。”[5] 此处所规范的指男夫尊长为家长，须独自承担罪责，这是论传统两性关系时，不能忽略的前提。

根据以上的说明，可知法律一方面赋予尊长或家长较多特权，另一方面也加重尊长或家长的责任，有违其责时，作为男夫尊长或家长

① 《唐律疏议》，第248页。
② 《唐律疏议》，第252页。
③ 《唐律疏议》，第272~273页。
④ 《唐律疏议》，第115~116页。
⑤ 《唐律疏议》，第115~116页。

须负较重或独自承担罪责。就这个意义而言，“家”（或“户”）的存在，已经等同于国家统治下的最基本或最小的行政单位，尊长或家长成为执行国家权力的最末端，并非只是一群亲属共同在屋檐下过生活而已。前举家长六项责任中的第（3）申告户口的义务，（4）输纳租税的义务，就是基于“家”（或“户”）是代表国家权力的最末端的执行单位，违律则家长须受罚。其余（1）祭祀祖先的义务，（2）教养子孙的义务，（5）主婚权与责任，（6）家人共犯而独坐家长等四项责任，显然是基于礼教，失礼则入刑。整个国家社会结构，用家父长制来说明亦贴切。

（二）学：以师生关系为例

1. 学与庙学

三代以下曰“学”，自东晋以后始见“庙学”，唐太宗推广至县学，以迄清代。关于从“学”到“庙学”发展的过程，笔者已有详论，[①] 此处不再赘词。但要再强调的，有以下几点：

第一，所谓庙学制，指校园包括祭祀与教学二大空间，而且以祭祀空间为尊。园区外，立有“下马”（下乘）碑，告知所有人（包括君主），自此起就是进入圣贤之域，所以过此者皆须下马步行。其意义较之今日校门警卫更具东方礼教精神。

第二，庙学制的起源，首见于东晋太元十年（385），建康国子学建置“夫子堂”，翌年又在建康另立一个“宣尼庙”，作为孔家之庙，以奉祀孔子，成为曲阜孔子庙的分庙，在当时是有其重要意义。此即宣示东晋在文化传承是有其正统性，并可借此安抚北人南下士族之信心。

第三，庙学制从中央推广到地方县学，成为全国性的制度，始于唐太宗贞观四年（630），自此以后至清代，一千数百年不变。

第四，书院以及佛寺也成为庙学化。书院庙学化，当始于北宋初期的

---

① 参看高明士《中国教育制度史论》，联经出版事业公司，1999，第一、二、三、五章。高明士《庙学与东亚传统教育》，《唐研究》第10卷，北京大学出版社，2004，第227～256页；亦收入高明士《东亚传统教育与法文化》，台湾大学出版中心，2007，第43～86页。

岳麓书院。但因奉祀孔子本为国家大典，名儒主持时才立孔庙，一般的书院是建立祠宇，以奉祀当地大儒，仍具备“庙学”的形式。唯立有孔庙才有下马碑，祠宇则无。佛寺建筑，在汉唐之际主要有宫塔式、塔楼式及殿阁式三类型。其中殿阁式是属于较大型的佛寺，显然受中国传统宫殿式建筑的影响，在南北朝末期取代受天竺影响的宫塔式、塔楼式，而成为佛寺建筑主流。其布局是以佛殿、重阁、讲堂等为主轴的对称结构。[①] 令人注目的是大殿之前或后建有讲堂，取代佛塔作中心位置，所以也是庙（大殿）学（讲堂）制的形式。这是佛教具体走向普度众生、重视教化的象征。某些大佛寺前也立有“下马”（下乘）碑。

佛寺建立讲堂一事，其事起于何时？待考。颇疑受汉代太学“讲堂”教学的影响。[②] 尤其在汉末灵帝熹平、光和年间（175～183）镂刻石经于太学讲堂前，一时轰动。此时局势不安，人心惶惶，寄托于宗教，情势使然。试看以下诸事例：

刘裕长大时，《南史·宋武帝本纪》曰：

> 尝游京口竹林寺，独卧讲堂前。[③]

《高僧传·释道安》载：

> 秦建元二十一年（385）正月二十七日，忽有异僧，形甚庸陋，来寺（按，指长安五重寺）寄宿。寺房既窄，处之讲堂。[④]

《魏书·释老志》记载北魏道武帝大兴佛法，天兴元年（398）在平城建立如下规模：

---

① 参看张弓《汉唐佛寺文化史》，中国社会科学出版社，1997，第154～178页，尤其第166～171页。

② 《后汉书》卷四八《翟酺传》，第1602～1606页。

③ （唐）李延寿撰《南史》，中华书局，1975，第1页。

④ （梁）释慧皎撰《高僧传》，汤用彤校注，中华书局，1992，第183页。

五级佛图、耆阇崛山及须弥山殿，加以缋饰。别构讲堂、禅堂及沙门座，莫不严具焉。[①]

《洛阳伽蓝记校注》[②] 卷一《城内·建中寺》曰："以前厅为佛殿，后堂为讲室。金花宝盖，遍满其中。"同卷《城内·瑶光寺》曰："讲殿尼房，五百余间，绮疏连亘，户牖相通，珍木香草，不可胜言。"同卷《城内·景林寺》曰："景林寺，在开阳门内御道东。讲殿迭起，房庑连属。丹槛（楹？）[③] 炫日，绣桷迎风，实为胜地。"

梁武帝中大通元年（529）秋九月幸同泰寺，《南史·梁武帝本纪》曰：

升讲堂法坐，为四部大众开涅盘经题。[④]

《太平广记》卷九九《释证一·灵隐寺》引《侯君素旌异记》，谓北齐初（550～?），释宝公到白鹿山灵隐寺（在河南?）时，有如下记载：

屋宇四周，门房并闭。进至讲堂，唯见床榻高座俨然。[⑤]

另外，朝鲜半岛的百济佛寺遗址当中，推定属于六世纪，有军守里废寺迹，包括南大门、中门、塔、金堂（即讲堂）所构成的南北中轴线伽蓝配置，即所谓单塔式寺院，显然受南朝文化之影响。此外，还有东南里废寺、定林寺迹、金刚寺迹、弥勒寺迹等。日本则以六世纪末的飞鸟寺、四天王寺为最古，其次为七世纪初的法隆寺。四天王寺、法隆寺

---

① （北齐）魏收撰《魏书》，中华书局，1974，第3030页。

② 参看（魏）杨衒之撰、范祥雍校注《洛阳伽蓝记校注》，上海古籍出版社，1978。范氏校注以如隐堂本为底本，但在"建中寺"条的"讲室"校曰："吴管本、汉魏本'室'作'堂'。"在"瑶光寺"条的"讲殿"校曰："吴管本、汉魏本、真意堂本'殿'作'堂'。"

③ 周振甫根据周祖谟《洛阳伽蓝记校释》（中华书局，1976）而著《洛阳伽蓝记校释今译》（学苑出版社，2001）。"景林寺"此条之"丹槛"作"丹楹"，似以"楹"字为是。

④ 《南史》，第206页。

⑤ （宋）李昉等编《太平广记》，中华书局，1961，第660页。

与百济的军守里废寺迹属于同一类型。此种佛寺建筑是以塔做为伽蓝中心，讲堂则置于北边，左右有经藏、钟楼配置，均是坐北朝南。[①] 六世纪以前的佛寺遗址，在中国本土几乎无存，百济、日本的佛寺考古值得注意。

上述诸文献，其时代性在四世纪后半到六世纪前半，[②] 已是汉末的二百年之后，但佛寺建有讲堂的地方几乎涵盖全国，如长安、建康、太原、河南（?）等，至六世纪，传播至朝鲜半岛、日本，说明四世纪后半是佛寺设置讲堂逐渐普遍化时期。论其起源，再往前追溯一二百年是有可能的，也就是在汉魏之际。

第五，全国性庙学制出现的意义，在于王者之域容许有圣人之域存在，使教育神圣化、尊师重道更能具体实现。也就是在于启示圣贤可学而至，实现超凡入圣的境界，即使不成圣，也可成贤。东亚地区的朝鲜诸王朝以及日本，乃至独立后的越南，也都模仿中国建有庙学的教育制度，直至十九世纪中叶西人东来为止，堪称东亚教育文化圈最大的特色。东亚世界的政治秩序所以能建立，以及文化圈所以能够形成，其动力即在于东亚公私教育事业的推展。

第六，若对庙学区有犯禁，当以违礼（理）论处，即《杂律》“不应得为”条（总450条）。若有更严重伤害，自当个别处理。祭祀犯禁，在中央国子监的圣庙以及曲阜孔庙属于国家祀礼的中祀，地方州县学的圣庙属于小祀，违者，如下述唐律《职制律》“大祀不预申期及不如法”条（总98条）有罚。平时之校园以圣庙所在，应维持肃穆，其犯师者如上所述，加重处罚；弟子之间相犯，自依凡人处理。

---

① 参看金正基《仏教建築》，收入田村圆澄、秦弘燮编《新羅と日本古代文化》，吉川弘文館，1981，第101～117页；森郁夫《わが国古代寺院の伽藍配置》，《京都国立博物館學叢》13号，第19～35页；张庆浩《百濟와日本의古代寺刹建築》，收入忠南大学校百济研究所编《百濟佛教文化의研究》，1994，第226～258页；秦弘燮《百濟寺院의伽藍制度》，收入《百濟佛教文化의研究》，第259～286页；陈景富《中韩佛教关系一千年》，宗教文化出版社，1999，第479～480页；王秀雄《日本美术史》，历史博物馆，1998，第62页；斋藤忠《佛塔の研究》，第一書房，2002，第159～160页。

② 村田治郎根据《魏书·释老志》，指出在五世纪初，佛寺已有建置讲堂。又，根据《洛阳伽蓝记》，可知到六世纪前半叶，大佛寺已普遍建置讲堂。此说与敝说相近，可供参考。参看村田治郎《村田治郎著作集》3《中国建築史叢考仏寺仏塔篇》，中央公論美術出版，1988，第7、34～35页。

2. 师生关系

（1）师的定位

师的身份可有很多种，由一字之师、一日之师，到族塾、学馆之师，乃至技艺之师、贡举考官作为举子师（即座主）等，与其门生所结合而成的师生关系，可谓杂多。到韩愈《师说》出，将师者规定为传道、授业、解惑诸任务以后，师者才有较具体的形象。[①]

唐朝律令对师之用语略有不同，律曰“见受业师”，令曰“受业师”，同时期的日本养老律令亦然，明清律则都用“受业师”。一字之异，值得检讨。先看唐律。

《名例律》“十恶”条（总6条）之第九恶曰“不义”，包括杀“见受业师”，注曰：“谓伏膺儒业，而非私学者。”[②]《斗讼律》“殴伤见受业师”条（总333条）亦用“见受业师”，其曰：“即殴伤见受业师，加凡人二等。死者，各斩。（谓伏膺儒业，而非私学者。）”[③] 疏议对“谓伏膺儒业，而非私学者”，曰：

> 儒业，谓经业。非私学者，谓弘文、国子、州县等学。私学者，即礼云“家有塾，遂有序”之类。[④]

（宋）范遂良的《唐律释文》解释“服膺”两字，如下：

> 古者颜子事孔子，得一善言，则拳拳服膺。说者谓膺，智也。如今习儒业者，即谓之服膺。至如他学，不在服膺之限。[⑤]

疏议所谓“非私学者，谓弘文、国子、州县等学”，即指学习儒业（经业）

① 《韩昌黎文集校注》卷一，第24～25页。

② 《唐律疏议》，第15页。

③ 《唐律疏议》，第420页。

④ 《唐律疏议》，第420页。

⑤ 王式通以为《释文》本为《宋刑统》而作，非为唐律，见《宋刑统》序（国务院法制局重校天一阁本，1918，文海出版社，1974再版）。唯此处之律文，在《宋刑统》及唐律皆同，亦可视为唐律之注释。

的官学，包括中央的弘文、崇文两馆以及国子监三学（国子、太学、四门学），地方的州县学等。这些学官受到国家法律特别保障。但同属官学，而非为学习儒业（经业）者，中央如国子监之书学、律学、算学，太医署之诸医学（如医、针、咒禁、按摩），地方如州学之医学等，依律《注》及疏议之意看来，其学官自不适用此项规定。“私学”或“他学”之师，不适用此条。所以《名例律》《斗讼律》之律文都用“见受业师”之词。再查《宋刑统》，在此二律之用词亦同唐律。[①] 从唐宋律文看来，可知对“见受业师”之保障，甚为狭隘。[②]

日本《养老·名例律》“八虐”条，其八曰“不义”，包括杀“见受业师”，律文同唐律，但其注曰：

> 见受业师，谓：见受经业大学、国学者，私学亦同。若已成业者，虽先去学，并同见受业师之例。[③]

所谓“见受经业大学、国学者”，指中央的大学寮及地方的国学，这一点与唐制雷同。但其下规定：“私学亦同。若已成业者，虽先去学，并同见受业师之例。”此即私学之师，以及官学卒业者对其旧师，亦同适用此条规定，这一点则有别于唐制。青木和夫注“见受业师”，以为唐律之《疏》

---

① 参看（宋）窦仪等详定，岳纯之校证《宋刑统校证》，北京大学出版社，2015，第14、303～304页。

② 唐宋律狭隘保障问题，拙稿稍后也有说明。此一问题，到明清诸注解家犹感疑惑，如薛允升曰：“即以儒业而论，唐律亦系专指国学受业师而言，私学并不在内，与明律更不相同。”［（清）薛允升：《唐明律合编》卷二三上“殴受业师”条，法律出版社，1999，第622页］薛氏之“国学受业师”，是指“儒业”而言，并不含书、律、算三学。其实书、律、算三学不只“束脩之礼”，即连“督课、试举，如三馆博士之法”。（《唐六典》卷二一“律学博士”条，第561页。）太医署医学等科之“考试、登用如国子监之法”。（《唐六典》卷一四“太医署”条，第409页）此处虽无提及“束脩之礼”，当是行文省略。《天圣·医疾令》唐4条规定并非突然出现。就唐律而言，其对见受业师之保障，只适用于儒学（经学），应该是明确的，也就是只限于国子监三馆（国子、太学、四门）之师。简言之，即国学之经师，也就是礼、法适用的对象。或许由于此故，如后所述，韩愈“师说”对于当时巫医乐师百工之人“不耻相师”，而士人不齿一事，提出批判，也等于批判唐律只狭隘保障儒学之师，堪称卓见。但要修正此事，则须等到清律。

③ 井上光贞等校注《律令》，岩波書店，1976，第18页。

所定义的“见受业师”是指现任学官，并不包含私学与旧师。[①] 另外，《养老·斗讼律》已残缺，其逸文亦见用“见受业师”。但是《养老·狱令》“鞠狱官司”条规定办案之回避原则，其中提到“受业师”，并非“见受业师”，《义解》曰：

> 文不称见受业师，即不问官学、私学，先经受业，顾有宿恩皆是。[②]

足见《义解》做解释时，已知《养老律》是用“见受业师”，而《养老令》是用“受业师”，所以在此处特别对不称“见受业师”而用“受业师”做说明。它指出“受业师”是包含现师与旧师，也就是包含“见受业师”在内，且不问官学、私学，显然与律文用法有别。两者之差异，在于律文只指现师，令文则包含现师与旧师；但两者都适用于官、私学。

再查最近发现的《天圣令》残卷，其《天圣·狱官令》宋 44 条，规定鞠狱官司亦曰“受业师”，此条也可视为唐《狱官令》令文（可能为《开元二十五年令》）。[③] 是否如同前述日本《令义解》所称包括官学、私学及旧师，尚待查证，至少可释为包括现师及旧师。但唐玄宗于开元二十一年（733）五月敕：“许百姓任立私学，欲其寄州县受业者，亦听。”[④] 此件事有如下两点值得注意：第一，在开元二十一年五月以前，政府为发展官学教育，可能禁止或限制私学的设立，至少不予以提倡；第二，在这个时间之后，允许民间任立私学，私学学生并可转入州县学就读，可能是玄宗在官学教育呈现衰废之后，用以振兴官学的一种措施。由此亦可看出私学的发展，在玄宗时代以后，已是大势所趋，无法再加以压抑或禁止了。此时就唐律的适用而言，或默许“受业师”可包含私学。

---

① 《律令》，第 18 页。

② 高塩博亦指出日唐律文有差异，同时参引《养老·名例律》注及《养老·狱令》之《义解》，以为《养老·斗讼律》此处即使不见注文，但可推测存在有与《养老·名例律》之注文。参看律令研究会编《譯註日本律令（三）——律本文篇（下）》，東京堂出版，1975，第 633 页“备考”（高塩博执笔）；高塩博《日本律復原に関する一考察》，《皇学館論叢》第七卷五号，1974，第 35 页。

③ 参看《天一阁藏明钞本天圣令校证（附唐令复原研究）》，第 632～633 页，雷闻复原为唐 52 条。

④ 《唐会要》卷三五“学校”条，第 741 页。

再查明清律，其于《刑律·斗殴》有“殴受业师”条亦用“受业师”。明律《斗殴律》规定：

> 凡殴受业师者，加凡人二等。死者，斩。①

对此条之诸注解家，认为受业师除现师外，并应包含旧师，以及艺师。②此等注解家虽非官方定本，但仍有参考价值。薛允升《唐明律合编》在此条引雷梦麟《读律琐言》曰：“受业师者，吾儒亲承诗书之教，与工匠得受艺能之传者皆是。”即采用此说。但薛氏引陆柬之《读律管见》曰：“琐言说是，然辨疑、疏义皆谓工艺不入此条。”即有认为含艺师，但也承认有异说。薛氏按：

> （此条）似专指儒业及百工技艺而言，僧道等并不在内矣。即以儒业而论，唐律亦系专指国学受业师而言，私学并不在内，与明律更不相同。③

此处即认为应包括艺师。但工艺等私学师，明文包含在内，是要等到清律。清律《刑律·斗殴》“殴受业师”条曰：

> 凡殴受业师者，加凡人二等。死者，斩。（凡者，非徒指儒言，百工技艺亦在内。儒师终身如一，其余学未成或易别业则不坐；如习业已成，罪亦与儒并科。道士、女冠、僧尼于其受业师与伯叔父母同，有犯不用此律。）④

---

① 黄彰健：《明代律例汇编》卷二〇《刑律三·斗殴律》，中研院历史语言研究所，1979，第833页。

② 《大明律集解附例》卷二〇《斗殴·殴受业师》《纂注》曰：“儒与艺皆有师，惟僧道女冠尼僧于其受业师与伯叔父母，不用此律。”《备考》曰：“一云儒师终身如一，艺者据见受业并详之。”有关集解介绍，参看张伯元《〈大明律集解附例〉“集解”考》，《华东政法学院学报》2000年第6期，第39页。

③ （清）薛允升撰《唐明律合编》，怀效锋、李鸣点校，法律出版社，1999，第621～622页。

④ （清）沈之奇撰《大清律辑注》，怀效锋、李俊点校，第741～742页。

关于殴罪及道士、女冠、僧尼之规定容于后述，此处要强调的是注文中提到“儒师终身如一”，已见于明律注解家，至清律确定“受业师”之定义，除现师外，并包含旧师，而且“百工技艺亦在内”，即广义的私学，已超越唐律。

至于日本养老律令的“受业师”包含私学一事，较令人怀疑。盖到八世纪前半叶，对所谓“家有塾，遂有序”[①] 之类的私学并不发达，其较受瞩目的，当以和气广世在八世纪末至九世纪初所建置的弘文院为最早，该院是作为和气氏子弟的学馆，当属于家塾的形态。其后，藤原氏的劝学院、橘氏的学官院、在原氏的奖学院在九世纪前半叶以来陆续开办，初期亦类似家塾的形态，后来成为大学寮别曹，性质改变。《令义解》成书于833年，颇疑《养老·名例律》的注以及《养老·狱令》的《义解》，均是依据九世纪前半叶有力氏族的家塾的形态而补入注解，曰“私学亦同”。[②] 甚至有以为是九世纪前半叶名僧空海创立“综艺种智院”之私学（829）以后才修正。[③] 此事有待进一步查证。

从“见受业师”与“受业师”一字之异，可窥知就律的观点而言，保障的师者身份，在唐朝仅指官学的现师，但同时代的日本，官学之外已包含私学现师。中国是要等到明清律才包含私学的现师与旧师。就令的观点而言，如《养老·狱令》《天圣·狱官令》所示，至迟恐在唐《开元七年令》或《开元二十五令》既已适用现师与旧师。从唐开元二十一年（733）以后，至迟在《开元二十五令》以后，或许也默认私学亦可适用。薛允升引王肯堂的《律例笺释》，更进一步指出：

> 儒与百工技艺，皆有所从受业之师，苦学而未成，或易别业，则不坐。但学业已成，固守其学，以终身赡家者，则皆有在三之义焉，岂可以技艺末事而忽之哉！[④]

---

① 《斗讼律》“殴伤见受业师”条（总333条）疏议所谓“礼云‘家有塾，遂有序’之类”，见于《礼记正义》（卷三六《学记》，第3297页）：“古之教者，家有塾，党有庠，术有序，国有学。”郑玄注曰：“术，当为遂，声之误也。”

② 关于八世纪末至九世纪有力氏族建置弘文院等氏族院之经纬的讨论，参看高明士《日本古代学制与唐制的比较研究》，学海出版社，1986，第196~205页。

③ 桃裕行：《上代学制の研究》，吉川弘文館，1982，第456~459页。

④ 《唐明律合编》，第622页。

所谓“在三之义”，即如《国语·鲁语》所说，指父师君（详后）。[①] 如前所述，私学之师应包括百工技艺之师，要等到清律才完成。

（2）师生名分的成立

一般说来，呈送“束脩”之礼后，师生名分即告成立。所以孔子说：“自行束脩以上，吾未尝无诲焉。”[②] 呈送束脩，一方面作为相见礼，一方面提示师生名分自此成立，从孔子以下直至晚清，已成为“学礼”中最先要求的一节。因此，理论上，束脩是作为师生名分建立的一种礼仪，并非为今日学生缴学费之义，更非为教师之生活津贴。

自孔子提倡私人讲学以来，师生的结合及其共同生活，在社会上已成为非血缘性质（即非本于宗法结合）的集团。秦汉以后，不论公立抑私立学校，亦复如此。这种学团就当时的社会结构而言，固然是许多集团之一，但他们言行对社会的影响，却常是全面性而且深远的。所以，将师生集团的活动，视为社会群己关系的缩影，并不为过。在传统社会的五伦（君臣、父子、夫妇、兄弟、朋友）之外，若一定要举出第六伦时，恐怕也还是师生学团较为妥当。历史上有名的夷十族，是明成祖诛戮名儒方孝孺及其亲友，其第十族，除朋友之外，便是学生。[③] 此处显然是将师生当作一伦处理，只是方孝孺案毕竟是特例，并非常态。

---

① 杜光庭曰：“在三之义，君父师也。”参看（唐）杜光庭《道德真经广圣义》卷二三《羊十二·善行无辙迹章》，收入《正统道藏·洞神部·玉诀类》第24册，上海涵芬楼影印本，第307－1页。

② 《十三经注疏》之《论语注疏》卷七《述而》，第5390页。

③ 关于方孝孺案及其学说，参看沈刚伯《方孝孺的政治学说》，《大陆杂志》第22卷第5期，1961；收入《沈刚伯先生文集》，台北，中央日报出版社，1981，第176～192页。但沈家本对当时以“夷十族”之刑名诛杀，提出质疑，其曰：“《明史·方孝孺传》：孝孺之死，宗族亲友前后坐诛者数百人。《通鉴辑览》注《逊国名臣传》云，孝孺大书数字，投笔于地曰：死即死，诏不可草。帝大怒曰：汝焉能遽死？朕当灭汝十族。《纪事本末》采其说，改作文皇大声曰：汝独不顾九族乎？孝孺曰：便十族奈我何！乃收其门生廖镛、杜嘉猷等为一族并坐，然后诏磔孝孺于市。《旧史例议》：以镛、嘉猷逮论，在孝孺死后，十族之说非实。今亦不采。”参看氏著《历代刑法考·刑法分考一》“七族、九族、十族”条，邓经元、骈宇骞点校，中华书局，1985，第80～81页。同书《刑制总考四》“明”条第65页，按曰：“《孝孺传》但言：‘宗族、亲友坐诛者数百人’，而不采九族、十族之说，以旧说未足尽信也。”据此而言，“夷十族”之真实性有再考的必要。但拙稿此处要强调者，师生关系有可能计入家族关系之第十族时，虽非为血缘关系，但以其为同一族群之意识，在传统社会应可接受。

(3) 师生与伦常关系

师生关系为何不列为社会关系的五伦之一或者成为第六伦？此事在古圣先贤虽无直接解说，但似可由以下诸点获得理解。

第一，人无常师。孔子曰：“三人行，必有我师焉。”① 韩愈的《师说》进一步诠释：“是故无贵、无贱、无长、无少，道之所存，师之所存也。”② 此即道在师在，同时批判当时社会的“童子之师”只讲授“句读”而无传道；巫医乐师百工之人，“不耻相师”，而为士人所不齿，堪称怪事。所以韩愈最后提出：“弟子不必不如师，师不必贤于弟子，闻道有先后，术业有专攻，如是而已。”这样的见解，已经超越唐律的规范，不只在当时，即使在今日也是相当先进的思想，无怪乎可传诵千古。

第二，师弟无服。师丧之礼无服，虽是如此，依郑玄注《礼记》，可知是与朋友同为“吊服而加麻”，即在腰上加绖带，以麻布为之。但因孔子为圣人，门人乃以丧父之礼为心丧三年。《礼记·檀弓上》曰：“孔子之丧，门人疑所服。”郑玄注曰：“无丧师之礼。”又引子贡曰：“昔者夫子之丧颜渊，若丧子而无服，丧子路亦然。请丧夫子若丧父而无服。”郑玄注曰：“无服，不为衰，吊服而加麻，心丧三年。”孔颖达《疏》曰：

> “门人疑所服”者，依礼丧师无服，其事分明。今夫子之丧，门人疑者，以夫子圣人，与凡师不等，当应特加丧礼，故疑所服。③

又《疏》曰：

> 为师吊服加麻者，案《丧服》“朋友麻”，其师与朋友同，故知亦加麻也。必知丧师与朋友同者，案下云“孔子之丧，二三子皆绖而出。群居则绖，出则否”，是弟子相为与为夫子同，但绖出与不出有异，明其服同也。云“吊服而加麻”，麻谓绖与带也，皆以麻为之，故云“加麻”也。又《丧服》缌麻章云：“朋友麻”。郑云：“朋友虽

① 《十三经注疏》之《论语注疏》卷七《述而》，第5393页。

② 《韩昌黎文集校注》卷一，第24页。

③ 《十三经注疏》之《礼记正义》，第2780页。

无亲而有同道之恩，相为服缌之绖带”，是也。[①]

到魏晋之际，一度有意规定弟子为师服齐衰三月，此礼等同为曾、高祖父母之服制，[②] 但终以人无常师等之理由而作罢。此即曹魏文帝时，命荀𫖮因魏代前事，撰定《新礼》一百六十五篇，奏上。魏为晋武帝所篡后，付尚书郎挚虞讨论。至中原覆没，未竟其事。[③] 其《新礼》规定“弟子为师齐衰三月”。挚虞于惠帝元康元（291）年议曰：

> 自古无师服之制，故仲尼之丧，门人疑于所服。子贡曰：（下略，见前引）……遂心丧三年。此则怀三年之哀，而无齐衰之制也。群居则绖，出则否，所谓吊服加麻也。先圣为礼，必易从而可传。师徒义诚重，而服制不着，历代相袭，不以为缺。且寻师者以弥高为得，故屡迁而不嫌；修业者以日新为益，故舍旧而不疑。仲尼称：“三人行，必有我师焉。”子贡云：“夫何常之有”。浅学之师、暂学之师，不可皆为之服。义有轻重，服有废兴，则臧否由之而起，是非因之而争，爱恶相攻，悔吝生焉。宜定《新礼》无服如旧。

诏从之。[④] 挚虞之议，几乎将前述师弟服制问题做一扼要说明。总之，不赞同《新礼》规定，而主张“无服如旧”。惠帝诏允其议，师弟无服乃定案。（宋）此山贳冶子《唐律释文》，其于《斗讼律》“告祖父母父母”条（总 345 条）释“心丧”一词，曰：“诸弟子丧孔子，若丧父而无服，是师

---

① 《十三经注疏》之《礼记正义》，第 2780 页。

② 《仪礼注疏》卷三一《丧服》“疏衰裳齐牡麻绖无受者”章各节为齐衰三月，其中规定曾祖父母。贾公彦《疏》曰：“此曾祖之内，含有高祖可知。不言者，见其同服故也。”[参看（汉）郑玄注，（唐）贾公彦疏《仪礼注疏》，王辉点校，上海古籍出版社，2008，第 946 页。] 所以《新礼》虽只说曾祖父母，其实高祖父母亦适用。或许由于此故，唐太宗贞观十四年（640）礼官等议论舅、姨与嫂、叔之服制时，提到古礼齐衰三月，史籍记述不一，或指曾祖父母（如《贞观政要》卷七《论礼乐》、《旧唐书》卷二七《礼仪志·丧服》、《唐会要》卷三七《服纪上》），或指高祖父母（如《新唐书》卷二〇《礼乐志·凶礼·五服之制》、《册府元龟》卷五八五《掌礼部·奏议十三》、《天圣令·丧葬令》“丧服年月”），其实均指曾、高祖父母。

③ 《晋书》卷一九《礼上》，第 581～582 页。

④ 《晋书》卷二〇《礼中》，第 632 页。

者亦有心丧之例也。"[①] 此即孔门弟子为孔子若丧父而心丧年三年，成为师丧礼仪的典范。所以师弟无服，可说是传统的礼制。

第三，师生关系义有轻重。师生关系有如朋友、兄弟、父母、君臣，班固《白虎通·丧服》"论弟子为师"条云：

> 弟子为师服者，弟子有君臣父子朋友之道也。故生则尊敬而亲之，死则哀痛之，恩深义重，故为之隆服，入则绖，出则否也。[②]

其于《辟雍》"论师道有三"条亦云：

> 师弟子之道有三：《论语》"朋友自远方来"，朋友之道也。又曰"回也视予犹父也"，父子之道也。以君臣之义教之，君臣之道也。[③]

足见班氏是以君臣、父子、朋友三者的关系来论师弟关系。其于君臣关系释义稍嫌不足。盖自古以来，常以君师并论，如《尚书·泰誓》云："天佑下民，作之君，作之师。"[④]《礼记·学记》也有"师也者，所以学为君也"[⑤] 的说法。君即是师，师亦是君，主教化，而化民成俗，其师弟当然成为君臣关系。

由以上所述，可知师弟关系不宜归属于五伦中之任何一伦；另一方面，除夫妇一伦以外，其余四伦之情谊，也常可见于师弟关系中。基于此故，师弟关系在丧服中属于无服，古人又无常师，所以师者实无定礼。诚如前引（晋）挚虞所说的"寻师者，以弥高为得，故屡迁而不嫌；修业者，以日新为益，故舍旧而不疑"。又说"浅学之师、暂学之师，不可皆为之服"。这便是自古以来，师弟关系终于无定论的主要理由。亦因"义有轻重，服有废兴"之故也。今若以社会群己关系做基准来考察时，师弟

① 《唐律疏议》，第 644 页。

② （清）陈立撰《白虎通疏证》，吴则虞点校，中华书局，1994，第 525 页。

③ 《白虎通疏证》，第 258 页。

④ 《十三经注疏》之《尚书正义》，第 383 页。

⑤ 《十三经注疏》之《礼记正义》，第 3302 页。

关系所涵盖的层面，可谓远较五伦中任何一伦来得广阔。若以五伦代表社会关系的整体，则师弟关系实是社会关系的缩影。

（4）刑律的规范

如上所述，班固是以君臣、父子、朋友三者的关系来论师弟关系，就法的关系，要如何解？如前所述，杀“见受业师”在《名例律》“十恶”条（总第6条）是列为第九恶曰“不义”，疏议曰：

> “见受业师”，谓伏膺儒业，而非私学者。①

《斗讼律》“殴妻前夫子”条（总333条）曰：“即殴伤见受业师，加凡人二等。死者，各斩。（谓伏膺儒业，而非私学者。）”疏议曰：

> 礼云“凡教学之道，严师为难。师严道尊，方知敬学”。如有亲承儒教，伏膺函丈，而殴师者，加凡人二等。“死者，各斩”，称“各”者，并殴继父至死，俱得斩刑。注云“谓伏膺儒业，而非私学者”，儒业，谓经业。非私学者，谓弘文、国子、州县等学。私学者，即礼云“家有塾，遂有序”之类。如有相犯，并同凡人。
>
> 问曰：殴见受业师，加凡人二等。其博士若有高品，累加以否？
>
> 答曰：殴见受业师，加凡人二等，先有官品，亦从品上累加。若斗殴无品博士，加凡人二等，合杖六十；九品以上，合杖八十；若殴五品博士，亦于本品上累加之。②

此条律文前面是先规定殴伤妻前夫之子、继父等，所以有“死者，各斩”之“各”字。律文虽规定“殴伤”，但疏议只就“殴”作说明，并无提及“伤”，《斗讼律》“斗殴以手足他物伤”条（总302条）曰：

> 诸斗殴人者，笞四十；（谓以手足击人者。）伤及以他物殴人者，

① 《唐律疏议》，第15页。

② 《唐律疏议》，第420页。

杖六十；（见血为伤。非手足者，其余皆为他物，即兵不用刃亦是。）①

疏议曰："相争为斗，相击为殴。"若殴见受业师，加凡人二等，即当处罚杖六十；伤见受业师，加凡人二等，即杖八十。但《唐律疏议》《宋刑统》及明清律只规定"殴"，不含"伤"，应该适用举轻明重处理。受业师分无品博士与有品博士，根据疏议的解说，再参照《斗讼律》相关条文，制成表1。

表1　殴官人与见受业师刑责对照表

殴伤对象 / 殴伤及刑罚	流外官以下（勋品以下至庶人）				流外官以下（勋品以下至庶人）			
	凡人	官人			见受业师			
		六～九品	五～四品	议贵	无品	六～九品	五～四品	议贵
殴	笞四十	杖六十	徒一年	徒二年	杖六十	杖八十	徒二年	徒三年
他物/伤	杖六十	杖八十	徒二年	徒三年	杖八十	杖一百	徒三年	流二千五百里
拔发方寸	杖八十	杖一百	徒二年	徒三年	杖一百	徒一年半	徒三年	流二千五百里
耳目出血/吐血	杖一百	徒一年半	徒二年	徒三年	徒一年半	徒二年半	徒三年	流二千五百里
折伤	徒一年	徒二年	徒二年半	流二千里	徒二年	徒三年	流二千里	流三千里
折二齿	徒一年半	徒二年半	徒二年半	流二千里	徒二年半	流二千里	流二千里	流三千里
折肋/眇二目	徒二年	徒三年	徒二年半	流二千里	徒三年	流二千五百里	流二千里	流三千里
折支/瞎一目	徒三年	流二千五百里	流二千五百里	流二千五百里	流二千五百里	绞	绞	绞
断舌/毁败阴阳	流三千里	流三千里	流三千里	流三千里	绞	绞	绞	绞
死	斗殴杀者绞，故杀者斩	斩	斩	斩	斩	斩	斩	斩

资料来源：本表主要依据《斗讼律》333条，并兼参考同律302、303、305、306、316等条而制。

① 《唐律疏议》，第383页。

殴打有品博士，如333条问答曰："殴见受业师，加凡人二等，先有官品，亦从品上累加"，这是依据316条疏议曰："殴伤九品以上，各加凡斗伤二等"，[①] 所以问答曰："若斗殴无品博士，加凡人二等，合杖六十；九品以上，合杖八十"；问答又曰："若殴五品博士，亦于本品上累加之。"此在316条对五品以上（学官只有国子司业、国子博士、崇文馆学士、弘文馆学士）及议贵（学官只有国子祭酒）另有规定，依此规定再"加凡人二等"，其刑责计算亦如附表。[②] 至于六品至九品的学官，指太学、四门博士、助教等。

以上是分析唐至清的政府，明文规定保障现任学官的人身安全，其与唐同时代的日本亦同。若从中华法系地区的立法再来检讨时，除前述日本以外，例如朝鲜半岛的统一新罗时代，行用唐律。到李朝时代，则采用明律，[③] 但明律以唐律为蓝本，所以李朝之刑律仍多同于唐律。其对学官之特殊保障亦同。例如关于殴伤见受业师之规定，《大明律直解》卷二〇《斗殴律》"殴受业师"条云：

> 凡殴受业师者，加凡人二等；死者，斩。[④]

此条之律文，当然为明律，《直解》只不过是对此条之规定加注吏读及解释而已。足见唐律有关学官之特殊保障，亦适用于传统的韩国。

再看越南，潘辉注之《历朝宪章类志》（1821年撰）卷二六《刑律志》云：

> 诸殴骂见受业师者，加凡人三等；死者，斩。[⑤]

---

① 《唐律疏议》，第399页。

② 钱大群：《唐律疏义新注·斗讼律》"流外官以下殴议贵及殴伤九品以上官"条（总316条），南京师范大学出版社，2007，第690页《引述》，第692页注7。

③ 《经国大典》卷五《刑典·用律》曰："用大明律"。收入景仁文化社编辑部《朝鲜王朝法典集》1，景仁文化社，1969，第1页（总第469页）。

④ 朝鲜总督府中枢院：《（校订）大明律直解》，1936，第8页（总第456页）。

⑤ 引文据日本东洋文库所藏之抄本。

此一《刑律志》所载之内容，被认为是保存了越南最古之法典，此即黎朝洪德年间（1470～1496）所完成之《洪德律》乃至“国朝律条”，简称《黎律》。《黎律》是以唐、明律为蓝本，[①] 所以也有关于“见受业师”的规定。唯黎律此条规定，较之唐、明律，有两点不同，一为“骂”亦包括在受罚之内；一为“加凡人三等”。若非笔误，则越南对“见受业师”之保障，可谓居东亚诸国之冠。

政府为何要立法尊师？也就是说殴伤见受业师，为何要加凡人二等？从大的方向而言，师生的结合，是“以义相从”，其立法意旨，即基于“礼之所尊，尊其义也”。反过来说，就是“不义”，前引《名例律》“十恶”条列为第九恶，疏议曰：

> 礼之所尊，尊其义也。此条元非血属，本止以义相从，背义乖仁，故曰“不义”。[②]

所谓“背义乖仁”之不义行为，非只违背“礼教”之义，[③] 亦是背道行为。《中庸》曰：“修道以仁”；[④] 孔子曰：“行义以达其道”。[⑤] 足见修仁义，亦即修道；而师者正是传授仁义，亦即传道。到韩愈时，始正式将这一观念具体提出。其实唐律对学官的保障，已隐含学官之任务在“传道”，故侵犯“见受业师”，被视为“不义”之恶。前引《斗讼律》“殴伤见受业师”条（总 333 条），疏议曰：

> 礼云“凡教学之道，严师为难。师严道尊，方知敬学”。如有亲承儒教，伏膺函丈，而殴师者，加凡人二等。“死者，各斩”，称

① 参看仁井田陞《南方民族法と中國法との交涉——黎朝刑法考》，收入《（補訂）中国法制史研究：刑法》，東京大学出版会，1980，第 582～583 页。

② 《唐律疏议》，第 15 页。

③ 参看蔡墩铭《唐律与近世刑事立法之比较研究》，台北，中国学术著作奖助委员会，1972，第 343～344 页。

④ 《十三经注疏》之《礼记正义》卷五二《中庸》，第 3535 页。

⑤ 《十三经注疏》之《论语注疏》卷一六《季氏》，第 5480 页。

> “各”者，并殴继父至死，俱得斩刑。[①]

此处之“礼云”，指《礼记·学记》。[②] 据此可知殴杀见受业师，所以加重刑责，在于尊师重道。所谓“严师”之“严”字，郑玄注曰：“尊敬也”，并非为严格之义。师严道尊，就是尊师重道之意。《学记》甚至说：“当其为（君主）师，则弗臣也。”如果有亲身接受儒业教导，却殴打老师，就要比一般人加罪二等；杀老师，处斩。

“殴师者，加凡人二等”，就法而言，是代表何种意义？《斗讼律》“两相殴伤论如律”条（总 310 条），疏议举例说：假使有甲乙二人，甲是良人，乙是贱隶，“乙殴甲不伤，加凡人二等，合杖六十之类。”[③] 这样的刑责，正是“殴师者，加凡人二等”。也就是生徒殴打老师，在刑责上相当于贱民殴打良民，所以师生关系在法方面等同良贱关系。“部曲奴婢过失杀伤主”条（总 323 条）疏议曰“奴婢犯良人加二等”，[④] 可作旁证。

但自孔子讲学以来，社会习惯是将人师视为父兄来教导生徒，所以称生徒为弟子。父兄、弟子，乃成为师生关系的基本图式，尤其是拟制的父子关系。《礼记·曲礼上》“从于先生”以下一段，孔颖达《疏》曰：

> 先生，师也。谓师为先生者，言彼先己而生，其德多厚也。自称为弟子者，言己自处如弟子，则尊师如父兄也。故公西华、子夏之徒答孔子皆自称弟子也。雷次宗（按，南朝宋之大儒）以为师如父兄，故自称弟子也。[⑤]

此即将先生（师）、弟子视为父兄、弟子。《管子·弟子职》中的先生、弟子关系也是如此。《吕氏春秋》“尊师”条所谓善教者“视徒如己”，乃至

① 《唐律疏议》，第 420 页。

② 《礼记·学记》：“凡学之道，严师为难。师严然后道尊，道尊然后民知敬学。是故，君之所不臣于其臣者二：当其为尸，则弗臣也；当其为师，则弗臣也。大学之礼，虽诏于天子，无北面，所以尊师也。”《十三经注疏》之《礼记正义》，第 3302 页。

③ 《唐律疏议》，第 393 页。

④ 《唐律疏议》，第 408 页。

⑤ 《十三经注疏》之《礼记正义》，第 2680 页。

“师徒同体”说，也不外将师生当作父兄、弟子解。当然先生一词还有他解，如年长、齿爵、老人、术士等。[①]

孔子说：“回也，视予犹父也。”[②] 这是弟子父事其师的典型例子。所以，孔子卒后，弟子皆服心丧三年；子贡且在墓地筑屋，又独居三年。其后，弟子及鲁人陆续筑屋于墓地达百余室，这便是“孔里”的由来。[③] 孔子学团的学风，经孟子的提倡后，影响此后深远。[④] 例如有名的胡瑗教学，《宋史》卷四三二《胡瑗传》云：

> 瑗教人有法，科条纤悉备具，以身先之。虽盛暑必公服坐堂上，严师弟子之礼。视诸生如其子弟，诸生亦信爱如其父兄。从之游者常数百人。（仁宗）庆历中，兴太学，下湖州取其法，著为令。[⑤]

此即胡瑗学团的师生关系，处在父兄、弟子之礼。胡氏教学法，更成为庆历兴学的张本，并著为学令。在历史上，为师者照顾门徒如子弟，甚至散财济助生徒生活，不乏其例；师卒，弟子依古礼为师奔丧，亦时有所闻。（清）徐乾学《读礼通考》卷二五收录汉以下迄明为止，弟子为师服心丧三年之例多则，读者可参照。

若就唐律的规定，《斗讼律》“殴兄姊等”条（总 328 条）曰：

> 诸殴兄姊者，徒二年半；伤者，徒三年；折伤者，流三千里……

---

① 参看俞正燮《癸巳存稿》卷四“先生释集”条，台北，台湾商务印书馆，1956；《俞正燮全集》，于石、马君骅、诸伟奇校点，黄山书社，2005。杨伯峻以为《论语》言先生者二，皆指年长者；而马融谓先生为父兄，亦通。其言弟子者七，其五谓门人，其二则指年幼者。参看杨伯峻编著《论语译注·为政篇》2.8 条注释，台北，源流文化公司，1982，第 17 页。

② 《十三经注疏》之《论语注疏》卷一一《先进》，第 5427 页。

③ 《十三经注疏》之《孟子注疏》卷五下《滕文公章句上》曰：“筑室于场，独居三年，然后归。”第 5884 页。称“孔里”一事，参见（汉）司马迁撰，（南朝宋）裴骃集解，（唐）司马贞索隐，（唐）张守节正义《史记》卷四七《孔子世家》，中华书局，1982，第 1945 页。

④ 市川本太郎氏以为孟子是提倡原始儒家的师道，尤其是孔子学团的师道与情爱，可谓为第一人者。参看市川本太郎《古代中国における儒家教育思想の論理構造》，收入多贺秋五郎编著《古代アジア教育史研究》，日本学術振興会，1977，第 370～371 页。

⑤ （元）脱脱等撰《宋史》，中华书局，1985，第 12837 页。

伯叔父母、姑、外祖父母，各加一等。[①]

《斗讼律》“殴詈祖父母、父母”（总329条）曰：

诸詈祖父母、父母者，绞；殴者，斩；过失杀者，流三千里；伤者，徒三年。[②]

此即弟殴兄者，徒二年半；子殴父者，斩。弟、子殴兄、父之刑责远比加凡人二等来得严重，唐律对生徒之刑责，终于舍此重刑，而改采较轻之刑责，可能是师生关系如前引《名例律》“十恶·不义”条疏议曰：“元非血属，本止以义相从”[③] 的拟血缘关系。

3. 官学师生关系与僧道师主关系的比较

有关僧道师主关系，《名例律》“称道士女官”条（总57条）如下规定：“诸称道士、女官者，僧、尼同。若于其师，与伯叔父母同。”疏议曰：

师，谓于观寺之内，亲承经教，合为师主者。若有所犯，同伯叔父母之罪。依斗讼律：“詈伯叔父母者，徒一年。”若詈师主，亦徒一年。余条犯师主，悉同伯叔父母。[④]

此条律文又规定：“其于弟子，与兄弟之子同。”疏议曰：

谓上文所解师主，于其弟子有犯，同俗人兄弟之子法。依斗讼律：“殴杀兄弟之子，徒三年。”《贼盗律》云：“有所规求而故杀期以下卑幼者，绞”。兄弟之子是期亲卑幼，若师主因嗔竞殴杀弟子，徒

① 《唐律疏议》，第413页。
② 《唐律疏议》，第414页。
③ 《唐律疏议》，第15页。
④ 《唐律疏议》，第143~144页。

> 三年；如有规求故杀者，合当绞坐。[①]

根据此条规定及疏议说明，道士、女官（亦称女冠）、僧、尼于其师主的关系是视同俗人侄子与伯叔父母，若殴其师，徒三年；伤其师，流二千里（参看前引《斗讼律》“殴兄姊等”条［总328条］）。而师主对其弟子的关系，是情同俗人对其兄弟之子的关系，疏议引《斗讼律》（即前引总328条），“殴杀兄弟之子，徒三年。”盖伯叔父母、兄弟之子均属于服制的期亲。就徒三年之刑责而言，官学之生徒是要殴到议贵身分者（三品以上），因只有国子祭酒一人而已，机率可说微乎其微，足见寺观犯禁实较官学为严。

虽是如此，寺观师弟相犯，仍没列入十恶之内，这是基于何种考虑？除律已对寺观犯禁科以重刑外，终究为个人信仰与养育关系，而官学生系准官人，享有免徭役，同时服膺儒业、厉行国家统治原理者，两者性质完全不同，所以不能相提并论。

《名例律》此条行用至明律，大致同于唐律，其“称道士女冠”条曰：

> 凡称道士、女冠者，僧尼同。若于其受业师，与伯叔父母同。（受业师，谓于寺观之内，亲承经教，合为师主者。）其于弟子，与兄弟之子同。[②]

清律对寺观师弟关系又作更详细的注释。其《名例律》“称道士女冠”条曰：

> 凡（律）称道士、女冠者，僧尼同。（如道士、女冠犯奸，加凡人罪二等。僧尼亦然。）若于其受业师，与伯叔父母同。（如俗人骂伯叔父母，杖六十、徒一年，道冠、僧尼骂师，罪同。受业师，谓于寺观之内，亲承经教，

① 《唐律疏议》，第144页。

② 参看黄彰健《明代律例汇编》，第357页。

合为师主者。）其于弟子，与兄弟之子同。（如俗人殴杀兄弟之子，杖一百、徒三年，道冠、僧尼殴杀弟子，同罪。）①

沈之奇《律后注》曰：

道士、女冠与僧尼虽不同，而皆系出家之人，故犯罪者同论。幼蒙养育，受业为师，则不特名分，兼有恩义，故有犯于师者，与伯叔父母同；有犯于弟子者，与兄弟之子同也。称子者，男女同，与尼与女冠该之矣。②

其《律上注》曰：

按：常人殴受业师，止加凡人二等。道冠尼僧，直同期亲尊长，盖教而兼养，终身不离，衣钵相承，恩义并重也。然必审其师非挟私，徒真负义，乃可坐也。

或云同师之子弟相犯，当依堂兄弟。非也。虽同受业于师，实凡人也。本无天亲，岂得分长幼为兄弟？律止言师与弟子，既无正文，岂可附会？以凡论为是。③

据此可知到清律的规定又更严厉，其詈骂、殴杀之判刑，除徒刑外，又加杖。沈氏的《律上注》且指出同师之子弟相犯，是以凡论，这也是律文一直没规定清楚的。

（三）国：以君臣关系为例

《左传》曰："国之大事，在祀与戎。"（成公十三年条）④ 兹以国家祀礼与君臣关系说明失礼入刑的规范。

---

① 《大清律辑注》，第 115 页。

② 《大清律辑注》，第 115 页。

③ 《大清律辑注》，第 115 ~ 116 页。

④ 《十三经注疏》之《春秋左传正义》卷二七，第 4149 页。

1. 国家祀礼

隋唐将国家的祭祀礼仪分为大、中、小祀三等级，其违礼祭祀，于律有罚。

例如《职制律》“大祀不预申期及不如法”条（总98条），曰：“诸大祀不预申期及不颁所司者，杖六十；以故废事者，徒二年。”疏议曰：

> 依令：“大祀，谓天地、宗庙、神州等为大祀。或车驾自行，或三公行事。斋官皆散斋之日，平明集省，受誓诫。二十日以前，所司预申祠部，祠部颁告诸司。”其不预申期及不颁下所司者，杖六十。即虽申及颁下，事不周悉，所坐亦同。以故废祠祀事者，所由官司，徒二年。应连坐者，各依公坐法，节级得罪。[①]

所谓“依令”，即指《祠令》。律文又曰：“牲牢、玉帛之属不如法，杖七十；阙数者，杖一百；全阙者，徒一年。（全阙，谓一坐。）”疏议曰：

> 牲，谓牛、羊、豕。牢者，牲之体。玉，谓苍璧祀天，璜琮祭地，五方上帝各依方色。帛，谓币帛。称“之属”者，谓黍、稷以下，不依礼、令之法，一事有违，合杖七十；一事阙少，合杖一百；一坐全阙，合徒一年。其本是中、小祀，虽从大祀受祭，若有少阙，各依中、小祀递减之法。阙坐更多，罪不过此。余祀阙坐，皆准此。[②]

所谓“礼、令”，礼指礼典，如《开元礼》（三祀礼，见于卷一《序例上》）；令指《祠令》。律文又曰：“即入散斋，不宿正寝者，一宿笞五十；致斋，不宿本司者，一宿杖九十；一宿各加一等。中、小祀递减二等。（凡言祀者，祭、享同。余条中、小祀准此。）”疏议曰：

> 依令：“大祀，散斋四日，致斋三日。中祀，散斋三日，致斋二

① 《唐律疏议》，第187页。

② 《唐律疏议》，第187页。

日。小祀，散斋二日，致斋一日。散斋之日，斋官昼理事如故，夜宿于家正寝。”不宿正寝者，一宿笞五十，一宿加一等。其无正寝者，于当家之内余斋房内宿者，亦无罪。皆不得习秽恶之事。故礼云：“三日斋，一日用之，犹恐不敬。”致斋者，两宿宿本司，一宿宿祀所。无本司及本司在皇城外者，皆于郊社、太庙宿斋。若不宿者，一宿杖九十，一宿加一等。通上散斋，故云“各加一等”。中、小祀者，谓社稷、日月、星辰、岳镇、海渎、帝社等为中祀，司中、司命、风师、雨师、诸星、山林、川泽之属为小祀。从大祀以下犯者，中祀减大祀二等，小祀减中祀二等，故云“各递减二等”。①

所谓“礼云”，指《礼记·郊特牲》。注曰：“凡言祀者，祭、享同。余条中、小祀准此。”疏议曰：

依祠令：“在天称祀，在地为祭，宗庙名享。”今直举祀为例，故曰“凡言祀者，祭、享同”。“余条中、小祀准此”，但在中祀有犯，皆减大祀二等；小祀有犯，皆减中祀二等。谓下条“大祀在散斋，吊丧问疾”，贼盗律“盗大祀神御物”之类，本条无中、小祀罪名者，准此递减。②

按，本条是有关国家祭祀的基本规定，其内容，多据依礼、令。疏议指出：“不依礼、令之法，一事有违，合杖七十；一事阙少，合杖一百；一坐全阙，合徒一年。”而律文又规定“中、小祀递减二等”，这是违礼、令处罚的基本原则。

2. 君臣关系

违背君臣之礼，最严重的事，就是“无人臣之礼”，也就是“无礼”当中最严重的行为，可分两方面，一是内臣无礼，一是外臣无礼。内臣无礼，指对君主大不敬，列为十恶之第六恶。《名例律》“十恶”条（总

① 《唐律疏议》，第188~189页。

② 《唐律疏议》，第189页。

6条）：

六曰大不敬。（谓盗大祀神御之物、乘舆服御物；盗及伪造御宝；合和御药，误不如本方及封题误；若造御膳，误犯食禁；御幸舟船，误不牢固；指斥乘舆，情理切害及对捍制使，而无人臣之礼。）[①]

疏议曰：

奉制出使，宣布四方，有人对捍，不敬制命，而无人臣之礼者。[②]

此处“不敬制命，而无人臣之礼”，是违背礼教最基本的“敬”字，要处绞刑。其具体的规范，见于《职制律》“指斥乘舆及对捍制使”条（总122条）。武则天将宰相刘祎之赐死，即依据此条办理，但饮鸩而死，比绞刑又宽待。此即垂拱三（687）年五月，刘氏受诬告，太后武则天命肃州刺史王本立办案。当本立宣敕于刘氏时，祎之曰：“不经凤阁鸾台，何名为敕！”太后大怒，以为“拒捍制使”，乃赐死于家。[③] 一般常引祎之之对话，而认为凤阁鸾台（中书门下）之相权可与君权相抗衡，从制度上而言是有这一面，但也不尽然。因为祎之终于以“拒捍制使”之罪名被赐死，君权依然高于相权。

外臣无礼，将如何处理？外臣无礼通常指不修职责，或者侵扰邻国，违反天下秩序之安宁等事，此时中华天子对应方式，如国力强盛，以隋唐为例，通常修书要求谨守职责，或予训诫，如仍无效，乃出兵惩肃，最隆重即天子亲征。此一作为，亦属于失礼入刑之运用，所谓“大刑用甲兵”，[④] 甲兵即被甲之士，甲为盔甲，所以兵即刑也。《大唐开元礼》卷八一到卷八四《军礼》即记载“皇帝亲征”祀礼，由此推知《开皇礼》《贞

---

① 《唐律疏议》，第10页。

② 《唐律疏议》，第12页。

③ 《旧唐书》卷八七《刘祎之传》，第2848页；（宋）司马光编著，（元）胡三省音注《资治通鉴》卷二〇四，中华书局，1956，第6444页。

④ （春秋）（旧题）左丘明撰《国语集解·鲁语上》，徐元诰集解，王树民、沈长云点校，中华书局，2002，第152页。

观礼》之军礼，也应当有皇帝亲征之礼仪。

关于军礼，《礼记·王制篇》记载天子出师之礼，为类（于上帝）、宜（于社）及禡（于所征之地）祭。《隋书·礼仪志》曰："亲征及巡狩，则类上帝、宜社、造庙，还礼亦如之。将发轫，则軷祭。"足见《开皇礼》之军礼是有皇帝亲征礼仪。《隋书·礼仪志》接着详细记载炀帝于大业八年（612）亲征高丽，在蓟城（涿郡）举行宜社礼、类上帝、祭马祖，以及遣使祭先牧及马步。[①]《唐六典》卷四"礼部郎中、员外郎"条记载军礼，其仪二十有三，可知《隋书》所载炀帝的祭礼，已具备其中的一、二、三、四、五、六、十三、十五、十六、十七、十八、十九等项。炀帝精通古礼，此段记载，实是史上首见依据古礼举行军礼祭祀，甚为隆重。唐太宗贞观十九年（645）亲征高丽，亦备类祭等礼，详细不明。[②]《新唐书》卷一六《礼乐志》"军礼·皇帝亲征"条及《大唐开元礼》卷八一至九〇为《军礼》，其卷八一至卷八四亦详载皇帝亲征礼仪，所以太宗依军礼行事，应是不可免。也就是说《贞观礼》之军礼应具有皇帝亲征礼仪，其礼源自《开皇礼》，《唐会要》所增二十九条系《贞观礼》改隋礼者，所以不见于二十九条之内。[③]

结　语

拙稿是透过礼、律要素的来探讨传统家、学、国的秩序运作原理。简单说，在传统社会里，足以影响个人终身的团体，通常就是"家"（或曰家庭）与"学"（或曰师生学团）。这是因为父教、师教受到尊崇的缘故。由"家"与"学"出发，进而在"天下国家"建立"天地之和（乐）"与"天地之序（礼）"的礼（乐）的世界，正是传统士人所要追求的目标。

---

① 《隋书·礼仪志》曰："大业七年，征辽东"，下述炀帝遣诸将筑坛祭祀等事。由于时间记事甚为简略，此处取《资治通鉴》卷一八一系于大业八年（612）正月壬午（初二）条，较为可信。

② 参看（宋）王钦若等编纂《册府元龟》卷一一七《帝王部·亲征》，周勋初等校订，凤凰出版社，2006，第1284页。

③ 详细论证，参看高明士《从军礼论隋唐皇帝亲征》，刘晓、雷闻主编《隋唐辽宋金元史论丛》第8辑，上海古籍出版社，2018，第9～34页。

这样的礼教秩序，使我们想起明清以来民间盛行供奉“天地君亲师”牌位，也是当时社会秩序的指标。所以从礼、律入手，更能具体理解天、地、君（天下国家）、亲（家）、师（学）的传统社会文化及其秩序，也可说是中华传统文化的缩影。

论“天地君亲师”作为一体的思维，其起源通说是源自《国语》《荀子》，也就是春秋战国时期。《国语·晋语》提到父、师、君，未及天、地；[①] 但《荀子》论及天地、先祖、君师三者，且认为是“礼之三本”。[②] 此时君师是合一，而且先祖列于君师之前，显然与“天地君亲师”五者概念仍有差别，唯基本要素即已显现。东汉时期，在《太平经》中最早出现了形式整齐的“天地君父师”的说法。北宋初期，“天地君父师”的表达方式已经正式出现。明清时期，民间社会甚至立牌位于中堂的祖先牌位前供奉“天地君亲师”。但士大夫阶层仍有不将“师”与“天地君亲”并列者。至清雍正元年（1723）四月十八日，帝谕曰：

> 五伦为百行之本，天地君亲师，人所宜重。而天地君亲之义，又赖师教以明。自古师道，无过于孔子，诚首出之圣也。我皇考崇儒重道，超轶千古。[③]

此处明确规定师与天地君亲并列，而且说明尊崇天地君亲的道理，有赖于为师的教导。民国以后，有改为“天地国亲师”。近代学者也有改为“天地圣亲师”的神位，上香行礼。[④]

---

① 《国语·晋语》引栾共子曰：“民生于三，事之如一。”又曰：“父生之，师教之，君食之。非父不生，非食不长，非教不知。生之族也，故一事之。”参看《国语集解》，第247页。

② 《荀子·礼论》曰：“天地者，生之本也；先祖者，类之本也；君师者，治之本也。无天地恶生？无先祖恶出？无君师恶治？三者偏亡焉，无安人。故礼上事天，下事地，尊先祖而隆君师，是礼之三本也。”参看《荀子集解》，第349页。

③ 参看《清实录·清世宗宪皇帝实录》卷六，第135-2页（查阅自中研院历史语言研究所汉籍电子文献数据库）。

④ 以上参看余英时《“天地君亲师”的起源》，收入氏著《现代儒学论》，上海人民出版社，1998，第165~169页；徐梓《“天地君亲师”源流考》，《北京师范大学学报》（社会科学版）2006年第2期，第99~106页。

从以上说明，可知从《荀子》以后，其论“天地君亲师”五者，天地两者不变，只有亲或指父，君师分而为二，近代乃以国、圣取代君等变化而已。其实，基本上这五者仍是维系传统礼教文化的根本。[①] 而拙稿所论诸要点，正亦符合“天地君亲师”诸要素，也就是大略讨论传统文化的基本要项，这是从礼、律的角度探讨，可获得的结论，也是我重视礼、律研究的缘由。

礼是服膺天地的自然法则，以规范人间秩序，不是秦汉王朝以下所刻意颁行的礼仪而已；律是将人间秩序予以强制化，对于违反规制者予以惩罚，广义而言，还应该包含令等法规，可广义释为法制。礼是儒家思想的核心，律等法制亦含法家思想，所以礼、律的探讨，实亦含儒、法思想的要素。但不论儒或法，均重视实践，人间秩序才能获得规范。魏晋以下诸王朝，致力于将儒教法制化，即是对儒教的具体实践，尤其令制的发展。至隋唐时代，随着律令法制的完成，其国家社会已成为礼教中心世界，或曰“礼化”世界。[②] 礼、律如同魂魄，德礼是魂（政教之本），政刑是魄（政教之用），近代立法，采用西方法，几舍德礼（魂），等于丧失“中华魂”。台语名歌“爱拼才会赢”，有句“无魂有体真像稻草人”，比喻甚为贴切。[③]

最近我们读书班研读唐判，给人印象最深刻的，即判词极少引用唐

---

① 余英时指出：“通二千余年以观，其（按：指“天地君亲师”）意义则决不能简单地解释成为专为便于帝王专制而设。无论君亲的先后怎样安排，过去中国民间确信宇宙间有此五大价值。正由于民间接受了这个系统，‘五四’时代陈独秀、吴虞的大声疾呼并不能立刻把这个观念‘完全洗刷得干干净净’。”参看余英时《中国现代价值观念的变迁》，收入氏著《现代儒学论》，第157页。

② 参看黄源盛《唐律中的礼教法律思想》，《政大法学评论》第58期，1997。又，礼主刑辅的礼教社会，今日看来是以道德秩序为主的社会。但是在学理上，道德与法律可否融通，实是问题。学界对此问题，有过讨论。张庆桢以为“中国的礼与法，就是西洋的道德与法律，道德与法律的进化，和礼与法的演进差不多。”（参看张庆桢《礼与法》，《大陆杂志》第16卷第8期，1958，第30页上）梅仲协：《礼法一元论》，《法令月刊》第4卷第6期，1953；林咏荣：《我国固有法上礼与刑合一的作用及其新评价》，《法学丛刊》第13卷第2、3期，1968，亦可参考。马小红指出：“中国现实法治的建设决不能离开道德体系的建设，这一建设无疑是艰苦的，但却是必要的，前途也是光明的。”（参看马小红《礼与法》，经济管理出版社，1997，第230页。）

③ 余英时有“游魂”说，其比喻亦贴切。参看余英时《儒家思想与日常人生》，收入氏著《现代儒学论》，第42、233、242～243页。

律，而是说理或礼。其目的在求取和谐，并非动辄引用法条判定。在实例上，除清代《刑案汇览》有记载少许殴杀师儒之例外，几乎找不到具体事例可供参考，此事当然是数据所限，但似乎也说明国家为“尊师重道”，虽有律文明白规定重罚殴杀师儒者，实际上并非一定要做到重罚多少人，礼教本身其实就是一种规范或约束，所以说“禁于将然之前”。

前引拙书《中国中古礼律综论——法文化的定型》《自序》一开始即指出：“传统中华文化博大精深，其核心价值在于礼、律两大要素；其具体呈现方式，若就学术研究领域而言，则为教育与法制；若化约为具体事物而言，则为学校与法律；若从社会阶层而言，则以教师与家长为代表。”以上所论，大致也是强调这几项。若要复兴或发扬传统文化，拙说或有值得参酌之处。

《中国古代法律文献研究》第十二辑
2018 年，第 049 ~ 119 页

睡虎地秦简法律文书集释（七）：《法律答问》1 ~ 60 简

中国政法大学中国法制史基础史料研读会*

摘 要：本文对睡虎地秦墓竹简《法律答问》的 1 ~ 60 简予以集释，就一些字句提出理解：1 简“不盈五人，盗过六百六十钱”可改读为“不盈五人盗，过六百六十钱”。2 简“不盈二百廿以下到一钱，䙴（迁）之”的含义是耐刑、赀刑仍需执行，此外再加迁刑。13 简对曹人“不当治（笞）”的回答理据，在于赃值过低，对盗者本人是否处罚尚不明确，对负连带责任的人亦不再追究。17 简的“削盗”疑指分解牲畜，取肉而盗。20 简的“此二物其同居、典、伍当坐之。”在认同何四维先生“此二物”断读的基础上，可读作“此二物。其同居、典、伍当坐之，云‘与同罪’，云‘反其

---

* 本文研读的主持人为徐世虹教授。本文初稿统稿：支强、张传玺、朱潇、王安宇、齐伟玲、闫振宇、黄巍、舒哲岚；二稿统稿：徐世虹、支强、张传玺、朱潇、王安宇、齐伟玲、闫振宇、黄巍、舒哲岚；三稿统稿：徐世虹、朱潇、齐伟玲、闫振宇、舒哲岚。终稿审定：徐世虹、朱潇、齐伟玲。时为日本京都大学人文科学研究所访问学者的中国人民大学法学院朱腾副教授为本文提供了资料帮助，谨致谢意。又，本文所引张家山汉简皆出自张家山汉墓竹简整理小组《张家山汉墓竹简〔二四七号墓〕》（文物出版社，2001）；所引龙岗秦简皆出自中国文物研究所等编《龙岗秦简》（中华书局，2001）；所引居延汉简则出自谢桂华、李均明、朱国炤《居延汉简释文合校》（文物出版社，1987）；甘肃省文物考古研究所、中国社会科学院历史研究所《居延新简——甲渠候官》（中华书局，1994）。为避文烦，文中不再逐一出注。

罪'者，弗当坐"，或读作"此二物，其同居、典、伍当坐之"。23~24简的"以买布衣而得"，按中央大学秦简讲读会与朱红林先生的句读，读作"以买布、衣而得"亦通，下句"当以布及其它所买畀甲，衣不当"可读作"当以布及其它所买畀，甲衣不当"。25~26简的"益〈盗〉一肾臧（赃）不盈一钱"，以所盗是否构成"一具"作为处罚的决定条件。29简对盗羊涉及的羊索的处理意见，体现了在无意盗窃之物的价值明显低于有意盗窃之物的情况下，只处罚有意盗窃犯罪行为的原则。30~31简中"抉籥（钥），赎黥"的规则，根据"已启""未启"的行为结果及有无盗意来确定适用。36简可有两种理解：其一，"不直"是对33~34简"端轻"、35~36简"端重"两种情况的涵盖，规范官吏故意不按律文规定时间估赃从而出现赃值偏差，导致刑罚减轻或者加重的情形；其二，"不直"调整的范围不限于估赃，其适用范围以及调整对象更为广泛。37简表明，赦后使用盗钱的行为不影响对赦前的盗罪适用赦。38简的"赀一盾"，是对"端盗驾（加）十钱"的行为适用反坐后的处罚结果。38~39简中对"端盗驾（加）十钱"者适用赀，而40、41简中对"告人"及"诬人"者"毋论"，原因即在于前者所加的10钱影响了盗窃实行犯的量刑，而后者并未影响。其不适用"诬告反坐"的理据是："诬告反坐"须以导致被诬者获得的不应得刑罚为基准，如果被诬者确实有同等程度的该当刑，就难以适用反坐。45简的"告盗驾（加）臧（赃）"是涉及"告盗"的一种罪名，罪名的成立以主观故意、因加赃而导致被告所受刑罚加重为要件。49简的"赀二甲一盾"是对诬人盗窃与实际盗窃两罪的判罚结果。55简的"有秩伪写其印为大啬夫"是对"'侨（矫）丞令'可（何）殹（也）"的举例说明，原因是令、丞之印具有同等行政效力。

关键词：法律答问　不盈一钱　不直　告盗加赃　伪写

【题解】

《法律答问》共210枚简，发现于墓主颈部右侧，出土时被编为丙组，简长25.5cm、宽0.6cm、厚0.1cm。[①] 按整理小组整理，《法律答问》共计187条，均无标题。该组竹简原已散乱，现有编联是整理小组以《法经》六篇的次第试排得出。部分简文暗示出《法律答问》内容的涵盖时段，如190简出现“孝公”，则至少部分简文应晚于商鞅时期；203简有“以玉问王”，则至少部分简文早于秦始皇二十六年。[②]

在形式上，《法律答问》的行文多为问答体裁，有的简文应是源于问答体裁但省略“何论”等发问部分（如12简）；也有部分简文不是问答体裁，而是类似对某一规则的注解（如52简）或记录（如60简）。籾山明先生将《法律答问》的问答分为以下类型：（1）特定用语的概念规定，其中包括：①对难懂之语句所作的辞书性定义。②对模棱两可之用语所作的具体性定义。③区别分辨不清的两个用语。（2）律无规定时的判断，其中包括：④在正文不完全的情况下。⑤在正文全部缺失的情况下。[③]

在内容上，《法律答问》涵盖了概念解释、规则适用疑难的解释和疑难案件的处理等。概念解释既涉及部分法律术语，也涉及非法律概念；规则适用疑难的解释既包括对规则的细化，也包括以“廷行事”突破规则的说明；疑难案件的处理则涉及对法律空白的补充。据张金光先生总结，诸简具体内容涉及盗事者最多，共42条；其他内容涉及贼杀、格斗、主奴、夫妻、家庭、婚姻、四邻、伍人、典老、郡县除佐及辞讼、邑里火灾、民间放牧、乡吏征敛、租赋徭役、户籍登录、户口迁移、民间经济纠纷等。[④]

在性质上，整理小组认为《法律答问》“决不会是私人对法律的任意解释，在当时应具有法律效力”。在认同本篇为官方编纂的基础上，籾山明先生指出，《法律答问》或应是提供给狱吏的实务参考教科书；[⑤] 张伯元

① 《云梦睡虎地秦墓》编写组编《云梦睡虎地秦墓》，文物出版社，1981，第12、18页。

② 参见李学勤《简帛佚籍与学术史》，江西教育出版社，2001，第103页。

③ 〔日〕籾山明：《中国古代诉讼制度研究》，李力译，上海古籍出版社，2009，第21页。

④ 张金光：《秦制研究》，上海古籍出版社，2004，第729页。

⑤ 籾山明先生认为：“由司法实务所产生的种种疑问、疑案，其裁决的过程与结果都会被积累在中央的廷尉之下……这些东西随时可能会被整理为编纂物，为了提供给狱吏的实务参考而向全国颁布。《法律答问》……就是有这样之由来的教科书。”〔日〕籾山明：《中国古代诉讼制度研究》，李力译，第244页。

先生则认为"《答问》可能就是吏民问法的记录"。[①] 亦有学者认为《法律答问》可能出自私人之手，如黄盛璋、张平辙、李学勤诸位先生指出《法律答问》类似于汉代的《律说》；[②] 张金光先生认为这应是喜编选的训吏、学吏教本或自己研习吏事的学吏笔记；[③] 曹旅宁先生指出，《法律答问》根据律条和案例设计题目，做出解答，是一部法律实务题集；[④] 王伟先生则认为《法律答问》是墓主喜在学习治狱、实际治狱、从军等活动中的法律知识笔记。[⑤] 总而言之，关于《法律答问》的性质，具有法律效力的法律解释、秦律说、学吏教材、职务指南、法官私家解释、法律实务题集、法律知识笔记等观点各有其理，有待进一步研究。

《法律答问》部分地反映了当时的法律规定。问答体简文多先引述某种规则，整理小组推测其中包含"可能是律本文的文句"。虽然这些简文不一定是对律文的原样引述，其中亦可能包含秦令乃至"行事"的内容，也不能排除撰写者或抄写者未严格引述的可能性；不过其所述应为秦法律内容，当无疑义。此外部分简文涉及"廷行事"或"行事"，整理小组认为廷行事"即判案成例"，而曹旅宁先生认为"某些'廷行事'最有可能是通过奏谳制度而形成的法庭之惯例"。[⑥] 虽然尚不能确定其性质是判案成例还是惯行做法，也不能断定其与汉"决事比"的关系，但从 38 ~ 39、142 简等来看，其具有法律效力，且可以突破律的规定。

---

① 张伯元先生认为："天下吏民欲知法令，皆问郡县法官……《答问》可能就是吏民问法的记录。"张伯元：《律注文献丛考》，社会科学文献出版社，2009，第 4 页。

② 如黄盛璋先生指出："汉有解释刑律的《律说》，秦可能也有，今依汉《律说》例，定名为《秦律说》。"黄盛璋：《云梦秦简辨正》，《考古学报》1979 年第 1 期，第 2 页；张平辙先生认为："所谓的《法律答问》，其实就是秦代《律说》，而汉代《律说》则是秦代《律说》的因袭。"张平辙：《读秦简牍发微》，《兰州大学学报》（社会科学版）1985 年第 2 期，第 49 页；李学勤先生则指出："……这种法律书籍，类似汉世的'律说'，或可称之为'秦律说'。"李学勤：《简帛佚籍与学术史》，第 111 页。

③ 张金光先生认为："睡虎地秦简大部分内容就是喜（十一号秦墓主）这个执法之吏所编选的训吏、学吏教本，抑或是他自己研习吏事的学吏笔记之类的东西。"张金光：《秦制研究》，第 728 页。

④ 曹旅宁：《睡虎地秦简〈法律答问〉性质探测》，《西安财经学院学报》2013 年第 1 期，第 115 页。

⑤ 王伟：《秦汉简牍所见刑罚制度研究》，博士学位论文，中国人民大学，2013，第 25 ~ 31 页。

⑥ 曹旅宁：《睡虎地秦简〈法律答问〉性质探测》，第 118 页。

以往学界认为《唐律疏议》部分条文的律疏以“问答”解释、补充法律，或许与《法律答问》有渊源关系。是否如此，尚待考实。

【简文】

害盗别徼而盗駕辠之·可謂駕辠·五人盗臧一錢以上斬左止有黥以爲城旦不盈五人盗過六百六十錢1

黥劓以爲城旦不盈六百六十到二百廿錢黥爲城旦不盈二百廿以下到一錢䙴之求盗比此2

【释文】

“害盗別徼而盗，［1］駕（加）罪［2］之。”·可（何）謂“駕（加）罪”？·五人盗，臧（贜）一錢以上，斬左止，有（又）黥以爲城旦；不盈五人，盗過六百六十錢1，［3］黥劓（劓）以爲城旦；不盈六百六十到二百廿錢，黥爲城旦；不盈二百廿以下到一錢，䙴（遷）之。［4］求盗比此2。［5］

【集释】

［1］害盗别徼而盗

（1）害盗

整理小组：即《秦律十八种》中《内史杂》“候、司寇及群下吏”条的“宪盗”，参看该条注〔一〕。[①]

中央大秦简讲读会：“防盗”之意，如自卫团之类。与条文后半段所见“求盗”不同。[②]

栗劲：（“宪”“害”通假）并无说服力。宪盗与害盗同是负责防盗、捕盗同犯罪作斗争的专职官吏，宪盗只不过是设置于禁苑，负责预防和制止侵犯禁苑的犯罪行为，害盗设于基层政权下负责预防和制止居民中的犯罪罢了。[③]

---

① 整理小组对《秦律十八种·内史杂》193 简“宪盗”的注释是：“宪盗，据简文，系一种捕‘盗’的职名，《法律答问》作害盗，‘宪’字《说文》云‘害省声’，故与‘害’字通假。”

② 〔日〕中央大学秦簡講読会：《〈雲夢睡虎地秦墓竹簡〉釋註初稿（承前4）——法律答問（上）》，中央大学大学院：《論究》（文学研究科篇）1981 年 3 月第 13 卷第 1 号，第 79 页。

③ 栗劲：《秦律通论》，山东人民出版社，1985，第 320 页。

何四维：但他（害盗）与前《秦律十八种》193 简提到的“宪盗”相同；……以“害”代“宪”的原因只能从抄写者的习惯或错误方面来寻找；它不是 1978 年整理小组在《秦律十八种》193 简的注里提出的语音通假。[①]

早大秦简研究会：由于害盗巡察管辖领域的边境，禁苑宪盗巡察禁苑，故不能立即将两者认定为同一职务。因此害盗、求盗、禁苑宪盗三者是分别的职责。不过从下文“求盗比之”来看，推测害盗的职务是与求盗相同的捕缚盗贼。[②]

【按】中央大秦简讲读会将“害盗”理解为“防盗”，指出“害盗”与“求盗”不同。中国政法大学中国法制史基础史料研读会曾引《说文通训定声》“害，假借为曷”，认为“害”在先秦两汉可通“曷”，有遏止之义，如《管子·七法》“收天下之豪杰，有天下之骏雄，故举之如飞鸟，动之如雷电，发之如风雨，莫当其前，莫害其后”，以及《淮南子·览冥训》“余任天下，谁敢害吾意者”，王念孙注：“害读为曷，曷止也。”[③] 据此，“害盗”即“曷盗”，当为遏止盗贼的小吏，从字意看，确实与逐捕盗贼的求盗职掌有所不同。对“害盗”与“宪盗”的关系，整理小组认为“害盗”即“宪盗”，但据栗劲和何四维先生意见，“宪”“害”语音通假不可取。何四维先生进而认为以“害”代“宪”的原因只能归结为抄写者的习惯或错误。不过据《岳麓书院藏秦简（肆）》1247（209）简“任者免徙，令其新啬夫任，弗任，免。害盗，除不更以下到士五，许之”，[④] 亦有“害盗”之例，则“害盗”应非错抄。另一种认识，如栗劲先生和早大秦简研究会所言，害盗与宪盗管辖区域有别，本系不同官吏。是否如此，有待更多文例予以考实。

---

① A. F. P. Hulsewé, *Remnants of Ch'in Law*, Leiden E. J. Brill, 1985, p. 120.

② 〔日〕早稻田大學秦簡研究會：《雲夢睡虎地秦墓竹簡〈法律答問〉譯注初稿（一）》，《史滴》1998 年 12 月第 20 号，第 20 页。

③ 中国政法大学中国法制史基础史料研读会：《睡虎地秦简法律文书集释（五）：〈秦律十八种〉（〈效〉——〈属邦〉）、〈效〉》，载中国政法大学法律古籍整理研究所编《中国古代法律文献研究》第 10 辑，社会科学文献出版社，2016，第 70 页。

④ 陈松长主编《岳麓书院藏秦简（肆）》，上海辞书出版社，2015，第 137 页。整理小组释文为：“害（宪）……士五（伍），许之。”

（2）别徼

整理小组：别，读为背。徼……即游徼的省称……是负责捕“盗”的小官。一说，别意为分别，徼意为巡逻。

中央大秦简讲读会：徼，境。或可说是害盗巡逻的管辖领域之境。别，离，从应该巡逻的管辖领域离开之意。[①]

何四维：（整理小组提出的）通假无从证明……对我来说，如可将“徼”修改为“道路”之意（整理小组的一说），就似是正解。[②] 别徼，走不同的道路。（译）[③]

早大秦简研究会：《史记·五宗世家》彭祖条“上书愿督国中盗贼。常夜从走卒行徼”，司马贞《索隐》“徼是郊外之路，谓巡徼而伺察境界”，故推测徼为边境的境界，经过设置在那里的路进行巡逻。或者是在害盗管辖领域的境界内事先设定了应该巡逻之路，害盗离开该路而行盗的情况，就被表述为“别徼盗”。[④]

陈伟武：“别”字既非读为背，亦非指分别，实为他别之别，即另外之意……“徼”字固然可作游徼省称，亦有巡逻义，而且还有求取、谋求义……“别徼而盗”就是别有求取而行盗的意思。[⑤]

张伯元：“徼”有表“边徼”、边境之义……别……离开；不作分别、背着解……别徼，也就是出边关要塞。[⑥]

彭浩：别徼疑指本人巡逻区域以外的地方。[⑦]

【按】目前对于“别徼”的理解有两种思路。一是将“别徼”当作一种行为，“别”“徼”二字分别解释，如整理小组将其译为“背着游徼”，

---

① 〔日〕中央大学秦簡講読会：《〈雲夢睡虎地秦墓竹簡〉釋註初稿（承前4）——法律答問（上）》，第79～80页。

② A. F. P. Hulsewé, *Remnants of Ch'in Law*, p. 121.

③ A. F. P. Hulsewé, *Remnants of Ch'in Law*, p. 120.

④ 〔日〕早稻田大學秦簡研究會：《雲夢睡虎地秦墓竹簡〈法律答問〉譯注初稿（一）》，第21页。

⑤ 陈伟武：《睡虎地秦简核诂》，载张永山主编《胡厚宣先生纪念文集》，科学出版社，1998，第206～207页。

⑥ 张伯元：《出土法律文献丛考》，上海人民出版社，2013，第95页。

⑦ 陈伟主编，彭浩撰著《秦简牍合集》（释文注释修订本壹），武汉大学出版社，2016，第181页。

但如夏利亚先生所说，“别”作“背”解并无文例。[1] 整理小组另有“一说”，“别”为分别，“徼”为巡逻。睡虎地秦简中的文例，如《秦律十八种·仓律》33 简“程禾、黍□□□□以书言年，别其数，以稟人”中的“别”为分别之意，《封诊式》26 简“自昼甲将乙等徼循到某山”中的“徼”即为“巡逻”，字意上可成立。若整句理解，即是害盗分别巡逻而行盗要加罪，所谓“分别巡逻”或为害盗巡逻的常态。何四维先生认为“徼”理解为道路更佳，“别徼”即走不同道路。早稻田大学秦简研究会进一步提出“别徼”是害盗离开管辖区域内应该巡逻的道路而行盗。二说皆于文意、律意无碍。另外有学者将本条“别徼”理解为名词，如朱绍侯先生提出：“假如执法官吏知法犯法，则加重处罚。如‘害盗、别徼盗’，或‘求盗盗’，害盗、别徼和求盗身为执法官而行盗窃……”[2] 冨谷至先生也提出：“在这个‘对害盗、别徼等盗贼取缔官盗窃行为的惩处比一般盗窃为重，即予以“驾罪”处罚’的秦律规定中……”[3] 两位学者均将“别徼”视为与害盗并列的执法官或盗贼取缔官。由于“别徼”一词目前尚未见于其他文献记载，故尚难确定其是否为官吏之名。

［2］驾（加）罪

中央大秦简讲读会：累积加算所犯复数之罪。[4]

早大秦简研究会：加罪规定，并非机械的加罪一等，而是根据赃额与盗者人数事先设定了加重刑。[5]

冨谷至：“加罪”是加罚即附加刑罚的意思。[6]

韩树峰：判罚群盗先有一般盗窃这样一个参照系，在这个基础上再加

---

① 夏利亚先生指出：“《睡简》中另含有‘别’字的句子有 10 个……没有读为‘背’且理解为‘背着’的。故，本句之别也不当理解为背着，当以整理小组之‘一说’为是。”夏利亚：《秦简文字集释》，博士学位论文，华东师范大学，2011，第 279 页。

② 朱绍侯主编《中国古代治安制度史》，河南大学出版社，1994，第 87 页。

③ 〔日〕冨谷至：《秦汉刑罚制度研究》，柴生芳、朱恒晔译，广西师范大学出版社，2006，第 20 页。

④ 〔日〕中央大学秦簡講読会：《〈雲夢睡虎地秦墓竹簡〉釋註初稿（承前 4）——〈法律答問〉（上）》，第 80 页。

⑤ 〔日〕早稻田大學秦簡研究會：《雲夢睡虎地秦墓竹簡〈法律答問〉譯注初稿（一）》，第 27～28 页。

⑥ 〔日〕冨谷至：《秦汉刑罚制度研究》，柴生芳、朱恒晔译，第 20～21 页。

重处罚，这是“加罪”的真正含义……对于执法人员的故意犯罪，没有合适的参照系，就直接援引“加罪”这样的案例进行处罚。[①]

彭浩：“加罪”，就是“加罪一等”。[②]

陶安あんど：与普通盗犯相比，加重盗犯的“黥为城旦”和“黥劓以为城旦”分别与普通盗犯之“完为城旦”和“黥为城旦”相对，很明显含有罪加一等的意思。[③]

【按】关于本条“加罪”是否“加罪一等”之例，石冈浩先生指出：“概观‘害盗别徼而盗’条所见的‘加罪’内容，可知此‘加罪’规定并非机械地加罪一等，而是预先设置了因赃值与盗人数而加重的刑罚。在这点上，它与……张家山汉简《奏谳书》案例20中所见的‘有白徒罪二者，驾（加）其罪一等’的加重方法，在法则上是不同的。加罪一等的加罪方法，对任何案件都易于适用，而本译注探讨的‘加罪’规定，由于按赃值量刑已经固定，因此据犯罪者的身份与情节量刑，就有可能过度或不足。所以此‘加罪’规定不具有对各种身份的人（例如属于监临主守的各官职）都可以适用的性质，而只是适用狭小范围内的有身份者。据此推测，恐怕此‘加罪’规定是以害盗为对象制定的，只适用于具有同样职责的求盗。”[④] 另据《岳麓书院藏秦简（伍）》1806（291）简：“·令曰：诸从者有卖买而绐（诒）人，与盗同法，有（又）驾（加）其辠一等，耐辠以下有（又）礜（迁）之；从而奸，皆以强与人奸律论之。”[⑤] 此简单独规定耐刑和赀刑均加迁，可见迁刑不是耐刑和赀刑加罪的一等。

［3］不盈五人，盗过六百六十钱

【按】“盗”或可上读，“不盈五人盗”与前句“五人盗”相对；“过六百六十钱”与前“赃一钱以上”相对，省略“赃”。《岳麓书院藏秦简

① 韩树峰：《秦汉徒刑散论》，《历史研究》2005年第3期，第45页。

② 彭浩：《谈〈二年律令〉中“鬼薪白粲”加罪的两条律文》，载武汉大学简帛研究中心主办《简帛》第2辑，上海古籍出版社，2007，第439页。

③ 徐世虹等著《秦律研究》第七章“秦律刑罚等序研究序说”（〔德〕陶安撰），武汉大学出版社，2017，第250页。

④ 〔日〕中央大学秦簡講読会：《〈雲夢睡虎地秦墓竹簡〉釋註初稿（承前4）——法律答問（上）》，第80页。

⑤ 陈松长主编《岳麓书院藏秦简（伍）》，上海辞书出版社，2017，第195页。

(伍)》1851（250）简“【律】论遗者，以臧（赃）赐告者，臧（赃）过四千钱者，购钱四千，勿予臧（赃），入县官”,[①] 是为“臧（赃）过若干钱”之例。如此整句可读为：“不盈五人盗，过六百六十钱。”

［4］不盈二百廿以下到一钱，罨（迁）之

整理小组：不满二百二十钱而在一钱以上，加以流放。（译）

彭浩：改耐、赀为迁。[②]

【按】彭浩先生曾对秦律中的盗罪量刑进行了划分，即赃值过六百六十钱，黥为城旦舂；二百二十钱到一百一十钱，耐为隶臣妾；一百一十钱到二十二钱，赀二甲；不盈二十二钱到一钱，赀一盾。在此基础上认为“不盈二百廿以下到一钱，迁之”，就是改耐、赀为迁。[③] 对此或可进一步分析。在本简五人盗赃值盈1钱和不盈五人盗赃值盈220钱的两种情形下，“加罪”分别由“斩左止为城旦”加为“斩左止为城旦+黥”，由“黥为城旦”加为“黥城旦+劓”（660钱以上）及由“完城旦”加为“完城旦+黥”（220钱到660钱），均表现为在常人盗刑罚基础上另行附加肉刑，即“甲刑+乙刑”形式，而非“从甲刑变为乙刑”，因此耐刑以下亦应如此。又，前引《岳麓书院藏秦简（伍）》1806（291）简与本条相似，在该当刑罚是赀耐刑时，再附加迁刑，而不是由迁刑替换原赀、耐刑。《二年律令·□市律》261、262简：“诸诈（诈）绐人以有取，及有贩卖贸买而诈（诈）绐人，皆坐臧（赃）与盗同法，罪耐以下有（又）罨（迁）之。”其理亦同。故本条原赀、耐刑仍应执行，此外再加迁刑。

［5］“害盗别徼而盗，驾（加）罪之。”……求盗比此

【按】本条问答需要解决的问题是：在“害盗别徼而盗”的情境里“加罪”的具体方式。石冈浩先生认为本条“加罪”规定适用的身份范围

---

① 陈松长主编《岳麓书院藏秦简（伍）》，第151页。对原释文最后一句“勿予臧（赃）入县官”，此处改断读为“勿予臧（赃），入县官”，或认为“臧”下脱重文号，应读作“勿予臧（赃），臧（赃）入县官”。

② 彭浩：《谈〈二年律令〉中“鬼薪白粲”加罪的两条律文》，第439页。

③ 彭浩：《谈〈二年律令〉中“鬼薪白粲”加罪的两条律文》，第439页。

狭小，据此推测是针对害盗制定的，也只及于具有同样职责的求盗。① 从简文的解答来看，“加罪”是在常人盗刑罚的基础上增加刑罚。常人盗，按参与人数，分为五人以上群盗和四人以下非群盗。结合本简与《法律答问》125～126简“群盗赦为庶人，将盗戒（械）囚刑罪以上，亡，以故罪论，斩左止为城旦”，群盗的刑罚为赃一钱以上斩左趾为城旦；非群盗的刑罚方式为计赃处刑，从赀一盾到黥为城旦舂。据此，“害盗别徼而盗”的“加罪”是以常人盗的刑罚为基准加刑：参与群盗的，在斩左趾为城旦上加黥；参与非群盗的，完城旦加黥，黥城旦加劓，在赀、耐刑序列内，加迁刑。害盗参与非群盗的加刑内容可总结如表1：

表1　害盗参与非群盗与非群盗常人盗（男性）所获刑罚对照表

赃值 X	常人盗(男性)刑罚[1]	害盗刑罚	加刑内容
X≥660 钱	黥城旦	黥劓城旦	劓
660 钱＞X≥220 钱	完城旦	黥城旦	黥
220 钱＞X≥110 钱	耐隶臣	(耐隶臣,)迁	迁
110 钱＞X≥1 钱	赀刑	(赀刑,)迁	迁

注：[1] 对秦盗赃赃值和刑罚等级的复原，参前引彭浩先生之文《谈〈二年律令〉中“鬼薪白粲”加罪的两条律文》（第439页）；汉初律中的相关规定，见《二年律令·盗律》55、56简。后文不赘注。

【译文】

“害盗分别巡逻（或离开辖区内应当巡逻的道路）去盗窃，对其加罪（处罚）。”·什么叫“加罪”？·五人共同行盗，赃物在一钱以上，斩左趾并黥为城旦；不满五人行盗，（赃值）超过六百六十钱，黥劓为城旦；不满六百六十钱而在二百二十钱以上，黥为城旦；不满二百二十钱而在一钱以上，实行（赀/耐刑和）迁刑。求盗比照此条。

【简文】

求盜＝當刑爲城旦問辠當駕如害盜不當＝3

【释文】

求盜盜，當刑爲城旦，[1] 問罪當駕（加）如害盜不當？當3。

---

① 〔日〕早稻田大學秦簡研究會：《雲夢睡虎地秦墓竹簡〈法律答問〉譯注初稿（一）》，第27～28頁。

【集释】

[1] 刑为城旦

【按】本条说明，求盗因盗窃而“刑为城旦”时，应与害盗一样加罪。既问“加罪”，则在语义上“刑城旦”应指未适用加罪时的量刑结果，即不考虑求盗的特殊身份而适用常人盗的相关规定。据上简，常人盗所涉刑罚中，可称作刑城旦的仅是群盗罪的“斩左趾城旦”和非群盗罪赃过六百六十钱的“黥城旦”，故而“刑城旦”特指加罪前的“斩左趾城旦”和“黥城旦”。

【译文】

求盗盗窃，应处刑城旦，问应不应当像害盗那样加罪？应当。

【简文】

甲謀遣乙盜一日乙且往盜未到得皆贖黥4

【释文】

甲謀遣乙［1］盜，一日，乙且往盜，未到，得，皆贖黥4。

【集释】

[1] 甲谋遣乙

整理小组：甲主谋派乙……（译）

若江贤三：即甲与乙共谋想要盗窃但在未遂阶段即被捕获。这种情况下甲乙都应“赎黥”。估计如果既遂后被捕的话，甲乙的量刑都为黥城旦的实刑。①

早大秦简研究会：虽然是“甲谋”，实际上乙应该也参与了谋。若江氏将本条的“谋”解释为甲与乙共谋，应该是妥当的。②

陶安あんど：《答问》简5、4、67之答问，是对推定为并未加入实行犯的一人教唆者（首谋者），在各种不同情况下的刑事责任的讨论。简4是实行犯未遂的情况……③

① ［日］若江賢三：《秦律における贖刑制度（上）——秦律の体系的把握への試論——》，《愛媛大学法文学部論集》（文学科編）1985年第18号，第85页。

② ［日］早稻田大學秦簡研究會：《雲夢睡虎地秦墓竹簡〈法律答問〉譯注初稿（一）》，第32页。

③ ［德］陶安あんど：《秦漢刑罰体系の研究》，東京外国語大学アジア・アフリカ言語文化研究所，2009，第421页，注释66。

刘晓林、李芳：从其含义来说，应当是先有“谋”，即谋遣他人者与被谋遣者双方已对犯罪实行行为的大致内容有了基本一致的认识；而后有“遣”，即被谋遣者着手实施犯罪行为。①

【按】“谋遣”亦见于《法律答问》5简“人臣甲谋遣人妾乙盗主牛，买（卖），把钱偕邦亡，出徼，得，论各可（何）殹（也）？当城旦黥之，各畀主”，67简“甲谋遣乙盗杀人，受分十钱，问乙高未盈六尺，甲可（何）论？当磔”，《二年律令·盗律》57简“谋遣人盗，若教人可（何）盗所，人即以其言□□□□□及智（知）人盗与分，皆与盗同法”。早大秦简研究会认为，秦律中的谋也是二人以上共同谋划犯罪。本条简首说“甲谋”，似如甲一人谋一般，同例亦见《法律答问》5简与67简，但这三例都是复数犯人参与犯罪，因此难以将这些简文中的“谋”置于前述的概念范畴之外。② 从上述简文来看，“甲谋遣乙”的要素包括：其一，甲乙有“谋”，即共同商议犯罪的行为。因此甲乙均有犯罪意图，从而排除甲一人策划派遣不知情的乙下手实行犯罪的情况。其二，乙下手实行，甲非实行犯。从以上二点尚不能确定甲乙在策划犯罪过程里的作用。“谋遣”一词应是从甲的角度对“与谋”且事先即明确不下手实行的行为的描述。据诸简所示，谋遣者与实行者处刑相同。

【译文】

甲与乙谋划并派乙去盗窃，一天，乙去盗窃，还未到达，就被捕获，甲乙都处赎黥。

【简文】

人臣甲謀遣人妾乙盜主牛買把錢偕邦亡出徼得論各可殹當城旦黥之各畀主5

【释文】

人臣甲謀遣人妾乙盜主牛，買（賣），把錢偕邦亡，出徼，得，論各可（何）殹（也）？當城旦黥之，［1］各畀主5。［2］

① 刘晓林、李芳：《再论秦汉律中的谋杀》，载沈之北编著《3个U集：霍存福教授从教三十年纪念文集》，知识产权出版社，2015，第303页。

② 〔日〕早稻田大學秦簡研究會：《雲夢睡虎地秦墓竹簡〈法律答問〉譯注初稿（一）》，第32页。

【集释】

［1］城旦黥之

整理小组：据简文应指与城旦相同的黥刑。古时黥刑刺墨的位置和形式可有不同，城旦黥是按城旦刺墨的方式施黥。

早大秦简研究会：在本条的情况下，是处以并非黥城旦的城旦黥之……也许城旦黥之是与黥城旦相当的刑罚。[①]

陶安あんど：人臣、奴婢犯“黥城旦”罪，刑罚名称与“黥颜頯”有别，为“城旦黥之”。[②]

【按】“城旦黥之”之例又见于《法律答问》73简：“人奴擅杀子，城旦黥之，畀主。”《岳麓书院藏秦简（肆）》2129（037）、2091（038）简“奴婢毄（系）城旦舂而去亡者，毄（系）六岁者，黥其𩕄（颜）頯；毄（系）八岁者，斩左止，毄（系）十岁、十二岁者，城旦黥之，皆畀其主”，又0186（100）简“……奴婢从诱，其得徼中，黥𩕄（颜）頯；其得故徼外，城旦黥之；皆畀主”。[③] 京大人文研“秦代出土文字史料研究”班已指出，据37、38简，城旦黥重于斩左趾；据100简，城旦黥重于黥颜頯。[④] 关于“城旦黥”的具体内涵和执行方式，目前尚不明确。

［2］人臣甲谋遣人妾乙盗主牛……各畀主

彭浩：甲、乙有盗牛罪和逃亡罪。盗牛罪处完城旦，现二罪并论，处黥城旦。[⑤] 本案例是以“邦亡”论罪。盗窃罪轻，邦亡罪重，以重罪论决。[⑥]

早大秦简研究会：本条甲与乙犯了盗牛与邦亡二罪，二人均被处以城旦黥之，这是对二罪之中的何罪的处罚呢……从以上可知，盗牛罪与邦亡罪均处黥城旦刑。因此，不存在何者刑罚为重的情况。就此而言，

---

① 〔日〕早稻田大學秦簡研究會：《雲夢睡虎地秦墓竹簡〈法律答問〉譯注初稿（一）》，第36～37页。

② 徐世虹等著《秦律研究》第七章“秦律刑罚等序研究序说”（〔德〕陶安撰），第248页。

③ 陈松长主编《岳麓书院藏秦简（肆）》，上海辞书出版社，2015，第51、72页。

④ 〔日〕“秦代出土文字史料の研究”班：《嶽麓書院所藏簡〈秦律令（壹）〉譯註稿その（一）》，《東方學報》京都第92册，2017，第177～178页。

⑤ 彭浩：《秦〈户律〉和〈具律〉考》，载李学勤主编《简帛研究》第1辑，第53页。

⑥ 陈伟主编，彭浩撰著《秦简牍合集》（释文注释修订本壹），第184页。

在一般情况下，甲乙被处以黥城旦刑……不过关于盗牛罪，本条的情况是奴婢盗窃主人，应考虑会科以较一般为重的刑罚，因此也有可能未必尽然。[①]

陶安あんど：简5是犯盗后，首谋者与实行犯一起携带赃物逃亡，即事后共犯的情况（又，与应同处以黥城旦的亡罪竞合密切相关）。[②]

【按】关于本条回答的理据是二罪相加还是以重罪论，首先应分别考察盗牛罪与邦亡罪本应获得的判罚。据整理小组与早大秦简研究会的考证，盗牛罪的处罚为黥城旦，而邦亡罪的处罚也是黥城旦。[③] 周海锋先生通过分析《岳麓书院藏秦简（叁）》“多小未能与谋案”，也认为“秦对‘邦亡’者的处罚是黥为城旦”。[④] 可见盗牛罪与邦亡罪的判罚相同，均为黥城旦。因而此答问的判罚理据或许与《二年律令·具律》99简“一人有数▨罪殹，以其重罪罪之”相同，而在二罪刑罚相等的情况下，则可能就是《唐律·名例》“二罪从重”条所说的“诸二罪以上俱发，以重者论；等者，从一”。[⑤] 一说，当私人奴婢作为犯罪主体时，盗牛与邦亡的刑罚累加方式不同于常人犯罪，怀疑不应从常人数罪的处理方式推求对私人奴婢“城旦黥”的刑罚原理。

【译文】

男奴甲与婢女乙谋划并让乙盗窃主人的牛，将牛卖掉，带着卖牛的钱一同逃出秦国国境，出边界时被拿获，各应如何论处？应当城旦黥之，分别交还主人。

【简文】

甲盜＝牛＝時高六尺毄一歲復丈高六尺七寸問甲可論當完城旦 6

---

① 〔日〕早稻田大學秦簡研究會：《雲夢睡虎地秦墓竹簡〈法律答問〉譯注初稿（一）》，第36～37页。

② 〔德〕陶安あんど：《秦漢刑罰体系の研究》，第421页。

③ 关于盗牛罪，早大秦简研究会以张家山汉简《奏谳书》案例17为例，明确了盗牛罪当处黥城旦。关于邦亡罪，整理小组在《法律答问》48简的注释3指出，“邦亡应处以黥城旦的刑罚”。

④ 周海锋：《〈为狱等状四种〉中的“吏议”与“邦亡”》，《湖南大学学报》（社会科学版）2014年第4期，第13页。

⑤ （唐）长孙无忌等：《唐律疏议》，中华书局，1983，第123～124页。

【释文】

甲盗牛，盗牛時高六尺，毄（繫）一歲，復丈，高六尺七寸，問甲可（何）論？當完城旦 6。[1]

【集释】

[1] 甲盗牛……当完城旦

【按】如何四维先生所说，本简反映出秦时已经存在类似唐律的量刑原则：犯罪时幼小，事发时长大，依幼小论。① 即适用法律的依据，在犯罪行为发生时而不是在审判时。甲在身高六尺时盗牛，最终刑罚是较常人盗牛黥城旦为轻的完城旦。陶安先生指出，身高之所以成为问题，缘于对责任能力的客观判断。②

【译文】

甲盗窃牛，盗窃牛时身高六尺，拘系一年，再加丈量，身高六尺七寸，问甲应当如何论处？应当完为城旦。

【简文】

或盜采人桑葉臧不盈一錢可論貲繇三旬 7

【释文】

或盜采人桑葉，臧（贓）不盈一錢，可（何）論？[1] 貲繇（徭）三旬 7。[2]

【集释】

[1] 臧（赃）不盈一钱，可（何）论

【按】《龙岗秦简》40～41 简记载“二百廿钱到百一十钱，耐为隶臣妾；□☒赀二甲；不盈廿二钱到一钱，赀一盾；不盈一钱□☒”，有可能是关于盗罪计赃等级的规定，但由于简文“不盈一钱”之后一字不识且简残断，具体内容尚难推测。《二年律令·盗律》55～56 简：“盗臧（赃）直（值）过六百六十钱，黥为城旦舂。六百六十到二百廿钱，完为城旦舂。不盈二百廿到百一十钱，耐为隶臣妾。不盈百一十到廿二钱，罚金四两。不盈廿二钱到一钱，罚金一两。”可见“不盈一钱”未纳入一般盗罪的刑

① A. F. P. Hulsewé, *Remnants of Ch'in Law*, p. 122.

② 〔德〕陶安あんど：《秦漢刑罰体系の研究》，第 427 页。

罚序列。本条设问的目的或在于，盗采桑叶的赃值虽然极其低微，但该行为仍应惩处，只是对如何惩处存在疑惑，故提问以求解答。回答中的“赀徭三旬”亦不在正刑序列之中，或可推测对于此类情节极其轻微但仍应受到惩罚的行为，官吏在处置时具有一定的自由裁量权。

［2］赀徭三旬

整理小组：罚服徭役三十天。（译）

中央大秦简讲读会：征收相当于徭作三十日的作为罚金的金额。[①]

【按】堀毅先生认为：“照理说盗人东西应按‘赀一盾’处置，而此处由于‘偷窃’的对象是桑叶，因此用于处罚盗罪的法定刑法并不适用。只是处以轻得多的‘赀三旬’罢了。”[②] 关于赀一盾和赀徭三旬的轻重，或可通过居赀的折抵方式比较。于振波先生计算了甲盾的比价，并据《秦律十八种·司空律》133简提出秦时“因罪被处以赀、赎之罚者，若无力缴纳赀、赎款项，可以用劳役抵偿，每天劳作抵八钱，如果由官府提供伙食，则每天劳作抵六钱”，进而把赀甲、赀盾分别折算为黄金、钱数和居赀日数，列表如下。[③] 本简惩罚为赀徭，和居赀一样都是服劳役，或可类比。即被罚徭役的人每天工作折合8钱，三十日劳役为240钱，仍较赀一盾为轻（见表2）。

表2　秦律赀罚甲盾与金钱数量关系表

赀　罚	金	钱	居　赀	
			日八钱	日六钱
赀二甲	112铢（14锤，即4两2锤）	2688	336	448
赀一甲	56铢（7锤，即2两1锤）	1344	168	224
赀二盾	32铢（4锤，即1两1锤）	768	96	128
赀一盾	16铢（2锤，即2/3两）	384	48	64

对赀徭的执行方式，大体有二说：一是实际服役，二是缴纳罚金。《岳麓书院藏秦简（伍）》1873（292）简：“耐女子为隶妾，有能捕若诇

① 〔日〕中央大学秦簡講読会：《〈雲夢睡虎地秦墓竹簡〉釋註初稿（承前4）——法律答問（上）》，第80页。

② 〔日〕堀毅：《秦汉法制史论考》，萧红燕等译，法律出版社，1988，第233页。

③ 于振波：《秦律中的甲盾比价及相关问题》，《史学集刊》2010年第5期，第37～38页。

告一人，为除赀戍若罚戍四岁以下一人，欲以除它人，许之。”① “赀戍”和“罚戍”并列，可见二者确有不同，“赀”或许可以缴纳金钱代替原劳役。因此赀徭也有缴纳钱财的可能。

【译文】

有人偷摘别人的桑叶，赃值不到一钱，应当如何论处？罚服徭役三十天。

【简文】

司寇盜百一十錢先自告可論當耐爲隸臣或曰貲二甲 8

【释文】

司寇盜百一十錢，先自告，［1］可（何）論？當耐爲隸臣，或曰貲二甲 8。［2］

【集释】

［1］先自告

整理小组：先已自首。（译）

何四维：自，与其说是“亲自”，毋宁说是“自愿地、自发地”之意。②

张小锋：自告，是指犯罪事实尚未被官府发觉之前，就主动向官府投案的行为。③

籾山明：“自告”之前被冠以“先”字，这一定是表示“在被发觉之前”的意思……“自告”可能要处以减刑。④

宋国华、王芳：“先”是表示比较的副词……如果自告同他告相比，自告在前，为强调“自告”起见，称为“先自告”。⑤

万荣：二者（“先自告”“自告”）意义虽都同于今天所说的自首，但

① 陈松长主编《岳麓书院藏秦简（伍）》，第 195 页。

② A. F. P. Hulsewé, *Remnants of Ch' in Law*, p. 123.

③ 张小锋：《张家山汉简〈二年律令〉中的自告资料辨析》，载中国政法大学法律古籍整理研究所编《中国古代法律文献研究》第 2 辑，中国政法大学出版社，2004，第 71 页，注 1。

④ 〔日〕籾山明：《中国古代诉讼制度研究》，李力译，第 50～51 页。

⑤ 宋国华、王芳：《秦汉“自出”非“自告”说》，《南都学坛》（人文社会科学学报）2012 年第 4 期，第 14～15 页。

它们的使用情境、表述方式有明确区分……“先自告”除在成文法中使用外，也在案件记述中使用……“自告”仅用于案情陈述……之所以在成文法中用“先自告”，是强调自首行为须在犯罪事发之前，唯此才可能获得减免刑。[①]

【按】“自告”的字面意思是“告发自己（的犯罪）”或“自己告发（自己的犯罪）”。“先自告”数见于《史记》《汉书》等传世文献，岳麓书院藏秦简和张家山汉简《二年律令》等秦及汉初简亦有其例。《唐律·名例》“犯罪已发已配更为罪”条律疏“已发者，谓已被告言”，“犯罪未发自首”条律疏“若有文牒言告，官司判令三审，牒虽未入曹局，即是其事已彰，虽欲自新，不得成首”，[②] 则唐律是以被告发作为是否犯罪事发的标准。秦及汉初律也可能是以被告发而为官府知觉作为“犯罪事发”的标准。宋国华、王芳和万荣诸位先生都已指出，“先”强调了自告先于他告；在被告言而事发的标准下，前引籾山明、宋国华、王芳和万荣等诸家之说对先自告是指被官府发觉前或犯罪事发前自告的看法是一致的。据《二年律令·告律》127简“告不审及有罪先自告，各减其罪一等……”则犯罪事发前“先自告”得以减罪一等。

与“自告”有关的还有“自出”概念。“自出”的字面意思是“使自己出现”，其使用范围指向逃亡行为，即逃亡后使自己出现即为“自出”。

［2］司寇盗百一十钱……或曰赀二甲

高敏：此条法律的总精神有从宽处理的意思，因为犯人原是轻刑“司寇”，又系自首。因此，对此处之“或耐为隶臣”与“或曰赀二甲”的关系存在两种可能：一是二者是相等的，即“耐为隶臣”等于“赀二甲”……二是二者不相等，即“赀二甲”轻于“耐为隶臣”，才能体现从宽之意。从情理推断，应当是后者居多。[③]

富谷至：自首的刑减轻与司寇刑徒的刑加重相互抵消，结果成了相当

---

① 万荣：《秦汉简牍“自告”、“自出”再辨析——兼论“自诣”、“自首”》，《江汉论坛》2013年第8期，第76～77页。

② （唐）长孙无忌等：《唐律疏议》，第123～124页。

③ 高敏：《评〔日〕崛毅著〈秦汉法制史论考〉》，《郑州大学学报》（哲学社会科学版）1991年第6期，第21～22页。

于盗窃一一〇钱的一般案件。由（8 简）可知，在这种情况下，要么处以耐隶臣刑，要么减刑一等改为“赀二甲”。①

籾山明：如果认为司寇的犯罪行为也与常人的犯罪行为一样，因为“先自告”就减一等“赀二甲”；而如果持刑徒的犯罪行为应较常人处罚重的看法，就会判断减一等之刑是“耐为隶臣”。②

陶安あんど：如果将“耐”算为“耐为司寇”与“耐为隶臣”两个等级的话，“耐为隶臣”减一等就减为“耐为司寇”……司寇犯了耐罪，实际上施加“耐为隶臣”。答问的第一个意见即是如此得出来的。反过来，如果“耐”仅算一等的话，不管“耐为隶臣”还是“耐为司寇”，都减为“赀二甲”。司寇犯了“赀二甲”，不受身份因素的影响，直接科以“赀二甲”。③

叶山、李安敦：据上举里耶秦简可知，在秦帝国，“赀二甲”一度等于 2688 钱……据《二年律令·盗律》55 ~ 56 简，盗 110 钱当耐为隶臣，可见汉初此罪刑罚与秦相同。因此在秦代，对此类犯罪的刑罚要么是相当于 2688 钱，要么是耐为隶臣。④

【按】据前引彭浩先生对秦律中盗罪量刑的复原，赃值在 220 钱到 110 钱，耐为隶臣妾；110 钱到 22 钱，“赀二甲”。本简涉及的问题是，司寇犯盗罪，自告后当如何论处。回答有两种意见。第一种意见是“耐为隶臣”，其理据如藤井律之先生所言，盗 110 钱当耐为隶臣妾，自告减一等，据《二年律令·告律》127 ~ 129 简“告不审及有罪先自告，各减其罪一等……耐为隶臣妾罪耐为司寇……”当为耐司寇。但是，因司寇是累犯，故根据《二年律令·具律》90 简“有罪当耐，其法不名耐者……司寇耐为隶臣妾”，就要处以耐隶臣。⑤ 第二种意见是“赀二甲”，其理据是盗

① 〔日〕冨谷至：《秦汉刑罚制度研究》，柴生芳、朱恒晔译，第 35 页。

② 〔日〕籾山明：《中国古代诉讼制度研究》，李力译，第 51 页。

③ 徐世虹等著《秦律研究》第七章“秦律刑罚等序研究序说”（〔德〕陶安撰），第 253 ~ 254 页。

④ Anthony J. Barbieri-Low and Robin D. S. Yates, *Law, State and Society in Early Imperial China: A Study with Critical Edition and Translation of the Legal Texts from Zhangjiashan Tomb no. 247*, Leiden: Brill, 2015, Vol. 1, pp. 205 - 06.

⑤ 〔日〕藤井律之：《“罪”之加减与两性差别》，李力译，载卜宪群、杨振红主编《简帛研究二〇〇九》，广西师范大学出版社，2011，第 332 页。

110钱当耐为隶臣妾，自告减一等是按照盗罪对应的刑罚序列进行减等，即由盗赃值在110钱以上的刑罚“耐为隶臣妾”减到其下一等110钱到22钱的“赀二甲”。

【译文】司寇盗窃一百一十钱，先已自首，如何论处？应当耐为隶臣，一说应当赀二甲。

【简文】

甲盜臧直千錢乙智其盜受分臧不盈一錢問乙可論同論9

【释文】

甲盜，臧（贜）直（值）千錢，乙智（知）其盜，受分臧（贜）不盈一錢，問乙可（何）論？同論9。［1］

【集释】

［1］同论

整理小组：据文义应指与甲同样论罪。

【按】本简说明，在盗罪的实行犯盗赃值达一千钱，受分者“知盗而受分”的赃值不到一钱的情况下，受分者与实行犯“同论”。关于本简的设问之由，第一种可能是，推测当时已有类似于《二年律令·盗律》57简“谋遣人盗，若教人可（何）盗所，人即以其言□□□□□及智（知）人盗与分，皆与盗同法”的规定，如果按受分者“与盗同法”的规则，受分者就要与实行犯同法。但在实行犯的赃值不盈一钱尚且未列入常规刑罚序列的情况下，受分不盈一钱却要与实行犯相同处刑，似乎刑罚畸重，因而设问。第二种可能则是，实行犯盗赃不盈一钱本不处罚，故不清楚“知盗而受分”不盈一钱应如何处罚，因而设问。解答的意见是“同论”，即行为性质、赃值、刑罚皆与甲同。

【译文】

甲实施盗窃，赃物计值一千钱，乙知道甲盗窃，接受分赃价值不足一钱，问乙应当如何论处？与甲同样论处。

【简文】

甲盜不盈一錢行乙室乙弗覺問乙論可殹毋論其見智之而弗捕當貲一盾10

【释文】

甲盜不盈一錢，行乙室，乙弗覺，問乙論可（何）殹（也）？毋論。

其見智（知）之而弗捕，當貲一盾 10。[1]

【集释】

[1] 甲盗不盈一钱……当赀一盾

【按】关于本简的设问原因，一种理解是，对甲行盗后到乙室而乙没有察觉的行为不知应如何论处，因而设问。另一种理解如陶安先生所言，"与涉及隐匿罪人的'舍'罪或'匿'罪是否成立的问题相关。颇有意味的是，盗犯无罪，故意不捕获盗犯者却被处以赀一盾"。① "其"字后文说明，乙知道甲盗而将甲留在室中，不加捕告，属于"知情藏匿罪人"。据《二年律令·亡律》167 简："匿罪人，死罪，黥为城旦舂，它各与同罪。"但甲盗不盈一钱，律无处理规定或无罪，于是乙如何"同罪"也就成为疑问。回答的意见首先是在乙没有察觉的情况下对乙"毋论"，其次考虑到乙发觉甲在其室中而没有捕拿的情形，补充说明其处理方式为赀一盾。

【译文】

甲盗窃不满一钱，来到乙家，乙没有察觉，问乙应当如何论处？不应当论罪。如果乙知情而不捕拿甲，应当赀一盾。

【简文】

甲盜錢以買絲寄乙＝受弗智盜乙論可殹毋論 11

【释文】

甲盜錢以買絲，寄乙，乙受，弗智（知）盜，乙論可（何）殹（也）？毋論 11。[1]

【集释】

[1] 毋论

【按】关于本简对乙毋论的原因，高桥纯司先生认为："若事后未获知罪行而寄藏赃物者……若非犯人家属则不问罪。"② 陶安先生指出："在物品受托之时，施加于受托者的注意义务，仅限于对受托物来源的确认，至于为合法购入该受托物而使用的金钱的取得方法则不属于受托者的法律责

① 〔德〕陶安あんど：《秦漢刑罰体系の研究》，第 405 页，注释 52。

② 〔日〕髙橋純司：《關於秦律中共犯——以〈法律答問〉爲中心》，载《中央大學亞細亞史研究》第 21 號，1997。转引自〔日〕水间大辅《秦律、汉律中关于事后共犯之处罚》，载武汉大学简帛研究中心主办《简帛》第 1 辑，上海古籍出版社，2006，第 410 页。

任之限。即是说，金钱这种赃物如果作为货币已经被交换为其他物品，则具有不被视为赃物的特性。”① 就本条所设情形而言，乙在受托寄存甲所买蚕丝时，并不知买丝的钱是盗赃，同时也没有义务确认所保管物品来源的合法性，故不应承担法律责任。

【译文】

甲用盗窃之钱购买丝，寄存乙处。乙接受了寄存，但不知道甲盗钱。乙应当如何论处？不论罪。

【简文】

甲乙雅不相智甲往盜丙毚到乙亦往盜丙與甲言即各盜其臧直各四百已去而偕得其前謀當并臧以論不謀各坐臧 12

【释文】

甲乙雅不相智（知），甲往盜丙，毚（纔）到，乙亦往盜丙，與甲言，即各盜，其臧（贜）直（值）各四百，已去而偕得。其前謀，［1］當并臧（贜）以論；不謀，各坐臧（贜）12。

【集释】

［1］谋

整理小组：预谋。（译）

何四维：密谋、策划。（译）②

【按】《晋书·刑法志》所见张斐《注律表》言“二人对议谓之谋”，与本条涉及的情形类似。本条说明同时同地为盗而各自取赃的行为，以各自行窃之前是否共谋为据而作区分处理：同时同地同谋，并赃处理；同时同地未同谋，各以其所得赃值论罪。本条中甲、乙所盗赃值各为四百，如并赃以论，应按赃值八百处理；如各坐赃，则以各自所盗四百论罪。依据已知秦简的内容并参照《二年律令·盗律》55～56简的规定，前者获刑或为“黥城旦舂”，后者或为“完城旦舂”。

【译文】

甲乙两人素不相识，甲去往丙处盗窃，刚到，乙也去丙处盗窃，和甲

① 〔德〕陶安あんど：《秦漢刑罰体系の研究》，第450页。

② A. F. P. Hulsewé, *Remnants of Ch'in Law*, p. 123.

交谈，便各自为盗，所盗赃物各值四百钱，已经离开后同被捕获。二人若事先共谋，应当并赃论处；若未共谋，则各以其赃论处。

【简文】

工盗以出臧不盈一錢其曹人當治不＝當＝治 13

【释文】

工盗以出，臧（贜）不盈一錢，其曹人當治（笞）［1］不當？不當治（笞）13。［2］

【集释】

［1］治（笞）

整理小组：笞打。（译）

中央大秦简讲读会：治，治罪。①

［2］工盗以出……不当治（笞）

【按】工盗赃值达到一定数额且赃物已被带出工作场所，同班工匠可能承担连带责任。只是工盗赃值“不盈一钱”不在赃等序列之中，尚无法确定盗者责任，因此也无法确定同曹之人如何处理。本条因而设问。回答说“不当治（笞）”，可能是因为虽然同班工匠之间存在连带责任，但若赃值太低，对盗者本人是否处罚尚不明确，对因受盗者牵连而负连带责任的人便不再追究了。

【译文】

工匠盗窃（物品）并将赃物带出，赃不满一钱，其同班工匠应不应当笞打？不应当笞打。

【简文】

夫盗千錢妻所匿三百可以論妻＝智夫盗而匿之當以三百論爲盗不智爲收 14

【释文】

夫盗千錢，妻所匿三百，可（何）以論妻？妻智（知）夫盗而匿之，當以三百論爲盗；［1］不智（知），爲收 14。［2］

① 〔日〕中央大学秦簡講読会：《〈雲夢睡虎地秦墓竹簡〉釋註初稿（承前4）——法律答問（上）》，第 81 页。

【集释】

［1］当以三百论为盗

整理小组：应按盗钱三百论处。（译）

中央大秦简讲读会：“当以六百论，为盗。”“为盗”，罪名，不是真犯，视为真犯。[①]

何四维：当以三百论，这是盗的一种情形。（译）[②]

【按】按照中央大秦简讲读会的理解，妻虽然没有实施盗的行为，但匿钱的行为被看作是真盗。按照何四维先生的理解，妻子匿三百钱的行为本身就是“盗”的一种情形，因此应受处罚。可见，妻子知而匿盗钱三百是按实际盗窃处罚的。

［2］为收

整理小组：收，收藏；一说，收孥。[③]

中央大秦简讲读会：“收”不是刑名，是罪名。“为收”是罪名，指没有理由地接受以不正当手段入手的物品。[④]

栗劲：“收藏”不类罪名。“收”当为“收孥”的收，即适用连坐法。[⑤]

何四维：……或许可以认为，律令中有一些针对这些问题的规则，似乎都涉及处理赃物的行为。对于“收”“守”赃物的区别，我不太清楚。我很高兴1978年整理小组也得出了相同的结论。[⑥]

张伯元：第13、14款中对丈夫盗钱，其妻藏匿的行为所定的罪有“盗”（盗窃罪）、“收”（收赃罪）、“守赃”（守赃罪）等。[⑦]

---

① 中央大学秦简讲读会据图版将“三百”隶定为“六百”（〔日〕中央大学秦簡講読会：《〈雲夢睡虎地秦墓竹簡〉釋註初稿（承前4）——法律答問（上）》，第81页）。整理小组释“三百”无误。

② A. F. P. Hulsewé, *Remnants of Ch'in Law*, p. 123.

③ 此说见1990年版《睡虎地秦墓竹简》的《后记》。

④ 〔日〕中央大学秦簡講読会：《〈雲夢睡虎地秦墓竹簡〉釋註初稿（承前4）——法律答問（上）》，第81页。

⑤ 栗劲：《〈睡虎地秦墓竹简〉译注斠补》，《吉林大学社会科学学报》1984年第5期，第93页。

⑥ A. F. P. Hulsewé, *Remnants of Ch'in Law*, p. 123.

⑦ 张伯元：《〈秦简·法律答问〉与秦代法律解释》，《华东政法学院学报》1999年第3期，第56页。

【按】参考《二年律令·收律》174 简“罪人完城旦舂、鬼薪以上，及坐奸府（腐）者，皆收其妻、子、财、田宅”的规定，本简夫盗千钱应判处黥为城旦，其妻在应收之列。且在已发现的秦汉简牍中，“为收”一语凡五见，除本简及之后的 15 简外，《法律答问》116 简有“从母为收”，《岳麓书院藏秦简（伍）》1114（073）简有“子当为收”，[①]《二年律令·贼律》38 简有“其妻子为收者”。《法律答问》116 简仅涉及刑罚而未涉及具体罪名，《二年律令·贼律》38 简是对“贼杀伤父母”等侵害家长人身等犯罪者的妻、子的处置，因此不可能涉及对赃物的“收藏”或“收赃”，故解释为“收孥”为宜。《岳麓书院藏秦简（伍）》1114（073）简所见“为收”的情节虽与盗罪有关，但“为收”之人中有“婴儿”，难以成为“收赃”或“收藏”的行为主体。故将“为收”解释为“收孥”存在合理性。

整理小组解释为“收藏”也有一定的合理性，即将“弗知”情况下藏匿三百钱的行为定性为“收”，也就是收藏赃物。不过这种行为是否属于犯罪，应当如何处理，简文没有明言。

【译文】

丈夫盗窃一千钱，在其妻处藏匿了三百，妻应当如何论处？妻如知道丈夫盗窃而藏钱，应按盗钱三百论处；不知道，收孥。

【简文】

夫盜三百錢告妻=與共飲食之可以論妻非前謀殹當爲收其前謀同辠夫
盜二百錢妻所匿百一十可以論妻=智夫 15

盜以百一十爲盜弗智爲守臧 16

【释文】

夫盜三百錢，告妻，妻與共飲食之，可（何）以論妻？非前謀殹（也），當爲收；其前謀，同罪。夫盜二百錢，妻所匿百一十，可（何）以論妻？妻智（知）夫 15 盜，以百一十爲盜；弗智（知），爲守臧（贜）16。［1］

【集释】

［1］守臧（赃）

整理小组：守，看守。本条妻所藏钱数比例较大，以守赃论处，可能

① 陈松长主编《岳麓书院藏秦简（伍）》，第 63 页。

比一般的收赃处理更重。

上田早苗：收解释为罪名，但收与守赃罪名的不同之处不在于隐匿财物的比例，而是由其多少决定的。①

陶安あんど：所谓“守赃”的罪名，不知其具体法律规定如何，《二年律令》可见这样的法律条文：对不知情但为逃亡罪人提供居住或为群盗提供饮食的行为规定了刑事责任。可以认为秦律“守赃”的法的构造与其十分相似。即与提供居住或饮食相同，在受托财货之际，有对其由来进行确认的义务，在不履行义务的情况下，要对受托赃物承担一定的刑事责任。②

【按】“守赃”和前揭“为收”的第二种理解有一定的对应关系。即将不知夫盗而藏匿赃物的行为，分别定性为“收”和“守赃”，但“守赃”是否属于犯罪，应当如何处理仍不明确。此处的15～16简与前揭14简都涉及“夫盗”而妻子隐匿赃物时，如何对妻适用法律的问题。其法律适用方式如表3：

表3　“夫盗妻匿”法律适用表

<table>
<tr><th></th><th>夫　盗</th><th>妻　匿</th><th>量　刑</th></tr>
<tr><td rowspan="2">14简</td><td rowspan="2">1000钱(黥城旦)</td><td rowspan="2">300钱</td><td>知:盗300钱(完舂)</td></tr>
<tr><td>不知:收</td></tr>
<tr><td rowspan="4">15～16简</td><td rowspan="2">300钱(完城旦)</td><td rowspan="2"></td><td>非前谋:收</td></tr>
<tr><td>前谋:同罪(完舂)</td></tr>
<tr><td rowspan="2">200钱(耐隶臣)</td><td rowspan="2">110钱</td><td>知:盗110钱(耐隶妾)</td></tr>
<tr><td>不知:守臧</td></tr>
</table>

【译文】

丈夫盗窃三百钱，告知妻，妻与其一起食用（用这些钱买来的食物），妻应当如何论处？不是事先共同策划，判处收孥；是事先共同策划的，

① 〔日〕上田早苗：《〈秦律〉における責任》，载川勝義雄、礪波護編《中國貴族制社會の研究》，京都大學人文科學研究所，1987。转引自〔日〕早稻田大學秦簡研究會《雲夢睡虎地秦墓竹簡〈法律答問〉譯注初稿（一）》，第43页。

② 〔德〕陶安あんど：《秦漢刑罰体系の研究》，第449页，注释34。

（与丈夫）同样论处。丈夫盗窃二百钱，在妻处藏匿一百一十钱，妻应当如何论处？妻明知丈夫盗窃的，按照盗钱一百一十钱论处；不知情，是“守赃”。

【简文】

削盜臧直百一十其妻子智與食肉當同辠17

【释文】

削（宵）盜，[1] 臧（贓）直（值）百一十，其妻、子智（知），與食肉，當同罪17。

【集释】

[1] 削（宵）盗

整理小组：“削”字左上中间一笔上端略歧，但与下简比较，应是一直笔。宵，《说文》：“夜也。”一说，首字应释为“前”，但与简文其他“前”字写法不同。

中央大秦简讲读会：整理小组据图版分析，作“削”字，解为“宵”意，即夜盗。从图版笔画看，与其他“前”字相比差别不大，故作“前”。①

【按】对整理小组的两说，学者各有所从。此倾向将首字隶定为“削”字，但假“削”为“宵”（表“夜”义），则有未安之处：首先，何四维先生已指出，《封诊式》73、85简直接以“宵”本字作“夜”义；② 其次，“削”读为“宵”，将盗行限定为“夜间行盗”，似乎没有意义。“削盗”或许与《法律答问》26简“柀盗”及《封诊式》73简“穴盗”的结构类似，是用“削”限定“盗”的方式。“削”，疑“削”本字。《说文·刀部》：“削……一曰析也。”“析”用作“分”“剖”义的文例常见。在本简中“削盗”疑指分解牲畜，取肉而盗。以后文“其妻、子智（知），与食肉”所见，看不出用钱买肉吃的意思，而是直接说明“食肉”，故本简“与食肉”之“肉”疑指“削盗”的赃物，即从牲畜上盗取的肉。

【译文】

分解盗取（牲畜的肉），赃值一百一十钱，其妻、子知情，一起吃肉，

① 〔日〕中央大学秦簡講読会：《〈雲夢睡虎地秦墓竹簡〉釋註初稿（承前4）——法律答問（上）》，第82页。

② A. F. P. Hulsewé, *Remnants of Ch'in Law*, p. 125.

应当同样处罚。

【简文】

削盜臧直百五十告甲＝與其妻子智共食肉甲妻子與甲同辠18

【释文】

削（宵）盜，臧（贜）直（值）百五十，告甲，甲與其妻、子智（知），共食肉，甲妻、子與甲同罪18。

【译文】

分解盗取（牲畜的肉），赃值一百五十钱，（盗者）告诉了甲，甲与妻、子知情，一起吃肉，甲的妻、子与甲同样处罚。

【简文】

父盜子不爲盜·今叚父盜叚子可論當爲盜19

【释文】

“父盜子，不爲盜。”·今叚（假）父盜叚（假）子，［1］可（何）論？當爲盜19。

【集释】

［1］叚（假）子

整理小组：义子。

何四维：养子。（译）①

黄金山：继子女。②

【按】据《岳麓书院藏秦简（伍）》1025（1）简“……禁毋敢谓母之后夫叚（假）父”③推测，“叚父”是对母再嫁夫的固有称谓，相当于继父。由此可推论，“叚子”亦有“继子”之意。在本简中，继父盗继子，法律不保护继父而是保护继子的利益，这与亲父盗亲子时适用的法律规则不同。

【译文】

“父亲盗窃儿子（的财物），不作为盗窃。”·如果继父盗窃继子（的财物），如何论处？应作为盗窃。

① A. F. P. Hulsewé, *Remnants of Ch' in Law*, p. 125.

② 黄金山：《汉代家庭成员的地位和义务》，《历史研究》1988年第2期，第39页。

③ 陈松长主编《岳麓书院藏秦简（伍）》，第39页。

【简文】

律曰與盜同法有曰與同辠此二物其同居典伍當坐之云與同辠云反其辠者弗當坐·人奴妾盜其主之父20

母爲盜主且不爲同居者爲盜主不同居不爲盜主21

【释文】

律曰“與盜同法”，［1］有（又）曰“與同罪”，［2］此二物其同居、典、伍當坐之。云“與同罪”，云“反其罪”者，弗當坐。［3］·人奴妾盜其主之父20母，爲盜主，且不爲？同居者爲盜主，不同居不爲盜主21。

【集释】

［1］与盗同法

何四维：与盗窃相同的规定。（译）①

陶安あんど：指通过一定构成要件而定义的犯罪行为，适用其他犯罪行为所确定的刑罚规定作为指示这种适用方式的立法方式。②

【按】“与盗同法”频现于秦汉法律文献，诸位学者从不同的角度揭示了其法律意义。冨谷至先生认为是指“与盗范畴中的情形具有相同的法理”，③ 与某同法“……是对行为事实的认识，非指对应行为处罚的裁量”；④ 朱红林先生认为“‘与同法’属于以罪名比附”，⑤“‘与同法’强调的是适用法律的相同……”；⑥ 周敏华先生认为“与……同法”是“为能因应实际需要……设立了一些过渡时期方便运作的法律术语。使执法者可以就既有的律令，上下比罪，以找寻合理的判决”；⑦ 支强先生则认为“当法律规定A与B同法时，意指A与B在处置方式上的一致，并不涉及

① A. F. P. Hulsewé, *Remnants of Ch' in Law*, p. 125.

② 〔德〕陶安あんど：《秦漢刑罰体系の研究》，第437页。

③ 〔日〕冨谷至編《江陵張家山二四七號墓出土漢律令の研究 譯註篇》，朋友書店，2006，第14页。

④ 〔日〕冨谷至：《二年律令に見える法律用語－その（一）》，《東方學報》京都第76册，2004，第228页。

⑤ 朱红林：《张家山汉简〈二年律令〉研究》，黑龙江人民出版社，2008，第97页。

⑥ 朱红林：《张家山汉简〈二年律令〉研究》，第104页。

⑦ 周敏华：《〈二年律令〉中的“与……同法”试探》，《故宫学术季刊》第26卷第3期，2009，第19页。

对A与B自身属性的判断";[1] 张铭先生认为"这里的'法'显然是量刑的问题，实质意义是'罚'，也就是'计赃论罪'的处罚原则"。[2] "与盗同法"的作用，在于将与盗相关的法律规定适用于本来非盗的犯罪行为。这是秦律的编纂者制定的法律适用方法，具体如何适用则由司法官员论判。

［2］与同罪

整理小组：秦律习语，《史记·秦始皇本纪》："有敢偶语诗书者弃市，以古非今者族，吏见知不举者与同罪。"

何四维：与……相同的处罚。(译)[3]

陶安あんど："同罪"是以他人的犯罪行为为量刑基准，对违反一定作为或不作为义务的自身犯罪行为追究刑事责任……[4]

支强："与同罪"在适用上有着更为严格的条件。当说"A与B同罪"时，对B的处罚必须是确定的。[5]

【按】《二年律令》面世后，学者对"与同罪"进行了深入探讨。如冨谷至先生认为"'同罪'并非指相同的罪名，而是指对所犯之罪名科以相同的刑罚……";[6] 朱红林先生认为"'与同法'强调的是适用法律的相同，而'与同罪'强调的则是适用处罚的相同"。[7] 可见诸家之说对"与同罪"的意见比较统一。"与同罪"的"罪"在此处主要是指刑罚，指对某种犯罪行为适用特定、具体的刑罚，和"与盗同法"比较而言，所指更为明确。而"与盗同法"只是相对宽泛地规定适用盗罪的法律规定。

［3］此二物……弗当坐

整理小组：律曰……此二物其同居、典、伍当坐之。云"与同罪"，云"反其罪"……

何四维：律曰……此二物。其同居、典、伍当坐之，云"与同罪"。

① 支强：《秦汉法律用语研究》，博士学位论文，中国政法大学，2013，第48页。又参见徐世虹等著《秦律研究》，第213页。

② 张铭：《〈奏谳书〉中的秦汉财产犯罪案件》，载王沛主编《出土文献与法律史研究》第2辑，上海人民出版社，2013，第107页。

③ A. F. P. Hulsewé, *Remnants of Ch'in Law*, p. 125.

④ 〔德〕陶安あんど：《秦漢刑罰体系の研究》，第438页。

⑤ 支强：《秦汉法律用语研究》，第71页。

⑥ 〔日〕冨谷至：《二年律令に見える法律用語－その（一）》，第234页。

⑦ 朱红林：《张家山汉简〈二年律令〉研究》，第104页。

云“反其罪”……[①]

【按】学者对此简的读法有所不同。杜正胜先生句读同整理小组，但理解上有所区别，认为“触犯律令‘与盗同法’，又说‘与同罪’者，同伍之人才连坐；只说‘与同罪’，或说‘反其罪’者，同伍不坐”。[②] 何四维先生的句读与整理小组不同，一是“此二物”，其被用作指明两种情形；一是“云‘与同罪’”，将此作为对前句的判断。[③] 陶安先生也同此句读，但是他认为“这一说明会给人以与‘同罪’相关的同居、典、伍一概连坐，而‘反罪’时则无需施加同样连坐的错误印象”，由此他推测，其中具有在传抄过程中加写注释的因素。[④]

整理小组的理解尚有未安之处。从目前已有的材料看，还难以发现“与同罪”与“反其罪”同时出现的情况，即“二者难以在适用上出现交集”。[⑤] 在认同何四维先生“此二物”句读的基础上，“其同居……”以下或可读作“其同居、典、伍当坐之，云‘与同罪’，云‘反其罪’者，弗当坐”。即“与盗同法”与“与同罪”不同，当出现“与同罪”或“反其罪”的规定时，同居、典、伍不连坐。一说，当读作“……此二物，其同居、典、伍当坐之。云‘与同罪’，云‘反其罪’，弗当坐”。意即：律说“与盗同法”，又说“与同罪”，是两种情况，在“与盗同法”的情况下，同居、典、伍应当连坐。说“与同罪”“反其罪”时，不当连坐。以下译文据此两种理解译出。

【译文】

律文说“与盗同法”，又说“与同罪”，这是两种情形。在同居者、里典、伍人应当连坐（的情况下），说“与同罪”或说“反其罪”的，则不应当连坐。·人奴妾盗窃主人父母（的财物）时，是“盗主”还是不是“盗主”，（父母与主人）同居的，是盗主；不同居的，不是盗主。

律文说“与盗同法”，又说“与同罪”，这是两种情形（与盗同法

① A. F. P. Hulsewé, *Remnants of Ch'in Law*, p. 125.

② 杜正胜：《编户齐民——传统政治社会结构之形成》，台湾联经出版社，1990，第 136 页。

③ A. F. P. Hulsewé, *Remnants of Ch'in Law*, pp. 125 – 126.

④ 〔德〕陶安あんど：《秦漢刑罰体系の研究》，第 439 页。

⑤ 支强：《秦汉法律用语研究》，第 65 页。

时），同居者、里典、伍人应当连坐。说“与同罪”或说“反其罪”的，则不应当连坐。·人奴妾盗窃主人父母（的财物）时，是“盗主”还是不是“盗主”，（父母与主人）同居的，是盗主；不同居的，不是盗主。

【简文】

盜及者它辠同居所當坐可謂同居·户爲同居坐隸=不坐户謂殹22

【释文】

“盜及者（諸）它罪，同居所當坐。”可（何）謂“同居”？·户爲“同居”，坐隸，隸不坐户謂殹（也）22。[1]

【集释】

[1] 坐隶，隶不坐户谓殹（也）

整理小组：古时奴隶犯罪，其主要承担责任……一说，此句意为主人犯罪，奴隶应连坐。

高恒：所谓“坐隶”，即指坐奴隶所犯之罪。也就是说，同居者即主人要对奴隶的犯法行为负责。而“隶不坐户”，则是指奴隶对于同居中其他人的犯法行为不负连坐的责任。①

刘海年：理解为奴隶犯罪不连坐主人符合秦律原意。②

何四维：“隶”，依附者。这是个概括的术语，包括无人身自由的人，或许还包括平民身份的人。（注）户就是“同居”（的意思）。“隶”要连坐，但是“隶”犯罪，同居不连坐。（译）③

贾丽英：“隶”不是通过买卖而来，人身是自由的……探讨秦汉社会主与奴的连坐问题，用“坐隶，隶不坐户”的简文是错误的。④

【按】对于本简中所见的“隶”，早期研究者多认为是私家奴婢。近年根据新出文献，学者对“隶”身份的认识更为充实。⑤大致认为“隶”或

---

① 高恒：《秦简中的私人奴婢问题》，载中华书局编辑部编《云梦秦简研究》，中华书局，1981，第145页。

② 刘海年：《秦律刑罚考析》，载中华书局编辑部编《云梦秦简研究》，第205页，注释54。

③ A. F. P. Hulsewé, *Remnants of Ch'in Law*, p. 126.

④ 贾丽英：《小议“隶”的身份》，《中国社会科学报》2009年9月10日，第5版。

⑤ 陈伟：《秦汉简牍中的“隶”》，简帛网，http：//www.bsm.org.cn/show_ article.php？id＝2712，2017年1月24日。

是一种身份地位高于一般奴婢，但仍与户主存在依附关系的群体。本条“答问”的目的是明确同居状态下适用“连坐”的对象范围。在已知秦简中可见有“隶”与户主登记在同一户籍下，[①] 以及隶与户主称“同居”的现象，则“隶”与户主构成了“户—同居”关系。[②] 但这种关系与普通的父子、夫妻等“户—同居”关系，或存在一定差异，因此需要对其在适用“同居所当坐”这一规定时，做出特别说明：即“坐隶，隶不坐户”。对其文意存在两种理解：一说，隶犯罪，同居者不受处罚，而同居者犯罪，隶要受到处罚；另一说，同居者应对隶的犯罪负责而受罚，但隶不因同居者犯罪而受到处罚。以下译文据两种理解译出。

【译文】

“盗窃及其他（类似）犯罪，同居应连坐。”什么叫“同居”？·就是说，同户就是“同居”，处罚隶，隶（的罪行）不处罚同户。

“盗窃及其他（类似）犯罪，同居应连坐。”什么叫“同居”？·同户就是“同居”，就是说（户）因隶而受处罚，隶不因户而受处罚。

【简文】

盗＝人買所盗以買它物皆畀其主今盗＝甲衣買以買布衣而得當以衣及布畀不當＝以布及其它所買 23

畀甲衣不當 24

【释文】

“盗盗人，買（賣）所盗，以買它物，皆畀其主。”今盗盗甲衣，買（賣），以買布衣而得，當以衣及布畀不當？當以布及其它所買 23 畀甲，衣不當 24。[1]

【集释】

[1] 当以布及其它所买畀甲，衣不当

何四维：该解释似乎是保护买甲衣服的不知情的买家。[③]

① 如里耶秦简 K4 简显示“隶大女子华”与“妻大女子嫭”都记录在户籍简的第二栏内。见湖南省文物考古研究所编《里耶发掘报告》，岳麓书社，2007，第 205 页。

② 如《岳麓书院藏秦简（叁）》0040（115）简“识故为沛隶，同居”。朱汉民、陈松长主编《岳麓书院藏秦简（叁）》，上海辞书出版社，2013，第 155 页。

③ A. F. P. Hulsewé, *Remnants of Ch' in Law*, p. 126.

朱红林：盗贼变卖赃物后另买它物，这些东西要交给被盗之人，但所买衣物除外。可能是因为盗贼所买衣物是为自己所用，不适合被盗之人，故法律规定不用交还。[①]

【按】“以买布衣而得”，整理小组认为此处“衣”为衍文。中央大秦简讲读会读为“以买布、衣而得”；[②] 朱红林先生同此句读并认为：“盗贼变卖赃物后另买它物，这些东西要交给被盗之人，但所买衣物除外。可能是因为盗贼所买衣物是为自己所用，不适合被盗之人，故法律规定不用交还。”[③] 但是购买衣物不归还受害人，这与前文“皆畀其主”的规定不合。若按中央大与朱红林先生句读，则后句或可读作：“当以布及其它所买畀，甲衣不当。”全句的意义为，盗盗窃了甲的衣物，用变卖所得的赃款重新购买了布和其他衣物，现在问被盗甲衣、换购之衣和布是否均应归还被盗者？回答“以布及其它所买畀”，“其它所买”专指换购所得的衣物，所以应与布一同归还被盗者，而原被盗的甲的衣物则不应归还。“甲衣”亦与上文“今盗盗甲衣”的“甲衣”相对应。

本条提及的“买（卖）所盗，以买它物”，属于将所盗赃物转而交易为其他物品的情形。答问主旨在于解决如何将此类转购而得的物品归还受害人的问题，由回答可知已卖的被盗物品不需归还，转购的物品需给予被盗受害人。即：甲被盗之衣已被卖出，转而交易为布等他物；因而布等他物可被视为“转易所得物”或“赃见存者”而交还失主，已卖出之衣则不必返还。其原因正在于转易之物与所卖出的赃物价值相当，且目前为盗窃者占有，将其交付失主已能够补偿被盗所受损失。《唐律·名例》“以赃入罪”条“诸以赃入罪，正赃见在者，还官、主”注：“转易得他物，及生产蕃息，皆为见在。”疏议曰：“……转易得他物者，谓本赃是驴，回易得马之类。”[④] 其中“转易得他物”的内涵与本答问涉及的内容相似，如在本简中“本赃”是“所盗之衣”，“转易得他物”是“布（或布、

---

① 朱红林：《张家山汉简〈二年律令〉集释》，社会科学文献出版社，2005，第57页。

② 〔日〕中央大学秦簡講読会：《〈雲夢睡虎地秦墓竹簡〉釋註初稿（承前4）——法律答問（上）》，第82页。

③ 朱红林：《张家山汉简〈二年律令〉集释》，第57页。

④ （唐）长孙无忌等：《唐律疏议》，第88～89页。

衣)”。又,《二年律令・盗罪》59 简规定:“盗盗[人]。臧(赃)[见]存者,皆以畀其主。”

【译文】

“盗贼盗窃他人,将所盗之物卖出,另买其他物品,均应返还给原主。”如盗贼盗窃甲的衣物后出卖,又买了布(或布和衣),然后被拿获,应不应当返还衣物和布?应当将布和其他所买的物品返还给甲(甲原有的),衣物不应返还。

【简文】

公祠未闋盗其具當貲以下耐爲隸臣今或益 = 一腎 = 臧不盈一錢可論祠固用心腎及它支物皆各爲一 = 具・之臧不 25

盈一錢盗之當耐或直廿錢而柀盗之不盡一具及盗不直者以律論 26

【释文】

“公祠[1]未闋,盗其具,當貲以下耐爲隸臣。”[2]今或益〈盗〉一腎,益〈盗〉一腎臧(臟)不盈一錢,可(何)論?祠固用心腎及它支(肢)物,皆各爲一具,一【具】之臧(臟)不 25 盈一錢,盗之當耐。或直(值)廿錢,而柀盗之,不盡一具,及盗不直(置)者,[3]以律論 26。[4]

【集释】

[1]公祠

整理小组:即下条王室祠,可能由于律本文是秦称王前制定的,故称公祠。

中央大秦简讲读会:从内容看,不涉及“王室祠”。不如说指里社。[1]

何四维:官方的祭祀活动。(译)[2]

彭浩:公祠很可能是指“王室祠”中为“民所立,与众共之”的“五祀”及“社”。[3]

---

① 〔日〕中央大學秦簡講読会:《〈雲夢睡虎地秦墓竹簡〉釋註初稿(承前4)——法律答問(上)》,第 83 页。

② A. F. P. Hulsewé, *Remnants of Ch'in Law*, p. 127.

③ 彭浩:《睡虎地秦简“王室祠”与〈赍律〉考辨》,载武汉大学简帛研究中心主办《简帛》第 1 辑,第 243 页。

杨华：新近公布的里耶秦简8-455号牍文……“王室曰县官，公室曰县官。”这清楚地说明，睡简中所谓“公祠”和“王室祠”，实际就是“县官祠”。《法律答问》中所规定的，正是县一级官家祭祀时，其祭品受到盗扰时的惩罚措施。①

【按】通过对照睡虎地秦简与岳麓书院藏秦简中的秦律，能够看出律文中的“公”被表述为“县官”。如《秦律十八种·司空律》133简“有责（债）于公”，《岳麓书院藏秦简（肆）》0350（257）简作“有责（债）于县官”；②《秦律十八种·司空律》138简的“不能自衣者，公衣之”，《岳麓书院藏秦简（肆）》J30（264）简作“不能自衣者，县官衣之”。③关于“县官”的内涵，游逸飞先生在释读里耶秦简的“王室曰县官、公室曰县官”时指出：“‘王室’本指统治者之私家，在家国难分的周代，‘王室’自然具有政府、朝廷的意涵。‘县官’既取代‘王室’，便继承其意义。这就是‘县官’为何既指皇室，又指政府的缘故。”④“秦更名方的‘县官’不宜解为县级政府，‘王室祠’不是指县级政府的祭祀。”⑤就立法意图而言，本简所见律文应是处置盗窃政府主持的祭祀祭品行为的一般性规定。

［2］当赀以下耐为隶臣

何四维：我猜测简文漏书了几字，因为“赀以下”没有意义，可能缺少了应赀数额。⑥

【按】本简律文“公祠未闖，盗其具，当赀以下耐为隶臣”的律意应为，在一般情况下应被判处赀以下刑罚的盗罪，如果发生在“盗公祠具”的情形下，就须加重为“耐为隶臣”。譬如盗不足二十二钱，应判处赀一盾；但如果是“盗一具”，赃值不足二十二钱，则直接适用较重的耐为隶

① 杨华：《睡虎地秦简〈法律答问〉第25~28号补说》，载中国古文字研究会、中华书局编辑部编《古文字研究》第28辑，中华书局，2010，第568页。

② 陈松长主编《岳麓书院藏秦简（肆）》，第153页。

③ 陈松长主编《岳麓书院藏秦简（肆）》，第155页。

④ 游逸飞：《里耶8-461号“秦更名方”选释》，载魏斌主编《古代长江中游社会研究》，上海古籍出版社，2013，第83页。

⑤ 游逸飞：《里耶8-461号“秦更名方”选释》，第85页。

⑥ A. F. P. Hulsewé, *Remnants of Ch'in Law*, p. 127.

臣刑罚。更详尽的解释请参看下文注释［4］。

［3］不直（置）者

整理小组：置，指在祭祀时陈放。

中央大秦简讲读会：不直，本译注解释为作为祭祀时献供的供品，不构成一具的物品，或与祭祀用的供品不相符的物品。①

【按】整理小组将“直”通为“置”。何四维先生则推测在供奉之前会对祭品进行检查，“不直”即为“不适当”或“不合格”。②《法律答问》27简“未置及不直者不为具”，“未置”与“不直”同时出现，若“直”即“置”，则同一简中的同一字存在两种写法未免使人疑惑。但是“直”通为“置”于文意也无碍，故译文暂从整理小组说。

［4］今或益〈盗〉一肾……以律论

【按】如注释［2］按语所示，凡盗处刑在“赀以下”者，如果是盗公祠具，则需处刑耐为隶臣。本简针对盗一肾不盈一钱的处理进行提问，其设问意图或如陶安先生所言，一钱未满的刑罚等级是问题所在，一钱未满在通常的盗犯中不为罪，因此其是否包含在“赀罪以下”是有疑问的。③ 回答指明：关于“不盈一钱”如何处罚，应以所盗是否构成“一具”为决定条件。所谓“一具”，即祭祀时应当使用的动物心、肾以及其他肢体部分。若所盗构成“一具”，即使赃不足一钱，也要论处耐为隶臣；但若所盗不构成“一具”或不是祭祀所用祭品的，仅以常盗论处。

【译文】

“在官府主持的祭祀活动尚未结束时，盗窃祭祀活动的祭品，应当（判处）赀罪以下的（判处）耐为隶臣。”如有人盗窃了一个肾，盗窃的肾赃值不足一钱，应当如何处罚？祭祀活动应当使用的心、肾以及其他肢体，都各自作为“一具”。“一具”的赃值不足一钱，盗窃了即判处耐刑。有的祭品虽然价值二十钱，但盗窃一部分，不构成“一具”；以及盗窃不

① 〔日〕中央大学秦簡講読会：《〈雲夢睡虎地秦墓竹簡〉釋註初稿（承前4）——法律答問（上）》，第83页。

② A. F. P. Hulsewé, *Remnants of Ch' in Law*, p. 128.

③ 〔德〕陶安あんど：《秦漢刑罰体系の研究》，第405页，注释52。

陈放的物品，按照常盗的律文论处。

【简文】

可謂祠未闋置豆俎鬼前未徹乃爲未闋未置及不直者不爲具必已置乃爲具27

【释文】

可（何）謂"祠未闋"？置豆俎鬼前未徹乃爲"未闋"。未置及不直（置）者不爲"具"，必已置乃爲"具"27。

【译文】

什么叫"祭祀尚未结束"？陈放在鬼神位前的豆俎尚未撤下，就是"尚未结束"。还没有陈放以及不陈放的，不是"具"，必须是已经陈放的才是"具"。

【简文】

可謂盜埱厓└王室祠貍其具是謂厓28

【释文】

可（何）謂"盜埱厓"？［1］王室祠，貍（薶）其具，是謂"厓"28。

【集释】

［1］厓

整理小组：厓，疑读为圭……本条瘞埋的祭品称为圭。

何四维：圭的意思是"洁"而不是"祭品"……"厓"也可能是指"圭"或"窒"，"洞"的意思，尽管"坑"这个意思还没有被证实。①

杨华："厓"应当读作"庪"……相当于堂下的两阶之间，即埋葬祭品的地方。②

【按】"盗埱"，非法挖掘。《岳麓书院藏秦简（叁）》"猩、敞知盗分赃案"0200/0195（45）简可见"盗埱冢"，③即盗掘坟墓。本简中的"盗埱厓"意为盗掘埋藏祭品的场所。

【译文】

什么叫"盗掘厓"？王室祭祀，埋藏其祭品（的场所），叫作"厓"。

① A. F. P. Hulsewé, *Remnants of Ch' in Law*, p. 128.

② 杨华：《睡虎地秦简〈法律答问〉第25～28号补说》，第567～568页。

③ 朱汉民、陈松长主编《岳麓书院藏秦简（叁）》，第119页。

【简文】

士五甲盜一羊=頸有索=直一錢問可論甲意所盜羊殹而索係羊甲即牽羊去議不爲過羊29

【释文】

士五（伍）甲盜一羊，羊頸有索，索直（值）一錢，問可（何）論？甲意所盜羊殹（也），而索繫［1］羊，甲即牽羊去，議不爲過羊29。［2］

【集释】

［1］系

【按】释文原作“繫”，《秦简牍合集》（释文注释修订本）改作“係”，①可从。

［2］士五（伍）甲盗一羊……议不为过羊

【按】秦简所见盗赃值在一钱到不盈二十二钱之间时，常人盗所受惩罚为赀一盾。在此“盗羊”案件中，羊索价值一钱，却并未算作盗赃值的一部分。这正是本条答问需要解决的问题，亦即：在有意盗窃之物附有无意盗窃之物，且二者皆有该当刑罚的情况下应如何处理。回答的理据是，在无意盗窃之物的价值明显低于有意盗窃之物的情况下，只处罚有意盗窃的犯罪行为。

【译文】

士伍甲盗窃一只羊，羊颈上有绳，绳值一钱，问应当如何论处？甲的目的是要盗羊，而绳是拴羊的，甲就把羊牵走了，议罪不应超过盗窃羊。

【简文】

抉籥贖黥可謂抉=籥=者已抉啟之乃爲抉且未啟亦爲抉=之弗能啟即去一日而得論皆可殹抉之且欲有盜弗30

能啟即去若未啟而得當贖黥抉之非欲盜殹已啟乃爲抉未啟當貲二甲31

【释文】

“抉籥（鑰），贖黥。”可（何）謂“抉籥（鑰）”？抉籥（鑰）者已

① 陈伟主编，彭浩撰著《秦简牍合集》（释文注释修订本壹），第194页。

抉啓之乃爲抉，且未啓亦爲抉？抉之弗能啓即去，一日而得，論皆可（何）殹（也）？抉之且欲有盗，弗30能啓即去，若未啓而得，當贖黥。抉之非欲盗殹（也），已啓乃爲抉，未啓當貲二甲31。[1]

【集释】

[1]“抉籥（钥），赎黥。”……未启当赀二甲

【按】本条是对如何适用“抉钥，赎黥”规定的说明。答问记载，该规则的适用有两个影响因素：一是区分“已启”“未启”，一是区分有无盗意。其与判罚的对应关系见表4：

表4　30～31简所见“抉钥，赎黥”规则适用表

	未启			已启
盗　意	有（得）	有（弗能启）	无	无
判　罚	赎　黥	赎　黥	赀二甲	赎　黥

《二年律令·杂律》182简：“越邑里、官市院垣，若故坏决道出入，及盗启门户，皆赎黥。”

【译文】

“撬门锁，判处赎黥。”什么叫“撬门锁”？所谓“撬门锁”，是已经撬开才是“撬”，还是未撬开也是“撬”？撬了没能撬开就离去，某天被拿获，（以上）都应如何论处？撬门锁并且有盗窃意图的，未能撬开随即离去，或未及撬开而被拿获的，都应判处赎黥。撬门锁但没有盗窃意图的，已撬开的，就是“抉钥”；① 未撬开的，应判处赀二甲。

【简文】

府中公金錢私貣用之與盗同灋·可謂府中·唯縣少内爲府中其它不爲32

【释文】

“府中公金錢私貣[1]用之，與盗同法。”·可（何）謂“府中”？·唯縣少内爲“府中”，其它不爲32。

① 这里指律文“抉钥，赎黥”的“抉钥”。

【集释】

［1］私貣

整理小组：私貣用之，私自借用。

何四维：“貣”有“借入”和“借出”两种含义。①

朱红林：官吏私自挪用国家金钱。②

【按】“私貣”即私自挪用官府金钱的犯罪行为。“貣”有“我施人”之义，也有“向人求物”之义。“府中金钱私貣用之”缺少主语，此处主语存在两种可能：一是“县少内”之署吏；二是“向府中求貣的人”。《二年律令·盗律》77简“□□□财（?）物（?）私自假賃（贷），假賃（贷）人罚金二两。其钱金、布帛、粟米、马牛殹，与盗同法”，与本答问有顺承关系。《唐律·厩库》“监主贷官物”条：“诸监临主守，以官物私自贷，若贷人及贷之者，无文记，以盗论；有文记，准盗论；立判案，减二等。”③ 此处的“贷”包括“自贷”、“贷人”与“受贷人”三种情形。

【译文】

“府中的公家金钱，私自借用，适用盗罪之法。”·什么是“府中”？·只有县少内是府中，其他不是。

【简文】

士五甲盜以得時直臧＝直過六百六十吏弗直其獄鞫乃直臧＝直百一十以論耐問甲及吏可論甲當黥爲城旦吏爲失刑辠33

或端爲＝不直34

【释文】

士五（伍）甲盜，以得時直（值）臧（贓），臧（贓）直（值）過六百六十，吏弗直（值），其獄鞫［1］乃直（值）臧（贓），臧（贓）直（值）百一十，以論耐，［2］問甲及吏可（何）論？甲當黥爲城旦；吏爲失刑罪33，［3］或端爲，爲不直［4］34。

① A. F. P. Hulsewé, *Remnants of Ch'in Law*, p. 129.

② 朱红林：《张家山汉简〈二年律令〉研究》，第100页。

③ （唐）长孙无忌等：《唐律疏议》，第290页。

【集释】

［1］鞫

整理小组：鞫（音拘），审讯问罪。

陶安あんど：先行研究多将“鞫”理解为事实的确认等，但未必正确……“鞫”在断狱程序中，无疑指“讯问”。只是与由狱卒进行的事前讯问不同，是指由县令等有论断权限者进行的讯问……广义上，“鞫狱”也指在讯问基础上进行论断，由有论断权限者进行的裁判的整体。[①]

【按】张家山汉简《奏谳书》案例记录中多见“鞫”，学者有众多研究成果，一般理解为对事实的确认。张建国先生认为其是“对审理得出的犯罪的过程与事实加以简明的归纳总结”。[②] 宫宅潔先生指出，既然诊问阶段已经备齐了必要的信息，总括了案件的整体状况，此时的目的是，确认作为律令适用前提的行为是如何的。[③] 籾山明先生提出“鞫”是指确定罪状即犯罪内容。[④] 陶安先生则认为“鞫”有广狭二义，狭义的“鞫”是“讯问”之意，广义的“鞫”则指审判。就本简而言，“得时”“鞫”“论”分别对应相应的司法阶段。

［2］耐

整理小组：据下条即指耐为隶臣。

陶安あんど：实际上指规定在盗犯的条文中的“耐＋隶臣妾”。[⑤]

韩树峰：此处所谓“耐”显然是“耐隶臣”的省略。[⑥]

【按】陶安先生认为秦律的“耐”可作为概括的刑罚范畴使用。在“耐罪”的情况下，以“耐”一字即可正确确定罪或罚的轻重。本简所见“论耐”之“耐”，对于当时的官吏而言，被误判的刑名确定只有一

---

① 〔德〕陶安あんど：《秦漢刑罰体系の研究》，第392～393页，注释35。

② 张建国：《汉简〈奏谳书〉和秦汉刑事诉讼程序初探》，《中外法学》1997年第2期，第55页。

③ 〔日〕宫宅潔：《秦漢時代の裁判制度——張家山漢簡〈奏讞書〉より見た——》，『史林』第81卷第2号，1998，第56页。

④ 〔日〕籾山明：《中国古代诉讼制度研究》，李力译，第61页。

⑤ 〔德〕陶安あんど：《秦漢刑罰体系の研究》，第18页。

⑥ 韩树峰：《汉魏法律与社会——以简牍、文书为中心的考察》，社会科学文献出版社，2011，第13页。

种意义。“论耐”实际上指盗犯条文规定的“耐+隶臣妾”。[①] 韩树峰先生认为耐刑为耐某刑的略语。通过分析《法律答问》8简与35~36简，他指出秦朝盗110钱应判耐隶臣妾，此简所谓“耐”显然是“耐隶臣”的略语。[②]

［3］失刑罪

整理小组：（吏以）用刑不当论罪。（译）

何四维：（对于吏）这是在处罚犯罪时失误的（一个情形）。（译）[③]

魏德胜：失刑，由于官吏的过失而导致错判……主管官吏都构成失刑罪。[④]

陶安あんど：“刑罪”……指适用刑（肉刑）的罪。“失”，为弄错、失败。“失刑罪”指对适用刑（肉刑）的犯罪论断有误。[⑤]

邬勖：本条由于涉及“刑罪（黥）”与“耐罪”之间的出入，故特言“失刑罪”，而如果未致使罪在“刑罪”的等级（黥以上）上下出入，以目前的材料看，秦律很可能并不加以处罚（见《答问》119），也就不会以“失刑罪”这样的特殊名称来指称了。[⑥]

【按】诸家之说关于“失刑罪”有两种理解：一是看作偏正结构的“失刑之罪”，即“在刑罚适用上出现错误的犯罪”；一是看作动宾结构的“失于刑罪”，即“在刑罪的量刑上出现错误”。两种理解于文意皆通。

［4］不直

整理小组：不公正。

【按】“不直”的文面意思是不公正，而在司法领域，“不直”是针对官吏职务犯罪的一种罪名。《法律答问》93简“罪当重而端轻之，当轻而端重之，是谓‘不直’”，将“不直”解为在裁判时故意加重或减轻刑罚。

---

① ［德］陶安あんど：《秦漢刑罰体系の研究》，第15~18页。

② 韩树峰：《汉魏法律与社会——以简牍、文书为中心的考察》，第12~13页。

③ A. F. P. Hulsewé, *Remnants of Ch'in Law*, p. 130.

④ 魏德胜：《〈睡虎地秦墓竹简〉词汇研究》，华夏出版社，2003，第157页。

⑤ ［德］陶安あんど：《秦漢刑罰体系の研究》，第393页，注释36。陶安先生认为，在断狱中，关于误判是像《法律答问》中称为“失刑”那样，以“刑”表达误判的程度。参见同书第15页。

⑥ 邬勖：《“故失”辨微：结合出土文献的研究》，载王沛主编《出土文献与法律史研究》第1辑，上海人民出版社，2012，第174页，注释1。

加重或减轻刑罚多由于鞫狱不实造成，《二年律令·具律》93简可见处罚规定："鞫（鞫）狱故纵、不直，及诊、报、辟故弗穷审者，死罪，斩左止（趾）为城旦，它各以其罪论之。"官吏在告劾等司法阶段有不按照规定处理案件的行为，亦以不直论处，如《二年律令·具律》112简"劾人不审，为失；其轻罪也而故以重罪劾之，为不直"；113简"治狱者，各以其告劾治之。敢放讯杜雅，求其它罪，及人毋告劾而擅覆治之，皆以鞫狱故不直论"；118简"毋敢以投书者言毄（系）治人。不从律者，以鞫狱故不直论"。

在秦汉时，"不直"也用于对"恶吏"、不公正行为的评价，不一定与司法行为有关。睡虎地秦简《语书》13～14简"令、丞以为不直……以为恶吏"，将"不直"者作为恶吏，其具体所指可能是《语书》前文提到的"恶吏不明法律令，不知事，不廉洁……"等情形。本条简文讨论的内容是，官吏处理盗罪时不按规定时间确定赃物价值的行为如何进行处罚，如系主观故意，为不直。

【译文】

士伍甲盗窃，在捕获时估算赃值，赃值为六百六十钱以上，吏没有估算，而是到认定事实时才估算，赃值为一百一十钱，因此判处耐刑，问甲和吏应如何论处？甲应黥为城旦；吏属于在刑罚（肉刑）的适用上有错误，如果是故意而为，属于不直。

【简文】

士五甲盜以得時直臧=直百一十吏弗直獄鞫乃直臧=直過六百六十黥甲爲城旦問甲及吏可論甲當耐爲隸臣吏爲失刑35

辠甲有辠　　　吏智而端重若輕之論可殹爲不直36

【释文】

士五（伍）甲盜，以得時直（值）臧（贜），臧（贜）直（值）百一十，吏弗直（值），獄鞫乃直（值）臧（贜），臧（贜）直（值）過六百六十，黥甲爲城旦，問甲及吏可（何）論？甲當耐爲隸臣，吏爲失刑35罪。甲有罪，吏智（知）而端重若輕之，論可（何）殹（也）？爲不直36。[1]

【集释】

[1]吏智（知）……为不直

【按】36 简可与 34 简对读。对于两简的内容性质，或有两种看法：一是 36 简的“不直”是对 33～34 简“端轻”、35～36 简“端重”两种情况的涵盖，规范官吏故意不按规定时间估赃从而出现赃值偏差，导致刑罚减轻或者加重的情形；二是此处的“不直”调整的范围不限于估赃，其适用范围以及调整对象更为广泛。甲有罪，司法官吏故意加重或减轻即为不直。在此意义上，整理小组认为“甲有罪”以下应是独立的另一条的意见也有一定道理。

【译文】

士伍甲盗窃，在捕获时估算赃值，赃值为一百一十钱，吏没有估算，而是到认定事实时才估算，赃值为六百六十钱以上，甲黥为城旦，问甲和吏应如何论处？甲应耐为隶臣，吏属于在刑罚（肉刑）的适用上有错误。

甲有罪，吏明知而故意加重或减轻，应如何论处？属于不直。

【简文】

或以赦前盜千錢赦後盡用之而得論可殹毋論 37

【释文】

或以赦前盜千錢，赦後盡用之而得，論可（何）殹（也）？毋論 37。［1］

【集释】

［1］或以赦前盗千钱……毋论

陶安あんど：在大赦以后才用完赦前所盗的金钱而被视为无罪，这样的法律解释可能是考虑了这样的结果，即维持交换功能的货币具有同质性。①

【按】因为赦具有免的效果，因此有必要确定犯罪行为发生在赦前还是赦后；若赦后才发觉的犯罪，其行为发生于赦前，应该也可据赦得免。《岳麓书院藏秦简（叁）》“田与市和奸案”查明的案件事实中“遝已巳赦（赦）。它为后发觉”，有赦后发觉的情节，结果仍然是“其赦（赦）除田”，适用了赦。② 关于本简赦前盗钱赦后使用行为的处置，回答是“毋论”，其理据可能是赦令已经消除了法律责任，即使是在赦后才将所盗之

① 〔德〕陶安あんど：《秦漢刑罰体系の研究》，第 450 页，注释 34。

② 朱汉民、陈松长主编《岳麓书院藏秦简（叁）》，第 210～211 页。

钱用尽，亦不应追究罪责。可见赦后的使用行为不影响对赦前的盗适用赦。

本条关涉“赦”的法律效果。秦简有群盗及黥城旦、耐鬼薪会赦免为庶人的事例，见于《法律答问》125简“群盗赦为庶人”及《岳麓书院藏秦简（叁）》“猩、敞知盗分赃案”0200/0195（045）简“敞当耐鬼薪，猩黥城旦。遝戊午赦（赦），为庶人”。① 被赦者再犯罪，被赦之罪有时会影响处罚结果。《法律答问》125简的被赦群盗就因“将盗戒（械）囚刑罪以上，亡”而“以故罪论”。因此是否曾被赦是审理案件时要查明的事项之一，此可证之于《封诊式》的记载，如6简“可定名事里，所坐论云可（何），可（何）罪赦”。赦的法律效果与赦期有关，《法律答问》153简：“会赦未论，有（又）亡，赦期已尽六月而得，当耐。”

【译文】

有人在赦前盗窃一千钱，赦后将钱花完而被捕获，应如何论处？不论处。

【简文】

告人盜百一十問盜百告者可論當貲二甲盜百即端盜駕十錢問告者可論
　當貲＝一＝盾＝應律雖然廷行事以不38

審論貲二甲39

【释文】

告人盜百一十，問盜百，告者可（何）論？當貲二甲。盜百，即端盜駕（加）十錢，［1］問告者可（何）論？當貲一盾。貲一盾應律，雖然，廷行事以不38審論，貲二甲39。［2］

【集释】

［1］即端盗驾（加）十钱

整理小组：盗加，私加……自此句以下，是对上面所述的进一步说明。

中央大秦简讲读会：盗，整理小组注释将“盗驾”作为熟语，解释为暗中加算。本注认为是盗窃所得物品价值，即盗赃之值。②

---

① 朱汉民、陈松长主编《岳麓书院藏秦简（叁）》，第119页。

② 〔日〕中央大学秦簡講読会：《〈雲夢睡虎地秦墓竹簡〉釋註初稿（承前4）——法律答問（上）》，第85页。

何四维：简文“即端盗驾十钱”清晰可读，唯此处“盗”字令人费解。整理者以“盗”作“私下”解，我以为此处抄手有误，或误将“益”作“盗”，或将“驾”与“盗”倒置。①

陈公柔：即端盗。驾十钱……②

【按】若“益”误作“盗”，“即端益驾十钱”，“益”“驾”义同，似重复；若“驾”“盗”倒置，似又与《法律答问》45、46 简所见“告盗驾（加）臧（赃）”的用语不合。据“告盗驾（加）臧（赃）”的文例，本简亦可能“盗”前脱“告”字，故“盗”不作“私下”解。

［2］盗百，即端盗驾（加）十钱……廷行事以不审论，赀二甲

【按】对知人盗百而故意告盗加十钱的行为，本简出现了两种处置方式，即律文规定赀一盾，廷行事以赀二甲论处。律规定的赀一盾，应该是对“告盗加赃”的十钱进行反坐，据《龙岗秦简》41 简“不盈廿二钱到一钱，赀一盾”，因此处以“赀一盾”；廷行事的“赀二甲”，是未按反坐而以告不审论处的结果。按《二年律令·盗律》55～56 简的盗赃序列及《二年律令·告律》127 简“告不审及有罪先自告，各减其罪一等”，一百一十钱该当获刑耐隶臣妾，减一等为“赀二甲”。

【译文】

告别人盗窃一百一十钱，查问（结果）是盗窃一百钱，告发者应当如何论处？应当赀二甲。盗窃一百钱，（告发者）故意增加十钱，问告发者应当如何论处？应当赀一盾。赀一盾符合律文，虽然这样，廷行事按（告）不审论处，赀二甲。

【简文】

告人盗千錢問盜六百七十告者可論毋論 40

【释文】

告人盜千錢，問盜六百七十，告者可（何）論？毋論 40。

【译文】

告发别人盗窃一千钱，查问（结果）是盗窃六百七十钱，告发者应如

① A. F. P. Hulsewé, *Remnants of Ch'in Law*, p. 131.

② 陈公柔：《先秦两汉考古学论丛》，文物出版社，2005，第 150 页。

何论处？不论处。

【简文】

誣人盗千錢問盗六百七十誣者可論毋論41

【释文】

誣人盗千錢，問盗六百七十，誣者可（何）論？毋論41。［1］

【集释】

［1］诬人盗千钱……毋论

【按】据《法律答问》35简“臧（赃）直（值）过六百六十，黥甲为城旦”可知，盗罪赃值在六百六十钱以上，刑罚为黥城旦舂。在本简与上简中，当实际盗赃超过六百六十钱时，无论是告人盗还是诬人盗，即使所告钱数超过实际盗赃，也都不予论处。这表明当控告内容不影响盗者的实际量刑时，对告者是否量刑，不以所告数额和方式为基准。不过，上文38～39简记载了盗者的实际盗赃为百钱，告发者告盗加赃为一百一十钱的情形。若按照实际的盗赃，盗者应被判处赀二甲；而若以所告总赃值一百一十钱计，则应被处以耐为隶臣妾。虽然告发者诬告的盗赃与实际赃值仅相差十钱，但因为告发者的行为影响了盗者的实际量刑，所以律文规定应赀一盾，廷行事规定应赀二甲。关于“毋论”所引发的“何以不适用诬告反坐”的疑问，可从反坐刑罚的可行性解释。“诬人”反坐时，反坐的对象是因虚构罪行而导致被诬者获得的本不应得的刑罚，但在被诬者确实有同等程度的该当刑（黥城旦）的情况下，无法区分出“不应得”的刑罚部分，于是如何反坐就成为疑问。对此，解答以“毋论”释疑。《唐律·斗讼》“告小事虚”条“诸告小事虚，而狱官因其告，检得重事及事等者，若类其事，则除其罪；离其事，则依本诬论”，① 可参。

【译文】

诬告别人盗窃一千钱，查问（结果）是盗窃六百七十钱，诬告者应如何论处？不论处。

【简文】

甲告乙盗直百一十問乙盗卅甲誣駕乙五十其卅不審問甲當論不當廷行

① （唐）长孙无忌等：《唐律疏议》，第430页。

事貲二甲42

【释文】

甲告乙盜直（值）□□，［1］問乙盜卅，甲誣駕（加）乙五十，其卅不審，問甲當論不當？廷行事貲二甲42。［2］

【集释】

［1］□□

中央大秦简讲读会：□□，图版缺二字。从文意判断，大概为“八十”二字。①

何四维：有几个字难以辨认，但是基于下文，应释读为“八十”。②

彭浩：百一十。③

【按】《秦简牍合集》通过红外像释读为“百一十”，并指出“审问结果是盗窃三十钱，甲诬加乙五十钱，又有三十钱不实，适为百一十钱”。④此从。

［2］甲告乙盗直（值）百一十……廷行事赀二甲

【按】本简廷行事“赀二甲”的依据，或许可从三个角度理解：第一，对甲所“诬加”的五十钱以反坐论，处以赀二甲；而甲所告不实的三十钱，应将乙实盗的三十钱加上甲告不审的三十钱，亦即以告六十钱不审减罪一等论，处赀一盾。⑤ 上述两种刑罚合并处罚，以赀二甲论处。第二，将甲告乙盗一百一十钱的行为整体作为告不审，以告不审减罪一等论处。具体而言，即盗一百一十钱应耐为隶臣妾，告不审减一等为赀二甲。第三，据《法律答问》38～39简、45简的规定，“告盗加赃”似以主观上具

① ［日］中央大学秦簡講読会：《〈雲夢睡虎地秦墓竹簡〉釋註初稿（承前4）——法律答問（上）》，第85页。

② A. F. P. Hulsewé, *Remnants of Ch' in Law*, p. 132.

③ 陈伟主编，彭浩撰著《秦简牍合集》（释文注释修订本壹），第198页。

④ 陈伟主编，彭浩撰著《秦简牍合集》（释文注释修订本壹），第198页。

⑤ 《法律答问》48简“告人曰邦亡，未出徼阑亡，告不审，论可（何）殹（也）？为告黥城旦不审”，所告为邦亡，实际犯罪为阑亡，由《岳麓书院藏秦简（肆）》0185（091）简“阑亡盈十二月而得，耐”可知阑亡应处耐。以上48简“告黥城旦不审”的黥城旦刑应为邦亡的刑罚，因此告不审是以所告罪名为基础，而非实际犯罪为基础进行论处。具体到本简，甲告乙盗，虽是“其卅不审”，但加上乙实际所盗的三十钱，其实是以告六十钱不审进行论处。简文参见陈松长主编《岳麓书院藏秦简（肆）》，第69页。

有故意，客观上引起被告该当刑罚的刑等变化为构成要件。若乙实盗六十钱而甲诬加五十钱，引发乙的量刑由赀二甲到耐隶臣妾的变化，将按“告盗加赃”处理，以所加盗赃反坐论罪。但在本简中乙实盗为三十钱，以此为基础诬加五十，不会引起量刑的变化，这时甲是否仍能构成“告盗加赃”就存在疑问。这或许就是本条提出问题的原因。廷行事规定赀二甲的理据，应是认为甲所告的六十钱虽然有误，但其“诬加”的主观故意是确定的，故而认定“告盗加赃”成立，按诬加的五十钱论罪。关于“诬告”与“告盗加赃”的不同，可参看45简。

【译文】

甲告乙盗窃一百一十钱，查问（结果）是盗窃三十钱，甲诬加了乙五十钱，三十钱不实，问甲应不应当论处？廷行事规定赀二甲。

【简文】

甲告乙盗牛若贼傷人今乙不盗牛不傷人問甲可論端爲＝誣人不端爲告不審43

【释文】

甲告乙盗牛若贼［1］傷人，今乙不盗牛、不傷人，問甲可（何）論？端爲，爲誣人；不端，爲告不審43。

【集释】

［1］贼

整理小组：杀伤……简文中，贼又常与斗对称。

何四维：贼，“蓄意谋杀地”，即带着恶意的预谋，有目的地伤人或者杀人。贼与斗对比使用，斗即突然的、非预先计划的打斗。叶山主张将贼翻译为“恶意地”，并将“贼死”翻译为“恶意暴力致死”。①

【按】沈家本先生认为“凡言贼者，有心之谓”，② 贼可表示故意的主观心态。譬如《二年律令·贼律》4～5简“贼燔城、官府及县官积宬（聚），弃市。贼燔寺舍、民室屋庐舍、积宬（聚），黥为城旦舂。其失火延燔之，罚金四两，责（债）所燔……”区分了“贼燔”和

① A. F. P. Hulsewé, *Remnants of Ch' in Law*, p. 132.

② 徐世虹主编《沈家本全集》第4卷，中国政法大学出版社，2010，第226页。

“失火燔”，“贼”“失”对举，体现了主观故意与过失之别。又，《二年律令·贼律》34简“子贼杀伤父母，奴婢贼杀伤主、主父母妻子，皆枭其首市”所见的“贼杀伤”概念，也以“贼”表示故意的主观心态，用来修饰杀伤行为。本条简文中的“贼伤人”意义应与此相同。同样的用法亦可见于《法律答问》66简：“求盗追捕罪人，罪人挌（格）杀求盗，问杀人者为贼杀人，且斲（斗）杀？斲（斗）杀人，廷行事为贼。”119简：“……甲贼伤人，吏论以为斗伤人，吏当论不当？当谇。”

【译文】

甲告发乙盗窃牛或贼伤人，如乙没有盗窃牛、没有伤人，问甲应当如何论处？如果是故意的，是诬告他人；如果不是故意的，是告不实。

【简文】

甲告乙盜牛今乙賊傷人非盜牛殹問甲當論不＝當＝論亦不當購或曰爲告不審44

【释文】

甲告乙盜牛，今乙賊傷人，非盜牛殹（也），問甲當論不當？不當論，亦不當購；［1］或曰爲告不審44。

【集释】

［1］不当论，亦不当购

刘海年：不管告发人的主观动机是否有意诬告人，如果被告人偷盗的钱数超过了“大误”，或者所犯的罪行属于法律规定的重罪，即使未告准确，对告发者也不予追究。①

栗劲：除了若干情节与事实略有不合以外，被告发人确实犯有罪行，只是他们的犯罪尚不足以判处“黥为城旦”以上的罪名，都不发给奖金。②

孙瑞：因控告者控告他人盗牛，无意地降低了贼伤人的罪行，故不奖赏，或者按告不审处理，但不能以处罚论之。③

张伯元：《二年律令》则对此种情况不作“告人不审”论处，律文是

① 刘海年：《秦的诉讼制度》（上），《中国法学》1985年第1期，第167页。

② 栗劲：《秦律通论》，山东人民出版社，1985，第313页。

③ 孙瑞：《从〈睡虎地秦墓竹简〉看秦国控告文书》，《吉林大学社会科学学报》1998年第2期，第92页。

这样的："告人不审，所告者有它罪与告也罪等以上，告者不为不审。"（第 132 简）所告者，如同乙盗牛；有它罪，如同乙贼伤人，乙贼伤人之罪一般在盗牛之上，判断为"告者不为不审"。①

张忠炜：告发罪轻而实际罪重者，告发者仍可受赏；告发罪重而实际罪轻者，告发者不应受购赏甚至是有罪。②

【按】据《奏谳书》"黥城旦讲乞鞫案"99 简"论黥讲为城旦"，可知秦时盗牛当处黥城旦刑；又据《二年律令·贼律》25 简"贼伤人，及自贼伤以避事者，皆黥为城旦舂"，或可推测贼伤人亦处以黥城旦刑。故而虽然甲所告发的犯罪事实与实际不符，但对被告者乙的量刑并不产生影响。因此本简"不当论"的理据或为，虽告者所告不实，但未改变被告者的该当刑罚。关于"不当购"，由《二年律令·捕律》139 简"诇告罪人，吏捕得之，半购诇者"可知，在告罪人并使吏捕获的情况下，对所告者应予购赏。又，《法律答问》134 简："甲告乙贼伤人，问乙贼杀人，非伤殴（也），甲当购，购几可（何）？当购二两。"该简显示告贼伤人本应获得购赏。本简之所以"不当购"，可能是因为甲所告的"盗牛"没有事实基础，与乙实犯的"贼伤人"罪之间亦无任何联系，不能为官府的司法工作提供帮助，因此其告罪人的行为也未能获得官府认可。本简的这种情况在当时还有另一种处理意见"或曰为告不审"，即从事实出发，不考虑是否影响被告者的该当刑罚。只要甲所告不实，即成立告不审。

【译文】

甲告发乙盗窃牛，如果乙是贼伤人，不是盗窃牛，问甲应不应当论处？不应当论处，也不应当奖赏；一说应是告不实。

【简文】

甲盜羊乙智即端告曰甲盜牛問乙爲誣人且爲告不審當爲告盜駕臧 45

【释文】

甲盜羊，乙智（知），即端告曰甲盜牛，問乙爲誣人，且爲告不審？當爲告盜駕（加）臧（贓）45。[1]

---

① 张伯元：《〈汉律摭遗〉与〈二年律令〉比勘记》，载氏著《出土法律文献研究》，商务印书馆，2005，第 26 页。

② 张忠炜：《秦汉律令法系研究初编》，社会科学文献出版社，2012，第 189 页。

【集释】

[1] 告盗驾（加）臧（赃）

整理小组：控告盗窃罪而增加赃数，和“诬人”“告不审”等一样应受惩处，但处分不同。

刘海年：告盗加赃罪重于告不审。它与告不审的主要区别，是在告发时故意加重人罪。只不过告盗加赃的被告人犯有一定的偷盗罪，不完全是无辜的。①

孔庆明：告盗加赃也有故意或不审之分，不知其数而加赃，处罚要轻一些。②

魏德胜：加赃，专门适用于控告盗窃罪的，控告的数量大于实际偷盗的数量，而且有主观故意。如果所告不是偷盗，所告不实，就是诬人，或是告不审。这三种罪名有联系，又有区别。③

程政举：在盗窃罪中，凡故意增加盗窃数额的，按“告盗加赃”论处。对于“告盗加赃”的处罚，则根据其增加部分加上实际盗窃额是否超过法定的量刑幅度。④

【按】“告盗加赃”是“告盗”行为的一种罪名。⑤《法律答问》47简：“甲告乙盗牛，今乙盗羊，不盗牛，问可（何）论？为告不审。”同为实盗羊而告盗牛，47简为“告不审”，本简与47简的区别是知而“端告”，可见“告盗加赃”罪含有主观故意的成分。又据38简“盗百，即端盗驾（加）十钱”，所告百一十钱该当刑为耐隶臣妾，实盗一百钱该当刑为赀二甲，因此推测“告盗驾（加）赃”罪的成立或与因告盗加赃而改变被告者应受刑罚的刑等相关。关于“告盗加赃”罪的处罚，依《法律答问》38简“盗百，即端盗驾（加）十钱……赀一盾应律”推断，应按其所加赃值处罚。以本简及46简而言，在告盗罪的情况下，“告盗加赃”与“诬告”罪虽然都有主观故意的成分，但二者的

---

① 刘海年：《秦的诉讼制度》（上），第167页。

② 孔庆明：《秦汉法律史》，陕西人民出版社，1992，第71页。

③ 魏德胜：《〈睡虎地秦墓竹简〉词汇研究》，华夏出版社，2003，第159页。

④ 程政举：《秦代的告诉制度》，《殷都学刊》2006年第1期，第28页。

⑤ 《岳麓书院藏秦简（肆）》1226（204）、J42（205）简中有“告盗”，简文参见陈松长主编《岳麓书院藏秦简（肆）》，第135、136页。

不同之处在于：其一，前者因告盗而发生，被告确实有盗窃行为，但告者在告盗时故意增加了赃值；后者则是告者主观认为被告没有盗窃行为，却故意以盗窃罪控告。其二，在后果上，前者会导致被告刑罚改变（由轻变重），后者则可能导致无辜者受刑。不过在诬告人盗而被告确实犯有盗罪，诬告的内容不影响盗者该当刑罚的情况下，诬告者不承担责任（参见41简）。

【译文】

甲盗窃羊，乙知情，而故意告甲盗窃牛，问乙应是诬告人，还是告不实？应是告盗加赃。

【简文】

甲盜羊乙智盜羊而不智其羊數即告吏曰盜三羊問乙可論爲告盜駕臧46

【释文】

甲盜羊，乙智（知）盜羊，而不智（知）其羊數，即告吏曰盜三羊，問乙可（何）論？爲告盜駕（加）臧（贓）46。

【译文】

甲盗窃羊，乙知道是盗羊，而不知所盗羊数，就向吏告甲盗窃了三只羊，问乙应当如何论处？属于“告盗加赃”。

【简文】

甲告乙盜牛今乙盜羊不盜牛問可論爲告不審▐ 貲盾不直可論貲盾47

【释文】

甲告乙盜牛，今乙盜羊，不盜牛，問可（何）論？爲告不審。▕［1］貲盾不直，可（何）論？貲盾47。［2］

【集释】

［1］▐

整理小组：此句上面原简有黑线，表示自此以下为另一条。下面类似情况同例。

夏利亚：答问中有时会出现一个人问两个问题的情况，这个时候就在同片简上以“▐”隔开书写。①

① 夏利亚：《秦简文字集释》，第490页。

【按】《法律答问》的48简、74简、75简、95简、117简、119简亦见此符号。张显成先生认为，在秦汉简牍中，长粗横线一般是“表句读或段落的章句号……”。在《法律答问》中出现的此符号，通常其“前后是两个不同的问答，表示该处必须停顿，上下文不能连读”。[①] 李均明、刘军先生称之为“界隔符”，用于隔断文句、避免混淆。[②]《法律答问》95简：“‘辞者辞廷。’·今郡守为廷不为？为殹（也）。丨‘辞者不先辞官长、啬夫。’丨可（何）谓‘官长’？可（何）谓‘啬夫’？命都官曰‘长’，县曰‘啬夫’。”以两个长粗横线分隔出三个相互联系的答问内容。据图版所示，第一个横线较粗，第二个横线较细，第二个横线后面的内容是对前一问题的进一步说明。据此推测，“▌”存在粗细之别，较粗长横线分隔的前后问题独立性更强，较细长横线分隔的前后问题关联性更强。

［2］赀盾

整理小组：此处未写明所罚数目，推测应为反坐，即罚犯人一盾不公，就罚官吏本人一盾。

何四维：简文没有标示数字，我赞同整理小组，其意为“赀一盾”。[③]

【按】“赀盾”的表述也见于《法律答问》48、59简。“赀二盾”仅见于《秦律杂抄》27简：“伤乘舆马，夬（决）革一寸，赀一盾；二寸，赀二盾；过二寸，赀一甲。”既然存在“赀二盾”的赀罚，秦简也多见“赀一盾”的具体表述，则此处“赀盾”或应包括“赀一盾”“赀二盾”等所有赀盾的情况。

【译文】

甲告乙盗窃牛，如果乙是盗窃羊，不是盗窃牛，问甲应当如何论处？是告不实。丨（判处）赀盾不直，应当如何论处？应当（判处）赀盾。

【简文】

當貲盾没錢五千而失之可論當誶▌告人曰邦亡未出徼闌亡告不審論可殹爲告黥城旦不審48

① 张显成：《简帛文献学通论》，中华书局，2004，第183～184页。

② 李均明、刘军：《简牍文书学》，广西教育出版社，1999，第69页。

③ A. F. P. Hulsewé, *Remnants of Ch'in Law*, p. 133.

【释文】

當貲盾，沒錢五千而失之，［1］可（何）論？當誶。| 告人曰邦亡，未出徼闌亡，告不審，論可（何）殹（也）？爲告黥城旦不審48。

【集释】

［1］当赀盾，没钱五千而失之

整理小组：没，没收。没钱五千这种惩罚在简文其他地方没有出现过。失，即失刑，指判处不当……本条是说本应赀盾，却判处没钱五千，所惩罚的对象也是执法的官吏。

栗劲："赀盾"和"没钱"虽然同是财产刑，但是，两者还是有区别的。赀刑是经过司法机关判决以后，由当事人按判决自行交纳所赀的财物和劳役……"没"或"收"在判决的同时就由国家采取强制措施，甚至在判决之前已由国家预先为这些措施作了准备。①

何四维：（某人）被罚一盾；（有关官员）没收了5000钱并遗失了这些钱。②

堀毅：赀盾相当于五千钱。③

高敏："当赀盾"的刑罚，要比"没钱五千"严重，否则不能叫"失之"，也不应当受到申斥。④

【按】本句或存在两种理解：一是将本应判罚的"赀盾"错判为"没钱五千"，即判罚存在错误；二是应当判处"赀盾"，但在执行时收缴了五千钱，此属判决正确而执行有误。关于甲盾比价，于振波先生总结了秦律赀罚甲盾与金钱数量关系表，可参前《法律答问》7简集释［2］按语，其中赀一甲相当于1344钱，赀一盾相当于384钱。由此可知本简的"没钱五千"，无论是判罚错误还是执行错误，均属明显不当。

【译文】

应当（判处）赀盾，（在执行时却）收缴了五千钱而处置不当，应当如何论处？应当谇。| 告发他人逃出国境，（实际）没有逃出边境（而是

① 栗劲：《秦律通论》，第291页。

② A. F. P. Hulsewé, *Remnants of Ch'in Law*, p. 151.

③ 〔日〕堀毅：《秦汉法制史论考》，萧红燕等译，第169页。

④ 高敏：《评〔日〕堀毅著〈秦汉法制史论考〉》，第21页。

在）境内逃亡，告发不实，应当如何论处？属于告黥城旦罪不实。

【简文】

誣人盜直廿未斷有＝它盜直百乃後覺當并臧以論且行真辠有以誣人論
當貲二甲一盾 49

【释文】

誣人盜直（值）廿，未斷，有（又）有它盜，直（值）百，乃後覺，當并臧（贓）以論，且行真罪、有（又）以誣人論？當貲二甲一盾 49。[1]

【集释】

[1] 赀二甲一盾

吕名中："赀二甲"为罚缴财物的通常限额。最高有罚二甲一盾的，这是犯了双重罪才采取的罚额。①

堀毅：如果该案例中的两种罪均是盗窃罪，那么可以认为"盗二十钱"与"盗百"是处于被吸收的关系。然而，该案例中由于罪行之一为诬陷罪，故二罪之间的吸收关系不能成立……甲诬告他人盗窃的赃值和本人盗窃的赃值这两者并非处于相加的关系，故对盗百钱和诬告他人盗二十钱分别判处赀二甲及赀一盾。应按"赀二甲一盾"处理。②

彭浩：实际上是按两次犯罪分别论罚，合并执行。③

【按】本简对在诬告他人盗窃的案件尚未裁决时，又发现诬告者有其他盗窃行为，应该如何处理提出了疑问。提问者提出了两种可能方案，即"并赃以论"与"行真罪又以诬人论"。从回答"当赀二甲一盾"来看，这种情况应按第二种方案处理。因为若将赃值合并计算，诬人盗的二十钱与本身盗的一百钱共计一百二十钱，应处以耐为隶臣妾；实际盗赃值一百钱判处赀二甲，诬人盗窃二十钱反坐判处赀一盾，更符合简文载明的"赀二甲一盾"。"赀二甲一盾"应指"赀二甲、赀一盾"，是对诬人盗窃与实际盗窃两罪的判罚结果。在秦简中也常见因判罚多个赀刑而致所赀数额超过"二甲"的记载。如里耶秦简 8－60 简："佐公士僰道西里亭赀三甲，

① 吕名中：《秦律中的"赀"与"赀赎"》，载中国秦汉史研究会编《秦汉史论丛》第 2 辑，陕西人民出版社，1983，第 298 页。

② 〔日〕堀毅：《秦汉法制史论考》，萧红燕等译，第 252 页。

③ 彭浩：《秦〈户律〉和〈具律〉考》，载李学勤主编《简帛研究》第 1 辑，第 53 页。

为钱四千卅二”,[1] 又 8－300 简：“乡守履赀十四甲”,[2] 对于这些超过“二甲”的赀罚，研究者认为“也许是二到三次被赀甲的累计”。[3] 关于本简采用二罪分别计赃以论，再合并处罚的原因或有两种理解。一是本案的诬告罪“狱未断”，即仍处于审理状态，此时盗窃罪发，并不能与诬告罪同时审理。处于不同司法阶段的两罪只能分别计赃、分别论处。二是考虑到盗窃与诬告的赃值性质不同，诬人盗的赃值并未实际产生，因此也不应计算在“真罪”的赃值之内，只能分别论罪。

【译文】

诬告他人盗窃，赃值二十，（案件）尚未裁决，（本人）所犯盗窃赃值一百（的案件）又被发觉。是应当合并赃值论处，还是处理实犯之罪并以诬告罪论处？应当（判处）赀二甲一盾。

【简文】

上造甲盗一羊獄未斷誣人曰盜一豬論可毆當完城旦 50

【释文】

上造甲盗一羊，獄未斷，誣人曰盜一猪，論可（何）毆（也）？當完城旦 50。[1]

【集释】

[1] 当完城旦

【按】关于“当完城旦”的理据，有两种分析与结论。其一，据《奏谳书》99 简“论黥讲为城旦”，讲盗牛所获刑罚是黥城旦。以此推论，盗羊、盗猪所获刑似应在黥城旦以下，或均为完城旦。上造犯盗羊罪本应被处完城旦，因法律优待而获刑耐鬼薪，又因诬告盗猪反坐，不再享有第二次法律优待而获刑完城旦，最后执行完城旦。其二，推测对盗一羊、盗一猪的处罚分别是耐隶臣、完城旦，上造在盗一羊当耐隶臣未断的情况下，又诬告人盗一猪，此种情形的处理方式是将“未断”视为“已断”，即以耐隶臣的身份追究其诬告他人盗猪的反坐罪，故结论是当论处完城旦。

---

① 陈伟主编《里耶秦简牍校释》第 1 卷，武汉大学出版社，2012，第 43 页。

② 陈伟主编《里耶秦简牍校释》第 1 卷，第 131 页。

③ 陈伟主编《里耶秦简牍校释》第 1 卷，第 44 页，注释 3。

【译文】

上造甲盗窃一只羊，（案件）尚未判决，诬告他人盗窃一只猪，应当如何论处？应当完城旦。

【简文】

譽適以恐眾心者翏＝者可如生翏＝之已乃斬之＝謂殹 51

【释文】

“譽適（敵）以恐眾心者，翏（戮）。”“翏（戮）”者可（何）如？生翏（戮），[1] 翏（戮）之已乃斬之之謂殹（也）51。

【集释】

[1] 生翏（戮）

整理小组：戮，《广雅·释诂三》：“辱也。”古书也写作僇或剹。

刘海年：秦的戮刑不同于一般说的斩杀……戮刑在斩之前要履行一定的程序，使受戮人先蒙受耻辱，然后再斩。①

何四维：“翏”通“戮”。“戮”通常意为“杀死，处死”，可见于《尚书·甘誓》中。但是考虑到这里“戮”与“生”并列，以及后面罪犯被斩杀的事实，“戮”一定指“羞辱”。②

冨谷至：“生戮”“戮尸”中的“戮”，主要是指在行刑前或者在行刑后为了达到凌辱目的而进行的游街示众（即处刑前的游街和处刑后的暴尸）。③

乔伟：秦时的戮刑有两种：一是先行斩首而后用其尸体示众；二是先活着刑辱示众，而后再将犯人杀死。④

孔庆明：《说文》：“戮，杀也。”段注：“杀下曰戮也。”头部以下均曰下，就是先杀身后斩头。⑤

【按】以先秦文献所见，除《说文解字·戈部》“戮，杀也”的本义外，“戮”又可见两种含义：其一，陈尸示众、羞辱尸体。如《国语·晋

① 刘海年：《秦律刑罚考析》，载中华书局编辑部编《云梦秦简研究》，第 172 页。

② A. F. P. Hulsewé, *Remnants of Ch'in Law*, p. 134.

③ ［日］冨谷至：《秦汉刑罚制度研究》，柴生芳、朱恒晔译，第 44 页。

④ 乔伟：《五刑沿革考》（上），《山东大学学报》1988 年第 4 期，第 62 页。

⑤ 孔庆明：《秦汉法律史》，第 95 页。

语九》："三奸同罪，请杀其生者，而戮其死者。"韦昭注："陈尸为戮。"《左传·襄公二十八年》："求崔杼之尸，将戮之，不得。"《韩非子·内储说上》："齐国好厚葬……于是乃下令曰：'棺椁过度者戮其尸，罪夫当丧者。'夫戮死无名，罪当丧者无利，人何故为之也?"其二，羞辱生者。《左传·文公六年》："夷之蒐，贾季戮臾骈，臾骈之人欲尽杀贾氏以报焉。臾骈曰：'不可。吾闻前志有之，曰："敌惠敌怨，不在后嗣。"忠之道也……'"本简既言"生戮"，则"戮"不宜取"羞辱尸体"或"陈尸"之意。"生戮"应是在尚未剥夺生命时羞辱之，然后再斩杀。至于达到生前示众羞辱效果的方法，或如《周礼·地官·司市》："市刑，小刑宪罚，中刑徇罚，大刑扑罚，其附于刑者，归于士。"郑玄注："徇，举以示其地之众也。"孙诒让《正义》："谓列其所犯，楬著其身，使周行市廛，以示众为戒也。"即对违法者施以游行示众的处罚。

【译文】

"赞扬敌人而使众人恐惧的人，应当戮。"什么是"戮"？就是先活着示众羞辱，然后斩杀。

【简文】

廣衆心聲聞左右者賞將軍材以錢若金賞毋恒數 52

【释文】

"廣衆心，聲聞左右［1］者，賞。"將軍材以錢若金賞，毋（無）恒數 52。

【集释】

［1］左右

整理小组：此处为将军身旁的人，实际是指将军本人而言。

中央大秦简讲读会：应是什伍的左右。[①]

【译文】

"使众人振作，声音能够使身边的人听到的，奖赏。"由将军酌量赏给钱或黄金，没有固定的数额。

---

① ［日］中央大学秦簡講読会：《〈雲夢睡虎地秦墓竹簡〉釋註初稿（承前4）——法律答問（上）》，第86页。

【简文】

有投書勿發見輒燔之能捕者購臣妾二人毄投書者鞫審讞之所謂者見書└而投者不得燔書勿發投者得53

書不燔鞫審讞之=謂殹54

【释文】

"有投書，[1] 勿發，[2] 見輒燔之；能捕者購臣妾二人，毄（繫）投書者鞫審讞之。"所謂者，見書而投者不得，燔書，勿發；投者【得】53，書不燔，鞫審讞之之謂殹（也）54。

【集释】

[1] 投书

整理小组：投匿名书信。

何四维：向敌人秘密通信之意。与《墨子·号令》中"客射以书，无得举……禁无得举矢书若以书射寇"中的"矢书"类似。[①]

堀毅：投书罪构成的重要条件，就是匿名控告人。做出这样规定的背景，是由于匿名的投书，常常导致诬告。[②]

曹旅宁：这里的投书是群盗勒索财物的匿名信。[③]

赵凯："投"的本意是投掷……"扔下就溜"的行为过程，正可用"投书"来形容。可能正是基于此，秦汉律中往往用"投书"来指代投递匿名书信的行为。[④]

【按】

赵凯先生指出，但凡出现在与举报、诉讼有关的语境中，"投书"一词也基本上是指匿名书信，但也有例外，如《汉书·赵广汉传》所载广汉"又教吏为缿筩，及得投书，削其主名，而托以为豪桀大姓子弟所言"，其中之"投书"显然不是匿名书信。[⑤] 可见文献记载的"投书"意

---

① A. F. P. Hulsewé, *Remnants of Ch'in Law*, p. 135.

② 〔日〕堀毅：《秦汉法制史论考》，萧红燕等译，第19页。

③ 曹旅宁先生认为，捕获投书人，奖励之高，难以解释。据张家山汉简152~153简《捕律》可知，治群盗是当时官吏的当务之急。把本简中的被捕者作群盗成员，则可解释秦律相关律文。曹旅宁：《张家山汉律研究》，中华书局，2005，第59页。

④ 赵凯：《汉代匿名文书犯罪诸问题再探讨》，《河北法学》2009年第3期，第84~85页。

⑤ 赵凯：《汉代匿名文书犯罪诸问题再探讨》，《河北法学》2009年第3期，第85页。

思不只是“匿名信”一种。秦汉文书行政的流程有着十分严格的规定，只要经由官方传递的文书，处理者、经办者、封者、传递者、发者等都能通过文书一目了然。以告发犯罪来说，秦及汉初均对告发途径、程序作了严格限制。如《法律答问》95简中的“辞者辞廷”，《二年律令·具律》101简中的“诸欲告罪人，及有罪先自告而远其县廷者，皆得告所在乡，乡官谨听，书其告，上县道官。廷士吏亦得听告”。因此将“投书”理解为凡是不符合法律规定的程序，向官府投递的来路不明的文书，较为妥当。“匿名信”是非法投递文书的一种，“投书”不一定都是匿名信。

［2］发

整理小组：把书信拆开观看。

中央大秦简讲读会：此处解释为向上级或其他官吏处转送。[①]

栗劲：匿名信既不具名，又加以密封，不拆视无从知晓是否匿名信……故发当作宣扬、散发、扩散等讲。“勿发”当作“不得扩散”解，比较符合简文原意。“勿发”也可如《三国志·国渊传》作“不宣露”解，也比较符合简文原意。[②]

【按】在“书”是正规“官文书”的前提下，“发”可理解为拆阅。秦汉简牍中所见的“以……发”，所指皆是官文书。官文书有严格的制式，接收必然要涉及“拆开”这一动作。然而“投书”与此无关，除伪造的官文书外，应无固定的制式与格式，它既可以是密封的书信，也可以是类似“大字报”的标语或扔到路边的密书，《后汉书·梁松传》中的“飞书”就悬挂于醒目的位置。对于不合法律规定程序的来路不明的“投书”，一般情况下容易判断，不会涉及“拆开”。因此，“发”理解为“传播”“受理”较为合适。57简的“发伪书”之“发”作拆阅解，是由于“伪书”是伪造的官文书，具有官文书的制式与格式，故有拆阅的可能。

【译文】

“有投书，不要散布，见到立刻焚毁；能够捕获到投书人的，奖励臣

---

① 〔日〕中央大学秦簡講読会：《〈雲夢睡虎地秦墓竹簡〉釋註初稿（承前4）——法律答問（上）》，第86页。

② 栗劲：《〈睡虎地秦墓竹简〉译注斠补》，第94页。

妾二人，拘押投书的人，查明事实，报告上级。”所说的意思是，见到投书而未捕获投书人的，焚毁投书，不要散布；捕获到投书人的，投书不焚毁，查明事实，报告上级。

【简文】

撟丞令可殹爲有秩僞寫其印爲大嗇夫 55

【释文】

“僑（矯）［1］丞令”可（何）殹（也）？爲有秩僞寫其印爲大嗇夫 55。［2］

【集释】

［1］侨

整理小组：矫，令，《史记·陈涉世家》：“因相与矫陈王令。”

何四维：应该释为“挢”，是“矫”的假借。意为“伪造”。[①]

黄文杰：此字左旁从“牛”，应释“犞”。[②]

王贵元：“侨”字误释，是乃“挢”字无疑……《说文·手部》：“挢，擅也。”段玉裁注：“擅，专也。凡矫诏当用此字。”……“挢”指假托，先秦典籍常见……“挢丞令”与“挢邦令”同，是用本字“挢”。[③]

彭浩：挢。[④]

【按】通过对比睡虎地秦简图版和其他秦简文字，此字应释为“挢”。王筠《说文句读》：“《众经音义》：‘挢，擅也，假诈也。’字从手，今皆作‘矫’也。”[⑤]《岳麓书院藏秦简（叁）》“学为伪书案”2174+1840+604+601（212）简“挢（矫）为私书”，[⑥]“挢”为假托、伪造之义。同例见《二年律令·贼律》11 简“挢（矫）制，害者，弃市；不害，罚金四两”。又“挢”有时也写作“桥”，《二年律令·盗律》66 简“桥（矫）相以为吏，自以为吏以盗”，张家山汉简整理小组认为“矫相”疑指矫扮他人。陈伟先生认为应解释为“相互诈称或自我诈称官吏而进

① A. F. P. Hulsewé, *Remnants of Ch'in Law*, p. 135.

② 黄文杰：《睡虎地秦简疑难字试释》，《江汉考古》1992 年第 4 期，第 60 页。

③ 王贵元：《秦简字词考释四则》，《中国语文》2001 年第 4 期，第 378 页。

④ 陈伟主编，彭浩撰著《秦简牍合集》（释文注释修订本壹），第 203 页。

⑤ （清）王筠：《说文句读》，上海古籍书店，1983，第 1783 页。

⑥ 朱汉民、陈松长主编《岳麓书院藏秦简（叁）》，第 223 页。

行盗窃”。[①]《汉书·高五王传》：“今诸吕又擅自尊官，聚（官）〔兵〕严威，劫列侯忠臣，挢制以令天下，宗庙以危。”颜师古注：“挢，托也。托天子之制诏也。挢音矫。”《汉书·元帝纪》：“挢发戊己校尉屯田吏士及西域胡兵攻郅支单于。”颜师古注：“挢，与矫同。矫，托也。”

［2］为有秩伪写其印为大啬夫

整理小组：大啬夫，在此即指令、丞。

裘锡圭：整理小组注说这一条的大啬夫“即指令、丞”，是可信的。但是在秦律正式条文里经常以大啬夫与丞并提……可见作为比较正式的官名的“大啬夫”，仅仅指令、长而不包括丞。上引那条答问好像把大啬夫跟长吏等同了起来，大概是非正式的习惯用法。[②]

朱大昀：“大啬夫”，自然是指高一级的啬夫……但有时其含义似略有扩大……这里的“大啬夫”就包括“丞”在内。[③]

徐富昌：“大啬夫”和“丞”、“令”和“丞”，往往并举，且都是大啬夫前丞后，或令前丞后，可见大啬夫绝不是丞。[④]

彭浩：简文的“有秩”是少吏，用官署印（即半通印），也称“小官印”。“大啬夫”则用通官印。因此，简文的“伪写其印”应指仿制“大啬夫”印的形制和印文。[⑤]

【按】大啬夫指令、长，丞是令、长的重要副手。在秦的行政实践中，令与丞的印具有相同的行政效力。里耶秦简8－462与8－685简合缀的一则文书明确提到“符到为报，署主符、令若丞发”，[⑥]也就是说回报文书署名令或丞皆可。岳麓书院藏秦简也可见“以令若丞封”的行政实践，如《岳麓书院藏秦简（肆）》1411（121）～1399（122）简：“·金布律曰：

① 彭浩、陈伟、〔日〕工藤元男主编《二年律令与奏谳书——张家山二四七号汉墓出土法律文献释读》，上海古籍出版社，2007，第115、117页。

② 裘锡圭：《啬夫初探》，载中华书局编辑部编《云梦秦简研究》，第229页。

③ 朱大昀：《有关“啬夫”的一些问题》，载中国秦汉史研究会编《秦汉史论丛》第2辑，第177页。

④ 徐富昌：《睡虎地秦简研究》，文史哲出版社，1993，第406页，注释16。

⑤ 陈伟主编，彭浩撰著《秦简牍合集》（释文注释修订本壹），第203页。

⑥ 陈伟主编《里耶秦简牍校释》，第160页。

官府为作务、市受钱，及受齎、租、质、它稍入钱，皆官为缿，谨为缿空（孔），婴（须）毋令钱能出，以令若丞印封缿而入，与入钱者叁辨券之，辄入钱缿中，令入钱者见其入。"[①]《二年律令·行书律》275简也有"封毁，更以某县令若丞印封"的规定。本简对何谓"矫丞令"提出疑问，其回答是对前句的举例之说。"矫丞令"应该有各种情况，所举"有秩伪写其印为大啬夫"事例为情况之一，因为令、丞之印具有同等的行政效力，于是在回答什么是"矫丞令"的问题时，低级官吏伪造令印的犯罪行为就成为"矫丞令"的解释。

【译文】

什么是"假托丞的命令"？就是低级官吏伪造了大啬夫的官印。

【简文】

盗封嗇夫可論廷行事以僞寫印 56

【释文】

盗封嗇夫［1］可（何）論？廷行事以僞寫印56。［2］

【集释】

［1］盗封啬夫

整理小组：古时文书或作为通行凭证的符传，上面都有封泥，在泥上加盖玺印。盗封啬夫，疑指假冒啬夫封印。

中央大秦简讲读会：盗封，用伪造印封印。[②]

汪桂海：此实指盗取啬夫官印来封印文书，即《唐律·诈伪律》所说："诸盗宝、印、符、节封用，即所主者盗封用及以假人、若出卖；所假及买者封用，各以伪造、写论。"[③]

【按】从"盗"字含义来看，此种行为应是指在没有合法授权情况下，盗用啬夫印以封。

［2］伪写印

【按】结合《法律答问》55、56简，可知"矫丞令"和"盗封啬夫"

---

① 陈松长主编《岳麓书院藏秦简（肆）》，第108页。

② 〔日〕中央大学秦簡講読会：《〈雲夢睡虎地秦墓竹簡〉釋註初稿（承前4）——法律答問（上）》，第87页。

③ 汪桂海：《秦汉简牍探研》，文津出版社，2009，第54页。

皆论以“伪写印”罪，就是伪造官印之罪。《二年律令·贼律》9～10简有伪写不同等级印章的刑罚规定：“伪写皇帝信玺、皇帝行玺，要（腰）斩以匀（徇）。伪写彻侯印，弃市；小官印，完为城旦舂☐”在本简中，“盗封”按“伪写印”论处。古人堤汉简所载汉律中有关于盗用真印的处罚规定：“贼律曰：伪写皇帝信玺、皇帝行玺，要（腰）斩以□。伪写汉使节、皇大子诸侯、三列侯及通官印，弃市。小官印，完为城旦舂。敢盗之及私假人者若盗充重以封及用伪印，皆各以伪写论。”“盗重以封”，整理者认为意为“折除或覆盖原封泥之印而另封以新印”。[①]“盗封”即是盗用真印封用之意。《唐律·诈伪》“盗宝印符节封用”条律意与本简同。

【译文】

盗用啬夫印封缄应当如何论处？廷行事按伪造官印论处。

【简文】

發僞書弗智貲二甲└今咸陽發僞傳弗智即復封傳它＝縣＝亦傳其縣次到關而得└今當獨咸陽坐以貲且它57

縣當盡貲└咸陽及它縣發弗智者當皆貲58

【释文】

“發僞書，［1］弗智（知），貲二甲。”今咸陽發僞傳，［2］弗智（知），即復封傳它縣，它縣亦傳其縣次，［3］到關而得，今當獨咸陽坐以貲，且它57縣當盡貲？咸陽及它縣發弗智（知）者當皆貲58。

【集释】

［1］伪书

整理小组：伪造的文书（译）。

何四维：伪造公文（译）。[②]

【按】据汪桂海先生研究，《奏谳书》中除矫诏之外，一般伪书行为可划分为三种情况：一是官吏为逃避罪谴，对上级官府的案问不如实奏报；一是盗窃他人符传并作改动以为己用；一是邮驿人员私改官文书。汉简中反映的某些情况在文献中也有记载，史书中所常见到的某人因“谩”获

① 张春龙、李均明、胡平生：《湖南张家界古人堤简牍释文与简注》，《中国历史文物》2003年第2期，第76、77页。释文标点为研读会所加。

② A. F. P. Hulsewé, *Remnants of Ch' in Law*, p. 135.

罪，即是犯了伪书罪。谩即诳，言辞不实，欺诳之意。文书中言辞不实实质就是诈伪，为伪书。[1]《二年律令·贼律》13 简："为伪书者，黥为城旦舂。"

［2］伪传

整理小组：传（音转），通行凭证。《汉书·文帝纪》注引张晏云："传，信也，若今过所也。"《古今注》："凡传皆以木为之，长五寸，书符信于上，又以一板封之，皆封以御史印章，所以为信也，如今之过所也。"

中央大秦简讲读会：传，整理小组解释为"通行凭证"，或者可能是如传阅文件一样的文书。一说，传是传达，即"打开伪（书）传达"。[2]

【按】从此二简的内容得知，"伪传"属于"伪书"的一种。《奏谳书》58～59 简："··蜀守潚（谳）：大夫犬乘私马一匹，毋传，谋令大夫武窬舍上造熊马传，箸（着）其马职（识）物，弗身更，疑罪。·廷报：犬与武共为伪书也。"大夫犬为使自己的私马能够通关，与他人合谋篡改上造熊的马传，此种行为被司法机关认定为"为伪书"。

［3］传其县次

【按】"县次"，指文书传递路径上所经过县的排列次序。于振波先生指出，只有当一份文书需要依次送达多个地点或由多个地点分程传递时，才会"以次传行"；如果文书只涉及签发和接收两方，且因距离较近不需要分程传递时，"以次传行"就没有必要了。[3] 在"以次传"的情况下，文书传递所经过的每一个县都有甄别文书真假的义务，如果伪造的通行证在所经过的各县未被发觉，按本简的解答，各县应负同等的法律责任。

【译文】

"拆阅伪造的文书，未能发觉，赀二甲。"如咸阳拆阅伪造的通行证，未能发觉，重新封缄传递给其他县，其他县也依次传递给下一县，到达关后被捕获。现在是应当单独论处咸阳赀刑，还是其他县都应当论处赀刑？咸阳和其他县拆阅（伪造的通行证）而没有发觉的，都应当处以赀刑。

---

① 汪桂海：《汉代官文书制度》，广西教育出版社，1999，第 203 页。

② ［日］中央大学秦簡講読会：《〈雲夢睡虎地秦墓竹簡〉釋註初稿（承前 4）——法律答問（上）》，第 87 页。

③ 于振波：《里耶秦简中的"除邮人"简》，《湖南大学学报》2003 年第 3 期，第 11 页。

【简文】

廷行事＝爲詛僞貲盾以上行其論有灋之59

【释文】

廷行事吏爲詛僞，［1］貲盾以上，行其論，有（又）廢［2］之59。

【集释】

［1］诅伪

整理小组：诅，读为诈。

【按】睡虎地秦简《日书甲种》11简“利以兑明组”，“明组”即“盟诅”；《日书乙种》17简作“利以说孟诈”，刘乐贤先生订正为“利以说孟诈”，[①] 可见“诈”可读为“诅”。又“诈”是“诈”的异体字，如《龙岗秦简》151简“田及为诈（诈）伪写田籍……”所以“诈”亦可读为“诅”，故而在秦简中“诅”和“诈”可以互通。

此处关于官吏“诅伪”行为的具体所指并不明确，秦简所见官吏诈伪行为有如下四类：第一类是在财务账目中作伪，如《秦律十八种·效》174～175简：“禾、刍稾积廥，有赢、不备而匿弗谒，及者（诸）移赢以赏（偿）不备，群它物当负赏（偿）而伪出之以彼（貱）赏（偿），皆与盗同法。”第二类是在人口统计中作伪，如《秦律杂抄》32～33简：“匿敖童，及占瘩（癃）不审，典、老赎耐，·百姓不当老，至老时不用请，敢为酢（诈）伪者，赀二甲；典、老弗告，赀各一甲；伍人，户一盾，皆𨘴（迁）之。”第三类是在制作文书的过程中作伪，如《岳麓书院藏秦简（肆）》0913（256）简：“伪为其券书以均者赀二甲，废。”[②] 第四类是官吏为逃避责任而作伪，如《岳麓书院藏秦简（伍）》1869（266）简：“诈（诈）避事，所避唯（虽）毋论，赀二甲，废。”[③]

［2］废

【按】里耶秦简8－461简“□如故更废官”，[④] 陈侃理先生将未释之字释为“灋”，并认为此句意为“记录法度之｛法｝仍用‘灋’字，记

① 刘乐贤：《睡虎地秦简日书研究》，文津出版社，1994，第316页。

② 陈松长主编《岳麓书院藏秦简（肆）》，第153页。

③ 陈松长主编《岳麓书院藏秦简（伍）》，第186页。

④ 陈伟主编《里耶秦简牍校释》第1卷，第156页。

录废官之｛废｝时改用‘废’字”。[①] 可知在秦统一文字前，“废”官作“灋”官。

【译文】

廷行事：官吏诈伪，其罪在赀盾以上的，执行判决，同时撤职。

【简文】

廷行事有辠當䙴已斷已令未行而死若亡其所包當詣䙴所 60

【释文】

廷行事有罪當䙴（遷），已斷已令，［1］未行而死若亡，其所包［2］當詣䙴（遷）所 60。

【集释】

［1］已断已令

整理小组：即《汉书·刑法志》的“已论命”……意思是已经判决。

何四维：简文读为“已断已令”，明显是指两个独立的行为。笔者相信，令是那些致送执行判决的官吏的令，而在此处，执行判决就是把获罪之人发遣迁所。[②]

籾山明：审判终了称为“断”……所谓“断”是指“狱”即案件已经审结之词……所谓“令”，如《秦律遗文》所指出的，可能是相关机构所下达的有关将受刑者送到迁徙地这一内容的命令。[③]

鹰取祐司：“已断”相当于已确定了刑（迁刑）而仍没有强制迁往目的地居住的阶段，所以该“断”或许是指量刑已经完毕的阶段。[④]

【按】“已断”，案件已经审理完毕。“已令”之“令”，类似《秦律十八种·司空律》133 简“有罪以赀赎及有责于公，以其令日问之”中“令”的含义，即有关执行判决的命令。“已令”即已经下令执行。

［2］包

整理小组：据简文指罪人被流放时其家属应随往流放的地点。包疑读

① 陈侃理：《里耶秦方与“书同文字”》，《文物》2014 年第 9 期，第 78 页。

② A. F. P. Hulsewé, *Remnants of Ch' in Law*, p. 136.

③ 〔日〕籾山明：《中国古代诉讼制度研究》，李力译，第 72 页。

④ 〔日〕鹰取祐司：《汉代的死刑奏请制度》，李力译，载中国政法大学法律史学研究院编《日本学者中国法论著选译》，中国政法大学出版社，2012，第 117 页，注释 42。

为保。

陈公柔："包"指妻室……法律条文之"包"，或由妻孥引申至于家属。[①]

【按】

"包"字有"包括、包含"之意，冨谷至先生指出，"包"是用于表示缘坐的术语，主要是在把被处迁刑的犯罪者的家族与犯罪者一同流放异地时使用。[②]《岳麓书院藏秦简（肆）》1931（071）简"诸罨（迁）者、罨（迁）者所包去罨（迁）所……"[③] 可见有"迁者"和"迁者所包"两类人。"迁者所包"指与被迁者相关联的人。由《法律答问》62简"当罨（迁），其妻先自告，当包"可知，所包之人至少含有迁者之妻。关于"包"的进一步探讨，参见61、62简的集释与按语。

【译文】

廷行事：有罪应当判处迁刑，已经判决，已经下令执行，尚未上路而死亡或者逃亡的，应当随迁的家属仍应前往迁刑（的服刑）地。

---

① 陈公柔：《云梦秦墓出土〈封诊式〉简册研究》，载氏著《先秦两汉考古学论丛》，第205页。

② 〔日〕冨谷至：《秦汉刑罚制度研究》，柴生芳、朱恒晔译，第147页。

③ 陈松长主编《岳麓书院藏秦简（肆）》，第62页。

《中国古代法律文献研究》第十二辑
2018年，第120~172页

睡虎地秦简《法律答问》“狱未断”诸条再释*

——兼论秦及汉初刑罚体系构造

张传玺**

摘　要：睡虎地秦简《法律答问》的部分简以“实罪狱未断又诬告”为问答情境。诸简设问背景是，秦律未规定“狱未断”阶段再犯罪应如何处置。诸简解答给定刑罚的理据具有逻辑先后顺序，即先追究未断之罪、判定其刑徒身份，再以此为基础落实诬告反坐的刑罚。49、117（后）、109~112诸简主旨是为说明诬告反坐时的刑罚修正方式。117（后）简可能独立成句，说明诬告“耐为候”罪反坐时如何修正；109~112简“刑隶臣”“刑鬼薪”“刑城旦”等刑罚可能是被诬告之罪的该当刑罚，而非专对葆子的刑罚。“狱未断”诸简体现出秦及汉初刑罚体系具备区分明确的三重构造，即规定刑系统、加减刑系统和替换刑系统，以

* 小稿以部分读简散记为基础。2017年11月间，笔者在参加徐世虹教授主持的中国政法大学中国法制史基础史料研读会对《法律答问》的讨论时写成主体部分，全文或主要内容曾送请研读会诸位师友指正。对诸位师友的鼓励和帮助，谨致谢意。

除特别说明外，本文所引睡虎地秦简皆出自睡虎地秦墓竹简整理小组编《睡虎地秦墓竹简》，文物出版社，1990。对整理小组缺释而据红外影像可释出的简文字句，则参考了陈伟主编，彭浩撰著《秦简牍合集》（释文注释修订本壹），武汉大学出版社，2016；所引张家山汉简皆出自张家山二四七号汉墓竹简整理小组编著《张家山汉墓竹简〔二四七号墓〕：释文修订本》，文物出版社，2006。文中不再出注。

** 中国政法大学法律古籍整理研究所讲师。

规定刑系统和替换刑系统概念可以较好解释“狱未断”诸简原理。

关键词： 狱未断　数罪以重　刑罚体系　规定刑系统　替换刑系统

1975 年出土的睡虎地秦墓竹简《法律答问》，遣词、逻辑均极讲究，不少问答都可与秦及汉初简牍相印证，让今人得以了解秦律真貌和秦人思维。引人注意的是，《法律答问》以较大篇幅对犯有某罪“狱未断”时（案件已开始审理但尚未确定罪、刑）再犯诬告罪如何处理的疑问，做了较系统问答。不避文烦，下录《法律答问》“狱未断”诸简：

诬人盗直（值）廿，未断，有（又）有它盗，直（值）百，乃后觉，当并臧（赃）以论，且行真罪、有（又）以诬人论？当赀二甲一盾。49

上造甲盗一羊，狱未断，诬人曰盗一猪，论可（何）殹（也）？当完城旦。50

“葆子狱未断而诬告人，其罪当刑为隶臣，勿刑，行其耐，有（又）毄（系）城旦六岁。”·可（何）谓“当刑为隶臣”？【有收当耐未断，以当刑隶臣罪诬告人，是谓“当刑隶臣”。】[①]“葆子有罪未断而 109 诬告人，其罪当刑城旦，耐以为鬼薪而鋈足”。耤葆子之谓殹（也）。110

“葆子狱未断而诬【告人，其罪】当刑鬼薪，勿刑，行其耐，有

① 此句原位于 108 简下段，108 简上段文字为：“可（何）谓‘家罪’？父子同居，杀伤父臣妾、畜产及盗之，父已死，或告，勿听，是胃（谓）‘家罪’。”整理小组认为此句与 109～110 简“‘葆子□□未断’以下互错”。查看图版，此句愈向下字体愈小、字距愈密，与上段有异。据前后数简的内容和书写形态看，最有可能的情况是，书写者写完 108 简上段后即有意结束、留空不书，转写下一简。在写满 109 简之后的某一时刻，发现 109 简“可谓当刑为隶臣”提问后漏写回答，因此将作为回答的此句补写到 108 简下部空白处。上述推测是在中国政法大学中国法制史基础史料研读会上，由苏俊林和刘自稳博士做出。修正错简后的相同排序亦见于〔日〕宫宅潔《中国古代刑制史研究》，杨振红等译，广西师范大学出版社，2016，第 103 页。

(又)毄(系)城旦六岁。”·可(何)谓“当刑为鬼薪”?当耐为鬼薪未断,以当刑隶臣及111完城旦诬告人,是谓“当刑鬼薪”。112

当耐司寇而以耐隶臣诬人,可(何)论?当耐为隶臣。■当耐为侯(候)罪诬人,可(何)论?当耐为司寇。117

当耐为隶臣,以司寇诬人,可(何)论?当耐为隶臣,有(又)毄(系)城旦六岁。118

完城旦,以黥城旦诬人。可(何)论?当黥。119

当黥城旦而以完城旦诬人,可(何)论?当黥劓(劓)。120

“狱未断”诸简涉及数罪处理疑问,问答理据不同于秦汉律上的其他罪数问题,[①] 从词语表述到律意层面皆有深意可挖。学者对诸简的理解各异,例如,彭浩先生把诸简分列为“葆子狱未断诬告人”“二罪并论”和“累犯从重论罪”三类,提出“葆子都连续犯罪,属累犯,本应合并加重论罪”(针对109~112简)、“二罪合并论处”(针对50简)、“按两次犯罪分别论罚,合并执行”(针对49简)和“属于累犯,在原应处罪上加重论罪”(针对118~120简)的不同理据。[②] 韩树峰先生认为,它们分别体现了现代刑法对“累犯”处置的“吸收原则”和“限制加重原则”。[③] 冨谷至先生以“黥城旦的附加刑”来解释120简“劓刑”的适用。[④] 陶安先生以120简为例指出,诸简提出和解答的是刑罚受到身份影响的情况下,诬告反坐原则所造成的法律技术问题,即“刑事案件未论断,也就是判决将会引起的身份变化尚未生效之前,被告另再犯诬告罪的话,反坐应该以判决前后的哪一个身份为标准?……《法律答问》选择按照判决后的身份决

① 罪数问题是中国古法的重要内容,秦及汉初律文和《法律答问》《为狱等状四种》《奏谳书》等都有专对罪数问题的规定和讨论,其中受赇枉法、犯罪逃亡、逃亡行为本身构成赃罪成立要件的“把其叚以亡”等犯罪,是因为不同行为之间存在牵连或竞合关系而构成罪数问题;复数的应处财产刑犯罪和复数赃罪还涉及了分别计赃或并赃论刑的选择疑难。

② 彭浩:《秦〈户律〉和〈具律〉考》,载李学勤主编《简帛研究》第1辑,法律出版社,1993,第53页。

③ 参见韩树峰《秦汉徒刑散论》,《历史研究》2005年第3期,第39页及注1、2。

④ 参见〔日〕冨谷至《秦汉刑罚制度研究》,柴生芳、朱恒晔译,广西师范大学出版社,2006,第21页。

定反坐……”[1]

诸位学者尤其是陶安先生的观点对理解诸简文义极有裨益。[2] 诸简问答体现了逻辑清晰且一致的数罪处置理据。117～120简的疑问点在于，“狱未断”时所犯之罪是适用“未狱”时的“数罪以重”原则，还是适用《具律》对“狱已断”时的既成刑徒再犯罪的规定？109～112简“葆子狱未断”诸简的问答设置情境是，葆子身份特殊，应在前述常人狱未断再犯罪的处置基础上修正其刑罚，但刑罚修正时的部分表述引发了疑问。诸简大体脉络清楚，但在文字表述和问答逻辑上尚有些细节问题暧昧不明，需要深究，如117～120简是否暗含“狱未断”前提，诸简“狱未断”情境与张家山汉简《二年律令·具律》88、90、91简针对既成刑徒之规定的联系，117简后句与诸简的关系，“葆子狱未断”诸条中“刑隶臣”“刑鬼薪”刑罚的构成原理以及设置问答原因等，尚有探讨余地。不唯如此，对诸简问答理据的理解差异，通常源于对秦及汉初刑罚体系的不同认识；对某些疑问，是应该归结为法律变迁的时代差异，[3] 还是可从现有刑罚体系内找出合理解释，也是可议之题。

本文以为，以睡虎地秦简和张家山汉简为代表的秦及汉初法律简应被视为可以互证的整体，虽然部分规定确实体现了时代差异，[4] 但这一时段刑罚体系的基本构造及其逻辑是一致的，或许无需将某些疑问解释为时代差异下刑罚体系的调整结果。籾山明先生已指出，张家山汉简和睡虎地秦

---

① 参见徐世虹等著《秦律研究》第七章“秦律刑罚等序研究序说”（〔德〕陶安撰），武汉大学出版社，2017，第245页。

② 笔者亦曾从诬人反坐时刑罚修正的角度提出，118简等问题点可能在于，诬人者尚有他罪待决，是按照犯罪未发“数罪以重论”原则处理，还是按照《二年律令·具律》90、91、88等简的涉及刑种变化的规定，以已决刑徒犯罪来处理。参见张传玺《秦汉律与唐律法律术语研究——以条文参引和“容隐”表述为中心》，中国政法大学博士后研究工作报告，2017，第76页。

③ 有观点将诸简“刑隶臣”“刑鬼薪”等置于刑罚体系调整的时代差异背景下去理解，如韩树峰先生认为肉刑在秦时曾与鬼薪白粲、隶臣妾相结合，但到汉初肉刑使用上移，调整为只与城旦舂相结合，参见韩树峰《秦汉徒刑散论》，第47～51页。宫宅潔先生赞同此观点，认为“刑隶臣妾是曾经施行，但逐渐被废弃的刑罚”。参见〔日〕宫宅潔《中国古代刑制史研究》，第104页。

④ 如宫宅潔先生就对《二年律令》条文抄写年代差异，尤其是财产刑的时代差别有精辟讨论，参见〔日〕宫宅潔《中国古代刑制史研究》，第17～25页。

简所在时代上下限相差仅五十年左右，且其间经历秦楚汉抗争的动荡时期，二者“也许几乎可以被视为同时代的史料。而且，实际上这两种史料有不少互补的部分”。[①] 在这样的时代背景下，体系性修订法律、改变刑罚基本构造的可能性不大。进而言之，合理利用出土秦汉简牍材料，对秦及汉初刑罚体系做出符合历史和逻辑的体系解释，就有可能解决疑点；如此就不必轻易诉诸时代差异之类外在于刑罚体系的理据。小稿即秉持此一思路稍作尝试，对“狱未断”诸简问答主旨做一统一解释，之后分别提出各简所见秦及汉初刑罚体系的一些疑问，最后试图简述此一体系的构造。

第一，以 117（前）、118、119、120 简为对象，说明诸简以“狱未断”为问答主旨，给定刑罚遵循了“先未断之罪、后再犯之罪”逻辑顺序，即先行追究未断之罪、判定其刑徒身份，再在此基础上落实诬告反坐的刑罚。数罪追究或刑罚叠加时区分逻辑先后顺序的现象常见于秦及汉初律以及唐律。第二，以 49、117（后）、109～112 简为对象，说明诸简所见“诬告反坐”时刑罚修正替换现象和“刑隶臣”“刑鬼薪”等刑罚的生成原理：117（后）简可能不是以“狱未断”为前提，而是单独成句，是诬告耐为候罪反坐时的刑罚修正规定；“刑隶臣”“刑鬼薪”等刑罚可能是被诬告者的该当刑罚而非对葆子的刑罚。第三，提出秦及汉初刑罚体系具备三重构造，即规定刑系统、加减刑系统和替换刑系统，三个系统内部各自刑罚种类、排序方式和原理均有异，不能混同。使用规定刑系统和替换刑系统的概念可以较好解释“狱未断”诸简和《二年律令·具律》诸简的逻辑原理。

以此观看诸简，可见它们有两个共同条件：其一，诸简所举数罪中的一罪（多数是诬告罪）发生在另一罪“狱未断”的阶段。部分简文虽未明言“狱未断”，但“狱未断”是其省略前提；其二，诸简全都涉及古法“诬告反坐”原则的适用。张家山汉简《二年律令·告律》126 简：“诬告人以死罪，黥为城旦舂；它各反其罪。”对诬告，古法历来以反坐其刑为原则。

诸简问答主旨的设置，可从此二点推求。以下分述。

---

① 〔日〕籾山明：《中国古代诉讼制度研究》，李力译，上海古籍出版社，2009，第 48 页。

一 “狱未断，处置的先后逻辑顺序”：对117（前）~120简的理解

50简以下诸简是实犯之罪狱未断时又犯诬告罪之例。秦汉律中“狱”字常搭配时段限制以标示司法进程的不同阶段，如“未狱”“狱未鞫”“狱未断”“狱已断/决”等。[①] 其中“狱/辟未断”[②] 或“狱未决”[③] 意指案件尚未审结，[④] 或者说，在犯罪者在案的情形下，意指案件尚未确定罪、刑。“狱已断”或“狱已决”并不必然包括执行步骤的完成，[⑤] 而是在描述有权机关已经确定罪刑；此前之阶段即为“狱未断”。在耐罪以上的“狱未断”阶段，犯罪者的刑徒身份尚未落实，117简以下诸简所讨论的就是此时犯罪者又犯有诬告之罪时如何反坐的问题。

（一）117（前）~120简“狱未断”隐含前提的补出

与49、50、109~112简不同，117~120四简未出现“狱未断”字眼，这可能是因为抄手在书写此四简时承接了109~112简中葆子犯罪“狱未断”的前提，有意省略“狱未断”表述。“狱未断”是理解诸简的关键所在，有必要在语义上补出117简（前）等四简的“狱未断”前提。补文可以先从119、120简入手，二简未明言但应具备的前提正是实犯之罪尚未论

① “已奔、未论”“未狱”“已狱/已劾未论”“狱未鞫”“狱已断/决”等划分标志及其在告劾、自告、自出等方面的法效果，笔者已另行撰文，此处从略。

② 《岳麓书院藏秦简（叁）》“癸琐相移谋购”案“谳之”和“鞫之”部分分别出现“辟未断”（3简）和“狱未断”（21简），所言为一事。简文见朱汉民、陈松长主编《岳麓书院藏秦简（叁）》，上海辞书出版社，2013，第95、101页。

③ 对于狱之“断”或“决”，《法律答问》115简：“以乞鞫及为人乞鞫者，狱已断乃听，且未断犹听殹（也）？狱断乃听之。”《二年律令·具律》114简：“罪人狱已决，自以罪不当，欲气（乞）鞫者，许之。”二者似乎无别。

④ “审判终了称为‘断’……所谓‘断’是指‘狱’即案件已经审结之词。”参见〔日〕籾山明《中国古代诉讼制度研究》，第72页。

⑤ 《法律答问》60简：“廷行事有罪当署（迁），已断已令，未行而死若亡，其所包当诣署（迁）所。”“断”和“令”分说，说明“已断”不包括“已执行”之意。此外，《岳麓书院藏秦简（叁）》“芮盗卖公列地”案87简有“狱已断，令黥芮城旦”，未言及执行，简文见朱汉民、陈松长主编《岳麓书院藏秦简（叁）》，第137页；张家山汉简《奏谳书》122简载黥城旦讲乞鞫成功后“除讲以为隐官”，说明讲已被执行黥城旦的刑罚。

断，即所谓“狱未断”。因为：

其一，从可能性角度看，117、118、120简都有“当”字，119简简首也应有此字但被省略。[①] 学界对“当”字的讨论已极富成果，[②] “狱未断”诸简“当”字则与“狱未断”情境有关：首先，诸简“当某刑罚”标示着“（某罪）该当某刑罚”，但各简给定的刑罚结果均非此该当刑罚，“当”字用在了应然而未及实然的情境。[③] 其次，在109~112简中“当刑为隶臣”“当刑城旦”“当刑为鬼薪”用于描述被诬告之罪的刑罚，这些刑罚在反坐时不能实际施加于诬告者即葆子。如下文所述，此数条的问题点是“当某刑罚”而非“某刑罚”本身，原因之一就是为揭示“当”字的“该当、应然”但未落实为“实然”的意味，这与117~120简相同。109~112简设置的情境就是“葆子狱未断”；因此117~120简也可能以“狱未断”为前提。

其二，从必要性角度看，诸简设定的案件情境应为一罪“狱未断”，该罪的该当刑罚尚未执行、主体尚未沦为该“当”之刑徒。《二年律令·告律》134简规定：“年未盈十岁及毄（系）者、城旦舂、鬼薪白粲告人，皆勿听。”其中“城旦舂、鬼薪白粲”前并无“当（黥/完/耐）”字，应指判决业已执行的刑徒。由此反推，119、120简之主体即“（当）完城旦”“当黥

① 整理小组对118简“完城旦”的译文为“应判处完城旦的人”，与其他简刑名前有“当”字的译文一致，可见应是补出了“当”字。对118简补出“当”的译文亦可见张政烺、日知编《云梦竹简（Ⅲ）》，东北师范大学出版社，1994，第65页，以“shall”译“当”。不能排除118简上接写有“当”字的他简的可能性，但其他“狱未断”诸简多单条书写问答，118简也应如此，因此抄写时省略“当”字可能性更大。

② 如众多论者所言，在律文层面，“当”字连接犯罪与刑罚，标示二者间“相当”或“匹配”的对应关系。如何四维先生一贯主张，“在犯罪的负面效果被刑罚抵消的意义上，‘当’的基本意思是‘相当、比得上、抵消’”，将“当”译为“be warranted to be”（有所据而被处以），see A. F. P. Hulsewé, *Remnants of Ch'in Law*, Leiden E. J. Brill, 1985, Intro., p.5. Cf. his *Remnants of Han Law*, Leiden E. J. Brill, 1955, p.80. “当”在《二年律令》的“匹配/配得上”英译法，see Anthony J. Barbieri-Low and Robin D. S. Yates, *Law, State, and Society in Early Imperial China: A Study with Critical Edition and Translation of the Legal Texts from Zhangjiashan Tomb*, No.247, Leiden Brill, 2015, Vol.2, p.403, “to match being” for “当”；等等。在程序层面，“当”字意味着对某罪之刑罚的量定，如冨谷至先生指出，“当”字“后缀刑罚名称，具有法律用语特定的含义和用法……这个‘当’是指刑事诉讼过程中诉讼程序……是对刑罚的量定。”见〔日〕冨谷至《秦汉刑罚制度研究》，第18页。

③ 在这一点上，诸简“当”字与《二年律令》中常出现的“有罪当刑者，皆完之”之类律文里的“当”字作用一致，仅标示出犯罪的该当刑罚，而此该当刑罚并未落实。

城旦”者非指刑徒，而是应与49简“未断”，50简“狱未断”，109、110简和111、112简葆子“狱未断”“有收当耐未断”“当耐为鬼薪未断”的情境相同，指的是本犯该当完城旦或黥城旦刑罚者在其狱未断时的诬告行为；因为若“狱已断”，主体城旦刑徒身份确定，法律禁止其举告，“诬告”云云就不可能发生。[①] 因此119、120简应当以“狱未断”为前提。

推而广之，未出现“狱未断”字眼的117、118简亦应作如是解。

（二）“狱未断”诸简的问答主旨

除49简外上述诸简都是讨论实犯之罪“狱未断”时，又犯有诬告罪如何处置的问题。“狱未断”及其所致数罪处理疑问，应即117（前）以下诸简设置问答的原因：一方面，“狱未断”说明实犯之罪已经进入司法程序，否则便是“未狱”。《二年律令·具律》99简：“一人有数☐罪殴，以其重罪罪之。”“未狱”（案发前）犯有数罪的，审判时选择其中刑罚最重者处断，此即“数罪以重”；[②] 另一方面，“狱已断”则主体刑徒身份确定，刑徒犯罪如何处断，律有明文，《二年律令·具律》88、90、91简即是。而“狱未断”正处在“未狱”和“狱已断”之间，此时再犯新罪应如何处理，律无明文，遂成疑问。诸简的解答理据则是，对实罪狱未断时又犯诬告之罪的案件，数罪均予追究，处置以先追究实犯之罪再追究诬告之罪为逻辑顺序，即先行假定实罪狱已断以确定主体的刑徒身份，再以该刑徒身份为据去处置诬告之罪，由此达到全面追究实罪和诬罪

① 韩树峰先生认为119简提出葆子实犯之罪是耐鬼薪却可诬告人，因此秦代鬼薪白粲乃至城旦舂有告发他人的权利，而与《二年律令·告律》134简规定不同。见韩树峰《秦汉徒刑散论》，第39页。但在“狱未断”阶段，葆子刑徒身份尚未确定，应有权利举告他人。中国政法大学中国法制史基础史料研读会在讨论111、112简时，王安宇博士已指出这一点。即令到了汉初，应处城旦舂刑之罪犯在“狱未断”时亦得告发他人。

② 99简系二断简拼接而成，上端有残缺，接口不吻合。拼接后整简有2字以上的残缺空间。观察图版，上端虽残缺，但空白长度与其他简上端相仿，应是作为简首、上不与他简相接。不能通过编绳痕迹确定上下残断部分的相对位置，而且简尾不齐整，因此可能简尾有二字以上长度的残缺，中间只是“罪”字残，整简不缺字；但也有可能中间有若干缺字，这种情况下暂难推测缺字为何；还有可能上下段属不同简，其间有若干缺字。本文以为第一种可能性较大。后世律如唐律《名例》“二罪以上俱发”条中，复数犯罪均发生在官府知觉前，因而得以称“俱发”。《具律》99简未见“未狱”表述，但“未狱”应属题中应有之义，“一人有数罪”之表述也应暗含数罪均发生于官府知觉其中部分犯罪之前的前提。

的目的。[①] 在此理据下，最终刑罚是以实罪对应的刑徒身份来反坐诬罪后的刑罚，即反坐诬罪时依据刑徒身份得出的刑罚，而不是实罪和诬罪通过“限制吸收/加重”逻辑，一次性合并论刑而得出。

以此理据验诸诸简，其刑罚给定逻辑极为明了。《具律》88、90、91简等是对不同主体犯同一刑罚之罪时替换执行方式的规定，上述诸简里的假定刑徒身份即可纳入其中。以下列出《法律答问》未明言“狱未断”的诸简和《具律》规定的对比，并分别试探其内在逻辑：

1.《法律答问》117简（前句）：“当耐司寇而以耐隶臣诬人，可（何）论？当耐为隶臣。”

《二年律令·具律》90简：“有罪当耐，其法不名耐者，庶人以上耐为司寇，司寇耐为隶臣妾。”司寇刑徒犯耐罪时，如系“有名之耐”，不论是“耐为司寇”或“耐为隶臣”，结果都会是耐为隶臣；[②] 90简仅言“法不名耐”，盖因“有名之耐”的替换逻辑实属不言自明，单规定“无名之耐”的替换方式即可。以此来看117简前句解答理据，实为先行处置前罪、确定司寇刑徒身份，再据此执行诬告反坐的耐隶臣刑罚；其逻辑就是司寇刑徒再犯耐隶臣罪，结果当然为“耐为隶臣”。

2.《法律答问》118简：“当耐为隶臣，以司寇诬人，可（何）论？当耐为隶臣，有（又）毄（系）城旦六岁。”

《具律》90简：“隶臣妾及收人有耐罪，毄（系）城旦舂六岁。”90

① 就先实罪后诬罪的处置顺序而言，需考虑追究实罪后，将部分回避禁止城旦舂、鬼薪白粲刑徒举告他人的法律规定，因为如前所述，据《二年律令·告律》134简，官府不受理城旦舂、鬼薪白粲刑徒的举告，“诬告”云云本来无由说起；但111、112简和119、120简针对实罪应处城旦舂、鬼薪白粲而狱未断时的诬告情形，在假定狱已断、其身份已是刑徒时，亦追究其诬告之罪，而非“勿听”。

② 司寇刑徒所犯耐隶臣之刑可以实现，盖因耐隶臣之刑不与司寇刑徒身份相同而冲突，又因隶臣重于司寇，因而排除了新刑罚之执行效果轻于原身份的可能，不会越判罚越轻，所以具有合理性；新罪被判为“耐为隶臣”也就顺理成章。司寇所犯耐司寇之刑因身份刑内容相同而不能执行，应替换为耐为隶臣之刑，可证之于《法律答问》8简：“司寇盗百一十钱，先自告，可（何）论？当耐为隶臣，或曰赀二甲。”解答有二意见，均是对新犯盗罪应处耐为隶臣妾之刑，自告减一等如何落实的解释。第一种意见的理据正是根据《二年律令·告律》127～128简的刑罚减等排序，耐隶臣妾减一等为耐司寇；但其原身份已是司寇刑徒，再科以耐司寇之刑时，则替换为耐隶臣刑。至于第二种意见的理据是在盗罪对应的刑罚等级中，耐隶臣妾之下是赀二甲，因此耐隶臣妾减一等是赀二甲。

简的逻辑不外是，对隶臣妾而言，不论所犯耐罪是耐隶臣妾还是耐司寇，都无法再施加其身，因此需以“系城旦舂六岁，复为隶臣妾”替换此一耐刑。以此来看118简解答理据，实为先行处置前罪、确定隶臣刑徒身份，再据此执行诬告反坐的耐司寇刑罚；其逻辑就是隶臣刑徒再犯耐司寇罪，结果当然为“耐为隶臣，又系城旦六岁”。

3.《法律答问》119简（前）：“完城旦，以黥城旦诬人。可（何）论？当黥。”

《具律》91简：“城旦舂有罪耐以上，黥之。”以黥城旦诬人，反坐黥城旦，黥城旦属于“耐以上”，故119简解答部分言“当黥”。①

4.《法律答问》120简：“当黥城旦而以完城旦诬人，可（何）论？当黥劓（劓）。”

《具律》91简：“城旦舂有罪耐以上，黥之。”以完城旦诬人属于“有罪耐以上”，主体是城旦舂刑徒的，当黥。《具律》88简：“有罪当黥，故黥者劓之……”假定120简主体为已受黥刑的城旦刑徒，再有黥刑时替换为劓，故处“黥劓”。

余下明言“狱未断”诸简给定刑罚的理据与117（前）等简相同。

（三）“狱未断”诸简逻辑及其类例

109～112简“葆子狱未断”诸条是以“当刑为隶臣”和“当刑为鬼薪”表述为问题点，诸条对实罪狱未断又诬告的情形给出了确定的处置方式（“勿刑，行其耐，又如何如何”），这些方式与其他“狱未断”诸简有相同理据。看来，《法律答问》对“狱未断”再犯新罪情形已有统一态度。

---

① 此处可注意者，解答之“当黥”并非直接源于反坐之刑，而是根据《具律》91简的立法规定。由此句表述的细微之处足可窥见，在律文中，如果主体尚非城旦舂刑徒，犯罪应处黥刑时，将表述为“黥为城旦舂”，强调肉刑和身份的同步变化；如已是城旦舂刑徒，犯罪应处黥刑时，则表述为“黥之”或“黥，复城旦舂”，强调仅接受肉刑，身份刑不变。对“刑为”和“刑复”之别的辨析，可参见徐世虹《“三环之”、“刑复城旦舂”、“系城旦舂某岁”解——读〈二年律令〉札记》，载中国文物研究所编《出土文献研究》第6辑，上海古籍出版社，2004，第83页。因此，如果解答的“当黥”系由“诬人黥城旦”直接反坐得来而未结合“当完城旦”的前句条件，那么也应表述为“当黥为城旦”。直言“当黥”，说明解答已经考虑了前句“当完城旦”对于判定主体身份的意义。120简“当黥劓”解答亦应作如是解。

由此引申出的问题就是，“狱未断”诸简先行追究未断之狱、再据以追究新罪的数罪处置理据的逻辑为何？是否存有类例？

1. 诸简逻辑及其唐律对应规定

秦律有时规定，“狱未断”阶段发生的事件与“狱已断”后发生者法律效果相反，如怀孕女性犯罪狱未断时产子，子的身份不受其母此后刑徒身份的影响；[①] 但更不乏见的是，法律规定“狱未断”阶段发生事件比照“狱已断”后发生者来处置，这与上述“狱未断”诸简理据相同。如《法律答问》122 简：“甲有完城旦罪，未断，今甲疠，问甲可（何）以论？当䙴（迁）疠所处之；或曰当䙴（迁）䙴（迁）所定杀。”麻风病人犯罪的，会被“定杀”；[②] 犯罪成为城旦、鬼薪刑徒后罹患麻风病的，应迁到麻风病隔离区。[③] 但如果是犯有城旦罪狱未断时患上麻风病，应如何处置？该简解答提供了二种意见：一为迁到麻风病隔离区，二为迁到隔离区处死。显然，前一理据和前述“狱未断”诸简一致，是将“狱未断”之未决犯视为“狱已断”之既决刑徒，按照城旦刑徒患麻风病的处置方式来执行；后一理据则是比照麻风病人犯罪处死的方式，先是将患病罪犯迁到隔离区以示其病人身份，之后追究其犯罪、以“定杀”方式处死。

将“狱未断”假定为“狱已断”以确定主体特定身份，再按此一身份确定“狱未断”阶段发生的事件或行为的法效果，在秦及汉初刑罚体系构造下有其内在逻辑：

一方面，与“未狱”情形不同，“狱未断”诸简的要义在于，一旦案件进入司法程序（“已狱”“已告/劾”），则意味着该项犯罪已经为官府知悉，即使在犯罪逃亡后自出、主动投案于官府，也无法达到“先自告减一等”的减刑效果；[④] 因此在法律上，该罪的未来刑罚已然确定。犯罪应处

① 岳麓秦简《傅律》161、162 简：“女子怀夫子而有辠，耐隶妾以上，狱已断而产子，子为隶臣妾，其狱未断而产子，子各如其夫吏（事）子。”意即孕妇犯耐隶妾以上罪时，如果狱未断而产子，子之身份从其夫；若狱已断、女子成为刑徒而生子的，子的身份受母影响而为隶臣妾。简文见陈松长主编《岳麓书院藏秦简（肆）》，上海辞书出版社，2015，第 121 页。

② 《法律答问》121 简：“疠者有罪，定杀。”

③ 《法律答问》123 简：“城旦、鬼薪疠，可（何）论？当䙴（迁）疠䙴（迁）所。”

④ 其原理大体同于唐律《名例》“犯罪未发自首”条第一节律疏：“若有文牒言告，官司判令三审，牒虽未入曹局，即是其事已彰，虽欲自新，不得成首。”

耐刑以上时更会涉及犯罪者身份的变化，一旦“已狱”，其人难逃沦为特定刑徒的命运。从程序看，“狱未断”实罪已经进入司法程序，继续追究理所应当；此际再犯新罪的，更属怙恶不悛。对实罪和诬罪均作出处断，也就具有合理性和必要性，此意甚明。

另一方面，追究“狱未断”情境下的数罪时，客观上无法按照“吸收/限制加重”思路，同时糅合数罪刑罚，“一次性”给出最终刑罚；而是必须遵循逻辑先后顺序，先追究未断之罪、判定该罪的刑徒身份，再以该刑徒身份去追究新犯之罪的刑罚。其客观背景是，文帝刑制改革前，肉刑部分不可恢复，身份/劳役刑部分无固定刑期，且不同劳役刑与特定刑徒身份相结合，耐刑和城旦舂刑序列彼此之间和各个刑罚种类之间均有性质之别，不能折算。犯罪者一旦披刑，回复无日，既不能一身份/劳役刑执行完毕后续服另一身份/劳役刑，也不能将不同身份/劳役刑做量化折算、合并执行。也因如此，刑徒再犯罪时（耐罪刑徒再犯耐罪，城旦舂、鬼薪白粲刑徒再犯耐以上罪）往往不能直接执行新罪的规定刑，秦及汉初律《具律》就必须专设“有罪当耐”“有罪当黥”诸条，规定出各类型刑徒再犯罪的不同替换刑罚。[①]“狱未断”诸简就是判定未断之罪的刑徒身份后再按照这些替换刑规定，给出最终刑罚。

实际上除“狱未断”诸简外，尚可见大量针对不同事项在不同司法进程有何法效果的立法规定或法律问答。[②] 其根本原因是，成文法律已对特

① 秦及汉初律在“数罪以重”原则外，另行立法解决犯罪逃亡等复杂复数犯罪问题，区分“狱”之阶段，依据不同理据赋予自出等事项以特定效果。对犯罪逃亡所涉及的刑罚适用（数罪处置和自出效果）及不同类型亡罪的追缉程序，笔者已另文专述，此处从略。

② 以在不同司法进程里犯罪者死亡的法效果为例。设若犯罪者死亡后才被告发，事属“未狱”，对本人而言，官府不受理此一告发，不再追究其本人之罪，也不没收由其支配的家庭财产和成员（《法律答问》68 简）；对其家人而言，如罪犯系家长，在其死后有人意图追究其家人而告发犯罪，此类犯罪被称为“家罪”，意即法效果限于家内、不及官府（《法律答问》106 简）；如犯罪者系葆子以上特殊身份者，亦不再追究（《法律答问》107 简）。但，如犯罪者死亡发生在已有告、劾但未及逮捕的阶段，即属于“已劾未论”，“收”的附随法效果并不随死亡湮灭，此即《二年律令·收律》180 简所谓“有告劾未遝死，收之”。又，如犯罪者死于“狱已断”但未及执行时，附随法效果的存留更具合理性。如有罪当迁者死于案件已审结、执行命令已下达但还未执行之际，迁者所包（原应跟随被迁者同往的人）仍应前往迁所（《法律答问》60 简）。尤需注意者，60 简之例为“廷行事”，很可能此前律文尚未规定当迁者死于成行前时，被包之人如何处置；“廷行事”理据与“狱未断”诸简相似，即比照被迁者未死的情形来执行被包者。

定司法进程里特定事件的法效果做出规定，但未规定其他进程里相同事件的法效果。若出现处置疑难，或由立法弥补，就新问题另做新规定（新瓶装新酒）；或由有权解释弥补，将新问题纳入既有框架解决（旧瓶装新酒）。上述“狱未断”诸简即采取后一思路。

至迟到唐律，“狱未断”诸简的处置理据已由立法规定之：唐律《名例》“二罪从重”条规定了“数罪以重”原则，同时《名例》“犯罪已发已配更为罪”条前三节规定：

> 诸犯罪已发及已配而更为罪者，各重其事。
>
> 【疏】议曰：已发者，谓已被告言；其依令应三审者，初告亦是发讫。及已配者，谓犯徒已配。而更为笞罪以上者，各重其后犯之事而累科之。
>
> 即重犯流者，依留住法决杖，于配所役三年。
>
> 【疏】议曰：犯流未断，或已断配讫、未至配所，而更犯流者，依工、乐留住法：流二千里，决杖一百；流二千五百里，决杖一百三十；流三千里，决杖一百六十；仍各于配所役三年，通前犯流应役一年，总役四年。若前犯常流，后犯加役流者，亦止总役四年。
>
> 若已至配所而更犯者，亦准此。①

唐律本条规制的是从前罪狱未断到狱已断但执行完毕前再有犯罪的情形，处置方式统一为先执行前罪，在此基础上再变通执行后罪。单就其中的“狱未断”情形而言，唐律处置逻辑与《法律答问》诸简相同：第一，唐律此条“犯罪已发”与“狱未断”诸条设置情境一致，在司法程序上，“狱未断”和“已被告言”也有相合之处。第二，第二节律疏部分更直白规定，先行执行已发未断之前一流罪，而将后犯之流刑，依照《名例》“工乐杂户及妇人犯流决杖”条加以变通，在前罪的流配之地执行决杖配役之法。

但同样需注意者，唐律与秦及汉初律有根本差异：唐律徒刑刑期、流

① （唐）长孙无忌等撰《唐律疏议》，刘俊文点校，中华书局，1983，第79页。

刑里程和配役年限固定，并且以徒刑为中介，各刑等可折算，因此上述数罪可折算并累科。这是唐律得以通同处置“狱未断”和“狱已断”阶段再犯罪，并将新罪刑罚折算叠加于前罪执行基础上的前提。

2.“狱未断”处置类例：“加罪”

在秦及汉初律上，与“实罪狱未断，诬告人”诸简一样不适用“数罪以重”原则，而由立法另行规定数罪并罚方式的情形，并不罕见，典型者如“有罪以亡，实罪已狱/已有告、劾”的犯罪逃亡，以及“不会”某刑罚，即案件已经过司法程序确定罪刑，官府已命令自出、在确定时空领受该刑罚（“论，令出、会之”），但未按此时空要求前来领受刑罚（“不会”某刑罚）。二种情形都是按照《亡律》关于已经处于实罪刑罚执行中而逃亡之规定来处置，其中犯罪逃亡是按照实罪该当之刑徒身份犯有逃亡罪的规定来给定刑罚；“不会”某刑罚是按照在执行该当刑罚时逃亡的规定来给定刑罚。[①] 进而可推测，秦及汉初律上复数刑罚的执行，均应遵循这样的处置原理，其典型者尚有秦及汉初律常见的“加罪”或“加罪一/二等”的方式——在基准刑罚上“加罪”时，同样是假定逻辑在前的基准刑罚已

① “已狱/已有告、劾”和“论”字样已说明，此两种情形同样以案件已处在司法进程为前提，也是“甲罪狱未断又犯乙罪”的刑罚处置原理的具体体现。此外，犯罪逃亡案件不适用“数罪以重”原则，尚需排除以下材料的有疑之处：“把其叚（假）以亡，得及自出，当为盗不当？自出，以亡论。其得，坐臧（赃）为盗；盗罪轻于亡，以亡论。131（《法律答问》131 简）”；“有罪 122 当完城旦舂、鬼薪白粲以上而亡，以其罪命之；耐隶臣妾罪以下，论令出会之。其以亡为罪，当完城旦舂、鬼薪白粲以上不得者，亦以其罪 123 论命之……124（《二年律令·具律》122～124 简）”。二则材料似乎体现了“二罪从重”原则，堀毅先生就认为前者体现了“二罪从重”原则，参〔日〕堀毅《秦汉法制史论考》，萧红燕等译，法律出版社，1988，第 378 页。不过二个材料均不构成有效质疑。

《法律答问》131 简看似是在赃罪（“借公器不还”）和亡罪之间择一重罪处置。但此简问题点更可能是，逃亡行为是该赃罪成立的必要条件，二者间存在牵连关系；这与《具律》99 简“数罪以重”原则适用前提不同，故简文就主动投案和被捕获的不同情形是否都按照窃盗计赃判罚设置问答。其对被捕获情形的解答表明，牵连关系中的“把叚”和“亡”是以其重论，但这不能证明一般的犯罪逃亡同样以重论；本简就“把叚以亡”设置问答，反而说明本简是对一般犯罪逃亡处置方式的例外。

《具律》122～124 简是对犯罪逃亡者的追缉程序规定，确实是在本罪与亡罪间选择刑罚重者。但此三简规定的是，在对本罪完成“狱”之司法审判程序，确定罪刑（“论”）后，分别适用通缉罪犯的“命之”程序或令其在规定时空自出并接受刑罚的“令出、会之”程序。易言之，此三简仅是“命之”和“令出、会之”时罪名择其重的程序规定，并不意味着处断也是以刑罚重者论，对轻罪不予追究。

经执行，在此基础上落实逻辑在后的应加刑罚。以《法律答问》1、2简“害盗别徼而盗”的“加罪”方式为例：[①]

> “害盗别徼而盗，驾（加）罪之。”·可（何）谓“驾（加）罪”？·五人盗，臧（赃）一钱以上，斩左止，有（又）黥以为城旦；不盈五人盗，过六百六十钱1，黥劓（劓）以为城旦；不盈六百六十到二百廿钱，黥为城旦；不盈二百廿以下到一钱，䙴（迁）之。求盗比此2。

本条解释了害盗盗在常人的五人群盗[②]或四人以下非群盗的基准刑罚上如何加刑：

其一，害盗参与五人以上之群盗的，是在群盗罪的斩左趾城旦刑上加黥。[③] 据《法律答问》125、126简，群盗应处斩左趾城旦刑：

> “将司人而亡，能自捕及亲所智（知）为捕，除毋（无）罪；已刑者处隐官。”·可（何）罪得“处隐官”？群盗赦为庶人，将盗戒（械）囚刑125罪以上，亡，以故罪论，斩左止为城旦，后自捕所亡，是谓“处隐官”。·它罪比群盗者皆如此。126

其中“盗械囚刑罪以上”系应处肉刑以上的带械未决囚而非既决刑徒。群盗被赦免为庶人去监领这类未决囚，失去这些罪囚的，据张家山汉简《奏谳书》95简：“律：纵囚，与同罪。”本应“与同罪”为罪囚该当之肉刑，但此处直接以其本犯群盗罪之刑罚即斩左趾城旦刑来执行。简文言“以故罪论”，是专对群盗赦为庶人者言；若是其他身份的监领主体，恐怕将直

① 笔者已另文详述，此处仅以此二简为例说明“加罪”的逻辑顺序。

② 笔者已另文论证，基于《法律答问》136、137简“夫妻子共盗”的捕告购赏金额具有特殊性，二简“刑城旦”刑罚应指适用于群盗罪的斩左趾城旦，以及“共盗”可能与“相与功盗”同义等三个理由，五人以上共盗应即《二年律令·盗律》62简所谓“群盗”。

③ 冨谷至先生认为1、2简的“加罪”是斩趾刑附加于黥城旦刑；125、126简“以故罪论，斩左趾为城旦”则“是在群盗人数无法确定的情况下，对犯人逃走罪行一并惩处的一般规定。在这种情况下，要加重刑罚并使其有实际效用，只有采取斩左趾”；劓刑也是在“盗窃集团不足五人”的情况下附加于黥城旦刑。参见〔日〕冨谷至《秦汉刑罚制度研究》，第20～21页。

接言“与同罪”。据此，害盗参与群盗而加罪时，所加的应是黥刑。

其二，害盗参与四人以下之非群盗的，以常人盗的刑罚为基准加刑，示如表1：

表1　四人以下非群盗以常人盗加刑基准

赃　值	常人盗（男性）刑罚［1］	害盗刑罚	加刑内容
过660钱	黥城旦	黥劓城旦	劓
不盈660钱到220钱［2］	完城旦	黥城旦	黥
不盈220钱到110钱	耐隶臣	（耐隶臣，）迁［3］	迁
不盈110钱到1钱	赀　刑	（赀刑，）迁	迁

注：

［1］常人非群盗的盗赃等级和刑罚对应关系，可参《二年律令·盗律》55、56简。

［2］1、2简对不盈五人盗的赃值排布，最高为“过660钱”，其次为“不盈660钱”，其间缺少了660钱这一数额本身。对此可对比《二年律令·盗律》55简，“过660钱”之下的赃值等级“660钱到220钱”之前没有“不盈”二字，亦即，“660钱到220钱，完城旦舂”一档包含了660钱之本数。1、2简“不盈660钱到220钱”被包含在“660钱到220钱”的范围之内，因此对此一赃值等级的“加罪”没有影响；但简文表述缺少660钱本数的原因不详。

［3］据表1，在耐刑和赀刑序列内，加刑为迁，作为加刑之基准的耐刑和赀刑仍需执行。《岳麓书院藏秦简（伍）》有“加罪一等”和附加迁刑同时出现之例，见陈松长主编《岳麓书院藏秦简（伍）》，上海辞书出版社，2017，第195页，291简：“●令曰：诸从者有卖买而给（诒）人，与盗同法，有（又）驾（加）其辠一等，耐辠以下有（又）䙴（迁）之；从而奸，皆以强与人奸律论之。”张家山汉简《二年律令·关市律》261、262简亦有：“诸詐（诈）给人以有取，及有贩卖贸买而詐（诈）给人，皆坐臧（赃）与盗同法，罪耐以下有（又）䙴（迁）之。”鉴于“迁”既不是“赀”“耐”刑的加重形态，又不是二刑罚序列内的常规刑种，则不必将“迁”视为“耐罪以下加罪”的全部后果。对此笔者已另文详析，此处从略。

综上，害盗别徼而盗“加罪”时，首先区分是否群盗：参与群盗的，是在常人群盗基准刑罚斩左趾城旦上加黥，最终刑罚是黥斩左趾城旦；参与非群盗的，是在常人非群盗的城旦舂刑序列内加黥，在常人非群盗的赀、耐刑序列内加迁，其中常人盗的黥城旦加黥时替换为劓，最终刑罚是黥劓城旦，常人盗的完城旦加黥为黥城旦。“加罪”时基准刑在先、加刑在后的逻辑顺序是不可倒置的，① 这与118～120简所见复数刑罚的处置逻辑相同。

① 本文强调基准刑和加刑的前后顺序，是因为在本文看来，秦及汉初律的“加罪”形式具有统一内涵，即“加罪”通常是在本刑罚序列内，以某一确定刑罚作为加刑内容，因此加刑时的基准刑和所加之刑的顺序不能调换。例如表1已示，害盗参与群盗和非群盗的加刑，在城旦舂刑序列内，无论基准刑是斩左趾城旦、黥城旦还是完城旦，加刑内容都是黥刑。

（四）“狱未断”理据的应用：50简的刑罚推测

“狱未断”理据可用于讨论50简的盗猪、盗羊的刑罚问题。此前学者多以秦汉畜产价格比对盗罪计赃等级，来推测盗羊和盗猪的刑罚，或反过来推测猪羊价格。如堀毅先生仅以睡简相关简文就计算出羊价大于等于220钱小于330钱，并推测猪价“接近”这一数字。[①] 如此盗羊和盗猪都将对应完城旦舂刑罚。《二年律令·盗律》55、56简明列盗罪计赃等级，更为诸家进行畜产价格和计赃及刑罚等级的换算提供了依据。不过对于盗窃牛、猪、羊等大型畜产的犯罪，以其价格来比对《盗律》计赃等级的做法有未安之处，盖因钱、金与畜产比价或非恒定，盗窃诸畜产的条文制定时与设置问答时的畜产价格或已不同，即令如堀毅先生般使用秦简内部信息去计算，也有风险；利用《史记》《九章算术》等汉代材料去推测秦律条文的物价基础，更难令人信服。又何况目前诸家大都认可，盗窃大型畜产不是计赃量刑，而是直接规定确定刑罚，若再以畜产价格来论证50简盗猪、盗羊之可能刑罚，逻辑难通。

尤为重要的是，“狱未断”与上造爵位对刑罚的效果如何，尚需细究。一种思路是，50简实盗羊和诬盗猪是先合并论刑，再用上造爵位来影响合并后的刑罚。若然，50简的优待方式应是以爵减刑，即由黥城旦减等为解答给定的完城旦。但《秦律杂抄》5简、张家山汉简《奏谳书》158简和《二年律令·具律》82简明言上造有罪该当刑城旦刑罚的，予以优待替换为耐鬼薪，而非爵减为完城旦。因此本简不会是先行合并论刑、再以上造爵位影响刑罚。进而言之，抽象讨论黥城旦、耐鬼薪或完城旦刑罚的合并执行，恐怕不符合秦律对罪数问题的解决思路；更何况就刑罚序列而言，不同身份/劳役刑本就无法相涵盖，合并论刑之说难以理解。因此本简完城旦的结果不会是先合并论刑、后以爵优待的结果。

此外有学者提出先使用上造爵位来影响盗羊刑罚，以此为基础再加罚诬告盗猪的刑罚的思路。如宫宅潔先生提出：“此处这位爵位是‘上造’的甲被判处城旦刑，应是因为他盗羊和诬告他人盗猪罪二罪并罚的结果。

① 〔日〕堀毅：《秦汉法制史论考》，第288、290页。

‘盗一羊’罪该如何量刑取决于所盗羊的价值，如羊价值六百六十钱以上，应当判黥城旦。上造‘甲’的情况，可以用鬼薪白粲替代黥城旦，因此对他的科罚最高也就是鬼薪白粲刑。此外再加上诬告罪的科罚，就会加刑为完城旦。”① 宫宅先生没有明确说明盗一猪的刑罚，但盗猪不太可能处以赀刑，诬告盗猪反坐时至少是耐罪以上；《二年律令·具律》120 简：“鬼薪白粲有耐罪到完城旦舂罪，黥以为城旦舂；其有赎罪以下，笞百。”则按宫宅先生之说，最终刑罚应为黥城旦而非本简的完城旦。此外，《法律答问》45 简：“甲盗羊，乙智（知），即端告曰甲盗牛，问乙为诬人，且为告不审？当为告盗驾（加）臧（赃）。”鉴于“加赃”一般被理解为刑罚发生改变且盗牛刑罚已是黥城旦舂，则盗羊刑罚不应是黥城旦。虽然有此疑问，但宫宅先生提出上造爵位的效果施加于盗羊的刑罚而非实盗羊和诬盗猪的合并刑罚，应是正确的。

本文以为，对50简的理解不能脱离“狱未断”情境。若按前析“狱未断”诸简理据，舍弃以《盗律》计赃等级和畜产价格间接推断刑罚的思路，转而直接考虑50简刑罚的构成原理，或较稳妥。首先可大体判定，盗羊、盗猪亦应纳入窃盗罪的“赀刑—耐隶臣妾—完城旦舂—黥城旦舂”的刑罚序列。② 如此则可从刑罚角度推测50简盗羊、盗猪的可能刑罚及最后结果。

按照前述理据，50简也是先行处置盗一羊之罪。上造爵位如对身份或身体刑罚有影响，且盗羊刑罚涉及身份或身体刑，那么其影响应发生在此一阶段，且上造爵位对刑罚的影响效力应当在判断盗一羊的刑罚时就已“消耗”，用以确定主体的何种刑徒身份（或优待为非刑徒身份），不复对诬罪刑罚发生作用；再以此新身份来判定诬告盗一猪的反坐刑罚。上造爵位的优待效果要么是以爵减刑，要么是替换为“耐鬼薪”刑，③ 据此可以推测二者刑罚。

① 〔日〕宫宅潔：《中国古代刑制史研究》，第 88 页，注 1。引文里有二处“白粲”。

② 《盗律》55、56 简仅是针对以赃计罪的一般窃盗，而不及群盗、强盗等其他类型盗罪；盗窃大畜产的刑罚不同于55、56 简刑罚类别的可能性不能完全排除。

③ 但秦律中上造爵位之替换效果，目前只见“刑城旦”替换为“耐鬼薪”的个别之例，不见如《二年律令·具律》82 简的一般规定，尤其不见对完城旦舂刑和耐刑序列的优待规定。对此，详下“代结语”、（二）、1.。

据常理，盗猪刑罚应在耐以上，则上造盗羊的实际刑罚应在耐隶臣及以下（如在耐鬼薪以上，再追究诬告盗猪反坐的刑罚，将是黥城旦，不合本简完城旦的结果）。盗猪刑罚又不会是黥城旦舂（否则本简最终结果不会是完城旦）。据此盗猪刑罚是完城旦舂。盗羊刑罚则较难确定。谨慎起见，以表2提出各种可能性（应可排除盗羊或盗猪处以财产刑的可能性）。

表2　盗猪与盗羊刑罚之比较

盗一羊刑罚	上造爵位效果	盗一猪刑罚	结　果	符合本简
黥城旦	爵减:完城旦	耐隶臣以上	黥城旦	不符
	替换:耐鬼薪			
完城旦	爵减/替换:耐鬼薪 爵减:耐隶臣	黥城旦	黥城旦	不符
	爵减替换:耐鬼薪	完城旦	黥城旦	不符
	爵减:耐隶臣		完城旦	符合
	爵减:耐隶臣	耐隶臣	耐隶臣＋系城旦六岁	不符
	替换:耐鬼薪		黥城旦	不符
耐隶臣	爵减:耐司寇 爵减:赀二甲 爵减:庶人 无优待:耐隶臣	黥城旦	黥城旦	不符
		完城旦	完城旦	符合
		耐隶臣	耐隶臣/耐隶臣＋赀二甲/ 耐隶臣＋系城旦舂六岁	不符

表2对盗羊刑罚推测的关键之处在于秦制上造爵位对刑罚体系的影响，对此可稍作说明：

其一，出土简牍偶见上造犯罪该当刑城旦时优待替换为耐鬼薪之例，[①]但未见爵位优待的一般规定。睡虎地秦简《秦律杂抄》5简："有为故秦人出，削籍，上造以上为鬼薪，公士以下刑为城旦。"此处"鬼薪"应即"耐鬼薪"。张家山汉简《奏谳书》158简"律：……篡遂纵囚，死罪囚，黥为城旦；上造以上耐为鬼薪。"所征引秦始皇时期律亦将保有上造以上爵位者

① 据《二年律令·告律》127简以下的刑罚减等排序，刑城旦与耐鬼薪间尚有完城旦一等，故从表面看，从刑城旦到耐鬼薪不是爵减一等，姑且视其为替换刑。

的"黥城旦（刑城旦）"刑罚替换为"耐鬼薪"。岳麓秦简刊布之前，学者多以此二例来证明秦时上造爵位对刑城旦刑罚有优待作用。不过《秦律杂抄》5简"公士以下刑城旦"明定主体为公士，这不同于秦及汉初律文的犯罪主体一般是抽象主体或假定为庶人/士伍的情形，更与《二年律令·具律》83简"公士有罪当刑者完之"的规定有异。因此5简应是针对"为故秦人出"之罪的特别规定，而且似有重处意味，不能说明秦时上造爵位普遍用于刑城旦刑优待替换为耐鬼薪。张家山汉简《奏谳书》158简中上造的黥城旦被替换为耐鬼薪之刑，是以"纵囚与同罪"的刑罚参引修正现象为背景，也难被视为上造爵位对刑城旦刑罚有普遍替换作用的例证。不过，《岳麓书院藏秦简（叁）》"猩、敞知盗分臧"案60、61简有"●鞫之：达等埱冢，不与猩、敞谋，【得】衣器告；猩、敞受分，臧（赃）过六百六十钱。得。猩当黥60城旦，敞耐鬼薪……61"[①] 猩、敞同为"知盗受分"赃过660钱，其处置为"与盗同法"，但士伍猩被判为黥城旦，上造敞被判为耐鬼薪，可见上造爵位对盗罪的黥城旦刑有替换为耐鬼薪的优待。对"知盗受分"的讨论和律文规定数见于《法律答问》和《二年律令》，此罪名及其处置方式在秦及汉初律上应已确立，是具有普遍意义的律文规定。由此或可推知，秦制上造爵位可能普遍用于将刑城旦替换为耐鬼薪。

其二，对完城旦舂刑罚，上造爵位是否有优待作用，其作用是爵减还是替换，也不明确。不过，若上造爵位可普遍用于刑城旦替换为耐鬼薪，则它也应适用于完城旦舂刑，至少应爵减完城旦舂一等为耐鬼薪白粲，否则将出现上造犯罪当黥城旦可替换为耐鬼薪，犯罪当完城旦却实际执行完城旦的刑罚失衡情况。如此，秦制上造爵位对城旦舂刑序列可能都有替换为耐鬼薪的优待作用。[②] 设若盗一羊为完城旦舂：一方面，如果上造爵位普遍对完城旦舂刑罚可爵减一等，且爵减遵循《二年律令·告律》减等排

---

① 简文见朱汉民、陈松长主编《岳麓书院藏秦简（叁）》，第124页。

② 这将意味着秦律上造爵位对城旦舂刑序列的整体优待在汉初律得到沿袭。《汉书·惠帝纪》载元年诏："上造以上及内外公孙耳孙有罪当刑及当为城旦舂者，皆耐为鬼薪、白粲。"类似内容亦见于《二年律令·具律》82简："上造、上造妻以上，及内公孙、外公孙、内公耳玄孙有罪，其当刑及当为城旦舂者，耐以为鬼薪白粲。"则惠帝诏和《二年律令》主要是在重申秦制对上造爵位的优待规定。当然，另一种可能情形是，上造爵位普遍用于爵减完城旦舂刑罚一等为耐鬼薪白粲，个别地用于替换黥城旦舂刑罚为耐鬼薪白粲。

序，上造就应当爵减一等为耐鬼薪，盗猪应为耐以上罪，诬告盗猪反坐时，最终刑罚将是黥城旦而非本简的完城旦；另一方面，如果上造爵位普遍对完城旦舂刑可爵减一等，且在盗罪语境下爵减遵循《盗律》刑罚减等排序，盗一羊完城旦的爵减结果就是耐隶臣，[①] 则盗一猪刑罚应处完城旦舂，诬告反坐的最终刑罚将是本简的完城旦。[②]

其三，对耐隶臣妾刑罚，上造爵位是否有优待，优待是爵减还是替换，也不清楚。[③] 本文倾向于认为，其优待效果不能及于耐刑序列。前引“葆子狱未断”条有“有收当耐未断……勿刑，行其耐”“当耐为鬼薪未断……勿刑，行其耐”。鉴于二者最终处置都是“行其耐”，说明耐刑被追究，葆子未回避耐刑；后者“当耐为鬼薪”还可能是实罪刑罚因葆子身份得以替换优待的结果，则前者“有收当耐”说明葆子当收或当处耐刑的，葆子身份并未对实罪刑罚产生优待替换的作用，亦即，葆子身份特权不对耐刑序列起作用。[④] 在刑罚优待方面，上造爵位应该低于或至多相当于葆子身份，因此上造爵位对耐刑序列应该也不具备优待作用。若然，上造盗一羊就与士伍无异，应耐为隶臣；隶臣反坐盗猪刑罚是完城旦时，盗一猪

① 据《法律答问》38、39简，告盗加赃十钱至百一十钱（应处耐隶臣妾）的，廷行事以不审论减罪一等为赀二甲，可见在盗罪语境下，耐隶臣减一等直接减为赀二甲，而非按《二年律令·告律》127~130简规定，由耐隶臣减一等为耐司寇。盗罪的完城旦舂刑的减一等可能也是直接减为耐隶臣妾，而非耐鬼薪白粲。

② 若上造爵位可以爵减二等，且盗罪完城旦舂刑罚爵减时遵循《告律》减等排序，则盗羊也可以是完城旦舂刑，上造爵减为耐隶臣，盗猪为完城旦舂，反坐后也符合本简结果。但秦制上造爵位针对所有刑罚普遍减二等的可能性较低。

③ 目前所见秦及汉初爵位对刑罚的影响集中于肉刑和城旦舂刑序列内，但尚不能完全确定其对耐刑序列没有影响。《贼律》38简：“贼杀伤父母……其妻子为收者，皆锢，令毋得以爵偿（赏）免、除，及赎。”强调侵犯父母的犯罪者的妻、子被收后，其收人（隶臣妾）身份固化，不能以既有爵位或因功将受之爵位来免收人身份为庶人（或司寇），也不能赎。类似规定还见于《奏谳书》65、66简所记高祖八年案例，有“平当耐为隶臣，锢，毋得以爵当、赏免。·令曰：诸无名数者，皆令65自占书名数，令到县道官，盈卅日，不自占书名数，皆耐为隶臣妾，锢，勿令以爵、赏免66”。令文规定，无户籍者在一定期限内不主动申报登记身份的，耐为隶臣妾，身份固化，不能以既有或将有爵位来免其隶臣妾身份。由此或可反推出一般收人和隶臣妾刑徒可以用爵位免为司寇或庶人；而收人身份与隶臣妾的法律地位基本相同。虽然收人或隶臣妾被免为庶人通常是他人以其爵位换取的结果，但爵位用于免除自身耐刑刑罚的可能性不能排除。

④ 下文三、（三）、2.指出，“葆子有收当耐”之“耐”应当包括耐隶臣，但不排除包括耐鬼薪。如是耐隶臣，说明葆子身份未对耐隶臣刑罚起到优待作用；如是耐鬼薪，应当是对刑城旦（不排除完城旦）的优待替换，也无法证明葆子身份对耐隶臣起作用。

就应处完城旦舂刑。退一步说，如上造爵位可用以减耐隶臣之罪，爵减效果可能是耐司寇或赀二甲的财产刑，[①] 但无论耐隶臣刑罚是不能爵减还是爵减为耐司寇抑或庶人，再犯黥城旦或耐隶臣之罪时，结果只能是黥城旦或耐隶臣或耐隶臣加系城旦六岁，都不是本简的完城旦。因此若盗一羊刑罚是耐隶臣妾，盗一猪刑罚只可能是完城旦舂。

综上，盗一羊刑罚为完城旦舂或耐隶臣妾，盗一猪刑罚为完城旦舂；盗一羊对应完城旦舂刑罚的前提是，上造爵位普遍用于将完城旦舂刑减一等为耐鬼薪白粲，且盗罪语境下完城旦舂刑减一等是减为耐隶臣妾。[②] 本文倾向于认为，盗一羊刑罚是耐隶臣妾。

此外，从50简可见，隶臣妾（收人，实际上还包括司寇乃至庶人）犯有应处完/黥城旦舂之罪的，直接处以各该当完/黥城旦舂之刑即可。《二年律令·具律》只有隶臣妾、收人重复犯耐罪最终被判处完城旦舂的规定，未见司寇、隶臣妾直接犯完/黥城旦舂罪的规定；《法律答问》117、118简和119、120简也是各自在耐刑序列和城旦舂刑序列里讨论数罪处置问题，而不及数罪跨越刑罚基本序列的情形。其原因前文已揭，即对于庶人、司寇、隶臣妾而言，完/黥城旦舂刑皆可直接执行。50简如此处断，不言自明，殆无疑义。

（五）“狱未断”情境下的“数罪以重”：“相遝不累论”

“狱未断”诸简是追究了实罪和诬罪的数罪处置之例。需注意者，有时“狱未断”并不导致数罪皆罚，比如身有数罪陆续被告发时，如果一罪已判罚而他罪“狱未断”时，此一既判刑罚如系数罪中最重者，将适用

① 据《二年律令·告律》127～130简规定耐隶臣减一等为耐司寇，假如“盗一羊”应处耐隶臣，上造爵位得以减刑时，应减为耐司寇。但如按唐律般“二死三流各同为一减”规定，减等跨越刑罚序列，则耐隶臣亦可爵减为财产刑；前引《法律问答》8简就分别提出了耐隶臣妾减等为耐司寇和减等为财产刑的二种意见。且如前所述，盗罪的耐隶臣减一等直接减为赀二甲。

② 对38、39简再做思考后本文认为，告盗罪不审的刑罚减等是按“黥城旦舂—完城旦舂—耐隶臣妾—赀刑”的排序进行，那么盗罪本身的刑罚减等排序可能相同。如此，盗羊刑罚就有可能是完城旦舂，上造爵减为耐隶臣。上述推测的前提是上造爵位可普遍用于将完城旦舂刑爵减为耐鬼薪白粲，这一点尚无法完全确证。而且即使上造爵位可用于完城旦舂刑的替换，因上造的爵减优待不及耐刑序列，盗羊刑罚是耐隶臣妾的可能性仍存在。

“数罪以重”，他罪不论。《岳麓书院藏秦简（叁）》“暨过误失坐官案”即为此例。该案犯罪主体暨因有履行职务不当行为而相继受到“八劾”，被判罚“赢（累）论”。暨认为八项罪名皆属“过误失及坐官”，而非故意违法（“端犯法令”），判决“相遝”，累论畸重。审理查明，“暨坐八劾：小犯令二，大误一，坐官、小误五。已论一甲，余未论，皆相遝”。判决意见是“赀暨一甲，勿赢（累）”。[①]

该案是举劾和判决时间产生罪数认定疑问的典型案例：

第一，所谓“言夬（决）相遝不赢（累）”，说明此前八劾中已有论断者之刑罚覆盖其他“狱未断”举劾之刑罚。“相遝”，整理者解为：“罪状相及、相关，罪状相关的‘过误失’都合并为一罪，仅判一刑。”[②] 本文以为，“言决相遝”即“言决相及”，是“判决之刑罚得以相覆盖”之意，[③] 亦即相继提出的举劾，若一罪“狱断”所给定刑罚得以覆盖其余“未断”之狱的刑罚，则为“相遝”，“已劾未断”之狱的刑罚就不再执行。[④]

第二，先前却语里“不当相遝”、诘语里“累论有令”所主张的是八劾应累论的理据；暨回应诘语的“过误失、不为私”等，是对“重”的回应，而非主张“累论”无据。[⑤] “八劾累论”的基础在于八劾发生在不同

---

① 简文见朱汉民、陈松长主编《岳麓书院藏秦简（叁）》，第145～149页。

② 朱汉民、陈松长主编《岳麓书院藏秦简（叁）》，第150页。

③ 里耶秦简8－1770简：“☐各一甲，与此相遝。它如劾。”见陈伟主编《里耶秦简牍校释》第1卷，武汉大学出版社，2012，第388页。此处“相遝”因简残缺不明其义，但可能与“暨过误失坐官”案相似，不宜解为“罪状相及、相关”，理解为“刑罚相覆盖”似更稳妥。

④ 吴雪飞先生认为：“从‘八劾’内容来看，暨有部分犯罪被重复举劾……‘相遝’并非指罪状相及，而是指举劾相及，‘累论’并非指将多种行为合并为一罪，而是指将多种举劾逐一累加论罪。‘相遝’、‘累论’确是指定罪量刑中的‘罪数’问题，但是其主要含义是对同一行为只论一罪，而不应重复论罪。”参见吴雪飞《读秦简杂识七则》，载武汉大学简帛研究中心主办《简帛》第12辑，上海古籍出版社，2016，第113页。

⑤ 张伯元先生已指出，“‘八劾’缺乏应有的内在关联，不能视为‘累论’法律制度的存在依据”。参张伯元《“累论”与数罪并罚》，载中国政法大学法律古籍整理研究所编《中国古代法律文献研究》第8辑，社会科学文献出版社，2014，第54页。对该案“相遝”原因，亦有论者联系岳麓书院藏秦简《行书律》以及未刊布令文，认为“是否是故意行为所造成的失当结果，可能是‘数罪问题’处罚所依据的一个重要标准”。参陈松长、温俊萍《论秦律的罪数处罚——以“岳麓书院藏秦简”为中心》，载杨振红、邬文玲主编《简帛研究（二〇一六秋冬卷）》，广西师范大学出版社，2017，第80～85页，尤其84页。

时间，亦即，如果有劾即论、论后再犯再劾，以此重复而有八劾八论，那么事后观之，这些八劾和八论就是“累论”。反推可知，若是八劾同时发生（俱发），应为“以重论”，或曰“不累论”。

以上两点重新解释了审理者和暨的审辩逻辑。从中可见，本案的关键点有三：八劾并非“俱发”；其中一劾“狱已断”并执行了刑罚，其余七劾则处于“狱未断”阶段；已执行刑罚可以涵盖其他“狱未断”刑罚。这与犯有数罪而“俱发”的情形不同，因此先前审理者认为不能以已决刑罚来覆盖未决刑罚，已提起的八劾均应追究，即所谓“不相遝，累论”。最终判决意见是刑罚相遝、不累论。

因此，“暨过误失坐官”案的疑难点不在于八项罪行性质是否相关而应合并为一罪（本案根本未提出数罪合并为一罪的问题，“累论”是说八劾分别处刑、全部执行）；而在于本案八劾之罪均发生在一案案发之前，本应“未狱，数罪以重，相遝”，以最重刑罚覆盖其他刑罚，但先前所犯数罪被分别举劾成狱，且其中有“已断”者亦有“未断”者，刑罚还存在轻重覆盖的关系，这与“数罪以重”原则的一般适用之例有别。最终的判决意见实际上确认了本案应予适用“数罪以重”原则。

从以上分析可见，《法律答问》“狱未断”诸简对实罪和诬罪均予追究，追究时以“狱未断”之实罪的该当刑罚为基础去处置诬罪。区分复数刑罚的处置逻辑顺序、以在先刑罚的结果为基础落实在后刑罚的理据常见于秦及汉初律，尤以犯罪逃亡、“不会”某刑罚以及“加罪”的处置方式为典型，而且在后世律如唐律中亦有类例。

二　“诬告，刑罚的反坐与修正”：对49、117（后）、109~112简的理解

诸简的另一个共同点是都以诬告为复数罪中之一罪。以诬告设例，首先是因为“狱未断”阶段最常见的犯罪可能就是诬告；其次是诸简的主体一般未予限定，但在“狱未断”阶段，某些刑罚除在“告不审及有罪先自告减其罪一等”情形下，亦似只有通过诬告反坐才能

存在;[①] 何况49简的未断之狱是诬盗而非实盗之罪，117简后句以及109~112简都涉及诬告反坐时的变通执行方式，甚或就是以此设置问答。因此各简所设置的“诬告”犯罪及其刑罚，皆有深意存焉。

（一）49简：诬告反坐，反坐刑罚

前析117（前）~120简均未明确实犯和诬告的具体罪名，49、50简则明确均为窃盗。50简与他简相同，都是实罪狱未断又犯诬罪，追究实罪与诬罪的逻辑顺序也就是犯罪时间顺序；但表面看，49简是说诬盗狱未断时又实犯窃盗,[②] 因此稍有可议之处。

1. 实罪与诬罪的处置顺序

49简提问部分提出两个方案。其解答显然未采纳并赃处刑的方案一，而符合分别计赃处刑的方案二。但方案二的“且行真罪，又以诬人论”根据“又”字用法有二解，一是“又”含有前后顺序的意味，则方案二是先处置实罪再处置诬罪；二是“又”仅表示并列而无排序之意。因此解答中给定刑罚的原因并不明确。在解一中，解答也可能是按时间顺序先处置诬罪再处置实罪，因此与提问所举所有方案都不同。解答超出提问给定方案的情形确实存在于《法律答问》里，如45简：“甲盗羊，乙智（知），即端告曰甲盗牛，问乙为诬人，且为告不审？当为告盗驾（加）臧（赃）。”解答之“告盗加赃”既非“诬人”亦非“告不审”，三者理据不同，刑罚各有参差。因此不能排除如下可能：49简体现了“狱未断”时复数犯罪的某一处置理念，即当诬告为复数犯罪中之一罪时，不论诬罪与实罪何者先

① 目前所见“有名之耐”的耐司寇刑名，似乎都与部分官吏的职务犯罪有关，因此刑徒乃至处于“耐罪以上狱未断”阶段之人可能无法再犯有名之耐司寇的实罪，只有诬告反坐时才能获此刑。

② 简文有实盗“乃后觉”之语，提问又似以尚未确定罪刑为限，而不是提出如何修正既决判罚的疑问，似乎说明实盗发生在诬盗案发之前（诬盗未狱）。做如此解时，问答就是以诬盗和实盗均需予以追究为前提，提问的是二者并赃处刑，还是分别计赃、刑罚累加？解答是分别计赃。如此既排除了“未狱数罪以重论”原则的适用，又排除了一般窃盗并赃处刑的处置方式，以犯罪未发阶段的异质或同质数罪的处置原理来框套，均有未安之处。本文难明其理，故暂不采此说，而是认为该简设定的是诬盗狱未断时又实犯窃盗的情形。作如是解的，亦可参见何四维先生对此简的译文，see A. F. P. Hulsewé, *Remnants of Ch'in Law*, p. 132。

发、何者后犯，处置顺序都是先实罪、后诬罪。不过鉴于其他诸简都是实罪狱未断再有诬罪，不能比较验证此一可能性，姑且存疑。

仅就49简而言，在财产刑序列里，处理诬盗和实盗的前后次序对结果没有影响；但在耐刑或城旦舂刑序列里，诬盗和实盗的处理顺序对最后结果将有实质影响。设若先诬盗百二十钱，狱未断又实盗二百三十钱，诬罪当耐隶臣，实罪当完城旦。若按犯罪时间顺序先追究耐隶臣罪，再追究完城旦罪，则应处完城旦；若按49简提问部分方案二，先行实罪完城旦又以诬人耐隶臣论，则应黥城旦。

鉴于此，本文倾向认为“又”仅表并列关系，应按先处置狱未断之罪、再处置新犯之罪的逻辑顺序，如此才与上文所析“狱未断”理据相合。

2. “诬告反坐”，反坐者何?

49简提问部分的方案一是数罪并赃处刑。并赃可能是复数同性质赃罪俱发时的一般处置形式，即后世古法“累论”（“累倍”或“累而不倍”）的赃值累加单处一刑的计赃入罪原理。在49简情境下以此方案并赃处置时，赃值为一百二十钱，按盗罪等级应处耐为隶臣妾，已脱出赀刑序列而进入耐刑序列。此一方案的前提应是犯罪未发的数罪，以及将诬人盗和实犯盗视为可以并赃论断的同质赃罪。解答否定此一方案的理由，或者是强调狱未断而非未狱，或者是未将诬盗和实盗视为可以并赃的同性质赃罪。

就后者而言，诬告盗罪反坐时，反坐的是该盗罪所对应的刑罚，而非拟制诬告者犯此盗罪、以至于可与实犯盗罪并赃量刑。因此在49简里，虽然所诬和实犯都是盗罪，但不能直接按照盗罪原则合并量刑。本简设置问答，固然是确认了“狱未断”阶段不能适用并赃处刑的一般赃罪处置方案，似也明确了虽然诬盗、实盗的刑罚都是财产刑，但属异质犯罪，诬盗反坐时，仅反坐其各自刑罚而非“反坐其罪行”，即无法在罪状层面累并复数赃罪的赃值。

（二）117简（后）：被诬方因素导致的反坐修正

《法律答问》117简有二问答，前一问答理据前已解讫。对后一问答“当耐为侯（候）罪诬人，可（何）论？当耐为司寇”的理解，整理小组主张"'候'字下当有脱文",何四维先生进而认为"('候'字下)简文应包含'当耐为司寇'数字";[①] 藤井律之先生则认为"大概是重文符号脱落了,笔者推测或许应理解为'当耐 = 为 = 候 = 罪诬人——相当于耐候者以耐候之罪诬告了他人'"。[②]

在文义层面,主张本简后句有脱文或脱重文号的,其实是认为117简后句也是讨论实罪"狱未断"又犯诬告罪之例。若表达为"狱未断之实罪刑罚 + 诬告之刑罚 = 解答给定刑罚"的格式,依据目前出现的刑名,大概可补出三种可能的刑罚给定解释:甲、"耐司寇 + 耐为候 = 耐司寇";乙、"耐为候 + 耐司寇 = 耐司寇";丙、"耐为候 + 耐为候 = 耐司寇"。对于甲理解,设若司寇刑徒诬告官吏犯有耐为候之罪,此一诬告罪必将受惩罚,不会一仍其旧;推及司寇刑徒身份未落实的"狱未断"阶段的诬告罪,也应予以追究,其最终刑罚不会仍是实罪的耐司寇刑罚。因此甲理解似难成立。

在文字用法层面,三种方案补出脱文后"当"和"罪"字均显突兀,补脱重文号的丙方案下,"以"字难以妥帖补出。可注意者,该句"当耐为候罪诬人"和117(前)以及49、50、118、119、120简对诬告罪部分的描述都不同,却和葆子狱未断诸简中"(以)当刑隶臣罪诬告人""诬告人,其罪当刑城旦""诬告人,其罪当刑鬼薪"等相同;而葆子诸条这些对诬告罪的描述均强调了应然刑罚未能实际执行。117(后)简可能亦如此。

同时"耐为候"颇具特殊性:目前"耐为候"刑名仅见于秦律,其主体或犯罪事项似乎是特定的,即负有某些职责之人,如《秦律杂抄》4简"除吏律"和6简"除弟子律"所见"耐为候"的承受者是行命书者和除弟子及置任者,同简其他罪状的刑罚是赀刑和附随之"法(废)",也是针对保有特定职责者之犯罪的常见处置;[③]《岳麓书院藏秦简(叁)》"癸琐

---

① See A. F. P. Hulsewé, *Remnants of Ch' in Law*, p. 154.

② 〔日〕藤井律之:《"罪"之加减与两性差别》,李力译,载卜宪群、杨振红主编《简帛研究二〇〇九》,广西师范大学出版社,2011,第337页。

③ 傅荣珂先生依据《秦律杂抄》二简指出,"'候'之原来身份应为官吏,由于触犯刑律,而沦为刑徒,虽不得复为官府之佐吏,然其劳役则较司寇为轻"。傅荣珂:《睡虎地秦简刑律研究》,商鼎文化出版社,1992,第178页。对"耐为候"的解释,参中国政法大学中国法制史基础史料研读会:《睡虎地秦简法律文书集释(五):〈秦律十八种〉(〈效〉——〈属邦〉)、〈效〉》,载中国政法大学法律古籍整理研究所编《中国古代法律文献研究》第10辑,社会科学文献出版社,2016,第69页。

相移谋购案”24简记有吏议意见之二是校长癸和戍卒（士伍）琐“耐为候”，与另一吏议意见“盗未有取”的“赎黥”相对，“耐为候”对应的罪名显然不会是“坐赃为盗”的赃罪，[①] 而可能是违反职务的犯罪。[②] 可以说，目前所见“耐为候”与职务上的犯罪有关，似是对特定主体的刑罚“优待”，轻于或相当于耐为司寇。

若上述推测皆真，则117简后句“当耐为候罪”作为整体就与葆子诸简“当某刑罪”结构和原理一样了，亦即，“当耐为候罪”意味着所诬告的本是“应当/符合/配得上耐为候之刑罚”的犯罪，但此类犯罪主体或事项特殊，反坐时不能直接反坐“耐为候”之刑，需予变通执行。不过，葆子诸简里“某刑”不能执行的原因是葆子身份回避肉刑和城旦身份刑，而117简后句，不论前部是“当耐为候”还是“当耐为司寇”，其未来刑徒身份都不足以导致“耐为候”的修正；修正只可能是基于诬告反坐。[③] 进而言之，“耐为候”只能修正为一般耐刑序列里的耐司寇或耐隶臣；从解答“耐为司寇”的结果看，修正刑不会是耐隶臣，只能是耐司寇。当修正刑是耐司寇时，前部只可能是耐为候（如果存在任何可能的话）。由此，丙方案下，不用脱、重文号，直接补为“当耐为候（，以当耐为候）罪诬人，何论？当耐为司寇”有一定合理性。但如此理解的前提是“耐为候”轻于“耐司寇”，而这尚无法确证。

本文认为诸简排布方式是理解117简后句的重要线索。《法律答问》117（前）~120诸简所举实罪和诬罪的类型已经涵盖了耐刑和城旦舂刑序列内的四种常规刑罚，形式上均是单简独立书写一种情形。如果117简后句也涉及实罪和诬罪，无论如何补文，都将既失于对“耐为候”“耐为司寇”“耐为隶臣”另外三种实罪/诬罪组合的罗列，[④] 又不应仅以墨块隔开117简前句而不另简书写。因此，若将117（后）简

---

① 《二年律令·捕律》155简：“捕罪人弗当以得购赏而移予它人，及诈伪，皆以取购赏者坐臧（赃）为盗。”

② 24简简文见朱汉民、陈松长主编《岳麓书院藏秦简（叁）》，第102页。

③ 身份不同会导致刑罚适用差异，诬告反坐时，因诬告者和被诬者身份不同，反坐的刑罚经常需做修正，如被诬者因其特别身份（尤其是“官身”）享有的“优待”，有时并不能原样施加于诬告者之身。

④ 记有另三种组合的简已残损湮灭或根本未入墓葬的可能性当然存在，但可能性较低。

也视作对实罪狱未断又犯诬罪的处理，就与117（前）~120诸简体例不合。

本文因而提出，从诬告反坐的修正执行角度来看，117简后句可能未脱文或重文号；该句与诸简不同，讨论的不是“狱未断”疑问。该句可理解为：“（一般主体以）当耐为侯（候）罪诬人，可（何）论？当耐为司寇。”即本句乃是单纯讨论诬告“耐为候”反坐时的刑罚修正方式。“耐为候”系优待之刑，不是常规刑罚；以“耐为候”之罪诬告可享有此一优待之人的，诬告者在反坐时不能直接承受此一优待，需修正为耐刑序列里作为常态存在的且与其轻重相当的耐为司寇。[①] 这种理解既可以解释本句与49、50、117简前句、118、119、120简的表述差异，又可以解释本简以墨块区隔前后二句的用意。

（三）“葆子狱未断”诸简：诬告方因素导致的反坐修正

109~112简设置了葆子犯有实罪狱未断时又犯诬告的三种情境。108简抄写怪异，形成错文，几个刑名也较罕见，刑罚构成原理也有疑。从表面看，简文中“刑隶臣”“刑城旦”“刑鬼薪”都是实罪刑罚与反坐诬罪刑罚叠加时产生，其中身体刑部分是施加反坐诬罪之刑罚时产生的应然肉刑，身份刑部分则是落实实罪的身份刑，即先行判定实罪的耐隶臣、完/黥城旦、耐鬼薪刑罚，之后考虑反坐诬罪的刑罚，反坐的刑罚导致实罪刑罚执行后隶臣、城旦、鬼薪刑徒本应遭受肉刑；如此就产生了“刑为隶臣”“刑为城旦”“刑为鬼薪”的状态。三条简文以陈述语气说明，三种状态均不是最终实态，对葆子而言，最终刑罚回避了肉刑身体刑和城旦身份刑。不过，上述理解带来的直接疑问是，109、108简的“刑隶臣”若是用来表示实罪和反坐诬罪叠加后，对“耐隶臣”即将施加“肉刑”的状态，111简出现的“刑隶臣”何指就难以理解。因此另一思路是认为三个刑名的构成原理不完全一致，“刑隶臣”是曾经存在过的、类于《法律答问》

① “耐为候”刑名仅见于秦律，不见于张家山汉简《具律》《告律》等对耐刑刑种做出列举的简文，可能是在此前已经取消了“耐为候”刑名，其所规制的犯罪应匹配其他常规耐刑刑名。若然，同样暗示着“耐为候”并非秦律常规刑名，诬告此刑罚反坐时需修正为常规耐刑。

174 简“黥颜頯为隶妾”的规定刑，以此为基础讨论“刑鬼薪”的构成。如宫宅潔先生认为“以当刑隶臣及完城旦诬告人”中“及”是“或”之意，“刑鬼薪”是由“耐鬼薪”和“刑隶臣”，或由“耐鬼薪”和“完城旦”复合而成，“若死板地执行再犯而刑罚加重的原则，‘刑鬼薪’这样的刑罚理论上是可以存在的，不过，实际上它并未被施行过”；“刑隶臣”则“在秦律时代似乎确曾存在”。[①] 若然，一则“刑隶臣”和“刑鬼薪”的构成原理有异，不明其理；二则在实罪狱未断又犯诬罪的情形下如何生成“刑隶臣”，难以想象。如前所述，陶安先生还提出了诸简复原的另一方案：108 简简文内容可能是对 106 ~ 107 简和 109 ~ 110 简的校补，后半部分应该插在简 109“可（何）谓‘当刑为隶臣’”之后，弥补此处原有的脱文。[②] 108 ~ 112 简有若干脱衍误文，复原后的葆子诬告答问为：

例 1　葆子诬告答问：

……·葆子□□未断而 109 诬告人，其辠（罪）当刑城旦，耐以为鬼薪而鋈足。耤（籍）葆子之谓殹（也）。110

例 2　葆子诬告答问：

葆子狱未断而诬【告人，其罪】当刑鬼薪，勿刑，行其耐，有（又）毄（系）城旦六岁。可（何）谓“当刑为鬼薪”？·当耐为鬼薪未断，以当刑〈隶臣〉［耐］及 111 完城旦诬告人，是谓当刑鬼薪。112

例 3　葆子诬告答问：

葆子狱未断而诬告人，其辠（罪）当刑为隶臣，勿刑，行其耐，

① 参〔日〕宫宅潔《中国古代刑制史研究》，第 103 页。

② 参见〔德〕陶安《睡虎地秦简〈法律答问〉108 简为校补简小考》，载武汉大学简帛研究中心主办《简帛》第 6 辑，上海古籍出版社，2011，第 17 ~ 18 页。后陶安先生又有详说，参徐世虹等著《秦律研究》第七章“秦律刑罚等序研究序说”（〔德〕陶安撰），第 245 ~ 247 页。

有（又）毄（系）城旦六岁……109……有收、当耐【隶臣】未断，以当刑［隶臣］罪诬告人，是谓当刑隶臣。108

对例1，陶安先生复原实罪和诬罪刑罚皆为“完/刑城旦”。对例2，陶安先生认为“以当刑隶臣及完城旦诬告人”中的“刑隶臣”三字，据《二年律令·具律》简120应改为“耐”一字，不能存留“隶臣”两字而改为“耐隶臣”。对例3，陶安先生认为108简“有收当耐未断”的“收”是“收人”之“收”，“耐”字下脱“隶臣”两字，此即“以当刑［隶臣］罪诬告人”中衍文“隶臣”的来源。进而陶安先生认为，“刑隶臣”和“刑鬼薪”是“狱未断”之“狱”的原审法定刑与诬告法定刑加起来所得到的量刑。其中例2的原审法定刑是耐鬼薪，诬告罪为“耐及完城旦”，反坐于“耐鬼薪”时，依据《二年律令·具律》120简“鬼薪白粲有耐罪到完城旦舂罪，黥以为城旦舂”，“黥城旦”为“刑”，因此“‘耐鬼薪’加‘耐及完城旦’等于‘耐鬼薪’加‘刑’，‘刑鬼薪’则是由‘耐鬼薪’与‘刑’加起来而得出的量刑”。例3的“刑隶臣”也是在初期犯罪的“耐隶臣”上加了“刑”，“这两种量刑仅在理论上存在”。①

陶安先生消弭了“何谓‘当刑隶臣’”解答似乎陷于循环论证的疑问，复原方案颇为精彩。不过按照陶安先生之说，《法律答问》诸简抄好后经过校补、108简系校补简，与108简相接的此处为何仍存在如此多的误写和脱衍文，原因难明。且经陶安先生修正脱衍文后，本文还有一些文义和律意上的疑惑。

就简文字义来说，秦汉律文常见“耐为司寇/隶臣/鬼薪”“完/黥为城旦舂”的复合结构，“为”字前后连接身体刑和身份刑，后接的是领受身体刑后的身份刑，而不是领受身体刑之前的状态；简文“刑为鬼薪”和“刑为隶臣”的表述显得怪异，难以理解为“对鬼薪/隶臣施加肉刑”或“施加肉刑后成为鬼薪/隶臣”。若认可葆子身份直接阻断了实罪身份刑的

① 参徐世虹等著《秦律研究》第七章“秦律刑罚等序研究序说”（〔德〕陶安撰），第245～247页，尤其是第246页注3和第247页表7.3。

升格变化，认可"其罪当刑为隶臣/鬼薪"中的"隶臣/鬼薪"已经相当于领受身体刑后的身份刑，那么为何"刑为隶臣/鬼薪"结构里，葆子身份没有直接阻断"刑"字的出现呢？

对例1，陶安先生将110简实罪部分列为"完/刑城旦"，与"耐鬼薪""耐隶臣"并列；诬罪部分列为"完/刑城旦"。[①] 实罪刑罚是"完/刑城旦"时，诬罪刑罚是耐以上就将导致城旦刑徒遭受肉刑。按照陶安先生对"刑隶臣""刑鬼薪"构成原理的解释，实罪刑罚是完城旦，诬罪刑罚是耐刑时就将形成"当刑城旦"的状态。那么实罪和诬罪刑罚何以都是"完/刑城旦"呢？

对例2，一方面，如果简文在表述葆子实罪的"当耐为鬼薪""有收、当耐"时未考虑葆子身份，耐鬼薪不是替换刑的话，那么以目前所见，耐鬼薪白粲似乎只能是因犯罪具备特别情节而在基准刑罚上加刑或减等后才得以存在，如"不会"耐司寇刑罚、告完城旦舂罪不审或有完城旦舂罪先自告时，刑罚是耐鬼薪或耐鬼薪白粲。那么此处"当耐鬼薪"将是较罕见的情形。《法律答问》何以如此设问，值得思索。另一方面，耐鬼薪如果是基于葆子身份的优待替换刑，则110简实罪刑罚也应考虑葆子身份特权效果，如实罪规定刑是城旦舂刑，则应替换为耐鬼薪。如此110简和111简所设置的情境有何差异、为何最终处理不同，就不甚了了。[②]

对例3，诬告之刑为"刑罪"时，目前所知的"刑罪"（以男性为例）包括黥城旦、斩趾城旦、腐宫隶臣，甚或是特别身份所导致的肉刑，如奴婢、城旦舂和鬼薪白粲刑徒犯耐以上罪时应替换为肉刑。[③] 上述情形中，只有最后一种是在一般主体诬告反坐时修正为"皆如耐罪然"，而与葆子狱未断之收、耐刑罚相当；但此时对未断的"有收、当耐"而言，又不足以导致肉刑后果，因此构不成"当刑为隶臣"的状态。其他"刑罪"即黥城旦、斩趾城旦和腐宫隶臣均重于耐隶臣，常人犯耐隶臣实罪未断（甚或隶臣刑徒及由收人、降寇转变而来的隶臣）再诬告这些"刑罪"而反坐

① 徐世虹等著《秦律研究》第七章"秦律刑罚等序研究序说"（〔德〕陶安撰），第247页表7.3。

② 陶安先生制表中把完城旦分别列入110简和111简的诬告罪栏。

③ 对最后一种情形的规定见于《二年律令·具律》121、107~109简。

时，本应直接领受各“刑罪”之刑罚，有爵者或许受优待为耐鬼薪白粲，葆子身份特权效果本应在此基础上展开，如修正为耐鬼薪鋈足或耐鬼薪系城旦六岁等；但 109 简给定的最终刑罚为耐隶臣系城旦六岁。这与 111、112 简耐鬼薪诬人耐罪或完城旦罪，获刑耐鬼薪系城旦六岁相比，刑罚似显失衡。

进一步的疑问就是，如果例 2、例 3 皆以实罪身份刑为基准，修正反坐诬罪的刑罚（回避诬罪导致的肉刑并替换身份/劳役刑），则例 3 似乎未遵循前文所揭示的刑罚叠加的一般规则，而且似乎区分了再犯同等刑罚的实罪和诬罪的效果。对此可在例 3 语境下举例延展：设若葆子犯有耐隶臣实罪狱未断时再犯另一应处“刑罪”的实罪如黥城旦罪，其结果应当是假定以未断实罪的耐隶臣刑徒身份获得新犯实罪的黥城旦刑罚，再替换为“耐鬼薪鋈足”，而非例 3 再犯诬罪时的“耐隶臣系城旦六岁”。若将上述现象归结为葆子身份特殊、处置别有逻辑，葆子诬告反坐时不考虑刑罚轻重而是机械地修正替换诬罪的刑罚，那么例 1 中“刑城旦”被整体修正为“耐鬼薪鋈足”又与其他二例不同。

综上，宫宅和陶安先生的解决方案无疑具有极强的合理性，但笔者愚钝或理解有偏，存有上述疑问。这促使本文提出另外一种思路：①

此四简没有任何脱、衍和误写；“刑鬼薪”“刑隶臣”“刑城旦”都不是原审法定刑和诬告法定刑加起来的量刑，而是所诬告之罪的该当刑罚，②这些该当刑罚本身与葆子身份无关；“当刑为隶臣”“当刑为鬼薪”“当刑城旦”强调的是诬告罪反坐时“当”字应然而未然的意味，这也是“当刑为鬼薪”和“当刑为隶臣”成为问题点的原因，因此 109、108 简问答均出现的“当刑为隶臣”不是循环论证，也无须视其为误写、衍文；“以当刑隶臣及完城旦”一句，既不必将“刑隶臣”改写为“耐”后对应《具律》120 简“耐罪到完城旦舂罪”，也不必将“及”解为“或”。“及”字

① 此一思路是初步和尝试性的（preliminary and tentative），与其说是为了解决所有疑问，毋宁说是对既有疑问的追究。

② 何四维先生认为 109 简和 111 简“其罪”之“其”既可能指葆子，也可能指受诬告者，see Hulsewé, *Remnants of Ch'in Law*, p. 150。本文采纳何氏第二种猜测，认为“刑隶臣”、“刑鬼薪”和“刑城旦”均指被诬告之罪的刑罚。

应依整理小组解为"和"，"刑鬼薪"是在诬告反坐的情境下，由"刑隶臣"和"完城旦"叠加而来。

在此一思路下，"葆子狱未断"诸简已经给出的处置方式与117简（后）相同，即诸简"以当某刑罚之罪诬告人"或"诬告人，其罪当某刑罚"中的该当刑罚不能直接反坐于诬告者，修正其刑罚的方式已经确定（"勿刑，行其耐，系城旦六岁"、"耐以为鬼薪而鋈足"）。不过，与117简（后）不同的是，葆子诸条诬告反坐需修正执行的原因不是被诬之罪具备特别构成要件，而是诬告者即"葆子"身份特殊。从"葆子狱未断"诸简可以看出葆子与《具律》82简的上造以上有爵者及皇族成员等类似，其身份既回避肉刑，又回避城旦身份刑；且至少比上造爵位特权更进一步，此一特权贯穿葆子复数犯罪量刑的始终。① 据此，葆子在已犯罪狱未断，又诬告该当"刑隶臣""刑城旦"和"刑鬼薪"刑罚之犯罪时，得以修正反坐之该当刑罚。

具体而言，109～112简就是在说明如何修正执行刑罚的语境下，对"以当某刑之罪诬人"里的"当某刑罚"表达设置问答。表面上109、110简前后对"当刑为隶臣"似乎并无针对性的解释，但究其设置原因，其一恐怕是如前文所说，单看诬告之罪时，葆子诸条"当某刑罚"是诬告之罪的应然该当刑罚，反坐时不能实际施加于诬告者即葆子。鉴于"刑为隶臣"和"刑城旦"应与"刑为鬼薪"不同，不是诬告复数犯罪的叠加刑罚，因此"当刑为隶臣"成为问题点不会是因为"刑隶臣"刑罚本身难解，而是"当刑为隶臣"的应然而未及实然的情境含义；"当刑城旦"未被设置为问题点，但其理相同。其二恐怕是，若不考虑葆子回避肉刑和城旦劳役/身份刑的因素，在诸简设置的情境里实罪刑罚均不重于反坐诬罪时的刑罚，即"收、耐"不重于"刑隶臣"，"有罪"不重于"刑城旦"，"耐鬼薪"不重于"刑鬼薪"，反坐诬罪刑罚时本可以实现；但此应然情况因葆子身份而不能落实。可能正是针对这两点原因，上述四简以"何谓'当刑为隶臣'"而非"何谓'刑为隶臣'"的形式提出疑问，解答部分则

① 如前所述，《法律答问》50简的上造盗羊狱未断又诬人盗猪的，最终判处为完城旦，说明上造爵位在论刑的某个阶段已经"消耗"，因此未能如《具律》82简的规定，回避城旦刑罚。

复述如何修正执行此三个该当刑罚，以明确“当某刑罚”的该当而被修正的意味。易言之，四简解释的正是上文已经提及的“当”字的“应然而未得实然”的含义，即“应处/匹配刑隶臣/刑城旦/刑鬼薪（但因葆子身份，最后不予执行肉刑）”之意。

“当某刑罚”仅指所诬告之犯罪的该当刑罚，从中可推知以下两点：

其一，此一该当刑罚既未考虑葆子身份，又未考虑实罪对身份的影响。因此，“刑鬼薪”是二诬告罪叠加而成的该当刑罚，与葆子前犯之耐鬼薪刑罚无关。

其二，此一该当刑罚乃是基于既有“罪—刑”结构法条的复合结果，而不是葆子犯罪的专有刑罚。因此，“刑鬼薪”可以依据既有刑罚体系得出，能够被宣判和实际执行，并非仅存于理论之中。

进而可推知葆子诸条如下信息：

1. “刑隶臣”“刑城旦”和“刑鬼薪”的构成原理

诸条“当”字后所接“刑隶臣”“刑城旦”和“刑鬼薪”都是未考虑葆子身份的、在一般刑罚序列里存在的刑罚，或由此类刑罚以一般原理复合而成的刑罚形态。因此三种该当的刑罚样态均以既有刑罚种类为基础，不是专门针对葆子的特别刑名。对三个刑罚样态的构成原因，试析如下：

第一，刑城旦。刑城旦是规定刑刑名，目前所见，专指黥城旦和斩左趾城旦。

第二，刑隶臣。该刑名尚未得见他处。“刑”一般泛指肉刑，常与城旦舂搭配，“法不名刑”时一般指黥城旦舂，在作为已承受黥刑刑徒再接受黥刑时，作为黥刑的替代刑的劓、斩趾，以及作为特定犯罪之罚则的斩趾城旦、腐宫隶臣等，都可称为“刑”。但“刑隶臣”之“刑”恐非泛指，“刑隶臣”可能就是《二年律令·杂律》193简“强与人奸者，府（腐）以为宫隶臣”中的“腐以为宫隶臣”。

秦及汉初律中“刑”作为肉刑总称也包括“腐”，这一点从《具律》条文可以推知：

其一，《具律》88简所排列的黥刑替换方式以腐刑结束，而91、122简分别说明，“刑尽者”再犯罪的“皆笞百”。“刑尽”一语，自然包括腐刑；

其二，《具律》82简规定：“上造、上造妻以上，及内公孙、外公孙、内公耳玄孙有罪，其当刑及当为城旦舂者，耐以为鬼薪白粲。”“城旦舂”包括完城旦舂和刑城旦舂，条文不避重复嫌疑而将“当刑者”和“当为城旦舂者”并列，显因二者不能互相涵盖，“当刑者”还包括了腐刑，腐刑后接身份为宫隶臣而非城旦。因此，82 简所列特权身份亦足以回避腐刑。

因此，单从“刑”字指向看，“刑隶臣”可指腐隶臣。再考虑到“腐以为宫隶臣”和 109 简“刑为隶臣”表述的一致，则“腐为宫隶臣”很可能就是“刑为隶臣”，或是“刑为隶臣”的一种。① 可资佐证的是，《岳麓书院藏秦简（肆）》33～36 简是对部分隶臣妾被免为士伍、隐官或庶人后仍附属其官者逃亡的刑罚规定：

> 寺车府└、少府、中府、中车府、泰官、御府、特府、私官隶臣，免为士五（伍）、隐官，及隶妾 33 以巧及劳免为庶人，复属其官者，其或亡盈三月以上而得及自出，耐以为隶 34 臣妾，亡不盈三月以下而得及自出，笞五十，籍亡不盈三月者日数，后复亡，輒 35 数盈三

① 宫宅潔先生认为“刑隶臣妾是曾经施行，但逐渐被废弃的刑罚”，提出了简文里本不存在的“刑隶妾”名词，并以《法律答问》174 简作为“刑”与“隶妾”复合之例。参见〔日〕宫宅潔《中国古代刑制史研究》，第 104 页。174 简：“女子为隶臣妻，有子焉，今隶臣死，女子北其子，以为非隶臣子殹（也），问女子论可（何）殹（也）？或黥颜頯为隶妾，或曰完，完之当殹（也）。”陶安先生已指出，“不能依据此例得出‘刑’与‘隶臣妾’可以组合为‘刑隶臣妾’的结论”。参徐世虹等著《秦律研究》，第七章“秦律刑罚等序研究序说”（〔德〕陶安撰），第 249 页。本文认为，从“刑隶臣”到“刑隶臣妾”到“刑隶妾”再到“黥颜頯隶妾”是扩大和转移概念，无文例支撑；“刑隶妾”之规定刑可能不存在。此外 174 简疑问点不在于是否曾存在“黥颜頯隶妾”规定刑，其逻辑可能是：隶臣子应为隶臣，隶臣诈冒良人的应比照“奴婢自讼不审，斩奴左趾，黥婢颜頯，畀其主”（据《二年律令・告律》135 简）而受肉刑；本案非隶臣子自己诈冒良人，其母作为主谋者本应“与同罪”而受女性之黥颜頯刑，但她身份为民，“所与同”为“刑畀主之罪”时需将肉刑修正为耐刑（即《具律》121、107～109 简之“皆如耐罪然”）；耐刑相对于“黥颜頯”肉刑就是“完”，故其母为“完隶妾”。对此笔者已另文详析。黥颜頯从秦到汉初都存在，难以证明它曾与隶臣（妾）搭配，之后隶臣妾转为专与耐刑搭配，黥颜頯肉刑却保留在奴婢群体。若能以既有刑罚体系构造来解释 174 简的黥颜頯与隶妾同时出现的现象，就无须诉诸时代差异下的刑罚变迁、判定简文设置问答是为了解释废而不行的术语，也不必据此推测“刑隶臣”与黥颜頯有关。

另，本文交稿后，笔者有幸拜读到王伟先生博士学位论文，该文已提出“刑隶臣”即“腐以为宫隶臣”。参见王伟《秦汉简牍所见刑罚制度研究》，博士学位论文，中国人民大学，2013，第 79 页。

月以上得及自出，亦耐以为隶臣妾，皆复付其官36。[①]

引人注目的是，该条前部简文单独列出男性隶臣被免为“士伍、隐官”的，其先前隶属官署如“泰（大）官”“御府”“私官”等，这些应属皇宫的组成机构。男性隐官来自受肉刑后被平反或赦免的刑徒，常见的是刑城旦，但城旦一般配置在司空，难以想象会被分置于简文所列官署中劳役；况且此处明言先为“隶臣”后为“隐官”。因此此处被免为隐官的刑徒，最有可能是曾承受过腐刑的宫隶臣。

此外，既然“刑鬼薪”是刑隶臣和完城旦的复合结果，若刑隶臣可以是黥、劓、斩趾隶臣，那么与完城旦结合时，就没有理由“减等”为鬼薪，因为黥、黥劓、黥劓斩趾和斩趾城旦本系既有的独立刑名或替换刑系统里的刑名。因此，刑隶臣很可能只是“被腐之宫隶臣”。受腐刑者不与普通隶臣同列，其与完城旦刑罚复合时，或许也就不能成为城旦，而是成为鬼薪。

第三，刑鬼薪。“刑鬼薪”不是独立的规定刑，而是由“刑隶臣”和“完城旦”在诬告罪的语境下复合而成。不过，其复合原理根据诬告反坐的逻辑不同，尚需讨论：

第一种可能，若诬告罪情境遵循“数罪以重”原理，那么被诬者是同一人且被同时诬告此二罪，刑隶臣和完城旦无法同时加诸被诬者一身，需择其重者论罪。笔者另文试复原了《二年律令·告律》127～128简的刑罚减等排序，据此耐鬼薪白粲与刑隶臣（腐罪）同属减等排序的一等，轻于完城旦舂。另据《具律》119简，赎腐为金一斤四两，轻于赎城旦舂的金一斤八两。因此在规定刑层面，完城旦舂刑重于刑隶臣。退一步说，无论何者为重，此时都可明言“其罪当刑隶臣”或“其罪当完城旦”，不会是“其罪当刑鬼薪”。第二种可能，若诬告罪情境不遵循“数罪以重”原理而是直接复合，即身体刑取肉刑、身份刑取城旦，城旦再替换为鬼薪，从而复合为“刑鬼薪”。但既然作为独立刑名的完城旦与腐隶臣的刑罚轻重可分，则诬告之二罪就无法以上述方式直接复合。第三种可能，若诬告罪情

① 简文见陈松长主编《岳麓书院藏秦简（肆）》，第49～50页。

境遵循“数罪从重”原理，那么被诬者是复数人，此时“刑鬼薪”应是葆子分别以“刑隶臣”和“完城旦”诬告复数人时，经反坐复合而成。本文倾向于后者。

对“刑隶臣”和“完城旦”应系分别诬告复数人的推测，尚有讨论余地：首先，“数罪以重”原理应该适用于诬告同一人犯有数罪的情况。其原因大概是，诬告一人犯有数罪，对该人而言就是“一人有数罪”，应以重者论，诬告者反坐时亦应以此为限。其次，“数罪以重”原理可能不适用于诬告二人以上的情况。其原因大概是，诬告复数人时，将分别造成不同人、事面临刑事制裁，不能择一重者论处，否则将出现诬告一人以一罪的反坐效果与诬告数人以数罪的反坐效果相同的不合理情形。因此，在同时诬告复数人时，所诬告之罪可能是各个累加论刑而反坐。相似理据还可参未刊布的岳麓书院藏秦简的一条令文：

> 廿七年三月乙卯御史言：留书，数书同日偕留，皆犯令殴。其当论者，皆不当相遝，其驾（加）者亦不当相遝，及皆不当与它论相遝，及论狱失者，其同狱一鞫，有数人者，皆当人坐之。①

后句“论狱失者，其同狱一鞫有数人者，皆当人坐之”说明，论狱有失造成同案复数人刑罚出入的，“不当相遝”，而是“当人坐之”。按前义对“相遝”的理解，就是不应以数人所出入之刑的重者论处（数罪以重，相遝），而是数人刑罚皆得累加。秦及汉初“论失”和“诬告”处置原理应都是“罪之”，诬告复数人时也就可能是“人坐之”。此外，唐律《斗讼》“诬告反坐”条第三节律文和律疏部分尚稍可解说，其律文明言“其告二人以上，虽实者多，犹以虚者反坐”，其理据在于“告二人以上，罪虽实者多，犹以虚者反坐，以其人、事各别，故得罪不同”。②

进而言之，无论被诬者是单数还是复数人，“刑鬼薪”之形成似乎有

① 简文参见陈松长、温俊萍《论秦律的罪数处罚——以“岳麓书院藏秦简”为中心》，载杨振红、邬文玲主编《简帛研究（二〇一六秋冬卷）》，第84页。

② 不过依照唐律刑罚体系，诬告数人犯有数罪是择一重处还是合并反坐，合并反坐如何进行等问题还有疑问。

逻辑顺序，即刑鬼薪是在刑隶臣的基础上再施加完城旦刑罚而构成。如先执行完城旦刑再施加腐刑的，据《具律》88 简，本应处黥刑但已身受黥劓斩左右趾之肉刑的城旦刑徒将承受作为黥刑替换刑的腐刑，行刑后其身份不会变为鬼薪，最后结果应是腐城旦而非本简的“刑鬼薪”。因此“刑鬼薪”的构造逻辑更可能是，先假定被诬者受肉刑成为隶臣，之后犯完城旦罪，因承受腐刑者不能成为城旦刑徒，故将完城旦替换为鬼薪。对被诬者来说，此一复合过程的结果就是“刑鬼薪”。

2. 诬告反坐时的刑罚修正：肉刑的回避和身份刑的替换

第一，对“刑隶臣”的反坐修正。

如前所述，陶安先生认为“耐”为“耐隶臣”脱“隶臣”，“收”为“收人”之“收”，如此则与《具律》120 简相合。[①] 做如此解，“收”“耐”之实罪应落入耐刑序列。本文赞同“有收当耐”落入耐刑序列，不过“耐”不一定必为“耐隶臣”。因为，既然 111 简解答部分把简首“葆子狱未断”说明为“当耐为鬼薪未断”，而耐鬼薪可能是基于葆子身份的优待替换刑，则“有收当耐”中实罪明言“当耐”，且最终“行其耐”，说明“当耐”已经考虑了葆子身份，如此就应考虑“有收当耐”之“耐”亦可能包括了 111 简的“耐鬼薪”。据此可列出“有收当耐”的各种可能（见表 3）。

表 3 “有收当耐”的各种可能

实罪刑罚	诬告之罪	回避肉刑后的身份刑	结果	符合问答
耐司寇	刑隶臣	可落实	耐隶臣	否
耐隶臣	刑隶臣	不可落实	耐隶臣，系城旦六岁	是
耐鬼薪	刑隶臣	不可落实	耐鬼薪，系城旦六岁	是

鉴于“收”“耐”并列，收之效果不同于耐司寇，因此实罪规定刑为“耐司寇”的可能性应予排除。从逻辑上看，后两种情形符合问答结果，难以坐实究竟何者为正解；也有可能，此处“当耐”本就未区分，总指作

① 参徐世虹等著《秦律研究》第七章“秦律刑罚等序研究序说”（〔德〕陶安撰），第 246 页，注 3。

为刑名的耐刑。

第二，对“刑城旦”的反坐修正。

就实罪而言，110简“有罪”语焉不明，推测应非死罪，或即使是死罪，葆子也有减死特权，而简文未明言。若然，未断之罪最重者就是死罪减等为黥城旦，亦即与所诬告之罪相等同的刑城旦。就诬告之罪而言，《具律》126简规定：“诬告人以死罪，黥为城旦舂；它各反其罪。”可见110简中“刑城旦”是诬告得刑之最重者，已无111、112简“鬼薪系城旦六岁”的余地。

以此观之，本条“耐鬼薪鋈足”亦应为对葆子执行刑城旦时的替换刑。由此，即令本条实罪应处刑城旦并替换为耐鬼薪鋈足，在诬告反坐刑城旦时，利用葆子身份可以一以贯之地回避肉刑和城旦刑，仍应替换为耐鬼薪鋈足。由此可推论，“鋈足”是葆子该当肉刑的替代方式，很可能如整理小组所说，“一说，鋈足应为在足部施加刑械，与钛足、鍩足类似”，并且应是无限期佩戴刑械，以模拟施加肉刑后终身不可复属的效果。①

进而言之，葆子身份似乎划定了非死罪之刑罚上限是耐鬼薪鋈足，而无法像《具律》88简那样为黥刑区分出不同替代方式。本条明白指示了诬告刑城旦反坐时的修正执行方式，不论其“有罪”之罪为何，甚或无罪，在诬告刑城旦之罪反坐时，都会替换为耐鬼薪鋈足。

第三，对“刑鬼薪”的反坐修正。

葆子实罪应处耐鬼薪，诬告刑隶臣和完城旦二罪，诬告之罪应复合为刑鬼薪。最终刑罚的构成逻辑有如下可能：

第一种可能是，“勿刑，行其耐”是诬告反坐时的修正执行，即将“刑鬼薪”替换为“耐鬼薪”。此时问答情境设定就转变为，实犯耐鬼薪复应处耐鬼薪之刑，最终执行为耐鬼薪又系城旦六岁。此一理解和《具律》90简“隶臣妾有耐罪，系城旦舂六岁”的耐刑序列处理表现相同；其隐含意思应是，耐鬼薪应被视为处于耐刑序列之中，因此遵循与耐司寇、耐隶

① 《法律答问》115简：“失鋈足，论可（何）殹（也）？如失刑罪。”将在鋈足方面有失的行为（当鋈足而未鋈足，不当鋈足而鋈足）的法效果，等同于在刑罪方面有失的行为（当判处肉刑而未判，不当判处肉刑而判）。可见鋈足与肉刑的效果相当。

臣相类的刑罚替换规则。不过《具律》120 简指出，鬼薪所犯耐刑应替换为“黥以为城旦”；即令以葆子身份回避，也应如 109、110 简葆子“刑城旦”条一样，替换为“耐鬼薪鋈足”。

那么本条刑罚结果的构成逻辑就有了第二种可能：实犯耐鬼薪，反坐刑鬼薪时回避肉刑，仅反坐身份/劳役刑部分即鬼薪刑，但它与实罪的耐鬼薪刑冲突而无法实现，因此替换为“系城旦六岁”。最终结果就是耐鬼薪又系城旦六岁。[①] 在这一逻辑里，身份/劳役刑是被单独处理的，诬罪反坐的鬼薪刑与实罪相冲突而被替换，替换的仅是身份/劳役刑部分，而不是“耐鬼薪”这一完整刑罚；因此第二种可能不必遵循《具律》120 简的替换规则。

以上葆子“狱未断”三条均涉及诬告罪有肉刑，反坐时回避执行肉刑的问题。从第一条和第三条简文可知，实罪本应处耐刑，因此“行其耐”是在强调葆子获耐刑的，耐刑应予执行；而回避诬告反坐之肉刑不是替换为耐。就诬告罪而言，回避肉刑后，只有其身份/劳役刑部分有处置的可能。因此，“刑隶臣”之“隶臣”、“刑鬼薪”之“鬼薪”，都是被单独对待的刑罚部分。其执行规则实际上遵循了《具律》90、91 简所体现的原理，即在葆子不能应用城旦刑的前提下，鬼薪已经是身份/劳役的最高限，再有隶臣之身份刑，需和《具律》所见“系城旦舂六岁”用于犯罪规定刑之耐刑已无法执行时的场合一样，用于鬼薪刑徒再犯隶臣或鬼薪身份刑的替换。易言之，单从量上看，《具律》“系城旦舂六岁”正是耐刑所对应的身份刑部分的替换刑。

综上，117 简后句是被诬之罪有特别要件，其刑罚不能直接反坐于诬告者，需予修正的说明之例。此类通过“反坐”参引刑罚时因被参引者因

① 还可排除如下可能：按照实犯耐鬼薪，先将刑隶臣回避肉刑而替换为隶臣，此时因隶臣非耐罪，所以不能直接按照《具律》120 简“鬼薪白粲有耐罪到完城旦舂罪，黥以为城旦舂”对鬼薪犯耐罪的处理规则，判罚为黥城旦，而是考虑在耐刑序列里，对隶臣刑徒而言，耐为隶臣的替换刑是“耐为隶臣系城旦六岁”，因此已耐之鬼薪刑徒不能执行隶臣身份/劳役时，应替换为系城旦六岁。在原耐鬼薪系城旦六岁的基础上，再考虑后一诬告的完城旦罪反坐时应替换为耐鬼薪，即系城旦六岁时再犯耐鬼薪者，无法替换，只能变换耐鬼薪的基准刑罚。此外，简文已将“刑隶臣”和“完城旦”复合为“刑鬼薪”，诬告反坐、确定刑罚时不能分拆。因此此一可能性应予排除。

素而需做出修正的现象，不仅常见于后世律（如唐律处理“反坐”“罪之”“坐之”“与同罪”等刑罚参引时，多有修正规定），而且在秦及汉初律上皆有体现，《二年律令·具律》121、107～109诸简对特定行为或法律关系导致特定身份人被处肉刑而需反坐时，肉刑替换为耐刑的修正规定，即为典型；[①]《具律》87简“与某罪同法”或“与同罪”之“所与同”者为鬼薪白粲时修正为完城旦舂的规定，[②] 与117简后句的逻辑更是相同，都是将作为“优待”的“耐为候”“耐为鬼薪白粲”之替换刑（或减刑），经反坐或通过“与同罪”“与同法”表述参引其刑罚时，修正还原为常规刑罚序列里的刑名。

至于葆子“狱未断”诸条，则是“反坐”参引刑罚时因参引者因素而需做出修正的情况。在古法上，此类修正同样不乏其例，不过葆子诸条尚有思索的空间：首先，诬告数罪时，似乎不考虑被诬者的单复数以及由此引发的数罪处理问题，而是直接以诬告之复数罪相复合，复合逻辑尚不完全明了；其次，针对葆子身份的“勿刑”，有可能导致身份刑不能归入耐刑序列，但单就隶臣或鬼薪之身份刑而言，可以根据《具律》90简的原理，替换为“系城旦六岁”；最后承上，《具律》“系城旦六岁”是替换刑，且可以作为耐刑序列里的司寇、隶臣和鬼薪在身份刑部分的替换刑。

代结语　秦及汉初刑罚体系的规定刑和替换刑系统

经前文梳理可见，“狱未断”和“诬告反坐，刑罚修正”是诸简的两个关键问题点。二者理据在秦及汉初律上不乏类例，且问答主旨和理据（数罪处置逻辑顺序、刑罚的减等或替换修正等）都围绕刑罚体系构造展开。从中至少可区分出秦及汉初刑罚体系的三重结构，即规定刑系统、加

---

① 当然二者的修正方向正相反——117简后句是修轻为重，《具律》121简以下是修重为轻。

② 《具律》87简：“☐所与同鬼薪白粲也，完以为城旦舂。”本简上段残缺，可容七至十字左右。“所与同”应与107、108简用例相同，彭浩先生据此推测，87简可复原为“【诸律令中曰与同法、同罪，其】所与同鬼薪白粲也，完以为城旦舂。”参见彭浩《谈〈二年律令〉中“鬼薪白粲”加罪的两条律文》，第434页。残断部分确应有“与同法”“与同罪”的表述；此条是在说明，在鬼薪白粲作为腐刑和城旦舂刑的替换刑的前提下，适用基准条文产生耐鬼薪白粲刑罚的，参引时需复原为常规的完城旦舂刑。

减刑系统和替换刑系统。规定刑系统是“罪—刑”结构条文里的“刑”之部分；加减刑系统是“甲刑→乙刑→丙刑”的刑罚加、减等排序，通常是基于特定犯罪主体或情节，对作为基准的犯罪该当规定刑的加重或减轻形式；替换刑系统是因犯罪主体有特别身份或身体状态，而享有刑罚优待或导致该当刑罚执行不能，因此替换原该当刑罚的规定。其中规定刑系统最为基本，加减刑系统和替换刑系统是落实规定刑时的修正规定。三者彼此间在呈现方式、排序原理等方面完全不同，内部刑罚名称也互有参差：首先，三重构造大体上具有层次性，若某一案件同时涉及刑罚的加减和替换，会以先加减等再替换为逻辑顺序，如前引《法律答问》8 简二个意见均是先处理耐隶臣罪（盗百一十钱的刑罚）自告减一等后的结果，再考虑司寇刑徒身份对刑罚的影响。又如《岳麓书院藏秦简（叁）》“识劫娓”案中娓匿赀过 660 钱，若比照《二年律令·关市律》260 简“市贩匿不自占租，坐所匿租臧（赃）为盗”的规定，该当刑罚为黥舂，先自告减一等为完舂。若娓为庶人，即处以完舂本刑；若为“大夫妻”，属于“上造妻以上”，完舂应替换为耐白粲。[①] 其次，三重构造的刑罚类别既有部分重合又不完全一致，如“耐鬼薪白粲”即是替换刑系统里对城旦舂刑和腐刑的替换刑，又是刑罚减等排序里的一等级。最后，三重构造的呈现方式和排序逻辑各不相同，即令加减刑系统内部，加刑和减刑排序的刑罚种类和加减原理也不一样。规定刑和替换刑系统均无明确等级，彼此间刑罚种类也不同；规定刑分散于各具体律条内，替换刑则呈现为《具律》专条；刑罚加等排序方式可以从刑罚体系的基本特征推知，对时人而言实属不言自明，减等排序则无法从刑罚体系特征获知，需由专条规定；以规定刑系统为参照，加等排序不会跨越基本刑罚序列，减等排序则贯穿整个刑罚体系。基于上述认识，本文以为三重构造不宜混同讨论，需做严格区分。

“狱未断”诸简主要涉及规定刑系统和替换刑系统的操作疑问，其问

① 劳武利先生提出，如果娓被视为庶人，应处“黥为舂”，如果被视为大夫妻，则可以享有特权，最多判处耐为白粲。“不过无论是什么情况，对娓的处罚都必须减轻一级（‘耐为隶臣妾’）的劳役刑，因为她在主管机关发现她的罪行前已先行自首”。见〔德〕劳武利《秦的刑事诉讼案例汇编：为狱等状》，朱喆琳译，载周东平、朱腾主编《法律史译评》第 4 辑，中西书局，2017，第 37 页。

题点在于，在“狱未断”情境下，规定刑和替换刑应如何确定；而问答提出背景则是，当时已经存在较明确的规定刑系统和替换刑系统的操作规则。至此，可对秦及汉初规定刑和替换刑系统稍作讨论。

（一）规定刑系统

“狱未断”诸简出现不少刑名，其中“系城旦六岁”“劓”“耐鬼薪”“刑鬼薪”等皆非对应犯罪的规定刑，而是下文所析的替换刑或经复数刑罚叠加而来的刑罚。目前所见，秦及汉初律上的规定刑大体上包括：死刑序列之腰斩、磔、枭首、弃市；城旦舂刑序列之黥城旦舂、完城旦舂；特别刑名之斩左趾城旦、腐宫隶臣；耐刑序列之耐隶臣妾、耐司寇；财产刑序列之赎刑、赀（罚金）刑。此外尚有部分刑名如“笞”“戍”等，尚不能完全确认其性质；另有部分刑罚具有时代性，如在汉初前已经消失的“耐为候”；以及偶尔作为规定刑但具有特殊性的“系城旦舂”“迁”等刑名。各规定刑不像《二年律令·告律》127～131简的刑罚减等排序般，被有意识地编撰为一条律文，遵循明确的排序逻辑，而是分散在各具体“罪—刑”结构条文里，标示着一项犯罪（通常不考虑主体情况）的该当刑罚。因此，就目前所见材料，与其说秦及汉初存在与唐律《名例》“五刑”诸条相同的、有着确定刑名和刑等的规定刑系统，毋宁说这样的系统是后世学者的附会。秦及汉初律上各规定刑之间彼此独立，不存在依循明确“刑等”递加、递减的排序。[①] 因此，本文所谓“规定刑系统”仅指由各规定刑所构成的整体而已，标示着它们的种类而非彼此间的等级关系。

秦及汉初律中的规定刑系统的根本特征是，它是静态的、应然的，除需由特别主体实施的犯罪外，通常设置为不标明特定主体的抽象规则表述形式，因此，规定刑对应着“犯罪的”而非“罪犯的”该当刑罚；在引述规定刑时，就常标示为“某罪当某刑罚”。一项犯罪的实际追究结果，还需引入《具律》对不同主体如何落实刑罚的规定。如前所析，“狱未断”诸简就是在解决主体刑徒身份尚未正式确定时所犯的诬告罪的该当刑罚如何落实的问题。

① 类似观点亦可参见王伟《秦汉简牍所见刑罚制度研究》，第111页。

（二）替换刑系统

对替换刑系统而言，“狱未断”诸简及其关联的《具律》诸条反映出，当犯罪的该当刑罚因犯罪主体的身份或身体状态而受优待或执行不能时，以其他刑罚替换之。替换刑相应分为“优待式”替换刑和执行不能时的替换刑。

1. “优待式”替换刑

《法律答问》109～112 简涉及葆子犯罪的替换刑。“优待式”替换刑的该当刑罚本可实现，但因犯罪主体有特别情事而受到“优待”，回避应然刑罚、替换为他刑。《二年律令·具律》82～86、88、89 简分别规定了保有爵位、皇室身份，老、小、女性犯罪时特定刑罚的替换刑。据上述《具律》简文，公士以上爵位可回避肉刑，上造以上爵位可回避肉刑和城旦舂身份/劳役刑。

不过秦制中爵位优待替换的形式和原理尚有不明之处。本文赞同《二年律令》基本沿袭秦律的看法，倾向于认为秦制里有爵位优待的一般规定且被汉初律所继承，根据上文一、（四）和下文所举部分材料就可以感觉到，与《二年律令·具律》诸简大体相同的秦爵优待规定已经呼之欲出。但是，类似的秦律令条文尚未得见，而且有些材料显示出，汉初爵位优待规定可能经历过一些变动，因而《二年律令》相关律文可能不是直接全盘袭自秦律，从《二年律令》倒推秦制未必完全稳当：首先，秦制公士爵位是否可用于刑城旦舂刑罚的优待，目前无法确证。前文提及《秦律杂抄》5 简有“公士以下刑为城旦”，该简可能有加重处罚“为故秦人出”之罪的意味，但无法进一步推论说，公士得以爵减刑城旦为完城旦。不过，《岳麓书院藏秦简（叁）》“识劫㜲”案的吏议意见或可提供佐证：公士识以告发匿赀罪为要挟取得㜲的肆、室，赃值过 660 钱。136 简记有吏议的第二种意见是“或曰：㜲为庶人；完识为城旦，𦀰足输蜀”。[1] 在此一意见里，识的行径可能被作为赃罪处置，比照了窃盗刑罚，赃过 660 钱应处黥城旦，但识为公士，“当刑者完之”，获刑完城旦。又，张家山汉简《奏谳

[1] 朱汉民、陈松长主编《岳麓书院藏秦简（叁）》，第 162 页。

书》182 简："当黥，公士、公士妻以上，完之。"整理者和部分学者认为该案例属秦，李学勤先生则依据简文"正"字不避始皇帝讳而推断"此案应属汉初"。[①] 182 简该条规定可能不会早于惠帝元年。《汉书·惠帝纪》载惠帝元年诏有对上造爵位、皇族成员等"有罪当刑及当为城旦舂者，皆耐为鬼薪、白粲"，之后规定"民年七十以上若不满十岁有罪当刑者，皆完之"。此诏与《具律》83、86 简相比，不仅未规定十岁以上而不盈十七岁者的刑罚优待（83 简规定"年不盈十七岁有罪当刑者完之"，与此诏"不盈十岁"者的优待相同），而且"不盈十岁"者的优待是除肉刑，优待程度较低（86 简规定不满十岁者犯非杀人，免除刑责；杀人，完为城旦舂），更缺少公士有罪当刑者完为城旦的规定。这恐怕既不能归结为此前律令已经确立公士爵位的优待原则、无须诏书重申，也不是《汉书》传抄错讹或班固省漏删改史料之例。那么在惠帝诏和《二年律令》之前某一时间点（或当时）之间，公士爵位可能不能普遍用于刑城旦舂的优待；这就难以让人确信，秦制公士爵位能够普遍用于刑城旦舂的优待了。其次，上造爵位对城旦舂刑序列的优待原理也不清楚。如前所述，上造爵位可能既作用于刑城旦舂刑罚，又作用于完城旦舂刑罚。从结果看，二者均是对犯罪该当刑罚的替换。从爵减角度看，上造从刑城旦到耐鬼薪的替换，相当于减二等；上造从完城旦到耐鬼薪的替换，以及公士从刑城旦到完城旦的替换，相当于减一等。体味个中历史逻辑，究竟是优待替换以减等为实质内容，还是减等排序来自对优待替换方式的吸收（耐鬼薪白粲刑罚如何嵌入刑罚体系是关键一点），尚待考实。最后，上造爵位可能不直接对耐刑序列产生影响。前析《法律答问》诸简和《二年律令·具律》所见替换刑内容，并无爵位影响耐刑序列的规定。这或许是因为，耐刑不像城旦舂刑序列和耐鬼薪白粲刑那样，对本人的肉体、人身独立性及其所支配的家庭成员和财产有着几乎不可逆的严重后果，因而爵减的效用极为关键。

对女性的优待替换刑，也可稍作阐释。《具律》88、89 简规定："女子当磔若要（腰）斩者，弃市。当斩为城旦者黥为舂，当赎斩者赎黥，当耐者赎耐。"对"当斩为城旦者黥为舂"一句，邢义田先生认为："'当

① 李学勤：《〈奏谳书〉解说（下）》，《文物》1995 年第 3 期，第 40 页。

斩’二字以下疑有省略或脱字，应作‘当斩左、右趾为城旦者，黥为舂’。唯女子而为城旦，不见它例，又与一般了解的男为城旦，女为舂不同。”[①]韩树峰先生认为：“‘斩为城旦者黥为舂’一句略显不通，可能是‘斩为舂者黥为舂’的误写。”[②] 此句系对规定刑系统里专限男性之“斩左趾为城旦”刑的替换。女性有可能以共犯形式参与专限男性的犯罪，如群盗、强奸、强略人妻等；按照“与同罪”的刑罚参引指示，女性共犯之刑本应是“斩趾城旦”，此时应按照88、89简，修正替换为黥舂之刑。“当赎斩者赎黥”即是此一肉刑替换规定在“赎”时的对应。“当耐者赎耐”一句则似有深意。89简仅此单独一句，从语气看确应接88简，又《亡律》158简：“女子已坐亡赎耐，后覆亡当赎耐者，耐以为隶妾。”亡罪对应耐刑并无疑义，女子二犯逃亡不再替换、处以耐之实刑，则一方面，女性可实际执行耐之身体刑；另一方面，“女子当耐者赎耐”，似是女性一般犯罪的处置通例。如此则可解释，为何在耐刑序列里耐司寇总承于耐隶臣妾之下，但前引《岳麓书院藏秦简（肆）》42简“不会司寇之耐”的结果是“耐鬼薪”，《二年律令·亡律》158简“司寇、隐官坐亡”的刑罚是“罪隶臣以上”，二者皆排除了女性犯罪主体——其原因恐怕在于，耐司寇和耐隶臣刑罚本已预设为男性主体，女性有耐罪时，除“有名之耐”的耐隶妾之外，皆替换为赎耐。[③]

2. “执行不能”的替换刑

《法律答问》118、120简中诬告反坐的耐隶臣和完城旦刑罚不能执行，因而需予替换。此类刑罚执行不能导致的替换刑现象在《二年律令·具律》里所见最多。依轻重次序，列举重要的替换刑形式如下：

第一，作为替换刑的笞刑。城旦舂、鬼薪白粲刑徒和奴婢身属国家或私人所有，犯罪时部分刑罚无法执行，需予替换。笞刑就是常用的替换刑：

---

① 邢义田：《地不爱宝：汉代的简牍》，中华书局，2011，第172页。

② 韩树峰：《汉魏法律与社会——以简牍、文书为中心的考察》，社会科学文献出版社，2011，第28～29页。

③ 对《具律》88、89简女性犯罪者不适用磔、腰斩、斩趾和耐刑的说明，尤其是对耐刑适用的性别差异的归纳，还可参见〔日〕藤井律之《罪之“加减”与两性差别》，第334～340页。

鬼薪白粲有耐罪到完城旦舂罪，黥以为城旦舂；其有赎罪以下，笞百。120

城旦舂有罪耐以上，黥之。其有赎罪以下，及老小不当刑、刑尽者，皆笞百。城旦刑尽而盗臧（赃）百一十钱以上，若贼伤人，及杀人而先91自告也，皆弃市。92

人奴婢有刑城旦舂以下至䙴（迁）、耐罪，黥𩑶（颜）頯畀主，其有赎罪以下及老小不当刑、刑尽者，皆笞百。刑尽而贼伤人，杀人先自告也，弃市。122

以上三种“笞百”之刑均是替换刑形式。对91、92简可稍作阐释：城旦舂刑尽复有赎罪以下的，因其本无财产可供执行，故易刑为笞百；如果城旦舂已然刑尽，再犯耐罪以上，本应“黥之”，但已无法执行，亦替换为笞百。但对盗窃、伤人和杀人等刑徒较可能有犯的犯罪类型，法律专门规定刑尽之男性城旦徒[①]不得以笞百替换黥刑，而是以弃市死刑替换之。“盗赃百一十钱以上”，对应耐隶臣刑以上；“贼伤人”，据《贼律》25简：“贼伤人，及自贼伤以避事者，皆黥为城旦舂。”对应耐以上之黥城旦；至于“杀人先自告”，亦对应黥城旦。[②] 由此可见，92简所举三种特别犯罪的该当刑罚都是“耐以上”，落实到城旦徒身份即为“黥之”，但城旦徒已然刑尽无法执行黥刑或其替换肉刑，此时明文限定不得以笞百之刑替换，而是处以弃市之刑。[③]

第二，耐刑序列内的替换刑。《法律答问》117、118简和《具律》

① 未列入女性舂刑徒的原因尚不明确。

② 据《贼律》简21：“贼杀人、斗而杀人，弃市。其过失及戏而杀人，赎死；伤人，除。”贼杀、斗杀均为弃市，过失杀和戏杀本可赎死，但城旦既无财产可赎，也无法居作城旦舂劳役折抵，故而无论城旦杀人的具体形态如何，结果都应是弃市。进而，若无“先自告”的限定，92简“皆弃市”的规定，对于城旦犯任何一类杀人罪行来说都是多余的。因此，“杀人先自告”的限定实有其必要，其作用是将刑尽之城旦徒再犯杀人罪之刑罚限定为“先自告减一等”后的黥城旦之刑。

③ 丁义娟博士已指出：“笞刑常常作为对于适用于城旦舂、鬼薪白粲及奴婢的刑罚之换刑来使用。换刑为笞刑的原因，有的是因为肉刑已无以复加，有的是因为财产刑或者债务对于这些没有人身独自性、没有财产的刑徒或奴婢来说是无法执行的。因此被换刑为笞刑。”（参见丁义娟《秦及汉初刑罚体系研究——以出土资料为主要依据》，博士学位论文，吉林大学，2012，第107页）对笞刑替换刑原理的进一步说明，详下。

90、91 简涉及耐刑序列里的替换刑规定。不同主体犯罪应处耐刑时，有时因其身份导致该当之耐刑无法执行，只能替换为耐刑序列里的其他形式。《具律》90、91 简规定：

> 有罪当耐，其法不名耐者，庶人以上耐为司寇，司寇耐为隶臣妾。隶臣妾及收人有耐罪，（系）城旦舂六岁。毄（系）日未备而复有耐罪，完 90 为城旦舂……91

90 简首句意在限定“耐”后的处置方式，即无名之耐刑的身份部分仅搭配司寇和隶臣妾，将无名之耐刑根据不同主体身份，落实为作为有名之耐的耐司寇或耐隶臣妾。由此可知，“无名之耐”与“有名之耐”的执行原理相同；司寇刑徒再犯耐罪的，无论新犯耐罪是有名之耐还是无名之耐，结果都是耐隶臣；隶臣妾刑徒再犯耐罪的，无论新犯耐罪是有名之耐还是无名之耐，结果都是系城旦舂六岁，之后回复为其先前的隶臣妾身份。

第三，城旦舂刑序列内的替换刑。《法律答问》119、120 简和《具律》88 简涉及城旦舂刑序列里的替换刑规定。作为规定刑的常规城旦舂刑分二种，一为黥城旦舂，二为与此相对的、未施肉刑的完城旦舂。《具律》88 简规定：

> 有罪当黥，故黥者劓之，故劓者斩左止（趾），斩左止（趾）者斩右止（趾），斩右止（趾）者府（腐）之。

对于已施黥刑，再犯罪应处黥刑者，因黥刑无法实现，只能替换为针对其他器官和肢体的肉刑。各部位和器官一旦受刑就无法再生，同种肉刑也就无法重复，因此需依照头面、肢体和生殖器官的顺序施以作为黥之替换刑的肉刑。

（三）替换刑系统的逻辑

在有些学者看来，上文所列的替换刑系统是刑罚加重排序：

对耐刑序列内的替换刑，有学者认为是“加重刑的情况”，“刑徒再犯耐罪时，依次加重刑罚为：隶臣妾→以隶臣妾身份服六年系城旦舂的劳役→完城旦舂"，"（系城旦舂六岁）多数都是以附加某刑的方式使用"。[①] 对城旦舂刑序列内的替换刑，有学者认为："已被施以黥刑者，若再犯应处黥刑的罪，则以劓→斩左趾→斩右趾的方式逐步加重肉刑，最后处以腐刑"；"可以推想，需要处以比黥刑重、比死刑轻的刑罚时，若干肉刑就会加重等级使用……"[②] 也有学者更清晰地提出《具律》88 简是肉刑刑徒再犯肉刑之罪时加重一等的处置规定："按照张家山汉律所提到的刑种，死刑之下为'斩刑'，'斩刑'之中，'斩右趾'又重于'斩左趾'。'腐刑'或者说'宫刑'是一种特殊的刑罚，只在特殊场合使用，重于'斩刑'而轻于'死刑'。《具律》此处强调的刑罚原则是'重复犯罪，罪加一等'。"[③]

此类加重排序之说契合司马迁《报任安书》所列耻辱刑罚的轻重排序，也符合《具律》诸规定里司寇、隶臣妾、系城旦舂等身份刑和黥、劓、斩趾、腐等肉刑递进加重的现象。不过，加重刑罚之说在解释诸条时似尚存疑问。例如：

对《具律》90、91 简关于耐刑序列的规定，存在着不是刑罚加重的情形，如部分隶臣妾和收人本非刑徒，[④] 犯耐罪时的"系城旦舂六岁"刑罚就不存在惩处累犯意义上的加重意味；[⑤] 又如隶臣妾在"系城旦舂六岁"后再犯耐罪，仍会被判处"系城旦舂六岁"，"系城旦舂六岁"可循环施加，这也无法体现"累犯加重"立法意图。

对《具律》88 简关于城旦舂刑序列的规定，肉刑递进加重之说有两点难解之处：一为本条以"有罪当黥"为前提，本不存在"比黥刑重、比死刑轻的刑罚"；二为施加肉刑的"黥→劓→斩左趾→斩右趾"不是固定的

① 〔日〕宫宅潔：《中国古代刑制史研究》，第 86、77 页。

② 〔日〕宫宅潔：《中国古代刑制史研究》，第 34～35、37 页。

③ 朱红林：《张家山汉简〈二年律令〉集释》，社会科学文献出版社，2005，第 79 页。

④ 有生来即为隶臣妾的，如前引《岳麓书院藏秦简（肆）》161 简、89 简；亦有非因犯罪而成为隶臣的，如《秦律杂抄》38 简"寇降，以为隶臣"。

⑤ 应提出者，非刑徒来源的隶臣妾和收人犯耐罪时，和作为刑徒的隶臣妾犯耐罪时，执行程序或有不同。《二年律令·金布律》435 简："诸收人，皆入以为隶臣妾。"则收人并不处耐。因此收人犯耐罪时，系城旦舂六岁后恢复为隶臣妾身份时，需执行耐刑；其他耐隶臣妾刑徒则为系城旦舂六岁后复耐为隶臣妾。

逐级加重排序，需区分替换刑和已执行的规定刑。当规定刑是斩趾城旦时，其刑徒再犯黥刑时就不必按替换刑次序替换为斩右趾，如群盗之刑罚是斩左趾为城旦，再犯黥刑时直接处黥，不会在“斩左趾”刑上“加重”为“斩右趾”；《法律答问》1、2简害盗、求盗参与群盗加刑为斩趾城旦刑上加黥，即为其证。又如规定刑是腐刑时，其刑徒是被腐的宫隶臣，再犯罪应处黥刑时，不会依照替换刑次序被看作“刑尽”而替换为“笞百”。以上所论说明88简不是逐级加重之例。

若将笞百、耐刑和城旦舂刑序列的诸规定看作该当刑罚不能执行时的替换刑形式，则诸规定的逻辑就较清楚了。

第一，笞百之替换刑。笞百刑所替换的是赎以下之财产刑和肉刑。对财产刑部分而言，据《收律》174简：“罪人完城旦舂、鬼薪以上，及坐奸府（腐）者，皆收其妻、子、财、田宅。”则城旦舂、鬼薪白粲刑徒家庭财产被“收”，导致其已无财产可执行财产刑；奴婢本身即为其主之财产，虽然可能有诸如“外妻子”等家庭及财产，但法律强制规定其财产刑以“笞百”替换。[①] 就肉刑部分而言，城旦舂、鬼薪白粲和奴婢“老小不当刑”者替换为笞百，是他们犯罪的该当刑罚在耐以上时，因其身已有所属，耐刑、城旦舂刑本来搭配的身份刑不能执行，故其罪本应以肉刑惩处；但又因“老小不当刑”，只能替换为笞百之刑。这与《具律》83简对年七十以上、不盈十七岁者“有罪当刑，完之”的“优待式替换刑”不同，盖因“优待式替换刑”的身份刑部分还可执行，“优待”只是减去肉刑部分。同时对“刑尽”者而言，城旦刑徒的五官、肢体和生殖器官已受肉刑后，即为“刑尽”，再应处黥刑时，身体状态已无法执行任何肉刑，因此除部分特定犯罪以弃市之死刑替换原该当刑罚外，只能以笞百替换。

第二，耐刑之替换刑。鉴于身份刑没有确定刑期，而毛发“耐”后可以恢复、不能作为区分司寇或隶臣的标准，且不同刑罚与主体原身份、职务和犯罪特质关系更为密切，在《户律》《傅律》等所规定的各种社会行为和民

---

① 与此形成对比的是刑罚减等排序里有“司寇、署（迁）及黥䪼（颜）頯罪赎耐”。黥颜頯刑一般是对奴婢犯罪的刑罚，出现在了针对告不审和自告的刑罚减等排序里。如奴婢犯有应处黥颜頯刑之罪而先自告的，将减等为“赎耐”，如此则似说明奴婢可能成为“赎耐”的主体。按122简，“赎耐”之刑将替换为笞百。

事权利方面，差异甚大；因此身份部分是耐刑序列最为根本的内容。

作为规定刑的耐刑在替换时身份刑部分遵循可执行的标准。主体为庶人以上时，无论犯罪应处有名之耐司寇或耐隶臣或无名之耐，耐之规定刑都可以实现，无须替换。如主体是司寇刑徒，犯罪该当刑罚是有名之耐司寇时，与其身份相冲突而无法执行，耐司寇之刑罚得替换为耐隶臣；犯罪该当刑罚是有名之耐隶臣时，可以执行，无须替换。如主体已是隶臣妾刑徒，其新犯任何耐罪均无法执行，只能以“系城旦舂六岁”方式替换执行有期限的更重的身份刑。在系城旦舂期限内又犯任何耐罪的，无法在该有期城旦舂身份上执行该耐刑，也无法在耐刑序列内替换，因而转为完城旦舂。

第三，黥刑之替换刑。除死罪之外，城旦舂刑徒犯罪只分为两类，一为赎以下，即该当刑罚为财产刑，替换为笞百，前已解讫；二为耐和城旦舂刑。对城旦舂刑徒而言，耐刑和城旦舂刑的劳役/身份刑部分不能执行，只能在城旦舂刑内部予以替换，但城旦舂已经是劳役/身份刑之最重者，可施加于其身的只能是肉刑即黥刑。此即《二年律令·具律》91简所谓“城旦舂有罪耐以上，黥之”规定的本意。当城旦舂刑徒已受过黥刑，再犯耐以上之罪应处黥刑的，此一黥刑无法执行，就需按《具律》88简的规定加以替换。

前文从“狱未断”诸简理据引出《具律》诸规定，并梳理出秦及汉初刑罚体系的三重构造。类似的三重构造在后世律如唐律里也存在，并且“规定刑系统”不再散布各篇各条，而是以《名例》篇首位置，以“五刑”条专做汇总规定，形成五刑二十等体例；“加减刑系统”远较目前所见秦汉律为发达，且专设“称‘加减’”条规定了刑罚加减的一般规则，确立“加者不加于死，本条入死依本条”“二死三流各同为一减”等加减方式；“替换刑系统”也成规模地存在于《名例》篇里。在诸简宗旨方面，秦及汉初刑罚体系也不为惩处累犯而加重刑罚，而是着眼于新犯罪之刑罚的实现，替换刑系统的主旨即在于此；这与唐律等后世律“罪—刑”固定、不加重惩治累犯的精神一致。[①] 这些都说明，秦及汉初刑罚体系在后

① “窃盗三犯”之累犯除外。

世有其延续性。

但从长时段来看，秦及汉初刑罚体系与后世律又有很大不同。由于肉刑的不可恢复和身份刑的不定期特点，不同身份人犯罪时一般需替换刑罚，耐刑和城旦舂刑序列内的替换刑就需单独规定于《具律》。文帝刑制改革后，肉刑被废除、身份刑有期化，刑罚执行完毕后其物理影响和身份将消失，不影响新犯罪之刑罚执行，秦及汉初律所见替换刑系统的主体部分——关于不同类型刑徒再犯罪之替换刑的规定——就无须存在了。[1] 因此，文帝时废除肉刑、劳役刑有期化，以及之前已废除相应“收”“坐”之制，去除了秦及汉初刑罚体系的根本特征，使刑罚体系发生巨变。对后世律而言，文帝改革可谓颇具革命性。对文帝刑制改革之后刑罚体系的变迁的讨论，暂留待来日。

① 至于特权者或特定身份人（官、爵、工乐杂户、太常音声人、奴婢等）犯罪的替换刑则保留下来，几乎贯穿中国法制史始终。

《中国古代法律文献研究》第十二辑
2018 年，第 173 ~ 203 页

《岳麓书院藏秦简（肆）》补注四[*]

朱红林[**]

摘　要：本文主要对《岳麓书院藏秦简（肆）》①（以下简称《岳麓肆》）中简 121 至简 139② 进行补充注释。简 121 ~ 123 所载《金布律》内容，亦见于睡虎地秦简《关市律》，还见于张家山汉简《二年律令·金布律》，比较之下，不禁让人对睡虎地秦简《关市律》的记载产生疑问，是睡虎地秦简抄录出现笔误，还是相应的内容两见于《金布律》和《关市律》，在没有更多证据的情况下，目前只能存疑。简 124 ~ 126 所载关于市场管理的内容中"有贩殹（也），旬以上必于市"的规定，很值得玩味，它意味着官府对于临时的产品出售与商业性经营的区分，农民临时出售自己的农产品不在市场的监管之内，但如果十天以上的出售行为，一般就属于商业性经营了，官府必然将其纳入商业管理范围之内。简 127 ~ 131 关于马的使用的规定中，"五尺五寸"的身高标

* 本文为国家社科基金重大项目"简帛学大辞典"（项目编号：14ZDB027）阶段性成果。

** 吉林大学古籍研究所、出土文献与中国古代文明研究协同创新中心教授。

① 陈松长主编《岳麓书院藏秦简（肆）》，上海辞书出版社，2015。

② 本文所注岳麓秦简同时标注了原始编号与根据复原排序编排的序号，每组简的简首标注的是原始编号，按照复原排序编排的序号以下角标标注于相应简文的末尾。为方便叙述，摘要中所使用的简号都是按复原排序编排的简号。

准值得注意，睡虎地秦简中官马的身高标准为“五尺八寸”，而居延汉简、悬泉汉简的记载也表明汉代似乎继承了五尺八寸的规定，那么岳麓秦简“五尺五寸”的记载究竟是抄写讹误还是另有隐情，就需要考虑了。简 132～134《尉卒律》中关于里典与里父老的任命，似乎与县尉的关系更为直接，类似的记载还见于里耶秦简，那么如何看待县尉系统的职能就需要探索。简 135～138 关于人口逃亡的管理制度中，“十八岁”的刑事责任年龄同样值得注意，睡虎地秦简、张家山汉简中曾出现过十五岁、十七岁的刑事责任年龄规定，那么这次岳麓秦简中不止一次提到的“年十八岁”意味着什么？简 139 的记载同样展示了一个令人关注的问题，那就是秦代县级行政系统中似乎存在着一种三人合议制行政模式，岳麓秦简中多次出现了“丞、令、令史”“尉、尉史、士吏”的表述，就连岳麓秦简案例集中的庭审制度，似乎也表明了以强调了这种三人或多人合议制的存在。

关键词： 金布律　尉卒律　岳麓秦简　睡虎地秦简

一

简 1411 +1399 +1403：

·金布律曰：官府为作务、市【1】受钱，及受赍、租、质、它稍入钱【2】，皆官为缿，谨为缿空（孔），嬃（须）【3】毋令钱 121 能出，以令若丞印封缿而入，与入钱者叁辨券之【4】，辄入钱缿中，令入钱者见其入。月壹输 122 缿钱，及上券中辨其县廷，月未尽而缿盈者，辄输之，不如律└，赀一甲。123

【1】官府为作务、市

【补注】

岳麓秦简《金布律》这条内容，还见于睡虎地秦简《关市律》和张家山汉简《二年律令·金布律》，三者内容大同小异，相互比较，对于我们研究秦汉之际的法律传承是有帮助。

睡虎地秦简《关市律》简97："为作务及官府市，受钱必辄入其钱缿中，令市者见其入，不从令者赀一甲。"此简归属，学界见解不同。睡虎地秦简整理小组注："关市，官名，见《韩非子·外储说左上》，管理关和市的税收等事务。《资治通鉴·周纪四》胡注认为关市即《周礼》的司关、司市，'战国之时合为一官'。此处关市律系关于关市职务的法律。"① 张家山汉简《二年律令·金布律》简429～432："官为作务、市及受租、质钱，皆为缿，封以令、丞印而入，与参辨券之，辄入钱缿中，上中辨其廷。质者毋与券。租、质、户赋、园池入钱县道官，勿敢擅用，三月壹上见金、钱数二千石官，二千石官上丞相、御史。"我们把三者列为表1比较如下：

表1　睡虎地秦简《关市律》、岳麓秦简《金布律》与张家山汉简《金布律》比较

简牍＼项目	一	二	三	四	五	六
睡虎地秦简《关市律》	为作务及官府市	受钱		必辄入其钱缿中，令市者见其入		不从令者赀一甲
岳麓秦简《金布律》	官府为作务、市	受钱，及受赍、租、质、它稍入钱	皆官为缿	谨为缿空（孔），嬃毋令钱能出，以令若丞印封缿而入，与入钱者叁辨券之，辄入钱缿中，令入钱者见其入	月壹输缿钱，及上券中辨其县廷，月未尽而缿盈者，辄输之	不如律，赀一甲
张家山汉简《金布律》	官为作务、市	受租、质钱	皆为缿	封以令、丞印而入，与参辨券之，辄入钱缿中	上中辨其廷。质者毋与券。租、质、户赋、园池入钱县道官，勿敢擅用，三月壹上见金、钱数二千石官，二千石官上丞相、御史	

相比较之下可以看出，岳麓秦简《金布律》、睡虎地秦简《关市律》及张家山汉简《金布律》关于货币收入管理这项内容的规定大致相同，其中岳麓秦简的记载可以说最为详细，睡虎地秦简的记载最为简略。六项比

① 睡虎地秦墓竹简整理小组：《睡虎地秦墓竹简》，文物出版社，1990，释文第42～43页。

较中，第一项的比较，岳麓秦简与张家山汉简的表述极为相近，前者“官府为作务、市”与后者“官为作务、市”仅一字之差，都显得比较规范，而睡虎地秦简“为作务及官府市”的表述，则显得比较随意。第二项比较，岳麓秦简为“受钱，及受赍、租、质、它稍入钱”，详细列举了“受钱”的种类，张家山汉简列举了其中的两种“受租、质钱”，而睡虎地秦简则仅以“受钱”二字概括。第三项比较，岳麓秦简说“皆官为銗”，张家山汉简省略“官”字，作“皆为銗”，睡虎地秦简则省略此项，径直在第四项中说“必辄入其钱銗中”，那么存在钱銗这一事实就很清楚了，同理，钱銗由官府所置也是不言自明的。第四项中，岳麓秦简详细说明了钱銗的特点及管理程序，张家山汉简的表述次之，没有像岳麓秦简那样介绍钱銗“能入不能出”的特点，但还是说明了入钱于銗和给入钱者发放三辨券的规定。睡虎地秦简的表述仍然是简明扼要，一是官方收钱，要“必辄入其钱銗中”，二是要“令市者见其入”。第五项则是提到钱銗中钱的去向问题，岳麓秦简与张家山汉简的记载互有详略，兼有不同。张家山汉简在这一项中详细记载了钱銗中钱的种类，与岳麓秦简第二项所述基本相同，但张家山汉简“三月壹上见金、钱数二千石官”的规定，与岳麓秦简“月壹输銗钱”的记载，则存在明显差异。睡虎地秦简则没有钱銗中钱的去向，如果排除数据阙如的可能性，那么就和抄录者的目的有关，也就是说也许抄录者只想说明官府在买卖交易时如何受钱这一行为，至于收入款项的去向，并不是他想要说明的重点，所以就略去了。第六项则是对违反受钱程序的处罚，张家山汉简在此项阙如，岳麓秦简记载为“不如律，赀一甲”，睡虎地秦简则表述为“不从令者赀一甲”，相比之下还是岳麓秦简此处的表述比较规范，因为这一条属于“金布律”，当然说“不如律如何如何”更严谨，而睡虎地秦简说“不如令”显然不是严谨的表述。

不过，我们仔细搜集了《岳麓肆》所收简文在类似情况下的表述，发现其中说“不如律”或“不从律”的情况较少，除简 1403 外，还有简 1299：“戍律曰：戍者月更。君子守官四旬以上为除戍一更。遣戍，同居毋并行。不从律，赀二甲。184”而说“不如令”或“不从令”的情况更为多见。比如，简 1224：“田律曰：毋令租者自收入租，入租貣者不给，令它官吏助之。不如令，官啬夫、吏赀各二甲 173。”简 1409：“尉卒律曰：县尉治事，毋敢令史独治，必尉及士吏与，身临之，不从令者，赀一甲 139。”简 1377：“行书律曰：毋敢令年未盈十四岁者行县官恒书，不从令者，赀一甲 196。”简 1265：“关市律曰：县官有卖买殹（也），必令令史监，不从令者，赀一甲 243。”简 1305 + 1355：“繇（徭）律曰：发繇（徭），自不更以下繇（徭）戍，自一日以上尽券书，及署于牒，将阳倍（背）事者亦署之，不从令及繇（徭）不当 253 券书，券书之，赀乡啬夫、吏主者各一甲，丞、令、令史各一盾 254。”简 0994：“田律曰：黔首居田舍者毋敢醢〈醘（酤）〉酒，不从令者䙴（迁）之，田啬夫、士吏、吏部弗得，赀二甲。第乙 280。”《岳麓肆》中还有几处虽然内容连贯，但因为“律曰”与“不从令”不在同一支简上，为稳妥起见，此处未列。由此可以看出，尽管当时律、令从法律意义上而言灼然有别，但在一些特定语境的表述中，“律”“令”二字仍然混用。

除了第五比较可能存在制度性变化之外，其余五项的不同都可以归属于内容详略的变化，而不一定是制度性的不同。也就是说，这种差别很有可能是抄手在抄写时所做的有意或无意的改变，而不是官方律文发生了变化。

在第五项的比较中，岳麓秦简的规定是每月上缴一次钱缿中的现金，张家山汉简说的则是每三月上报一次现金钱数，初看之下似乎存在明显变化。但仔细琢磨，还存在不少疑问。岳麓秦简提到“月壹输缿钱”时，下句是“及上券中辨其县廷”，则每月一次缿钱的输送对象似乎可以理解为县廷；而张家山汉简说的每三月一次上报现金钱数的对象则是郡以及丞相、御史。二者是不一样的。也许在岳麓秦简的制度中，每月把现金输送到县廷之后，县廷则每三月向郡汇报一次。

我们推测三者之间的不同，除了制度变化而导致律文详略变化之外，抄手抄录时的态度可能会产生更大的作用。

《秦简牍合集·释文注释修订本》（壹）［以下简称《释文修订本》（壹）］注：“陈松长（2010）据岳麓书院藏秦简金布律推断：睡虎地秦简《关市律》实际就是《金布律》。简后署为‘关市’，很可能是抄写者所根据的底本有误，或者抄写者本身误抄所致。陈伟（2012）：在秦律中，‘入钱銗中’律可能同时出现于《关市》、《金布》二律而各有侧重。”[①] 两位先生的推断都是有可能的，在没有进一步材料印证的情况下，我们暂且按照陈伟先生的意见处理。

【2】受赀、租、质、它稍入钱

【整理小组注】

赀，赀钱，指因损害公家财物后照价赔偿的钱。质，质钱，指官府为大型交易提供质剂而收取的税钱。稍入钱，在出土秦汉简帛文献中，是秦汉时期的一种地方财政收入。[②]

【补注】

睡虎地秦简中有“赀钱”，还有“赀律”，二者都出现在损坏公物或损伤他人而进行赔偿的场合。《秦律十八种·工律》简 102～103：“公甲兵各以其官名刻久之，其不可刻久者，以丹若鬈书之。其叚（假）百姓甲兵，必书其久，受之以久。入叚（假）而而毋（无）久及非其官之久也，皆没入公，以赀律责之。”整理小组注：“赀，通资字，资财。《赀律》当为关于财物的法律。”[③]《秦律十八种·工律》104～107：“公器官□久，久之。不可久者，以鬈久之。其或叚（假）公器，归之，久必乃受之。必而粪者，靡䖵其久。官辄告叚（假）器者曰：器必久恐靡者，沓其未靡，谒更其久。其久靡不可智（知）者，令赀赏（偿）。”《秦律十八种·效律》简 177：“效公器赢、不备，以赀律论及赏（偿），毋赀者乃直（值）之。”整理小组注：“毋赀者，据简文应指《赀律》没有规定钱数。值，估价。”[④]《法律答问》简 90：“‘邦客与主人斗，以兵刃、投（殳）梃、拳指伤人，擘以布。’可（何）谓‘擘’？擘布入公，如赀布，入赀钱如律。”整理小组注：“赀，通资。”[⑤]

此外，学术界对于秦律中的“赀”，还有多家讨论。栗劲说：“赀，联系到律文，则还有索取和赔偿财物的意思。《工律》规定：百姓归还武器

---

① 陈伟主编，彭浩、刘乐贤等撰著《秦简牍合集·释文注释修订本》（壹），武汉大学出版社，2016，第 98 页。

② 陈松长主编《岳麓书院藏秦简（肆）》，第 164 页。

③ 睡虎地秦墓竹简整理小组：《睡虎地秦墓竹简》，释文第 44 页。

④ 睡虎地秦墓竹简整理小组：《睡虎地秦墓竹简》，释文第 59 页。

⑤ 睡虎地秦墓竹简整理小组：《睡虎地秦墓竹简》，释文第 114 页。

没有官府的标记，或者不是官府的武器，‘皆没入公，以赍律责之。’《效律》规定：‘效（核验）公器赢（多余）、不备（不足），以赍律论及偿，毋赍者乃直之。’前一条律文说的是百姓借用的武器，归还的不是原物，应予没收。同时，强令依《赍律》用钱财赔偿丢失的武器。后一条律文也要求按价赔偿损失。可见赍律当为财务往来的法律。民法的属性强过经济法的属性。”① 吴树平说：“《赍律》之名凡三见，一见于《工律》律文，两见《效律》律文。《周礼·天官·典妇功职》云：‘掌妇式之法以授嫔妇及内人女功之事赍。’郑玄注：‘谓以女功之事来取丝枲，故书“赍”为“资”。杜子春读为“资”。’《释文》：‘“赍”音咨，本亦作“资”。’是‘赍’与‘资’同。顾名思义，《赍律》即有关物资管理的法律。《工律》云：‘……其叚（假）百姓甲兵，必书其久，受之以久。入叚（假）而而毋（无）久及非其官之久也，皆没入公，以《赍律》责之。’《效律》云：‘效公器赢、不备，以《赍律》论及赏（偿），毋赍者乃直（值）之。’此条律文《效律》中重复出现两次。从《工律》、《效律》律文与《赍律》的比类来看，《赍律》所列确实是国家物资管理的法规，与《工律》、《效律》的原则是相通的。”② 彭浩说：“《赍律》大多与《效律》有关，而《效律》是核验府库资产的法律。由此可以推断，《赍律》的主要内容应是记录府库内各类公物（或“公器”）的价值，也可称作法定价值。”③ 王惠说：“《赍律》是关于规定携带、保管、偿还、给付财物应如数齐全的一篇秦律，并设有主管的职官。在汉律中，平价制的出现代替了由秦《赍律》规定数额的制度。”④

按：栗劲等诸家的解释都是根据睡虎地秦简的记载做出的推测，有点扩大化，相比而言，岳麓秦简整理小组的解释就事论事，还是比较合适的。赍钱在睡虎地秦简中出现的场合多是赔偿的情况，但“赍律”本身是不是一项专门的法律，目前并没有过硬的根据，因为在秦汉律中还存在把针对某一类情况的相关律文称为“某某律”的现象，如把有关奴婢的法律

① 栗劲：《秦律通论》，山东人民出版社，1985，第418～419页。

② 吴树平：《秦汉文献研究》，齐鲁书社，1988，第71～72页。

③ 彭浩：《睡虎地秦简“王室祠”与〈赍律〉考辨》，《简帛》第1辑。

④ 王惠：《秦简律目衔微》，硕士学位论文，华东政法大学，2009，第39页。

称为“奴婢律”，把藏匿罪人的法律条文称为“匿罪人律”等，其实这些律文都散见于多项法律之中。[1] 这种情况不得不考虑。

租钱，不仅包括市租，可能还包括矿业租金，乃至田租中的货币部分。《二年律令·田律》简 240～241：“入顷刍稾，顷入刍三石；上郡地恶，顷入二石；稾皆二石。令各入其岁所有，毋入陈，不从令者罚黄金四两。收入刍稾，县各度一岁用刍稾，足其县用，其余令顷入五十五钱以当刍稾。刍一石当十五钱，稾一石当五钱。刍稾节贵于律，以入刍稾时平贾（价）入钱。”可以看出，刍稿税可以用钱缴纳。在一定情况下，作为粟米的田租用钱缴纳，也是可能的。张家山汉简《二年律令·金布律》简 436～438：“诸为私菌（卤）盐，煮济、汉，及为私盐井煮者，税之，县官取一，主取五。采银租之。县官给橐（橐），□十三斗为一石，□石县官税□三斤。其□也，牢橐，石三钱。租其出金，税二钱。租卖穴者，十钱税一。采铁者五税一；其鼓销以为成器，有（又）五税一。采铅者十税一。采金者租之，人日十五分铢二。”这是矿产租金以钱缴纳的例子。

质钱，岳麓秦简 1300～1301 载《金布律》规定说：“黔首卖奴卑（婢）200 正、马牛及买者，各出廿二钱以质市亭 201。”这里买卖双方都要向市亭缴纳的廿二钱就属于质钱，作为市亭为该项交易提供公正手续，也就是所谓质剂的费用。里耶秦简 8－2226 背＋8－2227 正：“☑买铁铜，租质入钱，赀责隃（逾）岁，买请铜锡。”《里耶秦简牍校释》第 1 卷（以下简称《校释》）：“质，张家山汉简整理小组注释说：‘抵押。’今按：《周礼·地官·质人》云：‘质人掌成市之货贿、人民、牛马、兵器、珍异。凡卖儥者质剂焉，大市以质，小市以剂。’又《廛人》云：‘廛人掌敛市絘布、总布、质布、罚布、廛布，而入于泉府。’郑玄注：‘质布者，质人之所罚犯质剂者之泉也。’孙诒让正义：‘王与之云：“质布，质人所税质剂者之布也。质人卖儥之质剂，如今田宅，官给券以收税，谓之质布。”江永云：“罚则当入罚布，何为别名质布，此即偿质剂之布也。古未有纸，

[1] 朱红林：《再论睡虎地秦简中的“赍律”》，载霍存福、吕丽主编《中国法律传统与法律精神》，山东人民出版社，2010，第 585～593 页。

大券小券当以帛为之，交易以给买者，而卖者亦藏其半。质剂盖官作之，其上当有玺印，是以量取买卖之泉以偿其费，犹后世契纸有钱也。”按王、江说是也。’简文质钱与租钱并列，似应理解为官府为大型交易提供质剂而收取的税金。”①

稍入钱，于豪亮说：“一四一四简：‘……谨移稍入钱。’稍入，官吏禄禀之所入也。《周礼·内宰》云：‘内宰，掌书版图之法，以治主内之政令，均其稍食，分其人民以居之。’郑注：‘稍，宿卫王宫者以米禀为禄之月奉。’又同书《掌客》云：‘宾客有丧，惟刍稍之受。’郑注：‘稍食，吏禄禀也。’贾疏：‘云受刍稍之受者。君行师从，卿行旅从，须得资给，故受刍稍也。’又云：‘云稍人禀也者，师从旅从须给稍，即月禀是也。’故简文所说的稍入钱，即月禀所入之钱。”② 陈伟说：“‘稍入钱’或‘稍入’，亦见于新旧居延汉简。《居延汉简》269·10A（甲1414A）记有‘肩水候甲戌置左博敢言之谨移稍入□’。最后一字残，陈直先生释为‘钱’，认为《周礼·内宰》‘均其稍食’，郑注‘吏禄廪也’。又《大府》‘以待稍秣’，郑注‘刍秣也’，本简则指吏禄而言。于豪亮先生引述更多的《周礼》文字和注疏，认为简文所说的稍入钱，即月廪所入之钱。《居延新简》EPT54·22记有‘□□出稍入钱市社具□’，EPT5·124B记有‘□□稍入钱出入簿’。”③ 孙占宇说：“按，‘稍入’，亦可指官府所收田租。《史记·河渠书》：‘数岁，河移徙，渠不利，则田者不能偿种。久之，河东渠田废，予越人，令少府以为稍入。’《集解》如淳曰：‘时越人有徙者，以田与之，其租税入少府。’《索隐》：‘其田既薄，越人徙居者习水利，故与之，而稍少其税，入之于少府。’《汉书·沟洫志》同条，颜师古注：‘越人习于水田，又渐至，未有业，故与之也。稍，渐也。其入未多，故谓之稍也。’”④ 按：于豪亮、陈直等先生把居延简中的稍入钱解释为吏禄的观点是值得商榷的。这两位先生都引用了《周礼》及郑玄注，但“稍食”一词在《周礼》中指的是一项财政支出的内容，郑玄解释为吏禄，也

① 陈伟主编《里耶秦简牍校释》第1卷，第447~448页。

② 于豪亮：《于豪亮学术文存》，中华书局，1985，第238~239页。

③ 陈伟：《关于秦与汉初“入钱缿中”律的几个问题》，《考古》2012年第8期。

④ 孙占宇：《居延新简集释（一）》，甘肃文化出版社，2016，第334页。

是按照财政支出的范畴解释的，而居延简中的“稍入钱”则属于财政收入项，两者不是一回事。因此以《周礼》及郑注来解释居延简“稍入钱”是不合适的。因此，孙占宇此处关于居延简“稍入钱”的解释在方向上是正确的。同理，岳麓秦简“稍入钱”亦当如是解。岳麓秦简整理小组的注释也是正确的。

【3】嬃（须）

【整理小组注】

嬃：通“须”，要求。《广韵·虞部》：“须，意所欲也。”[①]

【补注】

“须”作要求之义的用法，在《岳麓肆》中还有一处。简 0640：“县恒以十月鄰牒，书署当卖及就食状，须卒史、属粪兵，取省以令，令案视。”整理小组注：“须，必须。”[②] 其实就是“要求”的意思。

【4】叁辨券之

【补注】

张家山汉简《二年律令·金布律》简 429“与参辨券之”，整理小组注：“‘券’下疑脱‘书’字。”[③] 现在结合岳麓秦简来看，脱字之说，还值得考虑。因此“券”后的“之”字，当为结构助词，或者说衬字。不过它与伊强所讨论过的秦简中其他作为补足音节的结构助词的作用有所不同。[④] 就是说这个“之”字不用也可以，句子也读起来也很完整。

二

简 1289 + 1288 + 1233：

·金布律曰：市衡术者【1】，没入其卖殹（也）于县官，吏循行【2】弗得，赀一循〈盾〉。县官有卖殹（也），不用 124 此律 ᒪ。有贩殹（也），

① 陈松长主编《岳麓书院藏秦简（肆）》，第 164 页。

② 陈松长主编《岳麓书院藏秦简（肆）》，第 229 页。

③ 张家山二四七号汉墓竹简整理小组：《张家山汉墓竹简〔二四七号墓〕》（释文修订本），文物出版社，2006，第 67 页。

④ 伊强：《秦简虚词及句式考察》，武汉大学出版社，2017，第 200～201 页。

旬以上必于市【3】，不者令续〈赎〉署（迁），没入其所贩及贾钱于县官。典、老、伍人见及或告之125而弗告【4】，赀二甲。有能捕告赎署（迁）辠一人【5】，购金一两└。卖瓦土𡠹〈墼〉粪者【6】，得贩卖室中舍中【7】，租如律令。126

【1】市衢术者

【整理小组注】

衢术，大道。《睡虎地秦简·法律答问》："有贼杀伤人衢术，偕旁人不援，百步中比野，当赀二甲。"①

【补注】

这条律令是禁止私人违法占道经营的规定。战国秦汉时期，官方控制下的市场都是封闭性市场，其中规划有序，商品摊位按商品种类分区管理，违犯规定者将受到处罚，当然更不会容忍在大街上叫卖的事情了。《周礼·地官·司市》："以次叙分地而经市，以陈肆辨物而平市。""以次叙分地"就是市场内分区管理，"陈肆辨物"则是按商品类别，分类陈列。司市的手下有一系列市场管理人员，对市场内的经营进行严格管理。其中胥的职责为："各掌其所治之政，执鞭度而巡其前。掌其坐作出入之禁令，袭其不正者。凡有罪者，挞戮而罚之。"郑玄注："作，起也。坐起禁令，当市而不得空守之属。故书袭为习，杜子春云：'当为袭，谓掩捕其不正者。'"孙诒让解释说："云'坐起禁令，当市而不得空守之属'者，盖谓无肆立持者，索市不得，乃空守其所赍之物。"这类人就属于市场上没有固定摊位的流动商贩，这类行为是被禁止的。所谓"袭其不正者"，就是抓捕这些不守规矩的小贩。《周礼》的记载可以反映战国时期的市场管理状况。不过，岳麓秦简的这条律令似乎禁止的不是市场上的情况，而是在市场之外的大街上叫卖的现象，而且强调的是十字路口之类交通要冲。因为下文说凡是十日以上的买卖活动都要在市场中进行，因此临时的零星买卖并不都是在市场中进行的。这是符合实际生活状况的。

① 陈松长主编《岳麓书院藏秦简（肆）》，第164页。

汉律和唐律中也提到了违法占道从事农耕或经营商业的情况。张家山汉简《二年律令·田律》:“道侵巷术、谷巷、树巷及垦食之,罚金二两。”这是汉初禁止农民侵占道路耕种的处罚规定,可与岳麓秦简商业违法占道经营的处罚相比照。《唐律疏议·杂律》“侵巷街阡陌”条:“诸侵巷街、阡陌者杖七十,若种植垦食者笞五十,各令复故。虽种植无所妨废者,不坐。”唐律中的侵占巷街,就不仅包括农业,商业方面的违法占地也应包括在内。

【2】循行

【整理小组注】

循行:巡视,巡察。《汉书·文帝纪》:“二千石遣都吏循行。”[①]

【补注】

循行,即巡察。睡虎地秦简《金布律》简68:“贾市居列者及官府之吏,毋敢择行钱、布;择行钱、布者,列伍长弗告,吏循之不谨,皆有罪。”睡虎地秦简整理小组注:“循,循察。”[②] 从睡虎地秦简的这条材料与岳麓秦简相比,这里的“吏循行”似乎也是指市场官吏对于市场秩序的循察,强调市场经营要按部就班、各就各位,不能随地摆摊,占道贩卖。

【3】有贩殹(也),旬以上必于市。

【补注】

这条材料说的是十日以上的贩卖行为,必须进入市场中进行。十日以上的贩卖行为,一般多属于职业商贩,应该向政府缴纳商业税,只有在市场中才容易控制和管理。《周礼·地官·司市》:“大市日昃而市,百族为主;朝市朝时而市,商贾为主;夕市夕时而市,贩夫贩妇为主。”百族属于百姓临时出卖自己的产品,商贾和贩夫贩妇属于职业的商人。《司市》的思想是所有的商业交易活动都应该在官府控制下的市场中进行,以便管理。这显然是不容易也不可能做到的。岳麓秦简要求十日以上的买卖活动必须在市场中进行,可以说是《周礼》商业控制思想在现实社会中的更加灵活的体现。

---

① 陈松长主编《岳麓书院藏秦简(肆)》,第164页。

② 睡虎地秦墓竹简整理小组:《睡虎地秦墓竹简》,释文第37页。

【4】或告之而弗告

【整理小组注】

或：有人。告，报告。[①]

【补注】

或告之而弗告，有人告诉他们（典、老、伍人），他们不向官府举报。第一个“告”的主语是“或”，即“有人”；第二个告的主语是“之”，即典、老、伍人。

【5】有能捕告赎罨（迁）辠一人

【补注】

这里的赎迁罪者，应该指的是前面所谓的因长期在市场之外贩卖经营而被处以赎迁罪者，即“有贩殹（也），旬以上必于市，不者令续〈赎〉罨（迁）”者。

【6】瓦土毄〈墼〉粪

【整理小组注】

瓦土毄〈墼〉粪：瓦，已烧土器之总称。墼，砖坯。粪，废弃的粗劣之物。[②]

【补注】

瓦，里耶秦简8－135记载有“故荆积瓦”。《校释》：“积瓦，储藏的陶器。”[③] 居延旧简220·18“器疎（疏）”中有“缓瓦　”。506·1“守御器簿”中有“瓦箕、枓各二”。

墼，里耶秦简8－145有“五人墼：婢、般、橐、南、儋”，《校释》曰：“墼，未烧的砖坯。《说文》：‘墼，瓴适也。一曰未烧也。’王筠释例：案瓴适今谓之砖。”[④] 居延旧简187·6＋187·25A：“墼广八寸，厚六寸，长尺八寸，一枚用土八斗。水二斗二升。”居延新简EPT59·83A：“丈五尺厚四尺度用墼三千三百六☐。”肖从礼集释：“墼，指未烧的土坯。《集成》九（页245）认为，墼，用以筑城的土坯。《急就篇》卷三：‘墼垒唐厩库东

① 陈松长主编《岳麓书院藏秦简（肆）》，第164页。

② 陈松长主编《岳麓书院藏秦简（肆）》，第164页。

③ 陈伟主编《里耶秦简牍校释》（第一卷），第73页。

④ 陈伟主编《里耶秦简牍校释》（第一卷），第88页。

箱。'颜师古注：'墼者，抑泥土为之，令其坚激也。'《后汉书·酷吏传·周纡》：'纡廉洁无资，常筑墼以自给。'王国维曰：'颜师古注《急就篇》云：墼者，抑泥土为之，令其坚激。则未烧者也。塞上所作者，当谓未烧之墼。汉时筑城多用之。'居延旧简 187·6、187·25 有'墼广八寸，厚六寸，长尺八寸，一枚用土八斗，水斗二升。'汉代边塞'墼'的规格大率如此。"①

【7】得贩卖室中舍中

【补注】

室中，指在私人家中。舍中，当指市舍之中。亦见于岳麓秦简 1415 正："金布律曰：黔首卖马牛勿献（谳）廷，县官其买殹（也），与和市若室，勿敢强。"和市若室，就是指在市场上买或在居民家中买。

舍中，指缴纳费用而使用的房舍之中，这里当指官府管理的市场店铺之中。西周春秋时期，官方管理的市场是禁止私下交易的。《逸周书·大匡解》："无粥熟，无室市。"黄怀信曰："潘振云：'室市，藏货于室，如市之多，待贾而贵價也。'陈逢衡云：'无室市，谓不私相贸易而市于室。凡交易必以司市之官主之，防有欺诈也。'丁宗洛云：'室市，似是囤积居奇之类。'朱右曾云：'室市，市中禁粥之物市于室者。'"② 三者之中，陈逢衡、丁宗洛的观点较近史实，陈的观点尤为稳妥。参见《岳麓书院藏秦简（肆）》简 2011 + 简 1984 "人室""人舍""官舍"注。③

三

简 1229 + 1279 + 14101398 + 1365：

·金布律曰：禁毋敢以牡马、牝马高五尺五寸以上【1】，而齿未盈至四以下【2】，服轝车【3】及豤（垦）【4】田、为人 127 就（僦）载，及禁贾人毋得以牡马、牝马高五尺五寸以上者载以贾市及为人就（僦）载【5】，犯令者，皆 128 赀各二甲，没入马县官。有能捕告者，以马予之。

① 肖从礼：《居延汉简集释（五）》，甘肃文化出版社，2016，第 268 页。

② 黄怀信、张懋镕、田旭东：《逸周书汇校集注》（修订本），上海古籍出版社，2007，第 158、159 页。

③ 陈松长主编《岳麓书院藏秦简（肆）》，第 78 页。

乡亭啬夫吏弗得【6】，赀各一甲；丞、令、令史赀129各一盾。马齿盈四以上当服軶车、狠（垦）田、就（僦）载者，令厩啬夫丈齿【7】令、丞前，久（灸）右肩【8】，章曰：当乘。130不当乘，窃久及诈伪令人久（灸），皆𨗲（迁）之，没入马县官。131

【1】牡马、牝马高五尺五寸以上

【补注】

五尺五寸，似乎为当时牡马、牝马达到使用的身高标准。从岳麓秦简的记载看，秦朝政府不但要求牡马、牝马身高达到五尺五寸以上，还有齿龄标准，即下文所谓的“齿盈至四”。然而根据睡虎地秦简的记载，五尺八寸为当时官府用马的通行标准。《秦律杂抄》简9：“蓦马五尺八寸以上，不胜任，奔挚（縶）不如令，县司马赀二甲，令、丞各一甲。”整理小组注：“蓦马，供骑乘的军马。”① 两汉时期似乎仍然执行这一标准，汉简中所见驿马或传马一般都在五尺八寸上下。居延旧简140·14：“□一匹，骍，牡，左剽，齿七岁，高五尺八寸。三月辛未入。”② 142·26A：“□□驿马一匹。骍驳。牡。齿十四岁。高五尺八寸。上。调习。”③ 225·44：“候长苏长。马一匹。驩。牝。齿桼岁。高五尺桼寸。”④ 231·20：“止害隧驿马一匹，骍，驳，牡，左剽，齿十四岁，高五尺八寸。中。”⑤ 504·2：“左剽，齿五岁，高五尺九寸。”⑥ 居延新简EPT51.12：“中营左骑士。利上里马奉亲。马一匹。驩。牡。左剽。齿四岁。高五尺八寸。袁中。”EPT65·45：“甲沟庶士候长苏长。马一匹。驩。牝。齿七岁。高五尺八寸。”EPT65·267：“甲沟庶士候长王恭。马一匹……齿三（四）岁。高五尺桼寸。”EPC·1：“驿马一匹。骍。牡。左剽。齿八岁。高五尺八寸。上。调习。”悬泉汉简所载官府用马，也皆在五尺八寸以上。《敦煌悬泉汉简释萃》二二：“传马一匹賭驳（驳），牡，左剽，齿九岁，高五尺九

① 睡虎地秦简整理小组：《睡虎地秦墓竹简》，释文第81页。
② 台湾中研院史语所简牍整理小组编《居延汉简》（贰），中研院史语所，2015，第97页。
③ 台湾中研院史语所简牍整理小组编《居延汉简》（贰），第103页。
④ 台湾中研院史语所简牍整理小组编《居延汉简》（叁），中研院史语所，2016，第48页。
⑤ 台湾中研院史语所简牍整理小组编《居延汉简》（叁），第67页。
⑥ 台湾中研院史语所简牍整理小组编《居延汉简》（肆），中研院史语所，2017，第145页。

寸，名曰驓鸿。（II0314②：301）”九七：“《传马名籍》：传马一匹，骓，牡，左剽，决两鼻两耳数，齿十九岁，高五尺九寸……（V1610②：10）私财物马一匹，騩，牡，左剽，齿九岁，白被，高六尺一寸，小脊，补县（悬）泉置传马缺。（11简）传马一匹，騩，乘，白鼻，左剽，齿八岁，高六尺，翟圣，名曰全（？）厩。厶卩。（12简）……尺六寸，驾，名曰葆橐。（13简）传马一匹，騧，乘，左剽。决右鼻。齿八岁，高五尺九寸半寸，骖，名曰黄爵（雀）。（14简）传马一匹，骓，乘，左剽，八岁，高五尺八寸，中，名曰仓（苍）波，柱。（15简）传马一匹，骝，乘，左剽，决两鼻，白背，齿九岁，高五尺八寸，中，名曰佳□，柱，驾。（16简）传马一匹，赤骝，牡，左剽，齿八岁，高五尺八寸，驾，名曰铁柱。（17简）传马一匹，骍駠，乘，左剽，齿九岁，高五尺八寸，骖，吕戟，名曰完幸。厶卩。（18简）私财物马一匹，骓，牡，左剽，齿七岁，高五尺九寸，补县（悬）泉置传马缺。（19简）建始二年三月戊子朔庚寅，县（悬）泉厩啬夫欣敢言之：谨移传马名籍一编，敢言之。（20简）（V1610②：11－20）”①

从汉简中关于马身高的记载看，睡虎地秦简五尺八寸的规定被继承了下来，但何以在岳麓秦简中出现了马高五尺五寸的规定，确是一个值得注意的问题。

【2】齿未盈至四

【补注】

齿未盈至四，指的是马的上下两对永久齿。口齿是鉴定马的年龄的重要依据。明代俞本元、俞本亨著，中国农业科学院中兽医研究所主编《元亨疗马集选释·口齿论》（《中国农书丛刊畜牧兽医之部》）：“一岁驹齿二，二岁驹齿四，三岁驹齿六，四岁成齿二，五岁成齿四。”驹齿，即乳齿。成齿，即“乳齿脱换后新生的恒齿，又叫永久齿”。“原文齿岁法同现在齿岁法比较，在九岁以前原文的齿岁大一两岁。”② 农业部主编的《养

① 中国文物研究所胡平生、甘肃省文物考古研究所张德芳编撰《敦煌悬泉汉简释萃》，上海古籍出版社，2001，第24、81～82页。

② （明）俞本元、俞本亨著，中国农业科学院中兽医研究所编《元亨疗马集选释》，农业出版社，1984，第14、15页。

马》（《农业生产技术基本知识》丛书）说："2.5岁时，乳门齿由于永久门齿长出而被顶落，3岁时永久门齿长成，上下门齿开始接触。3.5岁时乳中间齿脱落，永久中间齿出现，并于4岁时长成，开始磨灭。4.5岁时，乳隅齿脱落，永久隅齿出现，5岁时长成并开始磨损。至此，乳切齿被全部换齐，俗称边牙口、齐口，或新齐口。3岁、4岁每换生一对永久齿时，分别称为'俩牙'、'四个牙'。"① 这就是说，一般情况下马的四个永久齿全部长成后，应在5岁的年龄。居延新简EPS4T2.6："候长、候史马皆廩食，往者多羸瘦，送迎客不能竟界。大守君当以七月行塞，候、尉循行，课马齿五岁至十二岁。"张德芳注："课马，评判马之良驽。"② 这就是说，居延地区的汉代官马，也是以齿5岁以上为起点的。

【3】辇车

【整理小组注】

辇车：一种载物的车。《说文·车部》："辇，直辕车轒也。"《篇海类编》："载物之车。"③

【补注】

按：刘永华在研究甘肃武威雷台汉墓出土的车辆时指出，辇车"车厢纵长，两侧是封闭的輢板，双辕的前段如同轺车，侧面向上翘起，平面向内微弯，辕身铸成带刺的树枝状，舆后也有軧。"辇车可用于载物，也可以乘坐（见图1）。④

【4】豤（垦）

【整理小组注】

豤：通"垦"，翻耕。《广雅·释地》："垦，耕也。"⑤

【补注】

垦，耕种。睡虎地秦简《秦律十八种·田律》："入顷刍稾，以其受田之数，无豤不豤，顷入刍三石，稾二石。"无豤不豤，就是说国家一旦向

---

① 中华人民共和国农业部主编《养马》（农业生产技术基本知识），农业出版社，1963，第8页。

② 张德芳：《居延新简集释（七）》，甘肃文化出版社，2016，第679页。

③ 陈松长主编《岳麓书院藏秦简（肆）》，上海辞书出版社，2015，第164页。

④ 刘永华：《中国古代车舆马具》，清华大学出版社，2013，第154页。

⑤ 陈松长主编《岳麓书院藏秦简（肆）》，第164页。

图1　东汉轺车（甘肃武威雷台汉墓出土）

资料来源：甘肃省博物馆《武威雷台汉墓》，《考古学报》1974年第2期。

百姓授田，受田者无论耕不耕种，都要向国家缴纳规定的刍稾税。

【5】就（僦）载

【整理小组注】

就（僦）载：就，通“僦”，租赁。《汉书·酷吏传》：“初，大司农取民牛车三万两为僦，载沙便桥下。”颜师古注：“僦，谓赁之与雇直也。”僦载，指雇用车、马、船运载。①

【补注】

睡虎地秦简《效律》简49：“上节（即）发委输，百姓或之县就（僦）及移输者，以律论之。”整理小组注：“僦（音就），《史记·平准书》索隐引服虔云：‘雇载云僦。’《商君书·垦令》：‘令送粮无取僦。’与本条相合。”②

【6】乡亭啬夫吏弗得，赀各一甲

【补注】

此句当读为：“乡亭啬夫、吏弗得，赀各一甲。”“乡亭啬夫”即“乡之亭啬夫”，与作为一乡之长的“乡啬夫”当有所不同。乡亭啬夫负责市场管理。“吏”，即吏主者。

睡虎地秦简《封诊式·盗马》：“爰书：市南街亭求盗才（在）某里曰甲缚诣男子丙，及马一匹，马牝右剽；缇覆（复）衣，帛里莽缘领褎

---

① 陈松长主编《岳麓书院藏秦简（肆）》，第164页。

② 睡虎地秦墓竹简整理小组：《睡虎地秦墓竹简》，释文第75页。“雇载云僦”之“云”，《睡虎地秦墓竹简》误作“雲”，今改。

（袖），及履，告曰：‘丙盗此马、衣，今日见亭旁，而捕来诣。’”整理小组注：“市南，市场之南。街亭，城市内所设的亭，如《续汉书·百官志》注引《汉仪》：‘洛阳二十四街，街一亭。’”① 《岳麓书院藏秦简（叁）》中《芮盗卖公列地案》有亭佐驾，负责分配市列（经营摊位）（简1315、J48），长官为亭贺（1337）。整理小组注：“亭，亭啬夫，即亭之长官，名为贺。《效律》简52－53：‘都仓、库、田、亭啬夫坐其离官属于乡者，如令、丞。’《奏谳书》简100：‘十二月癸亥，亭庆以书言雍廷曰：毛买（卖）牛一，质，疑盗，谒论。’”② 案：《奏谳书》亭庆，即市亭啬夫，因此对毛在市场上出卖的牛提出疑问，怀疑是偷来的，故向上级报告。《效律》之都亭啬夫，高恒说：“‘都亭’即县一级管理市场的官署。‘亭’是指市场管理机构，而不会是一级行政机构。”③ 裘锡圭针对秦代陶文中的亭印说：“我们认为亭印的‘亭’就是指乡亭之亭，只不过在秦代亭啬夫兼管‘市’务，所以在汉代用市印的场合，秦人则用亭印。”“秦代的亭啬夫也是既管商业又管手工业的。”④

【7】丈齿

【整理小组注】

丈齿：丈量检测马的年齿身高。⑤

【8】久（灸）右肩

【补注】

睡虎地秦简中有“识佴”，即此处的“久（灸）右肩”之义。《效律》43～44：“器职（识）耳不当籍者，大者赀官啬夫一盾，小者除。马牛误职（识）耳，及物之不能相易者，赀官啬夫一盾。”整理小组注：“耳，疑读为佴，《广雅·释诂三》：‘次也。’识佴当即标记次第。古时牛马常用烙印之类加以标记，如《居延汉简甲编》二〇七一：‘牛一，黑牡，左斩，齿三岁，久在右。’久也是加标记的意思。”⑥ 睡虎地秦简

---

① 睡虎地秦墓竹简整理小组：《睡虎地秦墓竹简》，释文第151页。

② 朱汉民、陈松长主编《岳麓书院藏秦简（叁）》，上海辞书出版社，2013，第139页。

③ 高恒：《“啬夫”辨正》，《法学研究》1980年第3期。

④ 裘锡圭：《啬夫初探》，《云梦秦简研究》，中华书局，1981，第275、276页。

⑤ 陈松长主编《岳麓书院藏秦简（肆）》，第164页。

⑥ 睡虎地秦墓竹简整理小组：《睡虎地秦墓竹简》，释文第74页。

《封诊式》有“马一匹骓牝右剽”，“右剽”就是岳麓秦简此处“炙右肩”之义。据刘钊先生的研究，汉代官马标识一般都印在左肩，[①] 与秦制有所不同。

四

简 1404 + 1290 + 1292：

·尉卒【1】律曰：缘故徼【2】县及郡县黔齿〈首〉【3】、县属【4】而有所之，必谒于尉，尉听【5】，可许者为期日【6】。所之 132 它县，不谒，自五日以上，缘故徼县，赀一甲；典、老弗告，赀一盾。非缘故徼县殹（也），赀一盾。典、老弗 133 告，治（笞）□□【7】。尉令不谨【8】，黔首失令【9】，尉、尉史、士吏主者赀各一甲，丞、令、令史各一盾。134

【1】尉卒

【整理小组注】

尉卒：或即“尉杂”的意思。或认为“卒”即“卒史”之卒。[②]

【补注】

岳麓秦简整理小组的第一种看法似乎有一定道理。“尉卒”之“卒”或即“杂”之省写。“尉杂律”以及“内史杂律”都指的是与“尉”或“内史”有关的律令条文的集合。“杂”本身有“汇合”“汇集”之义。“尉杂律”“内史杂律”与秦汉律中常常提到的“奴婢律”等一样，指的是某一类法律的法律条文的统称。[③] 不过这些种类条文经过长期固定化使用之后，有可能转化为专门的一项法律固定下来，比如说“尉杂律”就是后来“尉律”的前身。“尉杂律”“内史杂律”这种名称的出现，本身就反映了一种专项法律的形成过程中过渡形态。

不过也有一个问题，就是说岳麓秦简中的“杂”字写作“褋”，“内史

① 刘钊：《说秦简“右剽”一语并论历史上的官马标识制度》，《书馨集——出土文献与古文字论丛》，上海古籍出版社，2013，第 192 页。

② 陈松长主编《岳麓书院藏秦简（肆）》，第 164 页。

③ 朱红林：《再论睡虎地秦简中的“赍律”》，霍存福、吕丽主编《中国法律传统与法律精神》，山东人民出版社，2010。

杂律”即“内史襍律”，那么，同理，如果当时在一起的有“尉杂律”，那么多半也是写作“尉襍律”，果真如此，“杂”字无论如何不会省作“卒”吧。

【2】故徼

【整理小组注】

故徼：指没有设塞的边境地区。《里耶秦简》：“边塞曰故塞，毋塞者曰故徼。”《史记·西南夷列传》：“及汉兴，皆弃此国而开蜀故徼。”①

【补注】

里耶秦简 8-461 有：“边塞曰故塞。毋塞者曰故徼。”《里耶秦简牍校释》第一卷校释曰：“塞，多指边界上可以据险固守的要塞。《左传》文公十三年：‘春，晋侯使詹嘉处瑕，以守桃林之塞。’随着秦的统一，疆域的拓展，秦原来的边塞不再是边境，故而边塞称为‘故塞’。毋塞者，指虽是边境但没设要塞可以据守。同样由于边境线的变化，没设塞的边境被改称为‘故徼’。”②

【3】齿

【整理小组注】

齿：当为“首”字之误。③

【4】县属

【整理小组注】

县属：县的属吏。④

【补注】

睡虎地秦简有“官属”。《秦律十八种·置吏律》简 157：“县、都官、十二郡免除吏及佐、群官属，以十二月朔日免除，尽三月而止之。”睡虎地秦简整理小组注：“群官属，指各官府的属员。”⑤

---

① 陈松长主编《岳麓书院藏秦简（肆）》，第 164 页。
② 陈伟主编《里耶秦简牍校释》第 1 卷，第 158~159 页。
③ 陈松长主编《岳麓书院藏秦简（肆）》，第 164 页。
④ 陈松长主编《岳麓书院藏秦简（肆）》，第 164 页。
⑤ 睡虎地秦墓竹简整理小组：《睡虎地秦墓竹简》，释文第 56 页。

【5】听

【整理小组注】

听：受理。《睡虎地秦简·法律答问》："甲杀人，不觉，今甲病死已葬，人乃后告甲，甲杀人审，问甲当论及收不当？告不听。"[①]

【6】可许者为期日

【补注】

可许者，符合条件，可以被允许出行的人。岳麓秦简1385+1390："·具律曰：诸使有传者，其有发征、辟问具殴（也）及它县官事，当以书而毋□欲（？）□□者，治所吏228听行者，皆耐为司寇。229"就是说官府的使者如果身有徭赋未完及狱讼之事者，不得放行，否则有关人员要受到惩处。肩水金关汉简73EJT23：897："元寿二年七月丁卯朔辛卯，广昌乡啬夫假、佐宏敢言之：阳里男子任良自言，欲取传，为家私使之武威、张掖郡中。谨案：良年五十八，更赋皆给，毋官狱征事，非亡人命者，当得取传。谒移过所河津、关，毋苛留，如律令。七月辛卯雍令、丞凤移过所，如律令。马车一两（辆），用马一匹，齿十二岁。牛车一两（辆），用牛二头。/掾并、守令史普。"[②]"更赋皆给，毋官狱征事，非亡人命者"应该涵盖了秦汉时期一般百姓外出时申请取传的基本条件，符合这些条件，就可以申请取传。

期日，即期限，规定日期。《周礼·地官·山虞》："令万民时斩材，有期日。"郑玄注："有期日，入出有日数，为久尽物。"孙诒让曰："谓依其所用木之多少，为其出山入山之日数，恐其逾期多采，则财物罄尽，故为期限以节之。"[③]《周礼·秋官·朝士》："凡士之治有期日：国中一旬，郊二旬，野三旬，都三月，邦国期。期内之治听，期外不听。凡有责者，有判书以治，则听。"孙诒让曰："此士治有期日，盖有二义：一则民以事来讼，士官为约期日以治之；二则狱在有司而断决不当者，许其于期内申诉。"[④]

---

① 陈松长主编《岳麓书院藏秦简（肆）》，第164页。

② 甘肃简牍文物保护研究中心等编《肩水金关汉简（贰）》，中册，中西书局，2012，第236页。

③ 孙诒让：《周礼正义》，汪少华点校，第4分册，第1444、1445页。

④ 孙诒让：《周礼正义》，汪少华点校，第8分册，第3405页。

【7】治（笞）□□

【补注】

雷海龙："联系简文前所记'典、老弗告，治（笞）'，'治（笞）'后面当是跟的数目词语，指笞刑的实施数量。"①

【8】尉令不谨

【整理小组注】

令：指百姓向尉申请通行后，尉发给百姓的"通行令"。②

【补注】

周海峰："1292 简'尉令不谨'之'尉'后当脱一'布'字，'布令不谨'为秦律习惯用语，又见于岳麓秦简 1085 号简。与'布令不谨'相对应的是'谨布令'，见于岳麓秦简 1154、1358、1087、0341 和 2099 号简。"③

按：岳麓秦简整理小组解释"尉令"或者说"尉布令"时，紧承上文，把"尉令"解释为尉发给百姓的通行令。周海峰则把"尉令"作为县尉的一项基本职责，解释为尉公布解释法令。他说："县尉在向百姓解说宣布国家律令时出现偏差，使得百姓因没有充分理解律令内容而犯法，县尉、尉史和士吏之主事者都将受到赀一甲的处罚，县丞、县令和令史都将受到赀一盾的处罚。"④ 这两种说法都可以自成一说，至于哪一种更正确，还有待于新史料的证明。但若果真如周海峰所说，那么睡虎地秦简《尉杂》所说的"岁雠辟律于御史"，就不仅仅是廷尉的职责了，在地方而言它更是县尉的一项职责。

【9】失令

【整理小组注】

失令：即违反前面所说的"尉令"。⑤

---

① 雷海龙：《〈岳麓书院藏秦简（肆）〉释文商补八则》，华东政法大学法律古籍整理研究所、湖南大学岳麓书院、湖南大学法学院、中国法律史学会法律古籍整理专业委员会等主编《第七届出土文献与法律史研究学术研讨会论文集》，2017 年，第 99 页。

② 陈松长主编《岳麓书院藏秦简（肆）》，第 164 页。

③ 周海峰：《秦律令研究——以〈岳麓书院藏秦简〉（肆）为重点》，博士学位论文，湖南大学，2016，第 114 页。

④ 周海峰：《秦律令研究——以〈岳麓书院藏秦简〉（肆）为重点》，第 115 页。

⑤ 陈松长主编《岳麓书院藏秦简（肆）》，第 164 页。

五

简 1234 + 1259 + 1258 + 1270：

· 尉卒律曰：黔首将阳及诸亡者，已有奔书【1】及亡毋奔书盈三月者，辄筋〈削〉爵以为士五【2】，135 有爵寡，以为毋爵寡【3】，其小爵【4】及公士以上，子年盈十八岁以上【5】，亦筋〈削〉小爵。爵而傅及公 136 士以上子皆籍以为士五【6】。乡官辄上奔书县廷，廷转臧（藏）狱【7】，狱史【8】月案计日【9】，盈三月即辟问【10】乡 137 官，不出【11】者，辄以令论，削其爵，皆校计【12】之。138

【1】奔书

【整理小组注】

奔书：秦代文书的一种，用以登记黔首逃亡情况。或应是涉及奔警的命令，即因突发事件需要征召士徒的法律文书。①

【补注】

整理小组注所提供的两种说法，从上下文来看，第一种说法是正确的，第二种说法难以成立。周海峰说：“从律文可知，奔书是一种用以登记黔首逃亡情况的文书，是定逃亡者之罪和削去其爵位的文书凭证。逃亡者出逃满三个月者，名字将被录于奔书之上，会被立案，成为罪人。”② 属于第一种说法。如果把这里的“奔书”理解为奔命文书，那么就不会存在持有奔书者或名录于奔书者却被削爵乃至于追究法律责任的事了。

【2】士五

【整理小组注】

士五，即士伍。《汉官旧仪》：“无爵为士伍，年六十乃免。”《史记·淮南衡山列传》：“当皆免官削爵为士伍，毋得宦为吏。”③

① 陈松长主编《岳麓书院藏秦简（肆）》，第 164 页。

② 周海峰：《秦令研究——以〈岳麓书院藏秦简〉（肆）为重点》，第 117 页。

③ 陈松长主编《岳麓书院藏秦简（肆）》，第 164 页。

【补注】

士伍是处于傅籍年龄范围而无爵位的男子，低于傅籍年龄或高于傅籍年龄，都不属于“士伍”的范围，因为士伍之所以称为士伍，是因为他能服兵役徭役，故可编入“五人为伍”的士伍组织。

【3】有爵寡，以为毋爵寡

【整理小组注】

爵寡，继承先人爵位的妇人。《里耶秦简》：“大夫寡三户。”《张家山汉简·二年律令·置后律》：“寡为户后，予田宅，比子为后者爵。”①

【补注】

有爵寡者如果逃亡，将会被削去爵位，成为毋爵寡。“大夫寡”的材料，除了岳麓秦简整理小组提到的之外，睡虎地秦简中还有一条，《法律答问》简156：“大夫寡，当伍及人不当？不当。”睡虎地秦简整理小组注解释“寡”为“少”，现在看来是不对的，应该也是指继承大夫爵位的妇人。②

【4】小爵

【整理小组注】

小爵，未傅籍而承继爵位者。《张家山汉简·二年律令·傅律》：“不更以下子年廿岁，大夫以上至五大夫子及小爵不更以下至上造年廿三岁，卿以上子及小爵大夫以上年廿四岁，皆傅之。”③

【5】子年盈十八岁以上

【补注】

这里的“子年盈十八岁以上”者，指的是年龄达到十八岁以上，然尚未傅籍者，这种情况下如果他还继承有爵位，那就也属于“小爵”的范围。因此，“子年盈十八岁以上”当与前面的“及公士以上”连读，读作“小爵及公士以上子年十八岁以上”，这应该属于小爵的两种情况，一种是年龄未到傅籍年龄者的小爵，一种是年龄达到傅籍年龄然尚未实际傅籍者，在法律意义上也属于小爵。“亦削小爵”，就包括这两种情况。

---

① 陈松长主编《岳麓书院藏秦简（肆）》，第164页。

② 陈伟主编，彭浩、刘乐贤等撰著《秦简牍合集：释文注释修订本（壹）》，第241页。

③ 陈松长主编《岳麓书院藏秦简（肆）》，第165页。

【6】爵而傅及公士以上子皆籍以为士五

【补注】

“爵而傅及公士以上子”是与前面的“小爵及公士以上子年盈十八岁以上”相对的，“小爵及公士以上子年盈十八岁以上”说的是小爵的两种情况，“爵而傅及公士以上子”说的则是正常爵位的两种情况。“爵而傅”指的是有国家赐爵且已经傅籍者。“公士以上子”指的也是已经傅籍者，这类人倚仗其父荫亦得国家赐爵。“籍以为士伍”说的是“爵而傅及公士以上子”，这两类人如果逃亡，将被夺爵，在户籍上标注为士伍。

【7】臧（藏）狱

【整理小组注】

臧，收藏。狱，即狱所。臧狱即藏于狱所。①

【补注】

廷转藏狱，就是县廷把乡上报的奔书交由司法机关处理。这里的“狱”多半就是县廷诸曹中的狱曹。里耶秦简有关狱曹的资料如下：

狱南曹

8-728+8-1474：“☐狱南曹书二封，迁陵印：一洞庭泰守府，一洞庭尉府。·九月☐。”8-1760：“狱南曹。”8-1886：“狱南曹书三封，丞印，二诣酉阳、一零阳。/卅年九月丙子旦食时，隶臣罗以来。”

狱东曹

5-22：“狱东曹书一封，丞印，诣无阳。·九月己亥水下三刻，□□以来。”8-273+8-520：“狱东曹书一封，洞庭泰守府，廿八年二月甲午日入时，牢人佁以来。”8-959+8-1291：“狱东曹书一封，令印，诣洞庭守府。·九月戊戌，水下二刻，走佁以来。☐”8-996：“狱东曹☐”8-1155：“狱东曹书一封，丞印，诣泰守府。廿八年九月己亥水下四刻，隶臣申以来。”

岳麓秦简0018：“上其校狱属所执灋，执灋各以案临计，乃相与校之，其计所同执灋者，各别上之其曹，曹主者☐。”其中的“曹”就是狱曹。

① 陈松长主编《岳麓书院藏秦简（肆）》，第165页。

【8】狱史

【整理小组注】

狱史：治狱官，协助县令、县丞共同办案者。《汉书·项籍传》："梁尝有栎阳逮，请蕲狱掾曹咎书抵栎阳狱史司马欣，以故事皆已。"①

【9】月案计日

【整理小组注】

案计：案，案验。《张家山汉简·二年律令·效律》："居官三岁，亦辄遣都吏案效之。"计，审核。《广雅》："计，校也。"②

【补注】

"案"作为案验之义的用法，岳麓秦简中屡见。简1285+1281有"以中辨券案雠（雠）钱"，简0018有"上其校狱属所执灋，执灋各以案临计"，简0640有"令案视"。其中"案临计"就是"案计"。案计日，就是案验逃亡者逃亡的日子。

【10】辟问

【整理小组注】

辟问：推辟验问。《居延汉简释文合校》："候长彭驰之南界辟问。"③

【补注】

辟，审理。张家山汉简《二年律令·具律》"辟故弗穷审"，张家山二四七号汉墓竹简整理小组注："辟，审理，《左传·文公六年》注：'犹理也。'"④

【11】不出

【整理小组注】

不出：即不自出。不自出者，犹言不自首者。《史记·平准书》："赦自出者百余万人。"

---

① 陈松长主编《岳麓书院藏秦简（肆）》，第165页。

② 陈松长主编《岳麓书院藏秦简（肆）》，第165页。

③ 陈松长主编《岳麓书院藏秦简（肆）》，第165页。

④ 张家山二四七号汉墓竹简整理小组：《张家山汉墓竹简〔二四七号墓〕》（释文修订本），文物出版社，2006，第22页。

【12】校计

【整理小组注】

校计：同义复词，或言计较、核算也。《后汉书·郎顗传》："愿陛下校计缮修之费。"《睡虎地秦简·效律》："计校相缪（谬）殹（也），自二百廿钱以下，谇官啬夫。"

【补注】

校计，秦汉时会计习语。居延新简中多见。EPT52：731："官所校计☐。"EPT56：9："□候长常富校计。充即谓福曰：'福负卒王广袍袭钱，便留□十二月奉钱六百。'"EPT65.23："新始谷四斗。校计案□严不能多持谷。薄（簿）谷。"EPF22：580："□□□官奴婢捕虏。乃调给有书，今调如牒，书到付受，相与校计，同月出入，毋令缪（谬），如律令。"EPT65：50："月禄调给有书，今调如牒，书到付受，相与校计。"等等。

六

简 1409：

·尉卒律曰：县尉治事，毋敢令史【1】独治，必尉及士吏【2】与【3】，身【4】临之，不从令者，赀一甲 139。

【1】毋敢令史独治

【整理小组注】

史：官府佐吏。此处指县尉佐吏。[①]

【补注】

史，尉史，"毋敢令史独治"，不能让尉史独自处理事务。岳麓秦简的记载表明，秦代地方政府机构似乎实行着一种三人以上的集体负责制。较为明显的是以县令为中心的县令、县丞和令史集体负责制，和以县尉为中心的县尉、尉史和士吏集体负责制。正因为如此，在追究连带责任时，往往是"令、丞、令史"并称，或者"尉、尉史、士吏"并称。如岳麓秦简

① 陈松长主编《岳麓书院藏秦简（肆）》，第 165 页。

1291＋1293：“毋长者令它里年长者为它里典、老，毋以公士及毋敢以丁者，丁者为典、老，赀尉、尉史、士吏主者各一甲，丞、令、令史各一盾。”简1292：“尉令不谨，黔首失令，尉、尉史、士吏主者赀各一甲，丞、令、令史各一盾。”简1257：“尉、尉史、士吏、丞、令、令史见及或告而弗劾，与同辠。弗见莫告，赀各一甲。”简J46：“疾病有瘳、已葬、劾已而敢弗遣拾日，赀尉、尉史、士吏主者各二甲，丞、令、令史各一甲。”简1248＋1249：“岁上舂城旦、居赀续（赎）、隶臣妾缮治城塞数、用徒数与黔首所缮用徒数于属所尉，与计偕，其力足以为而弗为及力不足而弗言者，赀县丞、令、令史、尉、尉史、士吏各二甲。”令史、尉史都属于秦代庞大的史官队伍的一部分，对于以文书行政为特点的秦帝国来说，史在基层行政机关的作用尤为不可或缺。也正因为如此，法律也对其活动多所限制，防止其舞文弄墨而滥用权力。岳麓秦简此处所记载县尉机构限制尉史独自治事，就是法律采取的措施之一。史不可独治事的规定，还见于睡虎地秦简《法律答问》：“赎罪不直，史不与啬夫和，问史可（何）论？当赀一盾。”史不与啬夫和，也说的是史未与啬夫沟通就擅自处理案件，这里也是在强调县乡各级部门中不能让史单独治事。

【2】士吏

【补注】

士吏，亦见于岳麓秦简1292：“尉令不谨，黔首失令，尉、尉史、士吏主者赀各一甲，丞、令、令史各一盾。”简1291＋1293：“为它里典、老，毋以公士及毋敢以丁者，丁者为典、老，赀尉、尉史、士吏主144者各一甲，丞、令、令史各一盾。”简1257：“尉、尉史、士吏、丞、令、令史见及或告而弗劾，与同辠。”简J46：“疾病有瘳、已葬、劾已而敢弗遣拾日，赀尉、尉史、士吏主者各二甲，丞、令、令史各一甲。”简1248～1249：“岁上舂城旦、居赀续（赎）、隶臣妾缮治城塞数、用徒数与黔首所缮用徒数于属所尉，与计偕，其力足190以为而弗为及力不足而弗言者，赀县丞、令、令史、尉、尉史、士吏各二甲。离城乡啬夫坐城不治，如城尉。191”简0994：“·田律曰：黔首居田舍者毋敢醢〈（酤）〉酒，不从令者䙴（迁）之，田啬夫、士吏、吏部弗得，赀二甲。·第乙280”简0525：“·材官、趋发、发弩、善士敢有相责入舍钱西（酒）肉及予者，捕者尽如此令，士吏坐之，如乡啬夫。382”

睡虎地秦简中的“士吏”。《秦律杂抄》简2：“除士吏、发弩啬夫不如律，及发弩射不中，尉赀二甲。”简11～14“不当禀军中而禀者，皆赀二甲，法（废）；非吏殹（也），戍二岁；徒食、敦（屯）长、仆射弗告，赀戍一岁；令、尉、士吏弗得，赀一甲。军人买（卖）禀禀所及过县，赀戍二岁；同车食、敦（屯）长、仆射弗告，戍一岁；县司空、司空佐史、士吏将者弗得，赀一甲；邦司空一盾。”简39“戍律曰：同居毋并行，县啬夫、尉及士吏行戍不以律，赀二甲。”整理小组注：“士吏，一种军官，见居延汉简，其地位在尉之下、候长之上。《汉书·匈奴传》注引汉律：“近塞郡皆置尉，百里一人，士史、尉史各二人，巡行徼塞也。”士史应即士吏。此外《管子·五行》也有士吏一词，含义与此不同。”[①]《释文修订本》：“邢义田（2003）：由张家山汉简《二年律令》‘廷士吏亦得听告’可知，士吏不仅仅是一武吏，也是文吏，兼掌理讼听告。士吏一职的存在可因张家山简追溯到汉初。又《秦律杂抄》简39‘同居毋并行，县啬夫、尉及士吏行戍不以律，赀二甲’。这里的尉和士吏应都是县啬夫之下属，知士吏一职更源于秦。今按：里耶秦简5－1记‘狱佐辨、平，士吏贺’公出，县官食将尽，请求沿途续食。对照《仓律》简46‘有秩吏不止’，可知‘士吏贺’属斗食。居延汉简的‘士吏’是边境地区的军队编制，且时代较晚，与秦简‘士吏’不同。”[②]

【3】与

【整理小组注】

与：参与。《左传·僖公三十三年》：“蹇叔之子与师。”[③]

【补注】

与，作为“参与”之用法，岳麓秦简中还有几例。简1371“冗宦及冗官者，勿与”，简1236“史子未傅先觉（学）觉（学）室，令与粟事”，简1273“毋敢令公士、公卒、士五为它事，必与缮城塞”，“与”皆作“参与”解。

---

① 睡虎地秦墓竹简整理小组：《睡虎地秦墓竹简》，释文第79页。

② 陈伟主编，彭浩、刘乐贤等撰著《秦简牍合集：释文注释修订本（壹）》，第156页。

③ 陈松长主编《岳麓书院藏秦简（肆）》，第165页。

【4】身

【整理小组注】

身：亲自。《韩非子·五蠹》："禹之王天下也，身执耒臿以为民先。"①

【补注】

"身"作为亲身之义，其用法亦见于岳麓秦简1241："节（即）发繇（徭），乡啬夫必身与典以券行之。"张家山汉简《二年律令·具律》简106有"如身断治论及存者之罪"，"身断治论"即按照县令丞亲身断案失误论处。《户律》简334："民欲先令相分田宅、奴婢、财物，乡部啬夫身听其令。""身"，亦亲身之义。

① 陈松长主编《岳麓书院藏秦简（肆）》，第165页。

《中国古代法律文献研究》第十二辑
2018 年，第 204～226 页

从岳麓秦简識劫娩案看秦国的匿訾罪及其乡里状况

南玉泉*

摘 要： 岳麓秦简識劫娩案发生在秦始皇十八年（前 229），大夫沛妻娩隐匿债权 68300 钱未申报，狱辞言“匿訾税”，此案证明秦国末年已存在家訾登记制度。既然存在訾税，就存在按家訾划分户等的可能性，秦国的有关赋税与家訾应有紧密的关联。沛在生前立妾娩为妻，并让其加入了里单这种民间自助组织。这对于了解秦国末年的乡里社会状况具有重要帮助。

关键词： 匿訾 敲诈 户等 里单 自助

《岳麓书院藏秦简（叁）》案例七记载秦国末年一案例，为方便了解案情全貌，现将本案主要狱辞录入如下：

十八年八月丙戌，大女子娩自告曰：七月为子小走马羛（義）占家訾，羛（義）当[责]大夫建、公卒昌、士五（伍）積、喜、遺钱六万八千三百，有券，娩匿不占吏为訾。娩有市布肆一、舍客室一。公

* 中国政法大学法律古籍整理研究所教授。

士識劫娺曰：以肆、室鼠（予）識。不鼠（予）識，識且告娺匿訾。娺恐，即以肆、室鼠（予）識；为建等折弃券，弗责。先自告，告識劫娺。

娺曰：与羛（義）同居，故大夫沛妾。沛御娺，娺産羛（義）、女姎。沛妻危以十岁时死，沛不娶妻。居可二岁，沛免娺为庶人，妻娺。娺有（又）产男必、女若。居二岁，沛告宗人、里人大夫快、臣、走马拳、上造嘉、頡曰："沛有子娺所四人，不娶妻矣。欲令娺入宗，出里单賦，与里人通歙（饮）食。"快等曰："可。"娺即入宗，里人不幸死者出单賦，如它人妻。居六岁，沛死。羛（義）代为户，爵后，有肆、宅。

識故为沛隶，同居。沛以三岁时为識娶妻；居一岁为識买室，贾（价）五千钱；分马一匹、稻田廿亩，异識。識从军，沛死。来归，谓娺曰："沛未死时言以肆、舍客室鼠（予）識，識欲得。"娺谓沛死时不令鼠（予）識，識弗当得。識曰："娺匿訾，不鼠（予）識，識且告娺。"娺以匿訾故，即鼠（予）肆、室。沛未死，弗欲以肆、舍客室鼠（予）識。不告娺，不智（知）户籍不为妻，为免妾故。它如前。

●識曰：自小为沛隶。沛令上造狗求上造羽子女齡为識妻。令狗告羽曰："且以布肆、舍客室鼠（予）識。"羽乃许沛。沛已为識取（娶）齡，即为識买室，分識马、田，异識，而不以肆、舍客室鼠（予）識。識亦（?）弗（?）求（?），識已受它。军归，沛已死。識以沛未死言谓娺：娺不以肆、室鼠（予）識，識且告娺匿訾。娺乃鼠（予）識，識即弗告。識以沛言求肆、室，非劫娺。不知娺曰劫之故。

…………

问：匿訾税及室、肆，臧（赃）直（值）各过六百六十钱。它如辤（辞）。①

① 朱汉民、陈松长主编《岳麓书院藏秦简（叁）》，上海辞书出版社，2013，第153～156页。为避文繁，简文中沛子羛，皆径写作"義"；为保持与简文的一致性，人名等如隶"識"皆不变更为简体。特说明。

此案涉及多种法律关系，刑事方面涉及两个：一是婉的匿訾罪，即占訾不实；另一个是識劫婉，即識对婉的恐猲取财，相当于现代刑法的敲诈勒索罪。① 沛将婉免为庶人、以婉为妻以及沛子義代为户、爵其后均属于行政法律关系。民事法律关系主要涉及下列几项：1. 沛子義对其父的财产继承关系；2. 沛对同居之隶識的财产赠予关系；3. “婉入宗，出里单赋，与里人通饮食”的民事法律关系。此案情节完整，原、被告、证人等多达 23 人，是不可多得的了解秦国末年社会状况的原始资料。本文试图通过識劫婉一案，分析秦国末期涉及经济举措的法律规定，并就婉入里单一事探讨秦帝国前夜的乡里社会状况。

一 沛的家庭状况与婉、識的定罪分析

沛的身份是“故大夫”，“大夫”应当是秦二十级爵制的第五级。沛有妻名危，十年前死亡，危没有给沛生育子女。沛与婢女（妾）婉生有男義、女姝。沛在其妻死后二年，免婉为庶人，立婉为妻，后又生男必、女若。沛与婉共育有 4 个子女，必后死亡。又过了 2 年，沛让婉入里宗；又过了 6 年，沛死。三年前沛曾为隶識娶妻，一年后，又为隶識购买居室，送稻田 20 亩、马 1 匹。这一年隶識从军。二年后，識归，沛已死。婉为其子占家訾时隐匿债权 68300 钱，于是識以沛生前曾许诺赠予其肆、室为名敲诈婉，婉先自告，同时告发識劫（敲诈勒索罪）。本案立案时间为始皇十八年（前 229）八月，各事件按时间顺序排列如下：

八年（前 239）前：沛已御妾婉，并有女姝、子義。

八年：沛妻危死。

① 沈家本《汉律摭遗》卷二有“恐猲”罪名，细目中有“恐猲取财”，但文献及出土资料都不见这个罪名。《汉书·王子侯表》有“恐猲取人鸡”语，故沈家本列此细目（见（清）沈家本《历代刑法考》，邓经元、骈宇骞点校，中华书局，1985，第 1401 页）。《唐律·贼盗》有“恐喝取人财物”罪名，耐人寻味的是，律疏对“恐喝”的解释与本案中隶識的罪状颇为相合：“恐喝者，谓知人有犯，欲相告诉，恐喝以取财物者。注云：‘口恐喝亦是’，虽口恐喝，亦与文牒同。”参见刘俊文撰《唐律疏议笺解》，中华书局，1996，第 1395 页。

九~十一年：免𡟰为庶人、立妻；生男必、女若。

十二年（前235）：𡟰入宗，入里单。

十五年（前232）：为隶識娶妻。

十六年（前231）：为隶識购房（合5000钱）、送其稻田20亩、马1匹；識从军。

十八年（前229）：識归；因主人沛已死，于是劫𡟰，𡟰自告并告发識。

按这个时间顺序推测，始皇十八年𡟰自告时，女姝应满15周岁，沛子義9~10岁，子男必、女若7~8岁，𡟰至少30岁，而已逝大夫沛年龄当在40岁上下。[①]

沛的长子義继承其父沛的财产并爵其后。沛爵为五级大夫，義为走马。走马在秦简中多见，如岳麓秦简《数》有“大夫、不更、走马、上造、公士共除米一石（122/0978简）”；[②]《为狱等状四种》案例五“多小未能与谋案”89/1209简：“多曰：小走马。以十年时与母兒邦亡荆。”本案（識劫𡟰）除沛子義外，其里人有“走马拳”；张家山汉简《奏谳书》案例一七111简有“十月不尽八日为走马魁都庸，与偕之咸阳”，这个案例发生于始皇二年（前245），与本案时间相差不远。走马这一爵位相当于传世文献所记汉二十级爵的第三级簪袅，[③]《二年律令·置后律》368简有“公大夫后子为大夫，官大夫后子为不更，大夫后子为簪袅”，本案例沛为大夫，其子義为走马，正与簪袅爵位相当。

識自幼为沛隶，成年后，“沛已为識取（娶）妻，即为識买室，分識马、田，异識”；从“异識”分析，应当是免識为庶人并分异户籍，否则

---

① 据本案狱辞，“姝、快、臣、拳、嘉、颉言如𡟰”，“義、若小不讯”，推测女姝已年满15岁。对此，日本学者柿沼氏、下仓涉都有论证，只是对子男、子女排列顺序的原因有不同的认识。见〔日〕下仓涉《一位女性的告发：岳麓书院藏秦简“识劫姝案”所见奴隶及“舍人”“里单”》，陈鸣译，载周东平、朱腾主编《法律史译评》第5卷，中西书局，2017，第43页。又，若女姝15岁，则𡟰至少30岁。

② 朱汉民、陈松长主编《岳麓书院藏秦简（贰）》，上海辞书出版社，2011，第95页。

③ 王勇、唐俐：《“走马”为秦爵小考》，《湖南大学学报》（社会科学版）2010年第4期，第15页。

識作为隶只能算沛的家庭附属成员，谈不上“异識”。对隶的身份，或曰隶的法律地位学界争议较大；这牵涉奴、婢、隶、臣及奴隶的概念问题。睡虎地秦简《法律答问》22 简：“户为‘同居’，坐隶，隶不坐户谓殹(也)。”按整理小组观点，“隶”为奴隶。[①] 隶、妾、臣、奴、婢，因时代不同而称呼各异。据陈伟先生的研究，“睡虎地秦简多称男为臣或奴，女为妾，汉代相关材料常称奴与婢，虽然名称前后有所不同，但也难以看出明确的实质差异，均指身份隶属于人者。不过，在岳麓书院秦简得到更多刊布之后，我们进一步发现，‘奴婢’一词取代‘臣妾’‘奴妾’而得以应用，其实在秦代已经发生”。[②] 陈伟先生的分析并没有涉及隶。汉初法律将奴婢视为财产，《二年律令·户律》337 简：“民大父母、父母、子、孙、同产、同产子，欲相分予奴婢、马牛羊、它财物者，皆许之，辄为定籍。”律文将“奴婢、马牛羊、它财物”相提并论。《二年律令·杂律》190 简：“民为奴妻而有子，子畀奴主。”此条虽是汉初律文，推测应当承自秦律。按律文，民嫁奴后所生子女身份都不归属于庶民。不过，官私奴婢的身份都可以免除，只是免除的途径不同。[③]

汉及以后的经学家，一般将隶、奴划归一起，作为一个大的阶层或群体。郑玄注《周礼·秋官》“罪隶”引郑司农云：“谓坐为盗贼而为奴者，输於罪隶、舂人、槀人之官也。由是观之，今之为奴婢，古之罪人也。故《书》曰‘予则奴戮汝’，《论语》曰‘箕子为之奴’，罪隶之奴也。故《春秋传》曰：‘裴豹，隶也，著于丹书，请焚丹书，我杀督戎。’耻为奴，欲焚其籍也。”郑玄：“谓奴从坐而没入县官者，男女同名。”贾公彦进一步指明后郑注引先郑述《春秋传》裴豹事：“引之者，证隶为奴。”[④] 《周

① 睡虎地秦墓竹简整理小组编《睡虎地秦墓竹简》，文物出版社，1990，第 98 页。

② 陈伟：《“奴妾”、“臣妾”与“奴婢”》，载王捷主编《出土文献与法律史研究》第 6 辑，法律出版社，2017，第 218 页。

③ 参见于豪亮《秦简中的奴隶》，中华书局编辑部编《云梦秦简研究》，中华书局，1981，第 131～139 页；高恒：《秦简中的私人奴婢问题》，同书，第 140～151 页。奴隶身份的免除主要有：1. 主人免除，奴婢为善而主欲免者，许之。奴命曰私属，婢为庶人，皆复使及筭，事之如奴婢。主死若有罪，以私属为庶人，刑者以为隐官。所免不善，身免者得复入奴婢之。其亡，有它罪，以奴婢律论之（《二年律令·亡律》162、163 简）。2. 法定免除，御其主而有子，主死，免其婢为庶人（《二年律令·置后律》385 简）。

④ （汉）郑玄注，（唐）贾公彦疏《周礼注疏》，上海古籍出版社，2010，第 1392 页。

礼》为战国时作品，内中保留诸多涉及“隶”的内容，如《秋官》记有：罪隶、蛮隶、夷隶、闽隶、貉隶等，这些记载说明罪人是隶的来源之一。

另一种看法认为隶不同于奴隶。近年来出土的秦汉简牍数见单字“隶”文例，与作为奴婢的臣、奴、妾不同。张家山汉简《奏谳书》案例四女子符亡案28、29简记有符“以令自占书名数，为大夫明隶”，整理小组注释曰：“隶，一种依附的身份。”① 具体何指则不详。此案中的女子符奔亡后以隶的身份依附于大夫明家，后又被大夫明嫁给隐官解（故黥劓）为妻。“隶”的称呼很早，流行时间很长，到汉初仍然保留着。識劫娓案发生在秦国末年（始皇十八年），識故为沛隶。秦汉简资料显示，无论男女都可称为隶，如里耶秦简8－1546简：“南里小女子苗，卅五年徙为阳里户人大女子婴隶。”② 里耶秦简户籍简K4简记有“隶大女子华”，与“妻大女子媐”同录于第二栏内。③ 贾丽英先生提出：“这个叫华的女人并不是家内奴婢……‘隶’不是通过买卖而来的，人身是自由的。”④ 根据識劫娓一案，陈絜先生认为：“‘隶’在当时（指秦朝——引者注）的户籍管理中，其法律地位几与家庭血亲成员相等，故说‘隶’为奴隶，恐怕是不妥当的。”他通过分析西周出土资料等文献，认为“从西周到春秋，以‘隶’、‘仆’为名者，其身份等级或许已趋下降之势，甚至已经固化成某类下等民众的专名。但此中所体现的主要应该是不同阶层间的依附关系，而不是某一阶级的代号”。⑤

传世文献中也不乏对隶的记载。《左传·昭公七年》：“天有十日，人有十等，下所以事上，上所以共神也。故王臣公，公臣大夫，大夫臣士，士臣皂，皂臣舆，舆臣隶，隶臣僚，僚臣仆，仆臣台。”按周制，隶、仆身份为当时的第七、九级。《左传·桓公二年》：“故天子建国，诸侯立家，卿置侧室，大夫有贰宗，士有隶子弟，庶人、工、商，各有分亲，皆有等

① 张家山二四七号汉墓竹简整理小组编著《张家山汉墓竹简〔二四七号墓〕：释文修订本》，文物出版社，2006，第94页注〔三〕。

② 陈伟主编《里耶秦简牍校释》第1卷，武汉大学出版社，2012，第355页。

③ 简文见湖南省文物考古研究所编著《里耶发掘报告》，岳麓书社，2006，第205页。

④ 贾丽英：《小议“隶”的身份》，《中国社会科学报》2009年9月10日，第5版。

⑤ 陈絜：《岳麓简“识劫娓案”与战国家庭组织中的依附民》，载中国文化遗产研究院编《出土文献研究》第14辑，中西书局，2015，第88、92页。

衰。”贾公彦疏引服虔注：“士卑，自以其子弟为仆隶。”《左传·襄公十四年》又有“是故天子有公，诸侯有卿，卿有侧室，大夫有贰宗，士有朋友，庶人、工、商、皂、隶、牧、圉，皆有亲昵，以相辅佐也”。故有学者认为“士有朋友”就是“士有隶子弟”。[①] 从《左传》关于隶的三条记载看，其身份地位都不高，都属于社会底层人士。陈伟先生总结道：“隶的确定，需要报告官府并登入户籍，隶作为家庭中一员，具有比较特别的身份。一方面类似于子女，户主主导其婚姻，分予其财产，并对其犯罪负连坐责任；另一方面，隶不需要对所依附的家庭犯罪连坐，显示其法律地位比较低，与奴婢近似。”[②]

岳麓秦简识劫娓案中的隶识，其身份就应是《法律答问》22 简所说的“隶”。秦汉有奴婢臣妾的买卖记载，似乎未见隶的买卖。[③] 这显示，隶的身份地位与奴婢、臣妾相比，可能略高。沛为识所娶的妻子是同里的“上造羽子女齡”，若识的身份与奴完全相当，上造羽不会同意将自己的女儿嫁给一个奴隶。

“隶”与奴婢、臣妾究竟有哪些差异，隶与主人的权利义务、隶自身与国家的权利义务等等，目前并不完全清楚。从岳简资料看，沛待隶识很宽厚，为他娶妻，给他买了房子（5000 钱），还送他稻田和马匹。虽然此前答应的布肆、舍客室没有给他，但已用宅、田、马匹替代了。后识从军，至于他一级公士的爵位是如何得到的并不能得知。从里耶秦简看，隶可能可以直接从国家获得爵位。[④] 识从军归来后见沛已死，立即索要布肆

① 郭守信：《“士有朋友”——古代社会人际关系初探》上下，《金景芳教授百年诞辰纪念文集》，吉林大学出版社，2002，第 371～400 页。

② 陈伟：《秦简牍校读及所见制度考察》第七章“秦汉简牍中的‘隶’”，武汉大学出版社，2017，第 180 页。

③ 睡虎地秦简《封诊式》“告臣爰书”37、38 简：“某里士五（伍）甲缚诣男子丙，告曰：‘丙，甲臣，桥（骄）悍，不田作，不听甲令。谒买（卖）公，斩以为城旦，受贾（价）钱。’”（睡虎地秦墓竹简整理小组编《睡虎地秦墓竹简》，第 154 页）里耶秦简 8－1604 简：“□□新买大奴曰齐▨□”（陈伟主编《里耶秦简牍校释》第 1 卷，第 367 页）张家山汉简《奏谳书》案例二 8、9 简记有汉高祖六年初，“买婢媚士五（伍）点所，贾（价）钱万六千”（张家山二四七号汉墓竹简整理小组编著《张家山汉墓竹简〔二四七号墓〕：释文修订本》，第 92 页）。秦汉官私奴之间通过买卖、奖赏，身份可以转换。

④ 游逸飞、陈弘音：《里耶秦简博物馆藏第九层简牍释文校释》，2013－12－22，http://www.bsm.org.cn/show_article.php?id=1968。

与舍客室，不给就敲诈主人的妻子娺。案情显示，識是一个十足的小人，一副无赖的嘴脸。审理本案的官吏对識的辩解也不支持，曾质问識曰：

> 沛未死虽告狗、羽，且以肆、舍客室鼠（予）識，而后不鼠（予）識，識弗求，已为識更买室，分識田、马，异識。沛死时有（又）不令，羛已代为户后，有肆、宅，識弗当得。何故尚求肆、室曰：不鼠（予）識，識且告娺匿訾？娺即以其故鼠（予）識，是劫娺，而云非劫，何解？

隶識对此也供认不讳：“識诚恐谓且告娺，娺乃鼠（予）識。識实弗当得。上以識为劫娺，辠識，識毋以避。毋（无）它解。辠。”可见“劫”罪是成立的。劳武利先生则认为，本案的主审官也不确定識的行为是否构成法定勒索罪（劫）。多数官员认为不应该对識的勒索行为进行严惩，而是仅处以赀二甲；其中缘由可能是这些官员没有将識索要肆、室的行为看作刑事犯罪，而是视其为民事争议，因此識的罪状应该归结为，識与娺原本是“同居者”，故对娺有法定的监督举报权利和义务，識对娺匿訾的行为知情不报，故处以赀刑。也有少数官员建议对識处以劳役刑中最重的城旦刑，并“䙴足输”蜀地。从简文看，娺的沛妻身份成立与否，对識的量刑至关重大：若娺为庶人，識则被重判；若娺身份为沛妻，则只判識赀二甲。照情理，娺作为沛妻的身份若成立，应该重判識；那么简文何以出现这种完全相反的判决呢？曹旅宁认为：“比较合理的一种推测，案例八的抄手在抄写过程中致误。正确的文字可能如下：‘冤为大夫沛妻，識为城旦，须足输蜀；或曰：冤为庶人，识赀二甲。’”① 而王彦辉则认为：“娺为沛之妻，識在案发时若尚未将‘私属’在户籍上更定为‘庶人’，则其与娺的关系属于主仆，主仆之间的财产侵犯在秦代属于‘家罪’范畴，尽管識对娺的侵犯属于‘恐猲取财’，但按秦的立法精神，奴仆盗主量刑较轻。若娺为庶人，户籍又注记为‘免妾’，識与娺的关系就不是主仆关系，而是贱

① 曹旅宁：《〈岳麓秦简（三）〉案例八识劫冤案中奏谳的法律适用问题》，武汉大学简帛研究中心简帛网，2013 年 10 月 12 日，http：//www. bsm. org. cn/show_ article. php？id = 1941。

民之间的关系，应按庶人法论罪，量刑较重。”[①] 从睡虎地秦简《封诊式》的《告臣》《黥妾》两篇爰书看，臣、妾骄悍，都会被主人缚诣官府，要求斩以为城旦，或谒黥劓，更何况劫主人！因此，主仆关系成立，“奴仆盗主量刑较轻”的观点是很难成立的，而曹旅宁先生的观点倒是有道理。

本案对娓的身份颇有争议，吏议有二：一是“娓为大夫沛妻”，二是“娓为庶人”。推测娓的匿訾罪应当没有异议，但其身份可能直接影响判决的轻重。劳武利认为，如果娓被确认为庶人，其沛妻的身份得不到承认，按盗窃罪超过660钱则应处黥为舂；如果确认娓为大夫沛妻，则娓享有特权，最多判处“耐为白粲”。同时娓有自首情节，对娓会再减轻一级，以“耐为隶臣妾”处罚。[②] 本案存在争议，县廷上谳。因未见回报，不知最后的判决结果。学界对此案所做的一些推论，还需要进一步的论证。

二　家訾登记与匿訾

沛的家訾总额不清楚，但“有市布肆一、舍客室一”，“为識买室，价五千钱；分马一匹、稻田廿亩”，能送隶識“稻田廿亩”，则沛家田产不会少于200亩。[③] 参考《二年律令·户律》行田宅法，“大夫五顷”，“大夫五宅”，则沛的田亩数当远远高于200亩。七月占家訾时，大夫建、公卒昌等还欠義68300钱，这些债权都有凭证。沛“为識买室，贾（价）五千钱”，沛有妻有妾，还有四个子女，沛除自家的住宅外，还要为其舍人提供住处，因此沛的自有房产当比较宽裕。债务人“建、昌、積、喜、遗曰：故为舍人”，即这5人曾为沛的舍人。舍人就是由主人保障基本的经济生活，但需为主人提供服务的平民。一般舍人都由主人提供居舍，

① 王彦辉：《秦简“识劫娓案”发微》，《古代文明》2015年第1期，第79页。

② 〔德〕劳武利：《秦的刑事诉讼案例汇编：为狱等状》，朱喆琳译，载周东平、朱腾主编《法律史译评》第4辑，中西书局，2017，第37~40页。又，参见〔日〕下仓涉《一位女性的告发：岳麓书院藏秦简“识劫娓案”所见奴隶及“舍人”“里单”》，第51页。

③ （汉）班固：《汉书·食货志》：“今一夫挟五口，治田百亩。”同书《沟洫志》亦言“魏氏之行田也以百亩，邺独二百亩，是田恶也。”师古注：“赋田之法，一夫百亩。”这是指一个平民的基本赋田，战国时各国基本贯彻一夫百亩这个标准。考虑沛为五级大夫，送隶識20亩稻田，推测沛家的田亩最少为200亩。

所以称为舍人。主人与舍人的关系应是约定的主仆关系，而不是法律规定的身份上的主仆关系。[①] 从沛所拥有的田亩数量以及3个年幼的孩子等情况分析，沛不止拥有两个奴隶。里耶秦简《都乡守沈爰书》："高里士伍广自言，谒以大奴良、完、小奴嚋、饶，大婢兰、愿、多、□、禾稼、衣器、钱六万，尽以予子大女子阳里胡"，高里的士伍广将自家的8个奴隶以书面的形式注明分给已出嫁到阳里的女儿胡。[②] 沛爵为大夫畜奴的条件应更强于士伍，况且沛家的家庭成员结构如果没有其他奴隶，其农田的劳作就成问题，至少还需雇佣多名类似陈胜这样的佣耕者。张家山汉简《奏谳书》案例七："六年二月中买婢媚士五（伍）点所，贾（价）钱万六千"，此案亦发生在南郡，考虑到汉初半两钱较轻，而男奴可能价更高一些，沛曾向外借贷68300钱，因此是有条件购买、畜养更多奴隶的。这些情况说明，沛家訾比较殷厚，在当地应属中等地主，但在仕官、爵位等身份上还没有进入高爵阶层，属于富而不贵这一类。也有的学者认为沛的身份是商人；[③] 不过，一个纯粹的商人能否拥有爵位五级大夫是个疑问，我们更倾向于沛是个以农为主而兼营商业的中等地主。王彦辉先生计算沛家訾产，认为当在四五十万以上，似应达到或接近"大家"的水平。[④]

本案狱辞："羛（義）当责大夫建、公卒昌、士五（伍）積、喜、遗钱六万八千三百，有券，㜫匿不占吏为訾"，"識且告㜫匿訾。㜫恐，即以肆、室鼠（予）識。"这段文字首先说明秦国存在财产申报制度；其次，匿訾将要受到法律处罚。至于占家訾的目的，只能是与赋税存在直接或间接的关系，本案透露出秦国晚期有关财产与税制方面的强烈信息。沛作为五级大夫，其家不但从事农耕，也经营商业，其客室、布肆肯定是用来经

① （汉）班固：《汉书·曹参传》"萧何薨，参闻之，告舍人趣治行"，颜注："舍人犹家人也，一说私属官主家事也。"张家山汉简《奏谳书》案例二二205、206简："即收讯人竖子及贾市者舍人……"说明商人也可供养舍人。舍人虽为主人办事，提供服务，但其身份绝不是奴仆。

② 陈伟主编《里耶秦简牍校释》第1卷，第356~357页。

③ 〔德〕劳武利：《秦的刑事诉讼案例汇编：为狱等状》，朱喆琳译，载周东平、朱腾主编《法律史译评》第4辑，第35~41页。

④ 王彦辉：《秦简"识劫㜫案"发微》，《古代文明》2015年第1期，第76页。

商的，从理论上来讲，当时秦国应当存在分行业制税的规定。

秦朝税制有田租税、刍稾税、口赋、户赋和市租等，[①] 本案透露秦朝（国）似乎还有一个訾产税，而且现金（债权）也包括在内，否则娓也不会隐匿这68300钱债权。狱辞中吏问“匿訾税及室、肆，臧值各过六百六十钱”，这句的字面意思就是娓隐匿的訾产税和識敲诈室、肆的臧值都超过了660钱。匿訾超过了660钱这个界线似乎比较严重，所以“娓恐”，竟然乖乖地将室、肆给予了識。财产税秦以后各代都是收取的，只是收取的形式和额度不同而已。东汉时有财产税，西汉则是临时的。值得我们注意的是，两汉直到三国编户都据訾财划分户等，并据户等收取不同的户赋，这又表明訾额与户赋直接关联。据长沙走马楼三国吴简，当时的编户划分为上、中、下三品，下品中还有“下品之下”的称谓，实即史籍中所称“尤贫”者。各品级编户所出户税是不同的，如“都乡男子朱敬，故户，上品，出钱一万二千。侯相□”（172简），“模乡男子盖转，故户，中品，出钱八千。临湘侯相□□”（1518简），“▨□真，故户，下品，出钱□千□百九十四。侯相□”（381简）。[②] 虽然还有故户与新户的问题，但故、新户各自划分的上中下三品中，皆是上品出钱最高，下品最低。户类的划分还与国家的优抚政策有关，如对州吏和老弱病残等

---

① 新出土材料已经证实秦、汉皆有户赋，且收取的品类不同。里耶秦简8－518：“卅四年，启陵乡见户、当出户赋者志：▨见户廿八户，当出茧十斤八两。”明确记载秦朝有户赋，规定按户征收蚕茧，合每户6.7两。参见陈伟主编《里耶秦简牍校释》第1卷，第172页。又，岳麓秦简1287、1230、1280简：“金布律曰：出户赋者，自泰庶长以下，十月户出刍一石十五斤；五月户出十六钱，其欲出布者，许之。十月户赋，以十二月朔日入之，五月户赋，以六月望日入之，岁输泰守。十月户赋不入刍而入钱者，入十六钱。”参见陈松长主编《岳麓书院藏秦简（肆）》，上海辞书出版社，2015，第240页。汉初的规定与此相同，《二年律令·金布律》255简：“卿以下，五月户出赋十六钱，十月户出刍一石，足其县用，余以入顷刍律入钱。”秦与汉初户赋的钱（16钱）、刍（1石）不按田亩征收，规定卿以下按户征收。此外，还有一个按田亩征收的刍藁，《二年律令·田律》240简：“入顷刍稾，顷入刍三石；上郡地恶，顷入二石；稾皆二石。令各入其岁所有，毋入陈，不从令者罚黄金四两。”这条规定与睡虎地秦简《秦律十八种·田律》8简的规定是一样的：“入顷刍稾，以其受田之数，无豤（垦）不豤（垦），顷入刍三石、稾二石。”参见睡虎地秦墓竹简整理小组编《睡虎地秦墓竹简》，第21页。户赋在《金布律》中规定，刍稾在《田律》中规定，二者是不同的税种。参见于振波《从简牍看汉代的户赋与刍稾税》，《故宫博物院院刊》2005年第2期，第151～155页。

② 长沙市文物考古研究所、中国文物研究所、北京大学历史学系走马楼简牍整理组：《长沙走马楼三国吴简·竹简〔壹〕》文物出版社，2003，第898、925、902页。

弱势群体加以照顾。[①]

两汉也存在划分户等的问题，《续汉书·百官志》："乡置有秩、三老、游徼。本注曰：……皆主知民善恶，为役先后，知民贫富，为赋多少，平其差品。"即乡的吏员，须了解民户善恶、贫富，并据以划分户等，为的是在征收赋役上有所差别。传世典籍、居延汉简有"高赀""赀家"等称谓。[②]划分户等不会东汉时才有，前汉亦有印迹可寻。算赋、口赋、更赋虽不以户訾为据，但"以訾征赋"的记载在西汉确实出现了，《盐铁论·未通》：

往者军阵数起，用度不足，以訾征赋，常取给见民。田家又被其劳，故不齐出于南亩也。大抵逋流皆在大家，吏正畏惮，不敢笃责，刻急细民，细民不堪，流亡远去。中家为之绝出，后亡者为先亡者服事。录民数创于恶吏，故相仿效，去尤甚而就少愈者多。

"逋流"，王利器释为"逋赋"，即拖欠赋税。[③] 类似记载在《击之》篇还有：

其后保胡、越，通四夷，费用不足。于是兴利害，筭车舡，以訾助边，赎罪告缗，与人以患矣。

这里讲的是因战事而"以訾征赋"，讲到大家、中家、细民的问题，指的是农户；"筭车舡，以訾助边"，指的是商户。可见，用于军赋是计訾而征的主要目的。这在《史记·平准书·正义》也有记载："武帝伐四夷，国用不足，故税民田宅、船乘、畜产、奴婢等，皆平作钱算。"当然这都不

---

① 于振波：《略论走马楼吴简中的户品》，《史学月刊》2006 年第 2 期，第 28～32 页；李均明：《走马楼吴简人口管理初探》，载卜宪群、杨振红主编《简帛研究二〇〇六》，广西师范大学出版社，2008，第 269 页。

② 《汉书·地理志下》："汉兴，立都长安，徙齐诸田，楚昭、屈、景及诸功臣家于长陵。后世世徙吏二千石、高訾富人及豪桀并兼之家于诸陵。"颜师古注："訾读与赀同。高訾，言多财也。"居延简 73EJF3：101："☒□粟大石廿五石。始建国二年十月甲寅，肩水掌官士吏恽受赀家居延万岁里衣戎就人西道里王竟。"

③ 王利器校注《盐铁论校注》，中华书局，1992，第 200 页注四九。又文中"绝出"有版本作"色出"，王利器认为应作"绝出"，即绝，读为缀。意为继续。见王利器校注《盐铁校注》，第 200 页注五二。

是常制，但汉武帝刘彻、昭帝刘弗陵确实实施过。

既然划分户等，就要申报訾财。每家向政府申报财产并折合成货币的数额，即“自占”。政府按数额、等级征税，这就是“訾算”。汉时登记家訾有资料证明，《居延汉简甲乙编》二四·一B（甲一八一B）简记有“三墉燧长居延西道里公乘徐宗，年五十”，其名下登记有：“宅一区，直三千；田五十亩，直五千；用牛二，直五千。”[①] 以家訾划分户等，除征收临时赋税外，在迁徙富豪、选官、贫困补助等方面也适用。达不到标准的则称为“不中訾”。《汉书·景帝纪》后元二年（前87年）诏：

> 今訾算十以上乃得官，廉士算不必众。有市籍不得官，无訾又不得官，朕甚愍之。訾算四得官，亡令廉士久失职，贪夫长利。

由此可见訾算标准的重要性。冉昭德先生分析，汉代据家訾划分为大家、中家和小家，大地主财产在百万以上，中家在十万以上，小家在十万以下，小家以下为贫民。[②] 汉户分等是不容争议的事实，哪些财产包括在家訾之内以及以多少数额为准划分户等，学界一直存有争议。[③] 劳榦先生认为：“汉世算訾之目见于文献中，今有汉简为证，则不动产所有者为田及宅，而动产中所有者为奴隶、车（牛车及轺车）、牛、马，其他用具衣物，则不在算訾中。”[④] 黄今言先生认为：“汉人计訾的范围，既包括货币财富，也包括马牛、驴车、粮食、田亩、六畜、奴婢以及房屋、珍宝等实物财富。动产、不动产皆含其中。有时甚至衣履釜鬵一类的生活资料，也列在计訾范围之内。当然，论及家訾时，也往往出现有时言物、有时言钱的情况。但凡是只言钱者，通常是由实物折纳成了货币的缘故。”[⑤] 以上讨论訾税范围是对两汉笼统而言，考虑到秦、汉初田亩是按户、爵实施名田，因此，有学者认为，“秦到汉初财产税的征收主要是针对从事商业活动的黔

---

① 中国社会科学院考古研究所编《居延汉简甲乙编》下册，中华书局，1980，第14页。

② 冉昭德：《汉代的大家、中家和小家》，《光明日报》1964年1月15日史学版。

③ 马新：《两汉乡村社会史》，齐鲁书社，1997，第120~129页。

④ 劳榦：《居延汉简考证》，收入中华书局编辑部编《中研院历史语言所集刊论文类编·历史编·秦汉卷》，中华书局，2009，第975页。

⑤ 黄今言：《秦汉赋役制度研究》，江西教育出版社，1988，第185页。

首，土地不在‘訾税’征收的范围，秦到汉初对于广大民众的‘占訾’属政府对民间财产调查制度的一部分，其主要作用体现在‘徭役征发’‘官吏任免’‘徙民’甚至‘振业贫民’等层面上。需要注意的是，‘占訾’虽然涵盖了一部分‘訾税’对象人群，但却与‘訾税’无必然联系。”[①]此论近是，广泛的征收訾税应是汉武帝以后的事。

汉初资料显示，户赋、临时性征徭与爵位有一定关系。秦与汉初户赋的钱（16钱）、芻（1石）均不按田亩征收，卿以下按户征收。《二年律令·徭律》派徭既与訾关联，也与爵等对应："发传送，县官车牛不足，令大夫以下有訾者，以訾共出车牛；及益，令其毋訾者与共出牛食、约载具（简411）。”邢义田先生对此分析得很到位："从这一条知道，公家车牛不足时才要民夫协助，此其一。有赀而爵属大夫以下者才承担这样的役，此其二。经查居延和敦煌简，发现目前可考的訾家竟无一有爵位。又从敦煌、居延简看，承担此役者不必身任其事，花钱雇人即可。”[②]居延简也有多条关于訾家按规定将物资输候官的简文，如"发此家车牛载输候官第☐”（E. P. T50：51）。而家訾达不到一定标准也会受到某些救剂，如《汉书·成帝纪》："成帝鸿嘉四年春正月诏：被灾害什四以上，民赀不满三万，勿出租赋。逋贷未入，皆勿收。”

岳麓秦简案例七："七月为子小走马羛（義）占家訾，羛（義）当责大夫建、公卒昌、士五（伍）積、喜、遗钱六万八千三百，有券，婏匿不占吏为訾”，即婏（沛家）将借贷出去的68300钱没有申报，这是货币债权，也应申报。占訾的目的是什么，当然是要按户訾收取一定的赋税，或与摊派某些徭役有关，否则就没必要设"匿訾”这个罪名。秦朝（国）占訾是以各领域的统计和登记制度作保障的，里耶秦简有"户曹记录”，凡七计："乡户计、繇（徭）计、器计、租质计、田提封计、鬃计、鞫计，凡七计。”[③]里耶简还存有两份析产方面的档案：

① 齐继伟：《秦汉"訾税”补论——从岳麓秦简"识劫婏案”说起》，载邬文玲主编《简帛研究二〇一七（春夏卷）》，广西师范大学出版社，2017，第171页。

② 邢义田：《张家山汉简〈二年律令〉读记》，载燕京研究院燕京学报编辑部编《燕京学报》新15期，北京大学出版社，2003，第13页。

③ 陈伟主编《里耶秦简牍校释》第1卷，第167页。

1.《都乡守武爰书》简 8－1443＋8－1455：

卅二年六月乙巳朔壬申，都乡守武爰书：高里士五（伍）武自言以大奴幸、甘多，大婢言、言子益等，牝马一匹予子小男子产。典私占。初手。

六月壬申都乡守武敢言：上。敢言之。初手。

六月壬申日□，佐初以来。欣发。初手。

2.《都乡守沈爰书》简 8－1554＋8－1554：

卅五年七月戊子朔己酉，都乡守沈爰书：高里士五（伍）广自言：谒以大奴良、完，小奴嚋、饶，大婢阑、愿、多、□，禾稼、衣器、钱六万，尽以予子大女子阳里胡，凡十一物，同券齿。典弘占。

七月戊子朔己酉，都乡守沈敢言之：上。敢言之。□手。

【七】月己酉日入，沈以来。□□。沈手。[①]

《都乡守武爰书》意思是，秦始皇三十二年（前 215）六月二十八日，都乡守官名武向迁陵县上报“爰书”：高里士伍名叫“武”的，自愿将大奴“幸”“甘多”，大婢“言”及其子“益”，连同母马一匹（等财产）分赠给他的儿子名叫“产”的。由里典名叫“私”的验证，书手名叫“初”抄录。《都乡守沈爰书》的意思与公文格式与上相同。有学者认为这两份爰书是关于析家产的遗嘱。[②] 其析产登记程序与张家山汉简对于先令自嘱分派遗产的要求接近，只是没有副本上报县廷的

① 陈伟主编《里耶秦简牍校释》第 1 卷，第 326、356～357 页。

② 张朝阳：《里耶秦简所见中国最早民间遗嘱考略》，武汉大学简帛研究中心简帛网，2012 年 6 月 1 日，http：//www. bsm. org. cn/show_ article. php？ id＝1707。也有学者指出二份文书不是遗嘱，而是分家析产的“生分”文书，见薛洪波《里耶秦简所见秦代“生分”》，《中国史研究》2013 年第 3 期，第 206～208 页。亦可参见王彦辉、薛洪波《从户的相关立法谈秦汉政府对人口的控制》，《东北师大学报》（哲学社会科学版）2013 年第 1 期，第 56 页。

环节。[①]因此，薛洪波先生据这两份爰书认为："两分爰书假如属于'生分'性质，则依据财产划分户等的制度最晚在秦代已经实行，《汉书·景帝纪》提到的'訾算'并非汉初才有的制度。"[②]《二年律令·户律》331简规定"民宅园户籍、年细籍、田比地籍、田命籍、田租籍，谨副上县廷"，可见百姓的财产从各方面讲都需要登记。王彦辉认为，秦代乃至战国时期的秦国可能已经开始实行财产登记制度。[③]岳麓秦简識劫娺案狱辞"匿訾税"，不但证明当时存在财产登记制度，还存在訾税，即征收财产税的制度。至于占家訾是否与秦朝徭赋相关联，目前还找不到直接证据，但岳麓秦简《繇（徭）律》243/1241、244/1242简有：岁兴繇（徭）徒，"田时先行富有贤人，以闲时行贫者"的律文，[④]何为"富有贤人"，何为"贫者"，必据訾划分户等，这就为家訾与徭役之间的关系提供了线索。

存在财产登记制度，才可能存在占訾不实的罪名。本案县吏有言"匿訾税及室、肆，臧（赃）直（值）各过六百六十钱"，即那没有申报的68300钱涉及訾税，識敲诈主人家的肆、室也超过660钱。按律赃过660钱是一个重要的界线，这说明秦国晚期是存在匿訾罪的，否则隶識敲诈娺占吏家訾不实也就没有法律上的意义了。

三　里单的社会性质与功能

本案中的秦大夫沛，与妾娺生有四个子女。沛先后给娺办理了免妾（奴）为庶人、立娺为妻及让娺入里单等手续，"沛告宗人、里人大夫快、臣、走马拳、上造嘉、颉"，"欲令娺入宗，出里单赋，与里人通歓（饮）

① 《二年律令·户律》334～336简："民欲先令相分田宅、奴婢、财物，乡部啬夫身听其令，皆参辨券书之，辄上334如户籍。有争者，以券书从事；毋券书，勿听。所分田宅，不为户，得有之，至八月书户。留难先令、弗为券书，335罚金一两。336"简文见张家山二四七号汉墓竹简整理小组编著《张家山汉墓竹简〔二四七号墓〕：释文修订本》，第54页。

② 薛洪波：《里耶秦简所见秦代"生分"》，《中国史研究》2013年第3期，第208页。

③ 王彦辉：《秦汉户籍管理与赋役制度研究》，中华书局，2016，第133页。

④ 陈松长主编《岳麓书院藏秦简（肆）》，第246页。

食。快等曰：可。嬿即入宗，里人不幸死者出单赋，如它人妻"。这段文字透露了这样几层意思：1. 嬿"入宗，出里单赋"是个人民事行为，由宗人、里人同意即可。不同于免妾为妻，必须在乡的户籍档案上登记才能生效；[①] 2. 单是纯粹民间组织，一般以里为单位设立；3. 单的成员要交纳一定的费用，以备救济单内人员；4. 单似受里正、宗族首领的共同领导。下面就相关问题做详细分析。

（一）里单的组织者（领袖）

我们暂且放下单的性质问题，先看一下岳麓秦简案中加入里单时需经过哪些人同意："沛告宗人、里人大夫快、臣、走马拳、上造嘉、颉曰：'……欲令嬿入宗，出里单赋，与里人通饮食。'快等曰：'可。'嬿即入宗。"显然大夫快、臣、走马拳、上造嘉、颉五人分别担任里的宗人及里的行政职务。宗人即里中宗族首领，东汉侍廷里单的组织人员也是以行政系统以外的民间领袖为首："建初二年正月十五日，侍廷里父老、僤祭尊于季、主疏左巨等廿五人，共为约束石券里治中。"[②] 父老是乡里的民间领袖，祭尊是新建之单的首领，于季原为侍廷里父老，现又任侍廷里单的祭尊。两相比较可以看出，宗人、父老都是民间系统的领袖，单是民间的自助组织，所以由民间系统的领袖挂帅。对于僤父老一职的起源与职能，邢义田做了精彩的分析。他认为，古代的农村聚落大抵是因婚姻而建立起血缘关系。居民聚居一处"祭礼同福，死丧同恤"（《国语·齐语》），族中的长者就是聚落的领袖。后来的乡三老、里父老一类的人物应渊源于此。以后新起的乡里行政建制并没有破坏原有的血缘性联系，使他们仍然保有传统的威望。这些传统的首领与代表国家征兵、抽税、执法的有秩、啬夫、里正成为乡里间的

① 本案简文"卿（鄉）唐、佐更曰：沛免嬿为庶人，即书户籍曰'免妾'。沛后妻嬿，不告唐、更。今籍为免妾。"虽然嬿实际上以沛妻的身份履行了里人应尽的义务，但在审理时，因为户籍未登载嬿为沛妻，故对嬿的身份县廷有分歧："吏议：嬿为大夫[沛]妻，赀二甲。或曰：嬿为庶人。"

② 黄士斌：《河南偃师县发现汉代买田约束石券》，《文物》1982 年第 12 期，第 17 页。

领袖的两种类型。[①] 岳麓秦简所述里单领导将里宗人放在首位，正因为单最初是以里中宗族成员为主要吸收对象。这说明，即便到了秦帝国建立的前夜，原始的宗亲关系在居住体系——里以及民间组织——单中依旧十分顽强地保留着。王彦辉认为，岳麓秦简“这个‘单’是以宗族血缘为基础，以里为单位组织起来的一种民间组织，所以称为‘里单’。”[②] 时代越早，里单的宗亲血缘关系越明显，它与早期农村公社的关系似乎就越近。春秋战国农村公社破坏后，里单自然就承担了农村公社的某些职能。

（二）里单是民间自助组织

作为里中居民，并非自然就成为里单的成员，而是要履行“出里单赋”及“与里人通饮食”的手续与仪节；这点正是与农村公社的根本区别。“里人不幸死者出单赋”，正反映了这是一个以里为单位的民间自助组织。在自给自足的乡村社会，人们抵抗灾异的能力很差，生老病死、农荒、战事等都不是社会基层的乡里人家所能够承受的，因此平时积蓄，必要时相互救助就显得十分必要。岳麓秦简案中的里单反映的正是当时乡里自助的一种社会现象，这种自助方式到两汉一直延续着。1955 年四川宜宾市翠屏村发掘出土有汉墓砖，其中两方砖铭如下：

A. 宣化宜世弹休之藏，永元六年始造。

B. 永元六年宜世里宗墼，利后安乐。

① 邢义田：《汉代的父老、僤与聚族里居——“汉侍廷里父老僤买田约束石券”读记》，《汉学研究》1983 年第 1 卷第 2 期，第 368 页。张金光更一步区分了“父老”与“三老”的异同，二者虽然皆为传统的民间共同体领袖之职，但三老为更高层次之职（乡级以上），父老则只在闾里中。三老可与“吏比者”比，父老则在闾里活动，里无三老之职。而东汉充任父老的条件，除年高有德外，还要有“訾财”，“訾下不中”者自然不能充任（张金光：《战国秦社会经济形态新探》，商务印书馆，2013，第 421 页）。但是，汉印发现有“万岁单三老”，此万岁单或是乡级所建亦未可知。参见陈直《汉书新证》，天津人民出版社，1979，第 174 页。

② 王彦辉：《秦汉户籍管理与赋役制度研究》，第 117 页。

图1　四川宜宾市翠屏村出土的汉墓砖

资料来源：匡远滢《四川宜宾市翠屏村汉墓清理简报》，《考古通讯》1957年第3期，第20~25页。

显然，宜世弹即宜世里之弹。宜世里宗墼即宜世里宗休坟墓所用之砖。[①] 宜世里所建之宜世单紧紧围绕着单内人员丧葬事务展开活动，这正是“里人不幸死者出单赋”的救济内容，说明了直至汉代仍存在着这种民间自助组织——单。此外，祭祀等各种仪节的费用也要从单中的訾财支出。“与里人通饮食”，就是与里人一起从事以里为单位的祭祀仪节。王彦辉认为睡虎地秦简《封诊式·毒言》中的里人“会饮食”就属于这种礼仪活动；同时他还认为：“这类‘单’只是一种以社祭为信仰、以互助为目的的民间组织，没有摆脱国家的行政管理而达到自治的程度。”[②] 如果因为单的组织者及其活动都有里的行政领袖如里魁（里正）的参与，所以说还“没有摆脱国家的行政管理而达到自治的程度”还勉强说得过去，但实际上单的活动及其费用与国家行政系统基本上摆脱了干系，这从岳麓秦简的“里单赋”及东汉侍廷里集资建弹之事都得到了证明。

① 曾庸：《汉至六朝间砖名的演变》，《考古通讯》1959年第11期，第629页。

② 王彦辉：《秦汉户籍管理与赋役制度研究》，第116、117页。

同宗人员相互救助是宗法浓厚的农村公社的特征。在农村公社，每个人生来就是村社社员，并在一定的社会管理框架内生产和生活。文明社会后，随着行政力量的加强与管理方式的变化，农村公社逐渐退出历史舞台，她的一些职能大部分被行政组织乡里所取代。但仍有许多事务是行政组织所不愿或没有能力承担的，这些事务，如对本乡里居民的困难救济等就由单这种组织承担起来。尽管单的原始含义我们还没有弄清，但是单内人员相互扶助确有悠久的历史，《逸周书·大聚解》：

> 以国为邑，以邑为乡，以乡为闾，祸灾相恤，资丧比服。五户为伍，以首为长；十夫为什，以年为长。合闾立教，以威为长；合旅同亲，以敬为长。饮食相约，兴弹相庸，耦耕□耘，男女有婚，坟墓相连，民乃有亲。六畜有群，室屋既完，民乃归之。[①]

这是周公描述的周朝乡邑里户建制蓝图，反映了当时在农村公社存在的背景下以行政建制经纬社会的方案。当时，国家初建的行政组织乡闾对于民众的很多事务没有能力也不可能提供救济，只能由传统的民间组织自助解决，这个组织就是在宗族血亲基础上建立的单。所谓“兴弹相庸”，历代注家解释正确的不多，宁可先生的解释最为精准：“‘兴弹相庸’即建‘弹’以互相交换劳动，从事农业生产，故下文云‘耦耕□耘’。”[②] 从《大聚解》也可看出，“弹”是基层民众建立的相互扶助、救济的一种自助组织。

弄清了上面两个问题，我们可以谈一下里单的性质。关于里单的性质，学界大致有三种观点：第一种观点是以俞伟超先生为代表，认为两汉里单与古代农村公社有着密切的传承关系，并将里单看作是古代农村公社在同一道路上演化的孑遗。他认为，中国古代从公有制向私有制转化过程中普遍存在着本名为“单”的公社组织，这种组织内部在两汉时期还有细密的分职。类似于侍廷里单的“容田”是单内的公有财产，但当时的单已经普遍建立在土地私有制基础之上，是一种以私有制为主体的村社组织。[③]

① 黄怀信等：《逸周书汇校集注》，上海古籍出版社，1995，第420~422页。

② 宁可：《关于〈汉侍廷里父老僤买田约束石券〉》，《文物》1982年第12期，第24页。

③ 俞伟超：《中国古代公社组织的考察》，文物出版社，1988，第117~119页。

第二种观点即宁可先生的观点。他认为单是农村公社解体以后新成立的承担农村公社职能的新兴组织，“春秋战国以后，农村公社解体，里也基本上丧失了村社组织的性质，成为封建政权的基层行政机构，但村社组织生产的职能看来还部分地残存着”。当时实行的里社合一制度，由里承担着某些传统职能。汉时普遍出现了里社，私社也已出现，里社出现了分离的趋向，农村公村的残存职能逐渐被排除在里之外。出于生产和生活上互相救助的需要，新出现的单就承担着这种职能。换言之，单是受传统的农村公社影响并承担着与其相近的职能只是名称不同的新兴组织。[①] 张金光先生的观点与此相近，他认为，在先秦至两汉存在着一种名为“弹”（或曰单、僤）的乡村社会组织。两汉的里单（以侍廷里单为例）完全是闾里民间自为组织，带有民间自助性质。由于政府运行闾里等社会民事资金的缺如，为解决父老活动的资金而组建。此父老单的上源可与农村社会共同体传统有着千丝万缕的联系。换言之，单在先秦已有，只是村社的另一种组织，但本身不是农村公社。两汉的里单是新组建的村民自助组织。[②] 第三种观点是台湾学者杜正胜的观点。他从根本上不同意俞伟超先生的看法，认为两汉的单是“结社”而非“公社”。至迟从战国开始已出现一种既非血缘，也非地缘的人群组织——“合同”，反映的是为一定目的而合作的组织。因此，这种组织有商业性的，有宗教性的，有政治性的，也有黑社会的组织。[③]

从现有资料看，“单”这种组织在两汉常见，秦代也应如是。那么单是否就是农村公社这种组织的延续呢？商周金文“单”徽的内涵不清，暂且不论。《逸周书·大聚解》“兴弹相庸”，显然说明“弹”不是农村公社，只是那时公社之外的自治组织。农村公社在远东大陆是从远古的氏族演化而来，并没有一个专有的名称。在宗周的农村公社阶段，从血缘论则称氏称姓；在田曰井；在乡曰邑里。自管仲、商鞅强调邑里什伍的司察连坐的社会管理方式后，邑里居民的互助一面已基本消失。先秦的单原本就

① 宁可：《关于〈汉侍廷里父老僤买田约束石券〉》，《文物》1982 年第 12 期，第 24～26 页。

② 张金光：《秦制研究》，上海古籍出版社，2004，第 417、433～435 页。

③ 杜正胜：《“单”是公社还是结社？——与俞伟超先生商榷》，《新史学》创刊号，1990 年 3 月，第 118 页。

是不拘特定单位（界限）而“兴”的互助团体，因此这时又发挥了单的独特功用，对入单居民施以救济。

张金光先生认为，春秋以后，作为社会组织的基本细胞常常直接以“社”名称呼，如“书社”。邑，也是一种共同体，邑必有社，或邑即社，邑社合一。社、邑实为一体，只是不同角度称谓之而已。[①] 从里、社的表象观察，张金光先生的分析是正确的。但是，最为关键的是里、社的本质与源流不同，虽然他们都与农村公社有着渊源关系。春秋战国里社合一；秦汉后，里社逐步分离。先秦亦存在相当数量的“单”，这种单与秦汉的单应存在某种联系。西周以后，里为社会行政最基本细胞，而社专司祭祀，单则承担着农村公社的某些职能。行政里邑的规划、发展，使农村公社的规模与职能逐渐缩小，并最终消失。因此，在里邑发展、完善的过程中，从社（公社）、祭（社祭职能）合一，到里（行政管理）、社（祭祀）合一、分离，单这种纯粹民间性质的互助组织必然被排斥在里、社之外。識劫娺案中，秦大夫沛看到了自己年老力衰，孩子还未成人（除长女姨外），为防止自己死后家中妇孺无人照顾，因此提前做了安排，将妾娺免为庶人，立为妻，并让她加入里单，自己死后使家庭成员通过里单得到救助。通过此案可以看到，秦国不但存在邻里连坐、收奴等国家层面的残酷制度，也存在古老的兴单“出里单赋”自助救济的温情民间组织，从而使里邑村民在困厄时将损失、痛苦减少到最低程度。

通过分析岳麓秦简識劫娺案，推测案中已故主人秦大夫沛在当地属于中等地主并兼商人，拥有不少于二百亩的土地，有几栅店铺，畜养着 5 个以上的奴隶，亦曾供养着 5 个舍人。如果秦大夫沛家只畜养几个奴隶并耕耘着二百亩土地，从生产方式上看类似于封建领主地主。但从土地性质分析，沛或是租佃地主，或是经营地主。从其土地和隶、奴数量推测，沛应属于经营地主。[②]

① 张金光：《论汉代的乡村社会组织——弹》，《史学月刊》2006 年第 3 期，第 30 页。又参见氏著《战国秦社会经济形态新探》，第 298～301 页。

② 参见彭年《秦汉经营地主研究——兼论秦汉雇佣劳动制》，载四川师范大学历史系编《秦汉史论丛》，巴蜀书社，1986，第 25～65 页。

战国秦是新旧政治制度、经济制度交替时代，秦制军功爵已在全国推行，爵位附着各种政治、经济利益，已故主人沛就是第五级的大夫。与此同时，旧有的各类主仆法律关系仍然存在，国家仍然给予保护。主人沛有妾一人（后立为妻），曾有舍人 5 名（不能证明同时拥有），至少有隶一人。隶与舍人应当是约定的主仆关系，舍人的人身自由度更高。沛家的土地、店肆都需要人员耕作、管理，因此沛家实际雇佣的人数应当更多，其经济实力应该是比较殷实的。

本案还证明，至少在秦国晚期已经有了财产登记制度，除土田、房舍、牲畜等生产资料和生活资料外，货币债权也在登记范围之内。两汉据家訾将齐民划分成若干户等，户等的划分为临时徭役、户赋的征调奠定了基础。秦国晚期也应存在户等的划分以及户等与徭赋关联的可能性。不如实占訾，在法律上称为匿訾。根据当时的法律，对匿訾罪，按照所匿额度的不同予以不同程度的惩罚。

古代专制政体，其主要职能是管控百姓并向其索取应负“义务”，百姓应有权益大大缺如，生老病死、荒政战乱等灾害，国家也不可能负责且无能力救济，但这又不是每个个体所能够抗拒的。为减轻生老病死等意外灾害带来的损害，先秦即已存在的民间自助组织——“单”就发挥了作用。岳麓秦简識劫娺案中，秦大夫沛让其妻娺入里单正是这个背景的反映。单这种组织与两周的农村公社有着密切的联系，但其本身并不是农村公社，而是承担着农村公社若干职能的民间组织。这种民间自助组织一直到东汉还存在，对于政府管理不到或不愿介入事务起到了一种补充的救助职能，对于社会民众生活、生产的稳定起了一定的作用。传世文献关于这方面的记载非常少，岳麓秦简的记载使我们对这一问题有了较为深入的认识。

2017 年 5 月初稿

2018 年 8 月定稿

后记：本文写作过程中，与本所同仁张传玺先生多有交流，受益良多；有些资料亦系张传玺先生提供，在此谨表诚挚谢意！

《中国古代法律文献研究》第十二辑
2018年，第227~243页

西汉三公曹“主断狱事”探微

王　冠*

摘　要：三公曹出现于汉成帝时，初置时“主断狱事”，由其曹名、职责与其他史料推断：初设时应该是用以处理、传递三公经手的“断狱”文书，以缓解常侍曹日渐增加的文书传递压力；“主断狱事”的职责界定主要是为了与同为三公僚佐传递文书的常侍、三公二曹的职能区分开来。同时，三公曹的出现也意味着汉代尚书分曹标准的转变与“通三公官”两大政治倾向。然三公曹设立不久，到西汉末年又被废除，这或与三公曹、二千石曹之间“断狱事”处置重心的转变相关。

关键词：西汉　三公曹　主断狱事　尚书分曹

绪　论

尚书一名，始见于秦，为少府属官，主文书执掌，即《唐六典》所云“秦置尚书，有令、丞，属少府”，“（秦）置尚书于禁中，有令、丞，掌

* 浙江金华一中历史教师，毕业于中国人民大学历史学院。

通章奏而已”。[①] 西汉延置尚书，自武帝以后，其地位有所变化，在宫中侍从并处理文书，逐渐成为政令中转的重要枢纽。汉成帝建始四年（前29年）对尚书机构进行调整，“初置尚书，员五人”，其中三公曹“主断狱事”。[②] 三公曹尚书一职参与刑狱之事，掌握了部分司法审判权与监察权。西汉末年三公曹废除，汉光武复立，但其原本“断狱事”的主要职能已经移交到了二千石曹下。

三公尚书一职，是古代司法体系早期发展阶段不可忽视的一部分，其立废与反复调整一事，可视为汉代对中央司法体系的重大调整和对行政、司法体系改革的初步尝试，与汉代三公制度的再改革乃至隋唐三省六部制的创设都有着不可分割的密切关系。因此，理顺三公尚书立废过程、深入理解三公尚书一职的定位变动以及“断狱事”职能的转移过程，对于完善中国古代法制史与两汉职官制度研究均具有重要意义。本文试图从三公曹尚书的反复立废的史实出发，梳理尚书制度在两汉发展与完善的过程，并进一步与当时政治发展的大趋势加以联系，以求以小见大，对中国古代政治制度有更成熟的认识。

关于三公曹尚书，学界曾有过一些研究。吴宗国、阎步克先生等人所著《中国古代官僚政治制度研究》、安作璋与熊铁基先生之《秦汉官制史稿》、韦庆远与柏烨先生之《中国官制史》等，对三公曹设立的原因与其体现的趋势有所讨论，然惜之简略，且多着眼于皇权相权博弈的单一角度。[③] 王素先生《三省制略论》一作在追寻三省制起源时，对于两汉两府、三公、尚书制度多有论述，深化了对于尚书制度的认识。[④] 祝总斌先生

① （唐）李林甫等：《唐六典》卷一“尚书都省”，陈仲夫点校，中华书局，1992，第6页。

② （汉）班固撰，（唐）颜师古注《汉书》卷一〇《成帝纪》注引《汉旧仪》，中华书局，1962，第308页。

③ 吴宗国主编《中国古代官僚政治制度研究》，北京大学出版社，2004，第26页；安作璋、熊铁基：《秦汉官制史稿》之第三章第二节“尚书台”，齐鲁书社，2007，第260～281页。此作认为“成帝时建三公官，这是君权与相权矛盾进一步发展的结果”，有所提及尚书分曹标准于西汉、东汉时出现的不同，然未详加考辨；韦庆远、柏烨：《中国官制史》，东方出版中心，2001，第210～211页。此作关注了“尚书开始分曹治事，不但成为辅政机构，而且因为渐渐侵夺诸卿的权力而成为政务机构”，然对于尚书分曹的具体情况依旧含糊不清，只介绍了东汉尚书分曹之分工，忽略了西汉的情况。

④ 王素：《三省制略论》，齐鲁书社，1986。

《两汉魏晋南北朝宰相制度研究》对于汉代尚书曹之起源、分合及职权转移做了严谨周密的梳理分析，对许多疑惑处、争议处亦多有论及，是为尚书曹研究方向之标杆。[①] 近年有张雨先生《两汉尚书分曹再探——以尚书三公曹为中心》一文，着重于探究两汉尚书分曹，在许多问题上提出了许多独到的见地与解读。[②]

学界前辈之研究成果，是本文开展的基础，在行文中还将述及。对于两汉三公曹反复立废这一过程，笔者不揣谫陋，试图对其做一个梳理，谈一谈自己的一些粗浅看法，不妥之处，敬请学界前辈指正。

一　二府断狱事务的增加与三公曹的设立

汉成帝建始四年（前29年）“初置尚书员五人”，其中，常侍曹、二千石曹、户曹与主客曹[③]的主要职责分工基本没有争议，即“常侍尚书主丞相御史事，二千石尚书主刺史二千石事，户曹尚书主庶人上书事，主客尚书主外国事”。[④] 可见，在尚书曹刚出现时，四曹所传递的文书主要以上书者身份进行分工。并且，其所分管的上书者身份与其曹名可能存在一定程度的联系。如常侍曹对应更靠近权力中心的丞相御史，二千石曹对应二千石级别官僚，户曹对应吏与平民，主客曹则对应外国夷狄。以此推测，成帝年间初署的三公曹或亦与当时的三公有一定程度的联系。又因史籍记载中明确界定其主要职能为“主断狱事”，[⑤] 则不妨从三公的职责中与“断狱事”相关的内容入手，探寻其初设之情况。

---

① 祝总斌：《两汉魏晋南北朝宰相制度研究》，中国社会科学出版社，1990。

② 张雨：《两汉尚书分曹再探——以尚书三公曹为中心》，《南都学刊》2013年第2期，第5～9页。

③ “常侍曹”“二千石曹”“户曹”名称可见于（汉）班固撰，（唐）颜师古注《汉书》卷一〇《成帝纪》注引《汉旧仪》（第308页），亦可见于（南朝·宋）范晔撰，（唐）李贤等注《后汉书》卷四八《应劭传》注引《汉旧仪》，中华书局，1965年（第1613页）；“主客曹”之名，（汉）班固撰，（唐）颜师古注《汉书》卷一〇《成帝纪》注引《汉旧仪》作“主客尚书”（第308页），（南朝·宋）范晔撰，（唐）李贤等注《后汉书》卷四八《应劭传》注引《汉旧仪》作“主客曹”（第1613页）。

④ （汉）班固撰，（唐）颜师古注《汉书》卷一〇《成帝纪》注引《汉旧仪》，第308页。

⑤ （汉）班固撰，（唐）颜师古注《汉书》卷一〇《成帝纪》注引《汉旧仪》，第308页。

西汉早期继承秦制，一般来讲，把丞相、太尉、御史大夫并称为所谓的“三公”，由于太尉一职不常置，政务实际上主要集中于丞相与御史大夫府，所以，这一时期的三公制度实际上是以丞相、御史的两府制为重的。

丞相、御史大夫均独立开府，各有一班属僚，分别掌握有完整的处理政务的行政网。丞相只是主大务，一般由属僚分管各项职责。如《汉书·爰盎传》云：“（爰盎求见丞相）丞相良久乃见。因跪曰：‘愿请间。’丞相曰：‘使君所言公事，之曹与长史掾议之，吾且奏之；则私，吾不受私语。’”[①] 可以从中看到，丞相是“不受私语”的，至于公务自有相关“曹与长史”处置，也就是王素先生提到的西汉“个人开府丞相制”。[②] 故而，我们可以先初步认为，西汉的丞相、御史大夫的两府是具有相当强的独立性的。

西汉初的两府，丞相“掌丞天子助理万机”[③]，其作为政府部门的领袖，权力涵盖范围宽泛，实际上掌握了所有政府事务的处置权并对此负责，即“故三公称曰冢宰，王者待以殊敬，在舆为下，御坐为起，入则参对而议政事，出则监察而董是非。汉典旧事，丞相所请，靡有不听”。[④] 由“监察而董是非”可见，司法、监察是丞相主管事务的重要部分。另外，丞相府自身的属官亦有与之相关的专门机构，“辞曹主辞讼事”“贼曹主盗贼事”“决曹主罪法事”。[⑤] 这些都充分说明，丞相有相当分量的司法权与对官吏的监督权，丞相下属有专门处置相关事务的稳定机构，丞相对于“断狱”事务的参与和介入是持续的、深入的。

御史大夫“掌副丞相”，[⑥] 与丞相共同参与处理国家事务，其职权又以监察为重，《通典·职官》云：“至秦汉，为纠察之任。”“故御史为风霜之任，弹纠不法。”[⑦] 实际操作过程中，其佐官御史中丞等均参与其中。按史

---

① （汉）班固撰，（唐）颜师古注《汉书》卷四九《爰盎传》，第2272页。

② 王素：《三省制略论》，第114页。

③ （汉）班固撰，（唐）颜师古注《汉书》卷一九上《百官公卿表上》，第724页。

④ （南朝·宋）范晔撰，（唐）李贤等注《后汉书》卷四六《陈忠传》，第1565页。

⑤ （晋）司马彪：《续汉书·百官一》；（南朝·宋）范晔撰，（唐）李贤等注《后汉书》志二四，第3559页。

⑥ （汉）班固撰，（唐）颜师古注《汉书》卷一九上《百官公卿表上》，第725页。

⑦ （唐）杜佑撰《通典》卷二四《职官六》，王文锦等点校，中华书局，1988，第658页；第658～659页。

籍记载，御史中丞具体职掌如下：“在殿中兰台，掌图籍秘书，外督部刺史，内领侍御史员十五人，受公卿奏事，举劾按章。”① “外督部刺史，内领侍御史，受公卿章奏，纠察百寮。”② “盖居殿中，察举非法也。”③ 这其中的“外督部刺史”“举劾按章”“纠察百寮”和“察举非法”均是和“断狱事”相关的部分。武帝时，就是由时任御史中丞的咸宣治主父偃及淮南王狱：“（咸宣）稍迁至御史及中丞，使治主父偃及淮南反狱。”④ 可见，御史大夫与其佐官御史中丞也是参与西汉早期“断狱事”的实践的。

西汉早期到中期，两府本身的职权中涵盖了“断狱事”相关的内容。而且，在实际处理政务的过程中，随着之后全国上下“断狱事”的日渐增加，两府中也逐渐出现了更多与“断狱”相关的事务。

西汉中期及之后，断狱事渐增。《汉书·刑法志》云：“今汉道至盛，历世二百余载，考自昭、宣、元、成、哀、平六世之间，断狱殊死，率岁千余口而一人，耐罪上至右止，三倍有余。”⑤ 当此时，宣、元、成帝也多次下诏关切律令刑狱之事。如宣帝有诏：“律令有可蠲除以安百姓，条奏”；⑥ “狱者，万民之命，所以禁暴止邪，养育群生也……今则不然，用法或持巧心，析律贰端，深浅不平，增辞饰非，以成其罪……吏务平法。”⑦ 元帝于初元五年（前 44 年）夏四月下诏“省刑罚七十余事”，⑧ 之后又于永光二年（前 42 年）二月诏中论及刑律：“盖闻唐、虞象刑而民不犯，殷周法行而奸轨服。”⑨ 至成帝，又设本文所述之三公曹，鸿嘉元年（前 20 年）二月诏亦有提及刑狱之事：“方春生长时，临遣谏大夫理等举三辅、三河、弘农冤狱。”⑩ 足见，西汉中期之后，全国上下“断狱事”日重，朝中对其也更为关切。

---

① （汉）班固撰，（唐）颜师古注《汉书》卷一九上《百官公卿表上》，第 725 页。
② （清）孙星衍等辑《汉官六种》，周天游点校，中华书局，1990 年，第 144 页。
③ （唐）杜佑撰《通典》卷二四《职官六》，王文锦等点校，第 663 页。
④ （汉）班固撰，（唐）颜师古注《汉书》卷九〇《酷吏列传》，第 3661 页。
⑤ （汉）班固撰，（唐）颜师古注《汉书》卷九〇《酷吏列传》，第 1108 页。
⑥ （汉）班固撰，（唐）颜师古注《汉书》卷八《宣帝纪》，第 245 页。
⑦ （汉）班固撰，（唐）颜师古注《汉书》卷八《宣帝纪》，第 255 ~ 256 页。
⑧ （汉）班固撰，（唐）颜师古注《汉书》卷九《元帝纪》，第 285 页。
⑨ （汉）班固撰，（唐）颜师古注《汉书》卷九《元帝纪》，第 288 页。
⑩ （汉）班固撰，（唐）颜师古注《汉书》卷一〇《成帝纪》，第 315 页。

与此同时，两府对于“断狱”的参与，有渐趋加深之势，这从成帝之前对两府的机构调整中可见一斑。

首先，武帝年间，在丞相僚佐中设立了司直一职：“武帝元狩五年初置司直，秩比二千石，掌佐丞相举不法。”[①] 司直一职分管明确，专职“举不法”，也就是专管和监察、刑狱相关的内容，相当于特意为丞相增设了一个“举不法”的佐官。这一丞相府下的机构增立，客观反映了此时增多的监察刑狱相关事务给政府部门带来的压力与丞相方面的力有不逮，不得不加设官僚专门满足这一方面的需求。

同样在武帝年间，对御史大夫的佐官也有所调整，增设了绣衣直指：“侍御史有绣衣直指，出讨奸猾，治大狱，武帝所制，不常置。”[②] 该官职不常置，是针对“大狱”特派的处理员。增设这一官职或可说明，这一时期，一旦面对突发的刑狱大案，常规的政府机构可能已经难以充分协调应对，需要皇帝临时加派专员协助。

监察、刑狱等“断狱事务”在政府中日渐增多，两府下亦分别加设了佐官以协助处理，这也就意味着，这一时期两府的文书数量处于持续的上升趋势当中。在这其中，自然又以“断狱事”相关的文书居多。成帝时“初署”的三公尚书，应该就是在如此背景下出现的。

可以认为，三公曹起初的设立，很有可能是用以处理、传递两府经手的“断狱”相关文书，以缓解两府在政务上的压力。因该曹主理丞相御史经手的部分事务，所传递的文书基本要通过两府，故初设时以三公尚书作为曹名，又特意注明“主断狱事”，以表示其主要职能。

二　三公曹与常侍曹的关系

首先，如前文所述，三公曹主要负责的是两府僚佐“断狱”文书。关于这一观点，有两条证据或可佐证。

一则，尚书分曹标准的转变本身就说明了三公曹的定位与其他四曹是

① （汉）班固撰，（唐）颜师古注《汉书》卷二三《刑法志》，第725页。

② （汉）班固撰，（唐）颜师古注《汉书》卷一九上《百官公卿表上》，第725～726页。

有所区别的。《汉书》注引《汉旧仪》云：“尚书四人为四曹：常侍尚书主丞相御史事，二千石尚书主刺史二千石事，户曹尚书主庶人上书事，主客尚书主外国事。成帝置五人，有三公曹，主断狱事。”[①] 可见，前四曹在处理文书时，分曹标准是统一的，均以上书者的身份来区别文件，这个分曹标准相对简单、易于执行。但在成帝初置三公曹时，却打破了尚书分曹标准的惯例，特意指出三公曹“主断狱事”，即将文书本身性质作为了新的文书分类标准。

这种新的分曹标准可能就是针对三公曹的独特情况而产生的。在汉成帝对四曹尚书“加一为五”之前，主管三公文书传递的一般认为是常侍曹：“常侍尚书主丞相御史事。”针对三公僚佐的公务繁忙与文书的增多的情况，才加设了三公曹尚书一职。在这样一个新的文件处理机构设立后，三公曹与常侍曹均承担了给三公僚佐传递文书的任务，上书者的身份在多数情况下是重合的，旧的分曹标准便不再适用于此时的情况。为了缓解这样的政务冲突，区分二曹职能，就有必要在给三公曹界定工作范围时引入一个新的文书分类标准。故三公曹在初置时，被明确地规定了全新的分曹标准——“断狱事”，即按文书本身的性质内容作为区分，委派三公曹专门处理三公僚佐日渐增多的“断狱”文书。所以，尚书分曹标准转变这一客观事实，可以从侧面印证前文关于三公曹是主理三公僚佐“断狱”文书的推断。

二则，蔡质《汉官典职仪式选用》提及东汉尚书时，有这样一条记载：“尚书典天下岁尽集课事。三公尚书二人，典三公文书。吏曹尚书典选举斋祀，属三公曹。”[②] 所谓“吏曹尚书”一职，即是西汉常侍曹发展过来的，常侍曹一职，直到东汉初年时才由光武帝改称为吏曹。吏曹可以直接并入三公曹，且不会因此引起组织关系上的冲突，似乎也暗示着，其前身常侍曹与三公曹可能存在着组织关系上的渊源，如此才能提供吏曹并入三公曹的依据。最有可能的情况是，最初的三公曹与常侍曹本是同处于三公系统之下的，两曹均负责为三公及其僚佐传递文书，只是具体分工有

① （汉）班固撰，（唐）颜师古注《汉书》卷一〇《成帝纪》注引《汉旧仪》，第308页。

② （清）孙星衍等辑《汉官六种》，周天游点校，第204页。

异，所以光武帝后来可以将吏曹直接并入三公曹，而不会引起文书传递工作上的混乱。

故而，三公曹之初置，应该是用以处理、传递三公经手的“断狱”相关文书，以缓解同为两府僚佐的常侍曹日渐增加的文书传递压力。因该曹主理的文书基本要通过三公，故初设时以三公尚书作为曹名，又特意注明“主断狱事”，是为了表示其主要职能，主要与同在三公僚佐的常侍曹形成区分。

根据以上所论，可以知道，给三公僚佐传递文书的工作原本是由常侍曹负责的，由于事务增多与官吏加设，常侍曹不堪重负，才有了三公曹的初置，可以说，三公曹的设立与缓解常侍曹的工作压力有着较为直接的关系。如是，或可提出进一步的猜测：由于三公曹的设立、工作负责范围都与常侍曹存在着较为直接的联系，三公曹与常侍曹在组织结构上可能存在更密切的关系。

《续汉书·百官志》记载西汉分曹概况云：“成帝初署尚书四人，分为四曹：常侍曹尚书主公卿事，二千石曹尚书主郡国二千石事，民曹尚书主凡吏上书事，客曹尚书主外国夷狄事。”① 叙述成帝分曹事而不及三公曹，似乎完全忽视了三公曹的存在。三公曹的出现本是成帝“初署尚书”的重要内容，在尚书机构发展过程中具有极为特殊的地位和意义，此处未涉及三公曹或许暗示着，司马彪作史时，根据他所接触到的史料，并不认为三公曹在西汉时具备了相当独立或与其余四曹完全平等的地位。

又《汉书·百官公卿表》记载成帝尚书分曹云：“成帝建始四年，更名中书谒者令为中谒者令，初置尚书，员五人，有四丞。”② 成帝设立了五曹尚书之后，却只给五位尚书指派了“四丞”。可能就是因为三公尚书与常侍尚书政务上的重叠性质与密切关系，所以给这两位尚书指派了同一个佐吏“丞”，以此方便同一系统下的两位尚书对于文书处理的统一性。

故笔者初步猜测：较之另外三曹，常侍曹与三公曹可能在工作上、组织上都存在更为紧密的联系，三公曹在某种程度上可以被认为是从常侍曹

① （晋）司马彪：《续汉书·百官三》，（南朝·宋）范晔撰，（唐）李贤等注《后汉书》志二六，第3597页。

② （汉）班固撰，（唐）颜师古注《汉书》卷一〇《成帝纪》注引《汉旧仪》，第308页。

中分出的。并且，虽然两曹形成了名义上的分曹，但是很多工作仍需要两曹深入合作才能完成，两者间的分野并没有那么明确，如同后来的吏曹“属三公曹”的定位一样，此时的三公曹与常侍曹的关系，可能也近似于此。

这一说或可部分解释三公曹在古史记载上出现的混乱情况，然出于史料的缺乏，三公曹与常侍曹之从属关系这一猜测，仍有待更多史料的验证。

三　二千石曹、民曹与“断狱事”

三公曹设置未久，到西汉末年又被废除，尚书重新恢复到四曹，《续汉书·百官志》云：“常侍曹尚书主公卿事，二千石曹尚书主郡国二千石事，民曹尚书主凡吏上书事，客曹尚书主外国夷狄事。”① 东汉初年，“世祖承遵，后分二千石曹”，在常侍、二千石、民曹、客曹四尚书的基础上，光武帝将二千石曹一分为二，然未提及新分出的曹名，祝总斌先生猜测从二千石曹中分出了三公曹，诚为卓识。② 张雨先生结合祝先生此条猜测与东汉时“断狱事”相关事务改由二千石曹主要负责的历史事实，即“二千石曹掌中都官水火、盗贼、辞讼、罪眚”，③ 对此进行推论：“西汉末年虽废‘主断狱事’的三公曹，但其所掌事务并不因为尚书曹的消失而消失，而是合并入二千石曹所掌郡国守相事务中。”④ 此论有合理之处，然于细节处，笔者的意见略微有异：在三公曹存在时，二千石曹就参与了“断狱”相关文书的传递。西汉末年三公曹被废除后，“断狱”事务与相关文书交给二千石曹处理，体现的是“断狱事”处理重心的转移，而非是突兀的“将三公曹合并入二千石曹”。

首先应当看到，在西汉时期三公曹设立之时，并非只有三公曹处理

① （晋）司马彪：《续汉书·百官三》，（南朝·宋）范晔撰，（唐）李贤等注《后汉书》志二六，第3597页。

② 见祝总斌《两汉魏晋南北朝宰相制度研究》，第135页。

③ （清）孙星衍等辑《汉官六种》，周天游点校，第204页。

④ 张雨：《两汉尚书分曹再探——以尚书三公曹为中心》，《南都学刊》2013年第2期，第7页。

“断狱事”相关文书，二千石曹也应该已经参与了刑狱事务的文书传递工作。

西汉政府部门中，参与“断狱事”或者说司法权、监督权实际执行的，并不仅仅只有三公与其佐官。西汉的司法与监督体系相对较为繁杂，除丞相、御史大夫与其僚佐外，中央参与“断狱事”的，首先是九卿当中的廷尉：“廷尉，秦官，掌刑辟。”[①]“秦为廷尉，汉因之，掌刑辟，凡狱必质之朝廷，与众共之之义也。”[②] 廷尉执掌天下刑狱事，可以说是中央直接管理司法专项事务的最高官职。

同样出于政府中日渐增多的刑狱事务的需要，汉武帝年间加设了与“断狱事”直接相关的司隶校尉一职。司隶校尉最初被用以处置巫蛊一案，后大体负责京畿地区的司法监察等务：“司隶校尉，周官，武帝征和四年初置。持节，从中都官徒千二百人，捕巫蛊，督大奸猾。”[③]

在三公曹设立之前，廷尉、司隶这样三公系统之外的“断狱”官职的文书传递应该是通过二千石曹进行的。廷尉一职为中二千石，司隶校尉一职为二千石秩，[④] 以上书者的品秩身份论，显然都应该归于“主刺史二千石事”的二千石曹，由二千石曹转呈传递来自这两者的文书。

如前文所论，三公曹的“主断狱事”，主要目的是为了同常侍曹分工，也就是同在三公僚佐，三公曹的主要工作是传递三公僚佐的“断狱事”相关文书，以此来避免常侍、三公二曹的政务冲突，故三公曹所处理的“断狱事”文书也很可能只是局限于三公僚佐。廷尉、司隶校尉本身就有其通畅的文书传递渠道——二千石曹，不会通过主职三公文书的三公曹来为其传递章奏。于是，在三公曹设立后，更可能的情况是，同时存在了两个参与“断狱事”文书传递的曹：主管三公僚佐“断狱”文书的三公曹，以及传递廷尉、司隶校尉与其他的郡国二千石级别官吏的“断狱”文书的二千石曹。

---

① （汉）班固撰，（唐）颜师古注《汉书》卷一九上《百官公卿表上》，第730页。

② （唐）杜佑撰，王文锦等点校：《通典》卷二五《职官七》，第709页。

③ （汉）班固撰，（唐）颜师古注《汉书》卷一九上《百官公卿表上》，第737页。

④ （汉）班固撰，（唐）颜师古注《汉书》卷一九上《百官公卿表上》，“自太常至执金吾，秩皆中二千石”（第733页），“自司隶至虎贲校尉，秩皆二千石”（第738页）。

当时二千石曹亦参与二千石级别官吏的“断狱”文书传递，《通典》的相关记载亦有蛛丝马迹可寻，其讨论刑部尚书之相关渊源时云：“汉成帝时，尚书初置二千石曹，主郡国二千石；又置三公曹，主断狱。”① 刑部尚书是唐代主管全国司法与刑狱的机构，在回溯其历史渊源时，杜佑不仅提及汉成帝时明确“主断狱事”的三公曹，而且同时记录了二千石曹，似乎在他看来，“主郡国二千石事”是二千石曹也处理“断狱”文书的隐藏条件，西汉的二千石曹实际上也参与了“断狱”文书的传递工作。

和二千石曹情况类似的还有民曹。二千石级别的官吏会向上呈递刑狱相关的奏章，那么原本主管“庶人上书事”② 的民曹所传递的文书中自然也可能有一部分相关的内容。这点从后来东汉末年民曹的职权中也可以得到证明：“民曹掌缮治、功作、监池、苑囿、盗贼事。”③ 在后来按照政务性质分曹时，民曹的执掌中也包括了“盗贼事”。可以推见，西汉民曹主管的“庶人上书事”中，应该也包含了“盗贼”之类的内容，这显然也是和“断狱”相关的。

四　三公曹初设蕴含的政治倾向

三公曹在西汉成帝时初设，作为一个全新的中央文书处理机构，其出现也体现了当时政治与官制发展变化的一部分趋势。

首先是与尚书制度本身相关的。如前文所论，三公曹的出现意味着新的分曹标准的出现，将文书内容或者说是文书性质作为了新的标准。这种分曹标准的转变意味着新的政务分类与处理的思路的出现。

一则是意味着尚书分曹标准本身呈现出了明显转变的趋势，本以上书者身份分曹，现逐渐开始以文书性质分曹。到东汉，这种趋势得到了进一步加强，东汉末年，“三公尚书二人，掌天下岁尽集课；吏曹掌选举、斋祠；二千石曹掌中都官水火、盗贼、辞讼、罪眚；客曹掌羌胡朝会，法驾

① （唐）杜佑撰《通典》卷二三《职官五》，王文锦等点校，第643页。

② （汉）班固撰，（唐）颜师古注《汉书》卷一〇《成帝纪》注引《汉旧仪》，第308页。

③ （清）孙星衍等辑《汉官六种》，周天游点校，第204页。

出，护驾；民曹掌缮治、功作、监池、苑囿、盗贼事”。[①] 可以看到，尚书分曹向以政务性质为标准的转变，在这时完全完成了。这一方面有利于工作效率的提升，另一方面也体现了尚书对政务干涉的进一步深化。

二则，对于尚书这一职位，分曹标准的转变也意味着其职务定位发生了新的变化，也就是前文述及的尚书对政务干涉的进一步深化。尚书分曹标准的转变在客观上使得尚书的权力得到了加强。尚书本身作为少府的属官，只是负责内廷与外朝之间的文书传递工作。在之前的分曹标准下，文书以上书者身份进行区分，这一标准简单明确，不需要尚书接触章奏的文本内容就可以完成工作。而在三公曹设立后，引入文书自身性质作为新的标准，同是三公僚佐递交的文书，可能还需要根据章奏内容进行第二步区分，这提供了尚书可以直接接触章奏文本的可能性，工作也不再仅仅局限于简单的文书传递。由于兼具了接触政务文本的可能性以及直接与皇帝交流的优势，尚书的话语权势必得到提升，这意味着在皇帝处理政务的过程中将更多地见到尚书的影响，也意味着尚书将在内外朝之间享有更大的话语权。

尚书在中国古代的政治生活中显得日渐重要，成为皇帝与朝廷联系的重要中枢机构，其机构也因此日渐膨胀，逐渐加设了更多的佐官与佐吏，直到日后益发位高权重，成为朝廷的政治领袖与实际上的丞相。可以说，三公曹的设立和与之带来的分曹标准的转变是其地位与实权上升的重要节点。

三则，这也意味着“断狱事”的处置，即司法权与部分监督权，开始愈发体现出其独立性。随着“断狱事”专项事务的日渐增多与繁杂，对中国古代司法与行政一体的政府体系提出了挑战。三公曹的设立是一次增强司法之独立性的重要尝试，司法权逐渐从行政权力和行政系统中脱开去，政府中开始建立相对独立的司法处理系统，这对于中国古代司法权的专业化、独立化之倾向均具有深刻的影响，是中国古代法制完善的过程中极为关键的一个步骤。

其次，或许与三公曹设立相关的，是当时政治改革中“通三公官”的

① （清）孙星衍等辑《汉官六种》，周天游点校，第204页。

倾向。成帝一朝，除了加设三公曹，更重要的政治改革是对三公制度进行了重要调整：“〔绥和元年（前8年）〕夏四月，以大司马票骑将军为大司马，罢将军官。御史大夫为大司空，封为列侯。益大司马、大司空奉如丞相。”① 三公制度至此真正建立起来。《通典》评论这一时期的三公制度改革时认为：“成帝欲修璧雍，通三公官，故改御史大夫为大司空。”②“通三公官”可以在两个层面上加以理解：一是三公之间的政务交流沟通；二是三公与皇帝、各级官吏的沟通。由于文书的日见繁杂与增长，三公力有不逮，与各方面在政务上的交流出现问题，理政效率低下，就出现了“璧雍”的现象。

成帝开始的一系列官制改革举措，一定程度上都与消除三公之间、三公与皇帝之间的沟通障碍有关，将三公连成同一个系统，以此提高行政效率，达到“修璧雍”“通三公官”的目的。加设三公曹这一举措可以置于“通三公官”的背景下进行讨论。三公曹的出现，加强了三公僚佐的文书处理能力，一方面是集中三公中的“断狱事”，引导三公僚佐间各官职加强在政务上的沟通，提高行政效率；另一方面也以文书的形式加强三公与皇帝之间的联系，使皇帝与三公之间可以有更多的文书交流，削减沟通障碍，这也能使得皇帝对于三公的控制更为可靠，在一定程度上扼制三公专权现象的出现。加强三公这一整个系统的沟通性与开放性，或是成帝初置三公曹的一个初衷。

总而言之，西汉时三公曹之初设，是对三公制度的建立与改革的配合。而尚书加曹一事本身与其分曹新标准“主断狱事”的出现，又意味着尚书曹地位与权势的上升以及将“断狱事”独立化处理的新思路的建立。可以说，三公曹之初置是中国古代政治改革一次重要而可贵的尝试，在多个层面上影响了之后很长一段时期内的中央制度调整。

五 西汉末主“断狱事”的调整及三公曹的消失

成帝时加设三公曹尚书并赋予其“主断狱事”的职能，本意是尝试理

① （汉）班固撰，（唐）颜师古注《汉书》卷一〇《成帝纪》注引《汉旧仪》，第329页。

② （唐）杜佑撰《通典》卷二四《职官六》，王文锦等点校，第661页。

顺政府部门繁杂的司法与监督系统，三公曹的设立在一定程度上缓解了文书传递的压力，但是也造成了数曹同时参与“断狱事”的现象，“断狱事”的文书传递并没有集中化，这就势必需要对相关政府部门进行进一步的调整。开始的思路是尽量将“断狱事”集中到三公曹，使三公曹成为一个专门的独立的“断狱事”处置曹。

首先司隶校尉一职被废去，《汉书·百官公卿表》云：“成帝元延四年（前9年）省（司隶校尉）。”[①] 对司隶校尉的废除，应该是在三公曹设立并试运作后，对理顺中央司法监督体系的又一次尝试。废除司隶校尉也许是试图解决“断狱事”相关的权力、文书分散的问题，尝试将司法、监督权力集中化，使得三公曹能够更好地发挥作用。之后，虽复置司隶校尉，但为司隶，并从属于大司空之下，《汉书·百公卿表》：“绥和二年，哀帝复置（司隶校尉），但为司隶，冠进贤冠，属大司空，比司直。”[②] 此时司隶虽然复立，但却由原先独立的官署划分为大司空僚佐，“属大司空”，并明确指出复立的司隶地位“比司直”，说明司隶也同司直一样，成为三公僚佐。个人以为，将司隶“属大司空”且“比司直”，与之前元延四年的废除司隶校尉的思路是一以贯之的，即尝试将“断狱事”的相关事务、文书尽量集中于三公曹，达到相关文书处理的统一化、集中化。

司隶校尉秩中二千石，本应通过二千石曹上达文书。元延四年将其省去，或是意在删削二府僚佐之外的“断狱”官吏，减少其余诸曹所传递的“断狱”文书，令“断狱”文书均归至三公曹，由其集中处置。但司隶校尉毕竟有其独特的作用，对于督查京畿、理中都官刑狱事、加强皇权方面都不可或缺。在直接废除司隶校尉一职被证明不合理之后，司隶很快就在绥和二年（前7年）再次设立，但被划分为三公僚佐，令其文书能够通过三公曹进行传递，引导“断狱”文书尽量集中到三公曹。

然而这样的尝试似乎并不成功，之后不久的改制中，将断狱事集中于三公曹的思想就被否定了。元寿二年（前1年），哀帝对于三公、司直、

① （汉）班固撰，（唐）颜师古注《汉书》卷一九上《百官公卿表上》，第737页。
② （汉）班固撰，（唐）颜师古注《汉书》卷一九上《百官公卿表上》，第737页。

司隶等职进行了一次大调整：“五月，正三公官公职。大司马卫将军董贤为大司马，丞相孔光为大司徒，御史大夫彭宣为大司空，封长平侯。正司直、司隶，造司寇职，事未定。”[①]《哀帝纪》提到“正司直、司隶”，说明对司直、司隶的官职性质界定很可能发生了变化，“正”字可能暗示司直、司隶的独立性与地位都得到了一定程度的加强，与之前三公下属佐官的性质已经迥然不同。

同样脱离三公属官地位的，还有御史中丞。由于对三公的全面改制也在这个时期进行，御史大夫改称大司徒，御史中丞地位亦上升：“哀帝元寿二年，御史中丞更名御史长史。”[②]“及御史大夫转为司空，因别留中，为御史台率。”[③]御史中丞也不再仅仅是个属官，而是作为正式的御史台的长官，地位显著地得到了增强。

可见，此时司直、司隶、御史中丞的独立性与地位几乎都同时得到了显著提升，这很可能意味着将“断狱事”事务集中于三公曹处理的改革思路发生了变化。

相对两府僚佐的佐官，司直、司隶、御史中丞均获得了相对更为独立的地位，在这之后，其文书传递或不再需要三公僚佐的三公曹进行，而是可以依据其本身地位[④]与二千石曹挂钩，文书通过二千石曹传递。此时的廷尉、司隶、司直等直接与“断狱事”相关的官职的文书均通过二千石曹传递，政府“断狱事”的政务文书终于在二千石曹一曹之下得以集中处理，达到了中央司法、监督体系的初步统一化与集中化。同时，与“断狱事”相关的“中都官水火、盗贼、辞讼、罪眚”[⑤]文书也就自然而然地向二千石曹转移了。三公曹此时的存在就显得冗杂而多余，很可能就在此时，三公曹被废除了。于是，在西汉末年的相关史籍记载中，三公曹再次

① （汉）班固撰，（唐）颜师古注《汉书》卷一一《哀帝纪》，第344页。

② （唐）杜佑：《通典》卷二四《职官六》，王文锦等点校，第663页。

③ （晋）司马彪：《续汉书·百官三》，（南朝·宋）范晔撰，（唐）李贤等注《后汉书》志二六，第3599页。

④ （汉）班固撰，（唐）颜师古注《汉书》卷一九上《百官公卿表上》：“初置司直，秩比二千石。”（第725页）《汉书》卷一九上《百官公卿表上》：“自司隶至虎贲校尉，秩皆二千石。”（第738页）（晋）司马彪：《续汉书·百官三》，（南朝·宋）范晔撰，（唐）李贤等注《后汉书》志二六《百官三》：“御史中丞一人，秩千石。”（第3599页）

⑤ （清）孙星衍等辑《汉官六种》，周天游点校，第204页。

消失了，而在东汉时二千石曹的职能记载之中，则多出了“中都官水火、盗贼、辞讼、罪眚”等断狱相关事务。

结 语

三公曹的设立，源于西汉实际政务中“断狱”事务增多的实际需要，在初置时用以处理、传递三公及其僚佐经手的“断狱”相关文书。史书对三公曹“主断狱事”的职责界定，正是为了将其与同为三公僚佐传递文书的常侍曹区分开来。之后三公曹的多次立废与汉代政府对于“主断狱事”职能的调整相关，是汉代对中央司法体系文书传递制度的调整和对行政、司法体系改革的初步尝试。之于当时，三公曹的设立“通三公官”，提高了政务效率，提升了尚书权力，并且可能表明开始出现了司法独立化的思路，三公曹之立时或许本无此意，但使得司法文书在事实上开始独立地分离出来。探究之后司法权逐步从行政权力中脱离的滥觞，或可将三公曹纳入考量。

对于后世而言，三公曹的出现与后来三公制度的再改革有着不可分割的密切关系，三公曹一职的后续变革，乃至影响了隋唐三省六部制的创设，是中央行政机构变革与司法制度完善的重要一步。可以说，关于三公曹立废与职权调整的探讨，有助于完善我国古代官制史、法制史的研究与讨论。

本文从三公曹尚书的立废调整出发，尝试梳理尚书制度在两汉的发展与完善。然终究只是对两汉三公曹立废及与之相关的政治倾向与官僚调整之初步整理，并在此基础上粗略地论述了一部分自己尚不成熟的观点，希望以此求教大家。

附录： 两汉三公曹立废与职权概况表

汉成帝置三公曹前	常侍曹，主丞相御史事（包括此时三公门下的“断狱”事）； 二千石曹，主刺史二千石事（包括二千石级别官吏主管的“断狱”事，主要来自廷尉等职）； 民曹，主庶人上书事（可能包括庶人呈递的“断狱事”）； 客曹，主外国事。

续表

汉成帝加三公曹后	常侍曹,主丞相御史事; 三公曹,主三公门下断狱事,主要来自司直、御史中丞等职; 二千石曹,主刺史二千石事(包括二千石级别官吏主管的"断狱"事,主要来自廷尉等职); 民曹,主庶人上书事(可能包括庶人呈递的"断狱事"); 客曹,主外国事。
西汉末年(可能为汉哀帝元寿二年"正三公官"始)	常侍曹,主公卿事; 二千石曹,主郡国二千石事(同时,司直、御史中丞等官职独立性加强,文书之传递亦归于二千石曹,"断狱事"文书向二千石曹集中); 民曹,主凡吏上书事; 客曹,主外国夷狄事。
东汉初分曹调整后	三公曹; 吏曹(由常侍曹改); 二千石曹; 南主客曹; 北主客曹。
东汉末年	三公曹尚书二人。掌天下岁尽集课州郡。 吏曹尚书,典选举斋祀,属三公曹 二千石曹,掌中郎官水火、盗贼、辞讼、罪眚 民曹,典缮治功作,盐地、园、囿、盗贼事。 客曹,掌羌湖朝贺。法驾出,则护驾

附记：本文在笔者毕业论文基础上修订而成。自论文开题至撰写修改，无不凝聚着指导教师韩树峰老师的心血。匿名评审专家对本文提出了许多修改意见，使本文之史料使用与文字表达趋于完善。于此一并谨志谢忱。唯文中一切问题，笔者文责自负。

《中国古代法律文献研究》第十二辑
2018 年，第 244 ~ 282 页

奈良时代传入日本的文物与《唐关市令》

——以《天圣令·关市令》为中心

〔日〕大西磨希子 著译 赵 晶 校*

摘 要：丝绸与金银器等唐朝的华美之物陆续传入日本，而唐令明确禁止这些物品出境，因此它们应是作为回赐品，由正式朝贡使即遣唐使带回日本的。关于遣唐使及唐文化的传入研究，目前虽已有多方面的成果积累，但包含禁物在内的唐物经由何种程序被带回日本这一问题，仍未被充分探讨。尤其是唐代佛教美术品的传入及其途径，迄今无人关注。因此，本文首先根据《天圣令·关市令》对以往复原《唐关市令》的条文顺序提出不同看法，其次探讨与唐代佛教美术品传入日本相关的部分条文，借此考察唐朝官方的勘查程序与遣唐使出京时路过的关隘所在。

关键词：天圣令 关市令 遣唐使 关津

有两件极为优质，被视为唐代宫廷作坊制作的佛画工艺品传入日本，即奈良国立博物馆所藏的《刺绣释迦如来说法图》（国宝指定名称为《刺绣释迦如来说法图》，别称为《劝修寺绣佛》）（图 1）与奈良当麻寺所藏

* 大西磨希子，日本佛教大学佛教学系教授；赵晶，中国政法大学法律古籍整理研究所副教授。

的缂丝西方净土变（国宝指定名称为《缀织当麻曼荼罗》）（图 2）。从图像的角度来看，前者的制作年代应为八世纪初，后者为八世纪前半。[①] 缂丝被称为织成，与刺绣等皆属唐代不允许出境的禁物，所以只能作为对遣唐使的回赐品被带入日本。关于遣唐使所带来的唐文化，目前虽有多方面的研究，但包含禁物在内的唐物经由何种程序被带回日本的问题，仍未被充分探讨，尤其是唐代佛教美术品传入日本的途径，迄今无人关注。[②]

图 1　《劝修寺绣佛》

资料来源：奈良国立博物馆藏。原件 207.0cm × 157.0cm。

① 参见拙著《西方净土变の研究》，中央公論美術出版，2007，第 159 ~ 201 页，最初发表于 2005 年；《唐代佛教美術史論攷》，法藏館，2017，第 343 ~ 383 页，首次发表于 2015 年。

② 与遣唐使、入唐僧引进唐文化相关的研究成果不胜枚举，其中着重于唐代朝贡体制与贸易管理的，有榎本淳一的研究成果。〔日〕榎本淳一：《唐王朝と古代日本》，吉川弘文館，2008。

图2 《当麻曼荼罗》(文亀本)

说明：由于缀织原本经过屡次修理导致图像模糊不清，在此揭示与原本大小相同的模本。这模本是明应二年（1493）开始织作画绢，明应四年开始临摹，永正二年（1502）完成的。后柏原天皇在文亀三年（1503）写其题记，因此称此为“文亀本”。原件375.0cm×383.2cm。

本文首先根据《天圣令·关市令》，尝试复原《唐关市令》的条文顺序，其次探讨与唐代佛教美术品传入日本相关的部分条文，借此考察上述两件佛画工艺品通过何种程序与路径被带到日本。

一 开元二十五年《关市令》的条文排列

关于《唐关市令》、《唐令拾遗》与《唐令拾遗补》早已根据辑佚的条文进行复原，榎本淳一亦对规定朝贡、贸易管理的条文进行过复原研究。[①] 1998

① 〔日〕仁井田陞：《唐令拾遺》，東方文化学院東京研究所，1933，第713~721页；〔日〕仁井田陞著、池田温编集代表：《唐令拾遺補》，東京大学出版会，1997，第792~799页；〔日〕榎本淳一：《〈性霊集〉に見える“竹符·同契”と“文書”について》，载佐伯有清先生古稀記念会编《日本古代の伝承と東アジア》，吉川弘文館，1995；〔日〕榎本淳一：《律令貿易管理制度の特質——日唐関市令の比較を中心として》，《工学院大学共通課程研究論叢》第38-1号，2000年。

年所发现的明钞本北宋《天圣令》，为唐令的复原研究提供了更加全面的材料。

《天圣令》卷二五《关市令》收载北宋现行令十八条，不行唐令九条。最先利用《天圣令·关市令》进行唐令复原的是孟彦弘。[①]榎本氏据此探讨了与朝贡、贸易管理相关的条文（宋6、宋7、宋8、唐6、宋17）。[②]然而，吉永匡史检讨了孟氏的复原研究，提出了新的《唐关市令》条文排列方案，以及“关”的基础规定宋1的条文复原方案。[③]

以《天圣令》复原唐令时，不行唐令基本上可以被认为是对唐令原文的保存，但对北宋现行令则需要考虑它在继承唐令的同时又有所变化的可能性。而且，这种变化不仅限于条文内容，还可能涉及条文的拆分或合并。本文暂且不讨论每条令文内容的复原问题，仅就《唐关市令》条文排列顺序的复原提出意见。其目的在于掌握唐开元二十五年《关市令》的整体结构。

在复原唐开元二十五年《关市令》的条文顺序时，有必要将《天圣令》所载的不行唐令插入北宋的现行令中。可据为参考的是，《天圣令》所载的不行唐令与北宋现行令各自的条文顺序、继受唐令的日本《养老令》[④]的条文顺序。这是因为它们被认为基本上反映了唐令条文的顺序。当然，在复原条文顺序时，还需要考虑每条令文的内容。

关于唐开元二十五年《关市令》的排列结构，已有前述孟彦弘和吉永匡史的复原方案。其中，孟案首先将《关市令》的全部条文大致区分为“关”和“市”，再将与“关”相关的部分划分为“（一）请过所”、“（二）度关”、“（三）禁物出入关”和“（四）关门管理”，将与“市”相关的部分划分为“（一）置市及管理”和“（二）交易”（表1）。而吉

① 孟彦弘：《唐关市令复原研究》，载天一阁博物馆、中国社会科学院历史研究所天圣令整理课题组校证《天一阁藏明钞本天圣令校证（附唐令复原研究）》下册，中华书局，2006。

② 〔日〕榎本淳一：《唐王朝と古代日本》，第110～129页。要注意的是，榎本氏在文中所使用的条文序号不是依照《天圣令》本身的条文顺序，而是孟氏所复原的《唐关市令》的条文排列。因此榎本氏在文中讨论的条文序号与《天圣令》的对应关系为10条（宋6）、11条（宋7前半）、12条（宋8）、13条（唐6）、25条（宋17）、26条（宋7后半）。

③ 〔日〕吉永匡史：《律令関制度の構造と特質》，《東方学》第117輯，2009。

④ 一般认为，《养老令》以唐《永徽律令》及《永徽律疏》为蓝本，制定于养老二年（718）或养老年间（717～724），并在天平宝字元年（757）施行。参见〔日〕岡野誠《日本における唐律研究——文献学的研究を中心として》，《法律論叢》第54卷第4号，1982，第62页；〔日〕石上英一《令義解》，皆川完一、山本信吉编《国史大系書目解題》下卷，吉川弘文館，2001。

永氏并没有区分“关”和“市”，只是将《关市令》全体条文分为“①过所的申请、发给”、“②于关勘过”、“③禁物的出入限制”、“④关门管理”、“⑤市的设置、管理”和“⑥有关交易的诸规定”。在此基础上，吉永氏批判孟氏采用的复原方法，即孟氏最重视宋令的逻辑结构，维持宋令和不行唐令的顺序，但不重视《养老令》的排序。吉永氏认为：“原则上，在天圣令编纂、改变唐令而立新条之际，唐令原来的顺序可能并未被改变（不行唐令亦同），故此应该有效地利用宋令、不行唐令和养老令各自的条文排序。”他还指出，虽然孟氏怀疑唐令中没有对应宋 4 的条文，但是依照《唐律疏义》卷二九第 13“囚徒伴稽送并论”条，唐令应该有相应的条文。而且，对于孟氏将宋 7 一分为二，前半条列入有关“关”的“（三）禁物出入关”，后半条列入有关“市”的“（二）交易”的做法，吉永氏接受榎本氏的看法[①]而没有拆分宋 7，由此提出了新的条文排列案（表 2）。

表 1　孟彦弘氏的《唐关市令》条文排列复原方案（附榎本说）

复原分类及序号			《天圣令》		《养老令》			《唐令拾遗》序号
					孟说	榎本说		
一、关	（一）请过所	1	宋 1 条	欲度关津请过所	1 条			1
		2	唐 1 条	请过所自录副白				
		3	唐 2 条	丁匠上役度关	5 条			
		4	唐 3 条	将物互市请过所				
		5	唐 4 条	隔关属州县				
		6	唐 5 条	关司及家口出入余处关				
	（二）度关	7	宋 2 条	行人度关	2 条、3 条			2
		8	宋 3 条	行人赍过所及乘递马出入关	4 条			
		9	宋 5 条	兵马出入关				3
		10	宋 6 条	蕃客给过所	7 条	7 条	蕃客的货物检查	

① 参见〔日〕榎本淳一《唐王朝と古代日本》第一部補論三《北宋天聖令による唐関市令朝貢・貿易管理規定の復原》。刘馨珺依照《唐令拾遗・狱官令三十》所存移送囚犯之际“差专使领送”的规定和《全唐文》卷三二《赐杨慎矜等自尽並处置诏》所载“应配流及安置人等，所在即差纲驿领送”，也认为唐令中存在着与宋 4 相应的条文。参见刘馨珺《评〈天一阁藏明钞本天圣令校证附唐令复原研究〉五、关市令》，《唐研究》第 14 卷，北京大学出版社，2008，第 532 页。

续表

复原分类及序号			《天圣令》		《养老令》			《唐令拾遗》序号
					孟说	榎本说		
一、关	（三）禁物出入关	11	宋7条（前半部分）	私将禁物至关		8条	赏禁物私度关的破获、报酬→违反官司先卖规定的破获、报酬	4
		12	宋8条	禁物不得出关	9条	9条	禁物出关（境）的例外规定	
		13	唐6条	锦绣等不得互市		6条	禁止出口品的规定→交易禁止品的规定	
		14	唐7条	禁铁之乡	6条			
	（四）关门管理	15	宋9条	关门开闭	10条			
二、市	（一）置市及管理	16	唐8条	置市及市之开闭	11条			6
		17	宋10条	市肆标行名及物价	12条			7
		18	宋11条	官与私交关	13条			8
		19	唐9条	斗秤尺平校	14条			9
		20	宋12条	秤、斛斗	15条			10
	（二）交易	21	宋13条	卖牛马驼骡驴	16条			11
		22	宋14条	造弓箭横刀及鞍出卖	17条			12
		23	宋15条	居系官店肆、男女别坐	18条			
		24	宋16条	以行滥之物易者	19条			13
		25	宋17条	缘边与外蕃互市		（8条）	缘边互市的运营	5
		26	宋7条（后半部分）		8条			
		27	宋18条	官有所市买	20条			

注：孟氏在2008年的论文《唐代“副过所”及过所的“副白”、“录白案记”辨识——兼论过所的意义》（原载《文史》2008年第4辑，后收入黄正建主编《〈天圣令〉与唐宋制度研究》，中国社会科学出版社，2011）中提出新的复原案，将唐1复原为宋1的注文。

资料来源：孟彦弘《唐关市令复原研究》，《天一阁藏明钞本天圣令校证（附唐令复原研究）》下册，第523～524页。

表 2　吉永匡史氏的《唐关市令》条文排列复原案

吉永案	分类	孟氏案	宋令	不行唐令	《天圣令》条文名称（拟称）	《养老令》	《养老令》条文名称	《唐令拾遗》	《唐令拾遗补》	天圣《关市令》各条文之内容
1	①过所的申请、发给	1	1		欲度关条	1	欲度关条	1 甲・乙	1 甲・乙	行人申请过所时的细则
2		2		1	请过所条	×				行人所持来文的抄写规定
3	②于关勘过	7	2		行人度关条	2、3	行人出入条、行人度关条	2	2	关司在关实施勘过的场所的原则
4		8	3		赍过所条	4	赍过所条			明示关司所承担的著录行人过所、驿卷、递牒的义务
5		×	4		乘递马度关条	×				对乘坐递马的行人及护送囚人等的勘过规定
6		9	5		兵马出关条	×		3	3	率领军队出关时的原则
7		3		2	丁匠上役条	5	丁匠上役条			丁匠上役时过关勘验细则
8		4		3	将物互市条	×				对以互市为目的过关行人的检验规定
9		5		4	隔关条	×				同一个州县内有关时，勘过工作的简略化
10		6		5	关官司及家口出入余处关条	×				关司官人及其家口的过所申请规定，以及对关所在州县的百姓的便宜规定
11	③禁物的出入限制	13		6	锦等不得互市条	6	弓箭条		补 1	对于诸蕃及缘边诸州禁止互市禁物的规定以及禁物目录
12		10	6		蕃客条	7	蕃客条		补 2	在关勘查蕃客及其随身物品的规定
13		11、26	7		有私将禁物条	8	官司条			在关的禁物没官以及没收物品的分配规定

续表

吉永案	分类	孟氏案	宋令	不行唐令	《天圣令》条文名称（拟称）	《养老令》	《养老令》条文名称	《唐令拾遗》	《唐令拾遗补》	天圣《关市令》各条文之内容
14	③禁物的出入限制	12	8		禁物条	9	禁物条	4	4	对于住在关外的人与蕃客，在关带入、带出禁物的特别措施
15		14		7	禁铁之乡条	×				对于住在禁止交易铁的地方的百姓获得铁制农具的特殊规定
16	④关门管理	15	9		关门条	10	关门条			关门的开闭规定
17	⑤市的设置、管理	16		8	非州县之所条	11	市恒条	6	6	只许在州县城设市以及开市时间的规定
18		17	10		市四面条	12	每肆立标条	7	7	关于在市内与周边设置店铺以及记录物价的细则
19		18	11		官私交关条	13	官私交关条	8	8	官私之间交易时的确定价格的方法
20		19		9	官私斛斗秤尺条	14	官私权衡条	9	9	官私所用度量衡器的检查规定
21		20	12		用秤条	15	用称条	10	10	使用秤与格的细则
22	⑥有关交易的诸规定	21	13		卖牛马条	16	卖奴婢条	11	11	出售牛马等时的立券规定
23		22	14		造弓箭等出卖条	17	出壳条	12	12	关于制作弓箭等武装时要明记制作者姓名等的规定
24		23	15		欲居系官店肆条	18	在市条			想要居住在系官店铺的人需确认原籍，以及在市男女应别坐的规定
25		24	16		行滥条	19	行滥条	13	13	交易后劣质货的处理规定
26		25	17		缘边互市条	（8）		5	5	与外蕃交易时由互市官司事前设定价格，以及报告互市物品种类与数量的规定
27		27	18		官市买条	20	除官市买条		补 3	官必须在市进行交易并依据时价支付的规定

资料来源：转载自吉永匡史《律令関制度の構造と特質》（《東方学》第117辑，2009年1月）表1“唐关市令条文配列复原案”。

笔者的条文排序方案与吉永案大致相同（表3），但关键部分有所差异，复原方法也不一样。例如，吉永氏认为“我的复原方案的优点是，不仅能够维持宋令、不行唐令和养老令的条文顺序，而且也保留了宋令部分的逻辑结构”。然而，在将不行唐令插回现行宋令的过程中，决定它们先后顺序的理由为何，以及“宋令部分的逻辑结构”的具体内容为何，他都没有论及。所以本文拟对孟氏与吉永氏的条文排列方案予以检讨。

《关市令》是规定关津管理人与物的出入和交易的法令，由“关”和“市”的规定构成。因此，孟氏将《关市令》全体分为“关”和“市”两个部分是合理的。在孟案中，有关后半部分的“市”共十二条（孟氏复原开元令第16~27条），对于他的条文排列，除了榎本氏和吉永氏所批判的宋7后半条之外，没有其他问题。因为有关“市”的不行唐令只有唐8和唐9两条，而且除了宋17以外，其他宋令都有对应的《养老令》条文，自然可以确定《开元令》的条文排列。与此相对，前半部分共十五条的有关“关”的条文排序则有探讨的必要。这包含不行唐令共七条（唐1~唐7），而且在《养老令》中没有对应条文的共七条（不行唐令五条：唐1、唐3、唐4、唐5、唐7；[①] 现行宋令二条：宋4、[②] 宋5），因此缺少复原的线索。而且如吉永氏所指出的那样，若是按照孟氏的复原方案，对应的《养老令》的条文排列就显得混乱，从内容来看也有如下问题。

其一，孟氏将关的规定分为“（一）请过所”、“（二）度关”、“（三）禁物出入关”和“（四）关门管理”这四大类，其中“（一）请过所”由宋1→唐1~唐5这六条组成。宋1是关于过关者必须申请过所的一般性规定，唐1则规定申请过所时需要制作副本（“副白”“抄实”），这可视为宋1的附则。因此其前后关系应是宋1→唐1，而且这两条均是关于过所的一般性规定。可是，孟氏将唐2~唐5都视为有关过所申请的规定，并归入“（一）请过所”，这是存在疑问的。因为，与其将唐2~唐5视为特定

① 孟氏认为唐7对应《养老令·关市令》第6条，依照此看法，新出条文为唐6。此处依从榎本氏的看法，将唐6视为对应《养老令·关市令》第6条的条文。参见孟彦弘《唐关市令复原研究》，第531页；〔日〕榎本淳一《唐王朝と古代日本》第一部“補論三”。

② 由于孟氏认为宋4不属于唐令，因此其“《唐关市令》条文排列复原方案”（表1）没有提及此条。

表3　笔者对《唐关市令》条文排列的复原方案

复原唐令(推定)			《天圣令》			《养老令》		《唐令拾遗》	复原案				
分类		条文号码	条文号码		条文名称(拟称)	条文号码	条文名称		孟案		吉永案		
关规定	①过所规定	1		宋1	欲度关条	1	欲度关条	1	1	一、关	(一)请过所	1	①过所的申请、发给
		2	唐1		请过所条				2			2	
	②勘过规定	3		宋2	行人度关条	2	行人出入条	2	7		(二)度关	3	②于关勘过
						3	行人度关条						
		4		宋3	行人赍过所条	4	赍过所条		8			4	
		5		宋4	乘递马度过关条				×		×	5	
		6		宋5	兵马出关条			3	9		(二)度关	6	
		7	唐2		丁匠上役条	5	丁匠上役条		3		(一)请过所	7	
		8	唐3		将物互市条				4			8	
		9	唐4		隔关属州县条				5			9	
		10	唐5		关官司条				6			10	
		11		宋6	蕃客条	7	蕃客条	补2	10		(二)度关	12	③禁物的出入限制
	③禁物规定	12	唐6		锦绫罗縠条	6	弓箭条	补1	13		(三)禁物出入关	11	
		13	唐7		居在禁铁条				14			15	
		14		宋7	有私将禁物条	8	官司条	4	11				
									26	二、市	(二)交易	13	
		15		宋8	禁物不得出关条	9	禁物条		12	一、关	(三)禁物出入关	14	
	④关门规定	16		宋9	关门条	10	开门条		15		(四)关门管理	16	④关门管理

续表

复原唐令（推定）			《天圣令》			《养老令》		《唐令拾遗》	复原案				
分类		条文号码	条文号码		条文名称（拟称）	条文号码	条文名称		孟案		吉永案		
市规定	⑤置市规定	17	唐 8		非州县不得置市条	11	市恒条	6	16	二、市	（一）置市及管理	17	⑤市的设置、管理
		18		宋 10	市四面不得侵占条	12	每肆立标条	7	17			18	
	⑥物价、计量规定	19		宋 11	官与私交关条	13	官私交开条	8	18			19	
		20	唐 9		官私斛斗秤尺条	14	官私权衡条	9	19			20	
		21		宋 12	用秤条	15	用称条	10	20			21	
	⑦杂规定	22		宋 13	卖牛马驼骡驴条	16	卖奴婢条	11	21		（二）交易	22	⑥有关交易的诸规定
		23		宋 14	造弓箭横刀条	17	出卖条	12	22			23	
		24		宋 15	欲居系官店肆条	18	在市条		23			24	
		25		宋 16	以行滥之物条	19	行滥条	13	24			25	
		26		宋 17	缘边与外蕃条			5	25			26	
		27		宋 18	官有所市买条	20	除官市买条	补 3？	27			27	

情况申请过所的规定，还不如将它们看作是关于想要过关之人所需履行的其他程序的规定，其内容不仅包括过所，还有对于簿籍以及往还牒的勘查。因此，唐2~唐5应该归入孟氏所分类的“（二）度关”（宋2~宋6），[①] 即有关行人、乘递马、兵马、蕃客的勘过手续。[②] 换言之，唐2~唐5都应属于宋2~宋6所代表的类别，其规定的是每一类通关者所需履行的程序。

对此，吉永氏将唐2~唐5与宋2~宋5一同列入于“②于关勘过”，将孟氏列入“（二）度关”的宋6蕃客条归入“③禁物的出入限制”。但是，笔者对于吉永氏有关宋6的复原排列尚有疑问。因为宋6尽管包含了勘查蕃客所持物品的内容，却没有关于禁物的记载，其内容归根结底还是有关蕃客的勘过程序。因此，与宋2~宋5、唐2~唐5一样，宋6也应该属于度关的勘过程序。

在此需要探讨的是，唐2~唐5与宋2~宋6的前后关系。吉永氏的复原顺序是唐2~唐5→宋2~宋5。虽然他没有说明理由，但依据前述的复原方法“原则上，在天圣令编纂、改变唐令而立新条之际，唐令原来的顺序可能并未被改变（不行唐令亦同），故此应该有效地利用宋令、不行唐令和养老令各自的条文排序”，或许这是为了保留宋令和不行唐令各自的条文排序并考虑《养老令》的排序而做出的复原。对此，有关唐代通行证的《唐律疏议》卷八《卫禁律》的如下记载可以成为更有效的证据：

> 诸私度关者，徒一年。越度者，加一等；〔不由门为越〕。
>
> 疏议曰：水陆等关，两处各有门禁，行人来往皆有公文，谓驿使验符券，传送据递牒，军防、丁夫有总历，自余各请过所而度。若无公文，私从关门过，合徒一年。“越度者”，谓关不由门，津不由济而度者，徒一年半。[③]

---

① 如上所述，由于孟氏认为宋4不属唐令，在此不含宋4。

② 刘馨珺指出，被孟氏归入“（一）请过所”的唐2“丁匠上役”条和唐4“隔关属州县”条若置于“（二）度关”部分，或许更为恰当。理由有二：其一，唐2规定丁匠前往作役之所时，使用的不是过所而是本县的簿历；其二，唐4规定的是官司勘查“度关”的程序，而非申请过所的制度。参见刘馨珺《评〈天一阁藏明钞本天圣令校证附唐令复原研究〉五、关市令》，《唐研究》第14辑，第534页。可是如本文所述，不只唐2和唐4，唐3和唐5也同样可以被视为关于度关手续的条文。

③ 《唐律疏议》，中华书局，1983，第172页。

据此，度过关津的行人所需要的公文，按照行人的类别，分别规定为：驿使用“符券”，传送用“递牒”，军防和丁夫用“总历”，其他用“过所”。值得注意的是其分类与记载的排序，“行人”用于指称所有通过关津的人，其中各种类别的记载排序为“驿使”→“传送”→“军防、丁夫”→“自余”。此记载排序和《天圣令》宋2~宋5的排序（“行人”→“递马”→“兵马”）相一致，因此有关“丁匠”的唐2以下的条文应该排在其后。[①] 剩下的问题在于宋6的排序位置。首先，宋6和《养老令》第7条是对应关系，因此其排序位置肯定位于《养老令》第2条所对应的唐2之后。其次，行人的类别当中，关于外国人的规定只有宋6“蕃客”条，其他都是有关中华百姓的规定，因而宋6的排序位置可以被推定为勘过程序的末尾。

此推定可以得到如下佐证，如《唐六典》卷六《尚书刑部》“司门郎中员外郎”条云：

> 凡关二十有六……所以限中外，隔华夷，设险作固，闲邪正暴者也。[②]

由此可知，设置关的第一要义为“限中外，隔华夷”，由关管理人和物的出入，需要严格区别畿内与畿外、中华与夷狄。因此，宋6“蕃客”条与物的出入管理无关，而应被置于人的勘过程序之末。

至于物的出入管理，孟氏在“（三）禁物出入关”中把相关条文的顺序复原为宋7前半[③]→宋8→唐6~7。其分类并无问题，但排序尚有修正

---

① 《天圣令·赋役令》亦包含与“丁匠”相关的许多条文，如宋10~宋15、宋18~宋21、唐22~唐25。

② 《唐六典》，中华书局，1995，第195~196页。

③ 孟氏将宋7分为前后两个部分：前半为“诸有私将禁物至关，已下过所，关司捉获者，其物没官。已度关及越度为人纠获者，三分其物，二分赏捉人，一分入官”，这是关于“关”的规定；后半为“若私共化外人交易，为人纠获，其物悉赏纠人。如不合将至应禁之地，为人纠获者，皆二分其物，一分赏纠人，一分入官。若官司于其所部捉获者，不在赏限，其物没官如纠人在禁物乡应得赏者，其违禁物准直官酬。其所获物应入官者，年终申所司（其获物给赏分数，自有别敕者，不拘此限。）”，这是关于“市”的规定。孟氏这样解释的原因在于宋7的后半部分包含与交易相关的内容。然而，由于《养老令·关市令》第8条为宋7全文的简略版内容，所以笔者认为作为宋7前身的唐令亦应为一条。

的余地。这四条规定都与被禁止携带出境并与外国人交易的禁物相关。其中，唐 6 说明禁物的详细种类等整体内容，因此其排序位置应该在这一类规定的开头。宋 7 规定的是对违反禁物规制的行为进行纠获和报赏，宋 8 涉及的是可以携带禁物出境的例外情况，这两条均是有关禁物的附则，所以应该复原为唐 6→宋 7 ~ 宋 8。问题是如何复原宋 7 ~ 宋 8 与唐 7 的前后关系。吉永氏复原为宋 7 ~ 宋 8→唐 7。但是，唐 6 的后半作“如有缘身衣服，不在禁例……申牒官司，计其口数斟量，听于内地市取，仍牒关勘过”，唐 7 作“除缘身衣服之外……经本部申牒商量须数，录色目给牒听市。市讫，官司勘元牒无剩，移牒本部知”，均含有将随身衣服列为适用对象之外的文句，都规定只要申牒官司申报数量，就可以交易等。故此，唐 6 和唐 7 可以被推定为连续排列的条文，笔者将它们复原为唐 6 ~ 唐 7→宋 7 ~ 宋 8。

以上笔者复原的方案与孟案和吉永案的对照，被列为表 3；根据笔者的复原方案排列的条文顺序，则如表 4。如据孟案，对应唐 2 的《养老令》第 5 条将前于《养老令》第 2 ~ 4 条，这使唐令与《养老令》条文排序相对应的关系产生混乱。据笔者的方案，只有《养老令》第 6 条（对应于唐 6）和第 7 条（对应于宋 6）的排序有所颠倒，其他则可依旧维持原来的顺序。另一方面，吉永案不会产生《养老令》第 6 条和第 7 条颠倒的问题，因为他将这两条归类为“③禁物的出入限制”而复原为唐 6→宋 6 ~ 8→唐 7。但如上所述，宋 6 蕃客条在关于“行人”勘过的条文群中，规定“蕃客”所适用的特殊程序，因此笔者很难赞同吉永案。至于我的复原方案所产生的《养老令・关市令》第 6 条和第 7 条的颠倒，这可能与第 6 条是《养老令・关市令》中变更唐令最多的条文相关。亦即，唐 6 规定的是禁止与诸蕃交易和带到境外的禁物名目，是一条长文。而《养老令・关市令》第 6 条虽然继受自唐 6，[①] 但仅摘录唐 6 的一部分，而且其禁物只限于未见于唐 6 的弓

① 关于《养老令・关市令》第 6 条继受的唐令，孟氏重视与铁有关的内容而认为是唐 7，榎本氏则认为是与禁止互市与诸蕃相关的唐 6，后者较为妥当。参见孟彦弘《唐关市令复原研究》，《天一阁藏明钞本天圣令校证（附唐令复原研究）》；〔日〕榎本淳一《唐王朝と古代日本》第一部“補論三”。

箭兵器；再加上此条的后半并非源自《关市令》而是来自《杂令》,[①] 所以可以说，《养老令·关市令》第6条虽然继受自唐6，但做了大幅度改变，几乎无法体现原貌。

另外，吉永案将上述“③禁物的出入限制”复原为唐6→宋6～宋8→唐7，从中除去宋6“蕃客”条，其排序就为唐6→宋7～8→唐7。但是唐6“锦绫罗縠”条和唐7“居在禁铁”条均规定禁物的细目，而宋7“有私将禁物”条是对于带禁物过关的处罚规定，宋8“禁物不得出关”条是允许禁物出关的例外规定，所以在笔者的方案中，“关规定”之“禁物规定”类可被复原为唐6～唐7→宋7～宋8。

总而言之，共有二十七条的开元二十五年《关市令》，分为“关”规定共十六条（No.1～No.16）与“市”规定共十一条（No.17～No.27）；“关”规定再分为：①过所规定（No.1～No.2），②勘过规定（No.3～No.11），③禁物规定（No.12～No.15）和④关门规定（No.16）；“市”规定再分为：⑤置市规定（No.17～No.18），⑥物价、计量规定（No.19～No.21）和⑦杂规定（No.22～No.27）。“关”规定约占整个《关市令》十分之七，如刘馨珺所指出的，这表示唐代重视“关”对于人和物的出入管理。[②] 其中，与缂丝当麻曼荼罗等文物传入日本有关的唐令，也是“关”的出入管理规定。

二　与唐代文物传入日本有关的勘过规定和禁物规定

在依据《天圣令》得以复原基本轮廓的《唐关市令》中，与遣唐使、遣唐留学僧等古代日本人带出唐代文物有关的条文为：①过所规定No.1（宋1）、

---

① 参见黄正建《天圣杂令复原唐令研究》，载天一阁博物馆、中国社会科学院历史研究所天圣令整理课题组校证《天一阁藏明钞本天圣令校证（附唐令复原研究）》下册；〔日〕榎本淳一《唐王朝と古代日本》第一部“補論三”。

② 参见刘馨珺《评〈天一阁藏明钞本天圣令校证附唐令复原研究〉五、关市令》，第530～531页。刘氏在比较宋以后的关市制度后指出：“唐代‘关市’制度的规定上，着重于‘关’的管理办法，重视出入‘关’的程序，更甚于‘市’的管理”；与此相对，“南宋《庆元条法事类》散录二十一条的‘关市令’，可看出宋以后的‘关市’制度着重于市场经济的规范，因为《庆元条法事类·关市令》仅一条录于卷二九《榷禁门》二‘铜钱金银出界’规定‘诸禁铜钱出中国条制’，尚可归类于‘禁物出入关’，其余皆为市场、买卖或债务的相关法令”。

表 4　复原《唐关市令》以及相关条文一览表

复原唐令（推定）			《天圣令》			《养老令》			《唐令拾遗》
分类		条文号码		条文名称（假称）	条文	条文号码	条文名称	条文	
关规定	过所规定	1	宋 1	欲度关条	诸欲度关者，皆经当处官司请过所，〔今日公凭。下皆准此。〕具注姓名、年纪及马牛骡驴牝牡、毛色、齿岁，判给。还者，连来文申牒勘给。若于来文外更须附者，验实听之。日别总连为案。若已得过所，有故不去者，连旧过所申纳。若在路有故者，经随近官司申牒改给，具状牒关。若船筏经关过者，亦请过所。	1	欲度关条	凡欲度关者。皆经本部本司请过所。官司检勘，然后判给。还者，连来文申牒勘给。若于来文外更须附者，验实听之。日别惣连为案。若已得过所，有故卅日不去者，将旧过所申牒改给。若在路有故者，申随近国司，具状送关。虽非所部，有来文者亦给。若船筏经关过者，亦请过所。	1
		2	唐 1	请过所条	诸请过所，并令自录副白，官司勘同，即依署给。其输送官物者，检钞实，付之。				
	勘过规定	3	宋 2	行人度关条	诸行人度关者，关司一处勘过，皆以人到为先后，不得停拥。虽废务日，亦不在停限。若津梁阻关须两处勘度者，两处关司覆验听过。其不依过所别向余关者，不得听其出入。	2	行人出入条	凡行人出入关津者，皆以人到为先后，不得停拥。	2
						3	行人度关条	凡行人度关者，皆依过所々载关名勘过。若不依所诣，别向余关者，关司不得随便听其人出。	
		4	宋 3	行人赍过所条	诸行人赍过所及乘递马出入关者，关司勘过所，案记。其过所、驿卷、递牒并付行人自随。	4	赍过所条	凡行人赍过所及乘驿传马出入关者，关司勘过，录白案记。其正过所及驿铃传符，并付行人自随。仍驿铃传，年终录目，申太政官惣勘。	
		5	宋 4	乘递马度关条	诸乘递马度关者，关司勘听往还。若送囚度关者，防援人亦准此。其囚验递移听过。				

续表

复原唐令(推定)			《天圣令》			《养老令》			《唐令拾遗》
分类		条文号码		条文名称（假称）	条文	条文号码	条文名称	条文	
关规定	勘过规定	6	宋5	兵马出关条	诸兵马出关者,但得本司连写敕符,即宜勘出。其入关者,据部领兵将文帐检入。若镇戍烽有警急事须告前所者,关司验镇戍烽文牒,即宜听过。				3
		7	唐2	丁匠上役条	诸丁匠上役度关者,皆据本县历名,共所部送纲典勘度。其役了还者,勘朱印钞并元来姓名年纪同,放还。	5	丁匠上役条	凡丁匠上役及庸调脚度关者,皆据本国历名共所送使勘度。其役纳毕还者,勘元来姓名年纪同,放还。	
		8	唐3	将物互市条	诸将物应向互市,从京出者,过所司门给,从外州出者,从出物州给,皆具载色数,关司勘过。				
		9	唐4	隔关属州县条	诸隔关属州县者,每年正月造簿付关,其须往来,就关司申牒,勘簿判印听过,日收连为案。其州县虽别而输课税之物者,亦据县牒听过,随了即停。				
		10	唐5	关官司条	诸关官司及家口应须出入余处关者,皆从当界请过所。其于任所关入出者,家口造簿籍年纪,勘过。若比县隔关,百姓欲往市易及樵采者,县司给往还牒,限三十日内听往还,过限者依式更翻牒。其兴州人至梁州及凤州人至梁州、岐州市易者,虽则比州,亦听用行牒。				

续表

复原唐令（推定）			《天圣令》			《养老令》			《唐令拾遗》
分类		条文号码		条文名称（假称）	条文	条文号码	条文名称	条文	
关规定	勘过规定	11	宋6	蕃客条	诸蕃客初入京，本发遣州给过所，具姓名、年纪、颜状，牒所入关勘过所。有一物以上，关司共蕃客官人具录申所司；入一关以后，更不须检。若无关处，初经州镇亦准此。即出关日，客所得赐物及随身衣物，并申所属官司出过所。	7	蕃客条	凡蕃客初入关日，所有一物以上，关司共当客、官人，具录申所司。入一关以后，更不须检。若无关处，初经国司，亦准此。	补2
	禁物规定	12	唐6	绵绫罗縠条	诸锦、绫、罗、縠、绣、织成、绌、绵、绢、丝、布、犛牛尾、真珠、金、银、铁，并不得与诸蕃互市及将入蕃，〔绫（綵）不在禁限。〕所禁之物，亦不得将度西边、北边诸关及至缘边诸州兴易，其锦、绣、织成，亦不得将过岭外，金银不得将过越嶲道。如有缘身衣服，不在禁例。其西边、北边诸关外户口须作衣服者，申牒官司，计其口数斟量，听于内地市取，仍牒关勘过。	6	弓箭条	凡弓箭兵器，并不得与诸蕃市易。其东边北边，不得置铁冶。	补1
		13	唐7	居在禁铁条	诸居在禁铁之乡，除缘身衣服之外，所须乘具及锅釜农器之类要须者，量给过所、于不禁乡市者，经本部申牒商量须数，录色目给牒听市。市讫，官司勘元牒无剩，移牒本部知。				

续表

复原唐令（推定）			《天圣令》			《养老令》			《唐令拾遗》
分类		条文号码		条文名称（假称）	条文	条文号码	条文名称	条文	
关规定	禁物规定	14	宋7	有私将禁物条	诸有私将禁物至关，已下过所，关司捉获者，其物没官。已度关及越度为人纠获者，三分其物，二分赏捉人，一分入官。若私共化外人交易，为人纠获，其物悉赏纠人。如不合将至应禁之地，为人纠获者，皆二分其物，一分赏纠人，一分入官。若官司于其所部捉获者，不在赏限，其物没官。如纠人在禁物乡应得赏者，其违禁物准直官酬。其所获物应入官者，年终申所司。〔其获物给赏分数，自有别敕者，不拘此限。〕	8	官司条	凡官司未交易之前，不得私共诸蕃交易。为人纠获者，二分其物，一分赏纠人，一分没官。若官司于其所部捉获者，皆没官。	4
		15	宋8	禁物不得出关条	诸禁物不得出关者，若住在关外因事入关及蕃客入朝别敕赐者，连写正敕，牒关听出。〔即蕃客在内赐物，无敕施行者，所司勘当知实，亦给牒听出。〕	9	禁物条	凡禁物，不得将出境。若蕃客入朝，别敕赐者，听将出境。	
	关门规定	16	宋9	关门条	诸关门并日出开，日入闭。管钥，关司官长者执之。	10	开门条	凡关门，并日出开，日入閇。	

续表

复原唐令（推定）			《天圣令》			《养老令》			《唐令拾遗》
分类		条文号码		条文名称（假称）	条文	条文号码	条文名称	条文	
市规定	置市规定	17	唐 8	非州县不得置市条	诸非州县之所，不得置市。其市当以午时击鼓三百下而众大会，日入前七刻击钲三百下散。其州县领户少之处，欲不设钲鼓者听之。	11	市恒条	凡市恒以午时集，日入前击鼓三度散。〔每度各九下。〕	6
		18	宋 10	市四面不得侵占条	诸市四面不得侵占官道以为贾舍，每肆各标行名，市司每行准平货物时价为三等，旬别一申本司。	12	每肆立标条	凡市每肆立标题行名，市司准货物时价，为三等。十日为一簿，在市案记。季别各申本司。	7
	物价·计量规定	19	宋 11	官与私交关条	诸官与私交关，以物为价者，准中估价。即约评赃物者亦如之。	13	官私交开条	凡官与私交关，以物为价者，准中估价。即悬评赃物者亦如之。	8
		20	唐 9	官私斛斗秤尺条	诸官私斛斗秤尺，每年八月诣太府寺平校。不在京者，诣所在州县平校，并印署然后听用。	14	官私权衡条	凡官私权衡度量，每年二月，诣大藏省平挍。不在京者，诣所在国司平挍，然后听用。	9
		21	宋 12	用秤条	诸用秤者皆挂于格，用斛斗者皆以概，粉面则秤之。	15	用称条	凡用称者皆悬于格，用斛者皆以概，粉面则称之。	10
	杂规定	22	宋 13	卖牛马驼骡驴条	诸卖牛马驼骡驴，皆价定立卷，本司朱印给付。若度关者，验过所有实，亦即听卖。	16	卖奴婢条	凡卖奴婢，皆经本部官司取保证，立卷付价。〔其马牛，唯责保证立私卷。〕	11
		23	宋 14	造弓箭横刀条	诸造弓箭、横刀及鞍出卖者，并依官样，各令题凿造者贯属、姓名，州县官司察其行滥。剑及漆器之属亦题姓名。	17	出卖条	凡出卖者，勿为行滥。其横刀枪鞍漆器之属者，各令题凿造者姓名。	12

续表

复原唐令（推定）			《天圣令》			《养老令》			《唐令拾遗》
分类		条文号码		条文名称（假称）	条文	条文号码	条文名称	条文	
市规定	杂规定	24	宋15	欲居系官店肆条	诸欲居系官店肆者，皆据本属牒，然后听之。在肆男女别坐。	18	在市条	凡在市典贩，男女别坐。	
		25	宋16	以行滥之物条	诸以行滥之物交易者没官，短狭不如法者还主。	19	行滥条	凡以行滥之物交易者没官，短挟不如法者还主。	13
		26	宋17	缘边与外蕃条	诸缘边与外蕃互市者，皆令互市官司检校，各将货物、畜产等俱赴互市所，官司先共蕃人对定物价，然后交易。非互市官司，不得共蕃人言语。其互市所用及市得物数，每年录帐申三司。其蕃人入朝所将羊马杂物等，若到互市所，即令准例交易，不得在道与官司交关。				5
		27	宋18	官有所市买条	诸官有所市买，皆就市交易，不得乖违时价。市讫，具注物主户属、姓名，交付其价，不得欠违，仍申所司勘记。	20	除官市买条	凡除官市买者，皆就市交易。不得坐召物主。乖违时价，不论官私，交付其价，不得悬违。	补3?

资料来源：《天圣令》条文，依据天一阁博物馆、中国社会科学院历史研究所天圣令整理课题组所校证的校录本；《养老令》条文，依据以广桥家本为底本的国史大系本《令义解》，修改一些标点符号；《唐令拾遗补》云：其条文号码之1～2与6～13各条，均据《养老令》的排列，但3～5及14各条排列，缺乏依据（参见《唐令拾遗补》第792页）。

No. 2（唐 1）；②勘过规定 No. 3（宋 2）、No. 4（宋 3）；③禁物规定 No. 12（唐 6）、No. 15（宋 8）。其中，①过所规定 No. 1（宋 1）和 No. 2（唐 1）包含过所的定义和有效期限等重要问题，并且需要将现行宋令复原为唐令条文。但在此暂不涉及这一问题，仅确认与唐代文物传入日本有关的规定要点。

（一）过所规定：No. 1（宋 1）、No. 2（唐 1）

首先，遣唐使、留学生和僧人都需要申请过所〔No. 1（宋 1）、No. 2（唐 1）〕。这与上述《唐律疏议》卷八《卫禁律》所载“行人来往皆有公文，谓驿使验符券，传送据递牒，军防、丁夫有总历，自余各请过所而度”相一致，而且稍晚的大中九年（855）圆珍的《越州都督府过所》（图 3）和《尚书省司门过所》（图 4）[①] 可为佐证。

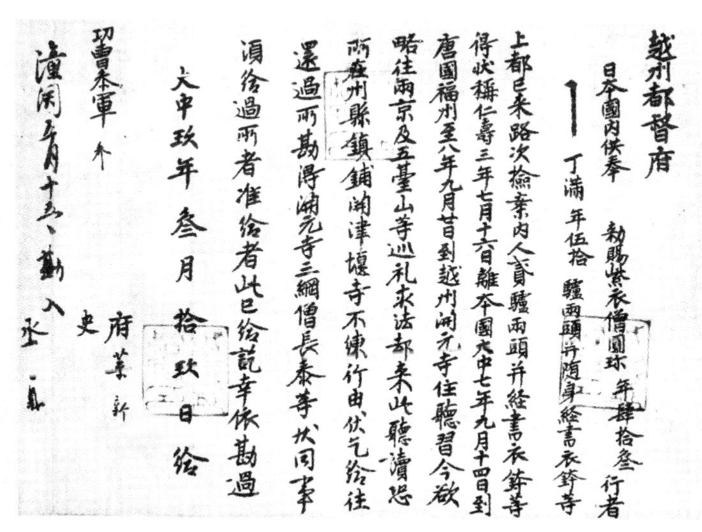
越州都督府
日本國内供奉　勅賜紫衣僧圓珍　年肆拾叁　行者
丁滿　年伍拾　驢兩頭并隨身經書衣鉢等
上都已來路次檢案内人貢驢兩頭并經書衣鉢等
得狀稱仁壽三年七月十六日離本國大中七年九月十四日到
唐國福州至八年九月廿日到越州開元寺住聽習今欲
略往兩京及五臺山等巡礼求法却來此聽讀恐
所在州縣鎮鋪關津堰寺不練行由伏乞給往
還過所勘得開元寺三綱僧長泰等狀同事
須給過所者准給者此已給訖幸依勘過
府
史
大中玖年叁月拾玖日給
功曹參軍
潼關五月十五日勘入　丞

图 3　圆珍《越州都督府过所》

如《唐六典》卷六《尚书刑部》“司门郎中员外郎”条载：“凡度关者，先经本部本司，请过所。在京则省给之，在外州给之。虽非所部，有

① 〔日〕内藤湖南：《三井寺所藏の唐過所に就て》，《桑原博士還曆記念東洋史論叢》，弘文堂書房，1931（后收入内藤湖南著、神田喜一郎、内藤乾吉编《内藤湖南全集》第七卷，筑摩書房，1970）；〔日〕礪波護：《唐代の過所と公験》，《中国中世の文物》，京都大学人文科学研究所，1993（后收入礪波護《隋唐佛教文物史論考》，法藏館，2016）。

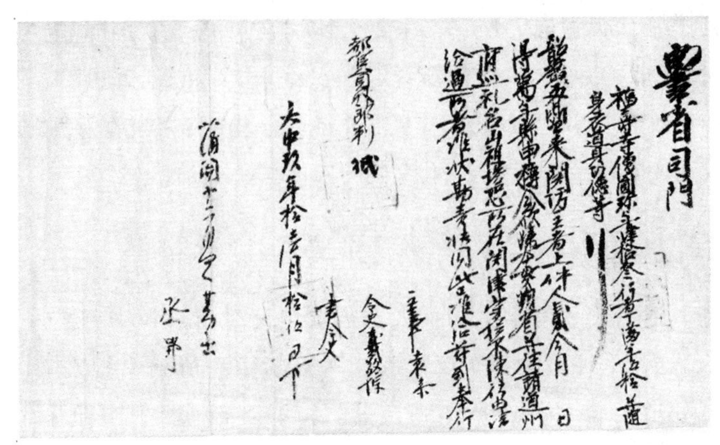

图4 圆珍《尚书省司门过所》

来文者，所在给之。”① 受理申请而发给过所的，在京是尚书省刑部司门，其他则由各州负责。因此，遣唐使等人入唐时，如圆珍，首先在入境的州提出申请并得到过所，入京后若需要再次申请过所，则在尚书省办理手续。在此需要探讨的是，大中九年三月十九日，越州都督府发给圆珍的过所上写有“伏乞给往还过所”，可知其过所应是往返皆有效的，可他在同年十一月十五日又拿到了由尚书省司门发给的过所。关于这个问题，砺波护认为“或许是因为上次发给之后经过八个月而超过有效期，抑或是因为上次在圆珍和丁满之外还有两头驴，但归途没带驴，又或是为慎重起见而再次请求发给，这些仍需继续研究”，由此指出了多种可能性。② 无论如何，据此可以确认的是，在大中九年曾经有“往还过所”的存在。

（二）勘过规定：No. 3（宋2）、No. 4（宋3）、No. 11（宋6）

拿到过所后，需要在关津勘过。No. 3（宋2）和 No. 4（宋3）是适用于包括遣唐使等在内的所有行人的勘过规定，度关的勘查皆为先来后到，通常关司在一处勘过，但隔着津梁的关在两岸设置二处进行勘查时，须由

① 《唐六典》，第196页；《旧唐书》卷四三《职官志二》“刑部司门郎中员外郎”条有同样的记载：“凡度关者，先经本部本司请过所。在京则省给之，在外则州给之。而虽非所部，有来文者，所在亦给。”中华书局，1975，第1839～1840页。

② 参见〔日〕礪波護《唐代の過所と公験》第699页（《隋唐佛教文物史論考》，第368页）。

两处关司重复勘查后才能通关。在勘查时，“关司勘过所，案记。其过所、驿券、递牒并付行人自随”〔No.4（宋3）〕，关司检勘过所并“案记”，过所原件由作为行人的遣唐使本人携带通关。被认为继受此条的《养老令·关市令》第4条有“关司勘过，录白案记。其正过所及驿铃传符，并付行人自随”，内有“录白案记”之句。关于“案记”或“录白案记”，一般认为关司作成过所的副本。[①] 但是，孟彦弘认为No.4（宋3）的“案记”与《养老令·关市令》第4条的“录白案记”不是指抄录副本，“录白”是指将过关的记录直接写在过所后面的空白处，“案记”则是指一条一条的记录。[②] 然而，《令义解·关市令》对“录白案记”的注文为“谓凡行人及乘驿传度关者，关司皆写其过所，若官符以立案记，直于白纸录之，不点朱印，故云录白也”，这是说关司做成的副本上不盖朱印。而且，在敦煌吐鲁番文书中，存在出于同一人手笔且无官印的实物，因而被视为过所副本：如莫高窟第122窟前所出《天宝七载（748）敦煌郡给某人残过所》（K122：14）（图5）[③] 与阿斯塔纳228号墓所出《唐年某往京兆府过所》（72TAM228：9）（图6）。[④] 故此，按照一般的观点，将“案记”与“录白案记”理解为关司抄录过所的副本就更为自然。

---

① 参见敦煌文物研究所考古组（樊锦诗、马世长执笔）《莫高窟发现的唐代丝织物及其他》，《文物》1972年第12期；陈国灿《唐瓜沙途程——唐开天“过所”头地考察小记》，《魏晋南北朝隋唐史资料》1984年第6期；〔日〕礪波護《唐代の過所と公験》；李全德《〈天圣令〉所见唐代过所的申请与勘验——以“副白”与“录白”为中心》，《唐研究》第14卷，北京大学出版社，2008；李全德《再谈天一阁明钞本〈天圣令·关市令〉之“副白”与“案记”》，《西域研究》2012年第3期。

② 孟彦弘：《唐代“副过所”及过所的“副白”、“录白案记”辨识——兼论过所的意义》，《文史》2008年第4辑（后收入黄正建主编《〈天圣令〉与唐宋制度研究》。

③ 敦煌文物研究所考古组：《莫高窟发现的唐代丝织物及其他》；陈国灿：《唐瓜沙途程——唐开天“过所”实地考察小记》，第17页；〔日〕中村裕一書《唐代官文書研究》，中文出版社，1991，卷首插图10；程喜霖：《唐代的公验与过所》，《中国史研究》1985年第1期，第122~123页；〔日〕礪波護：《唐代の過所と公験》，第700~703页（《隋唐佛教文物史論考》，第369~373页）；程喜霖：《唐代过所研究》第二章第三节“唐代过所的正副本”，中华书局，2000，第99~100页。

④《吐鲁番出土文书》第8册，1987，第416页；程喜霖《唐代的公验与过所》，第125页；〔日〕礪波護：《唐代の過所と公験》，第708~709页（《隋唐佛教文物史論考》，第377~378页）；程喜霖《唐代过所研究》，第98~99页。关于无纪年的《唐年某往京兆府过所》的年代，因为在同出于阿斯塔纳228号墓的有纪年文书中，时间最早的是开元十九年（731），最晚的是天宝三载（744），因此程氏推定为这一期间。

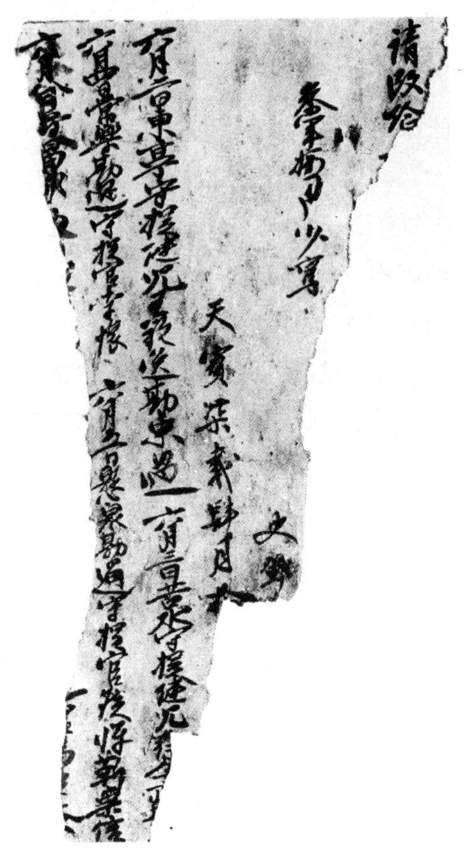

图 5　《天宝七载（748）敦煌郡给某人残过所》残片（K122：14）

在勘过规定所涉及的行人中，遣唐使要适用特殊的规定——No. 11（宋 6）蕃客条。关于“蕃客”的定义，可以参考林麟瑄的研究。[①] 即《唐会要》卷二九《节日》长庆二年（822）九月敕载：

> 蕃客等使，皆远申朝聘。节遇重阳，宜共赐钱二百贯文，以充宴赏，仍给太常音乐。[②]

① 林麟瑄：《唐代蕃客的法律规范》，台师大历史系、中国法制史学会、唐律研读会主编《新史料·新观点·新视角——天圣令论集》下，元照出版有限公司，2011。

② 《唐会要》，上海古籍出版社，2006，第 636 页。参见〔日〕石見清裕《唐の北方問題と国際秩序》，汲古書院，1998，第 499 页。

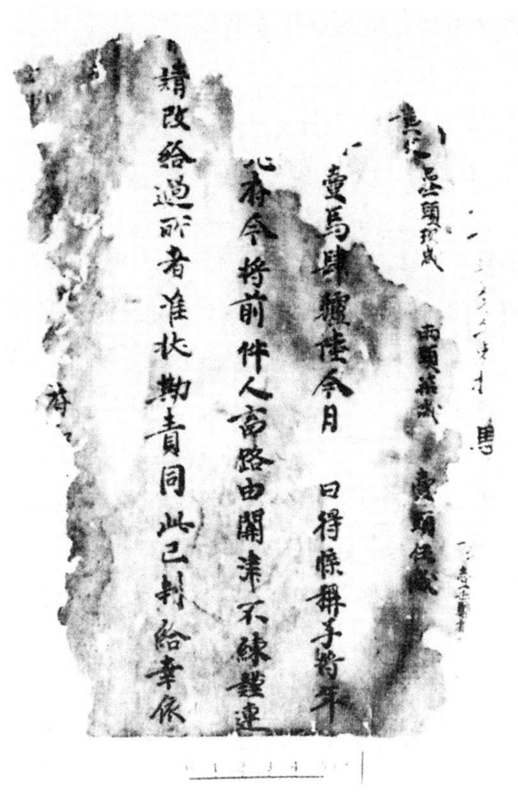

图 6　阿斯塔纳第 228 号墓出土《唐年某往京兆府过所》残片（72TAM228：9）

由此可知，蕃客是指前来朝聘的外国使者。《令集解》卷六《职员令》“大宰府”条亦作：

蕃客〔朱云，蕃客者，蕃国使也（后略）〕。①

《令集解》卷一九《考课令》所载对“蕃客得所”的解释是：

问，蕃客与夷狄，若为别？答，蕃客称所者，兼朝聘并在京夷狄

① 〔日〕黒板勝美、国史大系編修会編《令集解》一〔新訂増補国史大系〈普及版〉〕，吉川弘文館，1972，第 160 页。

等也。唯称夷狄所者，不入朝聘之使也。[①]

此处的“蕃客”还是指入朝的外国使节。[②]

No. 11（宋 6）蕃客条有如下规定：

诸蕃客初入京，本发遣州给过所，具姓名、年纪、颜状，牒所入关勘过所。有一物以上，关司共蕃客、官人具录申所司。入一关以后，更不须检。若无关处，初经州镇亦准此。即出关日，客所得赐物及随身衣物，并申所属官司出过所。

由此可知有关入京和出京的规定：第一，入京之际，包括遣唐使一行在内的外国使节，除了被勘查过所外还需要申报随身物品，但通过一处关后就不需要被再次勘查。第二，为了归国而出关时，在提交过所的同时，还需申报在京所得的“赐物”和“随身衣物”。

该条关于“赐物”和“随身衣物”的申报，和《新唐书》卷四八《百官志三》“鸿胪寺”条的如下记载相符：

凡客还，鸿胪籍衣赍、赐物多少，以报主客，给过所。[③]

此“赐物”，依据石见清裕的研究，指在宴会仪礼上赐给外国使节的返礼

① 〔日〕黑板勝美、国史大系編修会编《令集解》三，第 569 页。

② 但林氏还指出蕃客的商业性属性，如《册府元龟》卷九九九《外臣部·互市》载唐文宗太和五年（831）诏曰：“如闻顷来京城内衣冠子弟及诸军诸使并商人百姓等，多有举诸蕃客本钱，岁月稍深，征索不得，致令蕃客停滞市易，不获及时。方务抚安，须除旧弊，免令受屈，要与改更。自今以后，应诸色人，宜除准敕互市外，并不得辄与蕃客钱物交关。委御史台及京兆府切加捉搦，仍即作条件闻奏。其今日已前所欠负，委府县速与征理处分。”参见《宋本册府元龟》，中华书局 1989 年影印本，第 4043 页。另外，除了林氏所举的史料外，《令义解》卷一《职员令》“玄蕃寮”条也有相关记载：“头一人。掌佛寺、僧尼名籍〔谓，在京并诸国佛寺，及僧尼名籍也〕、供斋、蕃客辞见讌飨送迎〔谓，凡诸蕃入朝者，始自入城，终于辞别，讌飨送迎等，皆惣主知。其送迎者，唯于京内，不出畿外也。〕”参见《令義解》，第 41 页。

③《新唐书》，中华书局，1975，第 1257 ~ 1258 页；〔日〕石見清裕：《唐の北方問題と国際秩序》，第 373 页。

品抑或在归国辞见时赐给外国使节的物品。[①]

另一方面，No. 11（宋 6）“蕃客”条作“入一关以后，更不须检”，[②] 但关于出京，就没有明确记载，只是规定“即出关日，客所得赐物及随身衣物，并申所属官司出过所”，而根据蕃客的申告所属官司发给过所等来看，归途可能也只需在一处关口进行勘查。由于蕃客所携带的物品在朝贡后、出京时已大幅更换，即不再包含国信物，反过来增加了赐物等入唐后获得的新物品，因此归途当然也需被勘查。对于蕃客来说，他享受了往返分别只需勘查一次的特惠待遇。

（三）禁物规定：No. 12（唐 6）、No. 15（宋 8）

具体来说，在关如何勘查携带的物品？关于这个问题，可以参考禁物规定 No. 12（唐 6）和 No. 15（宋 8）。与周边诸国相比，唐朝的文明与技术高度发达，专门控制唐文物的流出。No. 12（唐 6）锦绫罗縠条对禁止与外国人交易以及带到境外的物品有如下规定：

> 诸锦、绫、罗、縠、绣、织成、紬、丝（绵）、绢、丝、布、犛牛尾、真珠、金、银、铁，并不得与诸蕃互市及将入蕃。〔绫（綵）[③]

① 参见〔日〕石見清裕《唐の北方問題と国際秩序》第Ⅲ部第六章《外国使節の宴会儀礼》，第 497～500 页；第Ⅲ部付章《唐代外国貿易・在留外国人をめぐる諸問題》，第 507 页。关于蕃客的赐物规定，《旧唐书》卷四三《职官志二》“户部金部郎中员外郎条”有“若赐蕃客锦綵，率十段则锦一张，绫二疋，缦三疋，绵四屯（第 1828 页）”，《天圣令・仓库令》唐 17 为“诸赐蕃客绵（锦）綵率十段，绵（锦）一疋、绫二匹、缦三匹、绵四屯”〔参见《天一阁藏明钞本天圣令校证（附唐令复原研究）》下册，第 286 页〕。这些关于赐物的规定，与现存唐国书里看到的对于国家元首的国信物相比，数量相差颇大。因此石见氏认为，此些赐物规定的对象应为入京的外国使节团员。参见〔日〕石見清裕《唐の絹貿易と貢献制——遣唐使への回賜品》，《学習院史学》第 49 号，2011。

② 《新唐书》卷四六《百官志一》（第 1201 页）“刑部司门郎中员外郎”条也有同样记载，如“蕃客往来，阅其装重，入一关者，余关不讥”（第 1201 页）。参见〔日〕榎本淳一《律令賤民制の構造と特質》，池田温编《中国礼法と日本律令制》，東方書店，1992，第 296 页；《唐令拾遺補》，第 797 页。

③ 《天一阁藏明钞本天圣令校证（附唐令复原研究）》下册第 309 页作“绫（?）”，但笔者依据《唐六典》卷三“金部郎中员外郎”条的如下记载改为“绫（綵）”：“凡有互市，皆为之节制。〔诸官私互市，唯得用帛练、蕃綵，自外并不得交易。其官市者，两分练（练上疑脱帛字），一分蕃綵，若蕃人须籴粮食者，监司斟酌须数，与州司相知，听百姓将物就互市所交易。〕”由此可知，当时官民都可以交易的织物限为“帛、练、蕃、綵”四种。这与《天圣令・关市令》唐 6 的禁物规定互为表里。

不在禁限。〕所禁之物，亦不得将度西边、北边诸关及至缘边诸州兴易。其锦、绣、织成，亦不得将过岭外，金银不得将过越嶲道。如有缘身衣服，不在禁例。其西边、北边诸关外户口须作衣服者，申牒官司，计其口数斟量，听于内地市取，仍牒关勘过。

在这些禁物中，大多数都是以丝绸为主的织物以及作为原料的绵（丝绵）与丝。关于这一细目和断句，目前没有专门讨论，但诸书的记载各有不同。在此参考《唐会要》卷八六《市》、[①]《唐律疏议》卷八《卫禁律》“赍禁物私度关”条所引《关市令》[②] 和《册府元龟》卷九九九《外臣部·互市》，[③] 而作出如上释读。[④] 此外，参考《唐六典》卷三《尚书户部》“金部郎中员外郎”条、[⑤]《天圣令·赋役令》唐27[⑥] 和《天圣令·营

① 《唐会要》卷八六《市》载：“开元二年闰三月敕，诸锦、绫、罗、縠、绣、织成、䌷、绢、丝、犛牛尾、真珠、金、铁，并不得与诸蕃互市，及将入蕃；金铁之物，亦不得将度西北诸关。”（第1874页）

② 《唐律疏议》卷八《卫禁律》赍禁物私度关条所引《关市令》载：“依关市令，锦、绫、罗、縠、䌷、绵、绢、丝、布、犛牛尾、真珠、金、银、铁，并不得度西边、北边诸关及至缘边诸州兴易。”（第176～177页）

③ 《册府元龟》卷九九九《外臣部·互市》载：“（开成元年六月）是月京兆府奏，准建中元年十月六日敕，诸锦、罽、绫、罗、縠、绣、织成、细䌷（䌷、绵）、丝、布、犛牛尾、真珠、银、铜、铁、奴婢等，并不得与诸蕃互市。又准令式，中国人不合私与外国人交通、买卖、婚娶、来往。又举取蕃客钱以产业奴婢为质者，重请禁之。”（中华书局1960年影印本，第11727～11728页）

④ 关于“绵、绢、丝、布”，《天圣令》作“丝绢丝布”，《天一阁藏明钞本天圣令校证（附唐令复原研究）》下册断为“丝绢、丝布”。但是对应这部分的《唐会要》作“䌷、绢、丝”，《唐律疏议》作“䌷、绵、绢、丝、布”，因此开头的“丝”应改为“绵”，而可解释为四种物品。

⑤ 《唐六典》卷三《尚书户部》“金部中员外郎”条载：“凡缣、帛之类，必定其长短广狭之制，端、匹、屯、綟之差焉。（罗、锦、绫、绢、纱、縠、絁、䌷之属以四丈为匹，布则五丈为端，绵则六两为屯，丝则五两为绚，麻乃三斤为綟。）”（第82页）

⑥ 《天圣令·赋役令》唐27载：“诸朝集使赴京贡献，皆尽当土所出。其金银、珠玉、犀象、龟贝，凡诸珍异之属；皮革、羽毛、锦、罽、罗、䌷、绫、丝、绢、绵、布之类，漆、蜜、香、药及画色所须，诸是服食器翫之物，皆准绢为价，多不得过五十匹，少不得减二十匹。通以杂附及官物市充。无，则用正仓。其所送之物，但令无损坏秽恶而已。不得过事修理，以致劳费。”此释读基本依据《天一阁藏明钞本天圣令校证（附唐令复原研究）》下册，第275页，而其中“絺”读为“绵”。关于唐代朝集使，参见〔日〕渡辺信一郎《天空の玉座——中国古代帝国の朝政と儀礼》，柏書房，1996，第177～183页。

缮令》宋10[①]的各条文，按物品名目整理这些禁物，勒作表5。传来日本的劝修寺绣佛属于表中“绣”，绊丝当麻曼荼罗属于“织成”，均属表内的禁物。这些禁物之所以能够被带出境并传到日本，是因为符合如下No.15（宋8）禁物不得出关条的例外规定：

表5 禁物一览表

《唐会要》卷八六《市》	开元二年（714）闰三月敕	锦		绫	罗	縠	绣	织成	紬		绢	丝		牦牛尾	真珠	金			铁				
《唐律疏议》卷八《卫禁律》	开元二十五年（737）	锦		绫	罗	縠			紬	绵	绢	丝	布	牦牛尾	真珠	金	银		铁				
《天圣令·关市令》（唐6）	开元二十五年	锦		绫	罗	縠	绣	织成	紬	丝（绵）	绢	丝	布	牦牛尾	真珠	金	银		铁				
《册府元龟》卷九九九《外臣部·互市》	建中元年（780）十月六日敕	锦	罽	绫	罗	縠	绣	织成	细（紬）	紬（绵）		丝	布	牦牛尾	真珠		银	铜	铁	奴婢			
（参考）																							
《大唐六典》卷三《尚书户部》“金部郎中员外郎”条		锦		绫	罗	縠			紬	绵	绢	丝	布								纱	絁	麻
《天圣令·赋役令》（唐27）		锦	罽	绫	罗				紬	絺（绵）	绢	丝	布										
《天圣令·营缮令》（宋10）	开元二十五年（737）	锦			罗	縠			紬	绵	绢	丝	布								纱	絁	麻

① 《天圣令·营缮令》宋10载：“制。诸造锦、罗、纱、縠、紬、绢、絁、布之类，皆阔二尺，长四丈为匹，布长五丈为端。其土俗有异，官司别定长阔者，不用此令。丝绵以两，麻以斤。”此释读依据《天一阁藏明钞本天圣令校证（附唐令复原研究）》下册，第345页。

> 诸禁物不得出关者，若住在关外因事入关及蕃客入朝别敕赐者，连写正敕，牒关听出。〔即蕃客在内赐物，无敕施行者，所司勘当知实，亦给牒听出。〕

由此可知，原则上禁物不让带出关，但入朝蕃客单独获得敕赐时，连写正敕而提交至关，就可以获准带出。劝修寺绣佛和缀织当麻曼荼罗等被视为宫廷作坊的极品，应该也是依照这一例外规定带来日本的。

关于这一程序，可以参考石见氏的研究。[①] 他指出赐物清单的存在，如元和三年（808）白居易在《与回鹘可汗书》中写“今赐少物。具如别录”，[②] 即赐物附加别录的清单。《唐会要》卷五四《省号上》“中书省”载圣历三年（700）四月三日敕曰：

> 应赐外国物者，宜令中书具录赐物色目，附入敕函内。[③]

可知，授予外国使节的国书、附加的赐物清单，都被放在敕函内。

总之，劝修寺绣佛和绛丝当麻曼荼罗等禁物也是在经历同样的程序后被带出关外、传到日本。那么，具体在哪个关办理这些手续？最后拟探讨这个问题。

三　小结——日本遣唐使回程时被勘过的关

（一）遣唐使的朝贡地点

在对日本遣唐使回程时带着赐物接受勘查的关之所在地进行考察之前，先拟确认劝修寺绣佛和绛丝当麻曼荼罗的赐予地点，即长安还是洛阳？

关于劝修寺绣佛和绛丝当麻曼荼罗的制作年代，目前缺乏可引以为据

① 〔日〕石見清裕：《唐の絹貿易と貢献制——遣唐使への回賜品》，第67～68页。

② 《文苑英华》卷四六八，中华书局1966年影印本，第2387页。

③ 《唐会要》，第1087页。参见〔日〕石見清裕《唐の絹貿易と貢献制——遣唐使への回賜品》，第67页。

的文献记载，只能由图像特征来探讨。与唐代壁画墓及敦煌壁画进行对比之后，前者可以被推定为武则天时期，后者的制作时间在长安实际寺织成像（689～701）至安史之乱之间。[①] 因此，把它们带到日本的遣唐使应在日本大宝年间（701～704）以后。[②] 根据拙见，劝修寺绣佛是将武则天与下生弥勒佛结合起来的特殊图案，因而其赍到日本只限于武周时期，把它带来的遣唐使应在大宝时期（大使：粟田真人；来华期间：702～704）。

大宝时期的遣唐使见于《旧唐书》卷六《则天皇后本纪》长安二年条（702）：

> 冬十月。日本国遣使贡方物。[③]

《旧唐书》卷一九九《日本传》曰：

> 长安三（二）年，其大臣朝臣真人来贡方物。朝臣真人者，犹中国户部尚书，冠进德冠，其顶为花，分而四散，身服紫袍，以帛为腰带。真人好读经史，解属文，容止温雅。则天宴之于麟德殿，授司膳卿，放还本国。[④]

---

① 参见〔日〕拙稿《奈良国立博物館所蔵刺繡釈迦如来説法図の主題——則天武后期の仏教美術》，《佛教史学研究》第57卷第2号，2015；〔日〕拙稿《綴織当麻曼荼羅図伝来考——奈良時代における唐文化受容の一様相》，《大橋一章博士古稀記念美術史論集 てら ゆき めぐれ》，中央公論美術出版，2013。

② 参见〔日〕拙稿《綴織当麻曼荼羅図伝来考——奈良時代における唐文化受容の一様相》。

③《旧唐书》，第131页；《册府元龟》卷九七〇《外臣部·朝贡三》载："（长安二年）十月，日本国遣其大臣朝臣真人贡方物。"参见《宋本册府元龟》，第3847页。明版将此条作为长安三年，第11403页。

④《旧唐书》，第5340～5341页。关于大宝年间遣唐使的朝贡年代，诸书的记载有长安元年、二年、三年之别：《新唐书》卷二二〇《日本传》载："长安元年，其王文武立，改元曰太宝，遣朝臣真人粟田贡方物。朝臣真人者，犹唐尚书也。冠进德冠，顶有华蘤四披，紫袍帛带。真人好学，能属文，进止有容。武后宴之麟德殿，授司膳卿，还之。（第6208～6209页）"；《通典》卷一八五《边防一》"倭"条载："武太后长安二年，遣其大臣朝臣真人贡方物（后略）"（中华书局，1998年，第4996页）；《唐会要》卷一〇〇"日本国"条载："长安三年，遣其大臣朝臣真人来朝，贡方物。"（第2129页）本文依据通说定为长安二年。此外，粟田真人的任命在大宝元年（701）正月，二年六月出发，庆云元年（704）七月回日本。

可知，朝贡地点为长安城麟德殿。此记载与武则天在长安元年（701）十月至三年（703）十月间留在长安这一事实吻合。[①]

关于缂丝当麻曼荼罗何时被带到日本，目前没有相关史料，但据说该图曾有包含“天平宝字七年（763）”纪年在内的题记，那么在此之前已被带到日本的可能性极高。因此，把它带到日本的遣唐使限于以下四次：大宝、养老、天平和天平胜宝。以下依次考察除前述大宝期之外的三次朝贡地点。

首先，关于养老时期的遣唐使，《册府元龟》卷九七一《外臣部·朝贡四》有关开元五年（717）的记载有：

> 十月，日本国遣使朝共贡。命通事舍人就鸿胪宣慰。[②]

《册府元龟》卷九七四《外臣部·褒异一》同年的记载与上相同：

> 十月丁卯，日本国遣使朝贡。戊辰敕，日本国远在海外，遣使来朝，既涉沧波，兼献邦物。其使真人莫（英）问等，宜以今月十六日于中书宴集。乙酉，鸿胪寺奏，日本国使请谒孔子庙堂，礼拜寺观。从之。仍令州县金吾相知简较（检校）搦捉，示之以整。应须作市买非违禁入蕃者，亦容之。[③]

可知，养老时期的遣唐使在开元五年十月朝贡。由于玄宗由开元五年正月

---

① 《资治通鉴》卷二〇七载：“（长安元年）冬，十月，壬寅，太后西入关，辛酉，至京师，赦天下，改元……（长安三年）冬，十月，丙寅，车驾发西京；乙酉，至神都。”（中华书局，1956，第6557、6567页）

② 《册府元龟》，第11405页。

③ 《册府元龟》，第11445页。通行本将“英问”作为“莫问”，将“检校”作为“简较”，其中将“检”作为“简”，被认为是因为避明崇祯之讳“由检”，将“校”作为“较”，是避天启之讳“由校”。参见〔日〕杉本直次郎《安倍仲麻呂伝研究》，勉誠出版，1940，第537页；〔日〕東野治之《遣唐使と正倉院》，岩波書店，1992，第34、47页；〔日〕石見清裕《唐の北方問題と国際秩序》付章《唐代外国貿易·在留外国人をめぐる諸問題》，第511页。

至翌年十一月在洛阳,[①] 那么其朝贡地点应为洛阳。

其次，关于天平时期的遣唐使，《册府元龟》卷九七一《外臣部·朝贡四》有关开元二十二年的记载有：

> 四月，日本国遣使来朝，献美浓絁二百匹、水织絁二百疋[②]。

由于玄宗自同年正月至开元二十四年十月在洛阳，所以此次朝贡地点也应为洛阳。[③]

最后，关于天平胜宝时期的遣唐使，《续日本纪》卷一九天平胜宝六年正月条载：

> 大唐天宝十二载，岁在癸巳正月朔癸卯，百官、诸蕃朝贺。天子于蓬莱宫含元殿受朝。[④]

蓬莱宫即大明宫，故此可知此次元会仪礼在长安举行。

因此，遣唐使应该是在以下都城获赐劝修寺绣佛与绛丝当麻曼荼罗的：如果是在大宝与天平胜宝时期，就在长安；如果是在养老与天平时期，则在洛阳。这也适用于其他遣唐使，当然其中大部分的朝贡地点应为唐都长安。

（二）遣唐使出京时被勘过的关

关于唐代的关，先学研究已经将相关资料详加搜罗并对各个论点进行

① 《旧唐书》卷八《玄宗本纪上》载："（开元五年春正月）辛亥，幸东都……二月甲戌，至自东都，大赦天下"（第177页），"（开元六年）冬十月丙申，车驾还京师。十一月辛卯，至自东都"（第179页）。其中，二月甲戌"至自东都"应为"至东都"的笔误。《资治通鉴》卷二一一作"（开元五年正月）辛亥，行幸东都……二月甲戌，至东都，赦天下"（第6726～6727页），卷二一二作"（开元六年）冬，十一月，辛卯，车驾至西京"（第6734页）。

② 《册府元龟》，第11409页。

③ 《旧唐书》卷八《玄宗本纪上》载："（开元二十二年春正月）己巳，幸东都……己丑，至东都。"（第200页）"（二十四年）冬十月戊申，车驾发东都，还西京。"（第203页）

④ 《册府元龟》卷一〇七《帝王部·朝会一》也载："（天宝）十二载正月癸卯朔，帝御含元殿，受朝贺。"（第1276页）

了梳理。[1] 但是，到目前为止，无人讨论遣唐使出京时在哪些关接受勘验的问题，除了个别事，例如：圆仁由五台山前往长安时通过蒲津关；[2] 依据过所的实物可知，圆珍入京时通过潼关，出京时在蒲津关勘过。因此，笔者首先基于以往研究，以处于长安、洛阳之间的潼关为中心，讨论唐代前半期关的废置。

关于唐代关的最早史料是武德九年（626）八月十七日壬申《废潼关以东缘河诸关不禁金银绫绮诏》。即位后不久的太宗在其中明示：

> 其潼关以东，缘河诸关，悉宜停废，其金银绫绮等杂物，依格不得出关者，并不须禁。[3]

废置潼关以东、沿着黄河的诸关，并准许带出以往依据格而不得出关的金银绫绮等禁物。该诏明确说明了此次下诏的目的是“朕君临区宇，情深覆育，率土之内，靡隔幽遐，欲使公私往来，道路无壅，赈宝交易，中外匪殊，思改前弊，以谐[4]民俗”，即为了公私往来和中外交易等的方便。同时，由此诏可知，高祖时期在潼关以东沿着黄河设置了诸关。

武德九年废置诸关之后，直至高宗时期，因缺乏史料，相关情况并不

---

① 参见〔日〕青山定雄《唐・五代の関津と商税》，《唐宋時代の交通と地誌地図の研究》，吉川弘文館，1963，第130页；〔日〕礪波護《唐代の畿内と京城四面関》，《中国の都市と農村》，汲古書院，1992；程喜霖《论唐代关津与过所的关系及其国防治安功能》，《湖北大学学报》第26卷第2号，1999；程喜霖《唐代过所研究》第四章《唐代公验过所与关防及国家的统一》；陈习刚《论武则天时期关津的职能及其兴废》，《中州学刊》2007年第5期；牛来颖《武则天时期的洛阳关津建设——兼论〈天圣令・关市令〉关津制度》，《武则天与广元》，文物出版社，2014；严耕望《唐代交通图考》第一卷“京都关内区”图2，上海古籍出版社，2007。

② 圆仁巡礼五台山后前往长安，于开成五年（840）八月十三日通过蒲津关（《入唐求法巡礼行记》卷三）。关于蒲津关，参见〔日〕愛宕元：《唐代の蒲州河中府城と河陽三城》，《唐代地域社会史研究》，同朋舍，1997；〔日〕吉永匡史：《唐代における水関と関市令》，《工学院大学研究論》第50－1号，2012。

③ 《唐大诏令集》卷一〇八《禁约上》，中华书局，2008，第562页。《册府元龟》卷五〇四《邦计部・关市》也有“唐太宗武德九年八月甲子即位。是月壬申，诏曰”的记载，并引用此诏。《唐会要》卷八六《关市》也有“武德九年八月十七日诏”的记载，仅引用了停废潼关以东缘河诸关的内容（第1870页）。

④ 谐字，《唐大诏令集》卷一〇八《禁约上》作清，但依据《册府元龟》卷五〇四《邦计部・关市》所载，作谐。

明了。但如下文可见，武周天授二年（691）颁布制书，再废潼关，这说明之前已设置了潼关。首先在天授二年四月二十九日颁布《废潼关雍洛州置开郑汴许卫等州府制》[①]：

> 可以洛东郑州、汴州，南汝州、许州，西陕州、虢州，北怀州、泽州、潞州，东北卫州，西北蒲州，为王畿内。郑州、汴州、许州可置八府。汝州可置二府。卫州可置五府。别兵皆一千五百人。

此时潼关以东、洛阳周边的十一州被编入畿内。如砺波氏指出，此制文没有言及标题所提的潼关、雍州和洛州的废置，附于标题的夹注以“诏令作”记有“以郑汴等州为王畿制”，这更符合此制文的内容。[②]

潼关的废置可在制文中获得确认，即同年七月九日颁布的《置鸿宜鼎稷等州制》[③] 载：

> 宜令雍州管内析置五州，其间以西为雍州，安置潼关即宜废省。[④]然以千里之内，旧制通畿，征赋所出，事资广达[⑤]。又王侯设险，以固其国，若无襟带，何以为守。雍州并所析州[⑥]同州太州并通入畿内，洛州南面东面北面[⑦]各置关，庶几食采[⑧]之地，自分汤沐之邑，弃繻之客，更从轩盖之游。

---

① 《文苑英华》卷四六四《诏敕六·废置》，第2367～2368页。

② 由此夹注可知，该制原来被收录于《唐大诏令集》，但不见于通行本。因此，砺波氏认为此制曾载于作为阙卷的卷八七至卷九八之间的某处。参见〔日〕礪波護《唐代の畿内と京城四面関》，第196页。此制又以“以郑汴等州为王畿制”为题载于《全唐文》卷九五（中华书局1983年影印本，第982页）。

③ 《唐大诏令集》卷九九《建易州县》，第498～499页。《文苑英华》卷四六四亦有相同记载。

④ 原文作“其间以西安为雍州，置潼关即宜废省”，但《文苑英华》卷四六四（第2366～2367页）作“其间于雍州以西，安置潼关，即宜废省”，并且《唐会要》卷八六《关市》作“其雍州已西安置潼关，即宜废省”，据此改为“其间以西为雍州，安置潼关即宜废省”。

⑤ “达”字，《文苑英华》作“远”。

⑥ “并所析州”，《唐大诏令集》作“并州析州”。

⑦ 《文苑英华》“面”字下有“仍”字。

⑧ “采”字，《文苑英华》作“菜”字。

由此可知，雍州辖下之州与同州、太州也被归入畿内，故此废置潼关，而在洛阳南面、东面和北面置关，以为代替。此次废置潼关的原因与太宗在武德九年的作为不同，其原因在于，重新设定以神都洛阳为中心的广大王畿地区，潼关被并入畿内，于是失去了置关的意义。

然而，仅仅七年之后的圣历元年（698）五月十九日，《却置潼关制》颁布，再次设置潼关。其制称：

> 朕情存太朴，志在无外，成皋姬陕，勿用咽喉，函谷秦封，解其襟带，欲使羁行靡拾，鹑居不扰。而甿俗浇弊，浮惰者多。非所以禁绝末游，作限中外……其神都四面应须置关之处，宜令检校文昌虞部郎中王玄珪，即往检行，详择要害，务在省功，斟酌古今，必令折衷，还日具图样奏闻。①

可知，此前为谋求人民交通的方便而废关，许多弊害由此发生，所以为了设置神都洛阳的四面关，武则天下令进行情况调查并制度图样。《新唐书》卷四《则天皇后本纪》长安三年（703）十二月丙戌条作"天下置关三十"，② 可能就是其结果。遗憾的是，此处没有记录具体的关名，但潼关作为神都洛阳的西面关而得到重新设置，这应该是没有疑问的。③

关于玄宗开元年间的关，《唐六典》卷六《尚书刑部》"司门郎中员外郎"条记载如下：

> 凡关二十有六，而为上中下之差。京城四面关有驿道者为上关。〔上关六：京兆府蓝天关，华洲潼关，同州蒲津关，岐州散关，陇州大震关，原州陇山关。〕余关有驿道及四面关无驿道者为中关。〔中关一

① 《唐大诏令集》卷九九，第 499 页；《文苑英华》卷四六四，第 2368 页。

② 《新唐书》，第 104 页。

③ 据陈习刚氏的统计，"武则天时期存在关 59、故关 36、津 11，总计关津 106；其中神都畿内置关 13（包括潼关）、故关 17、津 7，合计关津 37"。除此之外，陈氏还注记："天授二年（691）划入神都畿内的雍州并所析州、同州、太州等所辖区域内的关津，潼关不计入，它们辖域内有关津 7。" 参见陈习刚《论武则天时期关津的职能及其兴废》。

十三：京兆府子午、骆谷、库谷，同州龙门，会州会宁，原州木峡，石州孟门，岚州合河，雅州邛莱，彭州蚕崖，安西铁门，兴州兴城，华州渭津也。〕他皆为下关焉。〔下关七：梁州甘亭、百牢，河州凤林，利州石门，延州永和，绵州松岭，龙州涪水。〕所以限中外，隔华夷，设险作固，闲邪正暴者也。①

即开元年间的关共有二十六所，分成上关、中关、下关三级。其中，上关六所、中关十三所和下关七所的具体名目被注记出来了，潼关为上关。

如上述所言，将劝修寺绣佛和缂丝当麻曼荼罗带到日本的遣唐使被限定为大宝至天平胜宝年间之间的四次。换言之，朝贡时间可限定为长安二年十月至天宝十二载正月。因此，在这一期间潼关一直存在。据河野保博的研究，长安至洛阳之间的唐代交通路线有南北两条，在陕州府（现三门峡市）以东分出南北两条路线，但长安至潼关基本上只有一条路，② 因此在长安朝贡的大宝、天平胜宝的遣唐使在归途受勘检的关可以推测为潼关（图 7）。

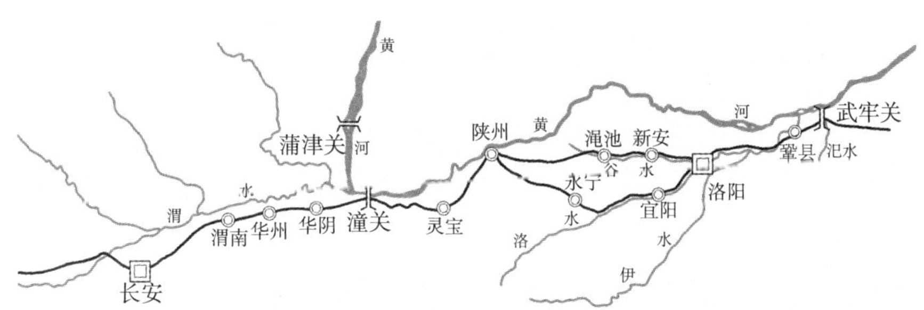

图 7　长安与洛阳之间的唐代交通路线

① 《唐六典》，第 195～196 页；《旧唐书》卷四三《职官志二》“司门郎中员外郎”条（第 1839 页）、《新唐书》卷四六《百官志一》“司门郎中员外郎”条（第 1200～1201 页）、《新唐书》卷四九下《百官志四下》“关官”条亦简略地抄录同样的记载（第 1321 页）。

② 〔日〕河野保博：《長安と洛陽を結ぶ二本の道》，佐藤長門編《遣唐使と入唐僧の研究——附校訂〈入唐五家伝〉》，高志書院，2015。据河野氏的研究，由陕州向东有两条线路：（1）渑池→铁门→新安，再横穿山区的北路；（2）硖石→永宁，穿过山区，三乡→宜阳，再沿洛河至洛阳的南路。河野氏又推测，圆仁出潼关后取南路至洛阳，圆珍也由南路从长安回国。

另一方面，有关在洛阳朝贡的养老、天平的两次遣唐使，缺乏相应的材料，但作为在洛阳东面的关来说，最有可能的是汜水的武牢关（虎牢关）。[①] 在上述圣历元年五月十九日《却置潼关制》中，作为洛阳的东西关被列举出来的是成皋关与函谷关，其中的成皋关就是武牢关。而且，由于大宝以后的遣唐使采取横渡东海的南路，洛阳以东的移动路线应为偃师→巩县→汜水→河阴→郑州，在此路线上，出洛阳东行首先遇到的关只能是武牢关。虽然不知道反映的是什么时候的情况，但《新唐书》卷三九《地理志三》"孟州汜水县"条记载"有虎牢关。东南有成皋故关。西南有旋门故关。有牛口渚"，[②] 由此可知，大概是在唐代后半期设置了武牢关。然而，值得注意的是，在养老与天平的遣唐使入唐时，设关的情况应为《唐六典》所记载的二十六关，其中不含洛阳的东面关。若是如此，那么根据No. 11（宋6）蕃客条中"容无关处，初经州镇亦准此"的规定，养老与天平的遣唐使不是在关而是在初经的州镇受到勘查。

（日文版载大西磨希子《唐代佛教美術史論攷》，法藏馆，2017）

① 《旧唐书》卷三八《地理志一》"孟州汜水县"条载："隋县。武德四年，分置成皋县。贞观元年，省入汜水，属郑州。显庆二年，割属洛州，仍移治武牢城。垂拱四年，改为广武。神龙元年，复为汜水。开元二十九年，移治所于武牢。成皋府在县北"；其下"河阴县"条载："开元二十年，割汜水、荥泽二县置，管河阴仓。"（第1426页）此外，唐代因避高祖李渊的祖父李虎之讳，将虎牢关称为武牢关。

② 《新唐书》，第1009页。

《中国古代法律文献研究》第十二辑
2018年，第283~322页

有关唐代平阙式的一个考察（下）[*]

——以对敦煌写本《唐天宝职官表》的检讨为中心

〔日〕冈野诚 著　赵晶 译[**]

摘　要： 公私文书所用“平出、阙字、抬头”合称“平阙”。关于唐代“平阙式”（有关平阙的规范），本文以《唐天宝职官表》（P. 2504）为中心，与《唐六典》卷四以及郑余庆《大唐新定吉凶书仪》（S. 6537v）等进行比较。通过严密的比较、检证，首先校勘“平阙式”的文字。在此基础上，从同时代的史料中，探究了各个平阙用语的含义，然后阐释与皇家相关的称谓及其范围，进而对日本《令义解》《令集解》的《公式令》“平出”条再行检讨。由此可知，当时通过“平阙式”来拥护、尊重的实际上是皇帝的权威，而非国家的权威，从中亦可窥见中国历史上王权与国家关系特殊性之一斑。

关键词： 平阙　平阙式　唐天宝职官表　唐六典　书仪　皇帝　皇家　国家像

---

* 本文分为上、下两篇，上篇的中译文已刊于《中国古代法律文献研究》第11辑（社会科学文献出版社，2017）。

** 冈野诚，日本明治大学名誉教授，公益财团法人东洋文库研究员；赵晶，中国政法大学法律古籍整理研究所副教授。

五　与皇帝相关的称谓与皇家的范围

（一）与皇帝相关的各种称谓

本文第二节曾述及："在《唐天宝职官表》中，与平阙式相关的史料（a～f）有根据开元二十五年令做成的'平阙式'（b～f），与此相对，还追加了天宝元年与平阙式相关的新的王命（a）。"（本文［上］，第197页）虽然这是说明现存史料构成的一段话，但其中也包含一个问题。将前文表1的④a与③a进行比较，二者皆存的用语有"昊天""上帝""天神""地祇""后土"五个。这些都是与国家祭祀相关的重要用语，若是认为参照《开元二十五年令》的平阙式从一开始就完全不包括它们，那就太不合理了。换言之，参照《开元二十五年令》的平阙式实际上并不限于第二节所述的④b～f，应该还有与④a部分对应的语词群（严格来说，它们由以下三部分构成：与④a所存语词群完全一致的部分、被④a用同义的其他语词所代替的部分，以及因与④a不一致而被排除的部分）。在参照《开元二十五年令》的平阙式中，至少前述五个用语是应该存在的。要言之，参照《开元二十五年令》、与天地相关的平阙式的大部分内容，已经被④a所代替而没有留存下来，但其存在是可以部分地被推知的。①

既往研究已有对平阙用语进行数量上的比较，但对内容进行的实质性检讨，则基本上还未开始着手。因此本节打算从对表1用语的检讨开始，去探究它们拥有什么具体特点。

已如前述，在表1的④《唐天宝职官表》中，b～f是参照《开元二十五年令》的平阙式，实际上④b与"平出"相关，④d则规范"阙字"。

① 《唐令拾遗》公式令14〔开七〕〔开二十五〕（第569～572页）主要以《唐六典》卷四与《唐天宝职官表》为依据，复原令文（"昊天/……/皇太子/皆平出"）。其见解是，关于本条，《开元七年令》与《开元二十五年令》没有太大差别。但是如本文所述，④a是天宝元年的敕牒，所以不能把它作为《开元二十五年令》本身进行处理。在时间上，《开元二十五年令》处于③a和④a之间，相较于③a而言，平阙用语可能增加了一些。此外，《唐令拾遗补》（第1276页）与《唐令拾遗》作同样处理。

因此，本节聚焦于以④b、d的用语为中心的、与皇帝相关的各种称谓和皇家的范围。

为了便于说明，与皇帝相关的称谓将被分为几组，分别进行检讨。此外，在说明各个平阙用语时所用的以下各种史料，是为了阐明这些用语在唐代及其前后时代的含义。所以在各个史料的书写格式上，并不作平阙处理。

此处集中介绍整个第五节所使用的主要史料。[①] 本文以下标记具体册数、页码的时候，基本上引用的都是这些史料。

郑玄注，孔颖达正义，吕友仁整理《礼记正义》全三册，上海古籍出版社，2008。

刘熙撰，毕沅疏证，王先谦补《释名疏证补》，中华书局，2008。

班固撰《汉书》全十二册，香港中华书局，1970。

房玄龄等撰《晋书》全十册，中华书局，1974。

刘昫等撰《旧唐书》全十六册，中华书局，1975。

欧阳修、宋祁撰《新唐书》全二〇册，中华书局，1975。

薛居正等撰《旧五代史》全六册，中华书局，1976。

司马光编著，胡三省音注《资治通鉴》全四册，中华书局香港分局，1971。

刘知幾撰，浦起龙释《史通通释》上下二册，上海古籍出版社，1978。

広池千九郎训点，内田智雄补订《大唐六典》，広池学园事业部，1973。

王溥撰《唐会要》上下二册，上海古籍出版社，1991。

杜佑撰《通典》全五册，王文锦等点校，中华书局，1988。

池田温解题《大唐开元礼》，汲古书院，1972。

蔡邕撰《独断》（四部丛刊广编二五），台湾商务印书馆，1981。

王钦若等编《册府元龟》全十二册，中华书局，1994第四刷（1960初版）。

---

① 作为以下所引编纂史料的素材，唐代的公文书、一部分私文书、书籍等当然会按照唐代的平阙式进行书写。但唐灭亡以后，进入其他王朝，原则上没有必要遵守前朝的平阙式和避讳，所以很多时候它们都被无视，从而在新的编纂史料中消失。

《（索引本）钦定全唐文》全二〇册，总目录、索引一册，文海出版社，1972。

马通伯校注《韩昌黎文集校注》，中华书局香港分局，1972。文外集下卷收录《顺宗实录》。

仁井田陞著《唐令拾遗》，东京大学出版会，1964 覆刻（1933 初版）。

仁井田陞著，池田温主编《唐令拾遗补》，东京大学出版会，1997。

律令研究会编《译注日本律令》第 1 ~ 8 册，东京堂出版，1975 ~ 1996 初版。仅第二、三册使用的是 1999 年的再版本。

黑板胜美、国史大系编修会编《律》（新订增补国史大系），吉川弘文馆，1971。

黑板胜美、国史大系编修会编《令义解》（新订增补国史大系），吉川弘文馆，1969。

黑板胜美、国史大系编修会编《令集解》（全 4 册）（新订增补国史大系），吉川弘文馆，1974。

井上光贞等编著《律令》（日本思想大系三），岩波书店，1976。

天帝　④b28 “天帝” 被置于 b 的开头，而同一语词也见于③a6、⑤a29，都属于 a，日本的①、②则无。“天帝” 是指唐朝国家祭祀中的最高神，一般与④7 的 “昊天”、④13 的 “上帝” 同义。所以，在分类上，把它归入④a 才对。以《开元二十五年令》为据的平阙式为何把它归入与皇帝的关联性较强的 b 类呢？与此相关的史料在《旧唐书》卷一〇《肃宗本纪》中：

> （肃宗元年［762］建巳月，崔）侁表云：“楚州寺尼真如者，恍惚上升，见天帝。帝授以十三宝，曰：‘中国有灾，宜以第二宝镇之。’” 甲寅，太上至道圣皇天帝崩于西内神龙殿。（第 1 册，第 263 页）

在楚州刺史崔侁上表中出现的女尼真如，丧失了意识，升天后见到 “天帝”，被授予十三枚宝玉，进而由崔侁进献给肃宗。此后肃宗的父亲太上皇（玄宗）崩逝。太上皇生前的尊号中已见“天帝”这个词。[①] 换言之，本条史料中的第一个“天帝”是神号，第二个“天帝”是君主号（此处是指太上皇）。

总之，“天帝”是表示神格的用语，在一般意义上，像③a、⑤a 那样，与其他有关国家祭祀的用语一起，被归入同一类别。只是，“天帝”一词也适用于皇帝、太上皇。④b28 的“天帝”表示后者的意思，所以很有可能是被特意归入以《开元二十五年令》为据的平阙式的④b 之中。

宗庙、皇祧、社稷　这三个用语都与国家祭祀相关。关于④46“宗庙”，《唐律疏议》卷一《名例律》第 6 条（十恶条）“谋大逆”的疏议载：“谋毁宗庙、山陵及宫阙。宗者，尊也。庙者，貌也。刻木为主，敬象尊容。置之宫室，以时祭享。故曰‘宗庙’。”（第 2 册，第 44 页）也就是说，宗是氏族、宗族的始祖并对其表达敬意，庙是祖先的形貌所在，祭祀天子祖先之灵（木主）的地方就是宗庙。

关于④43“皇祧”，《通典》卷四七《礼七》“天子宗庙”引《礼记》曰：“《王制》云：‘天子七庙，诸侯五庙。’祭法云：‘远庙为祧，有二祧焉。享尝乃止。”（第 2 册，第 1300 页）祧是指将不合祀于太庙的天子远祖的迁主（迁庙的神主）迁入特别设立的庙中，也指这个迁入的场所。“皇祧”又作“祧庙”。（《旧唐书》卷二五《礼仪志》）

关于④47“社稷”，前引《唐律疏议》卷一《名例律》第 6 条“谋反”的疏议载：“社为五土之神，稷为田正也。所以神地道，主司啬。君为神主。食乃人天……不敢指斥尊号，故托云社稷。”（第 2 册，第 43 页）通说多认为社是土地神，稷是五谷之神，实际上二者并无区别，通过祭祀大地之神来成就农业，这一祭事、农事的指导者也就是君主。直接指称君主则多令人忧惧，所以用“社稷”一词来表示。“社稷”还有国家的意思。

庙号、陵号　④42“庙号”是宗庙的称号。换言之，在宗庙祭祀天子

---

① 然而，《旧唐书》卷九《玄宗纪下》载，至德三年（758）二月，肃宗为太上皇（玄宗）上尊号“太上至道圣皇帝”（第 1 册，第 235 页），与卷一〇《肃宗纪》所载“太上至道圣皇大帝”（第 1 册，第 251 页）并不一致。与此相对，《新唐书》卷五《玄宗纪》所载为“太上至道圣皇天帝”（第 1 册，第 154 页），卷六《肃宗纪》所载为“圣皇天帝”（第 1 册，第 160 页）。又，《资治通鉴》卷二二〇乾元元年（758）正月条也记为“太上至道圣皇天帝”（第 3 册，第 7052 页），所以玄宗的尊号中很有可能含有“天帝”二字。

之灵时，要进行追尊并附其名。《史通》卷四《内篇·称谓》曰："古者天子庙号，祖有功而宗有德，始自三代，迄于两汉，名实相允，今古共传。降及曹氏，祖名多滥，必无惭德，其唯武王。故陈寿《国志》，独呼武曰祖，至于文、明，但称帝而已。"（上册，第108页）"庙号"有"祖""宗""帝"，由此体现不同的评价。①

就唐而言，太祖（李虎）、世祖（李昞）、高祖（李渊）、太宗（李世民）、高宗（李治）、中宗（李显）的庙号都是很传统的，而玄宗（李隆基）那样的庙号是比较奇特的。

"陵"，《释名》卷三称"大阜曰陵，陵隆也，体隆高也"（第28页），由此把国君之墓称为陵。所以④48的"陵号"是指赋予陵的名称。如《汉书》卷四《文帝纪》后七年（前157）六月的遗诏中称"霸陵山川，因其故无有所改。应劭曰：'因山为藏，不复起坟，山下川流不遏绝。就其水名以为陵号"（第1册，第132、134页），由此可知，此处因霸水而起名霸陵。若举唐代的若干陵号，则有高祖的献陵、太宗的昭陵、高宗与则天武后合葬的乾陵、玄宗的泰陵等。②

此外，如本文第4节所述"庙号""陵号"，"號"字并没有因为避讳太祖李虎而改为"号"字。"号"与"號"本来就是不同的字。但"號"字右半边的"虎"字阙了末笔。

至尊、陛下　"至尊"与"陛下"是相关的语词，这可以从④36、35比邻排列推测出来（②、③也是一样）。首先是关于"至尊"，《唐律疏议》卷一《名例律》第6条（十恶条）"谋反"的疏议载"然王者居宸极

① 在唐代的庙号中，除了高祖李渊外，其他皇帝仅称为"宗"。例外的是，李重茂谥为殇皇帝而无庙号。末代皇帝李柷谥为哀皇帝，也无庙号。详见李斌城主编《唐代文化》（中册），中国社会科学出版社，2002，第1280～1281页（胡戟执笔）；梅原郁《皇帝政治与中国》，白帝社，2003，第16～21页。作为具体的平阙之例（以下用"L"表示石刻史料中的行数；"阙几字"则表示在该词之上有几个字距的空格），在《中国书道全集》第3卷（平凡社，1986）第132页的《柳公权书玄秘塔碑》中可见L10"德宗"（阙5字）、L11"顺宗"（阙5字），第L39页的《大秦景教流行中国碑》中可见L10"太宗"（阙2字）、L15"高宗"（阙2字）、L17"玄宗"（阙2字）、L21"代宗"（阙2字）、L24"肃宗"（阙2字）等庙号。

② 参见陈安利《唐十八陵》"陕西关中唐十八陵一览表"，中国青年出版社，2001，第405～406页。前引《中国书道全集》第3卷67（图版编号，下同）《文安县主墓志》中可见L21"昭陵"（阙1字）、82《李贤墓志》中可见L28"乾陵"（阙3字）。

之至尊”（第2册，第43页），由此可推知，“至尊”一词被用作王者即天子的代称。①

《通典》卷一〇八《礼六八》“杂制”载：“……至尊（臣下内外通称）。”（第3册，第2809页）。换言之，“至尊”是不论内臣、外臣，在称呼天子时所用的一种别称。

另一方面，如前引《通典》卷一〇八《礼六八》“杂制”所载“陛下（对扬、咫尺、上表通称也）。”（页码同前），“陛下”是臣下在敬候王命并向他人传达、与皇帝切近交谈以及给皇帝奉呈文书时候，对皇帝的别称。

关于“陛下”是皇帝、天子的别称，《独断》卷上载：“陛下者，陛阶也。所由升堂也。天子必有近臣执兵陈于陛侧，以戒不虞。谓之陛下者，群臣与天子言，不敢指斥天子，故呼在陛下者而告之。因卑达尊之意也。上书亦如之……”（第2页）。由此可知，“陛下”是指堂阶之下担任天子护卫之人，臣下奏闻和上表时，称呼这些护卫者并请他们代为转达，由此而产生的名称。②

此外，在“皇帝”之外，“陛下”也用于“太上皇”。③ 但对于皇太子、太皇太后、皇太后、皇后，唐代用“殿下”。④

乘舆、车驾 关于这两个用语，前引《独断》卷上载：“天子至尊，不敢渫渎言之。故托之于乘舆。乘犹载也。舆犹车也。天子以天下为家，不以京师宫室为常处，则当乘车舆以行天下。故群臣托乘舆以言之。或谓之车驾”（第2页）。由于臣下不敢直接指称皇帝、天子，所以用皇帝、天

① 与后述“乘舆、车驾”相关而被引用的《独断》卷上亦见“天子至尊”（第2页）一句。

② 福井重雅编《译注西京杂记、独断》（东方书店，2000）是关于《独断》的细密的注释书，十分有用。

③ 由《拾遗》仪制令一［开七］、［开二五］（第469页）可知，“陛下”一词对皇帝、天子使用，能否用于太上皇则并不清楚。因此调查史籍，《顺宗实录》卷五载：“永贞二年（806）正月景戌（寅）朔，太上皇于兴庆宫受朝贺。皇帝……册文曰，‘……皇帝臣某，稽首再拜奉册言。臣闻……伏惟太上皇帝陛下，道继玄元，业缵皇极……”（第422～423页）由此可知，太上皇也可用“陛下”。该册文也可参见《应乾圣寿太上皇册文》（宋敏求编《唐大诏令集》，学林出版社，1992，第46页）。

④ 《大唐开元礼》卷三《序例下·杂制》载：“百官上疏于太皇太后、皇太后、皇后称殿下，自称皆曰臣。百官及东宫官，对皇太子皆曰殿下，百官自称名，宫官自称臣。”（第32页）可知，百官对太皇太后、皇太后、皇后和皇太子都称“殿下”。参见《拾遗》仪制令三［开七］、［开二五］。

子的乘坐之物以“乘舆”“车驾”来代替。

“乘舆”“车驾”的不同用法，如《唐六典》卷四“礼部员外郎”条所载：“服御曰乘舆，行幸曰车驾”（第87页）；《通典》卷一〇八《礼六八》“杂制”载：“秉（乘）舆（服御所称。）、车驾（行幸所称。赴车驾所曰赴行在所也。）”（第3册，第2809页），[①] 通常用“乘舆”指称皇帝随身所带、所用，与此相对，在天子行幸时用“车驾”。然而，对皇帝、天子进行诽谤、中伤的“指斥乘舆”（唐《职制律》第32条）的“乘舆”，未必与“服御”相关。而“车驾在京”（《唐六典》卷五“兵部郎中员外郎”条）也并不是在行幸中（与后文的“若车驾在都”比较可知，都是在洛阳）。总之，前述的不同用法是一个大概的标准。

此外，《唐律疏议》卷六《名例律》第51条（乘舆车驾条）载：“诸称乘舆、车驾及御者，太皇太后、皇太后、皇后并同……”（第2册，第204页）。据此，与皇帝相关的乘舆、车驾、御的规定，也同样适用于太皇太后、皇太后、皇后（“御”则见后述）。

诏书、敕旨、明诏、朝命　④50“诏书”对应②20“诏书”、③32“制书”、⑤46“制书”、49“制诏”、78“诏书”。在唐代，“诏”字因避则天武后之讳（照）而被改为“制”字。中宗复位后，否定了则天时代的各种制度，恢复永淳以前的故事，仅这一“制”字没有被全然禁止，还是依旧使用。但由于则天以前的“诏”字也同时恢复使用，所以到唐末为止两字一直被混用。

关于唐代的王言，如《唐六典》卷九“中书省中书令”条所载：“凡王言之制有七。一曰册书，二曰制书，三曰慰劳制书，四曰发日敕，五曰敕旨，六曰论事敕书，七曰敕牒”（第199页，注略），规定了七种方式。

而且根据所使用的简、纸、绢有别，又可大致分为四种：“今册书用简，制书、劳慰（慰劳）制书、发日敕用黄麻纸，敕旨、论事敕〔书〕及敕牒用黄藤纸，其敕（赦）书颁下诸州用绢”（“中书省中书令”条注，

---

① 校勘“乘”，依据是《通典》（北宋版）第4卷，汲古书院，1980，第563页。明无刊记本（《通典》下册，大化书店，1978，第912页）也作“乘”，而国学基本丛书本（《通典》第3册，新兴书局，1966，第571页）作“秉”。从文意上说，“秉”是错的，“乘”则正确。

第 200 页）。[①]

《唐律疏议》卷一九《贼盗律》第 26 条（盗制书条）载："诸盗制书者，徒二年……疏议曰：盗制书徒二年。敕及奏抄亦同。敕旨无御书（画），奏抄即有御书（画）。不可以御书（画）奏抄轻于敕旨，各与盗制书罪同。"[②]（第 3 册，第 532～533 页）由此，王言被划分为制书与敕两大类，合二者而称"制敕"（这一语词见于《唐律疏议》卷九《职制律》第 22 条［被制书施行违者条］问答、卷三〇《断狱律》第 18 条［制敕断罪条］本文等）。前文表 1 的②、③、④、⑤一并见载"诏书"（或"制书"）与"敕旨"，以此代表"制、敕"。[③]

如第四节所述，将④51"昭诏"与②22"明诏"、③34"明制"、⑤48"明制"进行比较，可知"昭"字有误而"明"字是正确的。至于"明诏""明制"，如《唐会要》卷三"皇后"所载"建中初（780 前后），已发明诏，舟车所至，靡不周遍，岁月滋深，迎访理绝"（上册，第 31～32 页），代宗皇后沈氏因史思明之乱而不知所踪，代宗寻访十数年，毫无线索，德宗也在建中初年追尊生母沈氏为皇太后，继续在国中搜寻，但最终并未找到。这道王命被记为"明诏"，所以可以被认为是内容极佳的王命。

④55"朝命"未见于②、③、⑤、⑥。如《通典》卷一八五《边防一》"倭"所载，"大唐贞观五年（631），遣新州刺史高仁表持节抚之，浮海数月方至。仁表无绥远之才，与其王争礼，不宣朝命而还，由是遂

① 校勘"（慰劳）"与脱文补正"〔书〕"，校正依据是前文所引"凡王言之制有七……""（敕）"则根据《宋本大唐六典》（中华书局，1991，第 170 页）。

② 参照唐律研究会编"唐律疏议校勘表"（《译注日本律令》第 4 册，1976，第 472 页）以及《译注日本律令》第 3 册（第 533 页），物官本、官板、巷本（万有文库本）将"书"写作"画"。《宋刑统》（天一阁本）则作"书"，所以北宋初期也许写作"书"。"书"与画的旧体字"畫"在字形上类似，因此容易误写。在《贼盗律》第 26 条的译注中，中村茂夫尽管知道《职制律》第 22 条问答存在"御画"一词，但还是特意取"书"字而没有用"画"字（《译注日本律令》第 7 册，第 165～168 页）。作为对《唐律疏议》的校勘，中村氏的判断是可以赞同的。但敦煌本唐《公式令》残卷的"奏授告身式"第 92 行有"闻〈御画〉"，所以《唐律疏议》的文字或许还是应该改为"画"吧（Legal Texts，［A］第 31 页，［B］第 60 页）。

③ 根据中村裕一的研究，虽然制书与敕书的功能本来是有差别的，但是实际上也有相同用途。所以两者也是同义词。换言之，将皇帝的意志称为"诏敕"，是两者混用的原因。而且制书、发日敕、敕旨是与国政密切相关的王言，受到特别的重视。参见氏著《隋唐王言研究》，汲古书院，2003，第 15、178 页。

绝”（第5册，第4996页），高表仁被派往倭国，与其王就礼的问题发生争执，没有传达极为重要的朝廷命令，就回国了。① 因此，“朝命”就是朝廷的命令，与王命同义。

天恩、圣化 ④52“天恩”见于50“诏书”、51“昭（明）诏”与53“敕旨”之间，可以推定是表示皇帝、天子裁断的语词。据《唐会要》卷六六“东都国子监”条载，唐大中五年（851），国子监祭酒冯审奏称，对于太宗建立的“孔子庙堂碑”，则天武后夺取政权之后，在其篆额中增加“大周”二字，“‘……洎武后权政，国号僭窃，于篆额中间，谬加大周两字。今岂可尚存伪号，以紊清朝，疑误将来，流传僭谬。其大周两字，伏望天恩许令琢去。谨录奏闻。’敕旨：‘冯审所请刊正讹文，颇协事体。宜依’”（下册，第1375页）。对于他的奏闻，宣帝颁下敕旨，予以许可。

现在从《唐会要》的若干事例来看，如“‘……伏乞天恩允妾所奏。’可之，仍入格令”（卷三《杂录》）、“‘……特望天恩……’诏下礼官议……”（卷一七《庙灾变》）、“‘……如天恩允许，仍永为常式。’敕旨，依”（卷三九《议刑轻重》）、“‘……伏乞天恩……特甄减裁下。’敕旨‘从奏。’”（卷九三《诸司诸色本钱下》）都是在臣下等请求皇帝裁断时使用“天恩”一词，而皇帝则用敕旨等形式对此表达自己的裁断。②

---

① 《旧唐书》卷一九九上《东夷传》载，新州刺史名为高表仁，与倭之王子争礼而归国（第16册，第5340页）。《新唐书》卷二二〇《东夷传》与《通典》相同，所载为高仁表与王争礼（第20册，第6208页）。《册府元龟》卷六六二《奉使部·绝域》（第8册，第7927页）以及《资治通鉴》卷一九三“贞观五年十一月”条（第3册，第6090页）均作高表仁。与人名相关，石刻史料《唐故朝散大夫行洛州偃师县令高君（安期）墓志铭并序》（光宅元年，684）载：“祖表仁，随大宁公主驸马都尉，渤海郡开国公，皇朝尚书右丞，鸿胪卿，□、泾、延、谷四州刺史。”（洛阳市文物工作队：《洛阳出土历代墓志辑绳》，中国社会科学出版社，1991，第379页；周绍良主编《唐代墓志汇编》上册，上海古籍出版社，1992，第726页；郁贤皓：《唐刺史考全编》第1册，安徽大学出版社，2000，第243页）因此，高表仁是正确的。另一方面，据《日本书纪》卷二三，舒明天皇四年（632）八月，第一次遣唐使犬上御田锹、僧旻等归国，与此同时，唐使高表仁来日。十月迎唐使于难波，翌年（633）正月唐使归国（国史大系本《日本书纪》后篇，吉川弘文馆，1971，第181～182页）。详见池田温《裴世清与高表仁——隋唐与倭交涉的一个方面》（氏著《东亚的文化交流史》，吉川弘文馆，2002，该论文初次发表于1971年）。

② 关于敕旨，参考中村裕一《唐代公文书研究》之《关于唐代敕旨与敕牒的史料》，汲古书院，1996；前引《隋唐王言研究》之《敕旨》《敕旨与敕意》等。拙稿《唐玄宗时期的县令诫励二碑与公文书书式——山东临沂〈敕处分县令碑〉与陕西乾县〈令长新诫碑〉》（《明大亚洲史论集》第18号，2014）处理了敕旨式的实例。

④54“圣化”在50“诏书”、51“昭（明）诏”、52“天恩”、53“敕旨”之后，55“朝命”之前。“圣化”的使用方法如下：《资治通鉴》卷二二〇“至德二载（757）”条载：“监察御史李勉言于上曰：‘今元恶未除，为贼所污者半天下。闻陛下龙兴，咸思洗心以承圣化，今悉诛之，是驱之使从贼也。’上遽使赦之”（第3册，第7037页）。换言之，“圣化”主要是指教化异民族等化外之民，也有用于化育孩子的场合。

中宫 ④56“中宫”之前，是52“天恩”、54“圣化”、55“朝命”等表示皇帝洪恩、化育、王命的词语，“中宫”之后，则是57“御车驾”（“御”与“车驾”这两个词语应该分开）。因此，令人踌躇的是，“中宫”能否径直被断为皇后的别称。

在③的部分，38“中宫”之前，是35“圣化”、36“天恩”、37“慈旨”，在“中宫”之后，是39“御前”、40“阙廷”、41“朝廷”。39是皇帝、天子的座前、面前，表达御座所在的意思；40、41都是表示宫廷、朝廷。

在日本②的部分，26“中宫”之前，是23“圣化”、24“天恩”、25“慈旨”，与③相同；“中宫”之后的27“御（谓斥■至尊）”，与④相似，而28“阙庭”、29“朝庭”则与③基本一样。

总之，从④、②来看，“中宫”首先是与“御”（如下所述，“御”有多重含义。目下此处可假定为其中一种意思“御在所”）相关的场所，具体是指皇后的住处。这也由③、②“阙廷”“朝廷”这种词汇的存在而予以佐证（②作“阙庭”“朝庭”）。

《唐会要》卷三“皇后”条载：“初，神龙元年（705）十二月，侍中桓彦范上表曰：……宜令皇后无往正殿干及外朝，专在中宫，聿修阴教，则坤仪式固，鼎命维新。”（上册，第28～29页）此处的“中宫”也是表示皇后的住所。

另一方面，《唐六典》卷一二《内官、宫官、内侍省》“内给侍”条载：“凡元正冬至，群官朝贺中宫，则出入宣传。”（第260页）这里的“中宫”则可以说明确指称皇后其人。换言之，“唐平阙式”中的“中宫”首先表示皇后的住所，其次也用作皇后的代称。

御 如前文第四节所述，④57“御车驾”应分为“御”“车驾”。

作为依据，可以举出②27“御（谓斥■至尊）”、19“车驾”、③31“车驾”。①

“御”字应是作为独立词汇被使用，这由下引《唐律疏议》卷六《名例律》第51条（称乘舆车驾条）就可明确：

> 诸称乘舆、车驾及御者，太皇太后、皇太后、皇后并同。
>
> 疏议曰：乘舆者，案《贼盗律》，盗乘舆服御物者，流二千五百里。若盗太皇太后、皇太后、皇后服御物者，得罪并同。车驾者，依《卫禁律》，车驾行，冲队者徒一年。若冲三后队，亦徒一年。又条阑入至御在所斩。至三后所亦斩。是名并同。（第2册，第204~205页）

在对本条的解说中，滋贺秀三认为“‘乘舆’、‘车驾’和‘御’分别婉转地指称皇帝本人和皇帝的所有物、动作”（第5册，第306页）。如前所述，“乘舆”“车驾”是指皇帝的乘坐之物，的确可以用作皇帝本人的代称。但“御”并不限于表示“皇帝的所有物、动作”。例如“神御，谓供神所御之物”（《唐律疏议》卷二七《杂律》第47条疏议，第3册，第779页），“御”亦即吃或用的主体并不是皇帝，而是神。又，“此条箭入上阁绞。御在所斩。得罪既同阑入，明为御在宫中。御若不在，皆同上条减法……”（《唐律疏议》卷七《卫禁律》第16条疏议，第2册，第256页），可知“御”也可表示皇帝本人。

《唐律疏议》中有许多“御”字，如“御宝”“御药”“御膳”“御物”“御马”“御画”等表示所有物、修饰的词例，“服御之物”“非服而御”“御幸舟船”等表示皇帝的动作（吃、穿、用、乘等）的词例，“供御”“进御”等表示官司、负责官员向皇帝进呈的复合词。这些“御”字，在指称皇帝的时候，根据本条（《名例律》第51条），也适用于三后（太皇太后、皇太后、皇后），如有违反，将与针对皇帝的行为科以相同的刑

① 本文表1的②27“御（谓斥■至尊）”的注文，并不是“指斥乘舆”的意思，“御”仅仅指的是“至尊”。“至尊”之上有一字空格（■表示阙字空格）。

罚。皇太子则减一等处理。[①]

在以上唐平阙式的用语中，我们检讨了以④b、d为中心、与皇帝相关的部分。亦即，既表示神格，也指称皇帝、太上皇的“天帝”；与重要的国家祭祀相关的“宗庙”“皇祧”“社稷”；与皇帝崩逝后的庙、陵相关的“庙号”“陵号”；作为皇帝别称的“至尊”“陛下”；在法规和文章中委婉指称皇帝的“乘舆”“车驾”；表示皇帝命令及其文书的“诏书”“敕旨”“明诏”“朝命”；表示皇帝恩德、化育的“天恩”“圣化”；既表示皇后住处，又被用作皇后代称的“中宫”；既作为皇帝代称，又表示皇帝的所有物、动作，进而作为复合词表示官司等进呈皇帝的“御”（这也为三后所适用）。在唐代，当使用这些词汇时，总是必须遵照平阙式。

（二）皇家的称谓及其范围

其次则从“唐平阙式”用语所见，来考察皇家的称谓及其范围。通过这种考察，来理解唐朝所设定的皇家的范围，以及被包含在其中的人们所享有的超越性的权威。

皇帝、天子　天子号可追溯到周，皇帝号则创始于实现统一的秦始皇时期。在汉代，皇帝被作为天子的正号，但二者的关系并不固定，与时代一起变迁，而且各种功能也发生着变化，详见西嶋定生的论文《皇帝统治的成立》。[②]

关于“唐平阙式”，在讨论“皇帝”与“天子”的时候，有必要首先

---

① 本文选择⑤郑余庆《大唐新定吉凶书仪》（S. 6537v）的“公移（私）平阙式”作为唐后半期平阙式的代表。在书仪中，也存在着其他没有如此汇编、应当予以注意的文本。如《武则天时期一种书仪》（拟题，P. 3900）是一份残卷，根据赵和平的研究，编纂于则天武后时期，由后人转写（［赵和平 1993］，第165页）。其“牋表第二”的“庆正冬表”中有“伏惟■阶（陛）下（此须/平阙）……”（第157页），标注着“陛下”一词是平阙对象，且有阙字。又，“阙/庭（此悬/二字）”的注文说，“阙庭”之上阙二字（［赵和平 1993］在“此”字之下拟补“须阙二字”［第166页］，这与图版［《法藏敦煌西域文献》第29册，上海古籍出版社，2003，第133页］并不一致）。开元、天宝时期杜友晋所撰《吉凶书仪》（P. 3442，［赵和平 1993］，第167～222页）与咸通时期郁知言所撰《记室备要》（P. 3723，赵和平编《敦煌表状笺启书仪辑校》，江苏古籍出版社，1997，第76～126页）也散见平阙用语。

② 西嶋定生：《皇帝统治的成立》，氏著《中国古代国家与东亚世界》，东京大学出版会，1983（1970年初次发表）。此外，尾形勇从“上下之别”“领域的区分”的视角对“天子”“皇帝”两个称号进行了有说服力的解释。参见氏著《古代帝国的秩序构造和皇帝统治》，氏著《中国古代的家与国家——皇帝统治下的秩序构造》，岩波书店，1979，第291～297页。

注意这种排列顺序。前列表1的③15“皇帝”、16“天子”，④33“皇帝”、34“天子”，⑤16、33“皇帝”、17、34“天子”（33、34的重复出现可能是误记，因为33、34被置于32“皇后”之后），由此可知，“唐平阙式”的书写顺序基本上是“皇帝”“天子”。这与它们在中国史上出现的顺序有别。但令人注意的是，在②《养老令》中，顺序是6“天子”、7“天皇”、8“皇帝”。为何按照这种顺序排列？其根据并不明确。

一般而言，有关《礼记》所载内容的时代，是很难具体地予以判定的。如《礼记正义》卷六《曲礼下》所载“君天下，曰天子”（上册，第164页）的观念，可以被不加限定地认为存在于战国到西汉时期这一阶段。

而到了东汉时期，如《独断》卷上所载“天子夷狄之所称。父天母地。故称天子”（第2页），“天子”成为王的四个别号之一，其成立的背景是可以确定的（后述）。

另一方面，“皇帝”是随着秦朝的统一而出现的称号，在《礼记》中并不存在。

如《独断》卷上所载“汉天子正号曰皇帝”（同前），皇帝被作为天子的正号，而且同书卷上还说“皇帝至尊之称。皇者煌也。盛德煌煌无所不照。帝者谛也。能行天道，事天审谛。故称皇帝”（同前），“皇帝”是至尊，皇就是煌，表示闪耀夺目地存在。至于帝与谛相通，表明对天道的实践，因此称其为“皇帝”。

但在《唐律疏议》中，各个条文如必须涉及皇帝，一般记作“皇帝”，也有使用“乘舆”“车驾”“御”“上”等代称，“天子”的使用则极为例外。“天子”一词集中出现在与皇帝八宝相关的以下条文中。

《唐律疏议》卷二五《诈伪律》第1条（伪造皇帝宝条）疏议载：

> 疏议曰：皇帝有传国神宝、有受命宝、皇帝三宝、天子三宝，是名八宝。依《公式令》，神宝，宝而不用。受命宝，封禅则用之。皇帝行宝，报王公以下书则用之。皇帝之宝，慰劳王公以下书则用之。皇帝信宝，征召王公以下书则用之。天子行宝，报番国书则用之。天子之宝，慰劳番国书则用之。天子信宝，征召番国兵马则用之。皆以白玉为之。（第3册，第684页）

第一种相关史料是《唐六典》卷八“门下省符宝郎”条正文：

> 符宝郎掌天子之八宝及国之符节……八宝：一曰神宝，所以承百王，镇万国。二曰授（受）命宝，所以修封禅、礼神祇（祇）。三曰皇帝行宝，答疏于王公则用之。四曰皇帝之宝，劳来勋贤则用之。五曰皇帝信宝，征召臣下则用之。六曰天子行宝，答四夷书则用之。七曰天子之宝，慰抚蛮夷则用之。八曰天子信宝，发蕃国兵则用之。[①]（第 189～190 页）

第二种则是《隋书》卷一二《礼仪志》所引《隋令》[②] 载：

> 神玺，宝而不用。受命玺，封禅则用之。皇帝行玺，封命诸侯及三师三公，则用之。皇帝之玺，赐诸侯及三师三公书，则用之。皇帝信玺，征诸夏兵，则用之。天子行玺，封命蕃国之君，则用之。天子之玺，赐蕃国之君书，则用之。天子信玺，征蕃国兵，则用之。（第 1 册，第 255 页）

据此制作表 2。[③] 关于皇帝八宝（“宝”字，隋令作“玺”）的各种用途，表 2 将前引《唐六典》卷八“门下省符宝郎”条与《唐律疏议》卷二五《诈伪律》第 1 条所引《开元二十五年公式令》进行比较，并引用《隋书》卷一二《礼仪志》作为参考。唐代的皇帝八宝分为 1“神宝”、2“受命宝”、3～5 皇帝三宝、6～8 天子三宝。若以《唐律疏议》为据，皇帝三宝专门用于针对王公以下的文书，天子三宝则专门用于针

① 校勘“（受）”与“（祇）”皆依据前引《宋本大唐六典》，第 155～156 页。又，“征”字，该书因避宋讳而有缺笔。

② 《拾遗》公式令一八丙［开七］、［开二五］（第 575～576 页）将《隋书·礼仪志》所载的这条史料作为“隋令”加以引用。但究竟是开皇，还是大业，则不明确。

③ 本文表 2 参考了前引西嶋定生《皇帝统治的成立》所收“玉玺分类表”，删掉汉代部分、聚焦于隋唐部分而做成。西嶋氏制表的目的在于比较汉代皇帝六玺、隋代皇帝八玺、唐代皇帝八宝的用途。与它相比，本文表 2 的制作是为了考察与隋代皇帝八玺、唐代皇帝八宝相关的各种史料原文的字句异同。

对蕃国的文书（但天子信宝不用于“书”，而是“兵马”）。总之，由此可以窥知以下区别：“皇帝”的称号是对臣下所用，“天子”的称号则对蕃夷所用。

表 1　皇帝八宝的用途

	皇帝八宝	《隋书》卷一二《礼仪志》	《唐六典》卷八“门下省符宝郎”条	《唐律疏议》卷二五《诈伪律》第 1 条	备　考
1	神宝	宝而不用	所以承百王，镇万国	宝而不用	《养老公式令》40 注文作“……宝而不用”。
2	受命宝	封禅则用之	所以修封禅、礼神祇	封禅则用之	“受”字，広池本作“授”，宋本作“受”。
3	皇帝行宝	封命诸侯及三师三公，则用之	答疏于王公则用之	报王公以下书则用之	
4	皇帝之宝	赐诸侯及三师三公书，则用之	劳来勋贤则用之	慰劳王公以下书则用之	
5	皇帝信宝	征诸夏兵，则用之	征召臣下则用之	征召王公以下书则用之	
6	天子行宝	封命蕃国之君，则用之	答四夷书则用之	报番国书则用之	“蕃”“番”二字通用
7	天子之宝	赐蕃国之君书，则用之	慰抚蛮夷则用之	慰劳番国书则用之	“蕃”“番”二字通用
8	天子信宝	征蕃国兵，则用之	发蕃国兵则用之	征召蕃国兵马则用之	“蕃”“番”二字通用

说明：文字上方所加实线是以《唐律疏议》为基准，标示《唐六典》中所存与它相同的语句。《隋书》所载情况也随之确认。上方所加虚线，是根据同样的方法，标示文字相同但位置不同的情况以及通用的二字。

与此相对，下方的实线是以《隋书》为基准，标示上述以外《唐六典》和《唐律疏议》（两者或其一）中所存的相同语句。下方的虚线标示与上述虚线的用法相同。

这样的区别可进一步追溯至汉代。西嶋定生主要基于《汉旧仪》《汉官仪》，对汉代皇帝六玺（与隋唐的皇帝八玺、皇帝八宝相比，没有“神宝”“受命宝”）展开分析，认为“天子”号既是对蕃夷表示中国君主的权威，也是作为君主在祭祀天地鬼神时表示其地位的称号（前引论文，第 82 页）。

《独断》卷上载：

> 王者至尊，四号之别名。
>
> 王畿内之所称。王有天下。故称王。
>
> 天王诸夏之所称。天下之所归往。故称天王。
>
> 天子夷狄之所称。父天母地。故称天子。
>
> 天家百官小吏之所称。天子无外，以天下为家。故称天家。（第2页）

由此可知，王有四种别号，相对于“王”是在畿内的称号（这点与“皇帝”相似）、王有天下，那么“天子”是由夷狄所称，以天为父、以地为母，所以称“天子”。这就是西嶋定生所指出的天子所具有的针对蕃夷的权威和祭祀天地的功能。①

但是通过对比表2所载《唐六典》和《唐律疏议》，可知与唐代皇帝八宝的用途相关的文句存在差异之处。应该如何考虑这一问题呢？两者共通的文字在其上方标有实线。第一个需要注意的是，与3~8的宝相关，两者都可以看到“则用之”的文句（《隋书·礼仪志》的2~8也有同样的文句）。第二个是，在《唐律疏议》中，3与6的“报……书则用之”，4与7的“慰劳……书则用之”，5与8的“征召……则用之”，分别使用了同样的文句形式（《隋书·礼仪志》虽然使用了与《唐律疏议》不同的动词，但文句形式则类似，如3与6的“封命……则用之”，4与7的“赐……书，则用之”，5与8的“征……兵，则用之”）。

对此，《唐六典》使用了与《唐律疏议》意义相近、但文字不同的动词，如3“答疏”与6“答”，4“劳来”与7“慰抚”，5“征召”与8“发”。而且如果注意到宾语，它还特别使用了不同的词汇，如在皇帝三宝中，有3“王公”、4“勋贤”、5“臣下”，在天子三宝中，有6“四夷”、7“蛮夷”、8“蕃国”。

---

① 但在《独断》中，“天子”之语有广、狭二义的用法。如同书卷上载：“皇帝、皇王、后帝皆君也。上古天子，包牺氏、神农氏称皇，尧、舜称帝，夏、殷、周称王。”（第2页）此处的“天子”是广义的用法。与此相对，本文所引用的夷狄所称“天子”是狭义的用法。

而且《唐律疏议》作1“宝而不用”，与《唐六典》完全不同。但《养老公式令》第40条（天子神玺条）作“天子神玺（谓践祚之日寿玺。宝而不用。）”（《律令》，第392页），“宝而不用”的部分与《唐律疏议》所引《开元二十五年令》完全一致。由此不能径直断定《养老令》是以《开元二十五年令》为据制定的。应当说，在作为《养老令》和《开元二十五年令》的共同渊源《永徽令》中，“宝而不用”已经是其令文的一部分了。这也可以由《隋书·礼仪志》所引隋令中也有“宝而不用”一句而得到佐证。

因此再回到此前提出来的《唐六典》与《唐律疏议》之间存在字句上的差别这个话题，《唐律疏议·诈伪律》第1条所引的《开元二十五年公式令》的文字，基本上正确地保存了令文，而主要基于《开元七年令》撰成的《唐六典》的文字则并非令文本身，可能是被大幅度修改过的。[①]《开元二十五年令》的文字很可能是通过《永徽令》，上承自《隋书·礼仪志》所据的隋令。而且与2相关的《唐律疏议》的文句“封禅则用之”与《隋书·礼仪志》相同，由此可知《开元二十五年令》的文字、文句形式经由《永徽令》，可追溯至“隋令”。

太皇太后、皇太后、皇后　已如第四节所述，④37“太皇”、38“太后”以及⑤30“太皇”、31“太后”应该按照②13、③19，改为一个词“太皇太后”。如果这样修改，那么就可以知道，⑤脱落了②14、③20、④39的“皇太后”。至于“皇后”，则均见于②、③、④、⑤。

有关“太皇太后”与“皇太后”的含义，如《唐律疏议》卷一《名例律》第7条（八议条）“议亲”的疏议所载“太皇太后者，皇帝祖母也。皇太后者，皇帝母也。加太者，太之言大也。易称太极，盖取尊大之义。称皇者，因子以明母也”（第2册，第57页），“太皇太后”是皇帝的祖母，皇太后是皇帝的母亲。太皇太后、皇太后，再加上皇帝的嫡妻皇

① 众所周知，唐代的律令格式被用作《唐六典》的主要素材。特别引人注目的是与唐令、唐式相关的记载。但如本文所触及的那样，《唐六典》并非法典本身，所以对法律条文进行过各种加工、修饰。因此在唐令复原的研究中，仅以《唐六典》为根据的复原是要极为慎重的。有关这一点，参见拙稿《唐令研究的新阶段》（对《唐令拾遗补》的书评），《东方》第220号，1999，第23页。

后，也称为“三后”。在说明“御”字时已经言及的律文，见于《唐律疏议》卷二七《杂律》第47条（毁神御之物条）疏议，可以较为简略地引用为“以称御者，三后亦同”（第3册，第779页）。另外，“太皇太后”“皇太后”“皇后”都是生前的称号，如后所述，崩逝之后名称与此不同（关于《养老公式令》“平出”条“太皇太后”“皇太后”所附注文，在［三］中讨论）。

先帝、先后 在④31“先帝”、32“先名（后）”中，32应该按照③14“先后”予以订正，这已在第四节述及。

《通典》卷五二《礼十二》记载，太宗在贞观十三年（639）参拜父亲高祖的献陵，“上至神座前，拜哭，奠馔，阅先帝、先后衣服，拜辞讫行哭，出寝北门，乃御小辇还宫”（第2册，第1449页），其中出现“先帝”“先后”二词。[①] 在这段记载之前，还有一句“阅视高祖、先后服御之物”（同前），所以此处的“先帝”是父亲高祖李渊，“先后”是母亲太穆顺圣皇后窦氏。由此可以认为，“先帝”是指已经崩逝的上代皇帝，“先后”是指同样已经崩逝的上代皇后。[②]

皇考、皇妣 如《通典》卷一一四《礼七四》载“……祝文曰：‘孝子开元神武皇帝臣讳，敢昭告于皇考睿宗大圣真皇帝、皇妣昭成皇后窦氏’”（第3册，第2929页），在举行礼仪之际，称亡父为“皇考”，称亡母为“皇妣”。

第四节已涉及①、②4“皇妣”、③12“皇妣”、⑤18“〔皇〕妣”，但没有对④做出判断，此处就处理这个问题。如前所述，“皇考”和“皇妣”是一对语词。④44出现“皇考”，而未见“皇妣”。而从前后时代的事例来看，在①、②、③、⑤中皆可确认这一对语词的存在。由此可以推测④中脱落了“皇妣”一词。

“皇考”与“皇妣”是可以追溯至古代经书的语词。《礼记正义》卷七《曲礼下》的记载值得注意：“祭王父曰皇祖考，王母曰皇祖妣，父曰

① 关于太宗到献陵谒陵，参见来村多加史《唐代皇帝陵研究》，学生社，2001，第451～456页。

② “先帝”“先后”，在父子间传承帝位的时候，是指现在皇帝的父亲与母亲（不限于生母）；而在兄弟间传承的时候，则是兄、嫂。也存在其他特殊的亲属关系。

皇考，母曰皇妣，夫曰皇辟。生曰父，曰母，曰妻。死曰考，曰妣，曰嫔。”（上册，第210页）这个史料自然也与下一事项相关。

皇祖、皇祖妣 由②1“皇祖”、2“皇祖妣”、③9“皇祖”、10“〔皇祖〕妣”、④29“皇祖”、30“皇祖妣”可见，“皇祖”与“皇祖妣”也是一对语词。（但⑤中有13“皇祖”，却脱落了“皇祖妣”）

它们是一对语词，也可由以下材料推测出来。如《通典》卷八七《礼四七》载：“凡丧……卒辞曰：‘哀子某，来日某，隮祔尔于尔皇祖某甫。尚飨。’女子曰‘皇祖妣某氏’。妇曰‘孙妇于皇祖姑某氏’。其他辞一也。”（第3册，第2371页）所引部分与《仪礼·士虞礼第十四》的一段相同。[①]

更加容易知道的事例，可举《旧五代史》卷三五《明宗纪》：“皇祖讳琰，皇赠尉州刺史，追尊为孝靖皇帝，庙号烈祖，陵曰奕陵。皇祖妣秦国夫人何氏，追谥为孝靖穆皇后”。（第2册，第481页）也就是说，明宗的皇祖、皇祖妣皆被追尊皇帝、皇后之位。

在《通典》卷一一四《礼七四》“……祝文曰：‘孝孙开元神武皇帝臣讳，敢昭告于皇祖考高宗天皇大帝，皇祖妣大圣天后武氏’”（第3册，第2929页）中，“皇祖考”与“皇祖妣”是一对语词。与前条相关而被引用的《礼记正义》卷七《曲礼下》中，“皇祖考”与“皇祖妣”也是一对语词。若据该书，父亲亡故则称“考”，祭祀时则称“皇考”，所以祖父就称“皇祖考”。这是极为自然的道理。因此，“皇祖”首先可以被理解为“皇祖考”的同义词。[②]

另一方面，“皇祖”也有与“皇祖考”不同的含义。《通典》卷一八六

① 参见郑玄注，贾公彦疏，王辉整理《仪礼注疏》下册，上海古籍出版社，2008，第1327～1328页。又，《通典》所引《仪礼》的训读，参照池田末利译注《仪礼》第4册，东海大学出版会，1976，第475页。

② 《律令》补注《公式令》23b“皇祖、皇祖妣”认为：“换言之，《大宝令》没有‘皇祖妣’，不过列举了‘皇祖考’（天皇死去的祖父），其先后次序是皇祖、皇祖考、皇考、皇妣。因此《古记》解释皇祖妣被包含在皇祖中……”（第655～656页）而且在《拾遗补》的“唐日两令对照一览”《公式令》中，与日本令相关的也作23皇祖/24皇祖妣[考]/25皇考/26皇妣（第1276页。文字之下的“。”，表示《大宝令》与《养老令》的文字相同）。这一说法是否妥当，本节（三）重新加以检讨。此外，在唐代开元时期的平阙式中，“皇祖”“皇祖妣”是一对语词，但在唐代的仪礼中，“皇祖考”“皇祖妣”才是一般性的表达。

《边防二》载："（贞观二十二年［648］）伏愿陛下遵皇祖老子止足之诫，以保万代巍巍之名……"（第5册，第5018页）其中出现"皇祖老子"一词。老子（姓李，名耳）被当作唐代皇家李家的远祖，自唐初开始就得到尊崇。因此这里的"皇祖"不是皇帝祖父的意思，而是皇家的始祖、远祖。

那么出现在唐代平阙式中的"皇祖"究竟是指什么？笔者认为不论哪个都是它指称的对象。在中国唐朝以外的王朝和异国日本，"皇祖"当然没有远祖老子的含义，但还是都有祖父和远祖两层意义。[①]

（太上皇）"太上天皇"是仅见于②11的日本语词。唐代则有与此对应的"太上皇"（也说太上皇帝）。如《资治通鉴》卷二三六载："（永贞元年［805］）八月庚子，制'令太子即皇帝位，朕称太上皇，制敕称诰。'辛丑，太上皇徙居兴庆宫，诰改元永贞，立良娣王氏为太上皇后。后，宪宗之母也"（第4册，第7619页），可知"太上皇"与"太上皇后"是一对语词。

唐代的太上皇共有四例，将皇位让给皇太子而自称"太上皇"的睿宗、顺宗，以及被赶下皇位而赠给名义上的"太上皇"的高祖、玄宗。在日本，"太上天皇"是平阙式的对象，但唐代的"太上皇"则不是。这可能是因为在唐代只有皇帝制才是统治的根基、常制，而太上皇只是特例。在这一点上，与日本的"太上天皇"和"上皇"具有一定的政治力有很大不同。因此，表1的③、④、⑤未见"太上皇"并不是书写有脱漏，而是"唐平阙式"原本就没有这一个词。

皇太子　②31、③22、④41、⑥13皆有"皇太子"一词。⑤没有"皇太子"。但参考史料上经常并记皇后与皇太子，以及⑤中有32"皇后"、41"我后"，再根据36"我太子"，⑤中可能也存在"皇太子"一词，只是现在的钞本有所脱落。

综合上述检讨的结果，可用图2来进行表示。唐代的皇帝被认为具有变得强大的权力和至高的权威，而从平阙式推导出来的理念性的皇家的范

① 根据前引《律令》，"皇祖"有天皇的先祖、始祖和天皇死去的祖父两层含义（第388页页上注23）。这个看法是正确的，但《公式令》补注（第657页，补注23b）认为，《养老令》的"皇祖"是死去的祖父，而《大宝令》则取先祖、始祖的含义，这是有疑问的。对此，本节（三）予以检讨。此外，作为参考的话，在日本，"皇祖"的附记如"皇祖高皇产灵尊"（《日本书纪》卷二《神代下》）、"我皇祖天照大神"（同书卷三《神武天皇纪》）。

围却出乎意料地狭窄，即以皇帝为中心，限于祖父母、父母、皇后、皇太子这种父系直系四代亲属。但是如果改变视角的话，也可以认为，这如实地体现出所有的权力、权威都集中到了皇帝身上（事实上，因为存在兄弟间等其他皇位继承，所以也会包括旁系亲属）。[①]

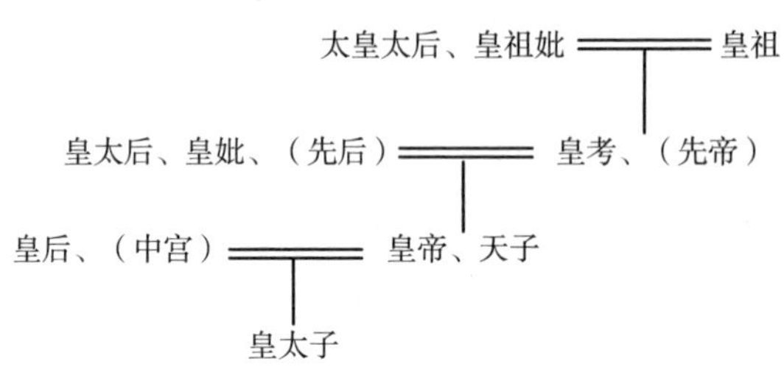

图 2　平阙式所见唐代的皇家

说明：以④b、d 为基准，参考③a、b 和⑤a 制成。也包含有崩逝之后所用的称号。此图的先帝只表示直系的场合，不包括旁系。中宫是作为皇后的代称而所用的。

（三）《令义解》《令集解》公式令平出条

以上本节（一）（二）检讨了唐平阙式用语中与皇帝相关的各种称谓、皇家的称谓及其范围。关于日本古代的平阙式，从“天皇”“太上天皇”名号开始，存在独有的问题，所以相关检讨留待他日，[②] 此处仅简单介绍《令义解》所载义解。《养老公式令》平出条的令文与注文已见引于本文第三节，此处根据《令义解》，再次引用令文、注、义解，由此导出若干问

① 从唐代的皇帝谱系图（Ⅰ高祖～XX 哀帝）来看，Ⅳ中宗、Ⅴ睿宗，Ⅷ敬宗、XIV 文宗、XV 武宗，XVIII 僖宗、XIX 昭宗属于兄弟之间传承帝位的，XV 武宗、XVI 宣宗是从侄子传给叔父的继承。

② 此外，唐日平阙式的比较研究与唐日《仪制令》（主要是开头三条）的比较研究相关，这也不得不作为今后的研究课题。相关史料可参见《拾遗补》，第 1212～1215 页；日本思想大系本《律令》，第 343～344、630 页；《古事类苑·帝王部·帝号》，吉川弘文馆，1996（第 6 版，1896 初版），第 169～190 页。论文则有长谷部寿彦《律令国家成立期的天皇观和仪制令天子条天子号规定》，《史学研究》第 281 号，2013。至于唐日平阙式与条文开头的“诸”“凡”字，参见宫部香织《〈令集解〉所引唐令的功能——接近明法家的法解释》，小林宏编《律令论纂》，汲古书院，2003，第 44～46 页。又，作为唐日礼制的形成与比较的学术史，有用的是大隅清阳《礼与儒教思想》，上原真人等编《信仰与世界观》（列岛的古代史　人、物、事 7），岩波书店，2006。

题进行研究，并涉及相关的《令集解》诸说。①

《令义解》卷七公式令“平出”条载：

a 皇祖（谓不及曾、高也。）

皇祖妣

皇考（谓妣、考者，生死之通称。即皇祖以下，皇妣以上，不限存亡，皆合平出。并是据不登帝位，及不居夫人以上位者也。）

皇妣/先帝/天子/天皇/皇帝/陛下/至尊/太上天皇

天皇谥（谓谥者，累生时之行迹，为死后之称号。即经纬天地为文，拨乱反正为武之类也。）

b 太皇太后（谓天子祖母登后位者，为太皇太后。居妃位者，为太皇太妃。居夫人位者，为太皇太夫人也。）[太皇太妃、太皇太夫人同。]

c 皇太后（谓天子母登后位者，为皇太后。居妃位者，为皇太妃。居夫人位者，为皇太夫人也。）[皇太妃、皇太夫人同。]

d 皇后（谓天子之嫡妻也。）（第 250 ~ 251 页）

e（后引）

首先，在 a“皇祖”的义解中，“皇祖”不包括天子（皇帝、天皇）的曾祖父、高祖父。与此相关，《令集解》卷三四公式令同条的诸说引用了涉及唐令的两例。

释云：唐令云“皇祖、皇祖妣者，曾、高同”者。此令除而不

① 众所周知，《令义解》《令集解》是日本古代史、日本法史领域最重要的文献，因此积累了庞大的研究业绩。本文为了了解它们的基本性质，参考了以下文献：井上光贞《日本律令的成立及其注释书》，前引《律令》；石上英一《令义解》，皆川完一、山本信吉编《国史大系书目解题》下卷，吉川弘文馆，2001；水本浩典《令集解》，同前；大津透《〈令集解〉与律令制研究》，池田温编《（为了学习日本古代史）汉文入门》，吉川弘文馆，2006。此外，坂上康俊《〈类聚三代格〉》（同前）不仅处理了主题史料，而且还言及其他古代史史料，对于初学者而言，论述十分亲切细致。而且，对于阙字的知识是如何在史料的校订中发挥作用的，该文举出了具体的例子，可供参考（第 82 ~ 83 页）。

取。即知，曾、高不可平出。（第 4 册，第 847 页）

穴云：皇祖、皇祖妣等，只于皇帝，祖父、祖母是也。其于曾、高不见文，与唐令殊。临时合勘也。（第 4 册，第 847 页）

根据《令释》，唐令中有“皇祖、皇祖妣者，曾、高同”一句（注文?），没有为《养老令》采用而被省减了。因此，曾、高无需平出。而在《穴记》中，令文有“皇祖、皇祖妣”等，但没有关于曾、高的文字，这与唐令有别。但是在前列表 1 的③、④、⑤的“唐平阙式”中，“皇祖”“皇祖妣”都没有被特别地附加注文。这该如何解释呢?

《拾遗》公式令一四［开七］、［开二五］以《令释》所引“唐令云……”为根据，给令文附加注文，进行复原：“皇祖妣（曾高同）。”（第 569 页。但关于皇祖妣，《唐六典》卷四、《唐天宝职官表》也被作为复原资料）

对此，坂上康俊在论文《舶载至日本的唐令的年代推定》[1] 中认为，关于《令释》所引唐令，“因为规定⑤皇祖、皇祖妣的曾、高也要平出（第 847 页），所以不是开元七年、二十五年令”（第 9 页）。如果“曾高同”是针对令文的注文，那么本文表 1 的③、④、⑤阙载的原因，可能是写本书写的遗漏或有意的省略，而坂上氏的推测也可以说是一种可能性（但是坂上氏所主张的《令释》引用的“唐令”中没有《永徽令》的说法很难令人赞同，而对《古记》以下各个注释等其他文献所引“开元令”实际上是《开元三年令》的观点，由于笔者没有检证，所以对此结论持保留态度）。

笔者关于“曾高同”的意见如下：因为《养老令》是经由《大宝令》，而以唐代《永徽令》为渊源的，所以《永徽令》中存在《令释》所引的唐令（注文?），其后某个时期删除了这句话，由此未见于开元年间的唐令。表 1 的③、④、⑤没有这一文句，而且假定不存在类似文句的话，

① 坂上康俊：《舶载至日本的唐令的年代推定》，《史渊》第 146 辑，2009。坂上氏作出这一判断的理由，与《拾遗》相反，是因为《唐六典》卷四与《唐天宝职官表》没有出现“曾高同”的字句。参见坂上康俊《〈令集解〉所引唐令》，《九州史学》第 85 号，1986，第 40 页。

那么“唐平阙式”的“皇祖”“皇祖妣”也可在字面上被理解为皇帝已故的祖父、祖母（只是如前所述，“皇祖”也有远祖、始祖的含义）。换言之，仅就本条而言，《令释》所引唐令是《永徽令》，《穴记》所言唐令也同样是“永徽令”。[①]

与“皇祖”到“皇妣”的四个称谓相关，“皇考”所附《令释》载“释云：皇祖、皇祖妣、皇考、皇妣”（同前），与此相对，《古记》载“古记云：问，皇祖考、皇考、皇妣，未知，称崩后不。答，曲礼下云……问，皇祖妣若为处分。答，皇祖一种也”（同前）。因此，《律令》补注公式令23b（第655～656页）认为，《大宝令》中没有“皇祖妣”，是“皇祖、皇祖考、皇考、皇妣”的顺序，《拾遗补》（第1276页）也沿袭此说。

关于前列表1的①《大宝令》的语词复原，笔者主要依从《律令》与《拾遗补》，[②] 然而直接阅读了《古记》之后，觉得《古记》的两个问答存

① 在唐律中，与祖父母相关的条文是否包括曾、高（曾祖父母、高祖父母），存在数个重要的例子（同样地，关于卑属，孙是否包括曾、玄［曾孙、玄孙］也是一个问题）。例如《唐律疏议》名例律第52条（称期亲祖父母条）载：“诸称期亲及称祖父母者，曾高同。（……）称孙者，曾玄同。（……）”（第2册，第206～207页）。从遗文可知，同一条文也存在于《养老律》，其中“曾高同”“曾玄同”的文句可以被确认。而且《大宝律》中也可能存在与本条相当的律文（但没有发现前面那两句）。所以追溯至《养老律》和唐《开元二十五年律》的共同渊源，唐《永徽律》的本条中也有这两句。另一方面，在唐令中，“曾高同”作为令文或注文很难说是普遍的，《拾遗》《拾遗补》中复原的唐令（如本文所述，作为开元公式令一四注文的“曾高同”是存疑的），以及北宋《天圣令》残卷中所附唐令都没有见到这一文句（《天圣令》卷二九丧葬令后的“丧服年月”第1、2、3条的注文“为曾高后者亦同”，规定的是“为曾高后者”，而非曾高本身）。此外，“曾玄以下”的语句在唐封爵令二乙中有一例。这是由封爵继承的特殊性所致吧。至于相关的《令集解》，其言及“曾高”的条文，除前述养老公式令平出条“皇祖”的义解外，还有选叙令第二三条（癫狂酗酒条）。根据“凡经癫狂酗酒（……）及父祖子孙（谓此祖孙者不及曾高曾玄也。）被戮者……”（《令义解》，第142页）可知，本条的“祖”不包括曾、高，“孙”页不包括曾、玄。与本条对应的唐令有选举令一八［开七］、［开二五］，这些令文中没有“及父祖子孙被戮”的文句（《拾遗补》，第1073页）。因此，令文与注文中也不被认为存在曾高相关的记载。但是根据《拾遗》，“及父祖子孙被戮”一句在《永徽令》中存在，接在令文“癫狂酗酒”之后，在《开元令》中，为避免与宫卫令重复而被省去了（第294～295页）。如果永徽宫卫令中存在“及父祖子孙被戮”一句，在其注文中就有可能言及曾高、曾玄（《拾遗》《拾遗补》都没有复原对应养老宫卫令第28条的唐令）。

② 前引《律令》公式令补注23a、b，第655页；前引《拾遗补》，第1276～1277页。

在矛盾。《古记》记载，大宝公式令中有“皇祖考、皇考、皇妣”，其中并不包括“皇祖妣”，而对于涉及“皇祖妣”的第二问，回答是“与皇祖同类”。但是在原初列记得三者之中，并不包括“皇祖”。所以《律令》补注在复原大宝公式令时在三者中加入“皇祖”，成为“皇祖、皇祖妣、皇考、皇妣”四者。假如这是正确的话，《古记》为何一开始就没有列记四者？而关于“皇祖妣”处理的问题，如《古记》回答“与皇祖考同类”，这就没有矛盾了。这是第一种解决方案。第二种解决方案是，《古记》一开始所载的三者“皇祖考、皇考、皇妣”中，“皇祖考”是“皇祖”的误写。错误地在“皇祖”后加上“考”字，可能是因为之后的语词是“皇考”，或者是《古记》引用的《礼记》曲礼下有“皇祖考”。换言之，如果采用第一种方案，大宝公式令有“皇祖考、皇考、皇妣”三者，而采用第二种方案，则是“皇祖、皇考、皇妣”三者。不论哪种方案，都必须对《古记》修订一个字。[①] 此外，不论哪种方案，《大宝令》中都不存在养老公式令的“皇祖妣”。

一开始，笔者认为第一种方案的可能性更大。但采用这一方案后，就需要说明为何《大宝令》会规定唐公式令没有的“皇祖考”。永徽公式令的情况并不清楚，从表1的③、④、⑤来看，开元以后都没有“皇祖考”，而统一为“皇祖”。因此考虑到与唐公式令的关系，第二种方案的可能性更大。也就是说，大宝公式令应该复原为“皇祖、皇考、皇妣”，因为如此，才产生了《古记》第二问答的回答“皇祖一种也”。如本节（二）所述，“皇祖”有两层含义，一个是天子已故的祖父，即“皇祖考”，另一个是皇室的远祖、始祖。存在这两层含义，是《大宝令》《养老令》的共同之处。因此前列表1的①栏中的“皇祖考”被删除，备考栏“①无皇祖妣，作皇祖考”被修改为“①无皇祖妣”。

接下来的问题是“皇考”所附的义解。从“皇祖”到“皇妣”的四个称谓是“生死之通称”，“并是据不登帝位，及不居夫人以上位者”。关

---

① 国史大系本《令集解》公式令25《古记》的问答中“皇祖考、皇考、皇妣”与“皇祖一种也”的文句，已在若干钞本的图版（田中本、鹰司本、船桥本、东山御文库本、藤波本）以及刊本（石川介校本、国书刊行会本）中得到确认，与国史大系本相同。因此，如果是《古记》的问答出现错误，那么这也发生在很早的时候。

于“生死之通称”，《令释》引用《尔雅》，“明此非死生之异称矣”（同前），也就是说，这些是不论死生都使用的称谓。前述义解也沿袭了这种说法。与此相对，《古记》引用了前引《礼记》曲礼下及其注文，认为是死后的称谓。《朱说》十分明确，“朱云：上件四名死后之辞也”（第848页）；《穴记》也载：“穴云：……即知，文所云者死后可称之辞也”（同前）。虽然诸说存在对立之处，但“皇祖”“皇祖妣”“皇考”“皇妣”四者都被认为是皇帝、天皇已故的祖父母、已故的父母。

另外一个问题是，这四个称谓是否被用于生前未即帝位、没有夫人以上之位的人？言及此点的诸说很少，《迹记》有“迹云：皇祖妣、皇妣等，谓皇帝之祖父母等。不得帝名，但用此等之名事，是不见文”（第847页），无需特别限定于未即帝位，没有夫人以上之位者。从唐代的事例（前述［二］）来看，这四个称谓被用于曾经的皇帝、皇后，且是现任皇帝已故的祖父母、父母（但在前述［二］中，从“皇祖、皇祖妣”项下所引《旧五代史》的事例可知，被追尊皇帝、皇后号者，也有生前并不在此位上的）。

关于“先帝”，并无义解。但在集解诸说中，《古记》载：“《古记》云：问，先帝未知其限。答，无限。”（第848页）即“先帝”并非仅指上一代皇帝，而是包括此前诸帝。从文义本身来说，也是作如此解释，但在唐代，“先帝”“先后”作为一对语词，如是帝位的直系继承，一般是指作为皇帝已故父母的上一代皇帝与皇后。①

与“天皇谥”相对应的“皇帝谥”并未被“唐平阙式”所采纳。由此得出唐代平阙式中没有“皇帝谥”的结论大致也是可行的。但《养老令》中有“天皇谥”，所以尝试检讨《永徽令》中存在“皇帝谥”的可能性也是有意义的。

根据《唐会要》卷一“帝号”，从高祖到玄宗的谥号和庙号可作如下摘记（上册，第2～6页）。②

---

① 关于先帝、先后，有以下史料：“皇帝称天皇，皇后称天后，以避先帝、先后之称。”（《资治通鉴》卷二〇二咸亨五年，第3册，第6372页）此处的“先帝、先后”，既有上一代皇帝、皇后的意思，也可指历代的皇帝、皇后。但如本文所说，在唐代，这一对语词一般用于上一代皇帝、皇后。

② 关于唐代诸帝的讳、庙号、谥号、尊号、陵号等，户崎哲彦《唐诸帝号考（上下）》（《彦根论丛》第264、266号，1990）有详细研究。

Ⅰ（表示第一代，下同）高祖李渊：贞观九年（635）五月六日崩……→谥曰大武皇帝，庙号高祖。→咸亨五年（674）八月十五日，追尊高祖神尧皇帝。→天宝八载（749）六月十五日，加尊高祖神尧大圣皇帝。→十三载（754）二月九日，加尊高祖神尧大圣大光孝皇帝。

Ⅱ太宗李世民：贞观二十三年（649）五月二十六日崩……→谥曰文皇帝，庙号太宗。→咸亨五年八月十五日，追尊太宗文武圣皇帝。→天宝八载六月十五日，加尊太宗文武大圣皇帝。→十三载二月九日，加尊太宗文武大圣大广孝皇帝。

Ⅲ高宗李治：弘道元年（683）十二月四日崩……→谥曰天皇大帝，庙号高宗。→天宝八载六月十五日，追尊高宗天皇大圣皇帝。→十三载二月六（九）日，加尊高宗天皇大圣大弘孝皇帝。

Ⅳ中宗李显：景龙四年（710）六月二十二日崩……→谥曰孝和皇帝，庙号中宗。→天宝八载六月，追尊中宗孝和大圣皇帝。→十三载二月，加尊中宗孝和大圣大昭孝皇帝。

Ⅴ睿宗李旦：开元四年（716）五月二十日崩……→谥曰大圣玄真皇帝，庙号睿宗。→天宝八载六月，追尊睿宗玄真大圣皇帝。→十二（三）载二月，加尊睿宗玄真大圣大兴孝皇帝。

Ⅵ玄宗李隆基：元年（762，因肃宗之命而无元号）建巳月五日崩……谥曰至道大圣大明孝皇帝，庙号玄宗。

由这些史料可知以下事实。

第一，Ⅰ高祖最先的谥号是“大武皇帝”，Ⅱ太宗是“文皇帝”，Ⅲ高宗是“天皇大帝”，Ⅳ中宗是“孝和皇帝”，除去“皇帝”二字，都是以一字或二字为名（只有高宗是例外的谥号）。但是接下来从Ⅴ睿宗“大圣玄真皇帝”开始，除去“皇帝”二字，都以四字为名。这个谥号的决定者是玄宗。

第二，咸亨五年八月十五日，高宗为高祖、太宗等加尊号。[①] 从其内容来看，高祖从“大武”改为“神尧”，太宗在“文”后加了“武圣”二字，成三字之名，这些谥号都再冠以庙号，全部都是尊号。

---

① 若据《资治通鉴》卷二〇二（第3册，第6372页），此时除高祖、太宗外，还追尊了太祖李虎的祖父母、父母、高祖的皇后、太宗的皇后。与此同时，前述每位皇帝改称天皇，皇后改称天后。

第三，天宝八载六月十五日，玄宗为高祖到睿宗为止的所有皇帝加尊，在各个谥号前附加“大圣”二字。[①] 也就是说，高祖从“高祖神尧皇帝”变成“高祖神尧大圣皇帝”，在太宗“文武圣皇帝”上加“大圣”二字，导致“圣”字重复，所以去掉一字为“太宗文武大圣皇帝”。在高宗初谥“天皇大帝”上冠以庙号，加“大圣”并改“大帝”为通常的“皇帝”，即“高宗天皇大圣皇帝”。对于中宗，在初谥“孝和皇帝”上冠以庙号，加“大圣”后为“中宗孝和大圣皇帝”。然后是玄宗的父亲睿宗，在初谥“大圣玄真皇帝”上冠以庙号，把“大圣”移至“玄真”之后，加尊为“睿宗玄真大圣皇帝”。

第四，玄宗在天宝十三载二月九日加尊高祖到睿宗的各位皇帝。[②] 对高祖加“大光孝”而称“高祖神尧大圣大光孝皇帝”，对太宗加“大广孝”而称“太宗文武大圣大广孝皇帝”，对高宗加“大弘孝”而称“高宗天皇大圣大弘孝皇帝”，对中宗加“大昭孝”而称“中宗孝和大圣大昭孝皇帝”，对父亲睿宗加“大兴孝”而称“睿宗玄真大圣大兴孝皇帝”。顺带言及，玄宗自己的谥号，《唐会要》记为“至道大圣大明孝皇帝”，《旧唐书》卷八《玄宗纪上》则与此前之例相同，冠以庙号，为“玄宗至道大圣大明孝皇帝”（第1册，第165页）。

总之，高祖、太宗的初谥若去掉皇帝二字，都是一二字的短名，与传统相合。只有高宗没有用皇帝而用大帝，是异常的形式。其次，在高宗时，高祖与太宗的初谥之前被分别冠以庙号，并且变更、追加了谥号的文字。此后，玄宗对谥号表示出强烈的关心，在天宝八载，为诸先帝的谥号加“大圣”二字，天宝十三载，为高祖到睿宗的各位皇帝的谥号新加三字（三字中的最后一字，仿汉代而全部为“孝”字）。[③]

在唐初，因为谥号较短，所以可能可以以谥号来称呼已故的皇帝。高宗以后，特别是玄宗时期，以追尊、加尊的方式数度改变谥号，增加了它

① 若据《资治通鉴》卷二一六（第3册，第6896页），此时除高祖至睿宗五帝外，也为圣祖（老子）上尊号，在高祖以下五位皇帝的皇后谥号上加“顺圣”二字。

② 若据《资治通鉴》卷二一七（第3册，第6924页），此时除对高祖以下五位皇帝加谥外，也对圣祖加尊号。

③ 如《资治通鉴》卷二一七所载：“以汉家诸帝，皆谥孝故也。”（第3册，第6924页）这是汉制对唐代的一个影响。

们的字数。因此，事实上以谥号来称呼皇帝就变得很难，转而使用较为简便的庙号。

从唐代谥号变迁的角度来思考的话，《永徽令》的平阙式中是有“皇帝谥”的，只不过在开元以后以谥号来表示皇帝在现实中变得十分困难，所以便将它从平阙式中删掉了吧。①

接下来是b“太皇太后”、c“皇太后”、d“皇后”的含义，这已由义解加以阐明。但问题是b“太皇太后”所附之注“太皇太妃、太皇太夫人同”和c“皇太后”所附之注“皇太妃、皇太夫人同”是否也见于唐令或其他法典。

这两个注的原文很难出现在主要的唐代史料中。现在尝试将它们分为“太皇太妃”“太皇太夫人”“皇太妃”“皇太夫人”四个，去寻找它们的用例，总算是在《全唐文》卷八七三陈致雍《定皇太妃居弟丧仪状》中找到一例。以下引用开头部分：“昭爱宫牒，请定皇太妃居弟改匡智丧事”（第18册，第11519页）。然而，根据陈致雍的传记，他历经闽、南唐，后来成为陈洪进的书记，所以这条史料是五代十国时期的。其他三个尊号是否存在也并不清楚。

作为唐朝以前比较近的时期的用例，“皇太妃”散见于《晋书》卷八《哀帝纪》隆和元年（362）二月条（第1册，第206页）等，“皇太夫人”也见于同书卷二一《礼志》哀帝的记载。（第3册，第658页）。

本节最后讨论的是，提出国忌日与平阙式之间关联性的先行研究，即黄正建的论文《平阙与唐代社会政治》（［黄正建1995］）。以下为便检讨，引用相关部分：

首先一个问题，平阙是否在任何情况下都使用呢？由于史料缺乏，我们无法确切回答这个问题，但似乎在用于公文时还是有一定条

① 杜友晋撰《吉凶书仪》（P.3442）之“表凶仪”之“山陵毕卒哭祔庙慰表”中有“伏承■谥皇帝，山陵卒〔哭〕礼毕……”（［赵和平1993］）一段，“谥皇帝”是阙字的对象（接下来的“国哀大小祥除奉慰表”之“■谥皇帝”也存在阙字）。这些“谥皇帝”实际上与“皇帝谥”一样。根据赵和平的研究，《吉凶书仪》成书于开元末年，杜友晋是开元、天宝年间的人。因此，笔者认为，至永徽为止作为平阙对象的“皇帝谥”虽然在开元以后从官方的平阙式中删掉了，但依然对部分书仪有所影响。

件限制的。据日本《令集解》卷三四对公式令中平阙的注释，“所谓平出者，见主及国忌废务为限，下条阙字亦宜准此”，即平阙只用于写给当今皇帝或在先帝忌日期间写的文章。这一规定在唐代史籍中完全没有记载，不过似乎也有某种可能性。前引记载“天宝式”的敦煌P. 2504号文书，在平阙式的上一栏，先记录了“国忌”日，一直记到睿宗皇帝，并说“右件忌日京城七日行香，外一（七）日，并废务”。而记载“大和式”的敦煌S. 6537号文书，也在记录“公私平阙式”时没有结束平阙式就紧接着写了诸先帝的国忌日，一直写到穆宗皇帝，并亦有“右件国忌日并废务行香”的记载。因此或许可以认为，国忌日确与平阙的实施有一定关系。不过从实际使用看，《书仪》所载范文由于没有著明时间，无法判断它们是否只用于上述场合，而墓志显然没有这一限制。（第146页）

这个问题只有黄正建提起，他的推测真的是最合理的吗？黄氏认为，在日本，使用平阙是被限定在一定情况之下的，其根据则是《令集解》卷三四公式令平出条的《令释》。阅读他的解说之后，笔者推测他把《令集解》相关部分的史料训读为“所谓平出，限定在见主以及国忌废务，下条的阙字也应该准此”。训读本身遵从国史大系本的标点，但问题在于他的理解。

平出的适用被限定在现在的天皇与国忌废务的场合，这是什么意思呢？黄氏在《令集解》诸说中引用了《令释》，而笔者引用与此相关的《令义解》卷七公式令平出条末尾的《义解》（此前所引《令义解》a～d的后续部分）。

e（低3格）右皆平出。（谓平头抄出。即据当时天子及国忌可废务者。其下条阙字，亦准此。）（第251页）

笔者的训读也遵从国史大系本的标点。《义解》首先说明“平出”的意义在于将天子等相关的特定用语置于次行行头书写。其次，平出的处理是以当代天子与国忌日时必须废务的诸先帝为依据（“据”是根据的意思）。下条的阙字也适用同样的标准。

为什么有必要对此加以规定呢？在天皇易代之际，国忌废务的对象范围也自然发生变化。阙字也是如此。关于当代天子的各种用语当然要适用平出、阙字。

总之，就黄氏有关《令释》的解释而言，“平阙只用于写给当今皇帝或在先帝忌日期间写的文章”可以说是对史料的误解。无论是《义解》还是《令释》，都没有这个意思。因此黄氏所猜想的规定未见于唐代法律，也是必然的。①

代结语

在本文执笔的构想阶段，原本预定之后再加两节。第六节主要是想分析④a的平阙用语，并考察唐代国家祭祀、宗教政策（特别是对道教）与平阙式的关系。但由于准备有些不足，只能留待日后检讨。

至于第七节，笔者觉得有必要考察平阙式的起源。根据以前王国维等的见解，平阙的习惯一般被认为始于秦汉，这是有必要用史料进行确证的。这个研究现在正在进行，但这个课题的检讨与本文所处理的时代有较大的距离，所以本文在此就不予讨论，留待日后就此课题专门撰写一篇文章。此处只是提出：平阙始于秦二世时期。

① 在此前引用的［黄正建 1995］中，黄氏指出，《唐天宝职官表》（P. 2504）与郑余庆撰《大唐新定吉凶书仪》（S. 6537v）将各种国忌日与平阙式连写，并将这一事实与《令集解》公式令平出条的《令释》联系起来予以立论。本文已经说明，黄氏有关《令释》的解读难以成立。在敦煌本中，上述两个文本的确将国忌日与平阙式连写，但这种情况未见于其他书仪（但大量书仪是残卷）。在这一记载中，国忌日与平阙式的关联点仅仅是记下祖先、历代皇帝的庙号、谥号等。此外，《唐天宝职官表》的国忌日记载存在诸多误记，而且更加引人注意的是，在此处所记谥号中，很多是天宝时期以前的（参考本文所记高祖~玄宗的谥号变迁一览）。太祖李虎的祖父、父亲的尊号宣皇帝、光皇帝，是在咸亨五年（674）八月十五日追尊的。景皇帝、元皇帝谥在武德元年（618）六月二十二日追尊的。高祖、太宗的各种谥号也是在咸亨五年八月十五日追尊的（不包括天宝八载、十三载的加尊）。高宗的谥号定于弘道元年（683）十二月四日驾崩之后，中宗的谥号定于景龙四年（710）六月二十二日驾崩之后，睿宗的谥号定于开元四年（716）五月二十日驾崩之后（高宗、中宗、睿宗都不包括天宝八载、十三载的加尊）。而且“太宗”还被误写成“玄宗”，“玄宗”的庙号是在肃宗元年（762）建巳月五月驾崩之后所定，这个“玄宗”应该是后来转写时的笔误。因此“唐天宝职官表”的国忌日记载有很多问题。

本文“绪言”已经提及，将“平阙式”这一规范作为问题进行讨论，需要将以下所有内容作为考察对象：在庞杂的史料中存在的诸多实例，特别是违反“平阙式”或超越“平阙式”的各种事例。对这些实例进行研讨，当然是极为重要的。[①] 但对笔者而言，从分析大量的平阙事例出发来研究平阙式，是比较困难的，有必要先区分规范与实例，然而从规范出发进行研究。

平阙的实例见于大量书籍（含书仪）、文书、石刻等，对它们进行网罗性收集实际上是很难的。现在来说，只能限定领域进行检讨。[②]

实例为何会超越“平阙式”的范围呢？“超越”的意思是，一则通常平出的部分用语被改为抬头（单抬、双抬、三抬等），二则阙字的字数由一字空格增加到二字、三字等，三则平阙用语的种类有增大化趋势。以下对其原因略加探讨。

此前在第三节介绍的六种史料中，除了亡佚的①，②以下的五种有以下各种平阙式的 a、b、c 等字句。

②《养老令》卷八公式令

［平出条］

a 皇祖/……/皇后/右皆平出。

［阙字条］

b 大社……殿下/右如此之类，并阙字。

c 凡汎说古事……皆不平阙。

③《大唐六典》卷四

① 举一例进行说明。表 1“备考”改⑤69“震极”为“宸极”的理由是，《唐律疏议》卷一《名例律》第 6 条“谋反”的疏议称“然王者居宸极之至尊”（第 2 册，第 43 页），其他如前引《中国书道全集》第 3 卷 82《李贤墓志》中 L7 有“宸极”（阙 2 字）。这是根据平阙事例校勘平阙式文字的实例。

② ［黄正建 1995］主要是依据王仁波主编《隋唐五代墓志汇编》陕西卷（全 4 册，天津古籍出版社，1991）所收墓志，［吴丽娱 2013］根据数种书仪讨论平阙事例。近年，胡倩雯《从敦煌吐鲁番文书看唐代平阙》（《中山大学研究生学刊（社会科学版）》2014 年第 1 期）正如标题所言，分析敦煌文书和吐鲁番文书，探究平阙式的实效性。这有扩大检讨对象的意义，而先行研究同样从平阙事例出发讨论平阙式的方法，则有再讨论的必要。

a（谓昊天……皇太子，皆平出。）

b（宗庙……朝廷之类，并阙字。）

c（宗庙中……举陵庙名为官，如此之类，皆不阙字。）

d（泛说古典……亦不平出。）

e（写经史群书……皆为字不成。）

④《唐天宝职官表》

a……牍。奉/敕……宜令平阙。其余/汎说议类者并皆阙文……不须悬阙……

b 天帝……皇考/右已上字，并须依平阙。

c 汎论古典，不在此限。

d 宗庙……御、车驾/右已上字，并须依平阙。

e 宗庙中……皇太子、舍人

f 陵庙……惣不阙。

⑤郑余庆《大唐新定吉凶书仪》

a 大道……我后。/右已前件，公中表奏，准式并平阙。

b 宗庙……诏书。右已前件，公中表奏，准式阙二字……

⑥《庆元条法事类》卷一六

a 天神/……/皇太子/如此之类，皆平阙。

b 陵庙中林木/……/待制/如此之类，皆不阙字。

根据加点字句的特色，可将它们大致分为 A、B 两群（没有实施平阙的除外）。

A　皆（③a）

右皆（②a）

右已前件（⑤b）

右已前件……并（⑤a）

右已上字，并（④b、④d）

B　之类，并（③b）

类者并皆（④a）

如此之类，皆（⑥a）

右如此之类，并（②b）

使用A群字句部分的平阙用语，在文意脉络上表示限定在所举之例上。与此相对，使用B群字句部分的平阙用语则是一种举例的方式，与所举之用语类似的语词也是平阙对象。B群字句的存在，可能就是实际平阙事例大大超过平阙式所举用语的要因。

另外一个要因可能是人们的法意识：为了防止出现违反平阙式而遭受不利与处罚。且不论官员、胥吏，即使是庶民也有很强的这种倾向。因此，有必要增加以上平阙用语的种类，并且在形式上进一步予以强调，导致抬头与阙字的文字数的增加。

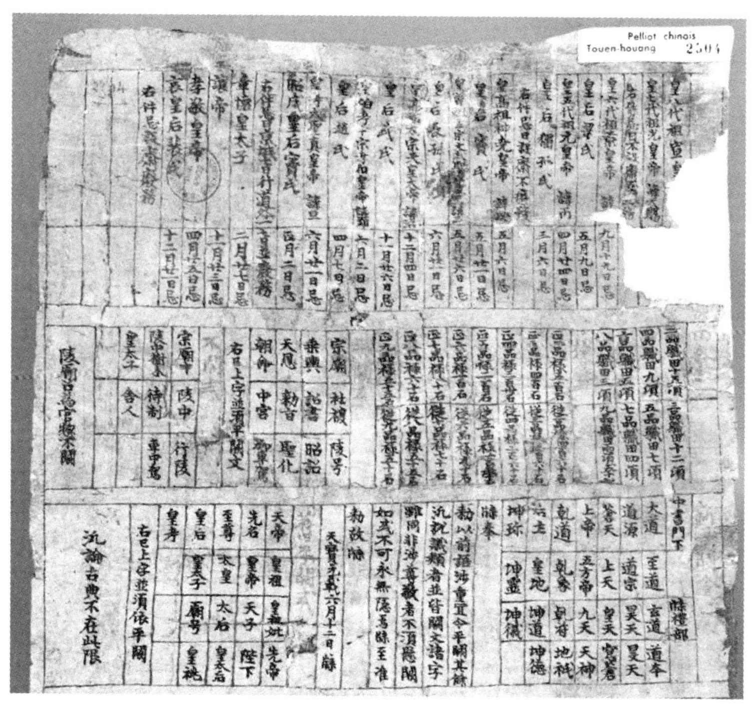

图3 “唐天宝职官表”（P. 2504）

说明：图版显示的是P. 2504的1～4栏（以下省略）。IDP

本文以敦煌写本《唐天宝职官表》所含平阙式为中心，讨论了唐代的平阙式。其结果则阐明了以下观点：

一、《唐天宝职官表》中的平阙式是指按照原文书中用朱笔书写的标题，在职官表上被列举出来的，第 3 段从右往左的 d“平阙式”、e“不阙式”、f 附则，第 4 段从右往左的 a“新平阙令”、b“旧平阙式”、c 附则。但这一史料的实际结构应该按照 a、b、c、d、e、f 的顺序排列（参见图 1、图 3）。

二、其中，a 是被部分省略的天宝元年六月十二日的敕牒。因此，它的书式与 b ~ f 完全不同。同一敕牒的其他部分则见于《唐会要》卷五〇、《册府元龟》卷五四、《全唐文》卷二四（《全唐文新编》卷二四）等。

另一方面，b ~ f 是根据《开元二十五年令》制作出来的平阙式，并未在天宝元年被废止，是有效的规定。个人以为，在根据《开元二十五年令》制作出来的平阙式中，实际上也包含与 a 相对应的部分，但因为 a 这一敕牒被颁下，所以这一部分就失效了。从 a 的各个平阙用语来看，它们中也包含着曾经存在于《开元二十五年令》的部分用语。

三、本文表 1“关于平阙式的诸史料一览表”以④《唐天宝职官表》为中心，以③《大唐六典》、⑤《大唐新定吉凶书仪》为“唐平阙式”的基本史料，选择①《大宝令》（亡佚）、②《养老令》、⑥《庆元条法事类》，对各种平阙用语进行比较检讨。

笔者特意用 a、b、c 等对② ~ ⑥各种史料进行分类，进而按照出现的顺序为它们标记序号。在对平阙用语进行校勘时，不仅使用一直以来的方法，沿着时间轴进行比较检讨（纵轴检讨），而且还着眼于各个史料的分类中出现的顺序和用语组（group）进行检讨（横轴检讨），在文字订正和断句上取得了一定的成果。

此外，与②、③相比，④a 的结尾“宜令平阙”、b“并须依平阙”实际上是“平出”的意思，而④d 的“并须平阙文”则是“阙字”的意思。

四、以④b、d 为中心，结合唐宋时期的相关史料，检讨了与皇帝有关的各种称谓。在探究称谓原初含义之际，也利用了秦汉时期的史料和经书。

首先，“天帝”在表示神格的同时，也可指称皇帝、太上皇。与重要的国忌祭祀相关的“宗庙”“皇祧”“社稷”，与皇帝崩逝之后与庙、陵相关的“庙号”“陵号”，作为皇帝别称的“至尊”“陛下”，法规与文章中婉转指称皇帝的“乘舆”“车驾”，表示皇帝命令及其文章的“诏书”“敕旨”“明诏”“朝命”，表示皇帝恩德、化育的“天恩”“圣化”，表示皇后住所以及作为皇后代称的“中宫”，既作为皇帝代称、又表示其所有物、动作以及官司等进呈皇帝的“御”。在唐代，这些用语通常都必须遵从平阙式。

五、其次从④b、d的平阙用语出发，结合史料检讨与皇家（皇帝及其家族）相关的事项，由此考察唐代皇家的范围。

唐代“皇帝”“天子”这两个称谓是对照性使用的，这可见于皇帝八宝的记载。本文比较《唐律疏议》卷二五与《唐六典》卷八，进而上溯至《隋书》卷一二，考察其关联性（参考表2）。其结论是，《唐律疏议》较好地保存了关于皇帝八宝的令文，而《唐六典》则有较多的字句修改，与令文原型大有差别。与此相对，《隋书》所引隋令在某种程度上保留了皇帝八玺的令文。因此，可以再度确认“皇帝”号是对臣下使用的，“天子”号是对蕃夷使用的（西嶋定生之说），而且根据《独断》卷上，“天子”号与祭祀天地相关。

“太皇太后”“皇太后”“皇后”分别是皇帝的祖母、母、嫡妻在生前的称谓，合称“三后”。

“先帝”“先后”通常是指前代（已故）的皇帝及其皇后。对于皇帝而言，“皇考”“皇妣”“皇祖”“皇祖妣”分别指他已故的父母、祖父母。此外，④有“皇祖妣”，但脱漏“皇妣”，而⑤则相反，存在“〔皇〕妣”而脱漏“皇祖妣”。这大概是转抄之间产生的错误吧。此外，“皇祖”除了表示皇帝的祖父外，还有远祖、始祖的意思。在唐代，皇室经常以老子作为自己的远祖。

“唐平阙式”不存在与②“太上天皇”相对应的“太上皇”。在唐史中，太上皇有四例，它们无论如何都是特例，以皇帝为中心的政治才是本来的面貌。

以上各种称谓再加上“皇太子”，这就显示了理念性的唐代皇家的范围，即以皇帝位中心，限于祖父母、父母、皇后、皇太子的父系直系四代亲属，如此狭窄，令人意外（参考图2）。如果换一立场来看，这也显示出所有权力、权威都集中到了皇帝身上（实际上，存在着兄弟之间的帝位继承，所以包含旁系亲属）。

六、从对《令义解》《令集解》公式令平出条的检讨出发，可以推测

《永徽令》中存在“皇祖、皇祖妣者，曾、高同”这句话（注文?）。其后任何阶段都删掉了这一句，也未见于开元时期。

为了解决《古记》所含两个问答中存在的矛盾，笔者推测“问，皇祖考、皇考、皇妣……”的“皇祖考”很可能是“皇祖”之误。因此复原《大宝令》平出条时，与既往观点不同，笔者认为“皇祖考”应予删除(其结论体现在前列表1)。

其次，“皇祖”“皇祖妣”“皇考”“皇妣”四者指的是皇帝、天皇的已故祖父母、父母，无需特别限于未即帝位、没有夫人以上之位者。关于“先帝”，《古记》是指此前各位先帝，而在唐代一般是指前一代的皇帝。

与①、②“天皇谥”相对应的“皇帝谥”未见于唐③、④、⑤和宋⑥。对此，笔者认为它存在于《永徽令》，此后被删除，未见于开元时期。其原因可能是，唐初的谥号很短，所以用谥号称呼已故皇帝，高宗以后，尤其是玄宗朝的追尊与加尊，使得谥号屡屡发生变化，文字增加，因此实际上谥号很难被用作称呼了。

与日本史料的使用相关，笔者指出，既往研究［黄正建 1995］对《令集解》卷三四公式令平出条《令释》的解释有误，难以赞同黄氏所持国忌日与平阙式之间存在特别紧密的关联性的观点。

以上逐一列出本文的检讨结论，但笔者也遇到了一个疑问。在④的平阙式中，a 主要是与国家祭祀和道教相关的用语，b、d 是与皇帝相关的各种称谓和皇家的称谓。e、f 是不阙式，所以本来不是阙字的对象。在皇帝之外，是否存在着其他表示国家权威、威信的用语?

抱着对此问题的关心，重新检视表 1，首先注意到④47“社稷”（③24、⑤43、⑥4 亦同)。社稷是五土之神与田正，在古代，天子在宫殿右边的社稷和左边的宗庙里进行祭祀。而且“社稷”一词也被用于表示国家。但④46“宗庙”、47“社稷”都表示祭祀场所，所以此处并无国家的意思。

接下来是⑤b56“国家”，这是未见于①~④、⑥的用语，真的与国家同义吗?在前近代中国，国家一词有多种含义，表示国家（country)、天子、诸侯之国与卿大夫之家、现在的朝廷、国都等。在⑤b 中，55“阙廷”、56“国家”之后，隔着一定距离的是 68“朝廷”。但在③b 中，则是 40“阙廷”、41“朝廷”(在②b 中是 28、29) 并列。因此，⑤b“国家”与今日所言的国家不同，是指作为皇帝居住、处理政务之所的宫廷、朝廷。[①]

结论是，唐平阙式所维护、尊重的权威是皇帝的权威，而不是国家的权威。但如此说法恐怕并不准确，皇帝制本身实际上就是一种“国家”（也可以称“王朝”）面貌的呈现，离开了皇帝权力，“国家”就无法存在。因此，皇帝不是“国家”的代表者（元首），“国家”只是皇帝进行统治表演的舞台、装置。在这个意义上说，皇帝并不是法律适用的对象。在这一“国家”中，官、吏确如文字所载的那样，作为皇帝的手足（股肱）与眼、耳、口，承担政治、军事、监察等职能，民众绝非“国家”的一员等，只不过是支配、统治的对象而已。

安史之乱（755～763）并非仅仅把唐朝逼入临近崩溃的境地，还使得秦朝以来的皇帝制度本身陷入功能不全的状态，直面解体的危机。能够解决这一危机的办法，应该是将皇帝对民众的统治方式从直接性统治转变为间接性统治。亦即大幅度调整统治机构，将其合理化，由此实现财政的健全化，其结果就是出现宋代以后强有力的皇帝统治。这应当是皇帝制度的复兴、再生。[②] 支撑这一皇帝制度再生的力量，实际上是庞大的民众。在唐朝前半期，民众除了作为支配、统治的对象，什么都不是。这样的民众为何要承担起维持压迫自己的皇帝制度的职责呢？

在此不由想起皇帝所拥有的另一个面貌。皇帝使用官、吏支配、统治民众，与此同时，他还作为天子发挥着祭祀天地的重要的宗教性功能。因此皇帝的丧失直接意味着天子的丧失，这不外乎意味着失去了天地诸神的恩宠。根据经验和传统，以农业为生活来源的大多数民众十分了解，一旦天地诸神、鬼神无法得到本应享有的、来自天子的祭祀，就会出现怎样的灾害与混乱。因此，对于安史之乱以后唐朝的复兴与皇帝制度的再生，民众都是积极地或表面上消极地予以合作。实际上，也许可以说是不得不提

① 与“国家”相关，石刻史料53“李瑱墓志”（《中国书道全集》第4卷，平凡社，1987）L7有一句“国家崇方岳之寄，/纳胤子于京师，以府君共理营宫”。“国家”尊重方岳（地方）的愿望，这个“国家”也还是朝廷的意思吧。又，本文第二节所介绍的制敕（本文［上］，第199页）中的“国家制命”，应该是表示皇帝的命令。

② 有关中国帝制时代从直接性统治到间接性统治的转换，参见冈野诚著《从中国法史学的观点来看时代区分论》，杨永良译，戴建国主编《唐宋法律史论集》，上海辞书出版社，2007，第1～8页。

供帮助。这应该就是宋代以后民众的社会地位有所提升的一个要因。

三十多年前，笔者在巴黎国立图书馆的一间屋子里亲手拿到这份《唐天宝职官表》的写本。因为在巴黎逗留的时间有限，所以在敦煌文献的调查中，优先调阅律令格式的残卷，好像是在最后一天的午后才见到这一史料。在带进图书馆的 Legal Texts 的空白部位，笔者用铅笔写下“浅褐色的纸。保存状况特别不好”。那时的工作是用原史料确认 Legal Texts 的录文，仅仅是完成订正。此后直至今日，笔者始终没有找到研究这一史料的视角与方法。本文是一份迟到的报告书。

经研究可知，在中国的秦朝到清代，[①] 在日本的奈良时代到江户时代，[②] 平阙式、平阙事例都是文书制作中常见的现象，这是一种用来研究以中国为中心的东亚诸国、各地区的历史与社会中权威的特质的有力材料。

附记：在我的论文中，本文算是长文且很复杂。之所以如此的理由，主要是有关各个平阙用语的意思，不能仅仅通过查辞典的方法来讨论，需要从史料中找出唐代（包括前后各个时期）的使用事例，从而确定或推定其含义。

因此，负责本文翻译的赵晶教授想必颇为辛劳，谨此表示衷心感谢。本文日文版发表以后，石野智大（明治大学文学部兼任讲师）和赵晶教授就笔误、转换之误等给予教示，我在这一中文版中尽可能地加以补正。一并对两位表示感谢。

冈野诚

2018 年立秋

① 本文以唐代平阙式为焦点进行讨论，因此没有对宋清之间的情况进行全面考察。岸本美绪《“中国”的抬头——明末文书书式所见国家意识的一个侧面》（《东方学》第 118 辑，2009）在研究明清平阙式、平阙事例时大有用处。同时，与本文所论唐代“国家”实在性薄弱相类似的观点，也见于岸本的论文中。

② 日本的平阙式、平阙事例，可参考饭仓晴武《古文书入门手册》（吉川弘文馆，1993）之“平出、阙字”（第 91 ~ 95 页）、佐藤进一《（新版）古文书学入门》（法政大学出版局，2003 新装版，1997 初版）第三章之四“纶旨、御教书”（第 101 ~ 118 页）。相关论文还有中川芳雄《日本阙字书写史黎明时期的诸问题》（《国语国文》第 46 卷第 4 号，1977）、佐藤博信《关于古河公方文书的札记——特别以阙字、平出、抬头为中心》（《中世东国史的综合性研究》，千叶大学大学院，2011）等。

《中国古代法律文献研究》第十二辑
2018年，第323～348页

唐判研读举隅（二）*

——以《文苑英华·判》"师学门""为政门"为例

于晓雯**

摘　要：本文是继《唐判研读举隅（一）》后，第二篇唐律研读会的研究心得。从《文苑英华》"师学门""为政门"各拣选一道判进行分析与讨论。"师学门"之"申公杜门判"典出《汉书·儒林传》，设问学识丰厚的申公在家闭门不出，吸引远方众人聚集，而遭邻人检举一事。判题牵涉鸿儒的学术地位和声望、众人寻访名师求教，以及聚众的社会安全问题，考验试判者对于相关历史典故的熟稔度，并判断群众聚集的目的为何？是否会造成治安隐忧？"为政门"之"京令问喘牛判"典出《汉书·丙吉传》，某县令效法汉相丙吉无视人民相斗却停车问喘牛的故事，被相关单位责以不理所职，妄干他事。由此考验试判者对于县令执掌，以及《唐律疏议·职制律》"受制出使辄干他事"条的理解。本篇的两道判文，都有二道以上判词，可从不同判词比较唐人在判文写作上的论证推理过程、典故引用，以及对法律的理解和判断。

关键词：唐判　唐律　文苑英华　礼法思想

---

* 本篇成果报告为台湾地区唐律研读会的研读成果之一。

** 台湾师范大学历史所博士生。

一　前言

唐代现存的判文中，保存较完整的有张鷟《龙筋凤髓判》、[①] 白居易《百道判》（又称《甲乙判》）、[②] 《文苑英华·判》以及敦煌文书 P. 3813《唐判集》残卷、[③] 《文明判集》残卷、[④] P. 2754《麟德安西判

① 相关研究成果可参霍存福《〈龙筋凤髓判〉判目破译——张鷟判词问目源自真实案例、奏章、史事考》，《吉林大学社会科学学报》1998 年第 2 期，第 19～27、94 页；刘云生《〈龙筋凤髓判〉校注辨误》，《锦阳师范高等专科学校学报》1998 年第 4 期，第 39～46 页；黄源盛《法理与文采之间——读〈龙筋凤髓判〉》，《政大法学评论》第 79 期，2004 年，第 1～52 页；《唐律与〈龙筋凤髓判〉》，收入氏著《汉唐法制与儒家传统》，元照股份有限公司，2009，第 339～381 页；刘娜《〈龙筋凤髓判〉研究》，中国古代文学硕士论文，四川师范大学文学院，2011；蒋信《张鷟及其〈龙筋凤髓判〉整理研究述略》，《锦阳师范学院学报》2003 年第 3 期，第 67～73 页；谭淑娟《隶事的变体与范式的立则——张鷟〈龙筋凤髓判〉的性质与创作分析》，《贵阳学院学报》（社会科学版）2008 年第 3 期，第 63～67 页；陈勤娜《〈龙筋凤髓判〉的版本及其演变》，《河南教育学院学报》（哲学社会科学版）2016 年第 6 期，第 93～98 页。

② 白居易《百道判》研究成果丰硕，近年来陈登武发表了系列论文：《白居易〈百道判〉试析——兼论“经义折狱”的影响》，收入柳立言主编《传统中国法律的理念与实践》，中研院历史语言研究所，2008，第 343～411 页；《再论白居易〈百道判〉——以法律推理为中心》，《台湾师大历史学报》第 45 期，2011 年，第 41～72 页；《白居易〈百道判〉中的礼教思想》，《法制史研究》第 23 期，2013 年，第 113～143 页；《唐代判词的世界——以白居易〈百道判〉为中心》，收入黄源盛主编《中国法史论衡：黄静嘉先生九秩嵩寿祝贺文集》，中国法制史学会出版，2014，第 75～111 页。另参霍存福《张鷟龙筋凤髓判与白居易甲乙判异同考》，《法制与社会发展》1997 年第 2 期，第 45～52 页；邱胜侠《白居易〈甲乙判〉研究》，法学理论法制文学专业硕士学位论文，中国政法大学，2011；李明扬《白居易〈百道判〉研究》，中国古代文学硕士学位论文，辽宁大学，2015。

③ 相关研究成果可参齐陈《读伯 3813 号〈唐判集〉札记》，《敦煌学辑刊》1996 年第 1 期，第 14～19 页。沈如泉《敦煌伯 3813 号唐判与宋代花判》，《敦煌学研究》2006 年第 1 期，第 85～91 页。陈登武《敦煌出土〈唐判集残卷〉中的法律与社会问题——兼论唐代〈判〉的传播》，《法制史研究》第 31 期（2017），第 1～30 页。

④ 相关研究成果可参张艳云《〈文明判集残卷〉探究》，《敦煌研究》2000 年第 4 期，第105～111 页。王斐弘《敦煌写本〈文明判集残卷〉研究》，《敦煌研究》2002 年第 3 期，第 32～40 页；《辉煌与印证：敦煌〈文明判集残卷〉研究》，《现代法学》2003 年第 4 期，第 64～73 页。李世进《〈文明判集残卷〉新探》，《中北大学学报》（社会科学版）第 25 卷第 6 期（2009），第 14～17 页。谭淑娟：《法制与文学的完美融合——敦煌〈文明判集残卷〉分析》，《前沿》2010 年第 10 期，第 133～135 页。

集》残卷。[①] 其中《文苑英华》收录千道唐判，其数量之多、范围之广、题材之丰富，令人注目。有学者就提出，唐代留下来大量的判文蕴含着丰富的课题，可惜长期以来没有受到学界充分的运用。[②]

目前学界在唐代判文的文学特色、语言结构、版本校刊、礼法关系都有先行研究，已勾勒出唐代判文的整体面貌。然而，唐代判文数量众多，张鷟《龙筋凤髓判》和白居易《百道判》已有丰富的研究成果，但《文苑英华》中的判文仍是一座值得挖掘的宝库，里面的每道判文都值得一道道细读，进行详细的出典考据与分析，进而进行比较和综合论述。“唐律研读会”即秉持此目标与精神，进行唐判解读。

“唐律研读会”在研读唐判时，以《文苑英华·判》（中华书局，1966）所收判文作为基本研读资料，并参照《全唐文》（中华书局，1987）作字词辩证。在判文的文字上，若为《文苑英华·判》本文之注，以〔〕标示，若《文苑英华·判》《全唐文》二者字词有异处，以（　）标示《全唐文》所载内容。

拙稿以《文苑英华·判》“师学门”之“申公杜门判”，以及“为政门”之“京令问喘牛判”试行解析。这两道判的典故分别出自《汉书·儒林传》和《汉书·丙吉传》，令人好奇的是，取材自古典的判文，应试者在回答时，应该依礼？还是依法？或者有其他的判断依据？从中可观察唐人对事物的判断与推理逻辑。

二　师学门之“申公杜门判”[③]

（一）判文

判题：

① 相关研究成果可参解梅《P.2754〈唐安西判集残卷〉研究》，《敦煌研究》2003年第5期，第89~93页；谭淑娟《从敦煌判文残卷看唐代判文体的发展》，《郑州大学学报》（哲学社会科学版）2010年第2期，第111~112页；刘子凡《法藏敦煌P.2754文书为西州都督府长史袁公瑜判集考》，《敦煌研究》2015年第5期，第72~80页；顾凌云《敦煌判文残卷中的唐代司法建议初探》，《敦煌研究》2014年第1期，第94~99页。

② 姜伯勤：《从判文看唐代市籍制的终结》，《历史研究》1990年第3期，第17页。

③ （宋）李昉等奉敕编，（宋）彭叔夏辨证，（清）劳格拾遗《文苑英华》卷五〇九《判·师学门·申公杜门判》，中华书局，1966，第2605页。

申公杜门[①]不出，聚远方众百余人。里中兴讼。

第一道判词　赵不为：[②]

儒惟教先，学乃德本。苟立诚以修业，终养中[③]而果行。[④]故道存斯贵，方类是归。无愆[⑤]自远之会，庶广克成之业。虽门人请益，既有孚[⑥]于鼎新；[⑦]而邑里无仪，却兴言于狱讼。况吟汉牍，[⑧]反复（覆）[⑨]

---

① 申公杜门，本判典故出自西汉申公在家闭门不出，弟子远从他方求教受业之典，事详《汉书·儒林传》。杜门，指闭门不出。《汉书·王陵传》："（王）陵怒，谢病免，杜门竟不朝请（颜师古注曰：杜，塞也，闭塞其门也）。"参见（汉）班固撰，（唐）颜师古注《汉书》卷八八、卷四〇，中华书局，1962，第3608、2047页。

② 关于此判的作者，《文苑英华》未列作者，《全唐文》记为赵不为，"开元时擢书判拔萃科"。参见（清）董诰等编《全唐文》卷四〇一，中华书局，1987，第4093页。

③ 养中，指保养心性。《庄子集解内篇补正·人间世》："知其不可奈何而安之若命，德之至也。（注曰：不可奈何，安之若命，即下文'托不得已以养中'也。安命即所以养中也，亦即前节之齐也，均就事心言也。心能安而养之，哀乐自不易施乎前，而心虚矣。）……且夫乘物以游心，托不得已以养中，至矣。"参见刘武撰《庄子集解内篇补正》，沈啸寰点校，中华书局，1987，第103、106页。

④ 果行，果决之意。《周易·蒙卦》："象曰：山下出泉，蒙。君子以果行育德。（注曰：'果行'者，初筮之义也。'育德'者，养正之功也。）"孔颖达疏曰："《正义》曰：君子当发此蒙道，以果决其行，告示蒙者，则'初筮之义'。'育德'谓隐默怀藏，不自彰显，以育养其德。"参见十三经注疏委员会整理《周易正义》卷一，北京大学出版社，2000，第46页。

⑤ 愆，罪过、过失之意。《旧唐书·褚遂良传》载，高宗欲废王皇后时，褚遂良曾言："皇后出自名家，先朝所娶，伏事先帝，无愆妇德。"参见（后晋）刘昫《旧唐书》卷八〇，中华书局，1975，第2739页。

⑥ 有孚，语出《易经》。《周易·需卦》："需：有孚，光亨贞吉，利涉大川。"《正义》曰："'需'者，待也。物初蒙稚，待养而成，无信即不立，所待唯信也，故云'需有孚'，言需之为体，唯有信也。"关于"孚"的解释，历来各家说法不一，谢向荣在梳理各家说法后，认为"孚"当训作"保"，"有孚"可解释为"（上天）有所保佑（于人）"。参见《周易正义》卷二，第50页；谢向荣《〈周易〉"有孚"新论》，《周易研究》2008年第2期，第35~41页。

⑦ 鼎新，更新、革新之意。《资治通鉴·后唐纪》"后唐庄宗同光二年（924）孔谦贷民钱"条记载卢质言："梁赵岩为租庸使，举贷诛敛，结怨于人。陛下革故鼎新，为人除害"，胡三省注曰："易杂卦曰：革，去故也。鼎，取新也。"参见（宋）司马光编著，（元）胡三省音注《资治通鉴》卷二七三，古籍出版社，1956，第8919页。

⑧ 汉牍，应指汉代史籍。

⑨ 《文苑英华》为"反复"，《全唐文》作"反覆"，皆指重复、再三之意。

周典。[①] 党而成聚（众），[②] 义非止于严科；[③] 问以辩之，理何妨于聚学？况杜门不出，事匪（非）干进。[④] 敦鲁服[⑤]之玄（元）风，[⑥] 指楚郊之远避；讲习典礼，[⑦] 翱翔坟素（索），[⑧] 足以激扬时俗，光阐儒门。谅旌贲[⑨]之可知，岂讼声之所及？舍而勿问，深谓（合）国章。[⑩]

第二道判词　毋婴：[⑪]

---

① 指周代的典章制度，或指《周礼》。

② 《文苑英华》为“成聚”，《全唐文》作“成众”。二者都是指众人聚集之意。

③ 指严厉的法律。《旧唐书·封伦传》载：“苞藏之状，死而后发，猥加褒赠，未正严科。”参见《旧唐书》卷八〇，第2398页。

④ 《文苑英华》为“匪”，《全唐文》作“非”。匪，非也。干进，指谋求仕进。《旧唐书·高适传》载：“天宝中，海内事干进者注意文词。适年过五十，始留意诗什。”参见《旧唐书》卷一一一，第3328页。

⑤ 鲁服，应指儒士。《艺文类聚·巧艺部》“围棊”记梁任孝恭谢示围棊启曰：“孝恭人实下愚，才归末品；効嚬丑友，学步蹇归；文业未彰，武功已坠；内愧齐竽，外羞鲁服。”参见（唐）欧阳询撰，汪绍楹校《艺文类聚》卷七四，上海古籍出版社，1999，第1274页。

⑥ 《文苑英华》为“玄”，《全唐文》作“元”。《全唐文》在清代编纂，为避康熙名讳，故改“玄”为“元”。

⑦ 此处之典礼指制度与礼仪。《旧唐书·后妃传》“顺宗庄宪皇后王氏”记礼仪使郑絪奏议：“秦、汉已来，天子之后称皇后，母称皇太后，祖母称太皇太后，崩亦如之。加‘太’字者，所以别尊称也。国朝典礼，皆依旧制。”参见《旧唐书》卷五二，第2195页。

⑧ 《文苑英华》为“坟素”，《全唐文》作“坟索”，二者皆可指古代典籍。《刘府君神道碑铭》载：“属被虏虏包祸，中原俶扰。潜心坟素，退迹村庐，乐以忘贫，安乎终养。”《晋书·甘卓传》载：“答问损益，当须博通古今，明达政体，必求诸坟索，乃堪其举。”参见《全唐文》卷五三八《刘府君神道碑铭》（裴度），第5467页；（唐）房玄龄等撰《晋书》卷七〇，中华书局，1996，第1862页。

⑨ 褒美之意。《旧唐书·于志宁传》：“开元立极，布政辨方，莫不旌贲英贤，驱除不肖。”参见《旧唐书》卷七八，第2695页。

⑩ 指国法、国家的礼仪典章。《旧唐书·敬晖传》记载中宗之诏：“晖等因兴甲兵，划除妖孽，朕录其劳效，备极宠劳。自谓勋高一时，遂欲权倾四海，擅作威福，轻侮国章，悖道弃义，莫斯之甚。”参见《旧唐书》卷九一，第2933页。

⑪ 此判的作者，《文苑英华》作“毋婴”，《全唐文》作“毋煚”。据《全唐文》作者简介，毋煚曾任右率府胄曹参军。开元时，被诏与马怀素等校正秘籍。毋婴是参与《唐六典》的编纂者，《新唐书·艺文志》：“《六典》三十卷（注曰：开元十年［722］，起居舍人陆坚被诏集贤院修《六典》，玄宗手写六条，曰理典、教典、礼典、政典、刑典、事典。张说知院，委徐坚，经岁无规制，乃命毋煚、余钦、咸廙业、孙季良、韦述参撰。始以令式象周礼六官为制。萧嵩知院，加刘郑兰、萧晟、卢若虚。张九龄知院，加陆善经。李林甫代九龄，加苑咸。二十六年［738］书成。）”参见《全唐文》卷三七三，第3790页。（宋）欧阳修、宋祁等撰《新唐书》卷五八，中华书局，1975，第1477页。

达士遵德，至人[①]荣道。金图玉简，[②]自勤邹壁之书；[③]绿绶[④]青章，不乐汉庭之贵。申公括囊坟史，[⑤]养道衡门；[⑥]洞任〔注曰：一作木〕（曹曾）之书仓，[⑦]拟曹、鲁（任永）之经苑。[⑧]知尚仁乎迹〔注曰：疑〕重，[⑨]任吾德以逾高。闻俗里（里俗）之事毕（乖），[⑩]杜兹门而不出。仲舒之帷屡（屢）下，[⑪]太丘（邱）之众

① 至人，达于美善之人。《史记·屈原贾生列传》收贾谊《鹏鸟赋》："拘士系俗兮，攌如囚拘；至人遗物兮，独与道俱。"《史记索隐》："庄子云：'古之至人先存诸己，后存诸人。'张机云：'体尽于圣，德美之极，谓之至人。'"参见（汉）司马迁《史记》卷八四，中华书局，1959，第2500页。

② 金图，即图箓，古时统治者视为上天的策命。《陈书·徐陵传》："我大梁应金图而有亢，纂玉镜而犹屯。"玉简，玉质的简札，可指道家的符箓，或帝王封禅使用的文书。《唐会要》卷七补《封禅》："今请玉牒长一尺三寸，广厚各五寸；玉简厚二寸，长短阔狭，一如玉牒。"参见（隋）姚察、（唐）魏徵、姚思廉合撰《陈书》卷二六，中华书局，1972，第326页；（宋）王溥：《唐会要》，中华书局，1990，第82页。

③ 邹，鲁县，邹壁之书或指古文经，或指儒家经典。《汉书·楚元王传·刘歆》："鲁恭王坏孔子宅，欲以为宫，而得古文于坏壁之中，逸礼有三十九，书十六篇。天汉之后，孔安国献之，遭巫蛊仓卒之难，未及施行。及春秋左氏丘明所修，皆古文旧书，多者二十余通，臧于秘府，伏而未发。"参见《汉书》卷三六，第1969页。

④ 汉代诸侯国之丞相（相国）的身份象征。《汉书·百官公卿表》："相国、丞相，皆秦官，金印紫绶，掌丞天子助理万机。秦有左右，高帝即位，置一丞相，十一年更名相国，绿绶。"参见《汉书》卷一九上，第742页；《后汉书·舆服志》："诸国贵人、相国皆绿绶，三采，绿紫绀，淳绿圭，长二丈一尺，二百四十首。"参见（南朝宋）范晔《后汉书》卷三〇，中华书局，1959，第3674页。

⑤ 指典籍史书。《新唐书·文艺传》"刘宪"："时玄宗在东宫，雅意坟史"。参见《新唐书》卷二〇二，第1477页。

⑥ 衡门，贫者之居所。《汉书·韦贤传附子玄成》："玄成友人侍郎章亦上疏言：'圣王贵以礼让为国，宜优养玄成，勿枉其志，使得自安衡门之下。'"（颜师古注曰：衡门，谓横一木于门上，贫者之所居也。）参见《汉书》卷七三，第3109页。

⑦ 此句《文苑英华》作"洞任（注曰：一作木）之书仓"，《全唐文》作"洞曹曾之书仓"。

⑧ 《文苑英华》作"曹、鲁"，《全唐文》作"任永"。

⑨ 《文苑英华》作"知尚仁乎迹（注曰：疑）重"，《全唐文》作"知尚仁乎迹重"。

⑩ 《文苑英华》作"闻俗里之事毕"，《全唐文》作"闻里俗之事乖"。"俗里""里俗"皆指乡里风俗。此处说明因听闻乡里风俗而闭门不出，"闻俗里之事毕""闻里俗之事乖"皆可解。

⑪ 仲舒，指董仲舒。《汉书·董仲舒传》："董仲舒，广川人也。少治春秋，孝景时为博士。下帷讲诵，（颜师古注曰：言新学者但就其旧弟子受业，不必亲见仲舒。）弟子传以久次相授业，或莫见其面。盖三年不窥园，其精如此。进退容止，非礼不行，学士皆师尊之。"参见《汉书》卷五六，第2495页。关于董仲舒与两汉春秋折狱之研究，详参黄源盛《汉唐法制与儒家传统》。

增多。[①] 适光阐于邦儒，遽辞兴〔一作何必阙〕[②] 于里讼。况诗宗[③]传府，马、郑之徒；[④] 鸿儒硕生，游、夏之党。[⑤] 周人纪律，不睹于前科。郑国铸书，[⑥] 未彰乎旧法。庶惟先托（哲），[⑦] 谓合通方。

（二）内容解析

本文判题出自《汉书·儒林传》：

① 此句《文苑英华》作“太丘之众增多”，《全唐文》作“太邱之众增多”。东汉陈寔曾任太丘长，史籍中较长出现“太丘”一词。《后汉书·荀韩钟陈列传》：“及后逮捕党人，事亦连寔。余人多逃避求免，寔曰：‘吾不就狱，众无所恃。’乃请囚焉。遇赦得出……时三公每缺，议者归之，累见征命，遂不起，闭门悬车，栖遲养老。（灵帝）中平四年（187），年八十四，卒于家。何进遣使吊祭，海内赴者三万余人，制衰麻者以百数。共刊石立碑，谥为文范先生。”《三国志·魏书·桓二陈徐卫卢传》：“陈群字长文，颍川许昌也。祖父寔，父纪，叔父谌，皆有盛名。（注曰：寔字仲弓、纪字符方，谌字季方。魏书曰：寔德冠当时，纪、谌并名重于世。寔为太丘长，遭党锢，隐居荆山，远近宗师之。灵帝崩，何进辅政，引用天下名士，征寔，欲以为参军，以老病，遂不屈节，谌为司空掾，早卒。纪历位平原相、侍中、大鸿胪，著书数十篇，世谓之陈子。寔之亡也，司空荀爽、太仆令韩融并制缌麻，执子孙礼。四方至者车数千乘，自太原郭泰等无不造门。）”参见《后汉书》卷六二，第 2066 ~ 2067 页。（晋）陈寿撰，（南朝宋）裴松之注《三国志·魏书》卷二二，中华书局，1959，第 633 页。

② 此句《文苑英华》作“遽辞兴〔一作何必阙〕于里讼”，《全唐文》作“遽辞兴于里讼”。

③ 诗宗，指精于《诗经》而为人推崇者。《汉书·儒林传》：“博士江公世为鲁诗宗。（颜师古注曰：为鲁诗者所宗师也。）”《四库全书总目提要·经部》评《毛诗正义》，“注诗宗毛为主。毛义若隐略，则更表明。如有不同，即下己意，使可识别。”参见《汉书》卷八八，第 3610 页。（清）永瑢等编撰《四库全书总目提要》卷一五，商务印书馆，1933，第 293 ~ 294 页。

④ 马、郑，指东汉马融与郑玄之合称，二人皆为经学大师。《容斋随笔·四笔》卷二《诸家经学兴废》：“《尚书》自汉文帝时伏生得二十九篇，其后为大小夏侯之学。古文者，武帝时出于孔壁，凡五十九篇，诏孔安国作传，遭巫蛊事，不获以闻，遂不列于学官，其本殆绝，是以马、郑、杜预之徒皆谓之逸书。王肃尝为注解，至晋元帝时，孔传始出，而亡《舜典》一篇，乃取肃所注《尧典》，分以续之，学徒遂盛。及唐以来，马、郑、王注遂废，今以孔氏为正云。”参见（宋）洪迈著《容斋随笔·四笔》，上海古籍出版社，1978，第 627 ~ 628 页。

⑤ 游夏，指孔子之徒子游与子夏，二者皆长于文学。张说，《齐黄门侍郎卢思道碑》：“昔仲尼之后，世载文学，鲁有游夏，楚有屈宋，汉兴有贾马王扬，后汉有班张崔蔡。”参见（唐）张说撰《张燕公文集》卷二〇，清乾隆敕刻武英殿聚珍本，第 2 页。

⑥ 指郑国子产铸刑书之事。详见《左传·昭公传六年》：“三月，郑人铸刑书。”参见十三经注疏整理委员会：《春秋左传正义》卷四三，北京大学出版社，2002，第 1411 ~ 1416 页。

⑦ 《文苑英华》作“庶惟先托”，《全唐文》作“庶惟先哲”。“先托”指先前之托付，“先哲”可指此判词中提到的申公、董仲舒、陈寔等人，故“先哲”似比“先托”在语意上更接近判文之意。

申公，鲁人也。少与楚元王交俱事齐人浮丘伯受诗……元王薨，郢嗣立为楚王，令申公傅太子戊。戊不好学，病申公。及戊立为王，胥靡申公。申公愧之，归鲁退居家教，终身不出门。复谢宾客，（颜师古曰：身即不出门，非受业弟子，其它宾客来者又谢遣之，不与相见也。）独王命召之乃往。弟子自远方至受业者千余人，申公独以诗经为训故以教，亡传，疑者则阙弗传。[①]

申公少时曾与楚元王于齐人浮丘伯处学诗。楚元王死后，郢继位为楚王，命申公为太子傅，然太子不好学。后太子戊继位，申公上谏王戊失德之行，遭“胥靡”之刑，[②] 后返家归鲁，终身不出门，亦谢绝宾客。申公学问崇高，吸引了远方受业者千余人。申公弟子人才济济，《汉书·儒林传》载：

弟子为博士十余人，孔安国至临淮太守，周霸胶西内史，夏宽城阳内史，砀鲁赐东海太守，兰陵缪生长沙内史，徐偃胶西中尉，邹人阙门庆忌胶东内史，其治官民皆有廉节称。其学官弟子行虽不备，而至于大夫、郎、掌故以百数。申公卒以诗、春秋授，而瑕丘江公尽能传之，徒众最盛。及鲁许生、免中徐公，皆守学教授。[③]

申公长于《诗经》，[④] 弟子亦不乏鼎鼎有名的孔安国、周霸、夏宽城等人，皆留名青史，其余弟子任大夫、郎、掌故者亦至百人。本判题以申公闭门谢客，许多人慕名前来一事为引，设想在这样的情况下，可能发生的社会问题，如众人聚集造成的吵杂脏乱甚至隐藏治安隐忧等，引发邻里的不满，进而提出诉讼。

本判的两位作者：赵不为，《全唐文》记“开元时擢书判拔萃科。”毋

① 《汉书》卷八八，第3608页。

② 事详见《汉书·楚元王传》。参见《汉书》卷三六，第1924页。

③ 《汉书》卷八八，第3608页。

④ 《汉书·楚元王传》：“文帝时，闻申公为诗最精，以为博士。元王好诗，诸子皆读诗，申公始为诗传，号鲁诗。（颜师古注曰：凡言传者，谓为之解说，若今诗毛氏传也。）”参见《汉书》卷三六，第1922页。

婴曾参与《唐六典》编纂。二位作者皆为开元时人，尤其毋婴的经历令人注目。

本判当中，《文苑英华》和《全唐文》有部分字词有所出入，然大部分属于通同字、异体字、避讳，或者是可互训的情况。比较值得注意的是第二道判词中，有两处差异比较大的地方："洞任〔一作木〕（曹曾）之书仓，拟曹、鲁（任永）之经苑"。此句《文苑英华》作"洞任（一作木）之书仓"，《全唐文》作"洞曹曾之书仓"。"洞任""洞木"二词难解，"曹曾"，《后汉书·儒林列传》："济阴曹曾字伯山，从歙受尚书，门徒三千人，位至谏议大夫。子祉，河南尹，传父业教授。"[①]《太平御览》卷一九〇《居处部》："王子年《拾遗记》曰：'曹曾，遇世乱，家家焚庐。曾畜书万卷，虑其先文湮没，乃积石如仓廪，以藏书。世谓：曹家书仓焉'"。[②]此处笔者暂从《全唐文》"曹曾"解。"拟曹、鲁（任永）之经苑"，《文苑英华》作"曹、鲁"，《全唐文》作"任永"。曹、鲁，或指孔子之徒子贡的典故。《史记·货殖列传》："子赣既学于仲尼，退而仕于卫，废着鬻财于曹、鲁之闲，七十子之徒，赐最为饶益。"[③]任永，汉人。《华阳国志校补图注》卷一〇《广汉士女》载："任永，字君业，僰道人也。长历数。王莽时托青盲。公孙述时累征，不诣。子溺井中死，见而不言。妻淫于前，面而不怪。述平，乃曰：'世适平，目即清。'妻自煞。光武征之，以年老不诣，卒。"另《华阳国志》卷五《公孙述刘二牧志》："费贻、任永（君业）、冯信等闭门素隐，公交车特征。"[④]任永闭门隐居，可和本判申公杜门不出相呼应处，今暂从《全唐文》，取"任永"之典。

在第一道判词中，作者在开头以"儒惟教先，学乃德本""立诚修业"赞扬儒家价值，也揭示了此判的立场。在文辞的使用上，处处呼应判题的典故，如"自远之会"，即指慕名来而的远方众；"门人请益"，则回应

① 《后汉书》，第2556页。

② （宋）李昉等编《太平御览》，台北，台湾商务印书馆，1975，第1049页。

③ 《史记》卷一二九，第3258页。

④ （晋）常璩撰；任乃强校注《华阳国志》，上海古籍出版社，1987，第583、337页。

《汉书·儒林传》中，申公只接见受业弟子一事。[①]“鲁服”，除借指儒士，本题中又指身为鲁人的申公；至于“楚郊之远避”，则是申公谢辞楚王一事。作者用了相当多的典籍名称，如“汉牍”“周典”“典礼”“坟素”等语，表达申公对于学问的追求与钻研。除了推崇申公的学术以外，对于远方众上门求教一事，作者认为就积极面而言，有激励社会、提升社会风气的作用。此外，作者还指出，申公杜门不出，并非是以退为进，借此炒作名声，进而吸引朝中人注意而获取官职。所以，针对里中兴讼一事，作者评论“邑里无仪，却兴言于狱讼”，“党而成聚，义非止于严科；问以辩之，理何妨于聚学？”作者站在儒家的角度，认为无须理会里民的抗议。

第二道判词中，作者先以“达士”“至人”的美名称颂申公，“金图玉册，自勤邹壁之书；绿绶青章，不乐汉庭之贵”，指申公曾位高至太子傅，并辅佐楚王，但不慕荣华富贵，只醉心于学问中。此处的“邹壁之书”，除泛指儒家经典外，又可指申公在罢官归鲁后，于家中钻研学问。作者在回答本判时，用了相当多的典故，呼应申公的事迹。以“曹仓”遇战乱而保存图书、发展学术，“董仲舒”治春秋经、曾任景帝博士，“下帷讲诵”等事，呼应申公的生平。[②]“陈寔”闭门悬车，死后有万人吊唁，与申公相呼应。此外，作者又用“诗宗”与“马、郑之徒”点出申公长于《诗》与儒家经典，而“游、夏之党”，不仅指出申公长于文学，其弟子亦如子游、子夏般杰出。至于作者对于乡里兴讼的看法，从“闻俗里之事毕，杜兹门而不出”、“适光阐于邦儒，遽辞兴于里讼”等句，可看出作者并不认为乡里的诉讼具有正当性。

两位作者对于此判的看法，都是从儒家的立场出发，支持申公，各自亦引用相关事例回答。比较特别的是，两位作者不约而同使用了道家色彩的用词，如“养中”“至人”等。当儒家知识分子也运用道家意涵的字句

① 汉代的私家讲学，其师生关系大约可分为两类：一是真正及门受业的学生，或谓及门弟子；二是学生未亲自前来受业，或者是短期受业而录名于门生之列，或谓著录弟子。参见高明士《唐代私学的发展》，《国立台湾大学文史哲学报》第 20 期，1971 年，第 222 页。

② 据《汉书·楚元王传》：“元王立二十三年薨，太子辟非先卒，文帝乃以宗正上邳侯郢客嗣，是为夷王。申公为博士，失官，随郢客归，复以为中大夫。”参见《汉书》卷三六，第 1923 页。

时，让人推想，当时饱读儒家经典的知识分子也接触道家典籍，而且在考试场合中使用道家典故并不是个禁忌。[①]

（三）法礼问题

唐代的判文，常会假设两难之情境，考验试判者对于维护礼教和法律秩序的看法。[②] 探究判文背后的法礼冲突、融合，可以从中观察唐人对于相似事件的意识形态为何，进而理解唐人的思想世界。在本道判题中，申公的作为并没有明显违背礼、法之处，尤其法律似乎没有明文禁止“聚徒教授”，也没有对“聚徒教授”的人数进行限制，那么试判者是依据何种根据进行是非判断？回头看第一道判词，应试者的评论是：“党而成聚，义非止于严科；问以辩之，理何妨于聚学？”此处提到“义”“理”，是唐律在礼、法之外的第三法源，[③] 可见即使非关礼法，唐人在判断案件时，仍有一套逻辑可供依循。

本判的症结点，或许可以聚焦于“聚众”这一行为可能引发的社会安全问题，以及带给邻里的威胁感与不安全感。若要理解本道判词的核心思想，可以从相关实例中做进一步的探讨。

（四）实例探讨

出题者以“聚远方众”，论述申公为邻里所讼之因，本道判题的关键即在此。首先，何谓“众”？在唐律的规定中，三人以上就称为“众”。[④] 检索史籍，关于“聚众”的描述，很多都是地方起事前或破坏治安的象

---

① 唐代帝王追封老子为李姓始祖，玄宗时期推崇道教，曾命士庶收藏《老子》一本、贡举人加《老子》策，更于两京诸州置庙并崇玄学，置生徒，令习《老子》《庄子》《列子》《文子》，每年准明经例考试。此外，宫内道士的人数也增加，天下的道教宫观数量更达到高峰。官方的对于道教的提倡，进而影响了士人的思想。参见葛兆光《中国思想史》第2卷，复旦大学出版社，2001，第22～24页。

② 陈登武：《再论白居易〈百道判〉——以法律推理为中心》，《台湾师大历史学报》第45期，2011年，第43页。

③ 详参高明士《唐律中的“理”——断罪的第三法源》，《台湾师大历史学报》第45期，2011年，第1～40页。

④ （唐）长孙无忌等：《唐律疏议》，弘文馆出版，1986，“称日年及众谋”条（总55条）。

征，《旧唐书·杜伏威传》：

> 杜伏威，齐州章丘人也。少落拓，不治产业，家贫无以自给，每穿窬为盗。与辅公祏为刎颈之交。公祏姑家以牧羊为业，公祏数攘羊以馈之，姑有憾焉，因发其盗事。郡县捕之急，伏威与公祏遂俱亡命，聚众为群盗，时年十六。常营护诸盗，出则居前，入则殿后，故其党咸服之，共推为主。①

杜伏威因家贫而为盗，杜与辅公祏两人交好，后因犯罪事发逃亡，聚众为群盗，势力也更加庞大，甚至出入都有他人簇拥前进，更成为盗贼首领。

《旧唐书·关播传》：

> 德宗登极，湖南山洞中有王国良者，聚众为盗，令播往宣抚之。②

有王国良者在湖南山洞中聚众为盗，德宗登基时，令关播前去招抚宣慰。

《隋书·李密传》：

> （王）仲伯潜归天水，（李）密诣淮阳，舍于村中，变姓名称刘智远，聚徒教授。经数月，密郁郁不得志……时人有怪之者，以告太守赵他。县捕之，密乃亡去。③

李密曾易名躲在淮阳，并“聚徒教授”，后因行径惹人注目，被人告至太守处，遂事发逃亡。从上述记载中，关于聚众的标准，从数百人到数千都可视为“众”。聚众为盗者，虽未说明人数，但其带来的危害，就不仅只是在人数聚集上的数值标准，而是着重在对治安危害。以杜伏威的例子而言，原本只是乡里的窃贼，但聚众之后，就成了犯罪集团的首脑。德宗命关播招抚王国良，可见王在湖南山洞中的势力之大。而李密的“聚徒教

① 《旧唐书》卷五六，第 2266～2267 页。

② 《旧唐书》卷一三〇，第 3627～3628 页。

③ 《隋书》卷七〇，第 1626～1627 页。

授”也只是躲避追捕的一个障眼法。以上所列举者，乃是关于史籍中关于“聚众”者的描述，实际案例中，有贵戚聚众反、官员聚众反、军人聚众反、宗教分子聚众反等。在上面列举的破坏治安的“聚众”之外，史籍中另记载了一些当事人本身并无犯法，但因聚众行径引起统治者注意甚至警惕的例子：

《太平广记》卷六二《女仙》“紫云观女道士”条引《纪闻》：

唐开元二十四年（736）春二月，驾在东京，以李适之为河南尹。其日大风，有女冠乘风而至玉贞观，集于钟楼。人观者如堵，以闻于尹。尹率略人也，怒其聚众，袒而笞之。至十，而乘风者既不哀祈，亦无伤损，颜色不变。于是适之大骇，方礼请奏闻。敕召入内殿，访其故，乃蒲州紫云观女道士也。辟谷久轻身，因风遂飞至此。玄宗大加敬畏，锡金帛，送还蒲州。数年后，又因大风，遂飞去不返。[①]

《朝野佥载》卷一：

如意年中，洛州人赵玄景病卒，五日而苏。云：见一僧与一木长尺余。教曰：人有病者，汝以此木拄之即愈。玄景得见机上尺，乃是僧所与者，试将疗病，拄之立差。门庭每日数百人，御史马知己以其聚众，追之禁左台，病者满于台门。则天闻之，召入内。宫人病，拄之即愈。放出，任救病百姓。数月以后，得钱七百余贯，后渐无验，遂绝。[②]

“紫云观女道士”“赵玄景”为能人异士，本身因修习道术，或因特殊经历可替人治病而吸引群众。他们因行径与常人不同，特别受到注意，甚至引来众多的跟随者，引起官府警惕。紫云观女道士就被河南尹李适之“怒其聚众，袒而笞之”，赵玄景则是因御史马知己以其聚众，“追之禁左台”。虽然在上述两个例子中，当事人都因其异能最后被放出，进而受到

① （宋）李昉等编《太平广记》，中华书局，1995，第389页。
② （唐）张鷟：《朝野佥载》，赵守俨点校，第3页。

统治者召见，但他们在一开始“聚众”时，就被官员处罚或追捕监禁，显示在一般官员的眼中，这类“聚众”的行为的确造成了官员的不安。尤其，聚集的群众若是受到有心人士的煽动，很容易生出事端、引起社会动荡，严重者，甚至会危及政权的安定性，故“聚众”这行为，皆不为统治者所喜。

本案中令人好奇的是，如果只是单纯的“聚众”行为，邻里的诉讼是否会遭来多管闲事的骂名？唐代在基层社会实行伍保制，伍保制有查核户籍、纠告逐补盗贼等警政类功能，并肩负维持基层治安与公共秩序的责任。考虑到唐代一直有逃人问题，这些宾客多是从远方来的各路人马，组成分子或许并不单纯，在众人当中，是否混入逃避官府追缉的逃犯？或他处逃人？难以确定，邻人为了自保，故通报官府，遂有“里中兴讼”一事。学者指出，唐代判文中常出现邻人告言事，邻人应包括犯者同伍保内的四邻，如果邻人对于伍保内有危害治安之事而不闻问，会因“知而不纠”被惩处。了解唐代的伍保制后，对于判文中常出现的“邻人告”，将有更深层的体会。[①] 故本道判题中的“里中兴讼”，一方面是邻人无法确切判断聚众之徒的目的，源自社会安全的隐忧而提告；另一方面是因伍保制的连坐处分压力而提告。

本道判题虽然出自史书，实际隐含着社会治安问题以及伍保制的连坐处分责任。两位作者皆站在儒家立场，正面评价申公的人品与学术声望，也赞扬慕名而来的求教者，肯定他们对于学问的追求之心以及提升社会风气的作用。因此，作者不认为聚集的群众怀有非法目的。

三　为政门之“京令问喘牛判”[②]

（一）判文

判题：

① 关于唐代伍保的渊源、组织与分工，详参罗彤华《唐代的伍保制》，《新史学》第8卷第3期（1997），第1~42页。

② 《文苑英华》卷五三三，第2727页。

京县宰[①]冬日退朝，逢相害者，至死初不屑，怀委而不问。俄见行牛喘，停车寻诘，久而方去。所司以为：不理所职，妄干他事。

第一道判词　李师旦：[②]

二京[③]分邑，墨绶[④]居官；三揖[⑤]通班，[⑥] 黄图[⑦]作宰，自可遥（远）闻善政，[⑧] 广树嘉猷。江陵叩头，止风有验；[⑨] 洛阳强项，据地无从。[⑩] 何

---

① 即县令。《旧唐书·玄宗本纪》：“（开元七年，719）秋七月丙辰，制以亢阳日久，上亲录囚徒，多所原免。诸州委州牧、县宰量事处置。”参见《旧唐书》卷八，第180页。

② 《文苑英华》作者不明，《全唐文》作者为李师旦。据《全唐文》的作者介绍，李师旦为新丰人，官会稽尉。参见《全唐文》卷二六〇，第2640页。关于李师旦的记载，两唐书无传，《太平广记·嗤鄙》“李师旦”条引《御史台记》记载李师旦曾在“国忌日废务，饮酒唱歌杖人，为吏所讼”，而被御史苏味道调查一事。参见《太平广记》卷二五九，第2018页。

③ 二京，指长安与洛阳。

④ 绑在印纽上黑色丝带，此指县令一职。《汉官六种·汉官仪》卷下：“孝武皇帝元狩四年（前119），令通官印方寸大小，官印五分。王、公、侯金，二千石银，千石以下铜印。千石至三百石铜印。秩六百石，铜章墨绶。”参见（清）孙星衍等辑《汉官六种》，周天游点校，中华书局，1990，第188页。《资治通鉴·汉纪》“孝顺皇帝汉安元年（142）丁卯”条：“郭遵、刘班分行州郡，表贤良，显忠勤；其贪污有罪者，刺史、二千石驿马上之，墨绶以下便辄收举。（胡三省注曰：墨绶，县令、长也。）”参见《资治通鉴》卷五二，第1693页。

⑤ 揖即揖礼，指卿、大夫、士，以其皆为君所揖之礼。《周礼·夏官》：“孤卿特揖，大夫以其等旅揖，士旁三揖。”郑司农曰：“卿大夫士，皆君之所揖。礼、春秋传所谓三揖在下。”参见十三经注疏委员会整理《周礼注疏》卷三一，北京大学出版社，2000，第959~960页。《隋书·音乐志》记载齐元会大典时，王公奠璧之辞：“万方咸暨，三揖以申。”参见《隋书》卷一四，第326页。

⑥ 通班，通于朝班。《唐会要·御史台》引德宗贞元十二年（796）窦群奏：“臣伏见诸司官，或位列通班，职居要剧。”参见《唐会要》六〇，第1053页。

⑦ 黄图，应指《三辅黄图》，为古代的地理书籍，记长安古迹。《隋书·经籍志》：“黄图一卷。（注曰：记三辅宫观陵庙明堂辟雍郊畤等事。）”此处的黄图应借指京都、畿辅。参见《隋书》卷三三，第982页。

⑧ 此句《文苑英华》作“自可遥闻善政”，《全唐文》作“自可远闻善政”。

⑨ 指东汉刘昆事迹。《后汉书·儒林传》：“建武五年（公元29年），举孝廉，不行，遂逃，教授于江陵。光武闻之，即除为江陵令。时县连年火灾，昆辄向火叩头，多能降雨止风。”参见《后汉书》卷七九，第2550页。

⑩ 强项，不低屈之意。此处指东汉董宣之事迹。《后汉书·酷吏传》：“后特征为洛阳令。时湖阳公主苍头白日杀人，因匿主家，吏不能得。及主出行，而以奴骖乘，宣于夏门亭候之，乃驻车叩马，以刀画地，大言数主之失，叱奴下车，因格杀之。主即还宫诉帝，帝大怒，召宣，欲棰杀之……宣曰：‘陛下圣德中兴，而纵奴杀良人，将何以理天下乎？臣不须棰，请得自杀。’即以头击楹，流血被面。帝令小黄门持之，使宣叩头谢主，宣不从，强使顿之，宣两手据地，终不肯俯……因敕强项令出。”另《后汉书·杨震传》记载灵帝曾对杨震之孙杨奇曰：“卿强项，真杨震子孙。（李贤注曰：强项，言不低屈也，光武谓董宣为‘强项令’也。）”参见《后汉书》卷七七、卷八〇，第2489~2490、1768页。

得道乏良规，人余恶少。翳桑墙下，不见童子怀仁；[①] 垂杨路傍，唯闻暴客[②]相杀。一朝之忿，爰挥白刃；百年之命，遽掩黄泉。县宰既不开口，死者固难瞑目。人虽进路，事属退朝。忽此逢牛，翻能驻马，群非向楚，讵是因风？[③] 气似还吴，犹疑见月。[④] 但以时流爰〔一作冬〕（冬）景，[⑤] 寒结层冰，自有惨切之容，元无温燠之候。六畜行观致喘，四时坐见失宜，此乃丞相及言，何烦邑宰垂诘？[⑥] 操刀[⑦]之术罕明，代斫[⑧]（断）之嗤难免。忧喘不忧杀，正是越司；问牛不问人，岂非离局[⑨]？

---

① 此指东汉鲁恭事迹。《后汉书·鲁恭传》："（东汉章帝）建初七年（公元82年），郡国螟伤稼，犬牙缘界，不入中牟。河南尹袁安闻之，疑其不实，使仁恕掾肥亲往廉之。（鲁）恭随行阡陌，俱坐桑下，有雉过，止其傍。傍有童儿，亲曰：'儿何不捕之？'儿言'雉方将雏'。亲瞿然而起，与恭诀曰：'所以来者，欲察君之政迹耳。今虫不犯境，此一异也；化及鸟兽，此二异也；竖子有仁心，此三异也。久留，徒扰贤者耳。'还府，具以状白安，是岁，嘉禾生恭便坐廷中。"参见《后汉书》卷二五，第874～875。

② 暴客，指盗贼。《汉书·王莽传》："重门击柝，以待暴客。（颜师古注曰：暴客，谓奸暴之人来为寇害者也。）"参见《汉书》卷九九，第4116页。

③ "风马牛不相及"，指事物彼此间毫不相关。《左传·僖公四年》："春，齐侯以诸侯之师侵蔡。蔡溃，遂伐楚。楚子使与师言曰：'君处北海，寡人处南海，唯是风马牛不相及也，不虞君之涉吾地也？'"参见《春秋左传正义》卷一二，第376页。

④ 指"吴牛喘月"之典故。《风俗通义》："吴牛望月则喘，彼之苦于日。见月，怖，亦喘之矣。"《世说新语·言语》："满奋畏风。在晋武帝坐，北窗作琉璃屏，实密似疏，奋有难色。帝笑之。奋答曰：'臣犹吴牛，见月而喘。'（注曰：今之水牛，唯生江淮间，故谓之吴牛也。南土多暑，而此牛畏热，见月疑是日，所以见月则喘。）"参见（清）严可均校辑《全上古三代秦汉三国六朝文·全后汉文》卷三七，中华书局，1991，第679页；（南朝宋）刘义庆著，（南朝梁）刘孝标注，余嘉锡笺疏，周祖谟等整理《世说新语笺疏》卷上之上，华正书局，1984，第82页。

⑤ 此句《文苑英华》作"但以时流爰〔一作冬〕景"，《全唐文》作"但以时流冬景"。

⑥ 事详《汉书·丙吉传》，第3147页。

⑦ 操刀，喻为官者之执掌。《左传·襄公三十一年》："子产曰：'今吾子爱人则以政，犹未能操刀而使割也，其伤实多。子之爱人，伤之而已，其谁敢求爱于子？……子有美锦，不使人学制焉。大官大邑，身之所庇也，而使学者制焉。其为美锦，不亦多乎？"参见《春秋左传正义》卷四〇，第1303页。《遂州长江县先圣孔子庙堂碑》："自操刀入仕，闻鲁邑之弦声。解剑分司，察丰城之宝气。"参见《文苑英华》卷八四五《遂州长江县先圣孔子庙堂碑》（杨炯），第4460页。

⑧ 此句《文苑英华》作"代斫之嗤难免"，《全唐文》作"代断之嗤难免"。"代断"一词难解，代斫指代替别人做自己难以胜任之事。《老子·德经》"七十四章"："常有司杀者杀，夫代司杀者杀，是谓代大匠斫。夫代大匠斫者，稀有不伤其手。"参见朱谦之《老子校释》，中华书局，1984，第290页。《东林寺碑》："重建雅颂，远托郦夫。代斫有惭，岂云伤手。"参见《全唐文》卷二六四《东林寺碑》（李邕），第2677页。

⑨ 离局，指远离自己的部属、职守。《左传·成公传十六年》："且侵官，冒也；失官，慢也，离局，奸也。（注曰：远其部曲为离局。）"参见《春秋左传正义》卷二八，第896页。

以为妄干他事，实亦雅叶本条。

第二道判词　崔融：①

奕奕②九重，③ 锵锵万国。凝旒辟纩，④ 天临布政之宫。⑤ 曳组垂绅，⑥ 日旰悬书⑦之阙。台郎⑧伏奏，箫(萧)翟初飞。⑨ 县宰退朝，王凫⑩

① 《全唐文》载："崔融字安成，齐州全节人。擢八科高第，累补宫门丞兼直崇文馆学士，累拜国子司业。神龙二年（706），预修武后实录成，封清河县子。因撰武后哀册文，用思精苦，绝笔而卒，年五十四。追赠卫州刺史，谥曰文。"崔融事迹详参《旧唐书·崔融传》。参见《全唐文》卷二一七，第 2191 页。《旧唐书》卷九四，第2996～3000 页。

② 奕奕，美胜貌。《旧唐书·音乐志》："新庙奕奕，明德配天。"参见《旧唐书》卷三一，第 1132 页。

③ 九重，天之极高处，又喻帝王所居处。《旧唐书·王世充传》中，王世充对百姓说："昔时天子深坐九重，在下事情，无由闻彻。"参见《旧唐书》卷五四，第 2232 页。

④ 旒，帝王所戴之冕上的前后悬垂的玉串。凝旒、旒纩皆可代指帝王。《旧唐书·刘洎传》："陛下降恩旨，假慈颜，凝旒以听其言，虚襟以纳其说，犹恐群下未敢对扬。"参见《旧唐书》卷七四，第 2608 页。

⑤ 指明堂，武后于洛阳建明堂。《旧唐书·礼仪志》："明堂之制……究其指要，实布政之宫也。"参见《旧唐书》卷二二，第 851 页。

⑥ 曳组，犹佩印。古代佩印用组绶，因以曳组为佩印的代称。《旧唐书·李纲传》："先令舞胡致位五品，鸣玉曳组，趋驰廊庙"。绅，指士人的衣带。参见《旧唐书》卷六二，第 2376 页。《礼记·玉藻》："凡侍于君，绅垂，足如履齐，颐溜，垂拱，视下而听上，视带以及袷，听乡任左。"孔颖达疏曰："绅垂者，绅，大带也。身直则带倚，磬倚则带垂。"参见十三经注疏委员会整理《礼记正义》卷三〇，北京大学出版社，2000，第 1062 页。

⑦ 悬书，指悬法。《通典·刑法典》："周秋官之职之三典，'正月之吉，始和布刑于邦国都鄙。乃悬刑象之法于象魏，使万人观之，浃日而敛。（注曰：正月朔日布五刑于天下，又悬书，重之。）'"参见（唐）杜佑撰《通典》卷一六三，王文锦等点校，中华书局，1988，第 4192 页。

⑧ 台郎，指尚书郎。《资治通鉴·汉纪》"孝顺皇帝阳嘉元年（132）"尚书令左雄上疏条："广陵所举孝廉徐淑，年未四十；台郎诘之。（胡三省注曰：台郎，尚书郎也。）"参见《资治通鉴》卷五一，第 1661 页。

⑨ 此句《文苑英华》作"箫翟初飞"，《全唐文》作"萧翟初飞"。

⑩ 指东汉王乔事迹。《后汉书·方术列传》："王乔者，河东人也。显宗世，为叶令。乔有神术，每月朔望，常自县诣台朝。帝怪其来数，而不见车骑，密令太史伺望之。言其临至，辄有双凫从东南飞来。于是候凫至，举罗张之，但得一只舄焉。乃诏尚方诊视，则四年中所赐尚书官属履也。每当朝时，也门下鼓不击自鸣，闻于京师。后天下玉棺于堂前，吏人推排，终不摇动。乔曰：'天帝独召我邪？'乃沐浴服饰寝其中，盖便立覆。宿昔葬于城东，土自成坟。其夕，县中牛皆流汗喘乏，而人无知者。百姓乃为立庙，号叶君祠。牧守每班录，皆先谒拜之。吏人祈祷，无不如应。若有违犯，亦立能为祟。帝乃迎取其鼓，置都亭下，略无复声焉。或云此即古仙人王子乔也。"参见《后汉书》卷八二，第 2712 页。

稍下。度金钱之广埒，[①] 过铁锁之长桥。河南帝城，是惟都会；陕西王邑，须禁推（椎）埋。[②] 何得逢暴客而不收，委僵尸[③]而无诘？征洛阳之故事，行马先知；[④] 采汉相之遗尘，停车有问。[⑤] 当其所职，曾不惧于宣风。[⑥] 越其所司，翻见忧于喘月。[⑦] 妄干他事，深谓当然，牒送所由，任依常典。

第三道判词　康廷芝：[⑧]

皇都赤县，[⑨] 帝宅仙居。万国攸归，四方是则。县令幸陶昌化，谬宰神京。[⑩]

---

① “金钱之广埒”，或指晋王济事迹。《晋书·王浑附子济传》：“（王济）性豪侈，丽服玉食。时洛京地甚贵，济买地为马埒，编钱满之，时人谓为‘金沟’。”参见《晋书》卷四二，第1206页。

② 此句《文苑英华》作“须禁推埋”，《全唐文》作“须禁椎埋”。

③ 指死尸。《旧唐书·李密传》：“翼翼京洛，强弩围城，膴膴周原，僵尸满路。”参见《旧唐书》卷五三，第2221页。

④ 行马指木头交互制成的障碍物，古代多置于官署前，用以遮拦行人。《资治通鉴·魏纪》“文帝黄初二年”：“（杨彪）拜光禄大夫，秩中二千石；朝见，位次三公；又令门施行马（胡三省注曰：魏、晋之制，三公及位从公，门施行马。程大昌曰：行马者，一木横中，两木互穿，以施四角，施之于门，以为约禁也。周礼谓之梐枑，今官府前叉子是也。）置吏卒，以优崇之。”参见《资治通鉴》卷六九，第2194页。此处“洛阳行马”，应指晋曹摅事迹。《晋书·良吏传》：“洛阳令，仁惠明断，百姓怀之。时天大雨雪，宫门夜失行马，群官检察，莫知所在。摅使收门士，众官咸谓不然。摅曰：‘宫掖禁严，非外人所敢盗，必是门士以燎寒耳。’诘之，果服。”参见《晋书》卷九〇，第2334页。

⑤ 指汉相丙吉停车问牛一事。

⑥ 宣风，可宣扬风教德化，但原文为“曾不惧于宣风”，若解为宣扬风德教化不甚通顺，此处“宣风”或可理解为东汉董宣之事迹，详见《后汉书·酷吏传》。

⑦ 指吴牛喘月。

⑧ 康廷芝，两唐书无传。据《全唐文》载：“武后朝官河阴令，迁户部员外郎。”参见《全唐文》卷二六〇，第2633页。

⑨ 《通典·职官典》“州郡”：“大唐县有赤（三府共有六县）、畿（八十二）、望（七十八）、紧（百一十一）、上（四百四十六）、中（二百九十六）、下（五百五十四）七等之差。（注曰：京都所治为赤县，京之旁邑为畿县。其余则以户口多少、资地美恶为差。）”参见《通典》卷三三，第920页。

⑩ 神京，京城之意，或可指神都洛阳。《授赵升卿长安县令制》：“宜拜神京之宰，用惩侠窟之奸，可守长安县令。”《镇军大将军行左鹰扬卫大将军兼贺兰州都督上柱国凉国公契苾府君碑铭并序》：“君讳明，字若水。本出武威，姑臧人也。圣期爰始，赐贯神京，而香逐芝兰，辛随姜桂。今属洛州永昌县，以光盛业焉。”参见《文苑英华》卷四〇七《授赵升卿长安县令制》（苏颋）、卷一八七《镇军大将军行左鹰扬卫大将军兼贺兰州都督上柱国凉国公契苾府君碑铭并序》（娄师德），第2064、1899页。

过北陆[①]之寒初，属南宫[②]之朝退。珂回九陌，[③] 骑历三条。[④] 俄逢蚤芥[⑤]之凶，复属阑单[⑥]之变。材非玉铉，[⑦] 顾牛喘而多怀。任绾铜章，[⑧] 睹人亡而不问。既昧为邦之术，徒兴体国之心。是曰旷官，足成侵职，所司糾（纠）劾，[⑨] 有合通途。

① 太阳循黄道运行的方位。《左传·昭公四年》："古者，日在北陆而藏冰。"（晋）杜预注曰："道，陆也。谓夏十二月，日在虚危，冰坚而藏之。"参见《春秋左传正义》卷四二，第1374页；《隋书·天文志》："日循黄道东行，一日一夜一度，三百六十五日有奇而周天。行东陆谓之春，行南陆谓之夏，行西陆谓之秋，行北陆谓之冬。行以成阴阳寒暑之节。"参见《隋书》卷二〇，第554页。

② 南宫一词有多种解释，此处或借指洛阳宫殿。《史记·高祖本纪》："（五年五月）高祖置酒雒阳南宫。"《正义》引《括地志》："南宫在雒州雒阳县东北二十六里洛阳故城中。《舆地志》云秦时已有南北宫。"参见《史记》卷八，第380页。

③ 珂，有美玉之意，另指用在马笼头的装饰。九陌，汉代长安城中的九条大街，亦可指都城大道与繁华街市。《类编长安志·街市里第》："八街九陌。（注曰：《三辅旧事》曰：长安城中八街九陌参见。）"（元）骆天骧纂修《类编长安志》，收入中华书局编辑部编《宋元方志丛刊》，中华书局，1990，第304页。《大唐新语·文章》："神龙之际，京城正月望日，盛饰灯影之会。金吾弛禁，特许夜行……（吏部员外郭）利贞曰：'九陌连灯影，千门度月华。'"参见（唐）刘肃撰《大唐新语》卷八，许德楠、李鼎霞点校，中华书局，1997，第128页。

④ 三条，指城门旁的大路。《后汉书·班固传》引《两都赋》："建金城其万雉，呀周池而成渊，披三条之广路，立十二之通门。（李贤注曰：'《周礼》"国方九里，旁三门。"每门有大路，故曰三条。'）"参见《后汉书》卷四〇，第1336页。

⑤ 蚤芥，芥蒂、刺鲠之意。《昭明文选》引《张平子西京赋》："睚眦蚤芥，尸僵路隅。（注曰：张揖《子虚赋》注曰：蒂介，刺鲠也。）"参见（梁）萧统编，（唐）李善注《昭明文选》卷二《赋甲·京都上之二》，上海古籍出版社，1986，第63页。

⑥ 阑单，疲软之意。《唐语林校证》卷三《夙慧》："有人献兔，悬于廊庑之下，乃召（苏）颋咏之，曰：'兔子死阑单，将来挂竹竿。'（校曰：原书作'阑殚'。唐诗纪事引文作'兰弹'。此乃唐代俗语，疲软貌。作'单''弹''殚'均可。）"参见（宋）王谠撰，周勋初校证《唐语林校证》，中华书局，1997，第308页。

⑦ 指位处高位之大臣。《三国志·魏书·钟繇华歆王朗传》引魏文帝诏："朕求贤于君而未得，君乃翻然称疾，非徒不得贤，更开失贤之路，增玉铉之倾。"参见《三国志·魏书》卷一三，第406页；《为武重规让司礼卿表》："西京置一十二列，首贯金吾。东汉有三十九人，多迁玉铉。"参见《文苑英华》卷五七七《为武重规让司礼卿表》（李峤），第2975页。

⑧ 铜制官印，常用来称呼郡县长官。见前引《汉官六种》，第188页。

⑨ 此句《文苑英华》作"所司糾劾"，《全唐文》作"所司纠劾"，"糾"为"纠"之异体。

（二）内容解析

本判题的典故，源自《汉书·丙吉传》：

> （丙）吉又尝出，逢清道群斗者，死伤横道，吉过之不问，掾史独怪之。吉前行，逢人逐牛，牛喘吐舌。吉止驻，使骑吏问："逐牛行几里矣?"掾史独谓丞相前后失问，或以讥吉，吉曰："民斗相杀伤，长安令、京兆尹职所当禁备逐捕，岁竟丞相课其殿最，奏行赏罚而已。宰相不亲小事，非所当于道路问也。方春少阳用事，未可大热，恐牛近行用暑故喘，此时气失节，恐有所伤害也。三公典调和阴阳，职（所）当忧，是以问之。"掾史乃服，以吉知大体。①

丙吉任宰相时，某天在路上遇到群斗事端，虽然有伤亡者，但丙吉并未逗留、询问。不久后，看到有人赶牛，牛喘吐舌，丙吉却驻足关心。掾史对于丙吉"不问苍生问喘牛"的行径无法理解，丙吉解释：民众斗殴砍杀一事自有长安令、京兆尹等官负责处理，年终时再对他们进行考核赏罚，丞相不需亲自处理这些事情，所以不下车询问。当时节气才到春天，并不是太热的天气，然而行牛却像在大热天一样喘气，恐节令失宜，在此状况下自当询问之。掾史听完丙吉之言，赞扬丙吉"知大体"。不过，本判题是借用丙吉问喘牛的故事，将主角换成县令一职。京城县令冬日退朝时，在路上内看到凶杀案，基于职责应上前处理，却置之不理；看到路上行牛喘息，效法丙吉停车询问，故所司认为县令"不理所职，妄干他事"。

本判有三道对答的判词，作者分别为李师旦、崔融、康廷芝。关于三人的事迹与年代，崔融在正史有传，李师旦与康廷芝可根据《全唐文》与《太平广记》的记载，大致确定为高宗武后时人，也就是说三人所处年代是重合的，本道判词很可能就是他们接受同一场试判留下来的答案。

在第一道判词中，《文苑英华》与《全唐文》的文字差异不大，"但以时流爱〔一作冬〕景，寒结层冰"，《文苑英华》有"爱""冬"二解，

① 《汉书》，第3147页。

《全唐文》作“冬”，笔者也认为“冬景”比“爱景”恰当。因判题是县宰在冬日看到行牛喘息，故下车诘问。作者在判文中解释了因天寒地冻，牛走在结冰的路上也是很费力，才会不停喘气。

李师旦用了东汉刘昆、董宣、鲁恭三人的事迹，刘昆任江陵令时，属县连年发生火灾，刘昆多次向火叩头，多能降雨止风，减低灾害。董宣任洛阳令时，遇湖阳公主家仆杀人，仆因藏于公主家，官员也束手无策。后董宣趁该仆与公主外出时，就地捕杀该奴。湖阳公主上告光武帝，光武帝命董宣向公主叩头谢罪，但宣不从，即使光武帝派人强押董宣，但董宣双手据地，始终不肯俯首。东汉章帝时，鲁恭任中牟令，当时郡国作物遭虫袭，唯独中牟一地不受其害。河南尹袁安疑之，派下属肥亲前往中牟视察。肥亲和鲁恭视察时，有一雉停在桑树旁，孩童见雉也不捕食，肥亲问其理由，孩童表明此雉将要诞下幼鸟，不忍捕食。肥亲惊讶于孩童的仁心，以及鲁恭之善政。刘昆、董宣、鲁恭三人都是忠于自己的职守、政绩良好的代表，从中凸显了写判者认为身为县令应有的行为与典范。此外，又用“风马牛不相干”“吴牛喘月”等典故连节判题原典的“喘牛”。

李师旦对于县令的看法，提出了“畜行观致喘，四时坐见失宜，此乃丞相及言，何烦邑宰垂诘?”关心四时是否失宜是宰相的职责，县令的多事只会遭来“操刀之术罕明，代斫（断）之嗤难免”。所以，县令“忧喘不忧杀”“问牛不问人”，确实是越司无误，赞同所司的论点。

关于第二道判词的文字校勘，有两处值得讨论。《文苑英华》作“箫翟初飞”，《全唐文》为“萧翟初飞”，此句典故应与孝子萧芝有关，《艺文类聚·鸟部》：“萧广济《孝子传》曰：萧芝至孝，除尚书郎。有雉数十头，饮啄宿止。当上直，送至歧路；下直入门，飞鸣车侧。”[①] 故笔者赞同《全唐文》将“箫翟”改为“萧翟”。“须禁推（椎）埋”一句，《文苑英华》作“须禁推埋”，《全唐文》作“须禁椎埋”。椎杀人而埋之，谓之椎埋，即杀人之意。[②] 笔者赞同《全唐文》改“推埋”为“椎埋”。

第二道判词的开头，崔融用了华丽的辞藻形容京师的气象，引用孝子

① 《艺文类聚》，第1571页。

② 《史记·酷吏列传》：“王温舒者，阳陵人也。少时椎埋为奸。（《集解》引徐广曰：椎杀人而埋之。或谓发冢。）”参见《史记》，第3147页。

萧芝在上朝和退朝时都有数雉护送，以及东汉王乔乘双凫上朝的故事，或许是用以呼应判题的京县宰退朝一事。在王乔的故事中，王乔死时，县中牛皆流汗喘乏，这一点或许也有对应到判题的“喘牛”。“度金钱之广埒”，可能是指晋王济在洛京买地为马埒，编钱满之的赊豪事迹。“洛阳行马”，对比丙吉的“汉相停车”，指晋曹摅事迹。曹摅任洛阳令时，某天降大雨雪时，宫门前的行马不知去向，曹摅认为宫门守备森严，必是门士为了御寒而烧掉行马，经查证后果如曹摅所言。曹摅对亡失行马的判断，亦被收入在《折狱龟鉴》中，作为断狱中善察盗的代表。① 崔融不认同县令无视暴行的行为，所以他指责县令：“陕西王邑，须禁推椎埋。何得逢暴客而不收，委僵尸而无诘?”他也赞成所司的判断，“越其所司……妄干他事，深谓当然，牒送所由，任依常典”。第三道判的作者为康廷芝，他以“材非玉铉，顾牛喘而多怀；任绾铜章，睹人亡而不问。既昧为邦之术，徒兴体国之心”，指责县宰失职，并严厉指责县宰“是曰旷官，足成侵职。所司纠劾，有合通途”。

本判题以《汉书·丙吉传》为典，假设县宰仿丙吉行事，是否会受到同样的支持与理解？此处牵涉“各司其职”的问题。唐代县令之责，可见《唐六典·京县畿县天下诸县官吏》之规范：

> 京畿及天下诸县令之职，皆掌导扬风化，抚字黎氓，敦四人之业，崇五土之利，养鳏寡，恤孤穷，审察冤屈，躬亲狱讼，务知百姓之疾苦。所管之户，量其资产，类其强弱，定为九等。其户皆三年一定，以入籍帐。若五九、三疾及中、丁多少，贫富强弱，虫霜旱涝，年收耗实，过貌形状及差科簿，皆亲自注定，务均齐焉。若应收授之田，皆起十月，里正勘造簿历；十一月，县令亲自给授，十二月内毕。至于课役之先后，诉讼之曲直，必尽其情理。每岁季冬之月，行乡饮酒之礼，六十已上坐堂上，五十已下立侍于堂下，使人知尊卑长

① 《折狱龟鉴译注·察盗》“曹摅察理”之按语：“此以事理察之也。摅若不善察盗，姑徇众人所见，则有罪者幸免，而无辜者滥及，狱讼不胜其繁矣。是故折狱之术，亦有取于此也。”参见（宋）郑克编撰，刘俊文译注点校《折狱龟鉴译注》卷七，上海古籍出版社，1988，第396页。

> 幼之节。若籍帐、传驿、仓库、盗贼、河堤、道路，虽有专当官，皆县令兼综焉。县丞为之贰。[①]

唐代的县令可说是总管境内大小事，举凡户籍、赋税、治安、刑狱、农业、礼仪、风俗、仓库、官府交通系统、照顾弱势等，可谓无所不包。判题中的县宰对于辖下的死伤斗殴毫不关心，的确有疏职守，违法事实明显，所以三位作者都同意所司论断。

本文判词的出典内容，应属于杜佑认为的“采经籍古义，假设甲乙，令其判断”之范围。谭淑娟分析唐代判文的发展演变，认为唐代初期（高宗至睿宗朝）无论取材取自古籍或现实，涉及官吏职守的判题相当多，内容讨论如何为政和遵守职责，而以县令为政问题为最，本判就是其中的代表。[②]

本判中值得注意的是，判题的源头《汉书·丙吉传》发生地是在长安，而这三道判中除了提到长安以外，也使用了洛阳或河南一带相关的典故，如第一道的“洛阳强项”、中牟令鲁恭之事；第二道的“布政之宫”（洛阳明堂）、“河南帝城”、“洛阳故事”；第三道的“南宫”等语。尤其第二道和第三道中，作者以华丽恢宏的辞藻描写都城，“弈弈九重，锵锵万国。凝旒辟纩，天临布政之宫……河南帝城，是惟都会；陕西王邑，须禁推（椎）埋”、“皇都赤县，帝宅仙居。万国攸归，四方是则”，可见本判写作时洛阳地位的重要性。

（三）法礼问题

本道判题中县令的行为，所司论“不理所职，妄干他事”，所对应的法条，可参《唐律疏议·职制律》“受制出使辄干他事”条（总119条）：

> 诸受制出使，不返制命，辄干他事者，徒一年半；以故有所废阙

---

① （唐）李林甫等撰《唐六典》卷三〇，陈仲点校，中华书局，1992，第753页。
② 谭淑娟：《唐代判体文研究》，第58～61页。

者，徒三年。余使妄干他事者，杖九十；以故有所废阙者，徒一年。越司侵职者，杖七十。

疏议曰：

受制、敕出使，事讫皆须返命奏闻。若不返命，更干预他事者，徒一年半；以故有所废阙者，徒三年。“余使”，谓非制使。妄干他事者，杖九十；以故有所废阙者，徒一年。“越司侵职者”，谓设官分职，各有司存，越其本局，侵人职掌，杖七十。其受三后及皇太子令，出使不返命，得罪依减制、敕一等。[①]

疏议中清楚说明，设官分职，各有执掌，当官员逾越自己的本职，侵犯到他官所管时，处以杖七十之刑。本条令文规定出使妄干他事罪及越司侵职之刑罚，此类行为均为擅权之罪。不过，越司侵职罪仅是侵犯一般官司的正常职权，其危害比出使妄干他事来得小。[②]

三位作者都同意县令确实当罚，虽然没有在判词中直接写明应引唐律某条断罪。不过，判词中的几个关键词，都符合“受制出使辄干他事”条的说明。“妄干他事，实亦雅叶本条”、“越其所司……妄干他事，深谓当然，牒送所由，任依常典”、“是曰旷官，足成侵职”，其中的常典、本条就是指《职制律》“受制出使辄干他事”条。

（四）实例探讨

本判题源出史书，现实中较少与有本判情节直接相关的事例。然而关于越司侵职的相关案例不在少数。《旧唐书·李渤传》记载唐穆宗即位时，召李渤为考功员外郎，李渤在定京官考课时上奏陈宰臣萧俛、段文昌、崔植等人之失，书宰相中下考。穆宗的处置是：“状入，留中不下。”时人对于此事的看法为：

① 《唐律疏议》，第203页。

② 刘俊文：《唐律疏议笺解》，中华书局，1996，第798页。

> 议者以宰辅旷官，自宜上疏论列，而渤越职钓名，非尽事君之道。未几，渤以坠马伤足，请告，会魏博节度使田弘正表渤为副使。杜元颖奏曰：“渤卖直沽名，动多狂躁。圣恩矜贷，且使居官。而干进多端，外交方镇，远求奏请，不能自安。久留在朝，转恐生事。”乃出为虔州刺史。[①]

考功员外郎虽掌内外文武官吏之考课，但是依照唐《考课令》的规定：“京官三品已上及同中书门下三品、平章事并奏裁（亲王及五大都督亦同），”[②] 所以才有人批评李渤此举是“越职钓名，非尽事君之道。”[③]

另《册府元龟·帝王部》后周太祖广顺三年（953）七月敕载：

> 赋税婚田，比来州县之职；盗贼烟火，元系巡镇之司。各有区分，不相踰越。或侵职分，是紊规绳。切虑所在职员，尚循旧弊。须行条贯，以正纪纲。京兆凤翔府同华邠鄜耀等州所管州县军镇，顷因唐末，藩镇殊风，久历岁时，未能厘革。政途不一，何以教民。其婚田听讼，赋税丁徭，合是令佐之职；其擒奸捕盗，庇护部民，合是军镇警察之职。今后各守职分，专切提撕。如所职踈遗，各行按责。其州府不得差监征军将下县，庶期静辨，无使烦劳。[④]

从敕文当中可知，统治者认为户婚田土赋税事务是属于州县管辖，而治安问题是巡镇的之职，彼此有所区别。然而，受到唐末以来藩镇的影响，难以将原本设想的两套系统清楚划分。统治阶层为了兴利除弊，特意敕下禁止所谓“官司侵职”的问题。

---

① 《旧唐书》，第 4438 ~ 4440 页。

② 仁井田升著，栗劲等编译《唐令拾遗》卷一四《考课令·考簿集日》【开元七年】【开元二十五年】，长春出版社，1989，第 258 页。

③ 关于唐代上书奏事的法律讨论，详见陈登武《唐律对于“上书奏事”的相关规范——兼论唐代的“欺君罔上”》，收入高明士主编《东亚传统教育与法制研究（二）——唐律诸问题》，台北，台湾大学出版社，2005，第 185 ~ 239 页。

④ （北宋）王钦若等编《册府元龟》，中华书局，1994，第 688 页。

四 结语

唐代判文因辞藻华丽、用典甚多，初次阅读时会感觉到相当大的距离感。然而，这些典故不仅关乎表面上的词义解释，更是应试者论证说理的一部分，若不了解判文中使用的典故，难以判读应试者的主张。近年来幸有赖电子数据库的发达，使得唐判研究在技术层面的操作上更为便利。

唐代判文是一批面向广泛、内容深刻的史料，近年来唐判研究的成果也越来越丰富。在研究上，除了宏观地分门别类建构整体骨干之外，针对判文本身具体而微地考证、分析，不仅能读出该条判文的深意，亦可延伸出相关的历史问题，作为新的研究方向。

本文讨论的两道判文，皆引自《汉书》。“申公杜门判”无明显违反礼、法，故试判者从“理”的角度进行论述。“京令问喘牛判”将典故稍加转换，把原本的主角从宰相换成县令，测验试判者对于县令、宰相职责以及相关法律问题的理解。由于“京令问喘牛判”中的县令明显违法，故试判者都认为县令当罚。陈登武研究白居易《百道判》时，得到了以下结论：如果判题典故出自经书，其判词毫无疑问会响应儒家的看法；如果与法律相关，则会依照法律进行论述；如果典故出自史籍，白居易就会有自己的看法，也会采取反对的意见。[①] 将《百道判》的情况对比本文，这一结论基本上也是成立的，即判题如果有明显的违法事由，试判者基本上会依据法律论处；如果是与礼教相关，则依照礼教精神处理；若是与法、礼无法，会遵循“理”进行论述。

① 陈登武：《白居易〈百道判〉试析——兼论“经义折狱”的影响》，收入柳立言主编《传统中国法律的理念与实践》，第 343 ~ 411 页；《再论白居易〈百道判〉——以法律推理为中心》，《台湾师大历史学报》第 45 期，2011 年，第 41 ~ 72 页；《白居易〈百道判〉中的礼教思想》，《法制史研究》第 23 期，2013 年，第 113 ~ 143 页；《唐代判词的世界——以白居易〈百道判〉为中心》，收入黄源盛主编《中国法史论衡：黄静嘉先生九秩嵩寿祝贺文集》，第 75 ~ 111 页。

《中国古代法律文献研究》第十二辑
2018 年，第 349 ~ 367 页

敦煌本《天复八年吴安君分家遗书》有关问题

马　德*

摘　要：敦煌写本羽 053《唐天复八年（908）吴安君分家遗书》，是作为一家之主的吴安君以遗嘱的形式，在众乡间亲朋的见证下，与侄子（养子）吴通子、儿子吴善集达成的变更家庭财产的记录。这件看似普通的遗书中蕴含了众多的社会历史信息，涉及古代礼法制度和民俗风情的各个方面，如收继婚姻、敬孝抚养、民居建筑、庄园土地、生活用品、生产工具、邻里关系、亲属称谓、方言俗语等，为研究中国古代礼法制度和百姓生活提供了珍贵的第一手资料。

关键词：吴氏父子　家产变更　礼法　民俗　方言　庄园

2009 年 10 月，日本出版了《敦煌秘笈》图录第 1 册，① 刊布了杏雨书屋所藏原李盛铎售出的敦煌写本及印品，引起了敦煌学界的高度重视，已有专家对其中相关文书进行了考证和研究。其中羽 53 号一件是由作为一家

* 敦煌研究院研究员，兰州大学历史文化学院博士研究生导师，首都师范大学历史学院特聘教授。

① 《敦煌秘笈》第 1 卷，日本杏雨书屋，2009。

之主的吴安君以遗嘱的形式，在众乡闾亲朋的见证下，与侄子（养子）吴通子、儿子吴善集达成的变更家庭财产的记录。张小艳博士2013年出版的《敦煌社会经济文献词语论考》定名为《天复八年吴安君分家遗书》,[①] 今从之。这件看似普通的分家遗书中，蕴含了众多的社会历史信息，涉及古代礼法制度和民俗风情的各个方面，如收继婚姻、敬孝抚养、民居建筑、庄园土地、生活用品、生产工具、邻里关系、亲属称谓、方言俗语等，为研究中国古代礼法制度和百姓生活提供了珍贵的第一手资料。受到了学界的广泛关注，已有较多的研究成果论及此文书。[②] 本文拟在前人研究的基础上，就相关问题作几点补充探讨。

一 原文基本信息与录文

据《敦煌秘笈》，羽053《天复八年吴安君分家遗书》卷长85.6、高27.3cm，由三张长15cm左右的小半张纸与一张长40多cm的大纸粘接而成，全文共46行，其中正文39文行，签名画押7行；正文分为四段，每段为一纸，形成段与段之间的空行；签名与第四段为同一大纸。全文如下〖注：录文中作简单之校勘，明显的错别字以“（）”注明，因卷残损之缺字以“□”代替，原书写遗漏字以“［］”补之〗：

（第1纸，图1）

1. 天复八年戊辰岁。叔吴安君、侄吴通子

2. 同为一户。自通子小失慈父，遂便安君收索［氏］通子母

① 张小艳：《敦煌社会经济文献词语论考》，上海人民出版社，2013，第169页。

② 最早透露此文献信息者1935年12月15日及21日中央周报，刊出《德化李氏出售敦煌写本目录》；参见《敦煌遗书总目索引》散藏3（编号散0242），商务印书馆，1959，第318、323页。近年的研究主要有：张小艳的《杏雨书屋藏〈天复八年吴安君分家遗书〉校释》（《中国敦煌吐鲁番学会理事会暨学术讨论会论文集》，2011）和《敦煌社会经济文献词语论考》（上海人民出版社，2013）有录文和考释；山口正晃的《羽53「吴安君分家契」について——家产相续をめぐる一つの事例》（《敦煌写本研究年報》第6号，2012；顾奇莎中译版，《中国古代法律文献研究》第6辑，社会科学文献出版社，2012）有较详细的研究；陈丽萍的《杏雨书屋藏敦煌契约文书汇录》（《隋唐辽宋金元史论丛》第四辑，上海古籍出版社，2014）重新过录并补充说明。

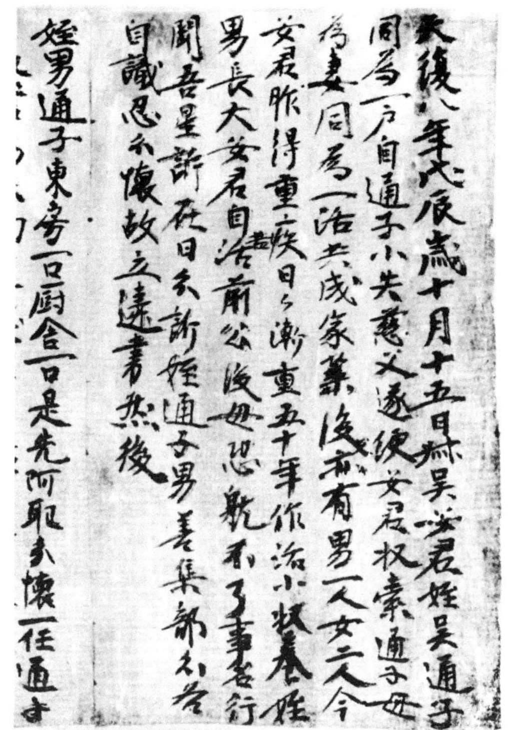

图 1　天复八年吴安君分家遗书

3. 为妻，同为一活，共成家业。后父亦有男一人、女二人。今

4. 安君昨得重疾，日日渐重；五十年作活，小收养侄

5. 男长大，安君自苦活，前公后母，恐耽不了，事各行

6. 闻，吾星诉（数）在日，分诉侄通子、男善集部分，各

7. 自识忍分怀，故立违书。然后：

（第 2 纸，图 2）

8. 侄男通子：东房一口，厨舍一口，先阿耶分怀，一任通子

9.　收管为主；南边厅一口，西边大房一口，巷东壁上

10. 抚舍一半院落、门道，合砂底新开地四亭均分；

11. 新买地各拾亩；杜榆谷车脚一只，折旧破钏与小头钏

12. 一只，售三斗破锅一口，售七升铛子一口，小主鏊子一面，柜一口，

13. 大床一张，白绵绅衫一领，乾面大瓮两口，又售五升铛

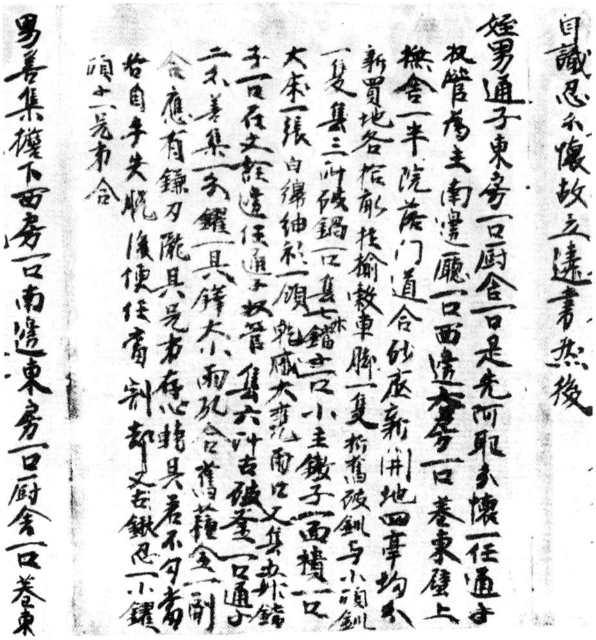

图 2　天复八年吴安君分家遗书

14. 子一口，在丈诠边，任通子收管；售六斗古破釜一口，通子

15. 二分，善集一分；饮食镬一具，铧大小两孔，合旧种金一副，

16. 合应有镰刀、陇（笼）具，兄弟存心转具，若不勾当，

17. 各自手失脱后，便任当割却；又古锹一，小镬

18. 头子一，兄弟合。

（第 3 纸，图 3）

19. 男善集：檐下西房一口，南边东房一口，厨舍一口，巷东

20. 　壁上抚舍一半院落、门道，合砂底新开地四亭均分；

21. 　新买地各拾亩；杜榆谷车脚一只；车盘一，此通子

22. 　打车之日，兄弟合使，不许善集隔勒。若后打车盘日，

23. 　仰善集贴通子车盘木三分，内一分即任善集

24. 　为主；售贰斗铜锅一口，不忏通子之事；售六斗破釜一口，

25. 　善集一分，通子二分；镬一具，售一斗五升破铛一口，铧

26. 　大小两孔，合旧种金一副，合应有镰刀、陇（笼）具，兄

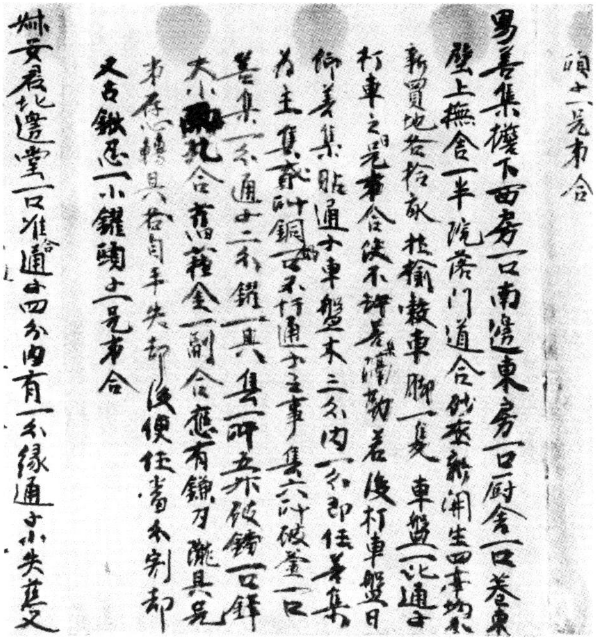

图 3　天复八年吴安君分家遗书

27.　弟存心转具，各自手失却，后便任当分割却；

28.　又古锹一，小䦆头子一，兄弟合。

（第 4 纸，图 4）

29. 叔安君：北边堂一口，准合通子四分，内有一分，缘通子小失慈父，

30.　阿叔待养，恩义进与阿叔；又西边小房一口，通子分内

31.　恩义进与阿叔；新买地拾亩，银盏一只，与阿师。

32. 右件家咨什物，缘叔［安］君患疾缠眠（绵），日日渐重。

33. 前世因果不备，前公后母，伏恐无常之后，男

34. 女诤论。闻吾在日，留念违嘱，一一分析为定。

35. 今对阿旧（舅）索汉汉、大阿耶，一一向患人付嘱口辞，

36. 故立违嘱文书。后若兄弟分别，於（以）此为定；

37. 后若不于此格亦诤论，罚白银五，决杖十五下，并

38. 不在论官之限。恐后无凭，故立文书为验。

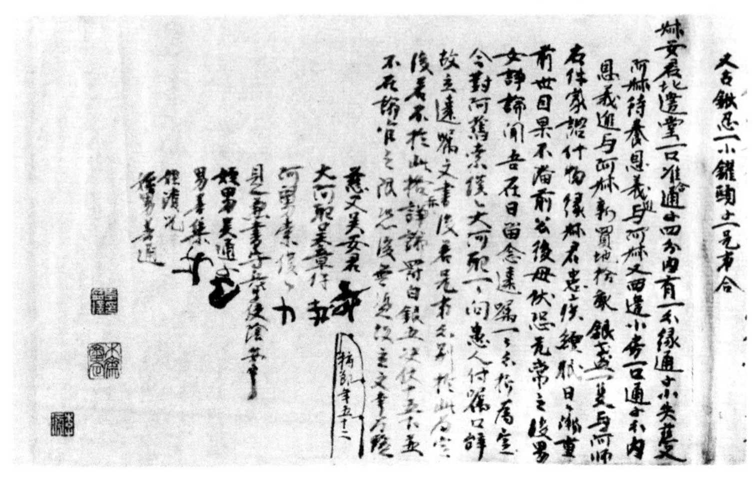

图4　天复八年吴安君分家遗书

39.　　慈父吴安君（押）指节年一十二

40.　　大阿耶吴章仔（押）

41.　　阿舅索汉汉（押）

42.　　见人兼书手兵马使阴安（押）

43.　　侄男吴通子（押）

44.　　男善集（押）

45.　　侄清儿

46.　　侄男善通[①]

二　文书性质、年代与背景

此卷成书于唐末天复八年（808，五代后梁乾祐二年）保存较好，首尾完整，字迹较清晰，内容明确。

本文书首先是一份遗书。文中前后两次强调，立书之因为吴安君“昨

① 鉴于本文书有较多的研究，各家录文大同小异，恕不一一标注，本录文参照张小艳《敦煌社会经济文献词语论考》（第167～169页），按原卷分行并略有改动。

得重疾，日日渐重……恐耽不了事各行，闻吾星诉在日，分诉侄通子、男善集部分，各自识忍分怀”，“缘叔［安］君患疾缠眠（绵），日日渐重。前世因果不备，前公后母，伏恐无常之后，男女诤论。闻吾在日，留念违嘱，一一分析为定。”在中国古代，分割家庭财产一般是是兄弟之间的事；而本件文书是以重病中的长辈主持下的以遗嘱的形式进行的家庭财产分割，这里可以看出文书作为遗书的性质比较明显。

值得注意的是，文书中前后两次用了“违书”“违嘱”，而不是用遗书或遗嘱；但在敦煌遗书中，违书就是遗书；“违书”在敦煌写本中也作“唯书”，但仅存一例，即 S. 2199《唐咸通六年（865）尼灵惠唯书》，可能是同音致误。

同时，与一般的遗嘱或遗书有很多的不同点。文书最后有当事人和众多的保人、见证人的签名画押，都是一般遗嘱和契约文书的通用的书写格式。而文书中使用的一般遗嘱的一些制约性的词语，也适用于契约；特别是文末还专门规定了对违约行为“不在论官之限”的惩罚措施；所以也可以说本文书具有遗书与契约的双重性质，《敦煌秘笈》定其名为《天复八年吴安君分家契》是从另一个视角作出的判断，但总体上讲还是遗书。

敦煌写本中还有一件同时代的分家书，即 S. 2174《天复九年神沙乡百姓董加盈兄弟分书》，书写于公元 909 年润八月十二日，为敦煌县神沙乡百姓董加盈、弟怀子、怀盈兄弟三人，分割父母遗留的土地、房屋及牲畜、农具等。[①] 内容与《天复八年吴安君分家遗书》亦相近似。但这类分家书基本上都是兄弟之间直接分割先辈留下的家庭财产，只是普通的财产分割契约，均不具备遗书的因素，但对于《天复八年吴安君分家遗书》的定名有重要的借鉴作用。

天复仅四年（901 ~904），公元 904 年改元天祐，而在敦煌的 905 年、906 年间是天复和天祐混用；907 年，朱梁代唐，改元开平。中原已经改朝换代，但远在五千里之外的敦煌还继续存在奉唐正朔的归义军政权，而 907 年后不再出现天祐而只用天复年号，如此二件。天复年号在敦煌写本

① 录文见沙知《敦煌契约文书辑校》，江苏古籍出版社，1998，第 441 ~443 页。

中一直使用到十年（910）初，[①] 之后便是短暂的割据小王朝“西汉金山国”时代和几年后的曹氏归义军政权。

三　家族亲情之关系

从遗书所述可看出，吴安君一家的亲情关系比较特殊。吴安君是在其兄亡故后娶嫂为妻，这种风俗在中国民间古已有之，称为平辈收继婚。敦煌文献中直接记载收继婚姻关系者，目前发现仅此一例。[②] 遗书未及安君有另外妻室，可以断定他在兄长去世之前未曾婚娶，且终生只一位妻子，即兄长之遗孀索氏。先兄留下幼子吴通子，娶嫂后“亦有男一人、女二人”，男即遗书中之善集；遗书里从头至尾没有提及安君之妻、通子与善集之母索氏的任何情况，疑其早已不在人世。

值得注意的是，遗书中使用了“前公后母”这一特殊的亲情称谓。这一称谓不见于史载，也没有在生活中见到应用。张小艳认为相当于“前爹后娘”，表示子女与亲爹、后妈或亲妈、继父之间的复杂关系。[③] 但还需要做进一步的探讨，因为这里不光是个简单的家庭关系的称谓问题，可能还牵涉许多礼法制度与民俗风情方面的因素，希望得到大家的关注。

“索通子”，即安君侄吴通子。卷首及卷尾的签名均为吴通子，但在第二行却写为“索通子”；从后面的见人“阿舅索汉汉”看，通子之母即安君妻姓索，似乎可以理解为通子曾一度随母姓；但遗书中称索通子者仅一处，或因笔误漏写“氏”字，即原文就为“索氏通子母”。这样，这句话应为“自通子小失慈父，遂便安君收索氏通子母为妻”。

先阿耶、大阿耶，耶通爷；阿耶古代称父亲，古乐府《木兰诗》：“阿爷无大儿，木兰无长兄。”唐寒山《诗》之二四三：“阿爷恶见伊，阿娘嫌不悦。”此处之先阿耶即通子父，通子实际上是在继承父亲的部分财产。见人中的大阿耶吴章仔应该是吴安君的叔伯兄长，侄清儿和善通可能是吴

① 参见薄小莹《敦煌遗书汉文纪年卷编年》，长春出版社，1990，第114～119页。

② 参见陈丽萍《杏雨书屋藏敦煌契约文书汇录》，第182页。

③ 参见张小艳《敦煌社会经济文献语词论考》，第482页。

章仔的儿子，

阿师，安君名下分到的最后一份财产："新买地拾亩，银盏一只，与阿师。"此阿师何许人也？文书中没有其他的只言片字。我们只能按照敦煌当时的社会和家庭情况做些推测：这位阿师应该是出身于吴氏家族，或由吴氏一家供养的出家人；同时按称谓分析，应该是一位女性；参照文书中讲到吴安君生育二女，此阿师应该是吴安君二女之一，即吴通子和吴善集的妹妹（或善集姊）。天复时代敦煌为张氏归义军晚期，从吐蕃时代脱胎而来，在佛教文化方面继承了许多吐蕃时代的内容。吐蕃时代有七户养僧制度，到归义军时代差不多是户户养僧，因为整个8～10世纪的敦煌归义军时代，僧人比例大得惊人。公元852～853年成书的S.2669《敦煌尼籍》残卷，仅大乘寺有尼僧209位，其中吴姓尼僧12人中，10人来自神沙乡，2人来及敦煌乡，从20岁左右至65岁的各个年龄段都有，而且多为"觉"字辈。[①] 这10位来自神沙乡的吴姓尼僧应出自同一家族，吴氏供僧即成传统；故疑吴安君一家也可能是敦煌神沙乡人。当时敦煌的大多数的住寺僧人都由其俗家供养，她（他）们有些时候也住在家里，或者长期住在家中的也不乏其例。这里吴安君分新买土地与银具与阿师，没有分给房产，推测此阿师平常是住寺尼僧。

综观整篇文书，三位当事人即立遗嘱人吴安君、析产人吴通子与吴善集，分别以叔、侄、男相称。而在第四件开始先称安君为叔，文末的署名吴安君则以"慈父"出现，应该是以吴通子和吴善集为主称呼。文末见证人中的阿舅索汉汉即通子和善集之母舅。另三位证人中大阿耶吴章仔应为安君长兄、通子与善集之伯父，侄男清儿、善通即为章仔之子；因为他们父子只是作为证人出现，与吴安君一家所分割土地房屋财产等无任何关系，因此吴章仔可能是吴安君的叔伯兄长。

---

① 关于文书年代，参见倚山《张议潮出生地及有关》，《敦煌研究》1998年第4期；关于录文，参见唐耕耦《敦煌社会经济文献真迹释录》（四），全国图书缩微阅读中心，1990，第215～228页。

四　当事人及析产内容与分书之形式

据遗书内容，因安君年高病重，来日无多，只是住在由通子赡养的堂舍之中，并无其他财产分给。所分房产田舍农具家具等，主要在通子和善集兄弟二人之间进行：除各自分到土地、房屋和农具、家具之外，还有一些兄弟合用之农具、家具等共有财产。详细内容见录文和前人研究，不再一一陈述。

在遗书里，对立遗嘱人吴安君“恩义进与”是指通子作为安君从小养大的侄子来尽赡养义务。吴安君名下没有分到土地和农具、家具、牲畜等，因为他已经不需要这些；通子将分到自己名下的两处房屋为表达对养育之恩的感谢而“恩义进与”叔叔安君，和弟弟善集一起给他养老送终。“恩义进与”在这里也体现出古代的礼法风情。

同时我们还注意到，这份卷式分书由大小四纸粘接而成，除第四纸卷末后的签名外，每一纸的内容都可以独立成文：第一纸讲述析产缘由，第二、三纸分别为通子、善集得到的土地房屋及其他财产的记录，第四纸为吴安君本人及“阿师”的安置。四页分别书写，最后粘接成卷，统一签字画押。另外有一点，四页中的第二、三页属于通子和善集个人的那部分应该有副本，当事人各持一份。这是体现出家庭财产分割烙上当时社会制度的印迹。

五　词语方言特色举要

对敦煌契约语言即使用词语，除前揭张小艳《敦煌社会经济文献词语论考》之外，尚有陈晓强《敦煌契约文书语言研究》。[①] 两本大作对遗书中的出现的一些词语有过专门的解释和说明，这里只补充几点资料和意见。

遗书中几次出现的违书、违嘱，如前所述，实际即指指遗书（遗嘱）。所以，有专家认为“违书”是“遗书”的笔误，也有一定道理。从字义上

① 陈晓强：《敦煌契约文书语言研究》，人民出版社，2012。

看，“违书（嘱）”似乎不具备“遗书（嘱）”的意义；“违”在古代汉语里有多种用法，而与本文书最接近的意义就为改变、变更；可以理解为家产变动。又，唐咸通六年（865）敦煌写本 S. 2199 题名《尼惠灵唯书》，也是遗书（遗嘱）。另此词也可能与方言有关：唯通违：事与愿违，不想死但不得不死；违改唯即表达为唯一或仅存，在遗书中是否还有展示契约性质的一面？这里所含丰富的语言使用技巧与回避忌讳等各方面的信息还需要进一步探讨。

“然后”，出现于第一段尾部，一般来说是表示接着某种动作或情况之后。但在这份遗书里，作为第一段的结尾，应该起着总结上文与提示下文的作用，即在讲明立遗书或遗嘱之后要叙述的正文，义同“如后”；从词义上讲并没有改变，但这里使用方法比较特殊。

隔勒，《汉语大词典》有解释为阻挠的意思；《敦煌变文字义通释》解释为阻障、制止，并缓引敦煌其他文献加以说明，特别是解释 S. 6342 之“近传嗢末隔勒往来”“就是阻滞往来”。[①] 根据今西北方言中有“隔搅”一词，意为干扰、阻挠、搅和，上指某一件事情在进行的过程中受到的干扰和阻挠，这种干扰和阻挠一般是对事件带有阻止、制止或破坏的目的，但其结果有成有败，不一而同。再结合本遗书中“车盘一，此通子杍车之日，兄弟合使，不许善集隔勒”，隔勒的意思应该是“隔搅”的意思。因为这些地方都是讲因隔勒受到影响，而并不一定要求全部达到完全制止的目的。

亭分，这是一个标准的方言土语，而且甘肃中东部一带至今仍在民间使用，就是对半平分的意思。陈晓强大作中已有详细说明。[②] 但这里考虑到它的语言特色，特作简介。

无常，指死亡，《汉语大词典》有解释为人死的婉词。敦煌其他契约文书中亦有此词，如 S. 2199《唐咸通六年（865）尼灵惠唯书》：

> 尼灵惠唯书。咸通六年十月廿三日，尼灵惠忽染疾病，日日渐加，恐身无常，遂告诸亲，一一分析。不是昏沉之语，并是醒甦之言。

① 参见蒋礼鸿《敦煌变文字义通释》，上海古籍出版社，1988，第 236～237 页。

② 参见陈晓强《敦煌契约文书语言研究》，第 164～165 页。

又如 P. 3410《僧崇恩析产遗嘱》：

……优婆姨清净意比至无常已来，支苽渠上地贰拾亩。先清净意师兄法住在日，与犉牛壹，母子翻折为五头，一任受用。与白绫壹疋，方耳铛壹口，柒两银盏壹，小牙盘子□面。沙弥宜娘比至清净无常已来，承事清净意，不许东西。无常已后，一任随情取意，放汝宽闲。肆岁特牛壹头，布放修功德。清静意无常已后，资生活具少小之间，亦与宜娘……[①]

这里的无常均指死亡。今西北方言中将自杀寻短见称为“寻无常”，亦即寻死之意。

六 敦煌古代农舍（民居）建筑结构

从遗书中所记录的分到吴通子和吴善集名下的房地产看，吴安君一家拥有一座相当规模的农家庄园，其中包括了全家人居住的院落的厅堂居室，应该是坐北朝南的四合院式，南面开大门，北背面为正堂，东西设厢房等；同时还有庑舍（牛舍马厩等牲畜饲养场所）、打谷场、园圃，以及部分属于自家的田地等。业师姜伯勤先生曾就此有专文论述，[②] 笔者深受启迪。敦煌写本中保存的其他一些分家书也有类似的记录。如 P. 2685《戊申年善护遂恩兄弟分书》（图 5）：

城外捨，兄西分叁口，东分叁口。院落西头小牛舞（庑）捨（舍）合。捨（舍）外空地，各取壹分。南薗，于柰子树已西大郎，已东弟。北薗，渠子已西大郎，已东弟。树各取半。[③]

又如 P. 3744《僧张月光张日兴兄弟分书》（图 6）：

① 录文参见沙知《敦煌契约文书辑校》，第 510～512 页。

② 姜伯勤：《论敦煌“守庄农作”型外庄与“合种”制经营》，《敦煌研究》2006 年第 6 期，第 74～81 页。

③ 录文参见唐耕耦《敦煌社会经济文献真迹释录》（二），全国图书缩微阅读中心，1990，第 142 页。

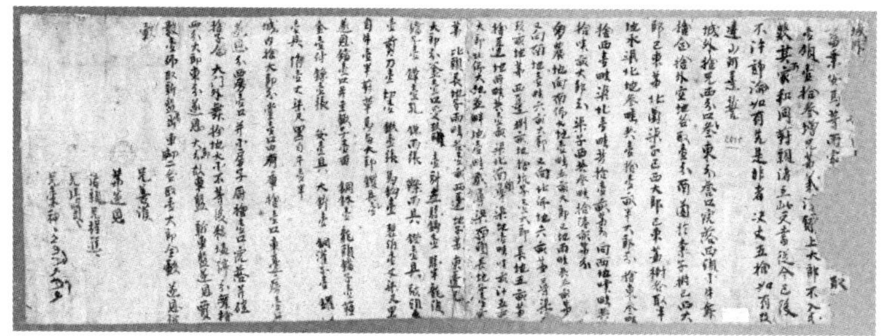

图5　戊申年善护遂恩兄弟分书

资料来源：采自法国国家图书馆网页，https：//gallica. bnf. fr/ark：/12148/btv1b8302046f. r = Pelliot% 20chinois% 20% 202685？ rk = 21459；2。

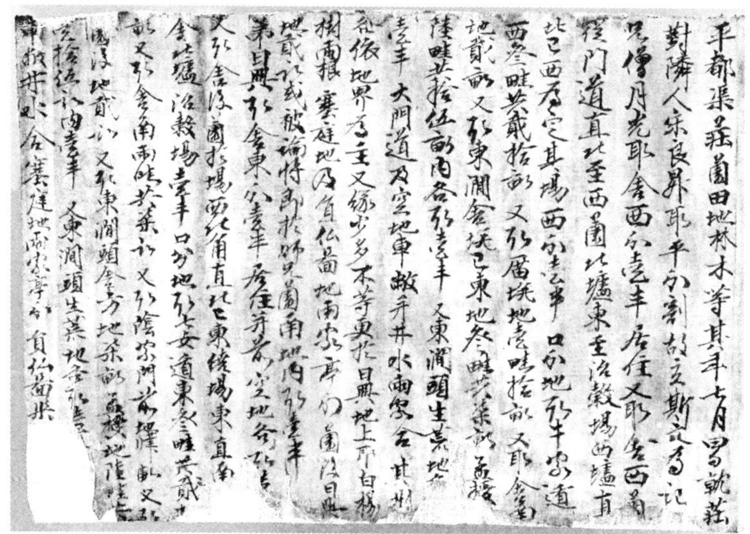

图6　僧张月光张日兴兄弟分书

资料来源：采自法国国家图书馆网页，https：//gallica. bnf. fr/ark：/12148/btv1b83025858. r = Pelliot% 20chinois% 203744？ rk = 21459；2。

兄僧月光取舍西分壹半居住。又取舍西薗从门道直北至西薗北墙，东至治谷场西墙，直北已西为定。其场西分壹半……大门道及空地车敝并井水，两家合。其树各依地界为主。又缘少多不等，更于日兴地上，取白杨树两根。塞庭地及员佛图地，两家亭分。薗后日兴地贰亩，或被论将，即于师兄薗南地内取壹半。弟日兴取舍东分壹半居住，并前空地，各取壹［半］。又取舍后薗，于场西北角直北已东，绕场东直南□□舍北墙，治谷场壹半。[①]

关于敦煌民宅的布局、方位、面积等方面，黄正建、赵贞等学者皆有研究成果问世，[②] 兹不赘。此处补充几幅敦煌的图像资料加以证明；

S. P. 6 是出自敦煌藏经洞的一件历日印本，其中的“镇宅符”部分就有住宅的大体布局（图 7）。从图中看，除供居住的堂舍之外，宅院中还有马坊、鸡舍、羊舍、碓硙台、仓库、佛堂等。这可能是当时敦煌普通农家的住宅院落。

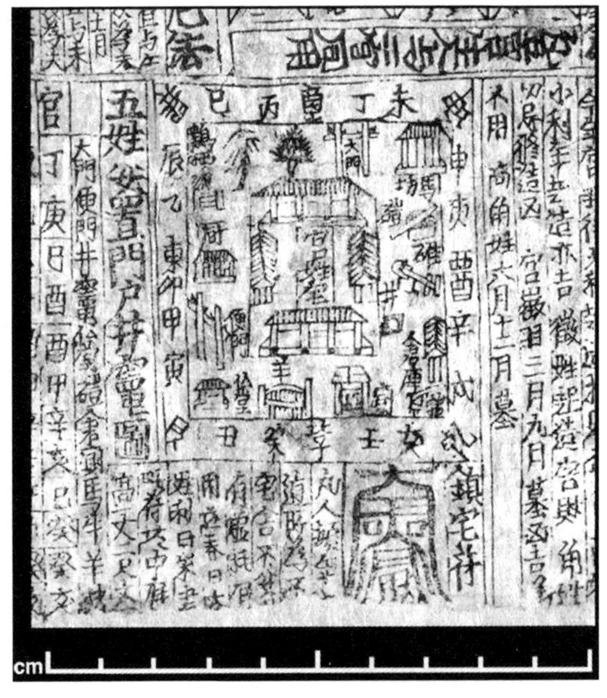

图 7　镇宅符

资料来源：采自国际敦煌项目网页 http：//idp. bl. uk/database/oo_scroll_ h. a4d? uid = 7589488296；recnum = 14223；index = 1。

P. 3121 是一幅绘有一定规模的舍前庄园图残卷（图 8），包括厩、门前圈、巷道、万子胡口马场、万子胡园场并道、东园、井、平水园，以及

① 录文参见唐耕耦《敦煌社会经济文献真迹释录》（二），第 145 页。

② 参阅黄正建《走进日常：唐代社会生活考论》，中西书局，2016；赵贞《唐宋沙州城形制及城坊略论》，《出土文献研究》第 9 辑，2010，等。

舍南地贰拾亩半、舍西地肆拾柒亩（西临大河）等。一个中等农户的所有房屋（图中残缺）、牲畜、土地全部集中在一起，从一个侧面展示了古代敦煌农业家庭的基本情况。

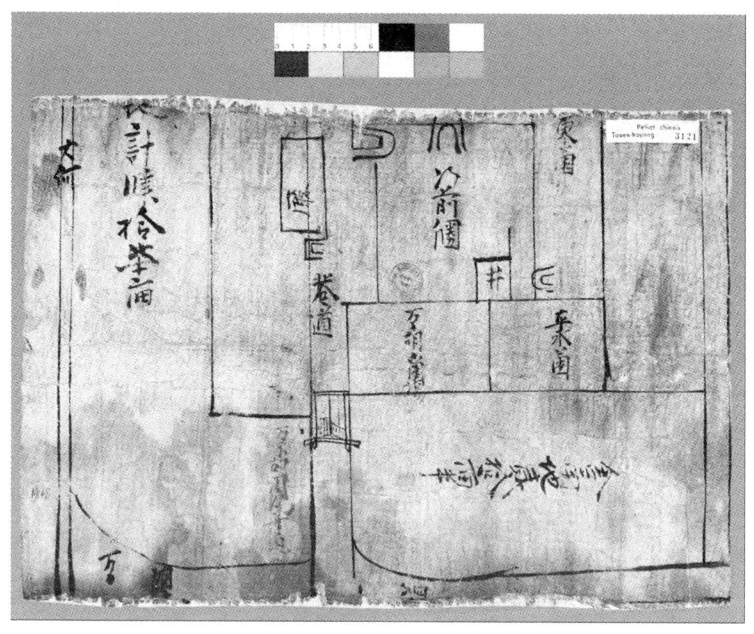

图 8　舍前庄园图残卷

资料来源：采自法国图书馆网页，http://gallica.bnf.fr/ark:/12148/btv1b83014453.r=Pelliot%20chinois%203121?rk=21459;2。

敦煌莫高窟中，有与遗书同时代的多幅壁画绘制有农家庄园图。[①] 如第 85 窟宅舍西连马厩，后边（北边）有正在耕作的田地（图 9）；第 6 窟也是院落西侧为马厩，而东侧与正在耕作的田园（东园）相接（图 10）；第 98 窟所绘庄园布局与第 6 窟相同，只是宅院为两进（图 11）；第 454 窟的规模更大一些：宅院为东西两院，西院连接庑舍，后面（北面）为搭有茅舍、正在劳作的田园，整个庄园依山傍水，显得很有气势和情调（图 12）。第 55 窟绘制的则是院和庑舍后面的田园，包括茅舍、牛栏、果园、

① 本节所述敦煌壁画插图均采自敦煌研究院编，王进玉主编《敦煌石窟全集·生活科技画卷》，商务印书馆香港有限公司，2005，第 82～88 页。

图 9　第 85 窟农家庄园图

图 10　第 6 窟农家庄园图

图 11　第 98 窟农家庄园图

图 12　第 454 窟农家庄园图

农田等（图 13）。这些本来应该是表现佛教经典中关于未来世界“一种七收”等佛国景象的内容，但当时的画家们绘制的却是自己熟悉的社会生产

图 13　第 45 窟农家庄园图

资料来源：图 9 ~ 图 13 所述敦煌壁画插图均采自敦煌研究院编，王进玉主编《敦煌石窟全集·生活科技画卷》，商务印书馆香港有限公司，2005，第 82 ~ 88 页。

与民众生活场景，浓郁的乡土气息和生活情趣，让我们领略了一千多年前的敦煌田园风光，同时也为我们研究古代家庭与社会生活提供了生动而珍贵的图像资料。

附注：本文曾于2017年9月的“敦煌吐鲁番法制文献与唐代律令秩序学术研讨会”宣读，得到与会各位专家的精心指教；随后又蒙审稿老师匡正多处。在此一并深切致谢。

《中国古代法律文献研究》第十二辑
2018 年，第 368 ~382 页

吉仪中是否有“三幅书”？*

——从通婚书说起

〔日〕山本孝子**

摘　要： 本文针对吉仪中所见的三幅一套的书札资料，与重丧的吊答书使用的三幅书进行比较，探讨以通婚书为中心的吉书在唐至宋时期的演变过程。吉仪中书札格式在短时间内不断地发生变化，如别纸的出现与消失、从三幅至多幅，书仪并不能发挥约束其使用范围的作用。实际上以“三”为单位的时间也不长久，而且此“三”幅还可以再行细分，故而推测没有出现像凶仪的“三幅书”那样固有的专用称谓。

关键词： 书仪　吉仪　通婚书　书札格式

宋代《新编婚礼备用月老新书》《婚礼新编》等资料收录有三幅一套的通婚书，却未见其固定名称；[①] 凶仪亦有三幅一套的类似格式，主要在

---

* 本文为国家社科基金青年项目“新出中、日藏敦煌吐鲁番法制文献与唐代律令秩序研究”（项目号为：14CFX056）的阶段性成果。

** 日本关西大学东西学术研究所非常勤研究员。

① 本文所引《新编婚礼备用月老新书》均依据（台北地区）“国家”图书馆所藏本（http://ebook.ncl.edu.tw/webpac/bookDetail.jsp?id=1290&Lflag=1&tuple=1）；所引《婚礼新编》均为任继愈主编《北京图书馆古籍珍本丛刊》72《子部·类书类》（北京图书馆出版社，1999）收录的影印本。

五代时期适用于重丧吊答书，被称为“三幅书”，但到了宋代就被淘汰，司马光《书仪》已不收录。重丧，即父母之丧时所写的吊慰书之演变，见于司马光《书仪》卷九《丧仪五·慰人父母亡疏状》的注释中，其文如下：

> 郑仪书止一纸，云：“月日名顿首”，末云：“谨奉疏，惨怆不次，姓名顿首”。裴仪看前人稍尊，即作复书。一纸月日名顿首。一纸无月日，末云：“谨奉疏，惨怆不次，郡姓名顿首”。封时取月日者向上。如敌体，即此单书。刘仪短疏覆疏长疏三幅书凡六纸，考其词理，重复如一。今参取三本，但尊卑之间，语言轻重差异耳。若别有情事，自当更作手简，别幅述之。若慰嫡孙承重者，如父母法。①

这段内容，提及具有时代代表性的郑仪（元和，部分内容见于 S. 6537v14 郑馀庆《大唐新定吉凶书仪》）、裴仪（初唐，裴矩、虞世南《大唐书仪》，已佚）、刘仪（后唐，刘岳《吉凶书仪》，已佚），概括地介绍重丧吊慰书的特征。在单书、复书之运用时期，书写月日的位置等，在唐代，它与通婚书基本一致。“三幅书”只见于刘岳书仪，前后时期的书仪都没有收录。

通婚书与重丧吊答书相同，唐代应用复书的，如 P. 3849《新定书仪镜》引卢藏用《仪例》云：“今通婚及重丧吊答量留复体、自余悉用单书”,② 大概八世纪上半期以后，复书仅限于隆重礼仪上才选用，一般场合都用单书。那么，这些由“三幅”构成的书札是何时出现的？吉仪中的拟似“三幅书”与凶仪“三幅书”是否同步发展？

“三幅书”这一名称是由数词“三”、量词“幅”、名词“书”构成。“书”即书札，其定语“三幅”体现了书札的格式。具体内容可以参看南唐应之《五杉练若新学备用》卷中所收录的三幅书：

---

① （宋）司马光：《司马氏书仪》（丛书集成初编 1040），商务印书馆，1936，第 105 页。

② 赵和平：《敦煌写本书仪研究》，新文丰出版公司，1993，第 360 页。

三幅书 短封於书边以小纸片子同封，定不得，用图书。

某启。慰疏，已具短封。孟春犹寒，伏惟至孝大德，孝履万福，即日某蒙恩，谨奉疏惨怆不次。谨状。某月日某郡沙门某状上至孝大德　服前　谨空

第二幅

某启。不审自经悲结，孝履如何。伏惟稍抑追摧，以全礼制，祝望之切。谨状。某郡沙门某状

第三幅

某启。伏以贤尊和尚克著嘉猷，早光宗敬，盛烈方崇于当代，真归倏告于此时，远迩悲凉，实惊衰丧。某旦承慈护，伏切追思，云山路赊，未获造慰。谨奉状。伏惟俯赐鉴察。谨状。某郡沙门某状①

各幅主要内容是，第一幅有节气之词，挂念收信人“至孝大德”的身体、平居问安，最后是结尾的套句。开头的“慰疏，已具短封”表示另有准备“短封”，是与“三幅书”一同递送的，哀痛之情都在短封中。② 第二幅还是主要表达挂念之情，类似表现亦见于敦煌写本书仪的吊书。第三幅，第一次涉及亡者“贤尊和尚”，并解释发信人无法亲自去慰唁之旨。那么，三幅一套的类似书札均可沿用“三幅书”的名称吗?

本文将对吉仪通婚书中的拟似“三幅书”与凶仪重丧“三幅书”进行比较，并且探讨这种格式之演变过程，确定其应用范围。

一　书仪中通婚书的演变

首先简单介绍一下唐、五代至宋时通婚书格式的演变情况。

---

① 本文所引《五杉练若新学备用》均为驹泽大学图书馆所藏朝鲜重刊本，彩色图版见驹泽大学电子贵重书库（http://repo.komazawa-u.ac.jp/opac/collections/462/?tm=1508118407219）。

② 关于短封，请参看拙稿《凶儀における「短封」の使用——唐・五代期における書簡文の変遷》，《敦煌寫本研究報》第10号，2016，第109~123页；《〈高野杂笔集〉下卷所收录的两封凶书相关问题研究》，《域外汉籍研究集刊》第13辑，中华书局，2016，第3~18页。短封或许相当于司马光所说的“若别有情事，自当更作手简，别幅述之”的内容。

(一) 敦煌书仪所见唐、五代通婚书

敦煌写本书仪主要于唐、五代时期编纂成书，其中所见的通婚书，有单书、复书两种格式。关于单书、复书之别或其具体运用范例，学界已有不少研究成果,[①] 在此不再赘述。复书是于隆重礼仪中才使用的特殊格式，复书比单书更为复杂，且以用来表示恭敬之意。[②] 首先借着敦煌书仪所收录的通婚书，观察随着时代变迁而转变的书札格式。

P. 3442《书仪》(开元末) 中的通婚书，其内容如下：

通婚书皆两纸真书，往来并以函封内左右名白书，亦云号，亦云次第娘，所以敬礼。

月日，名顿首顿首。阔叙既久未久、虽近，倾属良深若未相识云，藉甚徽犹，每深倾属。孟春犹寒，体履如何？愿馆舍清休。名诸疹少理，言展未即，惟增翘軨，愿敬德厚。谨遣白书不具。姓名顿首顿首。

名白：名第某息某乙弟云弟某乙，侄云弟某兄弟某子，未有伉俪，承贤若干女妹侄孙随言之。令淑［有闻（?)］，愿托高媛，谨因姓某官位，敢以礼［请］。姓名白。

郡姓名白书若尊前人，即云某郡官姓名。

谨谨通某姓位公阁下[③]

书札开头从日期书写，第一段首末各有“名顿首顿首”及“姓名顿首顿首”两句；第二段又从“名白”开始，即发信人称自己的名字开始，最后是以“姓名白”作为结束语，是一封典型的以复书格式书写的书

① 较为集中地讨论单、复书问题的著作有吴丽娱《唐礼摭遗：中古书仪研究》第九章“书仪的书体形式及应用”，商务印书馆，2002，第259~300页；吴丽娱《敦煌书仪与礼法》第六章“复书和别纸的中古创作”，甘肃教育出版社，2013，第237~261页等。

② 请参看拙稿《唐五代时期书信的物质形状与礼仪》,《敦煌学》第31辑，2015年，第1~10页。

③ 赵和平：《敦煌写本书仪研究》，第172页。

札。标题下有“皆两纸真书，往来并以函封”之注释，可知这复书是分两纸，[①] 以楷体书写，而通婚书及答书则是以木函来封缄的。[②]

年代稍晚的 P. 2619v《新定书仪镜》（天宝年间）已不使用复书，其范文是由单书格式构成的。该书《通婚函书》曰：

> 通婚函书往来皆须以函封，无函者可用纸。
>
> 名顿首：阔展既久虽近、未久，答书准此，倾展良深。孟春犹寒，体履如何？愿馆舍清休，名第某息名弟云厶弟兄，随时称之，未有伉俪亦云婚媾，承第若干女厶弟兄之子任言令淑有闻，愿托亦云敢希，敢结高援，谨因某官姓名，敢以礼请。名诸弊少理，言展未由，惟增翘轸。愿敬德遣，白书不具。姓名顿首。[③]

文中不见关于单、复两体的说明，但同书仪《四海吊答书廿首》标题下云：“诸仪复书皆须两纸，今删为一纸，颇为剪浮，但重叙亡人，兼申孝子哀情，参验古今，亦将通体，达者裁择，安敢执焉”，可知像 P. 3442《书仪》等书仪的复书两纸，当时已改为一纸，正如范文所示，有促使人们用单书格式书写之意。不仅吊书如此，通婚书也是如此。P. 3502《新集诸家九族尊卑书仪》（大中年间）所载《通婚书》也使用单书格式。[④]

而 P. 2646《新集吉凶书仪》（大中年间）则又出现新的变化，具体内容如下：

> 通婚书
>
> 厶顿首顿首：阙叙既久，倾临（瞩）良深如未相识，即云久藉岁（徽）猷，未由展觌，倾慕之至，难以名言。

---

① 复书的纸张数量有一纸、两纸两种，两纸者逐渐被减为一纸。复书的使用范围也愈来愈小，被单书所代替。

② 关于函封，请参看拙稿《ハコを用いた封緘方法——敦煌書儀による一考察》，《敦煌寫本研究年報》第 7 号，2013，第 281 ~ 296 页。

③ 赵和平：《〈敦煌写本书仪研究〉订补》第 3 卷，北京大学出版社，1998，第 243 页。

④ 赵和平：《敦煌写本书仪研究》，第 615 页。

时候，伏惟厶位动止万福，［愿］馆舍请（清）休如前人无妻即不同（用）此语。即此厶蒙推免，展拜未由，但增翘轸，谨奉状不宣。谨状。厶郡姓名顿首顿［首］。

别纸

厶白：弟（第）几男或弟或姓（侄）任言之念久（已）成立，未有婚媾。承贤弟（第）厶女或妹侄女令淑有闻，四德兼备，愿结高援，谨因媒人厶氏［厶乙］，敢以礼请。脱若不遣，伫听嘉命。厶白。[1]

这封通婚书与别纸为一套，虽然由两部分构成，但并不是复书格式。与此相应有女方的《答婚书》，同样配有“别纸”，一并纳入函内而递送给对方。P. 3909《今时礼书本》（唐末五代）、《论女家答婚书》、《男家通婚书本》及《女家通婚答书》中也可见到类似范文，[2] 均是运用“别纸”的。[3]

现存敦煌写本书仪中不仅不见“三幅书”，而且还在这段时期内从复书转变为单书简化的通婚书格式，但至唐末，随着别纸的出现，又开始朝向冗长繁杂的风格发展，宋代就出现了长度增至三幅者。

（二）《新编婚礼备用月老新书》《婚礼新编》中所见的宋代通婚书

宋代资料中可发现有三幅一套的通婚书。宋·编者不详的《新编婚礼备用月老新书》后集卷一《启状诸式门·函书制度》注释曰：

函书三幅皆以色笺写、连卷内（纳）于函中。

这一函书制度基本继承唐代之制，只是封缄的对象，即通婚书的格式及体

---

① 赵和平：《敦煌写本书仪研究》，第538页。

② 赵和平：《敦煌表状笺启书仪辑校》，江苏古籍出版社，1997，第374～375页。

③ 《五杉练若新学备用》所收录的《慰师亡》、《慰父母亡》（皆为重丧），不仅有三幅书，同时还提示复书的写法，也是分两段内容构成的。

裁有所不同，此处明确表明是“三幅”。那么，“三幅”的详细状况如何？从《新编婚礼备用月老新书·公启式》注释可以略知一二。该段文句云：

又谓之“十二行启”、分为二幅。与婚启合为三幅。

意思是“公启”又被称为“十二行启”，这部分由二幅构成；另外还有“婚启”一幅，一共三幅。公启范文的具体内容又是如何呢？

常用第一幅式

某启。孟春犹寒。共惟亲家某官无官即云“某郡亲家学士”台候动止万福。某即日蒙恩。谨具启起居不宣。谨启。

月　日忝戚具位姓某有官即云忝戚某官启上

亲家某官台座

常用第二幅式

某启。不审迩辰台用何似。未田（由）无官即云“履用”参觐。伏乞顺时倍保崇重。某下情无任祝颂之至。

忝戚具位媒某启

文中并没有特别谈到婚姻的事情，主要问候寒温、问候对方的身体情况而已。《新编婚礼备用月老新书》还收录有《四六新体分十二月式凡二幅各二篇》，各月的标题为《●月公启新式凡二幅》及《又●月公启新式凡二幅》（●代表正月至十二月的各月份），这些公启是以四六文所编的问候节气之词，与婚姻正题关系不大。婚姻的相关事情都在《书启式》之项所列的范文之中，即“婚启”之中，具体来说有《系臂四六启式》《聘定四六启式》以及各自所示的回书。另外，还有题为《系臂并幅启式》的范文，目录与范文的标题下各附“合三幅为一幅”及“系三幅并为一幅”的批注，可知当时还有将公启二幅、婚启一幅的三幅合并作为一幅的一种简便形式，称之为“并幅启”。但这个“并幅启”好像只限用于系臂,[①] 于聘定却不使用之。

宋·丁昇之《婚礼新编》卷一《十二行启式》是由《第一幅》《第二幅》《第三幅》构成的，而《第三幅》的内容随着婚姻仪式的进展，分别提供《请媒》、《求亲》及《送定》的各种范文。[②] 其书札格式与《新编婚礼备用月老新书》大同小异，两者成书年代应该相差不远。

二　日常往来使用的拟似“三幅书”

日常往来的书札，在敦煌书仪中所见的都以单书格式出现，但是这并不意味着唐代没有使用过复书格式。除了吐鲁番出土的72TAM169：26（b）《（拟）高昌书仪》中的《相闻仪》与伯、叔、姑等几件书札皆为复书之外,[③] 还有朱法满撰《要修科仪戒律钞》卷一五《道士吉凶仪·通启仪第一》中的《与父母书》，单、复可以任意选用。其《与父母书》之文曰：

> 题云：爷娘　几前　某言疏女某氏言疏
>
> 月日某言。孟春，伏惟增怀若无经正冬节，及尊者二亲在，不须云“伏惟增怀”，即移“孟春”着于“犹寒”之上，余皆准此。违离未已久，思恋无譬，奉某曰诲，伏慰下情不得书云“不奉近诲，夙夜惶惧”。
>
> 犹寒，不审尊体起居何如。伏惟寝膳胜常，即日某蒙恩，接侍有违，唯增驰结。伏愿珍和。某言疏不备。谨疏若作单书，移月日于后，云“谨疏”。自此已下，书皆准此。

---

① 系臂者，典出《晋书·后妃传上·胡贵嫔》：“泰始九年，帝多简良家子女以充内职，自择其美者以绛纱系臂”，此处应指定亲，系臂启即定亲书。参见（唐）房玄龄等《晋书》，中华书局，1974，第962页。

② 关于《婚礼新编》，更详细的内容请参看拙稿《〈婚禮新編〉卷之一所收“書儀”初探》，东方学研究论集刊行会编《高田時雄教授退職記念東方學研究論集》（日英文分册），臨川書店，2014，第282~293页。另外，新近出版了《婚礼新编校注》，上海古籍出版社，2017。

③ 72TAM169：26（b）首尾均缺，复书的应用范围不仅对这些人物，原来应当收录有更多的复书。参见赵和平《敦煌表状笺启书仪辑校》，第452~455页。

最后有“若作单书，移月日于后，云‘谨疏’”的注释，可知此范文是用复书格式。亦具有日期写在开头的复书特征，与 P. 3442《书仪》卷下《凡例一首》云“凡复书以月日在前、若作单书、移月日在后、其结书尾语亦移在后”[①] 相一致。由此可以确认唐代初期确实使用过复书。[②] 再加上此文又可以作为单书使用，可见当时写信给父母的时候，单书、复书都是可以被选用的。时代稍晚的敦煌写本书仪中，吉仪日常往来的书札均为单书，随即进入简便实用阶段。

后来，如同通婚书一般，在时代较晚的书仪中出现了与别纸一套的格式，而且其书札由三个部分构成，似乎是“三幅书”。P. 3906《（拟）书仪》（五代）中云：“凡修书，先修寒温，后便问体气，别纸最后。”[③] 即写信的时候，先有节气之词，其次问对方的身体状况，最后再添别纸，一封书札划分三个部分。[④] P. 3906 写本有残缺而不见有与此相对应的范文，但其具体书札写法可以参看《五杉练若新学备用》卷中所收录的《上尊人阔远书》。其书札范文的释文如下：

上尊人阔远书内二幅寒暄问体

某启。孟春犹寒，伏惟某官尊体起居万福。即日蒙恩，谨奉状不宣。谨状。月日具位某状上某官座前
谨空

座前等已论了，若［平］交或稍卑，即云“尊体万福”，除“某启”、问体或云“不审自履，新春
时候”，问体无草押名。

问体

某启。不审近日体气何似。伏惟顺时倍加保重，私诚祝望。谨状。具位某状

① 赵和平：《敦煌写本书仪研究》，第 184 页。

② 《要修科仪戒律钞》的成书年代大约在武则天至玄宗时期。参见小幡みちる《〈要修科儀戒律鈔〉にみえる書儀について》，《史滴》33，2011，第 91 ~ 110 页。

③ 赵和平：《敦煌表状笺启书仪辑校》，第 383 页。

④ 吴丽娱认为“成为两纸”，似乎根据不足。三个内容是否各为一纸，还是并写一、两纸中，关于纸张数量的问题，因资料有限，目前无法下结论。参见吴丽娱《敦煌书仪与礼法》，第 265 页。

别纸

某启。伏自阻违尊德屡易，年华近即云“时望已更”既迢递于山川，但攀悬于且夕，伏计式遵时叙克固清休，机神既锐于安居，雅用但增于祷祝，尚兹阻远违果趍承，谨贡柔毫，用陈丹素。伏惟尊明俯赐照察。谨状。具位某状别纸方草押名

极尊人不合用图书也。平交即可。时候等，此下皆同此例，须着签子端谨小书。

封样

谨谨上某官座前具銜某状封。

第一部分从“孟春犹寒”即寒暄开始陈述，第二部分《问体》则问身体如何，最后部分为《别纸》，完全与 P. 3906《（拟）书仪》的记载相符。值得注意的是，这并非复书加别纸作为一套使用的，第一、二幅的格式与复书有所不同，① 而与《五杉练若新学备用·三幅书》一样，日期在第一幅的末尾。附在标题的注释云：“内二幅寒暄问体”，每一个部分的单位词用“幅”，现有的三个部分或许我们可以称之为“三幅书”。但是，不同于《三幅书》，每幅内容有“问体”“别纸”等固有的独立名称。不管是通婚书还是日常往来的书札，“别纸”的出现与书札内容变多的趋势有密切关系，在吉仪拟似“三幅书”中占有重要地位。但是，“别纸”不见于凶仪中。

P. 3906《（拟）书仪》及《五杉练若新学备用》均为五代时期的资料，可知当时这样的格式已经相当普及且反映于书仪中，同时通过这些书

① 《五杉练若新学备用》还收录有小师上和尚的“咨目”范文。P. 3691《新集书仪》（五代）《弟子与和尚书》最后有注释说：“余具别纸中”。此处的“别纸”，笔者曾理解为“另外一张纸”，不是专有名词，而与《五杉练若新学备用》中的《和尚咨目样》有关（参见拙稿《敦煌發見の書簡文に見える“諮”——羽 071“太太與阿耶、阿叔等書”の書式に関して》，《敦煌寫本研究年報》第 9 号，2015，第 93 ~ 109 页）。据《五杉练若新学备用》，咨目比别纸更具有实质性，可以任意传递信息，别纸却有较为固定的写法，大多内容是套话，讲究形式，用来示敬。就《五杉练若新学备用》而言，咨目用于僧人之间，别纸是官人之间使用的，两者的区别还需要进一步研究，准备另撰一文。

仪实现普遍推广。五代时期不仅有凶仪的“三幅书”，吉仪也会使用拟似“三幅书”。前引司马光《书仪》卷一《上尊官时候启状》注释云“又今人与尊官书多为三幅，其辞意重复，殊无义理。凡与人书所以为尊敬者在于礼数辞语。岂以多纸为恭耶，徒为烦冗而不诚不足法也”，也说明这种形式在司马光的时代依然盛行。另外，从司马光的注释或《五杉练若新学备用》“极尊人不合用图书也。平交即可”之语可知，这三幅一套的书札主要使用于尊长，是比较恭敬的礼仪，也可以用于平交，但对于卑幼则不适合。

三　存世文献中的记录

宋赵颜卫《云麓漫钞》卷四还有如下记载：

> 古尺牍之制……《北梦琐言》云：“唐卢光启受知于租庸使张浚，浚出征并汾，卢为致书疏，凡一事，别为一幅。后不闻他人为之。唐末以来，礼书庆贺为启，一幅前不具衔，又一幅通时暄，一幅不审迩辰，颂祝加餐；此二幅，每幅六行。共三幅。宣政间，则启前具衔，为一幅，又以上二幅六行者同为公启，别迭七幅为一封。秦忠献当国，有投以劄子者，其制，前去‘顿首’、‘再拜’，而后加‘右谨具，申呈月日，具官姓名’，劄子多至十余幅，平交则去‘申’字。庆元三年，严迭楮之禁，只用三幅云。”① 后又只许用一幅殊为简便。②

文中所记载的书札演变，尤其与婚姻有关的书札内容（画线部分），从《新编婚礼备用月老新书》等相关书札范文中可以得到佐证。“礼书”，指的应当是确立婚姻过程（六礼）中所用的文书（三书）之一，在吉仪的其

① 现行《北梦琐言》所记载内容与此稍有出入。《北梦琐言》卷四《陆扆相六月及第卢光启附》载：“卢相光启……清河出征并、汾，卢每致书疏，凡一事别为一幅，朝士至今效之。盖八行重迭别纸，自公始也。”引自孙光宪撰《北梦琐言》，贾二强点校，唐宋史料笔记丛刊，中华书局，2002，第78~79页。

② 赵彦卫：《云麓漫钞》，傅根清点校，唐宋史料笔记丛刊，中华书局，1996，第63~64页。画线为笔者所加。

他庆祝、祝贺场合也应该大同小异。“一幅前不具衔”的意思应该是《新编婚礼备用月老新书·书启式》的各部分的开头第一句“具位姓某”，但不见于P.2646《新集吉凶书仪》及P.3909《今时礼书本》等唐末五代的书仪之中，[①]如后文所述“宣政间，则启前具衔”那样，是在徽宗政和至宣和年间（1111~1125）才开始出现的。“启”者，即是《新编婚礼备用月老新书》所谓的“婚启”，“此二幅”就是《新编婚礼备用月老新书》的“公启”[释文见本文第一章（二）]，《公启式》的标题有注释云：“又谓之十二行启，分为二幅。与婚启合为三幅”，与后文“又以上二幅六行者（=共十二行）同为公启”也相对应。可知，“唐末以来”婚姻庆贺的书札中已有共三幅的一种格式，可以弥补目前所存书仪无法反映的阶段性空白，[②]而吉仪、凶仪三幅书出现的时间应该相差不远。到了徽宗的时代，又出现一幅“婚启”、二幅“公启”以及别迭七幅组合作为一封的新格式。[③]“别迭”指的是后来被称为劄子的书札，[④]其“七幅”者见于《新编婚礼备用月老新书·劄子式》中的《新聘七提头劄式》及《回新聘七提头劄子》，如范文中由数字来表示，内容由七个部分组成。南宋·秦忠献

① 吴丽娱指出：“颇疑‘不’为衍文，当是‘一幅前具衔’之误。”参见吴丽娱《关于晚唐五代别纸类型和应用的再探讨——〈新集杂别纸〉研究之二》，《魏晋南北朝隋唐史资料》第30辑，上海古籍出版社，2014，第202页。但是，据现存书仪可以判断，原文应当无误。在唐末五代至宋的私书格式中，开头“具衔”者还有大状、前衔书、门状等。

② 在成书年代介于敦煌书仪与《新编婚礼备用月老新书》《婚礼新编》之间的司马光《书仪》中只见婚姻仪式过程，但未见收录相关书札范文。所以，五代至北宋时期的通婚书的具体形式、实际内容不详。但是司马光一直批判、不支持多纸，因而可以推断无论时俗如何，司马光的立场是要推广使用简便方式而维持书仪的规范性，不一定完全反映当时流行的情形。

③ 吴丽娱也曾引用此文，并解释：“这种‘凡一事别为一幅’的书状如果作为礼贺之书，那么前三幅都是祝贺寒暄，后四幅才是言事，这显然是将礼仪性的复书和请事申事的别纸两种功能加以结合了。”参见吴丽娱《敦煌书仪与礼法》，第271页。但是，笔者认为唐卢光启的书疏与唐末以来的礼书庆贺之间并没有直接关系，只是均为“古尺牍之制”而已，因为现行《北梦琐言》卢光启条并没有提到关于礼书的记载；“礼书庆贺”并不是一般的礼贺之书，而应该是婚姻礼书；“别迭七幅”不应该是三幅与四幅的组合，而是婚启为一封、公启两幅与及别迭七幅为一封，共十幅两封为一套。书仪中频用的量词“幅”“纸”“封”有时会通用，但还是有区别的。

④ 《新编事文类聚翰墨全书》甲集卷四《诸式门·启劄》载：“劄子谓之叠幅”。[（元）刘应季：《新编事文类聚翰墨全书》，正统十一年翠岩精舍刊本]虽然各资料中的名称有所不同，但从名称、用途来看劄子、别迭、迭幅，三者应具备同一类书札格式体裁，它们之间至少有渊源关系。

(即秦桧)当宰相时，开始使用劄子(可能指的是名称的变化)，《新编婚礼备用月老新书·劄子式》收录有《新聘五提骈劄式》、《回聘五提骈劄式》、《新聘七提头劄式》及《回新聘七提头劄式》共四篇范文，其中确实没有“顿首”“再拜”之语，书末署名处虽然稍有出入，但都以“右谨具申呈月日”结束。[①] 庆元三年(1197)“严迭楮之禁”，限于“三幅”，正因如此，《新编婚礼备用月老新书》中有的“劄子”才不见于《婚礼新编》。[②]

同样记录又见于宋·陆游《老学庵笔记》卷三：

> 宣和间，虽风俗已尚谄谀，然犹趣简便，久之，乃有以骈俪笺启与手书俱行者。主于笺启，故谓手书为小简，犹各为一缄。已而或厄于书吏，不能俱达，于是骈缄之，谓之双书。绍兴初，赵相元镇贵重，时方多故，人恐其不暇尽观双书，乃以爵里，或更作一单纸，直叙所请而并上之，谓之品字封。后复止用双书，而小简多其幅至十幅。秦太师当国，有谄者尝执政矣，出为建康留守，每发一书，则书百幅，择十之一用之。于是不胜其烦，人情厌患，忽变而为劄子，众稍便之。俄而劄子自二幅增至十幅，每幅皆具衔，其烦弥甚。而谢贺之类为双书自若。绍兴末，史魏公为参政，始命书吏镂版从邸吏告报，不受双书，后来者皆循为例，政府双书遂绝。然笺启不废，但用一二矮纸密行细书，与札子同，博封之，至今犹然。然外郡则犹用双书也。[③]

这段内容涉及字样、文体、封缄方式等，不限于与婚姻相关的书札，可以与书仪、《云麓漫钞》互相补充。北宋·宣和年间(1119~1125)，虽然充斥着谄谀之风，但开始趋于简便，“笺启”配“手书”(“小简”)为一套，

① 据上引《新编婚礼备用月老新书》后集卷之一《启状诸式门·函书制度》注释“函书三幅皆以色笺写、连卷内(纳)于函中”推测，三幅与劄子是分别封缄的。

② 《婚礼新编》成书年代在南宋12世纪以后，具体时间未详。请参看拙稿《〈婚禮新編〉卷之一所收“書儀”初探》，第282~293页。若是如此，《婚礼新编》的成书年代要晚于《新编婚礼备用月老新书》。

③ (宋)陆游：《老学庵笔记》，李剑雄、刘德权点校，中华书局，1979，第37页。

个别封缄，后又一并封之，被称为“双书”。[①] 从“主于笺启”来看，一套书中有主从之别，而书札核心放在笺启。这在礼仪方面被认为是有意义的，但是以书札作为通讯之用来说，却不理想，因此才需要“更作一单纸，直叙所请而并上之”。于是，南宋绍兴（1131～1162）初期，“双书”再增添一张纸条，将三者合成一封（“品字封”），[②] 这时就出现三幅一套的书札格式。接着，又开始使用劄子，但其数量甚多且书写繁琐，而谢书贺状依然使用双书。到了绍兴末期，就连双书也不使用了。

从《云麓漫钞》《老学庵笔记》来看，一般吉书与通婚书的演变大概是同步发展的。在吉仪中，三幅至多幅书札的使用范围没有像敦煌写本书仪所见的复书格式或凶仪的三幅书那样受到明确限制，对尊者广泛使用，其内容、形式多样，变动不居。

从以上资料可以看到，书札的幅数一直在变化，都曾经历过多到繁琐的一段时期。宋·沈括《梦溪补笔谈》卷三《杂志》亦曰：“前世书启甚简。亦少用联幅者。后世虚文浸繁，无昔人款款之情。此风极可惜也。”[③] 如上所引，司马光连三幅的书信都觉得内容重复，进而批判以多为恭的状况。事实上，唐人早有批判，P. 3849《新定书仪镜》引卢藏用《仪例》称：“何必一封中，都为数纸。”书仪想必也是万般无奈，不仅在这方面对世人并没有发挥模范作用，还未能控制住幅数的增加，由于时代的趋势不变，实际应用的情况并不限于“三幅”之内，甚至还有范义收录在《新编

① 双书，亦被称为“双封”。《新编婚礼备用月老新书》后集卷一《书启式》载：“聘启本是包大状在内，凡用三幅笺纸。今世又有除去大状，只用一幅聘启与礼物状作‘双封’，外却用一”；《新编事文类聚翰墨全书》甲集卷四《诸式门·启劄》载：“劄子谓之迭幅，小简与启事各封题，外合为一封，谓之‘双封’。小官之事，长官皆用此式。后士大夫以其文繁，启劄各用纸一幅，并吏楷小书为尊，唯于谢启用纸数幅连黏，亦吏楷，以字大为重。”此外，《新编事文类聚翰墨全书》还有“劄，唐以前无此体，此欧苏集中有奏劄，乃臣告君之辞，其余书翰往复亦不见有劄体。凡迭幅提头只曰尺牍手简，如近体用启必用劄，提头迭幅不胜其烦牍，后之用工翰墨者宜变化此体矣”的说明，《老学庵笔记》所载内容与此相符，或互为补充。

② 关于封缄方式，《五杉练若新学备用·复书封样》注释有“三幅书，亦如此”之语。从此判断，“三幅书”也是合成一起封缄的；《上尊人阔远书》的《封样》只有一例，这三幅内容也应该一并封缄。另外，《五杉练若新学备用》中吊慰之三幅书也没有实际内容，哀痛之情（即书札正题）都在短封中；但是，短封是“此隔越在远，或经晦朔外”时才需要，而不是吊慰书必须附加的，一并寄送的书札中还是可见主从、正副之别。

③（宋）沈括：《梦溪补笔谈》，丛书集成初编 0283，商务印书馆，1937，第 28 页。

婚礼备用月老新书》中，得到广泛流传，最终引致了吴丽娱的批评“重要的不在于内容而在于形式”,① 这说明了徒有形式用以示敬的状况。复书转单书简化的改革潮流，在一种矛盾中逆行而产出了“别纸”、一套书中的主从之别，也就成为书仪约成的定式，如此一来，书仪与时俗便同步进行普及了。

小　结

书札格式在短时间内不断地发生变化，如别纸的出现与消失、从三幅至多幅，书仪也未能起到约束其使用范围的作用。唐末五代三幅书出现之前，吉仪、凶仪的书札格式的演变过程大致相同。但凶仪不再出现更多幅，以三幅为最。而吉仪通婚书、日常往来书札，实际上以“三”为单位的时间也不长久，而且此“三”幅还可以再行细分，如《五杉练若新学备用》的三幅为二幅寒暄问体及一幅别纸；《新编婚礼备用月老新书》的三幅是由二幅公启与婚启构成的。三幅之间的内容、性质各有不同，组合有别。正因如此，这些模式无法产生像凶仪的“三幅书”那样固有的专用称谓。

① 吴丽娱：《敦煌书仪与礼法》，第 249 页。

《中国古代法律文献研究》第十二辑
2018 年，第 383 ~433 页

《天圣令·狱官令》译注稿*

中国社会科学院历史研究所《天圣令》读书班**

摘　要："狱官"作为令篇之名始见于西晋《泰始令》，列为第 14 篇；在《唐六典》所载《开元令》篇目中，"狱官"列为第 24 篇；《天圣令》残卷所存《狱官令》被标为第 27 卷，存有宋令 59 条、唐令 12 条。本稿以《天圣令·狱官令》为译注对象，注释字词、阐释制度、明晰流变、翻译文句，是继《〈天圣令·赋役令〉译注稿》《〈天圣令·仓库令〉译注稿》《〈天圣令·厩牧令〉译注稿》《〈天圣令·关市令〉译注稿》《〈天圣

---

* 本稿为 2015 年度全国高等院校古籍整理研究工作委员会直接资助项目"天一阁藏明钞本《天圣令》补校与译注"（批准编号为：1511）的阶段性成果。本稿所引《天圣令》令文"唐 ×""宋 ×"，以《天一阁藏明钞本天圣令校证（附唐令复原研究）》（中华书局，2006，以下简称《天圣令校证》）之清本为准。至于相关体例，敬请参见中国社会科学院历史研究所《天圣令》读书班《〈天圣令·赋役令〉译注稿》，徐世虹主编《中国古代法律文献研究》第 6 辑，社会科学文献出版社，2012。又，在冯立君（陕西师范大学）、金珍（中国人民大学、韩国成均馆大学）的协助下，读书班参考了金铎敏、河元洙主编《天圣令译注》（慧眼出版社，2013）的部分韩文译文。

** 执笔分工如下：宋 1 ~8，张美侨（日本国际佛教学大学院大学）；宋 9 ~18，徐畅（北京师范大学）；宋 19 ~26，王怡然（北京大学）；宋 27 ~36，冯立君（陕西师范大学）；宋 37 ~48，晁群（重庆大学）；宋 49 ~59，牟学林（曲阜师范大学）；唐 1 ~12，刘夏欣（北京师范大学）。全稿经读书班全体成员讨论，吴丽娱、黄正建、牛来颖三位老师审读，由赵晶（中国政法大学）统稿而成。

令·捕亡令〉译注稿》《〈天圣令·医疾令〉译注稿》《〈天圣令·假宁令〉译注稿》《〈天圣令·田令〉译注稿》之后，中国社会科学院历史研究所《天圣令》读书班所推出的第九种集体研读成果。

关键词： 天圣令　狱官令　译注

宋1　诸犯罪，皆于事发处州县推断。在京诸司人事发者、巡察纠捉到罪人等，并送所属官司推断。在京无所属者，送开封府。（虽有所属官司，无决罚例［一］者，准此。）

【源流】

《唐六典》卷六《尚书刑部》"刑部郎中员外郎"条："凡有犯罪者，皆从所发州、县推而断之；在京诸司，则徒以上送大理，杖以下当司断之；若金吾纠获，亦送大理。"①

【注释】

［一］决罚例：即时处决、刑罚，不能行使官当、赎免的法律规定（与当赎例相对）。《宋刑统》卷三〇《断狱》"断罪不当"门载："即品官任流外及杂任，于本司及监临犯杖罪以下，依决罚例。疏议曰：'品官任流外及杂任'"，谓身带勋官、散官而任流外及杂任者。'于本司及监临'，谓于本司及临时监统者。若犯杖罪以下，依流外、杂任之例决杖，不准官品征赎。若徒罪以上，自依当、赎法。其有准荫应赎者任流外及杂任，若犯杖罪以下，亦准品官，依决罚例。"②

【翻译】

犯罪，都由事发地州县审判。京城各司的官吏［犯罪］事实败露，［以及］巡察时纠问、抓捕到的罪犯等，都送交所属官司推问、审断。在京没有所属官司的，送交开封府。（虽然有所属官司，但不适用决罚例的，依此［处理］。）

---

① （唐）李林甫等：《唐六典》，陈仲夫点校，中华书局，1992，第189页。
② （宋）窦仪等：《宋刑统》，薛梅卿点校，法律出版社，1999，第562页。

宋2 诸犯罪，杖〔罪?〕以下，县决之；徒以上，送州推断。若官人犯罪，具案录奏，下大理寺检断［一］，审刑院详正其罪［二］，议定奏闻，听敕处分。如有不当者，亦随事驳正。［1］其应州断者，从别敕。①

【校勘】

［1］根据文意，改“，”为“。”。

【注释】

［一］检断：此处指大理寺的检法断罪。宋代的审判实行“鞫谳分司”，鞫司审讯，谳司检断。北宋前期，大理寺并不设审讯机构，只负责详断天下奏报的案件。《续资治通鉴长编》卷三二，宋太宗淳化二年（991）八月己卯条载：“凡狱上奏者，审刑院印讫，以付大理寺、刑部断覆以闻，乃下审刑院详议”。② 神宗元丰改制，大理寺设置左断刑检断案件，右治狱审讯案件。且右治狱审讯的案件需转到左断刑的部门去检法断罪。③

［二］审刑院：北宋淳化二年（991）八月十二日始置。宋代前期，审刑院详议经大理寺断刑和刑部覆核后的案件。元丰三年（1080）审刑院撤销后，审刑院并归刑部，由刑部详议。④

【翻译】

犯罪，杖刑以下，［由］县判决；徒刑以上，送交州推问、断罪。如果是官人犯罪，备办案卷、记录上奏，交付大理寺检法断罪，审刑院审慎地辨析罪刑［是否妥当］，商议确定［后］上奏，等候诏敕处分。如果有不妥当的，也根据情况驳回纠正，应该［由］州审断的，依照别敕［处理］。

---

① 关于“别敕”，参见中国社会科学院历史研究所《天圣令》读书班《〈天圣令·赋役令〉译注稿》，徐世虹主编《中国古代法律文献研究》第6辑，第336页。

② （宋）李焘撰《续资治通鉴长编》卷三二，宋太宗淳化二年（991）八月己卯条，中华书局，1995，第718页。

③ 关于大理寺左断刑、右治狱的审判活动，参见戴建国《宋代鞫、谳、议审判机制研究——以大理寺、审刑院职权为中心》，《江西社会科学》2018年第1期，第114~117页。

④ 龚延明编著《宋代官制辞典》，中华书局，1997，394页。

宋3 诸在京及诸州见禁囚，每月逐旬录囚姓名，略注犯状及禁时月日、处断刑名［一］，所主官署奏，下刑部审覆。如有不当及稽滞，随即举驳，本部来月一日奏。

【源流】

《唐六典》卷六《尚书刑部》“刑部郎中、员外郎”条：“凡在京诸司见禁囚，每月二十五日已前，本司录其所犯及禁时日月以报刑部。（来月一日以闻。）”[①]

【注释】

［一］刑名：五刑之名。具体有笞、杖、徒、流、死五刑。[②]

【翻译】

京城和各州的在押囚犯，每月每十天分别登记他们的姓名，简要注记犯罪情状、拘押日期和科处决断的刑罚种类，［由］主管官员署名上奏，交付刑部审查复核。如果有不妥当和拖延积压［的情况］，立即质疑并驳正，刑部［于］下个月的一日上奏［皇帝］。

宋4 诸举辖刑狱官，常检行狱囚锁枷［一］、铺席及疾病、粮饷之事，有不如法者，随事推科［二］。

【注释】

［一］锁枷：锁和枷。锁是铁质刑具，用以系束头颈手足、牵引犯人之用。如《隋书》卷二五《刑法志》所载《北齐律》之规定“罪刑年者锁，无锁以枷”。[③] 唐代对锁的大小有了明确规定，宋代延续其制。[④] 枷则是一种戴在囚犯颈部的木质刑具。魏晋时期枷作为刑具逐渐普遍，唐代对枷的大小有明确规定，宋代开始增加了有关重量的规定。[⑤]

［二］推科：审问判罪。《资治通鉴》卷二〇〇唐高宗龙朔二年（662）三月条载：“（薛）仁贵于所监临，贪淫自恣，虽矜所得，不补所

① 《唐六典》，第192页。
② 《宋刑统》卷一《名例》“五刑”门，第1页。
③ （唐）魏徵等：《隋书》，中华书局，1973，第706页。
④ 《唐六典》，第191页；《宋刑统》卷二九《断狱律》“应囚禁枷锁杻”门，第530页。
⑤ 林沄：《枷的演变》，《中国典籍与文化》1994年第3期，第103～107页。

丧。并请付法司推科。”胡三省注曰：“推科者，推问而科处其罪。”[①]

【翻译】

负责管理刑狱的官员，［应］经常巡行查验狱囚的枷锁、铺席和疾病、粮饷等事，如遇到不合法情形，根据情况推问科罪。

宋5 诸决大辟罪，在京者，行决之司一覆奏，得旨乃决。在外者，决讫六十日录案奏，下刑部详覆，有不当者，得随事举驳。其京城及驾所在，决囚日，内教坊［一］及太常并停音乐。外州决囚日，亦不举乐。

【源流】

《通典》卷一六八《刑法六》“考讯附大唐”条：“诸决大辟罪，在京者，行决之司五覆奏；在外府，刑部三覆奏。（在京者，决前一日二覆奏，决日三覆奏。在外者，初日一覆奏，后日再覆奏。纵临时有敕，不许覆奏，亦准此覆奏。）若犯恶逆以上，及部曲、奴婢杀主者，唯一覆奏。其京城及驾在所，决囚日尚食进蔬食，内教坊及太常寺并停音乐。”[②]

【注释】

［一］内教坊：唐代内廷兼习雅、俗之乐的音乐机构。[③]宋代教坊主要继承晚唐五代出现的仗内教坊，原本隶属于掌管礼仪的宣徽院，宋神宗熙宁九年（1076）后归于太常寺管理，主要演奏仪式性音乐。[④]

【翻译】

处决死刑，在京城的，执行处决的官司［要向皇帝］覆奏一次，得到圣旨才能处决。在京城外的，处决结束［后］六十天［内］记录备案、上奏，［然后］交付刑部详加覆核，有不妥当的，可以根据情况检举［并］驳正。［在］京城以及皇帝御驾所在之处，处决死囚当天，内教坊和太常寺都停止［演奏］音乐。外州处决死囚当天，也不演奏音乐。

---

① （宋）司马光：《资治通鉴》，中华书局，1956，第6328页。

② （唐）杜佑撰《通典》，王文锦等点校，中华书局，1988，第4349页。

③ 左汉林：《唐代的内教坊及相关问题考论》，《渤海大学学报》2007年第1期，第79～83页。

④ 赵维平：《宋教坊的形成、内容及与唐教坊的关系考》，《音乐艺术》2014年第2期，第108～113页。

宋6 诸决大辟罪皆于市，量囚多少，给人防援[①]至刑所。五品以上听乘车，并官给酒食，听亲故辞诀，宣告犯状，皆日未后乃行刑。（犯恶逆以上［一］，不在乘车之限。决经宿，所司即为埋瘗。若有亲故，亦任收葬。）即囚身在外者，断报之日，马递[②]行下。

【源流】

《通典》卷一六八《刑法六》“考讯附唐”条：“诸决大辟罪，皆防援至刑所，囚一人防援二十人，每一囚加五人，五品以上听乘车，并官给酒食，听亲故辞诀，宣告犯状。皆日未后乃行刑。（犯恶逆以上，不在乘车之限。决经宿，所司即为埋瘗，若有亲故，亦任以瘗之。）即囚身在外者，奏报之日，不得驿驰行下。”[③]

【注释】

［一］恶逆以上：指谋反、谋大逆、谋叛、恶逆四罪。《宋刑统》卷一《名例》“死刑”条载：“唐建中三年八月二十七日敕节文：其十恶中，恶逆以上四等罪，请准律用刑……释曰：恶逆以上四等罪，谓谋反、谋大逆、谋叛、恶逆。”[④]

【翻译】

处决死刑都在［贸易中心的］市，估算罪犯［人数的］多少，配给人员防卫，押送到刑场。五品以上［的官员］允许乘车，并且由官府提供酒水食物，允许亲属故旧诀别，宣告罪状，都［等到］当天未时以后才行刑。（犯恶逆以上罪行［的官员］，不在［给予］乘车［待遇］的范围内。处决后经过一夜，所属官司为他埋葬。如果有亲属故旧，也任凭［他们］收葬。）假如死囚在京城之外，断罪报批之日，由马递行文下达。[⑤]

---

① 关于“防援”，参见中国社会科学院历史研究所《天圣令》读书班《〈天圣令·关市令〉译注稿》，徐世虹主编《中国古代法律文献研究》第9辑，社会科学文献出版社，2015，第248页。

② 有关“马递”，参见中国社会科学院历史研究所《天圣令》读书班《〈天圣令·赋役令〉译注稿》，徐世虹主编《中国古代法律文献研究》第6辑，第338页。

③ 《通典》，第4349页。

④ 《宋刑统》，第6页。

⑤ 根据本令宋5规定“在外者，决讫六十日录案奏，下刑部详覆，有不当者，得随事举驳”可知，外州在死刑处决完毕后，再行奏闻，所以此处“断报之日，马递行下”就令人颇感疑惑。如果“决讫六十日”是“断报之日”，那么后一句就不该用“行下”而是“申上”；如果“断报之日，马递行下”的内容还是与死刑复奏相关，那么就与宋5相矛盾。读书班对此有不同意见，此处暂且如此翻译。

宋7 诸决大辟罪，在京及诸州，遣它官与掌狱官监决。春夏不行斩刑，十恶内，恶逆以上四等罪不拘此令。乾元、长宁、天庆、先天、降圣节[①]各五日，（前后各二日。）天贶、天祺[②]及元正、冬至、寒食、立春、立夏、太岁［一］、三元、大祠［二］、国忌等日，及雨雪未晴，皆不决大辟。（长宁节，惟在京则禁。）

【注释】

［一］太岁：与岁星（木星）相对且运行相反的一颗虚设星。《周礼》卷二六《春官·保章氏》条载："以十有二岁之相，观天下之妖祥"，贾公彦疏曰："岁谓太岁。岁星与日同次之月，斗所建之辰也。岁星为阳，右行于天，太岁为阴，左行于地"。[③] 由太岁纪年法发展为干支纪年，每年正、二月内视日干支与太岁同者为太岁日。

［二］大祠：即大祀，大、中、小三祀之一，《宋会要辑稿》礼一四之一载："国朝凡大中小祠岁一百七，大祠十七（昊天上帝、感生帝、五方上帝、九宫贵神、五福太一宫、皇地祇、神州地祇、太庙、皇后庙、景灵宫、朝日、高禖、夕月、社稷、蜡祭百神、五岳）；中祠十一（风师、雨师、海渎、五镇、先农、先蚕、五龙、周六庙、先代帝王、至（神）［圣］文宣王、昭烈武成王）；小祠十四（司中、司命、司民、司禄、灵星、寿星、马祖、先牧、马社、马步、司寒、山林、川泽、中溜）。"[④]

【翻译】

处决死刑，在京师和诸州，派遣其他官员和执掌刑狱的官员监督处决。春夏不执行斩刑，十恶以内恶逆以上的四等罪，不受本条令文的限制。乾元、长宁、天庆、先天、降圣节各五日，（［节日］前后各二日。）天贶、天祺及元正、冬至、寒食、立春、立夏、太岁、三元、大祠、国忌等

---

① 有关"乾元、长宁、天庆、先天、降圣节"，参见中国社会科学院历史研究所《天圣令》读书班《〈天圣令·假宁令〉译注稿》，徐世虹主编《中国古代法律文献研究》第10辑，社会科学文献出版社，2016，第231～232页。

② 有关"天贶、天祺"，参见中国社会科学院历史研究所《天圣令》读书班《〈天圣令·假宁令〉译注稿》，徐世虹主编《中国古代法律文献研究》第10辑，社会科学文献出版社，2016，第233～234页。

③（东汉）郑玄注，（唐）贾公彦疏《周礼注疏》，李学勤主编《十三经注疏》（标点本），北京大学出版社，1999，第706页。

④（清）徐松辑《宋会要辑稿》，中华书局，1957，第587页。

日，以及雨雪没有放晴［的时候］，都不执行死刑。（长宁节，只有在京城内禁止［执行死刑］）。

宋8 诸监决死囚，若囚有称冤者，停决别推。

【翻译】

监督处决死囚，如果囚犯有声称冤枉的，停止处决，另行推问。

宋9 诸犯流以下，应除、[①] 免、官当，未奏身死者，告身不追。即奏时不知身死，奏后云先死者，依奏定。其常赦所不免者［一］，依常例。若杂犯死罪［二］，狱成会赦全原者，解见任职事。

【源流】

《唐六典》卷六《尚书刑部》“刑部郎中员外郎”条：“凡犯流罪已下应除、免、官当未奏身死者，免其追夺。（谓不夺告身。若奏时不知身死，奏后云先死者，依奏定。其常赦所不原者，不在免限。）”[②]

【注释】

［一］常赦所不免者：《宋刑统》卷五《名例》“犯罪已发未发自首”条疏议载：“常赦所不原者，谓虽会大赦，犹处死及流，若除名、免所居官及移乡之类。此等既赦所不原，故虽捕首，亦不合免。”[③] “常赦所不免者”，应指官人因犯特殊罪名，虽遇恩赦，仍应依法处死、流、除名、免官的情况。赖亮郡根据《唐律疏议》总结常赦所不免的情况包括：1. 犯恶逆，2. 反、逆及杀从父兄姊、小功尊属、造畜蛊毒，3. 犯十恶、故杀人、反逆缘坐，4. 监临主守自盗，5. 盗、略人及受财枉法，6. 杀人应死，会赦移乡，7. 犯五流。[④]

［二］杂犯死罪：《宋刑统》卷二《名例》“以官当徒除名免官免所居官”条载：“其杂犯死罪，即在禁身死，若免死别配及背死逃亡者，并除

---

① 关于“除”及除名，参见中国社会科学院历史研究所《天圣令》读书班《〈天圣令·田令〉译注稿》，徐世虹主编《中国古代法律文献研究》第11辑，社会科学文献出版社，2017，第290页。

② 《唐六典》，第190页。

③ 《宋刑统》，第87页。

④ 高明士主编《天圣令译注》，元照出版有限公司，2017，第475页。

名。”议曰：“‘其杂犯死罪’，谓非上文十恶，故杀人，反逆缘坐，监守内奸、盗、略人、受财枉法中死罪者。”[1] 可知除了十恶、故意杀人、反逆缘坐、监守自盗、抢掠人口、受财枉法等上述“常赦所不免”的死罪外，其余一些相对来说影响不太严重的死罪，就是杂犯死罪。

【翻译】

犯流以下罪，应该被除名、免官、以官抵罪，尚未奏报［就］死亡的，告身不予追毁。如果奏报时不知其人死亡，奏报后称其人已先死亡的，依照奏报［尚未死亡的情况］处理。通常的恩赦不能赦免的［罪行］，按照惯例处理［告身］。若所犯为其他死罪，定案［后］适逢恩赦而被完全免除［罪责］的，［本人仍将被］解除现任职事官。

宋 10 诸流人科断已定，及移乡人[2]，皆不得弃放妻妾。如两情愿离者，听之。父母及子孙，去住从其私便，至配所，又不得因使（便?）还乡。如有妄作逗留、私还及逃亡者，随即申（省?）。（若别敕配流［一］者，奏闻。）

【源流】

《唐六典》卷六《尚书刑部》“刑部郎中员外郎”条：“流移之人皆不得弃放妻妾及私遁还乡。”[3]

《唐律疏议》卷二《名例》“犯流应配”条：“妻妾见已成者，并合从夫。依令：‘犯流断定，不得弃放妻妾。’”[4]

【注释】

［一］配流：即配隶。宋初制定了折杖法，流刑在折杖行刑之后，就地配役，不再远流，但因为存在配隶（将犯人发遣至某些场所服役并隶军籍）等附加刑，当犯人被配远地时，就具有了原本五刑流罪的性质，所以在宋代文献中，有时“流”即指“配”。[5]

---

① 《宋刑统》，第 36 页。

② 关于“移人”，参考中国社会科学院历史研究所《天圣令》读书班《〈天圣令·捕亡令〉译注稿》，徐世虹主编《中国古代法律文献研究》第 9 辑，第 266 页。

③ 《唐六典》，第 190 页。

④ （唐）长孙无忌等：《唐律疏议》，刘俊文点校，中华书局，1983，第 66 ~ 68 页。

⑤ 参见戴建国《宋代刑罚体系研究》，氏著《宋代法制初探》，黑龙江人民出版社，2000，第 142 ~ 143 页。

【翻译】

流刑罪犯的判决已经确定，以及移乡人，都不能抛弃妻和妾。如果［罪犯和妻妾］双方愿意离异的，允许离异。［流、移人的］父母以及子孙，随行［或］住留［原籍］，遵从他们的意愿，［一旦］到达配役之地，就不能随意返回故乡。如果［流、移人及其家属］有妄自逗留、私自返乡以及逃亡的，立刻申报尚书省。（如果［根据］别敕［被］配流的，奏报［皇帝］。）

宋 11 诸流人应配者［一］，各依所配里数，无要重城镇之处，仍逐要配之，唯得就远，不得就近。

【源流】

《宋刑统》卷三《名例》“犯流徒罪”门：“准《狱官令》，诸流人应配者，各依所配里数，无要重城镇之处，仍逐要配之，唯得就远，不得就近。”[①]

【翻译】

流刑罪犯应当被配役的，分别按照所应配里数，［符合所配里数要求的区域内］没有要重城镇的，仍然［应在区域外］寻求［较为］要重的［城镇进行］发配，［所择配役地］只能［比应配之处］更远，不能更近。

宋 12 诸递送囚者，皆令道次州县量罪轻重、强弱，遣人援送，明相付领。其临时有旨，遣官部送者，从别敕。

【翻译】

递送囚犯，都要求途经的州县依据［囚犯］罪刑轻重、［身体］强弱，派遣人员防援押送，明白交付领收。临时颁布敕旨，派遣官员押送的，依照别敕［处理］。

宋 13 诸流移人在路，皆递给程粮。[②] 每请粮，无故不得停留。

【翻译】

流刑罪犯、移乡人在［发配］途中，［各地官府］都要依次提供程粮。

---

① 《宋刑统》，第 54 页。

② 关于“程粮”，参见中国社会科学院历史研究所《天圣令》读书班《〈天圣令·赋役令〉译注稿》，徐世虹主编《中国古代法律文献研究》第 6 辑，第 44 页。

每次请求程粮，没有原因不能停滞逗留。

宋 14 诸流移人至配所，付领讫，仍勘本所发遣日月及到日，准计行程。若领送使人在路稽留，不依程限，领处官司随事推断。或罪人在路逃、亡，皆具事以闻。

【翻译】

流刑罪犯、移乡人到达配役之地，交付、领收完毕，仍需勘验判决地官司的发遣日期及到达日期，核算行程［是否滞期］。如果负责领送的使人在途中延缓滞留，没有遵照程限，领收处的官司根据情况推问断罪。如有罪犯在途中逃跑、死亡，都要详具事实上呈。

宋 15 诸犯徒［1］应配居作者，在京分送东、西八作司［一］，在外州者，供当处官役。当处无官作者，留当州修理城隍、仓库及公廨杂使。犯流应住居作者，亦准此。若妇人待配者，为针工［二］。

【校勘】

［1］“诸犯徒”，明钞本原作“诸犯罪”，雷闻依据唐令及日本令，在清本中校改为“诸犯徒”。陈俊强、辻正博认为，宋代行折杖法后，徒刑决脊杖后便释放，并不真役，所以宋令将“犯徒”写成“犯罪”，应当不是笔误，恰恰反映折杖法的行用导致徒刑的虚设化，故清本不应校改。①读书班从后一意见。

【新录文】

诸犯罪应配居作者，在京分送东、西八作司，在外州者，供当处官役。当处无官作者，留当州修理城隍、仓库及公廨杂使。犯流应住居作者，亦准此。若妇人待配者，为针工。

【源流】

《唐六典》卷六《尚书刑部》“刑部郎中员外郎”条：“其应徒则皆配居作（在京送将作监，妇人送少府监缝作；外州者，供当处官役及修理城隍、仓库及公廨杂使。

① 陈俊强：《从〈天圣狱官令〉看唐宋的流刑》，《唐研究》第 14 卷，北京大学出版社，2008，第 307～324 页；辻正博：《〈天圣·狱官令〉与宋初的司法制度》，孙正军译，《唐研究》第 14 卷，第 325～344 页。

犯流应住居作者亦准此，妇人亦留当州缝作及配舂。）……"①

《宋刑统》卷三《名例》"断狱"条："准《狱官令》，诸犯徒应配居作者，在京送将作监，妇人送少府监缝作；在外者，供当处官役，当处无官作者，听留当州修理城隍、仓库及公廨杂使。配流应住居作者，亦准此。妇人亦留当州□□□配舂。"②

【注释】

［一］东西八作司：官署名。《宋会要辑稿》职官三〇之七载："其八作曰泥作、赤白作、桐油作、石作、瓦作、竹作、砖作、井作。"③宋属将作监，分东西二司，掌京城内外修缮事务。宋初称"八作司"，置东八作使、西八作使。太平兴国二年（977）分东、西八作司；景德四年（1007）六月并为东西八作司（含街道司）；天圣元年（1023）五月十六日复分为东八作司、西八作司。④

［二］针工：此处指从事女红、缝纫事务的女性。《续资治通鉴长编》卷九一"真宗天禧二年三月"载："庚戌，诏诸班直、诸军妻坐奸者，决讫即放，不须隶作坊针工，其见役者百五十七人，皆释之。"⑤

【翻译】

犯罪应配服劳役的，在京城分别遣送东、西八作司，在外州的，供给所在地官府役使。所在地没有官方作坊的，留所在州修理城隍、仓库，以及［为］公廨［承担］各种劳役。犯流罪［而］应就地服劳役的，也依此处理。如果妇人等候配役的，充当针工。

宋 16 诸流配罪人居作者，不得着巾带。每旬给假一日，腊、寒食，各给假二日，不得出所居之院。患假者，不令陪日。役满则放。

【源流】

《唐六典》卷六《尚书刑部》"刑部郎中员外郎"条："诸流、徒罪

---

① 《唐六典》，第 190 页。

② 《宋刑统》，第 58 页。

③ 《宋会要辑稿》，第 2995 页。

④ 参考龚延明《宋代官制辞典》，第 369 页。

⑤ 《续资治通鉴长编》，第 2080 页。

居作者皆着钳。若无钳者着盘枷。病及有保者听脱，不得着巾、带。每旬给假一日，腊、寒食各给二日，不得出所役之院。患假者，倍日役之。”①

《宋刑统》卷三《名例》“犯流徒罪”条：“准《狱官令》……又条：诸流徒罪居作者，皆着钳。若无钳，着盘枷。病及有保者听脱。不得着巾带。每旬给假一日，腊、寒食各给二日，不得出所役之院。患假者，陪日役满，递送本属。”②

【翻译】

犯流罪而被配役的罪犯服劳役的，不能佩戴头巾衣带。每十日给假一日，腊日、寒食，分别给假二日，不能离开居住的院落。患病而休假的，［假满后，］不要求补足役日。服役期满就释放。

宋 17 诸配流囚决讫，二十日外居作，量以配所兵校③防辖。

【翻译】

被配流的囚犯执行杖罚完毕，二十日后服劳役，［所在官司］根据情况用服役之地的兵士、军校防守管辖。

宋 18 诸流移人在路有产，并家口量给假。若身及家口遇患，或逢贼难、津济水涨不得行者，并经随近官司申牒请记，每日检行，堪进即遣。若患者伴多不可停待者，所送公人分明付属随近州县，依法将养，待损，即遣递送。若祖父母、父母丧，及家口有死者，亦量给假。

---

① 《唐六典》，第 190 页。

② 《宋刑统》，第 58 页。

③ “校”，在宋代史料中有“小校”“军校”“将校”“列校”等。龚延明认为小校是“军校之别称，或出自皇帝口吻，与‘大校’无异”；军校是“诸军将校的省称，即将校，或称列校。自厢、军都指挥使以下至军头以上”（分别参见氏著《中国历代职官别名大辞典》，上海辞书出版社，2006，第 68、327 页）；将校是“都指挥使、副都指挥使、都虞候、指挥使、副指挥使、（步军）都头、副都头、（马军）军使、副兵马使的总名”（氏著《宋代官制辞典》，第 412 页）。本条令文所称“校”究竟所指为何，难以据此究明。又，《庆元条法事类》卷七五《刑狱门五·部送罪人》所载《吏卒令》有规定“如罪人数多部送人不足，别行贴差，其应差公人或添差将校、节级者，依本法”（［宋］谢申甫等：《庆元条法事类》，戴建国点校，黑龙江出版社，2003，第 792 页），其中的“将校”与本条令文的“校”承担的职能似有相近之处。

【翻译】

流刑罪犯和移乡人在途中遇到生产，连同家属酌情给予假期。如果本人及家属罹患疾病，或遇到盗贼劫难、渡口水流涨溢不能前行的，都通过附近的官府提呈牒文请求［停留］，［官府］每天检查情况，可以［继续］前进的立即遣送。如果［与］患者同行的人多、不能停留等待的，负责押送的胥吏清楚明白地［将患者］交付给附近的州县，依照规定调养救治，等到病情减轻，立即发遣递送。如果［流刑罪犯和移乡人的］祖父母、父母去世，以及家属中有死亡的，也根据情况给予假期。

宋 19 诸妇人在禁临产月者，责保听出。死罪产后满二十日、流罪以下产满三十日，并即追禁，不给程。

【翻译】

妇人在囚禁中临近生产月份的，［官司］责成［当事人提供］担保［后］允许［她］出狱。［犯］死罪［的妇人］生产后满二十日、［犯］流罪以下［的妇人］生产后满三十日，都要立刻追回囚禁，不给路上［所需的时间］。

宋 20 诸妇人犯死罪产子，无家人者，付近亲收养；无近亲，付四邻。有欲养为子者，虽异姓，皆听之。

【翻译】

妇人犯死罪［并在囚禁期间］产下孩子，没有家人的，交给近亲收养；没有近亲的，交给四邻［收养］。有想要收养［这个孩子］作为子嗣的，即使是异姓，都允许［收养］。

宋 21 诸公坐相连［一］，应合得罪者，诸司尚书［二］并同长官。（若无，其主判正官［三］亦准此。）以外皆为佐职［四］，流外官以下行署［五］文案者，皆为主典，即品官勘署文案者，亦同主典之坐。

【源流】

《唐律疏议》卷一《名例》“十恶”条疏议：“官长者，依令：‘诸司尚书，同长官之例。’”[①]

【注释】

［一］公坐相连：公坐是指因履行职务行为而违法，但不涉及私人利益。《宋刑统》卷二《名例》“以官当徒”条疏议载：“公事与夺，情无私、曲，虽违法式，是为公坐。”[②] 公坐相连即是指因公务犯罪而造成的连坐。《宋刑统》卷五《名例》“同职犯罪”条载：“诸同职犯公坐者，长官为一等，通判官为一等，判官为一等，主典为一等，各以所由为首。（若通判官以上异判有失者，止坐异判以上之官。）”[③]

［二］诸司尚书：尚书省各部的尚书。《唐会要》卷八二《冬荐》载：“至（贞元）九年（793）十一月二十九日，敕：‘每年冬荐官，吏部准式检勘或成者，宜令诸司尚书、左右丞、本司侍郎引试都堂，访以理术，兼商量时务，状考其理识通者，及考第事迹，定为三等，并举主姓名录奏。试日，仍令御史一人监试。’”[④] 诸司尚书在行文排序上与左右丞并列，在侍郎之上，应是指各部的尚书。

［三］主判正官：负责判案的为首官员，此处指在无长官的情况下代行长官职责的官员。

［四］佐职：本部门除长官外的九品以上的官员。《宋刑统》卷二一《斗讼》“殴制使刺史县令”条疏议载：“殴佐职者，谓除长官之外，当司九品以上之官，皆为佐职。”[⑤]

［五］行署：“行”指行案，处理文案。其职务是“检案”“出帖”，即履行文案的接收、内部的传递、粘连和发出。“署”即署名，指在文案上署名。两者为主典承担的主要工作，也泛指承担此职务的人员。[⑥]《宋刑统》卷一五《厩库》“假借官物不还”条载：“又云：所贷之人不能备偿

① 《唐律疏议》卷一《名例》，第15页。

② 《宋刑统》卷二《名例》，第30页。

③ 《宋刑统》卷五《名例》，第89页。

④ （宋）王溥：《唐会要》卷八二《冬荐》，上海古籍出版社，2006，第1790页。此条《文献通考》《册府元龟》文字略同，唯《文献通考》记为贞观九年。

⑤ 《宋刑统》卷二一《斗讼》，第381页。

⑥ 关于“行署”，参见李锦绣《唐代财政史稿（上卷）》，北京大学出版社，1995，第348～370页。

者，征判署之官。注云：下条私借，亦准此。议曰：监临主守以官物贷人，所贷之人不能备偿，谓无物可征者，征判署之官。判案者为判官，署案者为主典及监事之类。”①

【翻译】

［因］公罪而连坐，应该被判处罪责的，诸司尚书等同长官。（如果没有［长官］，负责署理的主要官员也依此［对待］。）除此以外的［官员］都是佐职，流外官以下行署文书案卷的，都作为主典，即使是品官核对、签署文书案卷的，［其罪责］也等同主典的连坐。

宋22 诸因父、祖官荫出身②得官，父、祖犯除名罪者，子孙不在解限。若子孙复犯除名者，后叙之日，从无荫法［一］。其父、祖因犯降叙者，亦从后荫叙。

【注释】

［一］无荫法：因门荫叙官时所依照的无门荫的规定。现在的史料中没有关于无荫法的具体规定，但《宋刑统》卷二《名例》“以官当徒除名免官免所居官”门疏议载：“课役从本色者，无荫同庶人，有荫从荫例，故云‘各从本色’。”③ 即表明对无荫者的叙官是按照庶人的规定来执行的。

【翻译】

因父亲、祖父的官员身份的荫庇而得到官职，父亲、祖父犯［要被处以］除名的罪行的，子孙不在解官的范围［之内］。如果子孙又犯［要被处以］除名的罪行的，以后叙官时，按照没有官荫的规定［处理］。父亲、祖父因犯罪而降级叙用的，［子孙］也按照［降级］后的资荫叙官。

宋23 诸妇人因夫、子受邑号［一］，而夫、子犯除、免、官当者，

① 《宋刑统》卷一五《厩库》，第276页。

② 关于“出身”，参见中国社会科学院历史研究所《天圣令》读书班《〈天圣令·厩牧令〉译注稿》，徐世虹主编《中国古代法律文献研究》第9辑，第312页。

③ 《宋刑统》，第41页。

其母、妻邑号亦随除。即被弃放及改适者，亦准此。若夫、子因犯降叙者，母、妻亦降。夫、子虽降而邑号不移者，不在降限。

【注释】

［一］邑号：五品以上的妇人所具有的称号。《唐六典》卷二《尚书吏部》“吏部郎中员外郎”条载：“王母、妻为妃。一品及国公母、妻为国夫人；三品已上母、妻为郡夫人；四品、若勋官二品有封，母、妻为郡君；五品、若勋官三品有封，母、妻为县君。散官并同职事。勋官四品有封，母、妻为乡君。其母邑号皆加‘太’字。各视其夫及子之品，若两有官爵者，皆从高。若内命妇一品之母为正四品郡君，二品母为从四品郡君，三品、四品母并为正五品郡君。凡妇人不因夫及子而别加邑号，夫人云‘某品夫人’，郡君为‘某品郡君’，县君、乡君亦然。”[①] 宋代的邑号基本沿袭唐代，《宋史》卷一七〇《职官十·叙封》载：“建隆三年（962），诏定文武群臣母妻封号：太皇太后皇太后皇后曾祖母、祖母、母并封国太夫人；诸妃曾祖母、祖母、母并封郡太夫人，婕妤祖母、母并封郡太君；贵人母封县太君。宰相、使相、三师、三公、王、侍中、中书令，（旧有尚书令。）曾祖母、祖母、母封国太夫人；妻，国夫人。枢密使副、知院、同知、参知政事、宣徽节度使，曾祖母、祖母、母封郡太夫人；妻，郡夫人。签书枢密院事曾祖母、祖母、母封郡太君；妻，郡君。同知枢密院以上至枢密使、参知政事再经恩及再除者，曾祖母、祖母、母加国太夫人。三司使祖母、母封郡太君妻，郡君。东宫三太、文武二品、御史大夫、六尚书、两省侍郎、太常卿、留守、节度使、诸卫上将军、嗣王、郡王、国公、郡公、县公，母，郡太夫人；妻，郡夫人。常侍、宾客、中丞、左右丞、侍郎、翰林学士至龙图阁直学士、给事中、谏议大夫、中书舍人、卿、监、祭酒、詹事、诸王傅、大将军、都督、中都护、副都护、观察留后、观察使、防御使、团练使，并母郡太君；妻，郡君。庶子、少卿监、司业、郎中、京府少尹、赤县令、少詹事、谕德、将军、刺史、下都督、下都护、家令、率更令、仆，母封县太君；妻，县君，其余升朝官已上遇

① 《唐六典》，第39页。《通典》文字略同，见《通典》卷三四《后妃及内官命妇附》，第949～950页。

恩。并母封县太君；妻，县君，杂五品官至三任与叙封，官当叙封者不复论阶爵。致仕同见任。亡母及亡祖母当封者并如之。父亡无嫡、继母，听封所生母。伎术官不得叙封。自宰相至签书枢密院叙封与三世同，他官惟品至者实时拟封，余皆俟恩乃封。”①

【翻译】

妇人因丈夫、儿子［而］得到邑号，而其丈夫、儿子犯［要被］除名、免官、以官抵当［的罪行］的，他们的母亲、妻子的邑号也要随之除去。即使被弃放以及改嫁的，也依此［办理］。如果丈夫、儿子因犯罪［而］降级叙用的，母亲、妻子［的邑号］也［相应］降低。丈夫、儿子［的官爵］虽然降低而邑号不变的，不在降低的范围［之内］。

宋 24 诸官人因犯移配［一］及别敕解见任，若本罪不合除、免及官当者，告身各不在追例。

【注释】

［一］移配：变更配隶地。如《宋刑统》卷一七《贼盗》“亲属被杀私和”条疏议载：“若杀祖父母、父母，应偿死者，虽会赦，仍移乡避仇，以其与子孙为仇，故令移配”；②《宋会要辑稿》刑法四之六载：“（大中祥符五年）十月一日，帝谓宰臣曰：‘天下犯罪配牢城者多非，令总括其数，非尽朝廷配去。盖外州承准宣敕，犯罪情重不可留于乡邑者，以故移配稍多。时久承平，所宜敛恤’”。③

【翻译】

官员因犯罪［而］移配以及［按照］别敕解除现任官职，如果本来的罪名不应当被除名、免官以及以官抵罪的，告身都不在追缴的范围［之内］。

宋 25 诸犯罪，应除、免及官当者，计所除、免、官当给降至［一］告身，赎追纳库。奏报之日，除名者官、爵告身悉毁；（妇人有邑号者，亦准

① （元）脱脱等：《宋史》，中华书局，1977，第 4084～4085 页。

② 《宋刑统》，第 316、325 页。

③ 《宋会要辑稿》，第 6624 页。

此。）官当及免官、免所居官［二］者，唯毁见当免及降至者告身；降所不至者，不在追限。应毁者，并送省，连案，注“毁”字纳库；不应毁者，断处案呈付。若推检合复者，皆勘所毁告身，状同，然后申奏。

【注释】

［一］降至与降所不至：官员因罪免官，三年后降二等叙官。在此种规定下，官员不但应当即时免去或当去（即见免或见当）现任官职，还应缴还降至告身。降至告身特指犯罪官员官品降原官二等以内的所有告身，而降所不至特指犯罪官员被免官品降二等以外的历任官职。《宋刑统》卷二《名例》“以官当徒除名免官免所居官”门疏议载：“‘降所不至者’，谓二等以外，历任之官是也。”① 刘俊文认为：“按二等之外历任之官，此官指告身。唐制，凡任官皆给告身，历任之告身除因犯罪除、免、官当而追毁者外，均可保存。免官者既须三载以后降先品二等叙，是二等以内之告身为降至者，悉当追毁；二等以外历任之告身为降所不至者，故可保留。”②《令义解》卷二九《狱令》“应除免”条注释载：“降至者。假有。正七位上。更复有历任位记。此犯免官者。三载之后。降先位二等叙。即正七位上。是为见免。正七位下。是为降至者。从七位上。是为降所不至者。故律云降所不至者。二等之外历任之位是。其免官一法。唯有降至。自余官当等。更无降至者也。”③

［二］免官、免所居官：免官、免所居官与除名相似，都是官人犯罪，于主刑之外，附科之特别刑事处分。④《宋刑统》卷二《名例》“以官当徒除名免官免所居官”门载：“注云：谓二官并免。爵及降所不至者，听留。议曰：二官，谓职事官、散官、卫官为一官，勋官为一官，此二官并免，三载之后，降先品二等叙。”⑤ 同书卷二《名例》“以官当徒除名免官免所居官”门载：“注云：谓免所居之一官。若兼带勋官者，免其职事。议曰：谓免所居官者，职事、散官、卫官同阶者，总为一官。若有数官，先追高

① 《宋刑统》，第38页。

② 刘俊文：《唐律疏议笺解》，中华书局，1996，第214页。

③ 〔日〕黑板勝美编著《令義解》卷二九《狱令》，吉川弘文館，1985，第320页。

④ 刘俊文：《唐律疏议笺解》，第215、224页。

⑤ 《宋刑统》，第38页。

者；若带勋官，免其职事；如无职事，即免勋官高者”。[1]

【翻译】

犯罪，应该被除名、免官和以官抵罪的，计算［因为］除名、免官、以官抵罪［而需］缴纳的降至告身，赎抵［刑罚后］追缴入库。奏报之日，被除名的官员官职、爵位的告身全都毁弃；（妇人有邑号的，也依此处理。）以官抵罪以及被免官、免所居官的官员，只毁弃见当、见免以及降至告身；降所不至的告身，不在追缴的范围内。应该毁弃的告身，一律送交尚书省，连同案卷，标注“毁”字［后］缴纳入库；不应该毁弃的告身，［负责］断决的官司将案卷［一起］呈报交付。如果推问查验［后认为］应该归还［告身］的，都要勘核所毁弃的告身，［与］文状相合，然后申报上奏。

宋 26　诸犯罪，应除、免、官当者，不得厘事及朝会。其被敕推，虽非官当、除、免，徒以上不得入内。

【翻译】

［官员］犯罪，应该被除名、免官、以官抵罪的，不得参与祭祀及［参加］朝会。［犯罪官员］被诏敕［要求］审问，即使［所犯之罪］无需以官抵罪、除名、免官，犯徒刑以上［罪的］不得入宫。

宋 27　诸犯罪事发，有赃状露验［一］者，虽徒伴未尽，见获者先依状断之，自外从后追究。

【注释】

［一］赃状露验：赃物或犯罪情况得到确证。《宋刑统》卷二《名例》“诸犯十恶故杀人反逆缘坐”条载：“赃状露验者，赃谓所犯之赃，见获本物；状谓杀人之类，得状为验。”[2]

【翻译】

犯罪事发，赃物或罪行败露、得到确证的，即使同伙没有全部［落

① 《宋刑统》，第 40 页。
② 《宋刑统》，第 31 页。

网]，已被抓获的也先按照罪状审断，除此之外的以后追究。

宋28 诸犯罪未发及已发未断决，逢格改者，若格重，听依犯时；格轻者，听从轻法。

【源流】

《唐六典》卷六《尚书刑部》“刑部郎中”条：“凡有罪未发及已发未断而逢格改者，若格重则依旧条，轻从轻法。”①

【翻译】

犯罪没有事发以及已经事发［但］没有被审断判决，遇到新格修改［旧法］的，如果新格［规定的处罚］较重，允许按照犯罪时［的旧法判决］；新格较轻的，允许遵从［处罚］较轻的法律。

宋29 诸告言人罪，非谋叛以上者，受理之官皆先面审，示以虚得反坐之罪，具列于状，判讫付司。若事有切害者，不在此例。（切害，谓杀人、贼盗、逃亡，若强奸及有急速之类。）不解书者，典为书之。若前人合禁，告人亦禁，办［1］定放之。即邻伍告者，有死罪，留告人散禁；流以下，责保参对。

【源流】

《通典》卷一六五《刑法三》：“诸告人罪，非叛以上者，皆令三审。应受辞牒，官司并具晓示，并得叛坐之情。每审皆别日受辞，若使人在路，不得留待别日受辞者，听当日三审。官人于审后判记审讫，然后付司。若事有切害者，不在此例。（切害，谓杀人、贼盗、逃亡若强奸良人，并及更有急速之类。）不解书者，典为书之。前人合禁，告人亦禁，辨定放之。即邻伍告者有死罪，留告人散禁；流以下，责保参对。”②

【校勘】

［1］“办”，据黄正建的考证，实为“辩”，是唐代的一种文体，它有一定格式，“主要用于回答官府的讯问，依用途可分为‘答辩’、‘保辩’、‘服辩’

① 《唐六典》，第191页；亦见于《唐律疏议》卷三〇《断狱》“诸赦前断罪不当者”条，第566页。

② 《通典》，第4260页。

等，相当于现在的证词、证言、保证书、陈述书、供述书、认罪书等”。①

【新录文】

诸告言人罪，非谋叛以上者，受理之官皆先面审，示以虚得反坐之罪，具列于状，判讫付司。若事有切害者，不在此例。（切害，谓杀人、贼盗、逃亡若强奸及有急速之类。）不解书者，典为书之。若前人合禁，告人亦禁，辩定放之。即邻伍告者，有死罪，留告人散禁；流以下，责保参对。

【翻译】

告发他人犯罪，［如果］不是谋叛以上的罪名，受理的官员都要先当面审问，明示［告发者］诬告将获得的反坐的罪刑，详细罗列在案状上，判定完毕交付官司。如果［所告］事情属于特别严重的，不适用这一规定。（特别严重［的］，指杀人、贼盗、逃亡，或者强奸以及有紧急［情况］之类。）［告发者］不识字的，主典［代］为书写。如果被告发者应该被拘禁，告发者也［须］拘禁，［被告发者］的供状写定［之后］释放告发者。如果是邻居伍保告发，有死罪［的］，不戴刑具地拘禁告发者；流刑以下的，责成［告发者提供］担保、［在外等候］传讯。

宋30 诸告密人，皆经当处长官告。长官有事，经次官告。若长官、次官俱有密者，任经比界论告。受告官司丁宁示语，确言有实，即禁身，据状检校。若须掩捕者，即掩捕。应与余州相知者，所在官司准状收掩。事当谋叛以上，虽检校，仍驰驿奏闻。（其大将临戎、出师在外及本处留守，并边要州都督、刺史，虽被告，不得即禁。）指斥乘舆［一］及妖言惑众者，检校讫总奏。承牒掩捕者，若无别状，不须别奏。其有告密，示语确不肯道，云须面奏者，受告官司更分明示语虚得无密反坐之罪，又不肯道事状者，禁身，驰驿奏闻。若称是谋叛以上者，给驿，差使部领送京。（若勘问不道事状，因失罪人者，与知而不告者同。）其犯死罪囚，及缘边诸州镇防人，② 若

① 黄正建：《唐代的“辩”》，《中国史研究》2012 年第 4 期，第 114 页；《唐代法律用语中的“款”和“辩”：以〈天圣令〉与吐鲁番出土文书为中心》，《文史》2013 年第 1 辑，第 255～272 页。

② 关于“防人”，参见中国社会科学院历史研究所《天圣令》读书班《〈天圣令·仓库令〉译注稿》，徐世虹主编《中国古代法律文献研究》第 7 辑，社会科学文献出版社，2013，第 273 页。

配流人告密者，并不在送限。应须检校及奏闻者，准前例。

【源流】

《唐六典》卷六《尚书刑部》“刑部郎中”条：“告密有不于所由，掩捕则从近也。（谓告密人皆经当处长官；长官有事，经佐官告；长官、佐官俱有事者，经比界论告。若须有掩捕应与余州相知者，所在准法收捕。事当谋叛已上，驰驿奏闻。且称告谋叛已上不肯言事意者，给驿部送京。其犯死罪囚及缘边诸州镇防人等若犯流人告密，并不在送限。）”①

【注释】

［一］指斥乘舆：非议皇帝，为十恶之“大不恭”的表现。《宋刑统》卷一《名例》“十恶”条载：“此谓情有觖望，发言毁谤；指斥乘舆，情理切害者。”②

【翻译】

告密者，都通过密事所涉之处的长官告发。长官［与所告之事］有牵连，通过次官告发。如果长官、次官都与密事有牵连的，允许经过邻界地区告发。接受告发的官司［应］反复明示、告喻，确定所说属实，立即拘禁告发者，依据案状勘查校验。如果必须出其不意进行抓捕的，立即突击抓捕。应该向其他州进行知会的，所在地官司根据［接到的］情状收捕。［告发之］事涉及谋叛以上［罪名的］，虽然［已］勘查校验，仍然［要］驰驿奏报［皇帝］。（大将临阵作战、带领军队在外以及在本处留守的，连同边境要地州的都督、刺史，即使被告发，不能立即拘禁。）非议皇帝和利用妖言蛊惑百姓的，勘查校验完毕一并上奏。按照牒文突击抓捕的，如果没有其他情状，不需要另外上奏。有告密［的人］，明示、告喻［之后］坚持不肯吐露［实情］，宣称必须面奏［皇帝］的，接受告发的官司再次明确告知［如果属于］诬告、没有密事［的话］［将被判处］反坐的罪刑，还是不肯说出案件情况的，拘禁其人，［然后］驰驿奏报［皇帝］。如果宣称是谋叛以上［罪名］的，供给驿递，差遣专使领送京城。（如果［告密者被］勘问而没有说出案件情况，以致罪人逃逸的，与知情而不告发的人同罪。）犯死罪的囚

① 《唐六典》，第190页。

② 《宋刑统》，第10页。

犯，以及沿边各州镇的防人，或者被判处流刑发配的囚犯［之类的］告密者，都不在押送京城的范围内。［他们所告事状］应该勘查校验和奏报［皇帝］的，依照前述规定［处理］。

宋 31 诸囚逮引［一］人为徒侣者，皆审鞫由状，然后追摄。若追而雪放，又更妄引，及囚在狱死者，本处精审案覆。

【注释】

［一］逮引：囚犯在狱中攀供同党共犯。如苏过《河东提刑崔公行状》载："有浮屠氏者为狱词逮引，目以妖贼余党，久未就捕。"①

【翻译】

囚犯攀供他人为共犯的，都要审查、鞫问缘由、情状，然后［进行］追捕。如果［被牵连者在被］追捕［后］昭雪释放，［攀供者］再次虚妄攀引，以及囚犯在狱中死亡的，本处［官司要］详细地审查、核实。

宋 32 诸察狱之官，先备五听［一］，又验诸证据（信?），事状疑似犹不首实者，然后考掠。每考（讯?）相去二十日，若讯未毕，更移它司，仍须考鞫者，（因移它司者，连写本案俱移。）则连计前讯，以充三度。即罪非重害，及疑似处少，不必皆须满三度。若囚因讯致死者，皆具申牒当处〔长官?〕，委它官亲验死状。

【源流】

《通典》卷一六八《刑法》："诸察狱之官，先备五听，又验诸证信，事状疑似，犹不首实者，然后拷掠。每讯，相去二十日，若讯未毕，更移他司，仍须拷鞫者，（因移他司者，连写本案俱移。）则通计前讯，以充三度。即罪重害，及疑似处少，不必皆须满三者，囚因讯致死者，皆俱申牒当处长官，与纠弹官对验。"②

【注释】

［一］五听：审查案情的五种方法。《周礼》卷六六《秋官司寇》"小

---

① （宋）苏过：《苏过诗文编年笺注》卷八《河东提刑崔公行状》，中华书局，2012，第819页。

② 《通典》，第4348页。

司寇”条载：“以五声听狱讼，求民情。一曰辞听，二曰色听，三曰气听，四曰耳听，五曰目听。”[①]

【翻译】

审理案件的官员，首先［要］完全［贯彻］“五听”［原则］，还要检查各种证据，［发现］案件情况很可能属实，［但罪犯］仍然没有招供实情的，然后［进行］拷打刑讯。每次拷打相隔二十日，如果刑讯（尚未）结束，而移交其他官司，仍然需要拷打审讯的，（罪犯转移给其他官司的，［考打记录］连同本案之案卷一起转移。）则合并计算之前的刑讯，［最多可以］累计［拷打］三次。如果罪行不是徒刑以上之罪案，[②] 以及可疑的地方很少，不一定都要拷打满三次。如果罪犯因为刑讯［而］死亡的，都要详细地［撰写并］提呈牒文给当处长官，委派其他官员查验死亡情状。

宋 33 诸讯囚，非亲典主司，皆不得至囚所听问消息。其考囚及行罚者，皆不得中易人。

【源流】

《宋刑统》卷二九《断狱》“不合拷讯者取众证为定”条：“准《狱官令》，诸讯囚，非亲典主司，皆不得至囚所听闻消息。其拷囚及行罚者，皆不得中易人。”[③]

【翻译】

审讯囚犯，不是直接负责的主管官员，都不能到［拘禁］囚犯的地方打听询问消息。拷讯囚犯和执行刑罚的，都不能中途换人。

宋 34 诸死罪囚，虽已奏报，犹诉冤枉，事有可疑，须推覆者，以状奏闻，听旨别推。

【翻译】

犯死罪的囚犯，虽然已经奏报［皇帝］，仍然申诉冤枉，［如果］案情存在

---

① （清）孙诒让：《周礼正义》卷六六《秋官司寇》，中华书局，2013，第 2771 页。

② 本条翻译中“连写本案”“重害”的译文，参考高明士主编《天圣令译注》，第 509 ~ 510 页。

③ 《宋刑统》，第 475 页。

可疑［之处］，需要推问复查的，通过状文奏报［皇帝］，等候敕旨另行推问。

宋 35　诸问囚，皆判官亲问，辞定，令自书办［1］。若不解书者，主典依口写讫，对判官读示。

【校勘】

［1］参见宋 29【校勘】。

【新录文】

诸问囚，皆判官亲问，辞定，令自书辩。若不解书者，主典依口写讫，对判官读示。

【翻译】

讯问囚犯，都由判官亲自讯问，供词确定［之后］，令［囚犯］自行书写伏罪的供状。如果是不识字的，主典根据［囚犯］口述录写完毕，当着判官朗读宣示。

宋 36　诸禁囚，死罪枷杻［一］，妇人及流罪以下去杻，其杖罪散禁［二］。若隐情拒讯者，从别敕。年八十以上、十岁以下及废疾、[①] 怀孕、侏儒之类，虽犯死罪，亦散禁。

【源流】

《宋刑统》卷二九《断狱》"应囚禁枷锁杻"条引《狱官令》："诸禁囚，死罪枷杻，妇人及流罪以下去杻。其杖罪散禁。年八十及十岁并废疾、怀孕、侏儒之类虽犯死罪，亦散禁。"[②]

【注释】

［一］杻：手部的刑具，即手铐，又称手杻，常以干木制成。据《隋书》卷二五《刑法志》载，在南朝梁陈时期就对杻规格作了规定。[③]

［二］散禁：散禁者不枷亦不杻，唯囚禁之而已。[④]

① 关于"废疾"，参见中国社会科学院历史研究所《天圣令》读书班《〈天圣令·田令〉译注稿》，徐世虹主编《中国古代法律文献研究》第 11 辑，第 285～287 页。

② 《宋刑统》卷二九《断狱》，第 466～467 页。

③ 《隋书》，第 699 页。

④ 刘俊文：《唐律疏议笺解》，第 831 页。

【翻译】

被拘禁的囚犯，［犯］死罪［的戴］枷、杻，妇人以及［犯］流罪以下［的］去掉杻，［犯］杖罪［的］不戴刑具拘禁。如果［另有］隐情［而］抗拒讯问的，依照别敕［处理］。年纪［在］八十岁以上、十岁以下以及［属于］废疾、怀孕、侏儒之类，即使犯死罪，也不戴刑具拘禁。

宋 37 诸犯罪应入议请［一］者，皆奏。应议者，诸司七品以上，并于都座议定［二］。虽非入（八?）议，但本罪应奏、处断有疑及经断不伏者，亦众议，量定其罪。别敕付议者，武职不在集限。此外与夺之事，连判之官不同者，听于后别判，不得退付曹司，抑令改判。如错失者，听退付改正。凡议事，皆牒御史台，令御史一人监议，仍令司别各为议文，其意见有别者，人别自申其议，所司科简，以状奏闻。若违式及不委议意而署者，御史纠弹。

【源流】

《唐六典》卷六《尚书刑部》"刑部郎中员外郎"条："凡狱囚应入议、请者，皆申刑部，集诸司七品已上于都座议之。（若有别议，所司科简，具状以闻。若众议异常，堪为典则者，录送史馆。）"①

《唐六典》卷十三《御史台》"监察御史"条："监察御史掌分察百僚，巡按郡县，纠视刑狱，肃整朝仪。凡尚书省有会议，亦监其过谬。（尚书省诸司七品已上官会议，皆先牒报台，亦一人往监，若据状有违及不委议意而署名者，纠弹之。凡有敕令一御史往监，即监察受命而行。）"②

【注释】

［一］议请：八议和上请。《宋刑统》卷二《名例》"八议"条载："一曰议亲。（谓皇帝袒免以上亲，及太皇太后、皇太后缌麻以上亲皇后小功以上亲。）二曰议故。（谓故旧。）三曰议贤。（谓有大德行。）四曰议能。（谓有大才业。）五曰议功。（谓有大功勋。）六曰议贵。（谓职事官三品以上，散官二品以上，及爵一品者。）七曰议勤。（谓有大勤劳。）八曰议宾。（谓承先代之后为国宾者。）

① 《唐六典》，第 191 页。
② 《唐六典》，第 382 页。

疏议曰：……以此八议之人，犯死罪皆先奏请，议其所犯故曰八议”；卷二《名例律》“请减赎”条载：“诸皇太子妃大功以上亲，应议者周以上亲及孙，若官爵五品以上，犯死罪者，上请。（请，谓条其所犯及应请之状，正其刑名，别奏请。）”①② 如果上述享有八议、上请特权之人犯了死罪，司法机关不能直接审判，需将其罪状等奏报皇帝，由皇帝裁决。

［二］都座议定：尚书省集议。都座，也作“都坐”，指朝堂。《资治通鉴》卷一百二十八“宋孝武帝大明二年（458）”条载：“宗爱方用事，威振四海。尝召百官于都坐。”胡三省注：“魏有都坐大官。魏之都坐，犹唐之朝堂也。或曰都坐尚书。都坐即唐之政事堂。”③ 与唐代疑难案件不需要先奏上皇帝而是直接申尚书省不同，北宋前期各种疑难政务需奏请皇帝，由皇帝下诏令尚书省集议。④

【翻译】

犯罪应该适用议、请［程序］的，都上奏［皇帝］。应该议的，各司七品以上官员，都［集中在］朝堂商议定夺。虽不在议［的范围内］，但所犯之罪本应［予］上奏、处理断决有疑问以及经过判决［罪犯仍］不伏罪的，也［由］众人集议，根据情况确定其罪刑。［由］别敕交付议罪的，武职官员不在［参与］集议的范围内。除此之外［，进行］是否有罪的裁断，连署判决的官员［有］不同［意见］的，允许在之后另行判决，不许退回［原审］曹司，强迫他们改变判决。如果［存在］错误疏失的，允许退回［原审曹司］改正。凡是议事，都要［发送］牒文［给］御史台，让御史一人监督议事，还要让［各个］官司分别撰写讨论意见，意见有不同的，各自申明自己的意见，所属官司衡量简择［之后］，通过书状奏报［皇帝］。如果违反式［的规定］以及不遵从讨论意见而［自行］签署的，御史纠查弹劾。

宋 38　诸判官断事，悉依律令格式正文。若牒至检事，唯得检出事

① 《宋刑统》，第 19 页。

② 《宋刑统》，第 16～17、19 页。

③ 《资治通鉴》，第 4033 页。

④ 参见张雨《唐宋间疑狱集议制度的变革》，《文史》2010 年第 3 辑，第 133～144 页。

状，不得辄言与夺。

【源流】

《唐六典》卷六《尚书刑部》“刑部郎中员外郎”条：“凡断狱之官，皆举律、令、格、式正条以结之。”①

【翻译】

判官裁断案件，都［应］遵照律令格式正文。如果牒文送达［要求］检查案情，只能检选出［与］案情［相关］的文状，不允许擅自表达决断［意见］。

宋 39 诸文武官犯罪合禁，在京者皆先奏后禁，若犯死罪及在外者，先禁后奏。（其职事及散官三品以上有罪，敕令禁推者，所推之司皆覆奏，然后禁推。）五品以上，并听别所坐床。妇人有官品者，亦听。若宿卫官②及诸军卫士以上犯罪须追，及为支证［一］者，制狱［二］则听直隶本卫司追掩。（狱系京府者，从府牒，余州准此。）卫司即依发遣。其上番入宿卫者，本卫司录奏发遣，并不得随便追收。即主兵马帐官人、主典须追者，亦准此。

【注释】

［一］支证：可以支持狱案成立的证人和证据。《宋刑统》卷二九《断狱》“不合拷讯者取众证为定”条所附建隆三年（962）十二月六日敕节文载：“宜令诸道州府指挥推司官吏，凡有贼盗刑狱……如是勘到宿食行止，与元通词款异同，或即支证分明，及赃验见在，公然拒抗，不招情欵者，方得依法拷掠，仍须先申取本处长吏指挥。”③

［二］制狱：一般有两曾含义，一为由皇帝下诏差官审理的重大案件，二为审讯上述案件的刑狱机构。④ 此处采用第一层含义。

【翻译】

文武官员犯罪应当拘禁，在京城的都先行奏报然后拘禁，如果犯死罪

① 《唐六典》，第 191 页。

② 关于“宿卫官”，参见中国社会科学院历史研究所《天圣令》读书班《〈天圣令·假宁令〉译注稿》，徐世虹主编《中国古代法律文献研究》第 10 辑，第 251 页。

③ 《宋刑统》，第 478 页。

④ 戴建国：《宋代诏狱制度述论》，氏著《宋代法制初探》，第 246 页。

以及在京外的，先行拘禁然后奏报。（职事官以及散官三品以上犯罪，［根据］敕令拘禁、推问的，负责推问的官司都要复奏，然后［才能］拘禁推问。）五品以上，都允许在单独的地方［囚禁并］坐卧床榻。妇人有官品的，也允许［如此处理］。如果宿卫官及各军卫士以上犯罪需要追捕，以及作为证人的，制狱则允许［本人］直接隶属的卫司突击追捕。（狱案属于京师军府的，根据府牒［行事］，其余各州依此［处理］。）卫司立即依据［府牒］遣送。［如果是］上番进行宿卫的人，原属卫司记录［情状］奏报［后］遣送，不能随意追捕收禁。如果是掌管兵马籍帐的官员、主典需要追捕的，也依此［处理］。

宋 40 凡奉使有所掩摄，皆告本部、本司，不得径即收捕。若急速、密者，且捕捉获，取本司公文发遣。奉敕使者亦同。

【翻译】

遵奉敕命进行突击逮捕的，都要报告主管的部、司，不能直接收禁逮捕。如果［事属］紧急、秘密的，权且［先行］抓捕，捉获［之后］，取用主管官司的公文［予以］遣送。遵奉敕旨的使者［需要逮捕的］也同样［处理］。

宋 41 诸妇人在禁，皆与男夫别所，仍以杂色［一］妇女伴狱。

【源流】

《唐六典》卷一八《大理寺》“大理寺主簿”条：“贵贱、男女异狱。”①

【注释】

［一］杂色：含义不明，疑为从事仆役杂事的妇女。

【翻译】

妇人被拘禁，都与男子［分别关押在］不同的地方，仍旧让杂色妇女陪伴在狱中。

宋 42 诸囚，当处长官十日一虑［一］，无长官，次官虑。其囚延引

① 《唐六典》，第 504 页。

久禁，不被推问，若事状可知，虽支证未尽，或告一人数事，及被告人有数事者，若重事得实，轻事未了，如此之徒，虑官并即断决。

【源流】

《唐六典》卷六《尚书刑部》“刑部郎中员外郎条”条：“凡禁囚皆五日一虑焉。”①

《唐六典》卷一八《大理寺》“大理卿”条：“若禁囚有推决未尽、留系未结者，五日一虑。若淹延久系，不被推诘；或其状可知，而推证未尽；或讼一人数事及被讼人有数事，重事实而轻事未决者，咸虑而决之。”②

《续资治通鉴长编》卷二二“太平兴国六年（981）三月”：“诏：‘诸州大狱，长吏不亲决，胥吏旁缘为奸，逮捕证左，滋蔓踰年而狱未具。自今长吏每五日一虑囚，情得者即决之。’上不欲天下有滞狱，乃建三限之制，大事四十日，中事二十日，小事十日，不须追捕而易决者无过三日。”③

《续资治通鉴长编》卷二五“雍熙元年（984）五月”：“庚子，始令诸州十日一虑囚。”④

【注释】

［一］虑：“虑，谓检阅之也。”⑤ 虑囚是掌管刑狱的官员或州县长官审查案卷、讯问囚徒，以平反冤案、解决滞狱的一种制度。

【翻译】

［对于］囚犯，所在地的长官每十日虑囚一次，没有长官，［则由］次官虑囚。囚犯［因审理］拖延而被长期拘禁，不被审问推断，如果案件情状清楚，但是证据并不充分，或者告发一个人［有］数个犯罪，以及被告发的人有数个犯罪的，如果严重的犯罪得到证实，轻微的犯罪没有确认，［对于］这样的囚犯，虑囚的官员［应该］立即判决。

---

① 《唐六典》，第190页。
② 《唐六典》，第501页。
③ 《续资治通鉴长编》，第491页。
④ 《续资治通鉴长编》，第581页。
⑤ 《唐六典》卷六《尚书刑部》，第190页。

宋 43 诸盗发，所在官司具发年月、事状，闻奏附申。

【源流】

《唐六典》卷六《尚书刑部》“刑部郎中员外郎”条：“断决讫，各依本犯，具发处日、月别，总作一帐，附朝集使申刑部。”①

【翻译】

盗案［发生后］，所在官司详细记录发生的年月、案件情状，奏请［皇帝并］附带申报［相关部门］。

宋 44 诸鞫狱官与被鞫人有五服内亲，及大功以上婚姻之家，并受业师，经为本部都督、刺史、县令，及有雠嫌者，皆须听换推。经为属佐，于府主［一］亦同。

【源流】

《唐六典》卷六《尚书刑部》“刑部郎中员外郎”条：“凡鞫狱官与被鞫人有亲属、仇嫌者，皆听更之。（亲谓五服内亲，及大功已上婚姻之家，并授业经师，为本部都督、刺史、县令，及府佐与府主，皆同换推。）”②

【注释】

［一］府主：幕僚对长官的称呼。《宋刑统》卷一《名例》“十恶”条载：“疏议曰：府主者，依令：‘职事官五品以上，带勋官三品以上，得亲事帐内，’于所事之主，名为‘府主’。国官、邑官于其所属之主，亦与府主同。”③

【翻译】

审理案件的官员与被审理的罪犯［之间］有五服以内的亲属［关系］，以及大功以上婚姻［关系］，还有授业老师，曾经是所在地区的都督、刺史、县令，以及［相互之间］有仇恨、嫌隙的，都必须允许换人推问。曾经是下属僚佐的，对于府主也同样［处理］。

宋 45 诸犯罪，须验告身。若告身失落，或在远者，皆验案。无案，听据保［一］为实。其告身在远，从后追验。

① 《唐六典》，第 190 页。

② 《唐六典》，第 191 页。

③ 《宋刑统》，第 13 页。

【注释】

［一］保：此处特指告身失去之后所需的保状。如南宋《杂式》中有“保去失状”：

保官具官姓名书字

保官具官姓名书字

右某等，各年未及七十，历任无赃罪及私罪徒，与某人非缌麻以上亲并相容隐人，不系分司、致仕、不理选限、进纳、归明傜人若流外官，亦不系全去失付身止给到公据之人。（使臣，云不系未经任人。）今委保某人出身补授改转官资，开具年月日因依，昨在某州县，任某差遣或寄居待阙，于某年月日因是何事亡失是何告敕、宣、札、（如系全去失，及去失初补或末后及改官付身，即声说不系承代他人及阑遗告敕、付身便作正身冒名祗受，亦不系借补空名改易书填、非泛恩赏补授、改易出身。）印纸。（如有去失印纸，亦声说有无隐匿过犯。）如曾经州军保奏，遇大礼并致仕、遗表补授未出仕之人，（即云某人今有当时于某州或某县给到去失公据，或别有某处照据文字见存。）今来所保某人，委的当时曾作是何官，或曾任是何差遣，不系诸处借补空名书填改易、妄称去失之人，并是诣实。所保某人系在是何去处，知识来历因依，今年第几次作保。如后衮同，甘俟朝典。谨状

年　月　日保官具官姓名书字　　　　等状[①]

【翻译】

犯罪，必须查验告身。如果告身丢失，或者在远处的，都［要］查验档案。没有档案，允许依据保状作为真实［性凭证］。告身在远处的，以后追补查验。

宋46　诸州有疑狱不决者，奏谳刑法之司。仍疑者，亦奏下尚书省议。有众议异常，堪为典则者，录送史馆。

---

① 《庆元条法事类》，第369～371页。

【源流】

《唐六典》卷六《尚书刑部》“刑部郎中员外郎”条：“凡狱囚应入议、请者，皆申刑部，集诸司七品已上于都座议之。（若有别议，所司科简，具状以闻。若众议异常，堪为典则者，录送史馆。）”①

【翻译】：

各州有疑难案件不能决断的，奏请［掌管］刑法的官司审判定罪。仍然有疑问的，再上奏［请求］交付尚书省集议。［如果］众人讨论［的结果］不同于常例，可以作为典章法则的，记录［后］送交史馆。

宋47 诸赦日，主者设金鸡［一］及鼓于宫城门外，勒集囚徒于阙前，挝鼓千声讫，宣制放，其赦书依程颁下。

【源流】

《唐六典》卷六《尚书刑部》“刑部郎中员外郎”条：“凡国有赦宥之事，先集囚徒于阙下，命卫尉树金鸡，待宣制讫，乃释之。”②

《唐六典》卷一六《卫尉宗正寺》“武库令”条：“凡有赦则先建金鸡，兼置鼓于宫城门之右，视大理及府、县囚徒至，则挝其鼓。”③

《通典》卷一六九《刑法七》“赦宥”条：“大唐令曰：‘赦日，武库令设金鸡及鼓于宫城门外之右，勒集囚徒于阙前，挝鼓千声讫，宣制放。其赦书颁诸州，用绢写行下。’”④

【注释】

［一］金鸡：恩赦仪式上所用的道具。《宋史》卷一一七“肆赦仪”载：“……侍臣宣敕立金鸡……少府监立鸡竿于楼东南隅，竿末伎人四面缘绳争上，取鸡口所衔绛幡，获者即与之。”⑤ 陈俊强认为鸡最主要的性质是“主候时”，天亮时天上的金鸡首先啼，天下鸡跟着啼叫，代表着新的一天的开始；同样天鸡星代表着时机的变化，代表将要大赦，万民更始。⑥

① 《唐六典》，第191页。

② 《唐六典》，第192页。

③ 《唐六典》，第464页。

④ 《通典》，第4386页。

⑤ 《宋史》，第1773页。

⑥ 陈俊强：《北朝隋唐恩赦制度研究》，北京大学出版社，2007，第112页。

【翻译】

恩赦之日，主管部门设置金鸡以及鼓于宫城门外，勒令囚犯集合在宫门前，击鼓千声完毕，宣读制书［以］释放［囚犯］，赦书依照规定期限颁布下发。

宋48 诸赎，死刑限八十日，流六十日，徒五十日，杖四十日，笞三十日。若无故过限不输者，会赦不免。虽有披诉，据理不移前断者，亦不在免限。若应理官物者，准直：五十疋以上，一百日；三十疋以上，五十日；二十疋以上，三十日；不满二十疋以下，二十日。若欠负官物，应理正赃[①]及赎罪铜,[②] 贫无以备者，欠无正赃，则所属保奏听旨。赎罪铜则本属长吏取保放之，［1］会恩者从敕处分。

【校勘】

［1］据文意，“贫无以备者”包括后述两种情况，因此修改清本“贫无以备者，欠无正赃，则所属保奏听旨。赎罪铜则本属长吏取保放之，”的标点。

【新录文】

诸赎，死刑限八十日，流六十日，徒五十日，杖四十日，笞三十日。若无故过限不输者，会赦不免。虽有披诉，据理不移前断者，亦不在免限。若应理官物者，准直：五十疋以上，一百日；三十疋以上，五十日；二十疋以上，三十日；不满二十疋以下，二十日。若欠负官物，应理正赃及赎罪铜，贫无以备者：欠无正赃，则所属保奏听旨；赎罪铜，则本属长吏取保放之。会恩者从敕处分。

【翻译】

［以］赎［代刑］，死刑限期八十日，流刑［限期］六十日，徒刑［限期］五十日，杖刑［限期］四十日，笞刑［限期］三十日。如果没有原因超过期限不缴纳的，遇到恩赦［也］不能免除［罪责］。虽然［本

① 关于“正赃”，参见中国社会科学院历史研究所《天圣令》读书班《〈天圣令·厩牧令〉译注稿》唐28，徐世虹主编《中国古代法律文献研究》第9辑，第329页。

② 关于“赎罪铜”，参见中国社会科学院历史研究所《天圣令》读书班《〈天圣令·仓库令〉译注稿》，徐世虹主编《中国古代法律文献研究》第7辑，第281页。

人］有申诉，但依据法理不能改变之前的判决的，也不在免除的范围内。如果应该理赔官物的，根据［官物的］价值［确定期限］：五十匹以上，一百日；三十匹以上，五十日；二十匹以上，三十日；不满二十匹，二十日。如果亏欠官物，应该理赔正赃和赎罪之铜，［因］贫困［而］不能齐备的［采用以下两种方式处理］：［如果］亏欠而还不上正赃，则［由］所属官司［责成亏欠者提供］担保、［然后］上奏，等候敕旨。［亏欠］赎罪之铜则［由］所属官司的长吏［责成亏欠者］提供担保、［然后］释放。遇到恩赦的依照敕令处理。

宋 49 诸枷，大辟重二十五斤，徒、流（流、徒?）二十斤，杖罪一十五斤，各长五尺以上、六尺以下。颊长［一］二尺五寸以上、六寸以下。共阔一尺四寸以上、六寸以下；径三寸以上、四寸以下。仍以乾木为之，其长阔、轻重，刻志其上。杻［三］长一尺六寸以上、二尺以下，广三寸，厚一寸。钳［二］重八两以上、一斤以下，长一尺以上、一尺五寸以下。锁长八尺以上、一丈二尺以下。

【源流】

《唐六典》卷六《尚书刑部》“刑部郎中员外郎”条：“枷长五尺已上、六尺已下，颊长二尺五寸已上、六寸已下，共阔一尺四寸已上、六寸已下，径头三寸已上、四寸已下。杻长一尺六寸已上、二尺已下，广三寸，厚一寸。钳重八两已上、一斤已下，长一尺已上、一尺五寸已下。锁长八尺已上、一丈二尺已下。”①

【注释】

［一］颊长：唐宋时期的长枷左右两片长度不同，所谓“颊长”指较短的枷片的长度，另一枷片超出颊长的部分称为“枷梢”，也称为“橡”。在敦煌出图的“十王图”画卷中可以看到枷的具体形状。②

［二］钳：铁质刑具，用于颈部。汉代时就已存在，如《汉书》卷六

① 《唐六典》，第 191 页；《通典》卷一六八《刑法六》“考讯”，第 4350 页；《宋刑统》卷二九《断狱》“应囚禁枷锁杻”条，第 530 页。

② 详见黄征《敦煌变文俗语词补释——“生杖”名物图证》，收入《第三届中国俗文化国际学术研讨会暨项楚教授七十华诞学术讨论会论文集》，四川大学俗文化研究所，2009。

六《陈万年附陈咸传》载颜师古注："钳在颈，釱在足，皆以铁为之。"① 在陕西泾阳汉阳陵附近的西汉刑徒墓地中，发现了在刑徒颈上带着的铁钳实物。②《唐六典》卷六《尚书刑部》"刑部郎中员外郎"条注载："诸流、徒罪居作者皆着钳，若无钳者着盘枷，病及有保者听脱。"③ 此条宋令文承唐令而来，故推测在宋代，钳仍使用于犯人颈部。

【翻译】

枷，死刑［罪犯所戴］重二十五斤，徒、流刑［罪犯所戴重］二十斤，杖刑［罪犯所戴重］十五斤，各自的长度是五尺以上、六尺以下。［枷的］颊长二尺五寸以上、六寸以下。［整个枷］一共宽一尺四寸以上、六寸以下；［枷头的］直径三寸以上、四寸以下。还是以干燥的木材制成，长宽、轻重，刻写标记在它上面。杻长一尺六寸以上、二尺以下，宽三寸，厚一寸。钳重八两以上、一斤以下，长一尺以上、一尺五寸以下。锁长八尺以上、一丈二尺以下。

宋50 诸杖，皆削去节目。官杖［一］长三尺五寸，大头阔不得过二寸，厚及小头径不得过九分。小杖［二］长不得过四尺五寸，大头径六分，小头径五分。讯囚杖［三］长同官杖，大头径三分二厘，小头径二分二厘。其官杖用火印［四］为记，不得以筋、胶及诸物装钉。考讯者臀、腿分受。

【源流】

《唐六典》卷六《尚书刑部》"刑部郎中员外郎"条注：杖皆削去节目，长三尺五寸。讯囚杖大头径三分二厘，小头二分二厘；常行杖大头二分七厘，小头一分七厘；笞杖大头二分，小头一分半。其决笞者腿、臀分受，杖者背、腿、臀分受，须数等拷讯者亦同。愿背、腿均受者，听。殿庭决杖者，皆背受。④

《唐律疏议》卷二九《断狱》"诸决狱不如法"条疏议："依狱官令：'决笞者，腿、臀分受。决杖者，背、腿、臀分受。须数等。拷讯者亦同。

① 《汉书》，第2901页。

② 程艳妮：《汉阳陵馆藏西汉刑具概述》，《文博》2009年第3期，第53~56页。

③ 《唐六典》，第190页。

④ 《唐六典》，第191页。

笞以下，愿背、腿分受者，听。’……依令：“杖皆削去节目，长三尺五寸。讯囚杖，大头径三分二厘，小头二分二厘。常行杖，大头二分七厘，小头一分七厘。笞杖，大头二分，小头一分五厘。’”①

【注释】

［一］官杖：又称为常行官杖，是宋代为配合折杖法而设的刑具。折杖法是宋代的基本刑罚制度，其核心是五刑中的流、徒、杖、笞四种刑罚均折合成“常行官杖”执行的杖罚（流刑则需杖后配役）。②

［二］小杖：对已决犯的余罪进行处罚的执行刑具，小于常行官杖，用以惩治微罪。③

［三］讯囚杖：唐宋时期拷问犯人时所采用的刑具。

［四］火印：古代把铁器或铁质的图章烧热后烙在物体上从而留下印记，用以标记物体的属性或特征。

【翻译】

杖，都削去疤节和纹理不顺之处。官杖长三尺五寸，大头宽不得超过二寸，［大头］厚度及小头的直径不得超过九分。小杖长不得超过四尺五寸，大头直径六分，小头直径五分。讯囚杖的长度同于官杖，大头直径三分二厘，小头直径二分二厘。官杖用火印作为标记，不得用筋、胶以及其它物品装钉。［被］拷问刑讯者［以］臀部、腿部分别接受［杖责］。

宋 51　诸狱皆厚铺席荐，夏月置浆水。其囚每月一沐。其纸笔及酒、金刃［一］、钱物、杵棒之类，并不得入。

【源流】

《宋刑统》卷二九《断狱》“囚应请给医药衣食”条引《狱官令》：“诸狱皆厚铺席荐，夏月置浆水，其囚每月一沐，其纸笔及酒、金刃、钱

① 《唐律疏议》，第 557 页。

② 薛梅卿：《北宋建隆“折杖法”辨析》，《中国政法大学学报》1983 年第 3 期，第 87～94 页。

③ 戴建国：《宋代刑法史研究》，上海人民出版社，2008，第 168～171 页。

物、杵棒之类，并不得入。”[①]

【注释】

［一］金刃：金属刀具等。《宋刑统》卷二九《断狱》“与囚金刃等令自杀及得解脱者”门“疏议”载：“金刃，谓锥、刀之属。他物，谓绳、锯之类。可以自杀及解脱枷、锁、杻。”[②]

【翻译】

牢狱都要铺设厚的垫席，夏季放置浆水。囚犯每月沐浴一次。纸笔以及酒、金属刀具、钱物、棍棒之类，一律不能带入［牢房内］。

宋52 诸狱囚有疾病者，主司陈牒，长官亲验知实，给医药救疗，病重者脱去枷、锁、杻，仍听家内一人入禁看侍。（若职事、散官二品以上，听妇女、子孙内二人入侍。）其有死者，亦即同检，若有它故，随状推科。

【源流】

《宋刑统》卷二九《断狱》“囚应请给医药衣食”条引《狱官令》：“诸狱囚有疾病，主司陈牒，长官亲验知实，给医药救疗。病重者，脱去枷、锁、杻，仍听家内一人入禁看侍。其有死者，若有他故，随状推断。”[③]

【翻译】

牢狱［中的］囚犯患有疾病的，主管官司呈送牒文，长官亲自勘验、确认属实［后］，给予医药救治，病重的犯人脱去枷、锁、杻，还允许［囚犯的］家中一人进入拘禁之处看护侍候。（如果是职事官、散官二品以上，允许女眷、子孙中的两个人入内侍候。）［如果］有死亡的，［长官］也一同检视，如果有其他原因［导致囚犯死亡］，根据［实际］情状推问科罪。

宋53 诸流人至配所，并给官粮，令其居作。其见囚绝饷者，亦给之。

① 《宋刑统》，第535页。

② 《宋刑统》，第531页。

③ 《宋刑统》，第535页。

【源流】

《宋刑统》卷二九《断狱》“诸囚应给衣食医药”条载：“准狱官令：‘囚去家悬远绝饷者，官给衣粮，家人至日，依数征纳。囚有疾病，主司陈牒，请给医药救疗。’”①

【翻译】

流刑罪犯到达流配之地，一律供给官粮，令他们服劳役。在押囚犯断绝粮食的，也供给［官粮］。

宋 54 诸奉敕处分，令著律、令及式者，虽未附入，其有违者，即依违律、令、式法科。

【翻译】

遵奉敕旨［进行］处置［的方式］，命令著录于律、令以及式［等常法之中］的，即使尚未增编入［常法］，［如果］有违反的，立即按照违反律、令、式的法规定罪。

宋 55 诸京城内系囚及徒役之处，常令提辖官司月别巡行，有安置、役使不如法者，随事推科。

【源流】

《唐六典》卷六“刑部尚书”条载：“凡在京诸司见禁囚，每月二十五日已前，本司录其所犯及禁时日月以报刑部。”②

【翻译】

京城内关押囚犯以及囚徒服役的地方，经常命令主管官司每月巡查，［如果］存在安置、役使［囚犯］不依照法律规定的，根据情况推问科罪。

宋 56 诸犯罪及欠损官物，经赦、降合免，别敕遣推者，依赦、降例执奏。

① 《宋刑统》，第 535 页。

② 《唐六典》，第 192 页。

【翻译】

犯罪以及欠负、损坏官物，经过赦免、减降本应免除［刑罚和赔偿］，［又根据］别敕派人推问的，依照赦免、减降的规定上奏。

宋 57 诸犯罪资财入官者，若缘坐得免，或依律不坐，各计分法［一］还之。即别敕降罪从轻，物见在，亦还之。（其本罪不合缘坐而别敕没家者，罪止及一房。）若受人寄借及质钱之属，当时即有言请，券证分明者，皆不在录限。其有竞财，官司未决者，权行检校［二］。

【注释】

［一］分法：罪犯资财没收入官时，与家庭财产进行分割的办法。如《唐律疏议》卷一七《贼盗》“诸缘坐非同居者”条有“虽同居，非缘坐及缘坐人子孙应免流者，各准分法留还”。注曰：“老疾得免者，各准一子分法。”其“各准一子分法”即与子或与孙均分财产的做法。

［二］检校：在宋代法律中，狭义的“检校”专指官府对孤幼的财产进行监护和委托管理，如《名公书判清明集》卷七“不当检校而求检校”条载：“所谓检校者，盖身亡男孤幼，官为检校财物，度所须，给之孤幼，责付亲戚可托者抚养，候年及格，官尽给还，此法也。”[①] 广义的“检校”则指官府暂时代管财产，如《宋会要辑稿》食货六九之三七载：“（淳化四年［993］）十二月，诏：‘逃户屋宇、桑枣，官为检校，即招诱复业，当议与免来年夏税。’”[②] 此处应为广义的检校。

【翻译】

［因为］犯罪［导致］资产财物没入官府的，如果连坐［导致的刑责］得到免除，或者依照法律不予连坐，［资财］分别按照分割法计算、退还。如果是别敕减罪从轻，财物还存在的也归还原主。（本来的罪名不应该［导致］连坐而别敕［要求］没收家产的，罪罚仅限本人一支。）［财物］如果是受人［所托］寄存［在罪犯处的］、借来的以及［借贷的］质押品之类，当时立即说明、申请，证据凭证清楚明白的，一律不在［没

① 《名公书判清明集》，中国社会科学院历史研究所宋辽金元史研究室点校，中华书局，1987，第 228 页。

② 《宋会要辑稿》，第 6348 页。

收］登记的范围内。存在争议的财产，官府尚未判决的，［由官府］暂时保管。

宋 58 诸辨证已定，逢赦更翻者，悉以赦前辨证为定。

【翻译】

供词、证据已经确定，遇到恩赦再次翻供的，都以恩赦前的供词、证据为定准。

宋 59 诸伤损［一］于人，及诬告得罪，其人应合赎者，铜入被告及伤损之家。即两人相犯俱得罪，及同居相犯者，铜并入官。

【源流】

《宋刑统》卷一《名例》“死刑二”条引《狱官令》：“诸伤损于人及诬告得罪，其人应合赎者，铜入被告及伤损之家。即两人相犯俱得罪及同居相犯者，铜入官。”①

【注释】

［一］伤损：《宋刑统》卷五《名例》“犯罪已发未发自首”门疏议载：“损，谓损人身体。伤，谓见血为伤。”②

【翻译】

伤害别人，以及［因］诬告［而］得罪，罪犯应该符合［以］赎［代刑］的，赎铜给付被诬告以及被伤害的人家。如果两个人互相侵犯［而］都有罪，以及同居［之人］互相侵犯的，赎铜都没入官府。

右并因旧文，以新制参定。

【翻译】

以上的令文均是在旧文基础上，参考新制度而修定。

唐 1 诸州断罪应申覆者，刑部每年正月共吏部相知，量取历任清勤、

---

① 《宋刑统》，第 6 页。此条原本残缺，补入的文字参见（宋）窦仪等详定，岳纯之校证《宋刑统校证》卷一《名例》“死刑二”条，北京大学出版社，2015，第 6 页。

② 《宋刑统》，第 85 页。

明识法理者充使,[①] 将过中书门下，定讫奏闻，令分道巡覆。若应勾会官物者，量加判官及典。刑部录囚姓名，略注犯状，牒使知。(岭南使人以九月上旬，驰驿发遣。) 见囚事尽未断者，催断即覆，覆讫，使牒与州案同封，申牒刑部。(若州司枉断，使人推覆无罪，州司款[②]伏，灼然合免者，任使判放，仍录状申。其降入流、徒者，自从流、徒。若使人与州执见有别者，各以状申。其理状已尽，可断决而使人不断，妄生节目盘退者，州司以状录申。附使人考。) 其徒罪，州断得伏辨及赃状露验者，即役，不须待使，以外待使。其使人仍总按覆，覆讫，同州见者，仍牒州配役。其州司枉断，使判无罪，州司款伏，及州、使各执异见者，准上文。

【翻译】

各州断罪应该申请覆核的，刑部每年正月与吏部相互知会，酌情选取历任清廉勤恳、透彻理解法理的人充任使人，持［人选名单］到中书门下，决定［名单］完毕［以后］奏报［皇帝］，命令［使人］分道巡行覆核。如果应该勾稽、勘会官物的，酌情增加判官及主典。刑部记录囚犯姓名，简要注记［他们的］犯罪情状，［通过］牒文让［使人］知道。(［派遣到］岭南的使人在九月上旬，驰驿出发。) 在押囚犯审理完毕而未予判决的，催促［审理官司尽速］断决［后］立即覆核，覆核完毕，使人的牒文与州司案卷一起封存，以牒文形式呈送［给］刑部。(如果州司枉法断决，使人推问覆核［后断为］无罪，州司认罪，［嫌犯］明显应当无罪放免的，允许使人判决释放，仍然记录［相关］情状［进行］申报。［应该］降减［刑罚］为流刑、徒刑的，［使人］自可按照流刑、徒刑［进行判罚］。如果使人与州司所持意见不同的，各自申报情状。如果道理、情状已经穷尽［、并无疑义］，可以断决而使人不予断决，妄自节外生枝、拖延不结案的，州司记录情状申报。列入使人的考绩中。) 徒罪，州司［通过］审断［令罪犯］认罪伏法以及赃物和罪状暴露、得到验证的，立即［判令］服役，不需等待使人，［除此］以外［的情况则要］等待使人［覆核］。使人仍然整体按问覆核，覆核完毕，与州司意见相同的，仍然行

---

① “使”即“覆囚使”，参见中国社会科学院历史研究所《天圣令》读书班《〈天圣令·仓库令〉译注稿》，徐世虹主编《中国古代法律文献研究》第7辑，第276页。

② 关于“款”在唐代法律中的用法和意义，参考黄正建《唐代法律用语中的“款”和“辩”——以〈天圣令〉与吐鲁番出土文书为中心》，《文史》2013年第1辑，第255~272页。

牒给州，[将罪犯] 发配服役。州官司枉法断决，使人判决 [嫌犯] 无罪，州司认罪，以及州司、使人各持不同意见的，根据上述条文 [处理]。

唐2 诸犯罪在市，杖以下，市决之。应合荫赎 [一] 及徒以上，送县。其在京市，非京兆府，并送大理寺。驾幸之处亦准此。

【注释】

[一] 荫赎：用荫赎罪。唐代可以使用资荫、官荫等赎罪，如《唐律疏议》卷二《名例》“诸应议、请、减条”载：“‘若官品得减者’，谓七品已上之官，荫及祖父母、父母、妻、子孙：犯流罪以下，并听赎”。[①]

【翻译】

在市中犯罪，杖罪以下 [的]，集市 [的官司] 判决。应当用荫赎罪 [的] 以及徒罪以上 [的]，送县 [审断]。在京城的集市 [犯罪的]，不是京兆府 [管辖的]，一律送大理寺 [审断]。御驾临幸的地方也依此办理。

唐3 诸决大辟罪皆于市。五品以上犯非恶逆以上，听自尽于家。七品以上及皇族，若妇人犯非斩者，绞于隐处。

【翻译】

处决死刑都在集市。五品以上 [官员] 犯 [的] 不是恶逆以上 [的罪]，允许在家自尽。七品以上以及皇族，或者妇人犯 [的] 不是 [要被处以] 斩刑 [的罪] 的，在隐蔽的地方 [执行] 绞刑。

唐4 诸囚死，无亲戚者，皆给棺，于官地内权殡。(其棺并用官物造给。若犯恶逆以上，不给棺。其官地去京七里外，量给一顷以下，拟埋诸司死囚，大理检校。) 置砖铭于圹内，立牓于上，书其姓名，仍下本属，告家人令取。即流移人在路，及流、徒在役死者，亦准此。

【翻译】

囚犯死亡，没有亲属的，一律给予棺木，在官地内暂时埋葬。(棺木都

① 《唐律疏议》，第35页。

用官物造作、供给。如果所犯［之罪在］恶逆以上，不给棺木。官地距离京城七里以外，酌情给予一顷以下，用来埋葬各司的死囚，大理寺［负责］检查、核校。）在墓穴内放置刻有铭文的砖石，在墓上树立木牌，书写死囚姓名，仍然下文［通知］原来属籍所在官府，告知家人，让［他们前来］收取。如果［是］流刑罪犯、移乡人在途中［死亡］，以及流刑罪犯、徒刑罪犯在服役［期间］死亡的，也依此办理。

唐5 诸流移人，州断讫，应申请配者，皆令专使送省司。令量配讫，还附专使报州，符[①]至，季别一遣。（若符在季末至者，听与后季人同遣。）具录所随家口、及被符告若发遣日月，便移配处，递差防援。（其援人[②]皆取壮者充，余应防援者，皆准此。）专使部领，送达配所。若配西州、伊州者，并送凉州都督府。江北人配岭以南者，送付桂、广二都督府。其非剑南诸州人而配南宁以南及嶲州界者，皆送付益州大都督府，取领即还。其凉州都督府等，各差专使，准式送配所。付领讫，速报元送处，并申省知。（其使人，差部内散官充，仍申省以为使劳。若无散官，兼取勋官强干者充。又无勋官，则参军事充。其使并给传乘。）若妻、子在远，又无路便，豫为追唤，使得同发。其妻、子未至间，囚身合役者，且于随近公役，仍录已役日月下配所，即于限内听折。

【翻译】

流刑罪犯、移乡人，州司断罪完毕，应该申文请求发配的，都让专使呈送尚书省。酌情［进行］发配完毕，仍然交付专使还报州司，［尚书省］符到，［各州］每个季度发遣一次。（如果省符在季度末到达的，允许与下一季度的罪犯一起发遣。）详细记录随行的家口，以及被省符告知［的时间］或［实际］发遣的时间，随即递送流配之地，［沿途各州］逐次差遣［人员］警备、护卫。（护卫的人都选取健壮者充任，其他应当警备、防卫的，一律依此［选取］。）［流、移人由］专使押解，送达流配之地。如果发配到

① “符”即“省符”，参见中国社会科学院历史研究所《天圣令》读书班《〈天圣令·仓库令〉译注稿》，徐世虹主编《中国古代法律文献研究》第7辑，第269页。

② “援人”即“防援人”，参见中国社会科学院历史研究所《天圣令》读书班《〈天圣令·关市令〉译注稿》，徐世虹主编《中国古代法律文献研究》第9辑，第248页。

西州、伊州的，都送交凉州都督府。［长］江以北的人发配到岭南的，送交桂、广二州的都督府。不是剑南各州的罪犯而发配到南宁以南及嶲州地界的，都送交益州大都督府，［移交后］取得［文书等］即返还。凉州都督府等，分别派遣专使，按照式的规定［将流、移人］送达流配之地。交付、领收完毕，立即通知原来的配送官司，并申报尚书省知晓。（使人，派遣辖下的散官充任，仍然申报尚书省以记录［使人的］劳绩。如果没有散官，［就］选取勋官中精明干练的人充任。［如果连］勋官都没有，则［由］参军事充任。使人都给予传马和车乘。）如果［流、移人的］妻子、儿女在远处，又不顺路，［要］预先追取召唤，使得［他们］可以一起发遣。妻子、儿女尚未到达的期间，囚犯本人应当服役的，暂且就近为公家服役，仍然记录已经服役的时间，通知配所，允许在［他们应当］服役的时限内［进行］折抵。

唐6 诸流移人（移人，谓本犯除名者。）至配所，六载以后听仕。（其犯反逆缘坐流［一］，及因反逆免死配流，不在此例。）即本犯不应流而特配流者，三载以后听仕。有资荫［二］者，各依本犯收叙法。其解见任及非除名移乡者，年限、叙法准考解例［三］。

【注释】

［一］反逆缘坐流：因亲属犯谋反、谋大逆而遭连坐，被判流刑。《唐律疏议》卷二《名例》“应议请减”条疏议载：谓缘坐反、逆得流罪者。其妇人，有官者比徒四年，依官当之法，亦除名；无官者，依留住法，加杖、配役”。①

［二］资荫：凭先代功勋而获授官封爵。《唐六典》卷二《尚书刑部》“刑部郎中员外郎”条载：“（资荫）谓一品子，正七品上叙，至从三品子，递降一等。四品、五品有正、从之差，亦递降一等；从五品子，从八品下叙。国公子，亦从八品下。三品以上荫曾孙，五品已上荫孙；孙降子一等，曾孙降孙一等。赠官降正官一等，散官同职事。若三品带勋官者，即以勋官品同职事荫；四品降一等，五品降二等。郡、县公子，准从五品孙；县男已

① 《唐律疏议》，第35页。

上子，降一等。勋官二品子，又降一等。二王后子孙，准正三品荫。”[①]

［三］考解例：按照考课结果解现任官之规定。《唐律疏议》卷二《名例》“官当”条疏议载：“若犯罪未至官当，不追告身，叙法依考解例，期年听叙，不降其品。从见任解者，叙法在《狱官令》。先已去任，本罪不至解官，奉敕解者，依《刑部式》，叙限同考解例。本犯应合官当者，追毁告身。”[②]

【翻译】

流刑罪犯、移乡人（移乡人，指原来犯了除名之罪的官员。）抵达流配之地，六年以后允许出仕任官。（因为［亲属］犯反、逆之罪而被连坐处以流刑，以及因反、逆之罪［最后］被免死、改为流放配役［的人］，不在这个［规定的］范围内。）如果原来所犯之罪不应该被［判处］流刑但［被］特别［处以］流放配役的，三年以后允许出仕任官。有资荫的，各自依照原来所犯之罪［适用］除免、复叙的规定。解除现任［官职］和不是除名移乡的，［再次任官的］年限、叙官法依照考解例执行。

唐7　诸流移人未达前所，而祖父母、父母在乡丧者，当处给假七日发哀，周丧[③]给假三日。其流配在役而父母丧者，给假百日举哀，[④]祖父母丧，承重[⑤]者亦同，周丧给柒日，并除给程。[⑥]

【翻译】

流刑罪犯、移乡人没有到达［服役］场所，而祖父母、父母在家乡亡故的，所在地［官司］给假七日表达哀思，周亲亡故［的］给假三日。流配［的罪犯］在服役期间而父母亡故的，给假一百日［让其］举哀，祖父母亡故的，承重孙也［享受］同样［待遇］。周亲亡故［的］给［假］七

① 《唐六典》，第32页。

② 《唐律疏议》，第45~46页。

③ “周丧”即“期丧”，期亲之丧。参见中国社会科学院历史研究所《天圣令》读书班《〈天圣令·赋役令〉译注稿》，徐世虹主编《中国古代法律文献研究》第6辑，第342页。

④ 关于“举哀”，参见中国社会科学院历史研究所《天圣令》读书班《〈天圣令·假宁令〉译注稿》，徐世虹主编《中国古代法律文献研究》第10辑，第240页。

⑤ 关于“承重”，参见中国社会科学院历史研究所《天圣令》读书班《〈天圣令·赋役令〉译注稿》，徐世虹主编《中国古代法律文献研究》第6辑，第362页。

⑥ 关于“除给程”，参见中国社会科学院历史研究所《天圣令》读书班《〈天圣令·赋役令〉译注稿》，徐世虹主编《中国古代法律文献研究》第6辑，第344页。

日。一律［不包括］路上［所需时间］。

唐8 诸犯流罪以下，辞定，欲成婚者，责保给假七日，正、冬三日。已配役者亦听。并不给程。无保者，唯给节日假，不合出。

【翻译】

犯流罪以下，供词确定，想要结婚的，责成［罪犯提供］担保［后］给假七日，元正、冬至［给假］三日。已经配役的也允许［给假］。一律不给路上［所需的时间］。没有担保的，只给予节日假，不允许离开［关押或配役场所］。

唐9 诸应议请减者，犯流以上，若除、免、官当，并锁禁［一］。公坐流、私罪［二］徒，(并谓非官当者。) 责保参对。其九品以上及无官应赎［三］者，犯徒以上若除、免、官当者，枷禁。公罪徒，并散禁，不脱巾带，办定，［1］皆听在外参对。

【校勘】

［1］改“办”为“辩”，校勘理由详见宋29。此外，陈俊强认为，“办定，皆听在外参对”针对“其九品以上及无官应赎者，犯徒以上若除、免、官当者”和“公罪徒”两种情况，所以“不脱巾带”后的“，”应改为“。”。[①] 此意见可从。

【新录文】

诸应议请减者，犯流以上，若除、免、官当，并锁禁。公坐流、私罪徒，(并谓非官当者。) 责保参对。其九品以上及无官应赎者，犯徒以上若除、免、官当者，枷禁。公罪徒，并散禁，不脱巾带。辩定，皆听在外参对。

【注释】

［一］锁禁：让某些囚犯加戴狱具的监禁制度。锁禁有狭义和广义之别。狭义指收禁囚犯只用锁，与用枷、杻等相对而言。广义指收禁罪囚加戴狱具，与“散禁”相对而言。[②]

① 高明士主编《天圣令译注》，第556页。

② 参见江平《中国司法大辞典》，吉林人民出版社，1991，第1169页。

［二］私罪：与“公罪”相对，如《唐律疏议》卷二《名例》“官当”条载：“诸犯私罪，以官当徒者，（私罪，谓私自犯及对制诈不以实、受请枉法之类。）疏议曰：‘私罪’，谓不缘公事，私自犯者；虽缘公事，意涉阿曲，亦同私罪。对制诈不以实者，对制虽缘公事，方便不吐实情，心挟隐欺，故同私罪。受请枉法之类者，谓受人嘱请，屈法申情，纵不得财，亦为枉法。”①

［三］无官应赎：因荫庇以及老、小、废疾之类而受到国家优待，虽无官品却可以依法用铜赎罪。《唐律疏议》卷二三《斗讼》“戏杀伤人”条载：“‘即无官应赎’，谓有荫及老、小、废疾之类，而犯应赎罪者，依‘过失’法收赎。”②

【翻译】

应该［适用］议、请、减的罪犯，犯流罪以上，或被除名、免官、以官抵罪，都要加锁拘禁。［因］公罪［而被判处］流刑、因私罪［而被判处］徒刑，（均指非以官抵罪的。）责成［罪犯提供］担保，［在外等候］传讯问对。九品以上以及没有官品［但］可以收赎的，犯徒刑以上［罪］，或被除名、免官、以官抵罪的，戴枷拘禁。［因］公罪［而被判处］徒刑，都不戴刑具地拘禁，不用脱掉头巾衣带，伏罪的供状写定后，都允许在外［等候］传讯、问对。

唐10　诸犯死罪在禁，非恶逆以上，遭父母丧、妇人夫丧，及祖父母丧承重者，皆给假七日发哀，流、徒罪三十日，悉不给程。并待办［1］定，责保乃给。

【校勘】

［1］改“办”为“辩”，校勘理由详见宋29。

【新录文】

诸犯死罪在禁，非恶逆以上，遭父母丧、妇人夫丧，及祖父母丧承重③

① 《唐律疏议》，第44页。

② 《唐律疏议》，第426页。

③ 关于“承重”，参见中国社会科学院历史研究所《天圣令》读书班《〈天圣令·赋役令〉译注稿》，徐世虹主编《中国古代法律文献研究》第6辑，第362页。

者，皆给假七日发哀，流、徒罪三十日，悉不给程。并待辩定，责保乃给。

【翻译】

犯死罪被拘禁的，［所犯］不是恶逆以上［的罪］，遭遇父母亡故、妇人［遭遇］丈夫亡故，以及承重孙的祖父母亡故，都给假七日表达哀思，［犯］流、徒罪［的给假］三十日，都不给路上［所需的时间］。一切等到伏罪的供状写定，责成［囚犯提供］担保后才给［假］。

唐 11　诸道士、女冠［一］、僧尼犯罪，徒以上及奸、盗、诈脱法服，依律科断，余犯依僧道法［二］。

【注释】

［一］女冠：亦称“女黄冠”“女官”，即女道士。唐代男女道士皆戴黄冠，因俗女子本无冠，唯女道士有冠，故名。《唐律疏议》中均作“女官”，《律音义》谓：“《升玄经》云：‘女官，如道士也。’流俗以其戴冠，改作‘冠’字，非也。”①

［二］僧道法：唐代管理僧、道的俗世法规与宗教戒律。②

【翻译】

道士、女冠、僧人、女尼犯罪，徒以上以及奸罪、盗罪、诈［称俗人而］脱去法袍，依照律条科罪判决，其他犯罪按照僧道法［处罚］。

唐 12　诸放贱为部曲、客女［一］及官户，③ 逃亡经三十日，并追充贱。

【注释】

［一］客女：部曲之女或婢女等因被放免而获得的高一级的法律上的身份，高于奴婢等贱民阶层，但仍低于良人。客女也有从他处所得者。《唐律疏议》卷一三《户婚》“以妻为妾”条载：“客女谓部曲之女，或有

① 《唐律疏议》，第 600 页。

② 赵晶：《唐代〈道僧格〉再探——兼论〈天圣令·狱官令〉“僧道科法”条》，《华东政法大学学报》2013 年第 6 期，第 127～149 页。

③ 关于“官户”，参见中国社会科学院历史研究所《天圣令》读书班《〈天圣令·仓库令〉译注稿》，徐世虹主编《中国古代法律文献研究》第 7 辑，第 274 页。

于他处转得，或放婢为之”。[①]

【翻译】

放免贱民为部曲、客女以及官户，逃亡经过三十日，一律追回充当贱民。

右令不行。

【翻译】

以上令文不再施行。

① 《唐律疏议》，第256页。

《中国古代法律文献研究》第十二辑
2018 年，第 434～461 页

《天圣令·营缮令》译注稿*

中国社会科学院历史研究所《天圣令》读书班**

摘　要：以“营缮”为令篇之名始见于唐，《唐六典》所载《开元令》将它列为第 25 篇。北宋《天圣令》残卷所存《营缮令》被标为第 28 卷，经整理后，有宋令 28 条、唐令 4 条。本稿以《天圣令·营缮令》为译注对象，注释字词、阐释制度、明晰流变、翻译文句，是继《〈天圣令·赋役令〉译注稿》《〈天圣令·仓库令〉译注稿》《〈天圣令·厩牧令〉译注稿》《〈天圣令·关市令〉译注稿》《〈天圣令·捕亡令〉译注稿》《〈天圣令·医疾令〉译注稿》《〈天圣令·假宁令〉译注稿》《〈天圣令·田令〉译注稿》《〈天圣令·狱官令〉译注稿》之后，中国

---

* 本稿为 2015 年度全国高等院校古籍整理研究工作委员会直接资助项目“天一阁藏明钞本《天圣令》补校与译注”（批准编号为：1511）的阶段性成果。本稿所引《天圣令》令文“唐 ×”“宋 ×”，以《天一阁藏明钞本天圣令校证（附唐令复原研究）》（中华书局，2006，以下简称《天圣令校证》）之清本为准。至于相关体例，敬请参见中国社会科学院历史研究所《天圣令》读书班《〈天圣令·赋役令〉译注稿》，徐世虹主编《中国古代法律文献研究》第 6 辑，社会科学文献出版社，2012。又，在金珍（中国人民大学、韩国成均馆大学）的协助下，读书班参考了金铎敏、河元洙主编《天圣令译注》（慧眼出版社，2013）的韩文译文。

** 执笔分工如下：宋 1～16，郑德长（北京师范大学）；宋 17～28，高滨（中国人民大学）；唐 1～4，李刻羽（北京师范大学）。本稿经读书班全体成员讨论，吴丽娱、黄正建、牛来颖三位老师审读，由赵晶（中国政法大学）统稿而成。

社会科学院历史研究所《天圣令》读书班所推出的第十种集体研读成果。

关键词：天圣令　营缮令　译注

宋1　诸计功程［一］者，四月、五月、六月、七月为长功［二］，二月、三月、八月、九月为中功，十月、十一月、十二月、正月为短功。春夏不得伐木。必临时要须，不可废阙者，不用此令。[①]

【源流】

《唐六典》卷二三《将作监》"将作监丞"条载："凡功有长短，役有轻重。（凡计功程者，四月、五月、六月、七月为长功；二月、三月、八月、九月为中功；十月、十一月、十二月、正月为短功。）凡启塞之时，火土之禁，必辨其经制，而举其条目。（凡四时之禁，每岁十月以后，尽于二月，不得起冶作；冬至以后，尽九月，不得兴土工。春夏不伐木。若临事要行，理不可废者，以从别式。）"[②]

【注释】

［一］功程：意为工作量或劳动量。功，"以一个劳动力一天所付出劳动为基本计算单位。'千功'即一人千日之功，或千人一日之功"。[③] 程，本义是一种长度计量单位，《说文解字》"程"字载："十发为程，十程为分，十分为寸"，[④] 后泛指测量标准。一人一日计功，价值为三尺绢。《宋刑统》卷四《名例律》"赃物没官及征还官主并勿征（平赃）"条载："议曰：计功作庸，应得罪者，计一人一日为绢三尺。"[⑤]

---

① 这里的"不用此令"，指"春夏不得伐木"而言。高明士主持的"唐律研读会"亦持此说，参见高明士主编《天圣令译注》，元照出版有限公司，2017，第564页。牛来颖认为宋1条在唐代本是两条令文，参见天一阁博物馆、中国社会科学院历史研究所《天圣令》整理课题组《天一阁藏明抄本天圣令校证（附唐令复原研究）》（下），中华书局，2006，第660页。

② （唐）李林甫：《唐六典》，陈仲夫点校，中华书局，1992，第595页。

③ 牛来颖：《〈天圣令·赋役令〉丁匠条释读举例——兼与〈营缮令〉比较》，《唐史论丛》第13辑，三秦出版社，2011，第107页。亦可参见中国社会科学院历史研究所《天圣令》读书班《〈天圣令·赋役令〉译注稿》，徐世虹主编《中国古代法律文献研究》第6辑，社会科学文献出版社，2012，第345页。

④ （汉）许慎著，（清）段玉裁注《说文解字注》第七篇上，中华书局，2013，第330页。

⑤ （宋）窦仪等：《宋刑统》，薛梅卿点校，法律出版社，1999，第75页。

［二］长功：每日劳动时间的计量，与中功、短功对称。夏日白昼长，劳动时间长，故称“长功”；冬日白昼短，劳动时间短，故称“短功”；春秋昼夜时间相当，相较于冬夏，劳动时间适中，故称“中功”。《营造法式·序》载：“功分三等，第为精粗之差；役辨四时，用度长短之晷。”① 后半句中的“用度长短之晷”即是指此种与日照季节性变化相关联的劳动量计算法。

北宋《营造法式》与日本《养老令》记载了“长功”、“中功”与“短功”之间的数值比例，两者略有差异。《营造法式》卷一《定功》载：“诸称功者，谓中功以十分为率，长功加一分，短功减一分。”② 长、中、短功之比为 110∶100∶90。《令义解》卷六《营缮令》“计工程”条载：“四月、五月、六月、七月为长功，（布一常得四功。）二月、三月、八月、九月为中功，（一常得五功。〔谓，一常者，一丈三尺。得五功者，其虽功有长短，而皆依中为定法……〕）十月、十一月、十二月、正月为短功。（一常得六功。）”③ 长、中、短功之比约为 125∶100∶83。

【翻译】

计算［每天的］工作量，四月、五月、六月、七月［计］作“长功”，二月、三月、八月、九月［计］作“中功”，十月、十一月、十二月、正月［计］作“短功”。春夏时节不许砍伐树木。必须是临时要紧必需，不能取消和缺少的，［才］不受本条令文［的限制］。

宋 2　诸新造州镇城郭役功者，具科［一］申奏，听报营造。

【源流】

《唐律疏议》卷一六《擅兴律》“有兴造不言上待报及料情违实”条疏议引《营缮令》：“计人功多少，申尚书省，听报始合役功。”④

【注释】

［一］科：科配，即征发分配之意，此处指征发人力役功。《宋会要辑

---

① 梁思成：《〈营造法式〉注释》，三联书店，2013，第 4 页。

② 梁思成：《〈营造法式〉注释》，第 13 页。

③ 〔日〕黑板勝美编著《令義解》，吉川弘文館，1985，第 221 页。

④ （唐）长孙无忌等：《唐律疏议》，刘俊文点校，中华书局，1983，第 312 页。

稿》礼六一之二载："天禧四年（1020）二月，诏诸州旌表门闾户与免户下色役，自余合差丁夫科配，即准例施行。"[①] 同书食货六六之五四载元祐元年（1086）苏辙上言："坊郭人户，熙宁以前常有科配之劳。自新法以来，始与乡户并出役钱而免科配。"[②] 读书班另一种观点认为"科"为"料"的讹误，是计算之意，可备一说。[③]

【翻译】

新修建州镇城郭［需要］役使人功的，开列科配［力役的情况］申报奏闻，得到批复后营造。

宋3 诸别奉敕令[④]有营造，及和雇［一］造作之类，未定用物数者，所司支料，皆先录所须总数，奏闻。

【源流】

《令义解》卷六《营缮令》"凡有所营造及和雇造作之类"条载："凡有所营造，及和雇造作之类，（谓别敕临时有所营造也。所以知者，《唐令》云：'别敕有所营造。'此令虽不言"别敕"，而理意不殊。其所司营造，下条别有文。）所司皆先录所须总数，申太政官。"[⑤]

【注释】

［一］和雇：雇佣劳作、给予佣值的使用民力形式。[⑥]

【翻译】

其他遵奉皇帝的敕令［临时］有所修建营造，以及需要和雇［民夫进

① （清）徐松：《宋会要辑稿》，中华书局，1957，第1688页。

② 《宋会要辑稿》，第6234页。

③ 高明士主持的"唐律研读会"亦持此说，参见高明士主编《天圣令译注》，第565页。

④ 关于"诸别奉敕令"，牛来颖将此条复原唐令为"诸别敕"。见天一阁博物馆、中国社会科学院历史研究所《天圣令》整理课题组《天一阁藏明抄本天圣令校证（附唐令复原研究）》（下），第661、662页。认为"别奉敕令"某种意义上可以说是奉"别敕"。见牛来颖《〈天圣令〉中的"别敕"》，徐世虹主编《中国古代法律文献研究》第4辑，社会科学文献出版社，2010，第164页。关于"别敕"，见中国社会科学院历史研究所《天圣令》读书班《〈天圣令·赋役令〉译注稿》，徐世虹主编《中国古代法律文献研究》第6辑，第336页。此处采牛氏观点。

⑤ 《令義解》，第221页。

⑥ 关于唐代的和雇，可参见中国社会科学院历史研究所《天圣令》读书班《〈天圣令·赋役令〉译注稿》，徐世虹主编《中国古代法律文献研究》第6辑，第353页。

行］修造之类，没有确定用料数额的，所在官司支出物料时，都要事先记录所需［用料的］总数，奏报［皇帝］。

宋 4 太庙及宫殿皆四阿［一］，施鸱尾［二］，社门［三］、观、寺、神祠亦如之。其宫内及京城诸门、外州正牙门［四］等，并施鸱尾。自外不合。

【源流】

《倭名类聚抄》卷一〇《居处部·居宅类第百卅六》“四阿”条载：“《唐令》云：‘宫殿皆四阿。’”同书同卷《居处部·居宅具第百卅七》“鸱尾”条载：“《唐令》云：‘宫殿皆四阿，施鸱尾。’”①

【注释】

［一］四阿：一种屋顶式样。《周礼注疏》卷四一《冬官考工记》“匠人”条东汉郑玄注：“四阿，若今四注屋”，唐贾公彦疏：“则此四阿，四霤者也。”② 汉唐以来，多将“四阿”解释为四斜檐屋顶，元明清时又被称为“庑殿顶”。③ “四阿”的规格较高，多用于如太庙、宫殿、寺观等建筑。早在西晋时即规定太庙屋盖形制为“四阿”。《通典》卷四七《吉礼六》载：“［太］庙制，于中门外之左，通为屋，四阿。”④

［二］鸱尾：又名鸱吻。建筑物正面屋脊两端的饰物。⑤ 鸱，一种怪鸟。《汉书》卷四八《贾谊传》“鸱鸮”，颜师古注曰：“鸱，鸱鵂，怪鸟也。鸮，恶声之鸟也。”⑥ 宋人认为鸱尾的原型是尾部似鸱的一种海鱼。《青箱杂记》卷八“海有鱼虬”条载：“海有鱼虬，尾似鸱，用以喷浪则降雨。汉栢梁台灾，越王上厌胜之法，乃大起建章宫，遂设鸱鱼之像于屋脊，以厌火灾，即今世之鸱吻是也。”⑦

---

① ［日］源顺：《倭名類聚鈔》，一名《和名類聚鈔》，国立国会図書館，元和三年（1617年）那波道圓校刊，二十卷本。

② 李学勤主编《周礼注疏》，北京大学出版社，2000，第1349页。

③ 于倬云：《庑殿顶》，《故宫博物院院刊》1979年第2期，第48页。

④ （唐）杜佑：《通典》，王文锦、王永兴等点校，中华书局，1988，第1306页。

⑤ 张明皓：《东亚文化圈鸱尾的类型研究初探》，《敦煌研究》2016年第1期，第34页。

⑥ （汉）班固：《汉书》，中华书局，1962，第2223页。

⑦ （宋）吴居厚：《青箱杂记》，李裕民点校，中华书局，1985，第85页。

［三］社门：出入社稷神坛之门。京城和州县均有社稷坛，如《宋史》卷一〇二《礼五》“社稷”载：“社稷，自京师至州县皆有其祀。岁以春秋二仲月及腊日祭太社、太稷。州县则春秋二祭”；[①]《政和五礼新仪》卷一六四《军礼》“合朔伐鼓仪”载：“（太）社之四门，并坛下近北，各置鼓一”；[②] 同书卷一《序例》载州县社坛之制：“州县社坛，方二丈，高三尺四出陛……四门同一壝，二十五步。”[③]

［四］牙门：公府官署，后亦作“衙门”。《封氏闻见录》卷五“公牙”条载：“故军前大旗谓之牙旗，出师则有建牙祃牙之事。军中听号令必至牙旗之下，称与府朝无异。近俗尚武，是以通呼公府为公牙，府门为牙门，字称讹变，转而为‘衙’也……或云：‘公门外刻木为牙，立于门侧，以（一本无“以”字）象兽牙，军将之行，置牙竿首，悬旗于上。’其义一也。”[④]《宋史》卷一五四《舆服六》载：“诸州正牙门及城门，并施鸱尾，不得施拒鹊。”[⑤]《研北杂志》卷上载：“宋制，太庙及宫殿皆四阿，施鸱尾。社门、观、寺、神祠亦如之。其宫内及京城诸门，外州正衙门等，并施鸱尾。自外不合。”[⑥]

【翻译】

太庙及宫殿都［建］四阿顶，施用鸱尾，社门、道观、寺庙、神祠也与此相同。宫内及京城诸门、外州正牙门等，一并施用鸱尾。除此之外［都］不应当［施用］。

宋 5　诸王公以下，舍屋不得施重拱［一］、藻井［二］。三品以上不

① （元）脱脱等：《宋史》，中华书局，1985，第 2483 页。

② （宋）郑居中等：《政和五礼新仪》，《文渊阁四库全书》第 647 册，台北：商务印书馆，1986，第 722 页。

③ 《政和五礼新仪》，第 137 页。

④ （唐）封演撰，赵贞信校注《封氏闻见记校注》，中华书局，2005，第 39 页。

⑤ 《宋史》，第 3600 页。

⑥ （元）陆友仁：《研北杂志》，《丛书集成初编》第 581 册，中华书局，2011，第 218 页。

得过九架［三］，五品以上不得过七架，并厅[1]厦两头［四］。六品以下不得过五架。其门舍，三品以上不得过五架三间［五］，五品以上不得过三间两厦［六］，六品以下及庶人不得过一间两厦。五品以上仍连作乌头大门［七］。父、祖舍宅及门，子孙虽荫尽，仍听依旧居住。

【源流】

《册府元龟》卷六一《立制度二》载唐文宗太和六年（832）王涯奏文："准《营缮令》，王公已下舍屋，不得施重拱[2]藻井；三品已上堂舍，不得过五间九架，仍厅厦两头门屋不得过三间五架；五品已上堂舍，不得过五间七架，亦厅厦两头门屋不得过三间两架，仍通作鸟[3]头大门。勋官各依本品，六品七品已下堂舍，不得过三间五架，门屋不得过一架两架。非常参官，不得造轴心舍，及不得施悬鱼、对凤、瓦兽、通栿、乳梁装饰。祖父舍宅荫子孙，虽荫尽，仍听依旧居住。"[4]

【注释】

［一］重拱：亦作"重栱"。斗栱做法的一种，由双重斗栱相叠而成。[5]《营造法式》卷四《大木作制度一》"栱"条将栱分为华栱、泥道栱、瓜子栱、令栱、慢栱五种，梁思成指出，泥道栱与慢栱或者瓜子栱与慢栱相叠，是为重栱。[6]

---

① 《天圣令》原录本作"听"，研究者据《唐六典》卷二三《将作监》"左校署令"条注、《唐会要》卷三一《杂录》所引《营缮令》改作"厅"。见天一阁博物馆、中国社会科学院历史研究所《天圣令》整理课题组《天一阁藏明抄本天圣令校证（附唐令复原研究）》（下），第662页。有的学者认为《天圣令》原录本的"听"是正字，作"允许"讲。见张十庆《唐〈营缮令〉第宅禁限条文辨析与释读》，《中国建筑史论汇刊》第3辑，2010，第145、146页。牛来颖指出南北朝时仅有"听"字，后增为"厅"，两者均有厅堂之义。《营缮令》中无论作"厅"还是"听"，在表示厅堂之意时是同一个字。见牛来颖《〈天圣令〉语词辨析与唐令复原》，《中国社会科学院历史研究所学刊》第9集，商务印书馆，2015，第355页。读书班认为此处令文作"厅堂"讲，文献资料较充分，因此采牛氏的说法。

② 《唐六典》卷二三"左校署"条、《唐会要》卷三一，《全唐文》卷四四八，"重拱"均作"重栱"。见《唐六典》，第596页；（宋）王溥：《唐会要》，上海古籍出版社，2006，第671页；（清）董诰等：《全唐文》，中华书局，1982，第4581页。

③ 原文误，应作"乌"。

④ （宋）李昉等：《册府元龟》，周勋初等校订，凤凰出版社，2006，第647～648页。

⑤ 李剑平：《中国古建筑名词图解辞典》，山西科学技术出版社，2011，第38页。

⑥ 梁思成：《〈营造法式〉注释》，第97～100页。

［二］藻井：一种天花板上的装饰结构。通过抬高天花板的中心位置，造成空间感，有类于在天花板上开出“井”。藻井式样繁多，有方形、多边形和圆形，《营造法式》卷八《小木作制度三》记载有八角形的“斗八藻井”。①

［三］架：两槫为一架，用来度量房屋的进深。② 《集韵》卷六载：“槫，屋上横木”，③ 与“间”相对。

［四］厦两头：“厦指坡屋面、披厦；两头，指两山部位，厦两头即指两山设有披厦的构架形式。”④ 又称“九脊殿”或“曹殿”。⑤ 《〈营造法式〉注释》卷五《大木作制度二》“凡厅堂若厦两头造”条，梁思成认为相当于清代的“歇山顶”。⑥

［五］间：房屋正面两柱的距离为一间，用来度量房屋的宽度（即面宽）。⑦ 与“架”相对。

［六］两厦：即悬山顶，衡木（即桁）伸出墙体之外，悬于半空。⑧ 《营造法式》中又称“不厦两头”，与“厦两头”相对应。⑨

［七］连：即“通”。宋真宗驾崩后，因避章圣刘太后父亲名讳而改。⑩

［八］乌头大门：宋代俗称“棂星门”。《营造法式》卷六“乌头门”载：“其名有三：一曰乌头大门，二曰表楬，三曰阀阅，今呼为棂星门。”⑪ 陈明达注解为：“一种不用门楼屋独立的‘门’。只用两条立柱，各用两条

① 梁思成：《〈营造法式〉注释》，第243、244页。

② 张十庆：《古代建筑间架表记的形式与意义》，《中国建筑史论汇刊》第2辑，2009，第110、113页。

③ （宋）丁度：《集韵》，赵振铎校，上海辞书出版社，2012，第915页。

④ 张十庆：《〈营造法式〉厦两头与宋代歇山做法》，《中国建筑史论汇刊》第10辑，2014，第188页。

⑤ 陈明达：《〈营造法式〉辞解》，天津大学出版社，2010，第368页。

⑥ 梁思成：《〈营造法式〉注释》卷五，第160页。

⑦ 张十庆：《古代建筑间架表记的形式与意义》，《中国建筑史论汇刊》第2辑，2009，第109、110页。陈明达：《〈营造法式〉辞解》，第362页。

⑧ 王效清：《中国古建筑术语辞典》，文物出版社，2007，第369、370页。

⑨ 张十庆：《〈营造法式〉厦两头与宋代歇山做法》，《中国建筑史论汇刊》第10辑，2014，第188页。

⑩ 戴建国：《天一阁藏明抄本〈官品令〉考》，《历史研究》，1999年3月，第74页。

⑪ 梁思成：《〈营造法式〉注释》，第193页。

抢柱建立稳固，柱上套瓦制柱头帽，名为‘乌头’。两柱间安装两扇上半装棂子的门。”①

【翻译】

王公以下，舍屋不得施用重拱、藻井。三品以上［官员的宅邸进深］不得超过九架，五品以上不得超过七架，并且正厅［用］厦两头。六品以下不得超过五架。门舍，三品以上［的进深和宽度分别］不得超过五架、三间，五品以上不得超过三间、两厦，六品以下和庶人不得超过一间、两厦。五品以上官员仍［可］一并修建乌头大门。父亲、祖辈［留下的］舍宅和门，子孙即使不再享受荫庇待遇，仍然允许［他们］依旧居住。

宋 6　诸公私第宅，皆不得起楼阁，临视人家。

【源流】

《册府元龟》卷六一《立制度二》载唐文宗太和六年（832）王涯奏文："天下士庶公私第宅，皆不得造楼阁，临视人家。"②

【翻译】

［无论］公家、私家的府第宅舍，都不能修建［高层］楼阁，俯视他人的家舍。

宋 7　宫城内有大营造③及修理，皆令司天监［一］择日奏闻。

【源流】

《唐六典》卷二三《将作监》"将作大匠"条载："凡修理宫庙，太常先择日以闻，然后兴作。"④

【注释】

［一］司天监：掌管天文、历算等的机构。宋初沿唐制，称司天台。太宗端拱元年（988）九月始见司天监之称。元丰改制后为太史局。⑤《宋

① 陈明达：《〈营造法式〉辞解》，第 284 页。

② 《册府元龟》，第 648 页。

③ 关于"大营造"，参见中国社会科学院历史研究所《天圣令》读书班《〈天圣令·赋役令〉译注稿》，徐世虹主编《中国古代法律文献研究》第 6 辑，第 347 页。

④ 《唐六典》，第 594 页。

⑤ 龚延明：《宋代官制辞典·秘书省门》"司天监"，中华书局，1997，第 245 页。

史》卷一六五《职官志五》“司天监”条：“掌察天文祥异，钟鼓漏刻，写造历书，供诸坛祀祭告神名版位画日。”①

【翻译】

宫城内有大型营造以及修理［工程］，都令司天监选择［合适的开工］时日，奏报［皇帝］。

宋8 诸营造军器，皆须依样，镌题年月及工匠、官典姓名及所造州监［一］。（角弓［二］则题角面［三］，甲则题身［四］、裙［五］、覆膊［六］，并注行鍱［七］数。）其题并用朱漆。不可镌题者，不用此令。

【源流】

《唐六典》卷二三《将作监》“将作监丞”载：“凡营军器，皆镌题年月及工人姓名，辨其名物，而阅其虚实。”②

【注释】

［一］州监：军器生产的所在州、监。《宋史》卷一九七《兵十一》“器甲之制”载：“其工署则有南北作坊，有弓弩院，诸州皆有作院，皆役工徒，而限其常课。”③ 宋代在矿冶、铸钱、煮盐之所置监，其监分同下州之监、隶州之监和隶县之监三等。④ 此处将州、监并举，可能是指隶下州之监。

［二］角弓：复合弓，弓的主体以木材制成，弓身中部（又称弣）和弓的两端常贴附由兽角制成的角材，再加以兽筋、丝胶，增加弹性和加固弓体。⑤

［三］角面：弓身贴附的角材。《礼记集解》卷三《曲礼上》“凡遗人弓者”条下引孔颖达疏：“弓之为体，以木为身，以角为面。”⑥

［四］身：即“甲身”，铠甲部件之一。宋代常见的“步人甲”，其甲

① 《宋史》，第3923页。
② 《唐六典》，第595页。
③ 《宋史》，第4909页。
④ 参见李昌宪《中国行政区划通史·宋西夏卷》，复旦大学出版社，2007，第103页。
⑤ 沈融：《中国古兵器集成》，上海辞书出版社，2015，第689、727页；陆敬严：《中国古代兵器》，西安交通大学出版社，1993，第142、143页。
⑥ （清）孙希旦：《礼记集解》，中华书局，1989，第66页。

身为一整体，由较小的扎甲组成。上部呈山字，中部为胸甲，下部有凹口，为胯下所在，凹口两侧有侧甲“掉腿”。可防护士兵的胸、腹、腰、腿及两侧。①

［五］裙：又称“腿裙”，铠甲部件之一，位于前腰围下，左右“掉腿”之间，由较小札甲片编成。②

［六］覆膊：又称“披膊”，铠甲部件之一。“‘披膊’覆在肩上，可为士卒两肩、左右大臂及胸颈之间身甲所不及的部位提供防护，有两种片形：一种为多排小扎甲，另一种甲纹为多排左右交错的锯齿形。”③

［七］鍱：音“叶”，金属薄片。《说文解字》第十四篇上“鍱”字，段注曰：“此谓金铜铁椎薄成叶者。”④ 本处令文当指铠甲甲片。

【翻译】

营造军器，都必须依照式样，镌刻题写［制作］年月，以及工匠、主管官员的姓名，和［负责］制造的州监［名称］。（角弓则题在角面，铠甲则题在甲身、裙、披膊［部位］，并注明各行［甲片］叶数）。题写一律使用朱漆。不能镌刻题写的，不受本条令文［的限制］。

宋 9　诸造车皆同轨，若山泽阻险，不可同者，听随乡制。

【翻译】

制造车辆，都［应按照］相同的轨距，如果是山峦沼泽［地势］险恶难通，无法［使用］相同［轨距］的地方，允许依随当地的规定。

宋 10　诸造锦、罗、纱、縠［一］、紬、⑤ 绢、絁［二］、布之类，皆阔二尺，长四丈为匹，布长五丈为端。其土俗有异，官司别定长阔者，不

---

① 沈融：《中国古兵器集成》，第 750 页。

② 沈融：《中国古兵器集成》，第 751 页。

③ 沈融：《中国古兵器集成》，第 750 页。注释［六］、［七］和［八］均可参见（宋）曾公亮：《武经总要前集》卷一三“器图”，《中国兵书集成》第 3 册，解放军出版社、辽沈书社，1988，第 713、714、718 页。

④ 《说文解字注》，第 712 页。

⑤ 同“绸”，参见中国社会科学院历史研究所《天圣令》读书班《〈天圣令·仓库令〉译注稿》，徐世虹主编《中国古代法律文献研究》第 7 辑，社会科学文献出版社，2013，第 279 页。

用此令。丝绵以两，麻以斤。

【源流】

《新唐书》卷四八《百官三》“织染署”载：“锦、罗、纱、縠、绫、䌷、絁、绢、布，皆广尺有八寸，四丈为匹。布五丈为端，绵六两为屯，丝五两为絇，麻三斤为綟。”[①]

【注释】

［一］縠：有皱纹的纱。《汉书》卷四五《江充传》载颜师古注曰：“纱縠，纺丝而织之也。轻者为纱，绉者为縠。”[②]

［二］絁：粗制的丝织品。《史记》卷七九《范雎传》“绨袍”注文载：“《索隐》：按：绨，厚缯也，音啼，盖今之絁也。《正义》：今之粗袍。”[③]

【翻译】

织造锦、罗、纱、縠、䌷、绢、絁、布等，都［以］宽二尺，长四丈为一匹，布以长五丈为一端。各地风俗有所不同，官府另行规定长宽［标准］的，不受本条令文［的限制］。丝、绵以两为［计量］单位，麻［则］以斤［计量］。

宋11 立春前，[④] 三京府［一］及诸州县门[⑤]外，并造土牛耕人［二］，其形色［三］依司天监每岁奏定颁下。县在州郭者［四］，不

① （宋）欧阳修等撰《新唐书》，中华书局，1975，第1271页。类似记载，亦可参见《通典》卷六“开元二十五年《令》文”注文，第107~108页；《唐六典》卷三《尚书户部》“金部郎中员外郎”条，第82页。

② 《汉书》，第2176页。

③ （汉）司马迁：《史记》，中华书局，1963，第2413页。

④ 据金相范考证，宋代出土牛在立春前一日。见〔韩〕金相范《时令的法制化过程及相关仪礼变化中的时代含义——以〈天圣令·营缮令〉中的“立春前，三京府及诸州县门外，并造土牛耕人”为中心》，《新史料·新观点·新视角——天圣令论集》（上），元照出版有限公司，2011，第420页。

⑤ 《天圣令译注》将此翻译作“城门”，高明士主编《天圣令译注》，第578页。据金相范考证，在宋代，安置土牛的“门”是京府与州县官署的正门。见〔韩〕金相范《时令的法制化过程及相关仪礼变化中的时代含义——以〈天圣令·营缮令〉中的“立春前，三京府及诸州县门外，并造土牛耕人”为中心》，《新史料·新观点·新视角——天圣令论集》（上），第424、425页。

得别造。

【源流】

《大唐开元礼》卷三《序例下》“杂制”载：“凡立春前，两京及诸州县门外，并造土牛耕人，各随方色。”[①]

【注释】

［一］三京府：东京开封府、西京河南府、南京应天府。[②]

［二］土牛耕人：土制的耕牛与牧牛人。《礼记集解》卷一七《月令》载出土牛的习俗：“季冬之月……命有司大难，[③] 旁磔，出土牛，以送寒气。”[④] 西汉以前出土牛是驱除寒气的“季冬礼仪”的一部分。东汉立春时土牛旁设耕人，出土牛同时也是劝农的“立春礼仪”。唐玄宗时删定月令，“出土牛”与送寒气的“大傩”“旁磔”两种礼仪正式分离，成为专门的旨在劝农的立春礼仪。[⑤] 关于策牛人的身份，说法不一。《岁时广记》“舁牧人”条载：“皇朝《岁时杂记》：郡县每击春牛罢，民间争取其肉，唯牧牛人号太岁，皆不敢争，多是守土官舁去，置土地庙中。闽中以牧人为大小哥。实勾芒神也。”[⑥]

［三］形色：土牛耕人的形制与其上所绘的颜色。立春时，唐代州县各城门立土牛耕人，《大唐开元礼》中所谓的“各随方色”是指依据阴阳五行理论，土牛耕人的颜色即其所在城门的方色。[⑦] 宋代采取另一种定色

---

① （唐）萧嵩等：《大唐开元礼》，民族出版社，2000，第 33 页。相同记载，亦可参见《通典》卷一〇八《开元礼纂类三》“杂制”，第 2811 页。《兼明书》卷一“土牛义”载：“又按《营缮令》，立春前二日，京城及诸州县门外，各立土牛耕人。”参见（五代）丘光庭《兼明书》，《丛书集成初编》第 64 册，中华书局，2011，第 408 页。

② 参见中国社会科学院历史研究所《天圣令》读书班《〈天圣令·医疾令〉译注稿》，徐世虹主编《中国古代法律文献研究》第 10 辑，社会科学文献出版社，2016，第 212 页。

③ 据《后汉书·礼仪志中》，应为“大傩”。（南朝宋）范晔：《后汉书》，中华书局，1965，第 3127 页。

④ 《礼记集解》，第 499、500 页。

⑤ ［韩］金相范：《时令的法制化过程及相关仪礼变化中的时代含义——以〈天圣令·营缮令〉中的“立春前，三京府及诸州县门外，并造土牛耕人”为中心》，《新史料·新观点·新视角——天圣令论集》（上），第 416 ~ 418 页。

⑥ （宋）陈元靓：《岁时广记》，《丛书集成初编》第 42 册，中华书局，2011，第 113 页。

⑦ ［韩］金相范：《时令的法制化过程及相关仪礼变化中的时代含义——以〈天圣令·营缮令〉中的“立春前，三京府及诸州县门外，并造土牛耕人”为中心》，《新史料·新观点·新视角——天圣令论集》（上），第 419 页。

的做法。宋仁宗景祐元年（1034）颁布《土牛经》，其中规定依据年岁与立春日的干支，确定干色、支色和纳音色，进而确定全国州县土牛、策牛人的用色。《长编》卷一一五“景祐元年十月”载：“己巳，颁诸州军《土牛经》。前诏日官取旧文删校重复为四篇，知制诰丁度撰序刊印，其牛色及策人衣，并以岁日支干纳音相配云。”①

［四］县在州郭者：即州治与县治同在一地的倚城郭县。《岁时广记》“造春牛”条载：“《嘉泰事类》：诸州县依形色造土牛耕人，以立春日示众，倚郭县不别造。”②

【翻译】

立春前，三京府及诸州县［官署正］门外，一律制作土牛、耕人，它们的形制和颜色依照司天监每年奏报［皇帝所得］裁定颁布天下。县治在州城内的，不能另外制作。

宋12　三京营造及贮备杂物，③ 每年诸司总料来年一周所须，申三司，本司量校，豫定出所科备［一］、营造期限，总奏听报。若依法先有定料，④ 不须增减者，得本司处分。其年常支料供用不足，及支料之外，更有别须，应科料者，亦申奏听报。

【源流】

《唐六典》卷二三《将作监》“将作监丞”载：“凡营造修理，土木瓦石不出于所司者，总料其数，上于尚书省。”⑤

【注释】

［一］出所科备：《令义解》卷六《营缮令》“凡在京营造及贮备杂物”条载：“每年，诸司总料来年所须，申太政官付主计，预定出所科备。（谓，凡物产所出，土宜各别，故任土作贡，不以其所无。假令，长门采铜，

---

① （宋）李焘：《续资治通鉴长编》，中华书局，2004，第2704页。

② 《岁时广记》，第112页。

③ 关于“杂物”，参见中国社会科学院历史研究所《天圣令》读书班《〈天圣令·赋役令〉译注稿》，徐世虹主编《中国古代法律文献研究》第6辑，第351页。

④ 关于“定料”，可参见高明士主编《天圣令译注》，第581页。

⑤ 《唐六典》，第595页。

伊豫出鑞之类。)”[①] 据此，所谓“出所”即物产所出之地，“科”，据前宋2条，即征配之意。“豫定出所科备”意为预定产地来征收准备物料。[②]

【翻译】

三京营造以及储备杂物，每年各部门汇总计算来年一年所需［数量］，申报三司。［由］本部门核算考校，预先确定征配供备［物料］的地点、营造的期限，［并将上述内容］汇总上奏等待批复。如果依照成法有定额物料，不需要增减的，本部门可［自行］处理。年度物料定额供给使用不足，以及支出物料外，另有其他需要，应该［额外］征收物料的，也申报奏闻，等待批复。

宋13 诸在外有合营造之处，皆豫具录造作色目、料请来年所须人功调度、[③] 丁匠集期，附递[④]申三司处分。

【翻译】

在［三京之］外有应当营造的地方，都预先详细记录营造的种类和数量、计算并请示来年需要的人力、物品，［以及］丁匠聚集的期限，通过递铺申报三司［等候］处理。

宋14 诸杂匠［一］，如有别项和雇者，日给米二升。

【注释】

［一］杂匠：诸色工匠，各类匠人。《宋刑统》卷二八《捕亡律》“诸丁夫、杂匠在役及工、乐、杂户亡者”条载：“议曰：丁谓正役，夫谓杂徭，及杂色巧匠。”[⑤]

---

① 《令義解》，第222页。

② 高明士主持的“唐律研读会”将“科”字改为“料”字，“出所科（料）备”译为“供应所准备的营建物料”，参见高明士主编《天圣令译注》，第580页。

③ 关于“调度”的解释，可参见中国社会科学院历史研究所《天圣令》读书班《〈天圣令·赋役令〉译注稿》，徐世虹主编《中国古代法律文献研究》第6辑，第353页。

④ 关于“递”，可参见中国社会科学院历史研究所《天圣令》读书班《〈天圣令·赋役令〉译注稿》，徐世虹主编《中国古代法律文献研究》第6辑，第338页。

⑤ 《宋刑统》，第519页。“巧匠”，《唐律疏议》作“工匠”，第534页。“杂匠”理解为“杂色工匠”，参见牛来颖《〈天圣令·赋役令〉丁匠条释读举例——兼与〈营缮令〉比较》，《唐史论丛》第13辑，三秦出版社，2011，第104页。

【翻译】

凡是杂匠，如果有额外的情况［需要］和雇的，每日给米两升。

宋 15 三京及州镇等贮库器仗［一］，有生涩绽断者，每年一修理。若经出给破坏者，并随事料理，各委长官亲自对料。在京者，所须调度人功，申三司处分。其须大作者，送司［二］修理。在外者，役当处镇遏兵防［三］，［1］调度出当州官物供。若无兵防及调度，申三司处分。［2］听用官物，及役工匠，当州无，出比州。

【校勘】

［1］兵防、调度均指“在外者”，因此此处“。”改为“，”。

［2］“申三司处分”一句接续上文，与下文“官物”“工匠”缺乏为两事，因此改“，”为“。”。

【注释】

［一］器仗：泛指兵器。《武经总要前集》卷二“教旗”载：“其给器仗，则枪一十五根，通旗在内，弩五具、弓矢十具、棒六具、陌刀五具、拍把四具、牌五具。”①

［二］司：以军器修理为例，负责的“司”即是作坊、弓弩院等军器生产机构。《宋会要辑稿》职官一六之二四载大中祥符五年（1012）诏曰：“弓弩院打绽单抽、覆抽面捎靶壮寔、筋揹完全、胎木不损弓弩，并于元料外添物料、人功添修，堪任久远施放”；② 又，同书食货五二之二六载嘉祐四年（1059）修理军器库所藏兵器，“如有年深断绽、损拆及不堪施用者，只就令本库科坐人等，并抽差作坊逐色工匠，拣选小作料次，拨与作坊依例添修”。③

［三］镇遏兵防：唐、五代有地方节镇有镇遏使，县有镇兵。④ 入宋后，地方镇兵又称“厢军”，承担劳役工作。《宋史》卷一八七《兵志一》

① 《武经总要前集》，第 57 页。

② 《宋会要辑稿》，第 2733 页。

③ 《宋会要辑稿》，第 5712 页。

④ 张国刚：《唐代藩镇的统兵体制》，《晋阳学刊》1991 年第 3 期，第 37～40、48 页。

载：“诸州之镇兵，以分给役使，曰厢军。”①

【翻译】

三京和州镇等贮藏在库中的器仗，有生锈或绽开断裂的，每年修理一次。如果经过出库使用［而有所］损坏的，都根据实际情况［进行］处理，各自委所由长官亲自核对计算物料。在京城的，所需的物品和人力，申报三司处理。需要大幅度修理的，送交相关部门修理。在京外的，役使当地镇守的兵士，调用的物品出自本州官物的供给。如果没有镇防兵士和杂用物品，申报三司处理。准许使用［的］官物，以及役使的工匠，本州［如果］没有，［可以］由邻州提供。

宋16　诸鍪甲具装［一］，若有绽断，应须修理、缝连者，各依本色，不得参杂。

【注释】

［一］具装：马铠。《宋史》卷一四八《仪卫志六》载：“甲骑具装，甲，人铠也；具装，马铠也。”②

【翻译】

头盔、铠甲、具装，如果有绽开断裂，应当需要修理、缝补缀合的，各自依照本来类别，不能混杂。

宋17　诸用瓦器［一］之处，经用损坏，一年之内，十分听除二分，以外追填。

【注释】

［一］瓦器：用土烧制的陶器。

【翻译】

使用瓦器的地方，经过使用［而］损坏的，一年之内，十分允许损耗二分，［二分］以外［损坏的部分］，［需要］追讨填补。

---

① 《宋史》，第4569页。

② 《宋史》，第3470页。参考《武经总要前集》卷一三“马身甲”图，第717页。

宋 18 京城内诸桥及道，当城门街［一］者，并分作司［二］修营，自余州县料理。

【源流】

《唐会要》卷八六《桥梁》载开元十九年（731）六月敕："两京城内诸桥及当城门街者，并将作修营，余州县料理。[①]"

【注释】

［一］城门街：对着城门的京城交通主干道。[②]

［二］作司：八作司下属各作司。《宋史》卷一六五《职官五》"将作监"条载东西八作司"掌京城内外缮修之事"，[③] 则京城内主要桥梁道路的修营当属八作司职责。《宋会要辑稿》职官三〇之七载"八作"，指"泥作、赤白作、桐油作、石作、瓦作、竹作、砖作、井作"。[④] 桥梁道路的具体修缮工作应由各造作职司负责。

【翻译】

京城以内的各处桥梁和道路，是城门街的，一并分交［各个］造作职司维修营造，其他的［桥梁、道路］由州县处理。

宋 19 诸津桥道路，每年起九月半，当界修理，十月使讫。若有坑、渠、井、穴，并立标记。其要路陷坏、停水，交废行旅者，不拘时月，量差人夫修理。非当司能办者，申请。

【翻译】

渡口、桥梁、道路，每年从九月中旬开始，由所在地［负责］修理，要求十月完成。如果有土坑、沟渠、水井、穴洞，都要树立标识。交通要道塌陷毁坏、积水，迭相阻碍行旅之人［通行的］，不限于时日月份，酌情差遣人夫修理。主管官司不能处理的，申报请示。

---

① 《唐会要》，第 1869 页。

② 牛来颖：《〈营缮令〉桥道营修令文与诸司职掌》，黄正建主编《〈天圣令〉与唐宋制度研究》，中国社会科学出版社，2011，第 345 页。

③ 《宋史》，第 3919 页。

④ 《宋会要辑稿》，第 2995 页。

宋 20　诸堰穴漏，造絚及供堰杂用，年终豫料役功多少，随处供修。其功力大者，检计申奏，听旨修完。

【注释】

［一］穴漏：孔洞。《淮南子》卷一九《修务训》："禹耳参漏，是谓大通。"高诱注："漏，穴也。"[①]

［二］絚：绳索。《汉书》卷二九《沟恤志》"搴长茭兮湛美玉"句下，颜师古注曰："絚，索也"。[②]

【翻译】

堰堤［出现］孔洞，制造绳索以及供给［修］堰［所需的］杂类用品，年终预先估算所役人功的数量多少，根据各处［所需］提供修缮。［所费］功夫人力多的，检核计算［后］申报奏闻，听从敕旨修缮完成。

宋 21　诸官船贮在州镇者，皆逐便安置，并加覆盖，量遣人看守及随坏修理。不堪修理者，附帐申上。若应须给使者，官司亲检付领，行还收纳。

【翻译】

官船贮存在州镇的，都就其方便［进行］安置，并加上覆盖物，斟酌［情况］派遣人员看管守护，以及修理损坏之处。不能修理的，附记在帐簿上申报上司。如果需要供给使用的，主管官司亲自检查交付［，使其］领受，航行回来［后］接收贮纳。

宋 22　诸官船，每年具言色目、胜受斛斗、破除、见在、[③]不任，帐申。

【翻译】

官船，每年详细记录［船的］种类和名目、能承载的斛斗［数量］、［运载过程中］已损失［的数量］、现在［仍然］存在［的数量］、无法正

---

① 刘文典：《淮南鸿烈集解》，冯逸、乔华点校，中华书局，1989，第 641 页。

② 《汉书》，第 1684 页。

③ 关于"破除、见在"，参见中国社会科学院历史研究所《天圣令》读书班《〈天圣令·赋役令〉译注稿》，徐世虹主编《中国古代法律文献研究》第 6 辑，第 355 页。

常使用［的数量］，［通过］计帐申报。

宋 23 诸官船行用，若有损坏，州无船场者，官司随事修理。若不堪修理，须造替者，每年预料人功调度，申三司听报。

【翻译】

官船航行使用，如果有损坏，［所在］州没有船场的，［由负责修理的］官司根据情况修理。如果无法修理，需要［新］造替换的，每年预先计算［所需］人功和物品，申报三司听候批复。

宋 24 诸私家不得有战舰［一］、海鹘［二］、蒙冲［三］、黄龙［四］、双利、平乘、八棹、舴艋、艓子［五］等。自外杂船，不在禁限。

【注释】

［一］战舰：一种较大的战船，亦称斗舰。《通典》卷一六〇《兵一三》载："斗舰，船上设女墙，可高三尺，墙下开掣棹孔；船内五尺，又建棚，与女墙齐；棚上又建女墙，重列战敌，上无覆背，前后左右树牙旗、旛帜、金鼓。此战船也。"①

［二］海鹘：一种较大的战船。《通典》卷一六〇《兵一三》载："海鹘：头低尾高，前大后小，如鹘之状，舷下左右置浮版，形如鹘翅翼，以助其船，虽风涛涨天，免有倾侧。覆背上，左右张生牛皮为城，牙旗、金鼓如常法，此江海之中战船也。"②

［三］蒙冲：一种较小的战船。《武经总要》卷一一载："蒙冲者，以生牛革蒙战船背，左右开掣棹空，矢石不能败。前后左右有弩窗、矛穴，敌近则施放。此不用大船，务在捷速，乘人之不备。"③

［四］黄龙、平乘、八棹、舴艋：均为较小的战船。《隋书》卷四八《杨素传》载："次曰黄龙，置兵百人。自余平乘、舴艋等各有差。"④《资治通鉴》卷一八〇《隋纪四》大业元年（605）八月壬寅条："又有平乘、

① 《通典》，第 4123 页

② 《通典》，第 4123 页

③ 《武经总要前集》，第 488 页。

④ （唐）魏徵、令狐德棻：《隋书》，中华书局，1973，第 1283 页。

青龙、艨艟、艚艓、八棹、艇舸等数千艘。”[①]

［五］艓子：一种小船。《杜诗镜铨》卷一二《最能行》篇载：“富豪有钱驾大舸，贫穷取给行艓子。”杨伦注：“艓，音叶，小舟名。”[②]

【翻译】

私人不能拥有战舰、海鹘、蒙冲、黄龙、双利、平乘、八棹、舴艋、艓子等。在此之外的各种船只，不在禁止的范围。

宋 25 诸州县公廨舍破坏者，皆以杂役兵人[③]修理。无兵人处，量于门内户［一］均融物力，县皆申州候报。如自新创造、功役大者，皆具奏听旨。

【注释】

［一］门内户：即形势户，宋代亦称“形势门内户”。《文献通考》卷四《田赋考四》载：“建隆四年（963），诏令逐县每年造形势门内户夏、秋税数文帐，内顽猾逋欠者，须于限内前半月了足。系见任文武职官及州县势要人户。雍熙四年（987），又诏形势户纳租于三限前半月足。”[④]《宋会要辑稿》食货七〇之二亦记此事，其下又载：“本判官不切点检，致有违欠。依令、佐催科分数停罚，其中等已下见系州县差役。及虽是旧日文武职官，见今子孙孤贫不济者，不得一例依形势门内户供通。如将见任文武职官及州县势要人户隐漏不供，其干系官吏并行朝典。”[⑤]

【翻译】

州县官署房屋破损毁坏的，都用杂役兵人修理。没有兵人的地方，斟酌［情况］在门内户中平均调剂物资人力，县都［应］申报州听候批复。如果全新修建、［所需］役使的人力浩繁的，都［应］详细上奏听候旨意。

---

① （宋）司马光：《资治通鉴》，1956，第 5621 页。

② （唐）杜甫著，（清）杨伦笺注《杜诗镜铨》，上海古籍出版社，1980，第 601、602 页。

③ 关于“杂役兵人”，参见中国社会科学院历史研究所《天圣令》读书班《〈天圣令·仓库令〉译注稿》，徐世虹主编《中国古代法律文献研究》第 7 辑，第 261 页。

④ （元）马端临《文献通考》，中华书局，2011，第 89 页。

⑤ 《宋会要辑稿》，第 6371 页。

宋 26 诸近河及陂塘大水，有堤堰之处，州县长吏以时检行。若须修理，每秋收讫，劝募众力，官为总领。或（若?）古陂可溉田利民，及停水须疏决之处，亦准此。至春末使讫。其官自兴功，即从别敕。[1] 若暴水泛溢，毁坏堤防，交为人患者，先即修营，不拘时限。应役人多，且役且申。若要急，有军营之兵士，亦得充役。若不时经始致为人害者，所辖官司访察，申奏推科。

【翻译】

靠近河流和陂塘水势较大，有堤堰的地方，州县长官按照季节检查巡行。如果需要修理，每年秋收结束，劝勉募集民众力量，由官方统领。如果［有］古旧的陂塘可以灌溉田地，利于百姓，以及积水需要疏浚开决的地方，也依此处理。［修理工作］到春末结束。官员自行兴建的工程，遵从别敕。如果洪水泛滥溢出，毁坏堤防，反复成为民众祸患的，要先立即修理营造，不必拘泥［上述］时间限制。应须役使的人力较多，［可以］一边役使一边申报。如果［情况］紧要急迫，有军营的士兵，也可以充当劳役。如果在不合适的时间开始［修建］导致百姓损失的，所管官司访问调查，申报奏闻，审问追究［责任］。

宋 27 诸别敕有所修造，令量给人力者，计满千功以上，皆须奏闻。

【翻译】

别敕［要求］有所修理营造，下令斟酌［情况］供给人力的，合计满千功以上，都需要奏报［皇帝］。

宋 28 诸傍水堤内，不得造小堤及人居。其堤内外各五步并堤上，多种榆柳杂树。若堤内窄狭，随地量种，拟充堤堰之用。

【翻译】

靠水的堤内，不能建造小堤和民居。堤内外各五步［以内］和堤上，

---

① 关于“别敕”，参见中国社会科学院历史研究所《天圣令》读书班《〈天圣令·赋役令〉译注稿》，徐世虹主编《中国古代法律文献研究》第 6 辑，第 336 页。宋 27 条的“别敕”同此。

多种植榆树、柳树和其他树木，如果堤内狭窄，根据土地情况适量种植，预备充作［加固］堤堰使用。

右并因旧文，以新制参定。

【翻译】

以上的令文均是在旧文基础上，参考新制度而修定。

唐1 诸军器供宿卫者，每年二时，[①] 卫尉卿巡检，其甲番别[②]与少府监相知，令匠共金吾就仗铺［一］同检，指授缝连[③]讫，仍令御史台重复。余有不调及损破，随即料理。若非理损坏，及所巡匠知坏不言者，并令主司推罪。其有不任者，各从本卫［二］申所司，送在府监[④]修理，于武库［三］给替。若诸处所送器仗等须修理者，亦准此。其金银装刀［四］，若有非理损失者，追服用人；研耗者，官为修理。

【注释】

［一］仗铺：金吾卫的仗舍、武侯铺。[⑤] 仗舍即金吾仗舍，又称左、右金吾卫仗院，是左、右金吾卫设在宫中的机构。据《旧唐书》卷四四《职官志》载，金吾卫的主要职能是："掌宫中及京城昼夜巡警之法，以执御非违……凡车驾出人，则率其属以清游队，建白泽朱雀等旗队先驱，如卤簿之法。从巡狩畋猎，则执其左右营卫之禁。"[⑥] 十六卫中只有左、右金吾卫的廨署在宫中，其在宫中除了负责巡查外还要承担仗卫，所以习惯上称之为金吾仗院、金吾仗舍。武侯铺执行六街的巡逻、警备任务，设于城

① 读书班认为"二时"应该指春秋二季，史料中"春秋二时"连用的也很多。

② 读书班有一种意见认为"番别"是"按使用的类别"之意；另一种意见认为"番别"当作"轮流"解，即把铠甲分批次，轮流拿出来供相关官司检视。

③ 读书班有一种意见认为连缀的是缝补的铠甲；另一种意见认为连缀的是文书。高明士主持的"唐律研读会"也认为"应是盖指印画押完成检验的确认程序。"参见高明士主编《天圣令译注》，第601页。

④ 读书班有一种意见认为是少府监，"在"字可能是"少"的错字。

⑤ 高明士主持的"唐律研读会"推测仗铺或指放置武器的库房。在此录而存之，以备一说。参见高明士主编《天圣令译注》，第599页、第601页。

⑥（后晋）刘昫等：《旧唐书》，中华书局，1975，第1901页；参见杜文玉《唐大明宫内的几处建筑物的方位与功能——以殿中内省、翰林院、学士院、金吾仗院、望仙观为中心》，《唐史论丛》第19辑，三秦出版社，2014，第32～38页。

门、坊角，《新唐书》卷四九《百官志》载："凡城门、坊角有武侯铺，卫士彍骑分守。大城门百人，大铺三十人；小城门二十人，小铺五人。"[1]

［二］卫：掌管宫禁宿卫的武官诸卫。据《唐六典》卷二四、二五《诸卫府》，诸卫分为十六卫：左右卫、左右骁卫、左右武卫、左右威卫、左右领军卫、左右金吾卫、左右监门卫、左右千牛卫。[2]

［三］武库：两京武库，是卫尉寺的下辖部门，长官为武库令。《唐六典》卷一六《卫尉寺》"武库令"条载："武库令掌藏天下之兵仗器械，辨其名数，以备国用。"[3]

［四］金银装刀：用金银装饰的刀，是充羽仪之用的仪刀。据《唐六典》卷一六"武库令"条载："刀之制有四：一曰仪刀，二曰鄣刀，三曰横刀，四曰陌刀。"注："《释名》曰：'刀末曰锋，其本曰环。'今仪刀盖古班剑之类，晋、宋已来谓之御刀，后魏曰长刀，皆施龙凤环；至隋谓之仪刀，装以金银，羽仪所执。"[4]《新唐书》卷二三《仪卫志》关于朝会的记载："持钑队，果毅都尉各一人、校尉二人检校。前队执银装长刀，紫黄绶纷。绛引幡一，金节十二，分左右……旅帅二人执银装长刀，紫黄绶纷，检校后队。"[5] 关于大驾卤簿的记载："次左右卫将军二人，分左右，领班剑、仪刀，各一人从……各执金铜装仪刀……第十二左右金吾卫翊卫各七十五人，各执银装仪刀，紫黄绶纷。"[6] 李锦绣认为，"细刀、长刀、仪刀、银装长刀都是充羽仪之用的仪刀。"[7]

【翻译】

兵器供给值宿警卫的，每年［春秋］二时，卫尉卿巡查检视，［将］铠甲［按照使用的］类别与少府监相互知会，命令工匠与金吾去仗铺共同检查，指示督导缝补连缀完毕，仍然让御史台再次复核。其他有不完善以及破损［的］，立即处理。如果是非正常的损坏，以及巡查的工匠明知损

① 《新唐书》，第 1285 ~ 1286 页。
② 《唐六典》，第 641 页。
③ 《唐六典》，第 460 页。
④ 《唐六典》，第 461 页。
⑤ 《新唐书》，第 485 ~ 486 页。
⑥ 《新唐书》，第 492 页。
⑦ 李锦绣：《唐代制度史略论稿》，中国政法大学出版社，1998，第 295 页。

坏［却］隐瞒不说的，都让主管官司追究定罪。有无法正常使用的，分别从本卫申报所属官司，送往府监修理，由武库给付替换。如果各处送来的兵器仪仗等需要修理的，也依此［办理］。金银装饰的刀，如果有非正常损坏和丢失的，追究使用者；磨损的，官方负责修理。

唐2 诸营造杂作，应须女功［一］者，皆令诸司户婢［二］等造。其应供奉之物，即送掖庭局供。若作多，及军国所用，量请[①]不济者，奏听处分。其太常祭服、羽葆［三］、伎衣［四］及杂女功作，并令音声家［五］营作，彩帛调度，令太常受领，付作家。

【注释】

［一］女功：也可作“女红（gōng）”“女工”，指古代需要由女子完成的纺织、针线、刺绣、缝纫等工作。《周礼》卷一五《地官》“鄰长”载：“趋其耕耨，稽其女功。”郑玄注：“女功，丝枲之事。”贾公彦疏：“知女功丝枲者，案《礼记·内则》论女功云‘执麻枲治丝茧’，故知此女功亦治丝枲以为布帛。”[②]

［二］户婢：一说是官奴婢的另一种称呼，一说是官户与官奴婢两个阶层女性的简称。但二者都属于贱民，官奴婢的来源为前代遗留、地方上贡、犯罪籍没、战俘转化。[③]

［三］羽葆：古代帝王或亲贵大臣吉凶仪仗器物所用装饰，以鸟羽联缀为饰，可用于车盖、旗杆、鼓等，也作为仪仗名。据《礼记》卷四二《杂记下》载：“匠人执羽葆御柩。”孔颖达疏：“匠人，工人。羽葆者，以鸟羽注于柄头如盖，谓之羽葆。葆，谓盖也。执盖物御柩，谓执羽葆居柩葆前，御行于道，示指挥柩于路，为进止之节也。”[④]《汉书》卷七六《韩延寿传》载颜师古注曰：“羽葆，聚翟尾为之，亦今纛之类也。”[⑤] 在此条

① “量请”，《令集解》作“量谓”，读书班另一种意见认为此处应当是“谓”字。《令集解》卷卅《营缮令》“须女工”条载：“谓：谓者，言也。济者，成也。言作多人少，事不可成济者”。〔日〕黑板勝美编著《令集解》，吉川弘文館，1982，第763页。

② 《周礼注疏》，第475页。

③ 彭丽华：《唐代的官府女功制作》，《中国社会科学报》2008年9月4日。

④ 《礼记集解》，第1111、1112页。

⑤ 《汉书》，第3214页。

令文中可能是指卤簿所用的“羽葆鼓”，如《唐六典》卷一四《太常寺》“太乐署”条载：“其在殿庭前，则加鼓吹十二按于建鼓之外，羽葆之鼓、大鼓、金錞、歌箫、笳置于其上焉。”[①] 同卷“鼓吹署”条载，大驾行幸前后有“羽葆鼓十二”，“羽葆鼓、铙鼓、节鼓皆五采重盖，其羽葆鼓仍饰以羽葆”。[②]

［四］伎衣：乐伎的衣服。《旧唐书》卷二八《音乐志一》载：“天宝十五载（756），[③] 玄宗西幸，禄山遣其逆党载京师乐器乐伎衣尽入洛城。”[④]

［五］音声家：音声人的家庭，这些音声人是以“家”为单位在太常寺服务的。[⑤]

【翻译】

营造与各种制作，应该需要女功的，都令［隶属］各司的户婢等承担。应该供奉的物品，就送交掖庭局提供。如果［需要］制作的［数量］多，以及［供］军国大事所用，估计上请［有司也］不能解决问题的，［就］上奏听候处理。太常寺祭祀服装、羽葆、伎衣以及其他各种女功的制作，都令音声家制作。彩色丝帛等物品，都让太常寺领取，交付给制作者。

唐3 诸州镇戍有旗旛［一］须染者，当处斟量役防人，[⑥] 随地上所有草木堪用者收染。

【注释】

［一］旗旛：旛，同“幡”，是一种下垂的旗子，一般为长条形。《说

① 《唐六典》，第403页。

② 《唐六典》，第407页。

③ 《肃宗实录》《安禄山事迹》载“禄山害诸妃、主”在七月丁卯、己巳，胡三省认为安禄山六月八日破潼关，入长安应在六月内，“禄山命搜捕百官、宦者、宫女等，每获数百人，辄以兵卫送洛阳”（《资治通鉴》，第6980页）。而肃宗七月在灵武即位改元为至德元载，故此事应在肃宗改元之前。

④ 《旧唐书》，第1052页。

⑤ 黄正建：《〈天圣令〉所附唐令中有关社会生活的新资料》，《唐史论丛》第11辑，三秦出版社，2009，第291页。

⑥ 关于“防人”，参见中国社会科学院历史研究所《天圣令》读书班《〈天圣令·仓库令〉译注稿》，徐世虹主编《中国古代法律文献研究》第7辑，第273页。

文解字》第七篇上㫃正文载："旚：旚胡也，谓旗幅之下垂者。"段玉裁注："凡旗正幅谓之縿，亦谓之旚胡。"①

【翻译】

各州镇戍有旗幡需要染色的，当地斟酌情况役使防人，根据当地所产草木能用［于染色］的，予以收集并［为旗幡］染色。

唐4 诸州县所造礼器、车辂［一］、鼓吹［二］、仪仗等，并用官物，帐申所司。若有剥落及色恶者，以公廨物②修理。准绢五疋以上用官物充。所须人功，役当处防人、卫士。非理损坏者，依式推理。

【注释】

［一］车辂：皇帝卤簿或官员出行所用车辆，分为辂和车。《唐六典》卷第一七《太仆寺》"乘黄署令"条载："乘黄令掌天子车辂，辨其名数与驯驭之法，丞为之贰。凡乘舆五辂，一曰玉辂，祭祀、纳后则乘之；二曰金辂，飨射、郊征还、饮至则乘之；三曰象辂，行道则乘之；四曰革辂，巡狩、临兵事则乘之；五曰木辂，田猎则乘之……五辂皆有副车。又有指南车、记里鼓车、白鹭车、鸾旗车、辟恶车、耕根车、安车、四望车、黄钺车、豹尾车、属车一十有二。"③ 后妃、皇太子及五品以上官员也有等级不同的用车。

［二］鼓吹：出行仪仗所用打击类和管类乐器。《唐六典》卷一四《太常寺》载，根据大驾、法驾、小驾以及皇太后、皇后、皇太子和官员等级的区分，其出行时使用的乐器及其分"部"有不同的规格。乐器大概可以分为两类，"鼓"类有㭎鼓、金钲、大鼓、铙鼓、节鼓、小鼓、羽葆鼓等，

① 《说文解字注》，第315页。

② 《仓库令》唐26条亦有"公廨"，参见中国社会科学院历史研究所《天圣令》读书班《〈天圣令·仓库令〉译注稿》，徐世虹主编《中国古代法律文献研究》第7辑，第328页。公廨物即属于公廨的物品，与官物不同。《唐律疏议》卷一五《厩库》"监主贷官物"条禁止将官物充做公廨物。见《唐律疏议》，第290页。至于官物和公廨物的关系，可能官物是官家所有的物品，公廨物只是属于某一公廨。参见钱大群《唐律疏义新注》，南京师范大学出版社，2007，第496页。此外，刘俊文认为："盖官物为国家财产，而公廨物乃官府财产也。"刘俊文：《唐律疏议笺解》，中华书局，1996，第1135页。

③ 《唐六典》，第480～483页。

“吹”类有长鸣、箫、笳、大横吹、夹笛、觱篥、桃皮觱篥、中鸣、小横吹。[①] 又如《新唐书》卷二三下《仪卫志下》又载：“凡鼓吹五部：一鼓吹、二羽葆、三铙吹、四大横吹、五小横吹，总七十五曲。鼓吹部有掆鼓、大鼓、金钲小鼓、长鸣、中鸣。”[②]

【翻译】

各州县制造的礼器、车辂、鼓吹、仪仗等，都使用官物，［以］帐簿申报所属官司。如果［漆］有剥落以及颜色不佳的，用公廨物修理。［修理费用］以［折算成］绢五匹［为标准，在这］以上［的］用官物来充当。所需人力，役使当地的防人、卫士。非正常损坏的，依式文推究。

右令不行。

【翻译】

以上令文不再施行。

① 《唐六典》，第 407 ~ 408 页。

② 《新唐书》，第 508 页。

《中国古代法律文献研究》第十二辑
2018 年，第 462 ~ 484 页

纸石之间

——宋代敕牒的文书与刻石[*]

安 洋[**]

摘 要： 唐中后期出现的敕牒，是中枢部门承接皇帝旨意，处理行政事务并下达行政指令的一种文书形式。一直沿用到元明之际，而在宋代蔚为大观，广泛行用。然而，宋代去今已远，保存下来的文书原件并不甚多。得益于古代公文刻石的优良传统，为数极多的宋代敕牒碑，作为一种接近文书原貌的“准文书”，提供了可观的材料便于研究。通过对敕牒碑外观的条分缕析，我们可以基本复原宋代敕牒文书的原貌，以及透视自文书至刻石过程中的变化及其意义。

关键词： 敕牒 碑刻 文书

一 敕牒的基本概念

敕牒是行用于自唐至元几个朝代的下行文书。其产生于唐中后期的中

---

* 本文为北京市社会科学基金重大项目“古代石刻法律文献分类集释与研究”（15ZDA06）的阶段性研究成果之一。

** 中国政法大学历史文献学专业 2013 级硕士研究生，现为中国国家地理杂志社《中华遗产》编辑。

书门下体制，是宰相处理政事的一种文书。自明以后，淡出历史的视野。在不同的时期，敕牒之性质、处理政事之范围，各有不同。

唐代敕牒属王言之制的一种，所谓“凡王言之制有七：一曰册书，二曰制书，三曰慰劳制书，四曰发日敕，五曰敕旨，六曰论事敕书，七曰敕牒。随事承旨，不易旧典则用之”。① 开元十一年（723），改政事堂为中书门下，标志着三省制的解体和新的中枢体制的建立。伴随中书门下体制之确立，敕牒作为一种新的王言文书，开始出现在政务运行的舞台之上。②

敕牒处理事务的内容非常广泛，包括一些琐碎的国家细务。但晚唐以来，敕牒在仍保有处理广泛事务的同时，又有取代敕授告身成为授官文书的趋势。告身是主要行用于唐宋时期的授官文书，需要分别经过三省长官署押后才具备行政效力。敕授告身用于六品以下官员。与告身相比，敕牒无须经过三省之间的多重程序，且随中书门下体制的确立，三省制逐渐被架空，旧有体制下的告身之效力亦难以保障。告身作为名义上正式的授官文书，毋宁说更具象征意义。而有着宰臣签押的敕牒，则承担着任官命职之实际效力。故每每有告身、敕牒一并下发授官及以敕牒取代告身的情况发生，乃至于形成北宋“告敕并行”的常态局面。《新五代史》载：

> 故事，吏部文武官告身，皆输朱胶纸轴钱然后给，其品高者则赐之，贫者不能输钱，往往但得敕牒而无告身。五代之乱，因以为常，官卑者无复给告身，中书但录其制辞，编为敕甲。岳建言，以谓“制辞或任其材能，或褒其功行，或申以训诫，而受官者既不给告身，皆不知受命之所以然，非王言所以告诏也。请一切赐之。”由是百官皆

① （唐）李林甫等撰《唐六典》卷九“中书令职掌”条，中华书局，1992，第273~274页。

② 王孙盈政：《唐代“敕牒”考》，《中国史研究》2013年第1期，第104页。敕牒伴随中书门下形成而产生，应是确凿无疑，前辈学者多有申说。如刘后滨称敕牒“是中书门下体制下产生的新形态的中央命令文书，集中体现了中书门下的特征”（见刘后滨著《唐代中书门下体制研究——公文形态·政务运行与制度变迁》，齐鲁书社，2004，第354页）。日本学者中村裕一对唐前期是否有敕牒持存疑态度，因认为唐前期中书门下制度不明确，且无敕牒实例（转引自刘后滨《唐代中书门下体制研究——公文形态·政务运作与制度变迁》，第352页；见〔日〕中村裕一《唐代公文书研究》，汲古书院，1996，第312页）。

赐告身，自岳始也。[1]

五代之时，官卑者只得敕牒而不复给告身，成为一时之常，但告身因载有表明授官之缘由的制词，非敕牒可以完全取代，故经刘岳建言后，百官复皆得告身。又，《续资治通鉴长编》载：

> ［至和二年（1055）七月］戊寅，知制诰刘敞言："伏见故事，迁官降官，皆特有诰命。前年因言事黜御史吴中复，其时蔡襄当草制，封还词头。执政耻为所沮，遂单用敕牒降官，甚非故事。然有司不敢发明。近日龙图阁直学士任颛落职，复但降敕札。因循习熟，遂成近例，事出一时，非政体也。欲乞今后除改命令，须遵用故事，合用诰词者不宜单降敕札，务存旧法，有所沮劝。"诏今后责降官，并依故事降诏敕。[2]

告身需要词臣起草制词，而敕牒则可以由宰臣直接签发。按刘敞所奏，执政耻于被封还词头，于是单用敕牒降官。因敕牒具有实际的行政效力，虽无告身，仍不影响实际的官员授命，且比告身更为简便，乃至于有"遂成近例"的情况。但毕竟"事出一时，非正体也"。

宇文绍奕在《石林燕语》"考异"中说：

> 旧有诰文，又有敕。仁宗封寿春郡王，礼仪院言：皇子诰敕，请令閤门进纳宫中赐给。王元之《代王侍郎辞官表》云：伏蒙圣慈赐臣官诰一道、敕牒一道，特授参知政事。陈尧叟自枢密使罢为右仆射，命其子赍诰牒赐之。司马温公辞副密云：乞收还敕诰。其他证据甚多，此特举其显然者。近世诰敕不并行，岂得谓国初宰相亦敕除，未尝降麻乎？赵韩王拜相麻制见《实录》。[3]

---

① 《新五代史》卷五五《杂传·刘岳传》，中华书局，1974，第632页。

② （宋）李焘撰《续资治通鉴长编》卷一八〇，中华书局，1992，第4360页。

③ （宋）叶梦得撰，宇文绍奕考异《石林燕语》卷6，侯忠义点校，中华书局，1984，第87页。

其中所描述的王元之、陈尧叟、司马光等人事迹，皆是北宋告敕并行的现象。

宋代承袭晚唐五代之制，敕牒之形态大体等同于前。唯元丰改制后，改由尚书省给牒。但颇异于唐代敕牒位列“王言之制”的地位，在宋代相类似的“命令之体”的描述中，[①] 却未见有敕牒文书。对此，张祎认为“相对于以内外制为主体的诏令文书，将宋代的敕牒与札子理解为宰相机构处理日常政务所使用的文书形式，更为确当。”[②] 此外，敕牒又被大量用作赐额，所谓“凡知县以上并进士及第出身，并被旨挥差充试官，或奉使接送馆伴，及僧道被旨住持并庙额，并给敕牒”。[③] 而宋代寺观常常将敕牒摹刻于石，导致产生了大量的敕牒碑，亦使得宋牒视唐牒倍蓰。

辽金敕牒在典籍中并不多见。依据可见的几则史料，如《辽史》：“舍人宣敕‘各依等甲赐卿敕牒一道，想宜知悉’，揖拜。”[④]《金史》：“山东军储皆鬻爵所获，及或持敕牒求仕，选曹以等级有不当鬻者往往驳退。”[⑤] 可知，辽金敕牒仍是任官文书之一种。但金代敕牒的一种特殊情况是有大量的寺院赐额敕牒碑存留于世。这种敕牒的下发集中在大定、崇庆等几段时间，系官卖寺观名额以达到敛财目的、解决国用不足的手段而已。[⑥] 从敕牒格式看，寺院赐额敕牒的发牒单位不再是中书门下或者尚书省，而是尚书省的礼部，末尾系衔者亦随之均是礼部官员。

元代正式将敕牒作为一种授官文书。《元史・选举志》载：“凡封赠之制……正从一品至五品为宣授，六品至七品敕牒。”[⑦] 敕和宣的施用之分，正如《元史・选举志》所言：“凡迁官之法……自六品至九品为敕授，则中书牒署之。自一品至五品为宣授，则以制命之，三品以下用金宝，二品

① （宋）马端临：《文献通考》卷五一“中书省”条：“凡命令之体有七：曰册书，曰制书，曰诰命，曰诏书，曰敕书，曰御札，曰敕榜。”中华书局，2011，第1456页。

② 张祎：《制诏敕札与北宋的政令颁行》，博士学位论文，北京大学，2009年，第125页。

③ （宋）赵升编《朝野类要》卷四，王瑞来点校，中华书局，2007，第85页。

④ 《辽史》卷五三《礼志》，中华书局，1974，第871页。

⑤ 《金史》卷一〇七《张行信传》，中华书局，1975，第2366页。

⑥ 相关研究参见白文固《金代官卖寺观名额和僧道官政策探究》，《中国史研究》2002年第1期；冯大北：《金代官卖寺观名额考》，《史学月刊》2009年第10期；冯大北《〈金代官卖寺观名额和僧道官政策探究〉补正》，《宗教学研究》2010年第3期。

⑦ 《元史》卷八四《选举志》，中华书局，1976，第2115页。

以上用玉宝，有特旨者则有告词。”[①] 即宣加盖皇帝之玉宝或金宝，而敕则只中书省宰相签署，且以“牒”的形式行下。在授官文书的意义上，元代的敕牒和唐宋之告身相类似，故《吏学指南》“仪制”门称：“敕牒，天子制命也。”[②] 将敕牒视为与唐宋制诰文书同样的“天子制命”，自是应有之意。但另一方面，据时人所述：“今日六品官以下所授敕牒，与前代敕牒其文同，其用黄纸书亦同。然昔也有敕而又有诰，今也无诰而但有敕，存之，可以考古今沿革之殊。”[③] 可见，敕牒虽被拔高为正式的授官文书，但其文辞简略，缺少告身之诰命文字，则一如唐宋，并无变化。就敕牒格式而言，起首语为“皇帝圣旨里，中书省牒”，增加了富含蒙元特色的元素。[④]

正因为敕牒是宰相处理政务的文书，故明洪武十三年“罢丞相不设，析中书省之政归六部”之后，敕牒文书的使命必然也得到了终结。但洪武十三年之前的一段时间内，是否有行用之痕迹，暂不可考。

仔细梳理了以上脉络可知，敕牒的变化存在着两条线路：

一是性质之变，由唐“王言之制”的一种到被排除出宋“命令之体”之列，再到重新被视为元“天子制命”。唐宋敕牒具有浓重的宰相机构色彩，与敕旨类似但性质并不相同，故而张祎称“敕牒被列入‘王言之制’，或许只是《唐六典》编纂之际一时的凑数”。[⑤] 但是，若以敕牒属于唐之王言来看，则可说明敕牒文书诞生之初，其本意是重在宣扬皇帝之“敕”，皇帝意志之色彩重于宰臣。但随敕牒被广泛而灵活地运用于国家政务之中，宰臣之色彩愈发浓重。可以说，敕牒是代表皇帝的意志，还是体现宰相的裁决，并不能简单地“一刀切”来看待。[⑥] 而元代的敕牒

① 《元史》卷八三《选举志》，第 2064 页。

② （元）徐元瑞著《吏学指南》，杨讷点校，浙江古籍出版社，1988，第 33 页。

③ （元）吴澄：《吴文正公集》卷 63《跋娄行所敕黄后》，四库全书本。

④ 对元代敕牒的研究，可参见张帆《元代诏敕制度研究》，载《国学研究》第 10 卷，北大出版社 2002 年 11 月。张帆指出，元代的宣、敕即渊源于唐代五品以上的册授及制授和六品以下的敕授及旨授，只是唐宋制敕内容广泛，而元代制敕则只限于人事除授和封赠。又称，敕牒虽是天子制命，但所授对象品级较低，不属于“以天子之玺而赐之”的“贵者”。

⑤ 张祎：《制诏敕札与北宋的政令颁行》，第 125 页。

⑥ 张祎亦有言：“一般的制诏与敕牒、札子中，到底哪个层次的文书主要代表皇帝的意志，哪些固定体现宰相对于政务的独立裁决，其实很难有泾渭分明的划定。”见《制诏敕札与北宋的政令颁行》，第 126 页。

同样是由宰臣签署，虽地位低于玺书，但毕竟属于天子制命。概是成为正式的授官文书之故。由敕牒文书性质的嬗变，可略窥古代君相权力角逐之一斑。

二是功能之变，从本来作为宰相处理政务的一种文书，用于国家细务，不拘其大小。之后逐渐有了任官命职的功能，甚至有取代正式授官文书的告身之趋势，尤其经历了几个“敕牒取代告身单独行用再恢复告身”的反复过程后，在元代被正式确立为用于六品以下官员授官、封赠的文书。

然而，囿于敕牒文书原件的匮乏，宋代敕牒的真实面貌，如字体、用印、封装等情况，难以尽为人知；另一个方面，当宋代将敕牒文书刻诸碑石时，敕牒碑在多大程度上可以反映敕牒文书的面貌？不同时期的敕牒碑又有怎样的特点？

日本学者小林隆道以赐额敕牒刻石为研究对象，给出了宋代赐额敕牒的书式图：

1. 发出主体（＝“中书门下”或“尚书省”） 牒 发出对象

2. 事书（＝文书发下的申请·审查内容及发下理由：比如礼部状、地方官司奏状）

3. 牒。奉敕：敕内容（＝“宜赐○○寺为额”或“如前”等）

牒至准

4. 敕。故牒。

5. 年 月 日牒“月日部分上盖章（＝“中书门下之印”或“尚书省印”）”

6. 发出责任者 ［押字］①

有助于我们在此基础上探讨前述问题。

① 〔日〕小林隆道：《宋代中国の統治と文書》，汲古书院，2013，第192页。

二 敕牒文书的原貌分析

流传至今的宋代敕牒文书原件绝少,[①] 杨绍舜在《吕梁县发现宋代牒文》里介绍了一份《赐庙额牒文》，此牒全长160厘米、宽42.5厘米、边宽1.5厘米，两头边宽22.6厘米。绫质，黄色，蓝边。其文字为：

□□……礼部状□□省……州南十里□□□山谷□□□□□□□龙神大寺□ 无不应□□赐特□□□□□明是□寻下太常□ 详到检准令节诸神□□□□首先赐额令来□ 龙神依条令赐庙额□□□□济庙□□酌施……依太常寺……□奉 敕宜赐丰济庙为额□ 至准 敕□□ 崇宁二年七月十六日□（盖红章一个）右正议大夫守右丞吴 敕议大夫守右丞张 左银青光禄大夫□左仆射[②]

“盖红章一个”即指“尚书省印”。杨文附有一张图片，如图1。斜立于上者是敕牒，平铺于下者是告身。图片模糊不清，依稀可辨认出“敕：宜赐丰济庙为额牒至准敕故牒”，时间为“崇宁二年七月某日”和前两位宰臣的署衔。其中“敕议大夫”经张祎考订应为“通议大夫”,[③] 据图1所示，应是“通”字无疑。但《文物》所载的敕牒图片只有原文书后半截的部分，没有展示全貌，且因图片模糊，细节之处得不到完全地展现。

清人沈镕彪所著的《续修云林寺志》中载有一道宋天圣八年（1030）赐灵隐寺敕牒墨迹，其文如下：

---

① 迄今所知的敕牒文书原件共两件，除后面的《赐庙额牒文》外，还有一件藏于山西博物院，被定名为《龙王庙封牒》，时间系北宋崇宁二年（1103）七月。据介绍，此牒纵41厘米，横153厘米，黄绫地。1959年由山西省吕梁文化馆拨交山西博物院。从图片看来，敕牒下缘呈齿状残缺，首行仅存“尚书省牒”，其后小字部分模糊难识，系年上钤方形朱印，印文不清，宰执署名后的花押已缺失。参见夏路、刘永生主编《山西省博物馆馆藏文物精华》，山西人民出版社，1999，第293页。

② 杨绍舜：《吕梁县发现宋代牒文》，《文物》1959年第12期，第66页。

③ 张祎：《制诏敕札与北宋的政令颁行》，博士学位论文，北京大学，2009，第109页。

图 1 《赐庙额牒文》

资料来源：杨绍舜《吕梁县发现宋代牒文》，《文物》1959 年第 12 期。

中书门下牒杭州灵隐山景德灵隐（下缺一“寺”字）

（前缺“杭”）州灵隐山景德灵隐寺住持禅定大师延珊奏：……取圣旨。

牒奉敕：宜令逐州子细勘会，如委实是宣赐到庄田，据合纳夏秋二税并与放免，即不得将不系宣赐到田土内税物一例放免。牒至准敕。故牒。

天圣八年十二月六日牒

工部侍郎、参知政事王押

给事中、参知政事薛押

给事中、参知政事陈押

吏部侍郎、平章事吕押①

① （清）沈镕彪：《续修云林寺志》卷五《墨迹》，魏得良标点，顾志兴审订：杭州出版社，2006，第 119 页。此牒被刻于石，见诸《两浙金石志》卷五。跋语称，此碑系“近时新刻，仅存其形耳”。

其后有万历庚寅（十八年，1590）邵穆生的跋文：

> 此敕传今几六百年，乃镇山一宝也……仁宗圣帝，四公名臣，瞻其遗恩，睹其亲押，今日者山人恍游天圣之年，尚友四公之侧矣……印凡三：面一，背二，乃“中书门下之印”六字。其书叠“中书”二字为一，“平章事”三字为一，亦中书体。[①]

可以确认的是，邵穆生见到的是敕牒原件，所以他的描述是可信的。正面一印，钤于时间处，背面两印。字体特征是“中书”及“平章事”均合为一字，“中书”应指首行“中书门下　牒”的二字，“平章事”是最后的署衔。总之为两方面的问题：敕牒的字体特征和用印情况。前者是文书展开后样貌的重要体现，后者则涉及文书封存的关键问题。

先来看字体特征。将《灵隐寺牒》与另外一些俱有相似特征的敕牒碑对比，图2系《敕赐十方灵岩寺碑》的首行“中书门下牒”和末尾宰辅签押（部分），敕牒下发及刻立时间为熙宁三年八月；图3是金泰和八年（1208）刻景德四年（1007）的《景德寺牒》；图4是大观元年（1107）刻皇祐三年（1051）九月《旌贤崇梵院牒》。

这几道敕牒均是北宋前期中书门下给发，且反映了文书原貌。中书二字除图2相离外，图3、图4均是合而为一，“中”的竖笔直达“書”字上半。而对于“平章事”三字，三图均符合邵穆生描述的样貌，“平”字竖笔取代“章”字的点画而与横画相连，“章”下面的横画被“事”的第一笔取代，最后“章”的竖笔与“事”的竖钩一气呵成，并通贯“章”中间的“日”。

之所以采用这样的书写方式，大概是出于节省空间的需要，而灵岩寺碑首行并无“牒”的对象，其空间足以容纳“中书门下牒”五字，故“中书”二字没有合一的必要而正常书写。

再来看用印情况。

在邵跋之后，又有乾隆九年（1744）丁敬的题跋，称：“是牒当时背

① （清）沈镕彪：《续修云林寺志》卷五《墨迹》，魏得良标点，顾志兴审订，第120页。

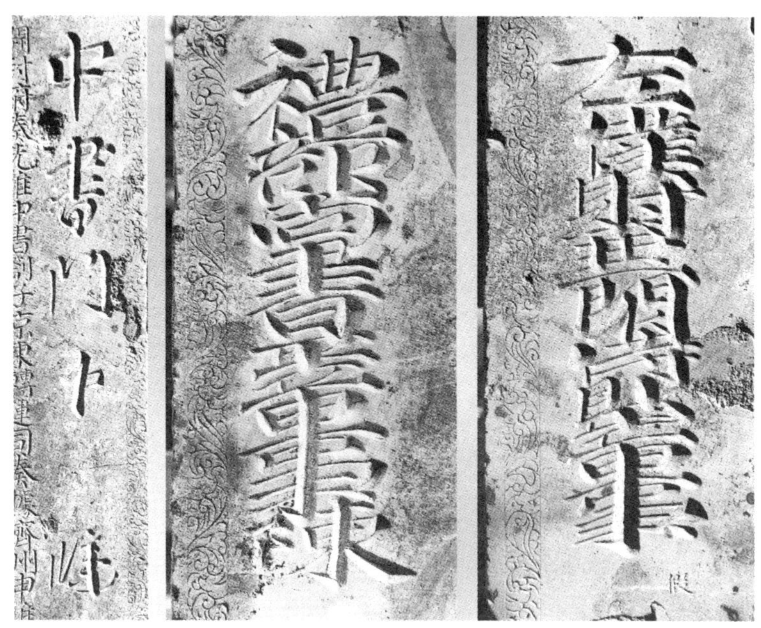

图 2　《敕赐十方灵岩寺碑》

资料来源：2015 年 2 月 4 日与李雪梅教授共同寻访并拍摄照片。

图 3　《景德寺牒》

资料来源：北京大学图书馆藏。转拍自〔日〕小林隆道《宋代的赐额敕牒与刻石》，载郑振满主编《碑铭研究》，社会科学文献出版社，2014，第 102 页。

图 4　《旌贤崇梵院牒》

资料来源：北京大学图书馆藏。转拍自〔日〕小林隆道《宋代的赐额敕牒与刻石》，载郑振满主编《碑刻研究》，第 105 页。

面皆钤‘中书门下之印’，欲装难于措置，故阅七百余年，未经糨潢，今渐就糜烂。予以背纸二印，缀诸牒尾，出所藏古锦犀轴整顿之，将来庶免损剥之患矣。”① 从中可知，文书背面原有两印，但未经装裱而渐渐糜烂，故而丁敬将两印缀于牒尾，善加整顿。

无独有偶，南宋一道宝庆三年（1227）正月《高丽寺尚书省牒》被清代金石家阮元用文字描述的形式，记录下了三印的情况，其文如下：

尚书省牒【行书】

前住持平江府华严宝塔教院僧清远【行书】

牒，奉敕：宜差住持临安府南山高丽慧因教寺。牒至准敕，故牒。【行书】

宝庆叁年正月日牒【尚书省印】　　【行书】

参知政事薛押　少师右丞相鲁国公押【行书】

尚书省牒僧清远【尚书省印二】　　【行书】

临安府状：准尚书省批送下南山高丽慧因教寺知事僧慧机状，

① （清）沈镕彪：《续修云林寺志》卷 5《墨迹》，魏得良标点，顾志兴审订，第 120 页。

本寺住僧如讷已于拾贰月贰拾伍日归寂。切缘本寺目今期忏在即，难以久缺住持，乞付临安府下诸山公定期集有道行讲人前来住持。后批送临安府公定伍名申尚书省。本府除已连禀指挥送僧司集诸山公定伍名申府去后，今据僧司申缴，上天竺灵感观音教寺住持僧思义等申，集诸山禅讲就上天竺寺白云堂云集，公定期集□僧清远等五名：一、□住持平江府吴江县华严宝塔教院僧清远；一、见住持绍兴府□□□□教寺僧如介；一、前住持嘉兴府华亭县□□教院僧怀□；一、前住持绍兴府如意教院僧宗□；一、见住持嘉兴府□□□福教院僧□果。其□僧各有道行，堪充于内点差前去住持思义等同诸山禅讲。保明是实，乞备申施行。本府据申述合行具申朝廷施行。伏候旨挥。

正月贰拾叁日，奉圣旨：依□僧清远令尚书省出给敕牒。【楷书十三行】

付南山高丽慧因教寺

宝庆叁年正月贰拾叁日【大楷字二行，尚书省印一】

少师右丞相鲁国公押封【尚书省印二】①

这部分文字由三个部分组成，分别是敕牒、临安府奏状、尚书省札。通常而言，所谓的“临安府奏状”是系于首行“尚书省牒某”之后，“牒奉敕”之前，表明敕牒下发的来龙去脉，而不是单独的一道文书。省札中钤印三方；敕牒里，系时处钤一印，最末“尚书省牒僧清远”钤印两方——这行内容在宋代敕牒碑中极为罕见，应非敕牒的正文部分。

这种共钤三印的用法，在金代敕牒碑中多次出现。如大定十三年（1173）刻三年（1163）二月二十八日的《荐福禅院牒》，拓片如图5示。在牒发时间“大定三年二月二十八日”处钤一印，在尾部“尚书礼部牒荐

① （清）阮元编《两浙金石志》卷一一，第10458页。中括号内容系金石学家以文字描述字体特征、用印情况。

福禅院”上下各钤一印。① 综观可见的金敕牒碑拓片，“尚书礼部牒 + 对象”有时出现在牒尾，有时出现在牒首，且并不是全部敕牒碑都有刻这行内容。

图5　《荐福禅院牒》

资料来源：北京图书馆金石组编《北京图书馆藏中国历代石刻拓本汇编》（以下简称《北图藏拓》），中州古籍出版社，1989，第46册，第114页。

综合宋牒和金牒的用印情况，大致可以推测，所谓“尚书省牒清远”及“尚书礼部牒某”（末行）很可能是题于文书背面。当作文书题名的同时，钤印也起到了封印的作用。然后在刻石时，这一行内容也被一并刻入。北宋前期灵隐寺牒背面的两方“中书门下之印”亦应准此，即钤印之处有“中书门下牒某”的字样，只是因为年代久远，暴露在外的内容缺乏保护，导致文字磨灭，唯印存留。

值得注意的是，《高丽寺尚书省牒》的省札也是标有三方印章，最后一行更是有“封”的字样。这有助于帮助理解文书形成后的保存形式。元人王恽（1227～1304）所撰《中堂事记》里有一则“焚黄”故事，提到了封的形式。

① 需要说明的是，金代敕牒碑的用印情况较为复杂，大多为刻三印，但也有不刻印、甚或多至十余方者，如下文所述《谷山寺敕牒碑》。不刻印者，或是疏漏之故。但刻印满篇的，大概是制度规定发生了更易。

尝与刘尚书才卿讲究焚黄故事。刘曰："间尝闻之高士美云：'其敕之全式"尚书省牒故某官某职某人，牒奉敕：可追谥某名。牒至准敕，故牒。年月日。"后备具相卿圆押，其敕封上题给付某人，第其子孙，录全文如式，火于本官家庙以告，谓之焚黄。'"①

刘才卿，即刘肃（1188～1263），《元史》有传。② 高士美者，检索四库全书，唯杨弘道（1189～1270后）《小亨集》里有一首《唁高士美》的五律，注语曰："原注：士美名巍，尝宰蓝田，承左司局赴京中路，为商帅之所困辱，时洛南方被兵。"③ 则高士美应和刘、杨都是金末元初人物。所描述关于"尚书省牒"的焚黄故事应该发生在金朝。④

现在所见的金代敕牒，因是寺院赐额刻石，所以均由尚书礼部发牒。《金史》载："山东军储皆鬻爵所获，及或持敕牒求仕，选曹以等级有不当鬻者往往驳退。"⑤ 说明敕牒在金代仍如宋代一样有授官的功能，体式亦如宋元丰改制后的尚书省牒。⑥"其敕封上题给付某人"一句，指文书密封后在封面上另有题名。

泰安岱庙现存有一通《谷山寺敕牒碑》，上截刻泰和六年（1206）敕牒（图6），下截刻大安元年（1209）敕牒（图7）：⑦

泰和牒末"寺额付僧智崇"，"僧智"二字上钤印"尚书礼部之印"，大安牒末"付僧丘智崇"，未钤印。两牒牒首均有"尚书礼部封"一行，"封"字上钤印。由大定牒"尚书礼部牒＋对象"到泰和牒之后"付某"，或是制度更易之故。但至少可以说明完整的一道敕牒文书原件应该包括其正文的敕牒内容和带有钤印的密封题名。这种封印形式在

---

① （元）王恽：《秋涧集·中堂事记》卷八二，钦定四库全书本。

② 《元史》卷一六〇，第3763～3764页。

③ （元）杨宏道：《小亨集》卷3，钦定四库全书本。避乾隆讳，改弘为宏。

④ 元代敕牒格式因时而变，起首语为"皇帝圣旨里，中书省牒"，增加了富含蒙元特色的元素。对元代敕牒的研究，可参见张帆《元代诏敕制度研究》，载《国学研究》第10卷，北大出版社，2002。

⑤ 《金史》卷一〇七《张行信传》，第2366页。

⑥ 僧道事务辖于礼部，而授官封赠事归吏部，若对照"尚书礼部牒"，则应是"尚书吏部牒"更为恰当，但这则故事为"尚书省牒"，待考。

⑦ 2015年2月3日，亲访此碑。图片均系当时拍摄。

图 6　《泰和六年牒》

资料来源：2015 年 2 月 3 日与李雪梅教授共同寻访并拍摄照片。

图 7　《大安元年牒》

资料来源：2015 年 2 月 3 日与李雪梅教授共同寻访并拍摄照片。

可见的宋代公文刻石拓片中也有展现。元丰七年（1084）刻《付惠深札》，首行“札子付僧宝月大师惠深封”，如图 8 示，“封”字钤印，印文模糊不清。

综合文字记载和敕牒碑实物或拓片，敕牒文书的原貌便清晰了然了。首行之后，表示敕牒缘由的“事书”部分是小字楷书，其余部分

图 8　《付惠深札》（局部）

资料来源：载《北图藏拓》第 39 册，第 155 页。

为行书，且常带有几字合书的特征。文书的背面通常会有一行“中书门下（或尚书省）牒（某某）”的题名，并钤“中书门下之印”或“尚书省印”两方，以表示封存之意。这些特征在金代敕牒上也得到了继承。

另外，敕牒文书的一个显著的外在特征是大字草书的“敕”“牒”数字，如前图所示，以至于金石学家在著录敕牒碑并描述其形制时，常将其单独写出以明示之。但我们发现，在宋代文书中，这似乎是一个常见的现象，非敕牒独然。图 9 是一份宋代牒文的局部，系淳祐五年（1245）八月《行在国子监补充太学生牒抄件》，其中的“准敕”二字殊异于其他文字。此文书虽是抄件，但“准敕”二字的特点非抄者所能向壁虚构，而是原文书即是如此。推测其原因，一方面固然是皇帝权威所系，另一方面也是文书效力的来源。

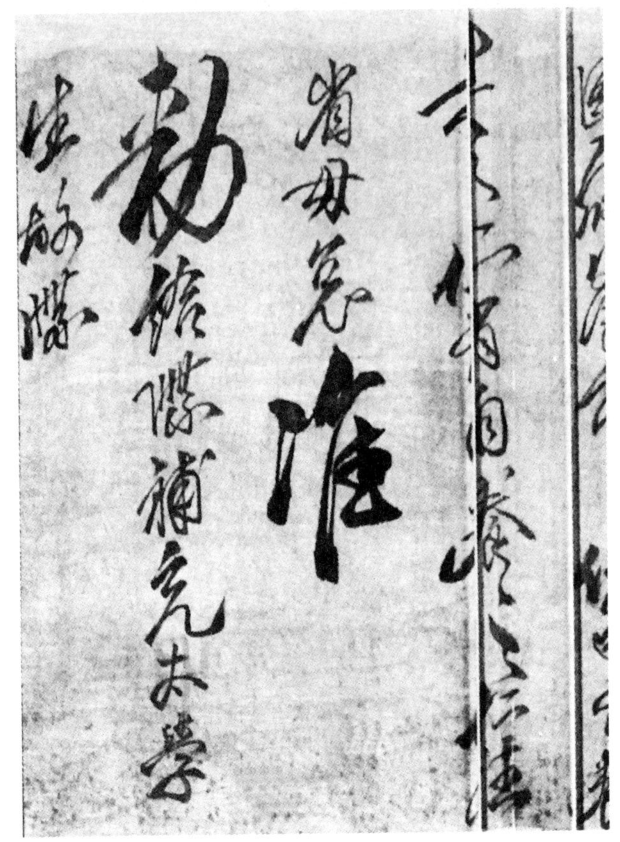

图 9 《行在国子监补充太学生牒抄件》（局部）

资料来源：出土于江苏金坛，现藏于镇江博物馆，复制品曾展出于 2015 年 11 月 13 日至 12 月 16 日浙江省博物馆“中兴纪胜——南宋风物观止”特展。蒙李雪梅教授赐图。

三 敕牒刻石的外貌分析

现在搜集到的敕牒碑，多取诸金石志书，金石学家在著录碑文的同时，会以文字描述碑文的字体、文本特征。方便我们在即便没有拓片或原石保存下来的情况下，也能对刻石的原貌有一个大略的感官。无论是拓片、原石，还是文字描述，所展现出的石碑所刻的敕牒文书样貌不尽一致，大体存在着一个由只刻文字到逐渐保存文书原貌的变化过程。

通过前文，可知宋金两朝的敕牒文书格式、样貌基本上沿袭不变，那敕牒碑上所体现的变化只能是在刻石之际产生，而非文书式样发生了改变。据此，日本学者小林隆道按刻石日期将这个变化分为三个时期：一是宋初到神宗熙宁时期，不保留原件面貌；二是神宗熙宁末至哲宗时期，逐渐过渡到保存原件，与前一时期同样没有保存书体、押字和官印，但有保存文字配置（指文字的大小、提行、空格书写等）的态度，或者说重视保存原件面貌的态度已经萌芽；三是徽宗时期以后，原件保存程度提高，崇宁以后保存押字、官印的石刻文书越来越多，这种保存原件面貌的刻石样式，在南宋得到了继承。①

以下三通敕牒碑（图 10、图 11、图 12），依次对应小林氏所说的三个时期。

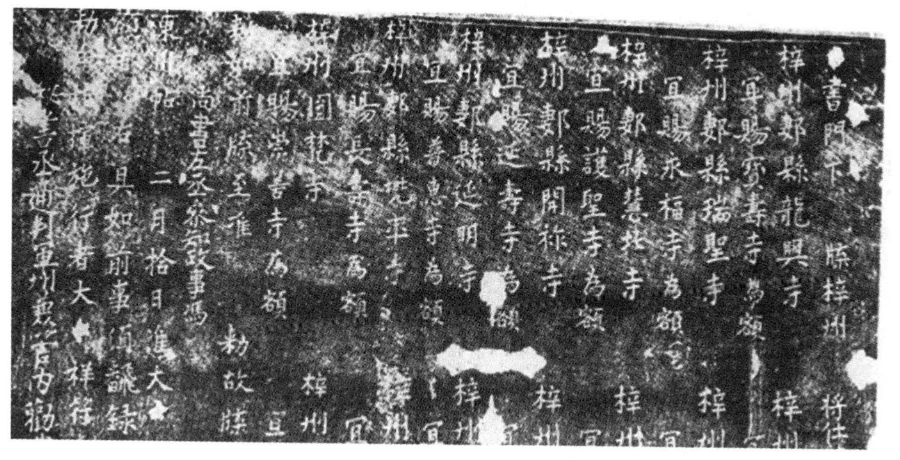

图 10　《宁国寺牒碑阴》(局部)

资料来源：大中祥符四年（1001）八月刻三年十二月牒，载《北图藏拓》第 38 册，第 39 页。系小林氏所言之第一时期。

这种规律的归纳是建立在对现有拓片的整体印象之上，换言之，结论的可靠度取决于拓片的数量。但正如小林氏自己在分析第二时期所言“因

① 〔日〕小林隆道：《宋代的赐额敕牒与刻石》，第 101～105 页。

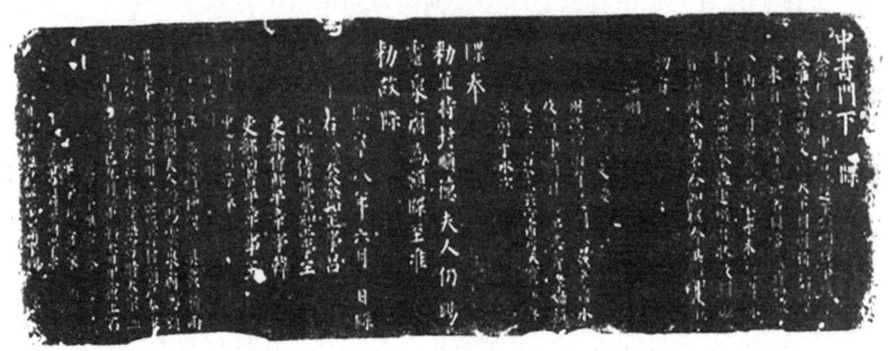

图 11 《灵泉庙牒》

资料来源：熙宁十年（1077）九月七日刻八年六月牒，载《北图藏拓》第 39 册，第 92 页。系小林氏所言之第二时期。

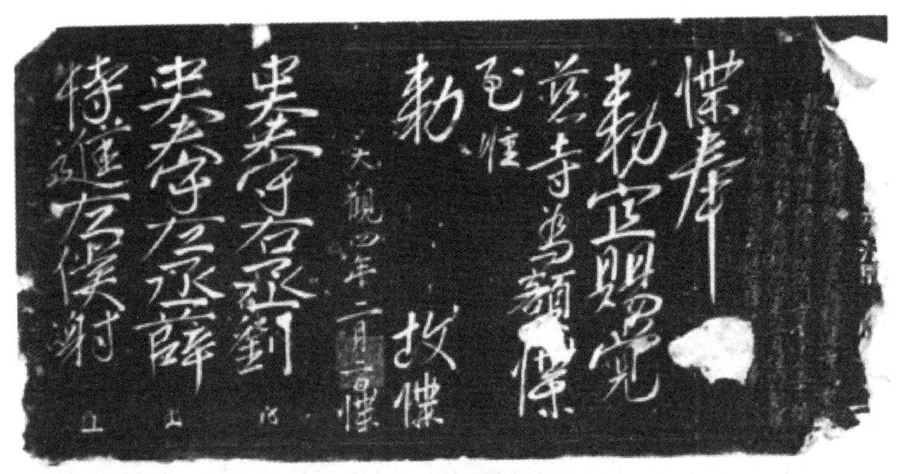

图 12 《觉慈寺敕牒碑》

资料来源：大观四年（1110）二月二日敕牒。拓片引自陈慧、李静《涉县娲皇宫藏宋代觉慈寺敕牒碑小议》，《文物春秋》2012 年 5 月，第 61 页。系小林氏所言之第三时期。

为可以参照的史料很少，所以在此不能作出明确的判断”。[①] 在整理了更多的敕牒碑图片之后，也确实发现小林氏的结论确有待推敲之处。

对于刻立于第一时期，而符合第二时期特征即保存了文字配置的景祐

① 〔日〕小林隆道：《宋代的赐额敕牒与刻石》，第 104 页。

二年（1035）刻元年正月五日《永兴军牒》，① 小林氏认为是该时期的例外。但在样本稀少的情况下，能够支撑以上结论的论据本就不多，很难称不符合这一结论的某个样本便是例外。

所谓第二时期，也并非在熙宁末年方才出现。实际上熙宁初年已然有了刻录字体的趋势，前述之《敕赐十方灵岩寺碑》即是明证（图 13），又如熙宁二年（1069）刻大中祥符七年（1014）十二月《永庆寺敕牒》经幢（图 14），二者“敕”和“牒”字的草书写法，与文书原貌并无二致。而且前者甚至已然有了花押，只是依旧不曾钤印。

图 13　《敕赐十方灵岩寺碑》（局部）

资料来源：2015 年 2 月 4 日与李雪梅教授共同寻访并拍摄照片。

① 拓片载《北图藏拓》第 38 册，第 87 页，又见于京都大学人文科学研究所所藏石刻拓本资料，题为《中书门下牒永兴军碑》，编号 SOU0061X，见 http://kanji.zinbun.kyoto-u.ac.jp/db-machine/imgsrv/takuhon/type_a/html/sou0061x.html。对比相同字的笔画，后者已有轻微程度的泐损，故其制拓时间应晚于前者。但前者墨色不均，上半部分过浅，反而整体上不如后者清晰明了。

图 14 《永庆寺敕牒》经幢

资料来源：现存山东省济南市长清四禅寺小学院内，蒙网友“走进老济南”赐图。

综观刻石外貌的变化，在熙宁年间，即宋神宗在位初期，开始有了保存文书原貌的意识或动向，逐渐趋向于刻录文书的原貌，并在宋徽宗时臻致成熟，蔚然成风，且延续至南宋。虽然宋徽宗时期也有未保存文书原貌的情况存在，[①] 但并不妨碍我们做出这个趋势判断。

① 如政和七年（1117）刻熙宁三年正月二十一日《寿圣寺敕额牒》，拓片参见《北图藏拓》第 42 册，第 74 页。南宋情况亦是如此，保存文书原貌的刻石占据主流，但仍有只刻录文字的存在。

出现这种变化的原因何在？其中的一个猜测是，若寺观祠庙所持有的文书并非原件，则碑石的样貌只能反映出非原件的敕牒的“原貌”。但寺观是否收到敕牒文书的原件，在不同时期有不同的情况。当敕牒对象只有一个时，该寺观祠庙所得系原件，否则，只是翻录的敕牒副本。得到副本的寺观所刻立之敕牒碑当然不可能反映文书原件的原貌，但纵是得到原件的寺观祠庙，未必就一定摹刻文书原貌。换言之，即是寺观收管敕牒原件和刻石是否保存文书原貌没有必然的联系。

继续探讨刻石样貌变化的原因，重点的发展阶段是北宋中后期，即宋神宗、宋哲宗、宋徽宗三朝。若以宋徽宗时期作为一个节点来考虑，可见和当时的政治环境息息相关。徽宗时期将碑刻充当文化工具、政令传播之媒介、政治象征等角色，敕牒碑的演变是碑刻政治化的一个体现，应将其放入整体的碑刻群中来考虑。这个时期《大观圣作之碑》《五礼记碑》《赐辟雍诏碑》《元祐党籍碑》《神霄玉清万寿宫诏碑》等碑刻，遍立天下，《语石》称：“其赐辟雍诏及大观圣作碑政和五礼记、八行八刑碑，当时颁行天下，遍立学宫。”[①] 其中，《大观圣作之碑》摹刻宋徽宗御笔之瘦金体，其竖刻28行、满行71字的形制各地均一。[②]《神霄玉清万寿宫诏碑》在首行题名后有“御制御书”四字，全篇亦确是宋徽宗的瘦金体。[③] 另外还有一种御笔手诏碑被广泛刻立，如《赐刘既济碑》，碑文瘦金体，文末有“御书”之印和徽宗的花押。[④] 凡此种种，皆是瘦金体书写，无不彰显着宋徽宗的个人权威。有学者指出，徽宗朝的石刻突出展现了君主本人在政治生活中的角色，并且其主要面向臣僚士子，而非普通的民众。[⑤] 此说有可补充，因徽宗朝石刻并非尽是以上的丰碑巨制，还包括辐射更为辽远的敕牒碑。在当时政治环境下，敕牒作为传达政令的工具，在刻石之际，力图

---

① （清）叶昌炽撰，柯昌泗评《语石语石异同评》，陈公柔、张明善点校，中华书局，1994，第470页。

② 《大观圣作之碑》现今在西安碑林、泰安岱庙、赵县、兴平等地皆有留存。同期另有一种《御制八行八刑碑》，碑文与《大观圣作之碑》同为八行取士诏，但形制并不相同。

③ 载《北图藏拓》第42册，第101页，宣和元年（1119）八月十二日刻，石在琼山。

④ 载《北图藏拓》第43册，第53页。系南宋绍兴二十四年（1154）十月重刻。既云重刻，原碑样式亦应准此。

⑤ 方诚峰著《北宋晚期的政治体制与政治文化》，北京大学出版社，2015，第185～186页。

保存其文书原貌，在宣扬政令之权威时，也愈加彰显了该寺观、神祠的合法性。且寺观赐额敕牒面向的人群是臣僚、士子之外的又一大群体——僧道，而神祠封赐敕牒则面向的是底层的普通民众。可见，敕牒碑与诸多御笔刻石共同作用，使得皇权之威触及社会的每一个群体。另有学者称，就将文书刻石的人而言，当时居在地方的人渴望得到与皇帝的关系视觉化的物质。[①] 从民众的角度表现了敕牒碑保存文书原貌的必要性，与前说恰可形成互动。

以上的分析皆就保存文书原貌的刻石而言，不可忽略仍有相当一些石刻并未刻录原貌，如崇宁三年（1104）十月刻《静应庙敕告》，[②] 系赐五台山静应庙额敕牒及封号妙应真人告词，此文书直达祠庙，并被耀州知州王允中立石，但碑文复经书写，而不遵文书原貌。说明在影响刻石是否保存文书原貌的因素中，刻立者的选择是具有一定的决定性作用的方面。

---

① Patricia Ebrey, "Huizong's Stone Inscription," *Emperor Huizong and Late Northern China: The Politics of Culture and the Culture of Politics*, edited by Patricia Buckly Ebrey and Maggie Bickford, Harvard University Asia Center, 2006, pp. 229 - 274. 转引自〔日〕小林隆道《宋代的赐额敕牒与刻石》，第 108 页。

② 载《北图藏拓》第 41 册，第 106 页。

《中国古代法律文献研究》第十二辑
2018 年，第 485～535 页

明代律典和明代司法

徐道隣 著　徐逸尘 译*

译者说明：本文由徐道隣先生的英文未刊稿翻译而成。原稿的写作时间大约是 1969 年，最后一次修改则是在 1970 年。徐道隣先生去世后，徐道隣先生的女儿徐小虎女士将此稿托交给台湾大学徐泓教授整理。邱澎生教授经徐泓教授同意，又将此稿托交给译者的导师陈新宇教授组织翻译。译者非常荣幸能够具体承担此项任务。

因作者原稿并未定稿刊行，难免存在讹误、缺漏和编排混乱，译者翻译时在必要之处做了一定的调整和补充，并以译者注的形式予以说明。原稿由正文、注释和修改页（revision page）三部分组成，译者翻译时原则上以修改后的文本为准，但在修改页表述不清晰时，仍以正文为准。原稿的注释为尾注，尾注既包括对正文内容的补充，也包括参考文献。为便于读者阅读和使用注释，译文注释以脚注形式呈现，中文参考文献皆已译成中文，英文参考文献并未翻译，仍保留作者原来的参引格式。

作者援引唐律、明律和大清律例时，已先对律文进行编号，

* 徐道隣（1906～1973），著名法学家，柏林大学法学博士，历任同济大学、台湾大学、东海大学、华盛顿大学、哥伦比亚大学、密歇根州立大学教职；徐逸尘，清华大学法学院硕士研究生。

并在正文中以小括号的形式标注了律文编号和标题。作者提及年代和时间时，一律采用公元纪年。译者翻译时也遵循作者的行文习惯。律典条文的翻译参照了岳纯之点校的《唐律疏议》、怀效锋点校的《大明律》和马建石、杨育棠主编的《大清律例通考校注》，在此致谢。

译者水平有限，翻译不当之处在所难免，还望读者宽宥和指正。

在中国法律史上，有三个原因使得明朝法律别有趣味。首先，与唐律存在根本区别的明律，几乎全部被清朝所继受。清律保留了明律460个条文中的449个，[①] 且仅仅制定了2个属于自己的条文。[②] 因此，是明律塑造了中华帝国最后540年的社会和文化。

其次，中国明清时期，具有专制色彩的新儒家（理学）思想成为正统思想，这与唐宋时期有显著的不同。中国的理学主要沿着两个渠道发展：一个是科举考试，另一个是法律。明律的理学化进程对于诉讼和其他方面都具有深远的影响。

最后，中国的君主专制制度在明朝达到它的顶峰。两百余年的腐败和暴政也使得法律蒙羞。只有在明朝的专制政体和由之形成的司法制度的背景上，才能理解对中国法律的否定论调，这种论调在前现代中国长期存在并被普遍接受。

一　明律

（一）历史和结构

1. 1374年和1397年的两次律典编纂

在蒙古人征服中国之前，唐律已经管理这个国家超过六个世纪。唐律

① 明律舍弃了唐律502个律文中的146个。

② 即《大清律例》第9条“犯罪免发遣”和第46条“充军地方”。中国传统律典并无编号系统，为了援引方便和准确，我对唐律、明律和《大清律例》的律文进行了编号。

颁布于651年，并在653年被官方注释所补充，成为《唐律疏议》。《唐律疏议》被南宋及其以前的各个王朝采纳，后梁（907～922）是唯一的例外。[①] 契丹（辽）和女真（金）政权都保留了《唐律疏议》，并将其用于裁判汉人臣民之间的案件。只有蒙古人突破唐律的限制，为中国引入了一部新律典。但是，对于蒙古法律学者来说不幸的是，他们于1323年制定的律典《大元通制》，并没能使这个短命王朝延续下去。

1368年，当明朝的缔造者洪武皇帝确立起他对中国的统治时，一部在此前一年刚刚制定的律典正好可以为他所用。这部律典本来是为他的吴国起草的，据说包含唐律中的285个条文。1374年，一部专为大明帝国制定的新律典在刑部尚书刘惟谦的领导下编纂完成了。[②] 这部律典遵循唐律的十二编体例，它与唐律唯一的区别在于名例律被放置在律典的结尾而不是开头。[③]

第一部明律各编的名称是：[④]

Ⅰ. 卫禁律

Ⅱ. 职制律

Ⅲ. 户婚律

Ⅳ. 厩库律

Ⅴ. 擅兴律

Ⅵ. 贼盗律

Ⅶ. 斗讼律

Ⅷ. 诈伪律

---

① 后唐（923～935）、后晋（936～946）尤其是后周（950～959）时期，颁布了将近100条敕令以补充和修改律典。这些增修被966年的《宋刑统》完整保存。有人认为，宋朝没有制定新律典，不是因为疏忽和愚笨，而是在遵循传统。宋仁宗时期（1025～1063），刑部侍郎夏竦曾在奏折中力主制定宋律。参见《历代名臣奏议》，北京，1416年版，卷二一〇，台北，学生书局，1964年再版，第2776页。

② 1367年和1374年的律典全部亡佚。

③ 此种体例绝对是对李悝《法经》（约公元前400年）的模仿，因为《法经》六篇中，具律（等同名例律）是最后一篇。《法经》的一些条文被保存在桓谭的《新论》（约公元20年）当中。

④ 标题的翻译尽可能与 Derk Bodde and Clarence Morris, *Law in Imperial China*, Cambridge (Harvard), 1967, pp. 58－59 相一致。

Ⅸ. 杂律

Ⅹ. 捕亡律

Ⅺ. 断狱律

Ⅻ. 名例律

1389 年，一场对律典的大规模修订着手进行，由此形成了一部新的明律，于 1397 年公布。此次修订在整体上对明律的内容进行了重新编排：名例律成为律典的第一编，接着是与明朝政府六部职能相对应的六编，其中每一编又被细分为数门。整部律典共有 30 门：[①]

Ⅰ. 名例（第 1 ~47 条）

Ⅱ. 吏律

2. 职制（第 48 ~62 条）

3. 公式（第 63 ~80 条）

Ⅲ. 户律

4. 户役（第 81 ~95 条）

5. 田宅（第 96 ~106 条）

6. 婚姻（第 107 ~124 条）

7. 仓库（第 125 ~148 条）

8. 课程（第 149 ~167 条）

9. 钱债（第 168 ~170 条）

10. 市廛（第 171 ~175 条）

Ⅳ. 礼律

11. 祭祀（第 176 ~181 条）

12. 仪制（第 182 ~201 条）

Ⅴ. 兵律

13. 宫卫（第 202 ~220 条）

14. 军政（第 221 ~240 条）

15. 关津（第 241 ~247 条）

16. 厩牧（第 248 ~258 条）

① Bodde and Morris, op. cit., pp. 60 – 61.

17. 邮役（第259～276条）

Ⅵ. 刑律

18. 贼盗（第277～304条）

19. 人命（第305～324条）

20. 斗殴（第325～346条）

21. 骂詈（第347～354条）

22. 诉讼（第355～366条）

23. 受赃（第367～377条）

24. 诈伪（第378～389条）

25. 犯奸（第390～399条）

26. 杂犯（第400～410条）

27. 捕亡（第411～418条）

28. 断狱（第419～447条）

Ⅶ. 工律

29. 营造（第448～456条）

30. 河防（第457～460条）

2. 内容的重新编排

在唐律成为中国律学的绝对权威之前，历代律典曾使用过多种多样的编排体例（表1）。

表1　历代律典编排体例

律　典	编　数	律　典	编　数
法　经(约公元前400)	6	北周律(563)	25
九章律(约公元前201)	9	北齐律(564)	12
魏　律(227?)	18	开皇律(583)	12
晋　律(268)	20	大业律(607)	18
梁　律(503)	20	唐　律(651)	12

资料来源：所有内容皆可参见徐道隣《中国法制史论略》，台北，正中书局，1953，第11～34页（译者注：本书已被2017年清华大学出版社出版的《徐道隣法政文集》收录）。

但是，这些律典从没有尝试过将律典内容与六部职能联系起来，尽管六部从东汉（公元 25 年）时起就已经变得越来越重要。

沈家本（1840～1913）认为，1397 年明律将其编目与六部相联系，是受到《元典章》的影响。[①] 他的推测被明律中存在的某些《元典章》中的标题所佐证。这些标题是田宅、课程和钱债，它们从未在《元典章》之前的律典中出现过。而且，明律和《元典章》都将卑亲属对尊亲属的控告统称为“干名犯义”（明律第 360 条“干名犯义”），[②] 同时都禁止制造绘有皇家专用的龙凤图案的丝绸制品（明律第 453 条“织造违禁龙凤纹缎疋”）。[③] 更早的律典既不包含前面的术语，也不包含后面的禁令。但是，由于现存的元代文献非常稀少，我们无法找到关联证据来印证沈家本的观点。明律可能参考了《元典章》之外的其他素材。《元典章》主要是给地方行政官员使用的指南，而非律典。[④] 十有八九，明朝立法者还可以调阅行政指南以外的权威立法范本。

无论如何，对律典的重新编排是没有意义的。中国的律典主要是刑事法律。刑事司法属于刑部管辖，与其他五部毫无关系。因此，律典六编内容分布不均匀是不可避免的结果。例如，刑律包含 11 门 171 条，而工律仅仅包含 2 门 13 条。律典编排的歪曲被如下事实所证明：河防门包括四个条款，其中一半与河防无关。例如，第 459 条涉及对街道的侵占，第 460 条涉及对桥梁和道路的修缮。

3. 明律的新标题

明律三十门中的六门继承自唐律，他们是名例、公式、贼盗、诈伪、捕亡和断狱。其余部分，根据沈家本的分析，有十门继承自唐朝以前的律典……[⑤]

---

① 沈家本：《沈寄簃先生遗书》，北京，1929 年版，台北，文海出版社，1964 年再版，第 575 页。

② 明律收录于《大明会典》卷一六〇至卷一七二。明律第 360 条参见《大明会典》，1587 年版，台北：文海出版社，1965 年再版，第 2365 页或《元典章》，北京，1908 年版，卷五三，台北：文海出版社，1964 年再版，第 724 页。

③ 明律第 453 条参见《大明会典》，第 2399 页；《元典章》卷五八，第 788 页。

④ 《元典章》是对元朝京城各机构（皇帝，宰相，御史台、六部）行政指令的收集，但并未编辑整理。参见沈家本《沈寄簃先生遗书》，第 991 页。

⑤ 沈家本：《沈寄簃先生遗书》，第 577 页（译者注：作者原稿此处出现了混乱和缺漏。此处对于明律目源流的描述，似与事实不符。明律目源流的真实情况可以参见作者在此处援引的沈家本的相关研究，即《历代刑法考·律目考·明律目源流》）。

明律第十九门“人命”有20条（305～324）。其中，8条来自唐律的贼盗律（305～307、309～310、312、314、323），4条来自唐律的斗讼律（313、315～317），4条来自唐律的杂律（318～321），只有4条是明律首创，即第308条“杀死奸夫”，第311条“采生折割人”，322条“威逼人致死”和第324条“同行知有谋害”。“人命”门中的许多犯罪，并不必然导致死亡，[①] 例如弓箭伤人、车马杀伤人、庸医杀伤人、窝弓杀伤人（明律第318、319、320、321条）。相反，由强盗拒捕、窃盗拒捕、劫囚、白昼抢夺、亲属相盗、略人略卖人导致的人命案件却被保留在了“贼盗”门（明律第289、290、291、295、298条），由十六种殴打导致的人命案件却被保留在了“斗殴”门（明律第328～330、333～344、346条）。明律“人命”门内容的不完整和编排的混乱必然使得官吏在适用律典条文时疯狂地来回检索。[②]

明律的“人命”门有一个严重的疏漏。唐律第308条“同谋不同谋殴伤人”包含如下涉及群殴致死的条款：

a. 诸同谋共殴伤人者，各以下手重者为重罪，元谋减一等，从者又减一等；若元谋下手重者，余各减二等；至死者，随所因为重罪。

b. 其不同谋者，各依所殴伤杀论；其事不可分者，以后下手为重罪。

c. 若乱殴伤，不知先后轻重者，以谋首及初斗者为重罪，余各减二等。

明律继受了这个条款的段落a，将其适用于斗殴和斗殴致死案件（明律第325条“斗殴”，第313条“斗殴及故杀人”），但是抛弃了段落b和段落c。这很难理解，因为这两个段落都为裁判“没有预谋的殴打”或“糊里糊涂的混战”这类频繁发生的案件提供了明智的指引。[③]

---

① 西方法典中并不存在这类问题，因为根据西方的传统，“人命”犯罪仅指谋杀、过失杀人和意外杀人，不包括斗殴、盗窃或抢劫致人死亡。

② 明律的制定在术语和逻辑结构方面有着重大的进步。See Bodde and Morris, op. cit., p. 62.

③ 《大清律例》在第302条“斗殴”所附条例中恢复了“段落c”，但在第290条“斗殴及故杀人”中并未这么做。

明律新设的“骂詈”[1]门很混乱。在唐律中，只有针对一定范围内的尊长实施骂詈才是受惩罚的。骂詈、殴打被置于一体对待。骂詈、殴打、伤害、杀死是卑幼侵犯尊长的四个不同的程度。明律比唐律更重视骂詈，将涉及骂詈的部分从斗殴律文中挑选出来，组成了单独的“骂詈”门。“骂詈”门8个条款中的7个，照搬了“斗殴”门：第348条照搬第329条；第349条照搬第330条；第350条照搬第337条；第351条照搬第341条；第352条照搬第342条；第353条照搬第343条；第354条照搬第345条。

总的来说，明律对骂詈的处罚远较唐律为重（表2）。

表2　明律骂詈处罚较唐律为重者

骂　詈	唐　律	明　律
常人之间	无罪	笞十(第347条)
下级官吏骂上级官吏	无罪	杖八十(第349条)
骂缌麻兄姊	无罪	笞五十(第351条)
奴婢骂家长	流刑(第323条)	绞(第350条)
妻妾骂夫之父母	徒三年(第334条)	绞(第352条)
妻妾骂夫之兄长	杖九十(第334条)	杖一百(第353条)
妻妾骂故夫父母	徒二年(第331条)	绞(第354条)

但是，两种情况下，明律的处罚较唐律为轻（表3）。

表3　明律骂詈处罚较唐律为轻者

骂　詈	唐　律	明　律
骂制使	徒一年半(第312条)	杖一百(第348条)
奴婢骂旧家长	徒二年(第337条)	笞十(第354条)

① 沈家本认为“骂詈”这一标题是不必要的和无意义的（沈家本：《沈寄簃先生遗书》，第813页）。晚清——此前中国几无唐律版本流传——几位杰出的律学家在比较唐律和明律时贬低明律。比如孙星衍（1753～1818）就说：“惟明代多有更改……而轻其轻罪、重其重罪。或言轻罪愈轻则易犯，重罪加重则多冤，非善政也。”（引自薛允升《唐明律合编》，北京，1918年版，台北：1937年再版，第145页）薛允升概述其观点：“明代添设之律，非近于苛刻，即失于繁琐。”（薛允升：《唐明律合编》，第592页）。本文多处援引沈家本对于明律的批评，其观点承袭自薛允升。——清朝学人普遍贬低明朝学术，此风气开始于顾炎武（1613～1682）他说过“若有明一代之人，其所著书，无非窃盗而已”（引自皮锡瑞《经学历史》，台北，1959年再版，第110页），也说过“得明人书百卷，不若得宋人书一卷”（引自缪风林《中国通史》卷三，1943年版，台北，1966年再版，第25页）。

唐律和明律刑罚的差异是令人震惊的。"妻妾骂故夫父母"或"奴婢骂旧家长"在唐律中都被处以两年徒刑。但是，明律对妻妾处以绞刑，对奴婢仅仅处以笞十的刑罚。此外，妻妾在任何情况下都会被适用绞刑，无论她们与丈夫仍处于婚姻关系之中，还是在丈夫死后已经改嫁。相比之下，奴婢只有针对现主人进行骂詈时才会被处以绞刑。如果是针对旧主人进行骂詈，如前表所述，刑罚将变成笞十。

常人之间和夫妻之间的骂詈，明律不如唐律平允。唐明律都未对夫妻之间的骂詈作出规定，[①] 但都对妾骂詈夫或妻处以杖八十的刑罚。[②] 明律使得任何骂詈都可以被处以笞十的刑罚。很难相信明朝立法者真的预期会适用这个条款。如果笞十是唯一可能适用的刑罚，人们不可能大费周章去提起诉讼。明律和唐律一样，对夫妻间的骂詈缄口不言。但是，明律的沉默更为不合理，因为在明律中骂詈已经成为普遍可罚的犯罪行为，因此律典有必要澄清当夫或妻犯此罪时，刑罚如何加减。

4. 明律的唐律元素

尽管明律从根本上改变了唐律的内容编排体例，但仍然采纳了唐律的大部分实质性内容。以下是详细的分析：唐律 502 条律文中的 146 条被明律抛弃，[③] 而剩下的部分，也就是说四分之三的唐律律文被明律所吸收。[④]

---

① 唐律规定，妻子殴打丈夫，徒一年。

② 《大清律例》第 330 条"妻妾骂大期亲尊长"所附条例规定，妻骂夫以"不应轻"律笞四十。

③ 被明律抛弃的唐律律文如下：

Ⅰ. 9、12、13、19、20、22、23、35、36、47。

Ⅱ. 63、59、70、71、78、79、85、86、88、90。

Ⅲ. 95、108、113、114、122、124、130、131、133、140。

Ⅳ. 153、156、159、160、163、164、166、167、168、171、172、174、190、192、193。

Ⅴ. 206、211、212、216、217、218、222。

Ⅵ. 225、227、229、236、237、238、239、246、247。

Ⅶ. 249、250、254、258、263、264、265、276、280、286、288、290、297、299。

Ⅷ. 314、316、322、324、337、341、343、344、350、353、354、355、357、350、351。

Ⅸ. 362、363、354、365、366、371、372、374、375、376、380、382、384、385、386、387、388。

Ⅹ. 390、401、405、407、409、415、417、422、423、427、434、437、438、443、444、445、446、447。

Ⅺ. 453、454、455、451、462、463、464、465、467。

Ⅻ. 476、477、478、431、483、485、486、492、493、435、501、502。

④ 明律中的唐律律文可参见"唐明律对照表"（略）。

被保留的356条律文中，210条律文被整体采纳，有时在刑罚部分存在细微变动；14条律文被切分，各自形成两条或三条新的律文；130条律文被以各种形式糅合在一起；2条律文既有分割，又有糅合。结果是明律的460条律文中只有172条是明朝立法者自行拟定，且多数承袭自元朝。[①]

5. 例

明律的另一个新特点是它将“例”编入律典。自唐律颁布以来，指引律典适用的特殊规定通常由高级官吏组成的执法机构提出，以“敕”的形式颁布。这些特殊规定被用以补充或修改律典。德克·卜德教授最近提出用“亚律”来指代“敕”。[②] 这些“亚律”是根据变化了的情形所进行的个案调整，从而使得唐律在原文未经变动的情况下，在近六个世纪的历史中保持效力。明朝的《问刑条例》正式汇编了297个条例，于1500年公布，是对1397年律典的补充。1585年，这个汇编被彻底修订，并按条目编入律典正文之中。这种把不断变化的条例编入永恒不变的律典的方法，可以从966年的《宋刑统》追溯到958年的《大周刑统》，[③] 并作为一种正式的立法程序，一直延续到1911年中国帝制时代终结之日。

（二）明律中的新原则

除了编排体例和内容的调整，明律中的许多法律原则也发生重大变化，兹列举如下：

1. 刑罚体系的新变化

像世界上其他伟大的法律体系一样，中国的刑罚也在渐渐变得仁慈和人道，但是明朝时期出现了倒退。洪武皇帝出身农民，是个孤儿，曾经当过和尚，四处行乞，因此熟知处在腐败官僚体系压迫下的贫穷百姓的痛苦和艰难。他认为元代纲纪废弛是恶政之源，[④] 因此一旦获得权力，就采用比前朝更为严厉的法律和刑罚，以期整顿纲纪。此动机在明律的刑罚体系

① 译者注：作者原稿此处似乎并未完成。根据原稿上的修改痕迹，作者原意是将本段删除，但考虑到本段可能具有的学术价值，译者在翻译时予以保留，注释也一并保留。

② Bodde and Morris, op. cit., p. 64.

③ 徐道隣：《中国法制史论略》，台北，正中书局，1953，第61、93、141页（译者注：本书已被2017年清华大学出版社出版的《徐道隣法政文集》收录）。

④ 《明史》卷九三《刑法志一》，或卷一二八《刘基传》，或卷一三八《周祯传》。

中有充分的反映。

以下是因人道著称的唐律五刑（唐律第 1 条“笞刑五”、第 2 条“杖刑五”、第 3 条“徒刑五”、第 4 条“流刑三”、第 5 条“死刑二”）：

笞刑五等：笞一十、笞二十、笞三十、笞四十、笞五十；

杖刑五等：杖六十、杖七十、杖八十、杖九十、杖一百；

徒刑五等：徒一年、徒一年半、徒两年、徒两年半、徒三年；

流刑三等：流二千里、[①] 流二千五百里、流三千里；

死刑二等：绞、斩。

明律的第一条是“五刑”，整体采纳了这个刑罚体系，仅有一个变化：在五等徒刑中分别附加五等杖刑（杖六十至杖一百），在三等流刑中全部附加杖一百。但是改变并未止于此处，各种刑罚都出现了许多变化。

（1）死刑的变化

凌迟：这种野蛮的死刑执行方式，在中国古代偶有实践，[②] 是宋朝时标准的死刑执行方式之一，另外两种是斩首和绞刑。元朝只使用凌迟和斩首来执行死刑。明朝并不准备放弃这种惩罚方式，同时也不愿意在律典第一条将其法定化。然而，这种刑罚在不少于 7 个律文中被规定：谋反大逆，谋杀祖父母父母，杀一家三人，采生拆割人，奴婢殴家长，妻妾殴夫和殴期亲尊长（明律第 277、307、310、311、337、338、341 条）。沈家本则指出明律有 13 种可以适用凌迟的犯罪。[③]

枭首示众：对于某些犯罪，例如“响马强盗”或“引贼劫掠以复私仇”（明律第 289 条“强盗”条例 A、B，第 301 条“盗贼窝主”条例 C），律典规定将罪犯斩首并把割下的头颅放在犯罪地示众一段时间。

立决和监候：1368 年，洪武皇帝将死刑犯罪分成两种：立决和秋后处决。[④] 两种执行方式下的罪名不时发生变化，但这一分类在整个明朝都有效。根据沈家本的分析，明律包含 38 种适用斩立决的犯罪，13 种适用绞

① 里 =1/3 英里。

② 凌迟，参见沈家本《沈寄簃先生遗书》，第 47 页。

③ 沈家本：《沈寄簃先生遗书》，第 533 页。

④ 《大明会典》卷一七三，第 2398 页。

立决的犯罪，98 种适用斩监候的犯罪，87 种适用绞监候的犯罪。[1]

（2）流刑的变化

充军：[2] 1368 年，明朝开国君主刚刚掌权，就面临两个急迫的问题。第一，被打败的蒙古人撤退到中国的北部，持续威胁着国家北境的领土。第二，由于元季长期的饥荒、匪患和战乱，中国人口急剧减少。为了解决这双重问题，洪武皇帝开始将所有触犯法律的官吏、军人和身强体壮的施行暴力犯罪的男性罪犯送到边境充军。流放被附加在这些犯罪的常规刑罚上。渐渐地，这种措施被固定化。1585 年，皇帝对不下于 242 个犯罪批准了充军刑。接着，军流刑被当作常规刑的补充。1585 年编纂的《问刑条例》规定了充军刑的距离：附近、近边、边远、极边、烟瘴、海岸、长城外、北部边境、南方烟瘴等等。这些距离都没有用“里”来标注。1638 年，一条敕令要求兵部在执行充军刑时遵守如下里程：附近充军 1000 里，近边充军 2500 里，边远充军 3000 里，极边充军 4000 里。起初，充军分为终身充军和永远充军两种不同类型。后者具有继承性，也适用于充军罪犯的后裔。1574 年的敕令修改了这一规定，只有那些被判处真犯死罪[3]的罪犯减刑为充军时，才可以让其出身于充军地的后裔继承其军户身份，而留在原住地的后裔则免于充军。除此之外，其他所有充军刑都只是终身充军。[4]

口外为民：这一措施和近边充军的严厉性相当，适用于犯有白昼抢夺罪的平民（明律第 291 条“白昼抢夺”条例 A）。

安置：这一措施适用于谋叛者的父母、祖、孙、兄弟，采生拆割人罪犯的妻、子，造畜蛊毒杀人者的妻、子（明律第 278 条“谋叛”、第 312 条“采生拆割人”、第 312 条“造畜蛊毒杀人”）。如果已行采生拆割而未曾伤人，罪犯的妻、子将被流放，但不要求安置。这一事实说明明律中的

① 沈家本：《沈寄簃先生遗书》，第 533 页。

② 此处参考《明史》卷九三至九五《刑法志》和沈家本：《沈寄簃先生遗书》，第 541 ~ 522 页，第 100 ~ 107 页。

③ 真犯死罪中“真犯”的意思是不可赦免，杂犯死罪中“杂犯”的意思是可以赦免。这一区分始于宋朝的法律实践。参见《庆元条法事类》，1198 年版，1968 年东京再版，第 230 页。

④ 清朝时期，充军变成法律中的奇怪现象。参见沈家本《沈寄簃先生遗书》，第 562 页。

普通流刑是有时限的。[①]

迁徙：唐律第265条“杀人移乡”是一个特殊条款，适用于因杀人而判处死刑却适逢大赦的罪犯。如果受害人有期亲以上亲属，罪犯将被移乡千里之外。这是一种平息死者亲属复仇情绪的措施，目的是确保社区的和平安宁。在儒家伦理的压力下，如果国家未能惩罚罪犯，亲属会认为有义务进行私下报复。明律取消了这一条款，但是迁徙却被适用于妄称主保、保长、小里长、主首等生事扰民的人，同时附加杖一百（明律第89条“禁革主保里长”）。

迁发种田：《大明会典》列举了88种适用迁发种田的犯罪，其首次使用是在1703年。[②] 迁发种田可能只是在有限期间内采取的权宜措施，因为无论是明律还是《明史·刑法志》都没有提及它。

（3）徒刑的变化

杂犯死罪准徒五年与杂犯流罪总徒四年：1368年朝代初创之时，洪武皇帝创立了这一制度，目的是为国家的建设工程和其他经济需要保留劳动力。根据明律第一条“五刑”条例A，所有被判处笞、杖、徒、流和杂犯死罪（与真犯死罪相对）的犯人，只要身体条件允许，无论其身份为何，都可以通过搬运煤块、石灰、砖头或通过提供粮食、建筑材料的方式来替代惩罚。那些因身体原因无力从事搬运劳动的人，如果被判处笞杖刑，则要接受惩罚，然后会被要求在官道上的驿站中从事体力劳动或充当警卫。如果他们的罪刑更加严重，则会被要求在盐矿和铁矿工作：那些被判处死刑的人，要工作五年；被判处流刑的人，要工作四年；被判处徒刑的人，则按照他们本来的刑期提供劳动。[③] 1402年，一条敕令要求将杂犯死罪和杂犯流罪的犯人押解到北平（北京）务农。[④]《大明会典》记载了1368年和1497年杂犯死罪的清单。[⑤] 但是，任何地方都没有找到关于杂犯流罪的详细信息，例如那些犯人是否被减刑为徒四年。显然，这一刑种不久就不

① 晚唐和五代，流刑的时长被限制为六年。参见沈家本《沈寄簃先生遗书》，第119页。

② 《大明会典》卷一七三，第2400～2401页。

③ 《大明会典》卷一六〇，第2239页。

④ 沈家本：《沈寄簃先生遗书》，第121页。

⑤ 《大明会典》卷一七三，第2398页，第2411页。

再使用。

苦役终身：徒刑的第三个变化则是苦役终身。根据《大明会典》的记载，1397 年修订的明律规定了 42 种可以判处苦役终身的犯罪。[①] 除此之外，没有发现其他与此相关的记载。这可能是明朝早期另外一个暂时性的制度。

（4）附加刑

枷：枷是一种巨大的、可以限制脖颈和双手的木板，以前只是作为戒具用来约束被定罪的囚犯，[②] 明律则将它作为便携颈手枷，让示众的囚犯带上，以便公众嘲讽和蔑视。根据《问刑条例》的记载，枷号被附加在 53 种犯罪的常规刑罚上，这些犯罪主要是欺诈类犯罪，例如科举考试作弊、假扮重要官吏意图逃税、窝藏赃物、开设赌场（明律第 53 条“贡举非其人”条例 A、第 264 条“多乘驿马”条例 A、第 301 条“盗贼窝主”条例 D、第 402 条“赌博”条例 A）。律典规定，死刑犯的枷重 25 斤，[③] 流刑和徒刑犯的枷重 20 斤，笞刑和杖刑犯的枷重 15 斤。[④] 但是也有 100 斤甚至 150 斤重的枷。[⑤] 枷号示众的时长可以是一个月、两个月、三个月或六个月。明律第 419 条“囚应禁而不禁”规定枷号只在白天进行。[⑥] 严格说来，枷只是对五刑的补充，但是明朝的皇帝和权势熏天的宦官肆意使用这一器械。许多高官权贵都被要求扛着枷在皇宫的广场上游行，颜面尽失，其中就包括尚书刘中敷，侍郎吴玺、陈瑺，国子监祭酒李时勉，御史严皑、方鼎、何杰。[⑦]

刺字：刺字是一种起源于上古的刑罚，梁朝时（515）被废除，直到唐末（906）都一直被禁止使用，但是宋朝（960～1276）时又被恢复了，并且广泛使用。根据 1070 年中书所上奏折的记载，宋朝有超过两百种刺字

① 《大明会典》卷一七三，第 2399 页。

② 明朝以前的枷号，参见沈家本《沈寄簃先生遗书》，第 512～514 页。

③ 斤 =1.5 磅。

④ 沈家本：《沈寄簃先生遗书》，第 514 页。

⑤ 《明史》卷九五《刑法志三》，译文版，第 1027 页。

⑥ 译者注：明律第 419 条“囚应禁而不禁”似无此规定。

⑦ 《明史》卷九五《刑法志三》，第 1026 页。也可参见清朝中期的《明会要》卷六七，中华书局，1956，第 1298 页。

犯罪。[①] 考虑到洪武皇帝不喜欢刺字，[②] 明律中只有两种犯罪规定有刺字的刑罚：白昼抢夺和窃盗（明律第291、292条）。刺字是永久性的，起除刺字会被判处杖六十的刑罚，并且还要补刺（明律第304条“起除刺字”）。[③]

2. 特权阶层的减少

唐律中，四个社会阶层被赋予减免刑罚的各种特权。

议级：议级包括皇帝、皇后的各种近亲属以及一至三品官。应议者犯死罪，应上报皇帝，请求召集达官显贵原情议罪，议出结果再奏请皇帝裁决。流罪以下，减法定刑一等处罚。减刑之后仍可收赎（唐律第8条“议章”）。

请级：请级包括议级成员的近亲属以及四至五品官。应请者犯死罪，要将所拟判决上报皇帝，接下来的任何行动都取决于皇帝的指令。流罪以下，减法定刑一等处罚。减刑之后仍可收赎（唐律第9条“请章”）。

减级：减级包括请级的近亲属以及六至七品官，但是死刑犯罪不享有此特权。减级像请级一样，有权减刑和收赎（唐律第10条“减章”）。

赎级：赎级包括六至七品官的近亲属以及八至九品官。他们不享有减刑的特权，但是可以用金钱赎罪（唐律第11条“赎章”）。

明律取消了这种复杂的渐进式的特权体系，只保留了四类特权阶层中的第一类，即“八议”[④] 阶层，他们是：

议亲：皇帝袒免以上亲及太皇太后、皇太后缌麻以上亲，皇后小功以上亲，皇太子妃大功以上亲；

议故：皇帝的故旧；

议功：立有卓越战功的军官；

议贤：有大德行的人；

议能：有大才能的文武官僚；

---

① 沈家本：《沈寄簃先生遗书》，第94页。

② 沈家本：《沈寄簃先生遗书》，第98页。

③ 《大清律例》运用刺字非常自由。但是，如果受刺字者担任朝廷的耳目，有良好的服务记录，则被允许起除刺字。参见1927年的《清史稿·刑法志》。

④ 唐律第7条“八议”中，“议能”在“议功”之前，“议贵”在“议勤”之前。

议勤：重要岗位上夙夜在公、经涉险难的文武官僚；

议贵：职事官三品以上、散官二品以上及爵一品者；

议宾：前朝皇室后裔。

根据明律第 4 条“应议者犯罪”，凡八议者犯罪，应上报皇帝，等候进一步指示。不允许在未得授权的情况下进行调查。调查只能奉旨进行。一旦旨意颁布，就要将犯罪的细节上报给皇帝，并请求皇帝允许，组织五军都督府、四辅、谏院、刑部、监察御史[①]中的法律官员集体商议讨论。议定的结果会再次上报皇帝裁量和批准。如果法律规定应该判处死刑，议定的报告不会具体建议是判处斩刑还是绞刑，这将留待皇帝裁决。

3. 官当的取消

唐律将“刑不上大夫”[②] 的古典法律原则充分制度化。所有的官吏，哪怕只有最低品级（九品），除了死罪，都可以免受五刑处罚。

对于一至五品官，只有得到皇帝批准才能适用死刑。但对于六至九品官，死刑适用与常人相同。官员无论品级高低都可免于令人痛苦的责打，笞刑或杖刑可转化为罚金。对于一至五品官，徒一年或徒一年半可以转化为罚金，徒二年或流刑则使其丢官，同时要处以罚金。对于六至九品官，徒一年以上的刑罚将使其丢官，同时根据罪行轻重相应增加额外的罚金。

一些特殊的犯罪尤其会使官员不配当官，包括侵犯部民、受贿、不孝行为。不孝行为例如父母犯死罪在监而己身宴乐、官职名号犯父祖名讳、[③]父母年迈却离家任官、[④] 父母丧期生子娶妾等等。上述任何一种犯罪都会导致罢官。

---

① 本文对明朝官职名称的翻译，尽可能与 Charles Hucker，An Index to Terms and Titles in Governmental Organization of the Ming Dynasty，See John L. Bishop（ed），*Studies of Governmental Institutions in Chinese History*，Cambridge（Harvard），1968，pp. 127 – 151 相一致。

② For more on this see my“Confucianism，Legalism in Chinese Law”.

③ 韩愈（768 ~ 824）曾在其散文《讳辩》中尖锐地批判这一条款。

④ 根据唐律第 20 条“府号官称”的规定，官员一般情况下不可以带着他们的父母去上任。

唐朝时细密、复杂的官当制度在宋朝时仍然存在，[①] 元朝时则被取消。到了明朝，则只用一些相当简单的条款来规定。明朝时，所有京官和一至五品官犯罪，只有上报皇帝并获得皇帝敕令批准后，才能进行传讯和调查。六至九品官犯罪，巡按御史和提刑按察使[②]可以进行传讯和审理，审理完成后，应草拟适当判决上报皇帝。府、州、县官犯罪，其上司只有在获得皇帝批准后，才可进行调查（当然，只有在将案件上报皇帝之后，才能得到批准）。只有当上司查明的事实被专门委派来调查此案的官吏审核无误后，其判决才能执行。如果是只需处以笞刑、罚俸、收赎、记录的轻微犯罪，则无须上报皇帝（明律第 5 条“职官有犯”）。

明朝官员在死刑、流刑和徒刑方面不享有特权，但根据律典规定，可以免于笞杖。笞四十以下，记录在案即可；笞五十，解除现职，到别处任同级职务；杖六十至九十，解除现职，到别处任职，分别降一至四级；杖一百，罢职不叙（明律第 8 条“文武官犯私罪”）。如果官吏犯的是公罪，即因执行公务或履行职责犯罪（如用印失误），若处以笞刑，可以收赎；若处以杖刑，应明文立案，记录罪名，九年统计一次，以决定升迁和降级（明律第 7 条“文武官犯公罪”）。

如果只看律典的规定，一切似乎都很好。但实际上，明朝官员的境遇很糟，尤其是在明朝初年。元朝末年，洪武皇帝亲眼见过地方官僚肆无忌惮的腐败，所以他对地方官特别严厉。一位明朝作者写道：各级地方官如果犯有受赃六十两[③]白银的罪行，将被斩首示众、剥皮实草。各府、州、县地方官的衙门左侧都有一座当地的土地庙。在庙前广场，犯罪的地方官会被当众剥皮，因此该土地庙被冠以皮场庙之名。在作为法庭的衙门大堂，填充了干草的前任地方官的人皮会被挂在公座大椅的一侧，警醒现任官吏忠于职守。[④]

---

① 《庆元条法事类》，第 540 页。

② Charles Hucker 称这一官职为“省监视使”（Provincial Surveillance Office）（Charles Hucker, An Index to Terms and Titles in Governmental Organization of the Ming Dynasty, p. 146）。但是“提刑”的意思是监督司法事务。比如，宋代提点刑狱公事就负责监督地方的司法活动。

③ 两 = 1/16 斤。

④ 赵翼：《廿二史札记》卷三三，1795 年版，北京，商务印书馆，1958 年再版，第 698 页。海瑞（1514 ~ 1587）曾于 1586 年提及地方官被剥皮实草，参见《明史》卷二二六《海瑞传》，第 2472 页。

京官一般不用担心被剥皮，但常常面临廷杖[①]的风险。1381 年，洪武皇帝在朝堂上将工部尚书薛祥用廷杖打死。从此以后，廷杖变成明朝皇帝（以及帮助他们管理国家的太监）的家法。1519 年，正德皇帝下令在朝堂上同时廷杖 146 个官员，其中 11 人被打死。他的继承人嘉靖皇帝能从观看廷杖中获得特殊的快感，1524 年发动了另一次大规模廷杖，134 个受刑官员中有 16 个死在行刑太监的杖下。他曾将两个巡抚廷杖打死，也曾命令一个侍郎、一个都御史和一个国子监祭酒在廷杖后立即投入工作，还曾在新年让一群给事中身穿朝服接受廷杖，以震慑全国。万历皇帝在 1584 年至 1606 年间廷杖了 140 个官员。最后一次廷杖是在 1624 年，打死了御史万燝和吴欲中。[②] 20 年后，明朝覆灭。

无论如何，廷杖并无法律依据，只是一种纯粹心血来潮的残暴行为。然而，全国的高级官僚都很乐意模仿这一行为。大约在 1404 年，解缙在奏折中写道："而今内外百司捶楚属官，甚于奴隶。"[③] 没有人知道这一责打属下的习惯在明朝是否终结以及何时终结。

4. 军人的特权地位

不同于之前或之后的朝代，明朝赋予军人许多司法特权。军官犯罪时，对其有管辖权的机构会通过五军都督府上报皇帝，请求允许调查。这一程序类似于对皇亲国戚和一至五品官的优待。职官有犯时，只有得到皇帝准许，有管辖权的司法机构才可以传讯涉案官员进行调查或进行指控。而要想得到皇帝准许，只有先将案件细节上报给皇帝才行。司法机构仅限于判处笞决和可以收赎的刑罚，杖刑以上，需要奏请皇帝区处。

所有军官、军人犯徒流罪，都可免于徒流，皆杖一百，发配到远近不同的卫所充军（明律第 10 条"军官军人犯罪免徒流"）。

边境军人谋叛，由守卫官听审，招供后移送都指挥使，委托调查官核实，依律处治（明律第 33 条"处决叛军"）。

---

① 廷杖，参见沈家本《沈寄簃先生遗书》，第 164 页；钱穆《国史大纲》，上海，商务印书馆，1940，第 477 页。《明史·刑法志》和《明会要》卷六七中也记载了许多廷杖案件，参见《明会要》卷六七，第 1296 ~ 1298 页。

② 《明史》卷九五《刑法志三》，第 1026 页。

③ 《明史》卷一四七《解缙传》。

杀死军人，皆处死刑。罪犯的一个成年男性家属也将被征召，填补被杀军人的空缺（明律第 34 条“杀害军人”）。

尽管在明朝初年，国家给予军人特权地位，也特别注重军事管理。但是，明帝国的军事实力还是渐渐变得羸弱，越来越容易遭受匪患和外族入侵。军事力量的衰落是因为君主专制和各省地方行政的低效，更是因为有堕落的、任性的、无知的宦官，他们监督并总是干涉有才干的大臣的决策。而且，这一时期的中国人基本上已经失去了汉唐时代的尚武精神。明律的“兵律”中与军官犯罪相关的条款，例如第 229 条“纵军掳掠”、第 230 条“不操练军事”、第 233 条“私卖军器”、第 234 条“毁弃军器”等，都暗示着那时中国军事力量的糟糕状况。

5. 公罪连坐制度的修改

唐律规定，在同一政府机构工作的官吏应对其下级所犯公罪进行连坐。为配合连坐实施，同署官吏被分为四级：长官、通判官、判官和主典。在任何公罪中，主犯都是出现错误、过失或进行欺诈的官吏；比主犯高一级的官吏是第二从犯，减主犯一等处罚；比主犯高两级的官吏是第三从犯，减主犯二等处罚；比主犯高三级的官吏是第四从犯，减主犯三等处罚。如果犯罪是出于私人目的，如受贿或徇私，下级官吏并不对其上级的犯罪负责。其他官吏不知情，以过失论，进一步减等处罚（唐律第 40 条“同职犯公坐”）。

虽然明律也有同僚犯公罪连坐的制度，但它将通判官改为佐贰官、判官改为首领官、主典改为吏典。唐律灵活的等级体系变成了固定的一级。吏典在任何案件中都是主犯。律典规定，首领官减吏典一等处罚，相应地，佐贰官减吏典二等处罚，长官减吏典三等处罚（明律第 27 条“同僚犯公罪”）。这一条款在“断狱”门中被重复（明律第 433 条“官司出入人罪”）。从而，如果一个地方官断案失误，他的吏典将作为主犯受到处罚，而他自己可以作为罪行轻微的从犯减吏典三等处罚。论证这一条款的合理性的一个并不充分的理由是：吏典相比于地方长官，在法律事务方面总体上更为专业。

6. 引律比附取代轻重相举

从经济和美学的视角看，轻重相举是唐律的一项重要原则（唐律第 50

条“断罪无正条”)。[①] 本质上讲，这意味着如果律典对一个严重不当行为没有规定处罚，则类似的轻微不当行为也不应处罚。例如，因为登时杀死无正当原因夤夜进入民居的人不受处罚（唐律第 269 条“夜无故入人家”)，所以登时伤害此类入侵者也不受处罚。另一方面，如果律典对一个轻微罪行规定了处罚，则类似的严重罪行也应该受到至少同样的处罚。例如，因为谋杀期亲尊长未遂应处以斩刑（唐律第 253 条“谋杀期亲尊长”)，所以虽无律典明文规定，谋杀期亲尊长既遂也至少应当处以斩刑。这可以解释为何唐律中没有杀父条款。

明律放弃了这一原则，用了更多律文为处理这些案件作出详细规定。[②] 相比于唐律的对应部分，明律的律文重复而琐碎。为处理律典没有预料到（没有明文规定）的案件，明律采用引律比附原则。明律第 46 条“断罪无正条”规定：“凡律令该载不尽事理，若断罪无正条者，引律比附，应加应减，订拟罪名，议定奏闻。”[③]

从法学发展的视角看，以 1909 年中国采纳的罪刑法定原则为参照，明律的这一创新是一种退步。相比于轻重相举原则，引律比附原则更加容易被滥用。例如，在 18 世纪早期臭名昭著的文字狱中，许多文人因其私下所写的诗歌和文章中有对清朝统治者的诽谤，而被比附为“谋反”，遭凌迟处死。[④] 轻重相举原则几乎不可能被如此滥用。

7. 明律中的理学原则

三纲原则，[⑤] 即君为臣纲、父为子纲、夫为妻纲，在汉代时被首次提出（三纲和孔子没有关系）。这一原则在接下来的几个世纪一直处在蛰伏

① 据 705 年赵冬曦的奏折所言，隋朝（590～618）首先引入轻重相举原则，从而开皇律删除了前代律典中的数百个条文。参见《新唐书》卷二一三《赵冬曦传》，1060 年版。564 年北齐律有 949 条，以北齐律为范本的 583 年开皇律只有 500 条。

② 例如明律第 307 条“谋杀祖父母父母”。

③ 一条宋令规定：如果裁判刑事案件时，律典中没有合适的律文，司法官可以通过与类似案件进行比附来量刑，如果对刑罚的适当性存疑，则案件应上报皇帝裁决。参见《庆元条法事类》，第 498 页。此令颁布的具体时间有待进一步考证。

④ 沈家本：《沈寄簃先生遗书》，第 789 页以及 Carrington Goodrich, *The Literary Inquisition of Ch'ien-Lung*, Baltimore (Waverley), 1935。

⑤ 更多内容，参见徐道隣《纲常考》，载《民主评论》卷一一，香港，1960 年，第 17 页以及“From Human Relations to the Three Bonds” in *Monumenta Serica*, 1969。

状态，直到南宋理学家重新发现和塑造它并将它发展到极致。

在理学的教化中，尊卑关系是一种绝对的、无条件的、不可侵犯的神圣原则。蒙古人精明地意识到这一原则的价值，认为它可以作为一种控制汉族臣民的意识形态工具，从而坚定地将这一专制主义哲学分支确立为国家正统意识形态。明朝统治者和蒙古人一样专制，他们自然而然会在中国的教育和法律中强调这一原则。

(1) 君臣关系

因为强调臣民对于统治的服从，明律对于谋反大逆犯罪的刑罚明显加重。唐律对谋反大逆者施以斩刑，对其父亲和十六岁以上的儿子施以绞刑，其他有血缘关系的近亲属则没官为奴（唐律第 248 条“谋反大逆”）。明律则规定，谋反大逆者凌迟处死，其父、子、祖父、孙、兄弟、伯叔父、兄弟之子皆斩首。以上亲属，只要十六岁以上，无论是否与反逆者同居，无论有无精神异常或身体残疾，皆适用此条。反逆者的同居男性，即使与罪犯不同姓，也皆斩首（明律第 277 条“谋反大逆”）。1402 年，方孝孺因拒绝为永乐皇帝草拟皇帝即位诏书，使得不下于 873 位亲属（包括他的一些弟子）和他一同被处死。[①]

唐律规定，向宫殿内射箭以及冲撞皇帝仪仗，皆徒二年。同样的罪行，明律则处以绞刑（唐律第 73 条“向宫殿射”，第 74 条“车驾行冲队”；明律第 211 条“向宫殿射箭”，第 214 条“冲突仪仗”）。盗陵墓内草木者，唐律徒二年半，明律则处以斩刑（唐律第 278 条“盗园林内草木”；明律第 286 条“盗园林树木”）。盗他人墓茔内树者，唐律杖一百，但是明律并未像盗陵墓内草木那样加唐律六等处刑，而是相反，减唐律二等处以杖八十（唐律第 278 条“盗园林内草木”；明律第 286 条“盗园林树木”）。

最引人注目的要数官方对于隐士的态度的变化。隐士超脱于权力、财富和荣耀，被古代帝王和百姓所尊崇。从汉朝开始，中国官方历史在记录隐士生活时就描绘出他们的喜悦和骄傲。[②] 但是在 1386 年前后，许多文人

---

① 谷应泰：《明史纪事本末》卷一八，1658 年版，台北，三民书局，1956 年再版，第 206 页。

② Frederick Mote, "Confucian Eremitism in the Yuan Period," in Arthur F. Wright, *The Confucian Persuasion*, Stanford (Stanford University Press), 1960, pp. 205 - 240.

不愿意出仕，甚至拒绝接受官职。这种不情愿源自洪武皇帝二十年的统治，这期间成百上千的文人士大夫被处死、流放或没官为奴。皇帝对文人们不愿出仕的行为出离愤怒，于是发布一条敕令，声称要将拒绝为政权服务的文人砍头，并将其家人没官为奴、财产充公（“寰中士大夫不为君用”）。[①] 臭名昭著的 1386 年《大诰》[②] 表明，这一措施实际用在了贵溪人夏伯启叔侄，苏州人姚润、王谟头上。[③] 皇帝的地位被宋代理学所维护。虽然孟子尊重伯夷“非其君不事”[④] 的行为，并将其视为和孔子并列的三位圣贤之一，但司马光（1018～1086）却认为“君臣之位犹天地之不可易也”。此外，根据程颢的教导，“父子君臣，天下之定理，无所逃于天地之间”。[⑤]

但是也有一些案件，明律规定的惩罚比唐律要轻得多，这种现象让人不经认为是洪武皇帝在大规模屠杀间隙的一次同情与宽容的爆发。例如“合和御药，误不依本方及封题错误”、“造御膳误犯食禁”和“御幸车船，误不牢固”，唐律都处以绞刑，明律则处以杖一百（唐律第 102 条“合和御药”，第 103 条“造御膳犯食禁”，第 104 条“御幸车船”；明律第 182 条“合和御药”，第 183 条“乘舆服御物”）。

（2）父子关系

中国汉朝及其以后的各个朝代，孝道都被皇帝和文人所提倡，在人类价值中居于首要地位。[⑥] 在唐律中，孝道是受到法律最强有力保护的伦理价值。对祖父母、父母的骂詈要处以绞刑，殴打要处以斩刑（唐律第 329 条“殴詈祖父母父母”）。杀害祖父母，虽未在律典中明文规定，但也要处以斩刑。明律则规定，骂詈祖父母、父母要处以绞刑，殴打要处以斩刑，杀死则要凌迟处死（明律第 342 条“殴祖父母父母”，第 307 条“谋杀祖

---

① 更多细节，参见徐道隣《明太祖与中国专制政治》，载《清华东方研究》，1969 年（译者注：本文已被 2017 年清华大学出版社出版的《徐道隣法政文集》收录）。

② 《大诰》是研究洪武皇帝最重要的一个文献。

③ 《大诰》，1386 年版，第 10、13 条。参见《明朝开国文献》，台北，学生书局，1966 年再版，第 331、343 页。

④ Mencius, 2A: 9.

⑤ See my "From Human Relations to the Three Bonds," in *Monumenta Serica*, 1969."

⑥ 中国东汉末年乱世之后开始盛行的孝道原则从未被西方文献充分详尽地阐述。

父母父母”）。

明律受到理学强调孝道的强烈影响，表现于对杀死子女的刑罚的减轻。秦[①]汉[②]时期，杀死儿子的刑罚等同于普通杀人，即死刑；唐律规定，杀死无罪的儿子徒二年，杀死违反教令的儿子徒一年半。明律规定，杀死无罪的儿子徒一年半，杖六十；依法处罚违反教令之子致其死亡，不受指控（明律第342条“殴祖父母父母”）。

为提倡孝道，明律公开赞扬血亲复仇。祖父母、父母为人所杀，子孙擅杀行凶之人，杖六十，若在祖父母、父母死亡时登时杀死行凶之人，不受指控（明律第346条“父祖被殴”）。唐律则对复仇不置可否，虽然这一问题被那个时代的律学家和儒者反复争论。

然而，明律也弱化了一些与孝道相关的律文，显得不太协调。唐朝时，子孙违反教令或供养有缺，徒二年，对此类犯罪，明律仅处杖一百（唐律第348条“子孙违反教令”；明律第361条“子孙违反教令”）。唐律规定，祖父母、父母为人所杀，私和者流二千里，明律则仅处徒二年、杖一百（唐律第260条“祖父母夫为人杀”；明律第323条“尊长为人杀私和”）。

唐律要求将因大赦释放的杀人罪犯强制迁徙一千里。明律彻底取消了这一规定。这是令人惊奇的，因为明朝总是频繁地在全国范围内强制迁徙百姓，尤其是在明朝初年制定律典的时候。

（3）夫妻关系

明律比唐律更加强调夫妻间的不平等。明律要求将谋杀丈夫的妻子凌迟处死，唐律则仅限于斩首（明律第307条“谋杀祖父母父母”；唐律第326条“媵妾殴詈夫”）。唐律和明律对丈夫杀死或殴打妻子的刑罚是一样的。杀妻，处以绞刑，殴伤妻子，减二等处罚，殴而未伤，无罪（唐律第325条“殴伤妻妾”；明律第338条“妻妾殴夫”）。在唐律中，妻子殴打丈夫未致其受伤，徒一年，在明律中则杖一百，但是丈夫有休妻的权利。如果致其受伤，唐律和明律都加三等处罚（唐律第326条“媵妾殴詈夫”；明律第338条“妻妾殴夫”）。

---

① 程树德：《九朝律考》，1925年版，北京，中华书局，1963年再版，第259页。

② 《后汉书》卷七三《贾彪传》，445年版。

出于对婚姻的保护，明律从元朝法律中继承了一条新律文：如果丈夫在奸所抓获奸夫奸妇，有权登时杀死他们，不受处罚（明律第308条“杀死奸夫”）。

（4）奸罪

明律对奸罪的惩罚，有时比唐律轻，有时比唐律重。唐律中，无夫奸徒一年半，有夫奸徒两年。明律将惩罚分别减轻为杖八十和杖九十（唐律第410条“奸”；明律第390条“犯奸”）。另一方面，明律对强奸的惩罚不太协调。唐律对强奸的惩罚比和奸加重一等。明律中，所有的强奸，无论是针对幼女还是妇女，都处以绞刑（明律第390条“犯奸”）。明律对亲属相奸的惩罚也比唐律更为严厉。唐律规定，与兄弟妻子和奸，流二千里，明律则变为绞刑（唐律第411条“奸缌麻亲及妻”；明律第392条“亲属相奸”）。唐律规定，与姐妹或子孙的妻子和奸，绞刑，明律则变为斩刑（唐律第412条“奸从祖祖姑母”；明律第392条“亲属相奸”）。无论是在唐律还是在明律中，被强奸的女性都不受处罚，但是其他奸罪中，男女罪犯处罚相同。

明律中另一个规制奸罪的条款也源自元朝法律。这一条款开始强调理学伦理，惩罚纵容妻妾犯奸的丈夫，本夫、奸夫、奸妇皆杖九十（明律第391条“纵容妻妾犯奸”）。

（5）新的禁婚事由

由于理学非常重视家族伦理，明律新增了一些禁婚事由。

早在西周时期（前1122），同姓婚姻在中国就已经成为禁忌。唐律第182条“同姓为婚”禁止同姓男女之间的婚姻，违者要徒二年并强制离婚。疏议将同姓解释为同宗。这一解释具有合理性，因为长久以来，人们会出于各种原因改变其姓氏。例如，已经汉化的外族统治者可能要求其族人改采汉姓；拥有复姓的人有时会简化其姓氏；有些人会为躲避仇敌而改姓；有些人希望通过改姓来否认其不光彩的身世；有些人要避讳皇帝的姓氏；有些人要通过改姓避免嘲笑；还有人会改采其养父的姓氏。因此，同姓并不必然表明具有共同的祖先。[①] 但是明律并不考虑这些，第113条“同姓

① 更改姓名，沈家本有非常杰出的研究。参见沈家本《沈寄簃先生遗书》，第892页。

为婚”对所有同姓为婚者都处以杖六十的刑罚并强制离婚，即使他们并不同宗。同宗者，根据第115条“娶亲属妻妾”，处杖一百并强制离婚。①

除了禁止同宗为婚，唐律中还有一长串其他的禁婚事由：外姻有服属而尊卑共为婚姻；娶同母异父姊妹；娶妻前夫之女；父母之姑舅两姨姊妹；堂姨、母之姑；母之堂姑；己之堂姨及再从姨；堂外甥女；女婿姊妹；当为祖免亲之妻而嫁娶者；娶舅、甥妻妾（唐律第182条“同姓为婚”，第183条“为祖免妻嫁娶”）。

在唐律列举详细、数量可观的禁婚事由之外，明律又做了两个补充：女婿及子孙妇之姊妹；己之姑舅两姨姊妹（明律第114条“尊卑为婚”）。后者值得讨论。

（6）中表婚

中国古代鲜有对中表婚（兄弟姊妹的子女之间的婚姻）的批评和反对。春秋时期，在某些诸侯国，这几乎是一种习俗。例如，齐国的田氏和鲁国的季氏两家传统上会互为婚姻。在接下来的许多世纪，直到宋朝末年，很多名流都会娶其姑舅两姨姊妹为妻。②

明律第114条“尊卑为婚”禁止中表婚。1385年，洪武皇帝在其《大诰》中宣称：同姓男女间的婚姻、姊妹的子女间的婚姻、兄弟和姊妹的子女间的婚姻、弟与亡兄之妻间的婚姻、子与亡父之妾间的婚姻都是元朝遗留的野蛮习俗。③

在这 简短的陈述中，皇帝犯了三处错误，也可能是故意歪曲。第一，汉人之间，弟续娶亡兄之妻、子续娶亡父之妾，都被元朝法律所禁止和惩罚。④ 1370年版的《元史·刑法志》中记载了一条法律，禁止续娶表兄弟留下的寡妇为妻。⑤ 第二，几乎可以确定，中表婚也被元朝法律所禁止。第三，如前所述，中表婚的实践是汉人的古老习俗，并未被蒙古人所

① 可以想见这一律文不仅在理论上而且在实践中都始终无效。禁令常常被普通人和官府所忽视，至少晚清时期如此。参见沈家本《沈寄簃先生遗书》，第892页。

② 对中表婚的著名实例的列举可参见朱善的奏章。参见《明史》卷一三七《朱善传》，第1530页。

③ 《大诰》，第22条，第24页。

④ 《元史》卷一〇三《刑法志》，1370年版，译文版，第1292页。

⑤ 《元史》卷一〇三《刑法志》，第1292页。

采纳。很明显，对中表婚的禁止起源于蛮族入侵者。

如历史文献所表明的那样，汉朝以后的很长时期，直到宋朝，中表婚一直符合礼法。晋朝时期（265～420），王谢两个名门望族中，很多著名的男子都娶其表妹为妻。

毫无疑问，拓跋族皇帝西魏文帝（535～551）第一次禁止中表婚。[①]在其统治下，姊妹的子女之间、兄弟和姊妹的子女之间是不允许通婚的。另一个鲜卑入侵者——北周武帝，进一步禁止中表婚：577年，他颁布命令，禁止娶与母亲同姓的女子为妻。[②] 武帝的儿子宣帝（578）缓和了这一禁令，只要所娶的女子与自己没有服制关系，即使和母亲同宗，通婚也是允许的。[③]

北朝时期，汉化的少数民族禁止中表婚，可能是在应对那个时代固化的阶级差异。少数士族之间持续的通婚，已经使其永久脱离庶族。[④] 但是，这一禁令似乎对于南朝没什么影响。我们知道，唐朝时期崔家和卢家是两个最为显赫的家族（崔家子孙中产生38位宰相，卢家子孙中产生8位宰相），他们几代人之间都在通婚。[⑤]

禁止中表婚显然在北方更受推崇。1115年，鞑靼人在中国北部建立金朝，像其祖先一样，也在法律中禁止中表婚。法律规定是众所周知的，那么中表婚是否违背善良风俗呢？回答这一问题，不妨参阅金章宗年间（1190～1208）董解元创作的《西厢记诸宫调》。《西厢记诸宫调》的故事发生在804年：女主角被许配给她的表兄（母亲的哥哥的儿子），而他的表兄是一个恶棍。在当时人的观念中，男女主角私奔的行为值得颂扬，因为阻止了对被广泛接受的法律和习惯的违反。[⑥]

在中国南宋时期，中表婚符合礼法。著名诗人陆游（1125～1214）就

---

① 洪迈：《容斋随笔》，1192年版，第二笔，卷八，第15页。

② 《周书》，卷六《武帝纪》，628年版。

③ 《周书》卷七《宣帝纪》。

④ 这些家族的持续通婚可参见毛汉光《两晋南北朝士族政治之研究》，台北，商务印书馆，1966。

⑤ 《新唐书》卷七二（上）和卷七三（上）的《宰相世系表》。

⑥ 《西厢记诸宫调》，第192调（译者注：作者援引的应该是董解元《西厢记诸宫调·双调》中的两句话："你可三思，婚姻良贱，明存着法律。莫粗疏，姑舅做亲，便不败坏风俗？"可参见朱平楚《西厢记诸宫调注译》，甘肃人民出版社，1982，第343页）。

娶了他母亲的兄弟的女儿。[①] 但是我们从南宋著名学者洪迈的记载中发现，反对中表婚的观念开始流行起来。洪迈记载了一件事，想要打消对中表婚合法性的怀疑：1118 年有一个王姓地方官写了一篇文章，表明中表婚是与唐律的精神相符合的。尽管这篇文章被收录进《徽州法司编类续降》，但在洪迈写作的年代（1192），仍然有一些府县的地方官坚持强行解除中表婚，即使那些婚姻已经缔结多年。[②]

因为禁止中表婚并无法律传统作其根基，只是被蛮族统治者所提倡，因此可以理解，它必然会遭到正统士大夫的批评。《明史·朱善传》记载，洪武皇帝读到朱善批评禁止中表婚的奏折[③]之后，同意了他的观点并取消了这一禁令。但是，现存的明律版本中仍然保留了这一禁令。[④]

（7）另外两个婚姻规则

明律中另有两个婚姻规则值得关注。

明律第 108 条“妻妾失序”只允许年龄超过四十岁且无子的男性平民娶妾。元朝法律则并未就娶妾设立前提条件，但是规定男子只能娶一个妾。[⑤]

明律第 122 条“蒙古色目人婚姻”允许蒙古人、色目人（主要是中亚和西亚人）与中国人缔结婚姻。但是，他们不能在本类人之间通婚，违者杖八十，男女入官为奴。这一律文是解决明朝早期少数族裔问题的权宜之计。[⑥]

《大清律例》废除了这两条律文。

8. 六赃犯罪的变化

沈家本批评明律在一些方面不合理地背离了唐律。[⑦] 明律对赃罪的分

---

① 周密（1232~1308）：《齐东野语》，卷一。

② 洪迈：《容斋随笔》。

③ 根据薛允升的研究，奏折提交于 1384 年。参见薛允升《唐明律合编》，第 219 页。

④ 显然，皇帝并未撤销这一禁令。——《大清律例》第 108 条“尊卑为婚”包含了明律第 114 条“尊卑为婚”的内容。其中一个条例规定：姐妹、姐弟、兄妹的子女之间的婚姻，如果是寻常百姓所缔结，可以不予论罪。

⑤ 《元史》卷一〇三《刑法志》，第 1292 页。

⑥ Romeyn Taylor, “Yuan Origin of the Wei-so System,” in Charles Hucker, *Chinese Government in Ming Times*, New York (Columbia), 1969, P. 29.

⑦ 沈家本：《沈寄簃先生遗书》，第 813 页。

类可以很好地说明这一点（赃罪即刑罚与所得赃物成正比的犯罪）。

唐律将赃罪分为以下六类：[1]

罪　名	一匹的刑罚*	最高刑罚
强盗(唐律第281条"强盗")	徒三年	绞刑(十匹)
受财枉法(唐律第138条"监主受财枉法")	杖一百	绞刑(十五匹)
受财不枉法(同上)	杖九十	加役流(三十匹)
窃盗(唐律第282条"窃盗")	杖六十	加役流(五十匹)
受所监临财物(唐律第140条"受所监临财物")	笞四十	流二千里(五十匹)
坐赃(唐律第389条"坐赃致罪")	笞二十	徒三年(三十匹)

*1匹=400英尺

明律将赃罪分为以下六类：[2]

罪　名	一贯的刑罚*	最高刑罚
监守盗(明律第287条"监守自盗仓库钱粮")	杖九十	斩刑(四十贯)
常人盗(明律第288条"常人盗仓库钱粮")	杖八十	绞刑(八十贯)
窃盗(明律第292条"窃盗")	杖七十	杖一百流三千里(一百二十贯)
受财枉法(明律第367条"官吏受财")	杖九十	绞刑(八十贯)
受财不枉法(同上)	杖七十	杖一百流三千里(一百二十贯)
坐赃(明律第368条"坐赃致罪")	笞三十	徒三年(五百贯)

*1贯=100铜币

就对赃罪的分类而言，明律有三处变化。第一，它取消了受所监临财物，这对明清两朝产生了难以估量的后果。第二，强盗被从赃罪中剔除。明律规定，强盗只要得财，皆斩首（明律第289条“强盗”）。第三，明律引入了两种新的赃罪：监守盗和常人盗。在唐律中，前者加凡盗二等处罚（唐律第283条“监临主守自盗”），后者作为凡盗处罚。

根据犯罪的严重性和法定刑，唐律六赃将赃罪分为六个层次。明律的归类虽然也叫六赃，但在犯罪的严重性和法定刑上，实际却只包含四个层次。[3]

① 以下内容取自唐律第389条“坐赃致罪”的疏议部分。

② 《明会要》卷六四，第1234页。

③ 薛允升最先批评这一点。参见薛允升《唐明律合编》，第815页。

9. 刑讯的滥用

中国法律总是把罪犯的认罪看得过于重要。公元前73年，路温舒在奏折中向皇帝抱怨：对嫌犯普遍使用刑讯来逼取口供，是秦朝遗留下来的恶政。[①]《元典章》表明，元朝时所有徒刑以上的判决必须附有罪犯签署的认罪书状，即“辩服状”。从那以后，虽然律典并无正式规定，司法官只有在嫌犯已经认罪画押之后才会作出判决。[②]

在唐律中，控制刑讯（考讯）的规则已经成熟，成为一项设计精良的制度。[③] 在有明显证据（露验）的案件中，例如找到了窃盗、强盗、受贿等赃罪中的赃物或人命案件中的尸体、伤口、凶器等实质性证据，无需嫌犯认罪。在“理不可疑”的案件中，也无需嫌犯认罪。在这些案件中，即使嫌犯矢口否认罪行，裁判者也可以根据法律判处刑罚（唐律第476条“讯囚察辞理”）。

裁判者只有在通过“五听”程序，即辞听、色听、气听、耳听、目听，仔细研究当事人、认真审查两造的说辞、反复勘验可获得的证据之后，发现所有信息都指向对被控者的强烈怀疑时，才可以刑讯。[④] 如果裁判者有长官，还要草拟案件说明，请长官一同审讯（唐律第476条“讯囚察辞理”）。

刑讯还有一些其他的约束：考讯囚犯不得超过三次；两次考讯之间至少间隔二十日；前次考讯伤口未愈，不得再进行考讯；考讯的杖数总和不得超过二百，也不得超过有嫌疑之罪规定的杖数，一旦超过限额，嫌犯仍未认罪，应予取保释放。如果裁判官违反这些考讯的规则，则构成犯罪，应杖一百（唐律第477条“考囚不得过三度”）。

---

① 《汉书》卷五一《路温舒传》。

② 沈家本注意到，虽然法律允许在没有认罪画押的情况下依据证据进行判决，但这很少适用于死刑案件（沈家本：《沈寄簃先生遗书》，第981页）。一个明朝的故事讲述：一个地方官为了避免留下案卷，判处罪犯笞二十的刑罚，却并未让其认罪画押。参见冯梦龙（1575～1646）《醒世恒言》“钱秀才”，1627年版。该故事被收录进流行于世的《今古奇观》，约1640年版，第27章（译者注《醒世恒言》原文为：“判讫，喝教左右，将尤辰重责三十板，免其画供，竟行逐出，盖不欲使钱青冒名一事彰闻于人也。”作者所言“笞二十”似有误）。

③ 考讯的规则至少可追溯到84年。参见沈家本《沈寄簃先生遗书》，第224页。

④ 《唐律疏议》第476条“讯囚察辞理”的疏议部分。

前面提到的特权阶级、七十岁以上的老人、十五岁以下的儿童和废疾者（即一肢废、腰脊折、盲、聋、哑人等），可免于刑讯。如果这些人犯罪，只能依靠三个以上证人的证词定罪，如果缺乏足够的证人，应被释放，但是告诉者不反坐（唐律第474条“八议请减老小”）。

当囚犯被考讯的次数达到上限，仍坚称自己无罪时，告诉者将受到与之相同的考讯。如果告诉者也坚称自己没有诬告，那么告诉者和被控者都将被取保释放。但是，在杀人、盗窃、放火烧宅、决水入家案件中，如果被害者家人、亲属告诉，不受考讯（唐律第478条“考囚限满不首”）。

如果审理者使用法定规格的讯杖以外的其他方法考讯，或考讯超过三次，即为有罪，处杖一百。考讯杖数过限也被禁止，审理者将被反坐以过限的杖数。如果因考讯导致囚犯死亡，则徒二年（唐律第477条“考讯不得过三度”）。

无论是出于刑讯的目的还是惩罚的目的施以笞杖，行刑中途都不能换人。[①]

所有这些条款都被宋朝法律所遵从。[②] 元朝的一些要求甚至更加严格。例如只有主审官和其他审理者达成一致意见，并且一致意见被记录在案后，考讯才能进行。[③]

明律废除了所有这些制度，仅保留一项，即属于八议的特权阶级、七十岁以上的老人、十五岁以下的儿童和废疾者可免于刑讯（明律第428条“老幼不考讯”）。

明律第420条所附“凌虐罪犯条例”是律典中唯一规制滥用刑讯的制度。原文为：

> 内外问刑衙门，一应该问死罪，并窃盗、抢夺重犯，须用严刑拷讯，其余止用鞭朴常刑。若酷刑官员，不论情罪轻重，辄行挺棍、夹棍、脑箍、烙铁之类……若但伤人，不曾致死者，不分军政职官，俱

---

① 《唐六典》，726年版，台北：文海出版社，1962年再版，第114页。——明朝廷杖时，每杖五下，更换一次行刑者。参见沈家本《沈寄簃先生遗书》，第164页。

② 沈家本：《沈寄簃先生遗书》，第227～228页。

③ 沈家本：《沈寄簃先生遗书》，第228页。

赛清降级调用。因而致死者，俱发原籍为民……若致死三命以上者，文官发附近，武官发边卫，各充军。

1393 年的一项法令规定，在审讯时，当嫌犯遇到控告者时，如果表情看着像是有罪，则可以用笞考讯。如果受笞之后，嫌犯仍矢口否认罪行，则可以用杖考讯。只有在较为严重的犯罪中，当嫌犯面对大量证据、遭受反复拷打之后，仍然固执地声称无罪时，才可以用讯杖[①]进行考讯。[②] 至少在明朝后期，这一规定对于约束滥用刑讯毫无帮助。1525 年，嘉靖皇帝发现，即使在那些惩罚不重的轻微犯罪中，也有许多人死于残酷的刑具和考讯之下。[③]

10. 对法律职业的压制

无论是在儒家思想的观念里，还是在中国传统政府组织的实践中，司法职能和行政职能都是合二为一的。理想状态是，地方官通过有效的政府管理、适当的教育尤其是自己模范的道德行为，促进百姓的物质和精神福祉。地方官是百姓之“牧”，是“民之父母”。理论上讲，他的司法职能从属于他的“家长”职能。

孔子曾说：“听讼，吾犹人也。必也使无讼乎！”[④]

公元前 1133 年发生的一个故事体现了无讼的思想。虞国人和芮国人长期卷入法律纷争，他们最终决定请西伯侯裁断。西伯侯即后来的周文王，是一个著名的裁断者，许多有纷争的诸侯都会去征求西伯侯的意见。当他们进入西伯侯的领地时，发现人们在田垄界限问题上一直非常谦让，每个人都尊重长者。他们为自己的贪婪和争执而羞愧，还没有见到西伯侯，就放弃了诉求，愉快地回家了。[⑤]

第二个故事对此有更好的诠释。北齐时期（550 ~ 580），两兄弟争田，

① 讯杖由黄荆（一种灌木）制成，3.5 市尺长，大头 0.45 英寸，小头 0.17 英寸。参见《明史》卷九三《刑法志一》，第 1001 页。

② 《大明会典》卷一七七，第 2442 页。

③ 《明会要》卷六四，第 1241 页。

④ Analects，Ⅻ.13 translation，James R. Ware，*The Sayings of Confucius*，New York（Mentor），1955，p.79.

⑤ 《史记》卷四《周本纪》，约公元前 90 年版。

闹到地方官苏琼那里。苏琼告诉他们："天下难得者兄弟，易求者田地，假令得田地，失兄弟，心如何?"于是，这一对疏远十年的兄弟被这些话所感动，互相拥抱，愉快地和解了。[①]

第三个故事异曲同工。大约在720年，韦景骏任贵乡县令，县中出现母子相讼的事情。韦景骏对他们说："吾少孤，每见人养亲，自恨终天无分，汝幸在温凊之地，何得如此？锡类不行，令之罪也。"说话时，韦景骏悲伤难以自已，垂泣呜咽，并取出《孝经》让案件中的儿子习读。于是母子都被其言行感动，为自己的行为感到痛苦悔恨，从此母慈子孝。[②]

每个朝代的记录中都可以找到类似的故事。这解释了为什么中国传统中将闲置的法庭和空荡的监狱视为地方官的最高成就。虽然像所罗门那样聪明的裁判者在中国历史上也大量存在，但史家对他们的推崇程度要逊色一些。

通过地方官模范的道德行为来息讼，说起来容易做起来难，所以国家就采取了一些不够体面的措施。例如让民众不知法，从而不知如何提起诉讼。宋朝时，一条敕令规定，私自雕版、盗印律典或其他律书，杖一百，但藏有尚不构成犯罪。[③] 在鞑靼人的金朝，藏有也被禁止。《金史·刑法志》(1345) 描述了这一状况：金朝以往的法令禁止百姓藏有律书，目的是防范滥诉。1189年，一些御史请愿，希望能允许百姓藏有律书，宰相张汝霖也说："昔（前530）子产铸刑书，叔向讥之者，盖不欲使民预测其轻重也，今着不刊之典，使民晓然知之，犹江河之易避而难犯，足以辅治，不禁为便。"但是，当这件事被拿到朝堂上讨论时，多数官员都反对这个提议，于是皇帝颁布一条敕令，维持了旧的禁令。[④]

明律并未禁止私藏律书，但是力图减少法律专家的数量，并限制其活动，借此打击诉讼行为。[⑤]

唐律第356条"为人作辞牒加状"规定："诸为人作辞牒，加增其状，

---

① 《北齐书》卷四六《苏琼传》，约590年版，译文版，第297页。

② 《旧唐书》卷一八九《韦景骏传》，945年版，译文版，第2401页。

③ 《庆元条法事类》，第244页。

④ 《金史》卷八《刑法志》，1345年版，译文版，第443页。

⑤ 实际上，洪武皇帝持有相反的观点。他非常鼓励百姓持有律书。《大诰》颁布时，他下令，若持有《大诰》，犯任何罪都可以减一等处罚。参见《明史》卷九三《刑法志一》。

不如所告者，笞五十；若加增罪重，减诬告一等。即受雇诬告人罪者，与自诬告罪同。”这一律文明确约束法律职业者的不法行为，但并未压制法律职业的滋长。

明律将这一律文修改为：“凡教唆词讼，及为人作词状，增、减情罪，诬告人者，与犯人同罪。若受雇诬告人者，与自诬告同。受财者，计赃以枉法从重论。其见人愚而不能申冤，教令得实，及为人书写词状而无增、减者，勿论。”（明律第 363 条“教唆词讼”）①

这一律文压制了中国法律职业的成长和发展。虽然律文最后一句允许适度的法律服务，但是开头“教唆”二字涵涉太广，足以使所有法律服务都变成可以惩罚的犯罪。明朝有许多讲述法律专家仅仅因为草拟诉状而犯罪，从而被发配到边远地区充军的故事。② 另外，《大清律例》中，流放是讼棍的法定刑。③ 巡按监察御史④在其巡按区履行日常监察职责，他们被要求在其履职结束后提交的报告的末尾附上他们已经逮捕和惩罚的讼棍的名单。⑤

对讼师的迫害使其转入地下活动，但是对他们的需求仍然旺盛。毫无疑问，明清时期，中国的地下讼师群体是很庞大的。⑥ 他们让委托者宣称诉状是由一个充满同情心的、不知名的过路人草拟的，从而掩盖其活动。⑦

---

① 明律第 363 条“教唆词讼”被《大清律例》第 340 条“教唆词讼”逐字照搬。

② 冯梦龙:《醒世恒言》“卢太学”。也可见《今古奇观》，第 15 章。

③ 《大清律例》第 340 条“教唆词讼”所附条例。

④ Charles Hucker 称巡按监察御史为“地区监察官”（Regional Inspectors）。See *The Censorial System of Ming China*, Stanford（University Press），1966，p. 86. 他们是普通的监察御史，通常是刚被任命的那些人，会被派往一个监察区，主要职能是发现司法中的冤案。Charles Hucker 的称呼方式未能阐明其特殊职能。

⑤ 《大明会典》卷二一〇，第 2818 页。在清朝，迫害讼棍是每位地方官一直要承担的责任。参见《大清律例》第 340 条“教唆词讼”。

⑥ 为了理解中国人对讼师的厌恶，以下故事最有帮助。凌濛初（1580 ~ 1644）的《拍案惊奇》（1627 年版）记载的“狠仆告主”的故事说：“刘氏本是儒家子女，精通文墨，不必假借讼师，就自己写了一纸诉状。”《今古奇观》第 29 章也讲述了同样的故事。徐珂的《清稗类钞》中记载的讼师处理的许多案例，生动展示了他们的知识技能和奸滑诡诈。参见徐珂《清稗类钞》卷九，1917 年版，台北，商务印书馆，1966 年再版，第 204 ~ 311 页。

⑦ 《大清律例》第 340 条“教唆词讼”条例 J。

（三）明律中一些值得称赞的条文

到目前为止，我们对明律的探讨只导出批评。但是不得不说，明律中还是有一些条款有其优点和价值，值得我们尊重和认可。

1. 唐律惩罚为他人草拟诉状并在诉状中增加虚假内容的行为（唐律第356条“为人作辞牒加状”），如果虚假内容导致对被控者的惩罚加重，本罪的惩罚也会更加严厉。明律第363条“教唆词讼”规定，出于增减刑罚的目的而在诉状中增加或减少内容都要受到惩罚。明朝立法者认识到，无论是增加内容还是减少内容，都可能影响判决，没有根据的增减刑罚都是需要避免的。

2. 明律第100条“任所置买田宅”禁止官吏在任职之处置买田宅。这一律文旨在限制官吏滥用政府权力。

3. 明律第168条“违禁取利”将放贷的利率限制为月息三分，且无论放贷时长，明律所允许的利息总和上限都是百分之一百。这是中国律典中第一次出现限制高利贷的条款。

4. 明律第385条“听讼回避”规定，如果裁判者与诉讼当事人一方有血亲、姻亲、师生关系或旧有仇嫌，则应上报其长官，将案件移送给另一官员审理。“仇嫌”是指裁判者的一个家庭成员被案件原告或被告的一个家庭成员所杀，或相反。

二　司法制度

（一）历史背景

探讨明朝司法制度之前，应该先留意一个重要事实：到了明朝，中国法律正在持续、稳步地衰落。中国的律学在汉朝时开始繁荣，延续了几个世纪。董仲舒（前179？～前104？）、马融（公元79年～166）、郑玄（127～200）和杜预（223～284）是那个时代著名的儒家学者，同时被认为是法律权威。封述[①]是中国律学家群体的最后一位代表人物，也是584

① 《北齐书》卷四三《封述传》，译文版，第266页。也可参见程树德《九朝律考》，第393页。

年北齐律[①]的实际编纂者。

中国官方的法律教育大约开始于290年，此时第一位律博士被任命为廷尉职员，教授法律。[②] 唐宋时期，官方学术机构国子监设有律学馆，训练知晓法律的官吏候选人。[③] 通过科举考试明法科选拔法律官员则开始于587年，[④] 至少延续到1272年，尽管期间有过中断。但是到了1086年，司马光宣称：学习律学（唐朝时学习诗歌和散文的风气更盛）并无必要甚至有害，不利于“长育人材”。[⑤] 自此以后，律学研习和司法行政开始衰落。

元朝人也不钟爱法律。他们撤销了大理寺[⑥]这一政府机构，废除了律博士这一公共教职，取消了明法科这一科举考试科目。尽管明朝又恢复了大理寺，但是官方法律教育和法律考试在中国永远消失了。更有甚者，元朝统治初期设立的提刑按察使也改名为肃政廉访使，并根据新的官署名称调整了职责。[⑦] 蒙古人从掌权之日起，就在帝国县级行政区设置了一类专由蒙古人担任的职位，叫作掌印官。掌印官往往不熟悉汉族语言和习惯，却与行政长官共事，将其变成傀儡，而使自己实际控制着行政区的行政和司法事务。这一状况持续了90年。[⑧]

（二）较低层级的司法机构

明朝初年，在正式提起诉讼之前，人们需要将争端提交给里老。里老是在乡里间受到尊敬的长者。他们由地方官诜任，其职能是在里甲的参与下，解决乡民之间的矛盾。帝国各乡都设有申明亭，案件在申明亭中审理。只有

---

① 北齐律共12编949条。583年开皇律是653年著名的《唐律疏议》的先驱，以北齐律为范本。

② 沈家本：《沈寄簃先生遗书》，第897页。

③ For more see my article “Law Education and Law Examination in Traditional China,”（to be published）.

④ 《新唐书》卷四四《选举志》。

⑤ 《宋史》卷一五五《选举志一》，1345年版，译文版，第1756页。《宋史》提供的信息并不完整，也可参见《文献通考》卷三一，约1347年版，台北，新兴书局，1965年再版，第295页。

⑥ 更准确地说，应该是Court of the Grand Justice（译者注：作者英文原稿写为Grand Court of Justice）。

⑦ 《元典章》卷六，第88页。

⑧ Romeyn Taylor, op. cit., p. 26（译者注：作者原稿此处标注的页码不清晰）。

涉及人命的案件和其他更为严重的案件才可以直接告诉到地方官那里。

不经过里老，直接将案件告诉到地方官那里，构成“越诉”犯罪，应处笞五十。这一规定颁布于1394年，但似乎很快就不再起作用。[①] 1432年，一个提刑按察副使向皇帝报告：所有的申明亭都已经毁坏，民间细故都会交由地方官处理，不再咨询里老和里甲。[②]

知县（正七品）和知州（从五品，州不辖县）是行政权的最低一级。他们可以审理案件、做出判决，如果案件需要，也可以将案件移交其上级知府（正四品）审理。大多数情况下，知县和知州是所有案件的初审法官，因为他们是百姓的父母官，最清楚如何为其治下百姓解决问题。理论上讲，即使案件需要移交，知县和知州也应当知晓其治下百姓的状况。同理，他们应该亲自审理案件，不可以将这一任务交给其他人，哪怕是其胥吏或属官。[③]

越过知县和知州，向更高级别提起诉讼，违背了“逐级而上”的原则。明律第355条“越诉”就这一行为规定了笞五十的刑罚，“越讼条例”进一步要求将越诉者遣送回其家乡，使其获得适当的审理。

知县、知州、知府对所有民事纠纷[④]和杖一百以下的刑事案件具有管辖权。[⑤] 民事纠纷包括家庭身份、继承、婚姻、土地、田宅等。

应判处徒刑以上刑罚的刑事案件须从州县移交到府。1370年起，知府会让推官（从七品）进行审理。[⑥] 然后，案件和知府的判决会移送给省布

① 顾炎武（1613～1682）：《日知录》。引自薛允升《唐明律合编》，第591页。

② 顾炎武（1613～1682）：《日知录》。引自薛允升《唐明律合编》，第591页。

③ 唐朝时，每县本来都有法律助理，叫作司法佐，参见《旧唐书》卷四四《职官志三》，第927页。但是司法佐在宋朝时被取消了，可能是因为预算不足。宋高宗时期（1127～1162），刘行简曾在奏折中提议在各县设置全职司法官员，就如同在各府一样。参见《历代名臣奏议》卷二一七，第2868页。

④ 刑事与民事案件的区别虽然在现代法理学家看来极其重要，但中国传统文献中对此从未有过探讨。

⑤ 《明史》卷九四《刑法志二》，第1013页。明朝初年，律典规定，县可管辖笞五十以下的犯罪，州可管辖杖八十以下的犯罪，府可管辖杖一百以下的犯罪。根据刑罚严厉性的不同来分配管辖权在实践中并不可行，因此1393年这一规定被取消。此外，在这一年，各类司法和监察机构的职能都被重新界定了。

⑥ 《明史》卷七五《职官志四》，第798页。1477年以后，陕西省西安府会任命两名推官，因为那里的百姓喜欢诉讼。参见《明会要》卷四一，第726页。

政使（从二品），由其指派理问一人（从六品）、副理问一人（从七品）、提控案牍一人（从九品）、司狱一人（从九品）组成审理机构进行审理。[①]

1393年的一项法令[②]规定，笞杖刑的判决到省布政使那里就告终结，[③]徒刑、流刑、迁徙、充军和杂犯死罪的案件则要由省布政使移送刑部（刑部尚书正二品）批准。如果获得批准，则判决可以执行。绞立决、斩立决和凌迟处死的案件，经刑部详议之后，应将所拟判决送交大理寺（大理寺卿正三品）进行终审覆核。大理寺覆核确认之后，判决将发回省布政使。

省布政使应将死刑囚犯羁押狱中，直到刑部派员前来监督执行。[④] 在立决案件中，一旦大理寺覆核通过，刑部会立即派员前来。

1397年明律第435条“有司决囚等第”将知府、知州、知县的管辖权扩大到所有流刑及以下案件。但是，死刑判决必须在省布政使的参与下，经提刑按察使（正三品）覆核。如果犯人翻供或者家属称冤，提刑按察使将重新进行调查。如果他认为判决确有错误，则会召集所有曾参与此案的官员重新审理，更正判决。之后，判决将移送刑部进行覆核然后上报皇帝。[⑤]

1587年版的《大明会典》记载，案件任何一方当事人，如果对判决结果不满意，都可以上诉。上诉可以由县到府或直隶州（如果县隶属于直隶州），再由府或直隶州到省布政使，再由省布政使到提刑按察使。上诉是基于对官员错误断案的指控，如果上诉成功，则官员会被捕下狱。[⑥]

如果上诉者仍然不能接受提刑按察使的判决，他可以向巡按御史（正

① 《明史》卷七五《职官志四》，第793页。

② 《大明会典》卷一七七，第2444页。

③ 清朝时期，省布政使不再处理刑案，刑案直接交由省按察使处理。

④ 所派人员通常秋天到达，那时皇帝会批准全国的死刑判决。

⑤ 《明史·刑法志》中的一段话提及：到1439年时，省级司法程序进行了一些修正，使得徒刑和流刑判决不必经过覆核即可执行，而死刑判决仍须上报皇帝（《明史》卷九四《刑法志二》，第1013页）。乍看起来，这一条款似乎是对明律第435条的重复。其实更有可能的是，明律第435条现在的面貌已经是1439年以后修订的结果，这一修订正是为了迎合实践中的变化。所有这些细节似乎并不重要，但是鉴于现代人对于明朝司法的研究如此稀少（Charles Hucker, *The Censorial System of Ming China*, Stanford（University Press），1966，p. 365，Note 5），而明朝研究文献中的相反信息却多如牛毛，为澄清这一事实做出努力应该并不多余。

⑥ 《大明会典》卷二一一，第2821页以及卷二一〇，第2803页。

七品）进行控告；然后他还可以向通政使（正三品）递诉状，把案子告到都御史（正二品）那里。最后，如果他对都御史的决定仍不满意，万不得已还可以击皇宫门前的登闻鼓，使案件上达天听。[①]

上面这些规定最初的目的是确保官吏的正直。理论上讲，这些都是行政措施，但是他们确实构成了上诉审级（即县、州、府、省布政使、省提刑按察使、巡按御史、都御史、皇帝）。

从唐朝开始，每一个死刑案件都要经过多重机构的覆核，最后由皇帝批准。明朝也是如此，但是我们很清楚哪些机构是真正履行覆核职能的。根据 1397 年明律，死刑案件在省布政使参与下，由提刑按察使审理。提刑按察使会将案件连同所拟判决上报刑部（明律第 435 条“有司决囚等第”）。《明史·职官志》记载，所有上报刑部的死刑判决，先由大理寺终审覆核，然后提交皇帝批准。[②]

薛允升在《唐明律合编》中援引的一个 1538 年的案例则展示了不同的路径。此案中，四川提刑按察使将其所拟判决上报给都察院，四川巡按御史附上自己的意见，又接着上报给大理寺。[③] 此案直接越过了刑部。可能是 1488 年之前颁布的一项法令[④]要求，全国所有死刑案件在移送更高司法机构之前，都要由巡按御史参与审理，违反者会受到大理寺弹劾。

但是，十有八九是 1532 年之后颁布的一项法令[⑤]要求，县、州、府在审理死刑案件前先上报巡抚。只有在巡抚不存在时，才可以上报巡按御史。

（三）三法司

唐宋时期，刑部、御史台和大理寺被称作三法司。但是，到了明朝，他们各自的职能和相互间的关系发生了根本变化。

1. 刑部

唐宋时期，刑部只行使覆核权，相应地也不配备监狱和狱吏。明朝的

① 《大明会典》卷二〇九，第 2780 页。
② 《明史》卷七三《职官志二》，第 766 页。
③ 薛允升：《唐明律合编》，第 292 页。
④ 《大明会典》卷二一四，第 2870 页。
⑤ 《大明会典》卷二一一，第 2826 页。

刑部成为真正的法庭（刑部尚书正二品），并配备有相当大的监狱和六个司狱（从九品）。[①]

明朝时期，刑部是唯一一个有权作出死刑判决的司法机构。但是如果要执行死刑，则须经过大理寺确认和皇帝批准。除了叛军可以被当场立即处死（明律第33条“处决叛军”），死刑执行前，刑部必须接连三天向皇帝报告并得到皇帝批准。[②]

1419年，永乐皇帝命令将所有死刑案件移送北京覆审。[③] 这一做法似乎只持续了很短的时间，因为在1433年，宣德皇帝抱怨道：司法机构作出的死刑判决主要是以书面材料为依据，而非现场审理的结果。[④]

根据1393年的法令，刑部除了是国家最高审判机构，还是北京居民诉讼的初审法庭。它处理不涉及军人和官吏的所有案件。诉状应呈递给通政司（通政使正三品），[⑤] 然后送刑部审判，并由大理寺确认。[⑥] 此做法何时停止，并无记载，但是显然到1550年的时候已经消失很久。那一年，刑部尚书郑晓试图恢复此古老做法，但是他的努力并未成功，因为受到巡按御史郑存仁和权势熏天的严嵩的强烈反对。[⑦]

除了作为覆审法庭，刑部也处理皇帝（或管理国家的太监）交办的案件。[⑧] 至少在那时，皇帝明显是尽可能充分地利用刑部。1623年，刑部尚书孙玮抱怨道：刑部监狱已经太小，难以容纳所有犯人了。[⑨]

2. 都察院

唐朝时期，御史台、刑部和大理寺组成联合法庭，审理大案。[⑩] 御史

---

① 《明史》卷七二《职官志一》，第756页。Derk Bodde, “Prison Life in 18th Century China,” in *Journal of the American Oriental Society*, Vol. 89 (1969), p. 311.

② 同上。1425年起，皇帝亲自下令的凌迟处死和全家为奴的案件，必须覆奏五次。参见《明史》卷九四《刑法志二》，第1021页。

③ 《明会要》卷六五，第1255页。

④ 《明会要》卷六五，第1257页。

⑤ 由京城内外其他衙门或个人寄往京师内衙门的文书以及由京城内衙门寄往京城内外其他衙门或个人的文书，都必须由通政司转递和备案。这样可以确保国内其他衙门或个人无法通过书信直接联系京城内的衙门。

⑥ 《大明会典》卷一七七，第2442页。

⑦ 《明会要》卷三二，第545页。

⑧ 《大明会典》卷二一四，第2970页。

⑨ 《明会要》卷三二，第546页。

⑩ 《新唐书》卷四六《职官志一》，第550页。

台与中书省和门下省（门下省处理全国的错案）组成“后三头同盟”。[①]

宋朝时期，门下省是国家最重要的司法机构，它覆核、纠正刑部和大理寺的判决。[②]

明朝时期，御史台改称都察院，让出了许多权力。明朝早期，都察院在履行多重监察职能之外，还是审判官吏的法庭和军事法庭。1393 年的一项法令规定，通过敲打登闻鼓或通过通政司上报皇帝的重大军民案件，将委派监察御史（正七品）审理。御史会被派往全国各地调查犯罪，调查之后，将带着当事人、证人、案卷和其他与案件相关的材料返回京城。[③]

1439 年，皇帝要求都察院上报所有违法京官的名单（报告中会附上准予调查的请求）。[④] 根据 1397 年明律，这本是五军都督府的职能（明律第 6 条“职官有犯”）。为了履行军事法庭的职能，五军都督府皆配有两位军事法官，叫作断事官（从九品）。1390 年，断事官被擢升为正五品，下分五断事司，组成军事法庭集团，各司配有五位次级断事官。所有这些机构，到了建文帝时期（1399 ~ 1402）都被废除了。[⑤]

大约在 1437 年，都察院侵占了五军都督府的职能，另一方面也将自己的审判职能出让给了刑部。这解释了为何都察院的司法活动如此之少，也解释了为何都察院的六个司狱（从九品）后来被削减。[⑥] 很难说清楚这一转变是何时发生的。[⑦]

虽然北京都察院的权力被削弱，都察院的代表——监察御史——则每年都要巡视一次帝国的各个角落，以纠正冤狱。同时都察院派往各省的司法官员也在司法体系中加强了他们的影响和权威。

3. 大理寺

唐朝时期，大理寺覆核并常常重审全国的流刑和死刑案件。它作出的

① 《新唐书》卷四八《职官志三》，第 564 页。

② 《宋史》卷一六三《职官志三》，第 1875 页。

③ 《大明会典》卷二一一，第 2821 页。

④ 《大明会典》卷二〇九，第 2780 页。

⑤ 《明史》卷七六《职官志五》，第 802 页。

⑥ 《明史》卷七三《职官志二》，第 759 页。

⑦ 最迟在大约 1642 年，有大量行政或军事官员被长期羁押在刑部监狱等候审判。参见《明会要》卷三二，第 546 页。

初步判决先经由刑部确认，然后提交给皇帝。① 宋朝时期，审理程序也是如此，区别在于覆核只通过书面进行。② 这意味着大理寺的覆核仅关心法律适用，不再涉及事实认定。

元朝时，大理寺被取消，刑部成为国家最高审判机构，只有它可以作出死刑判决。③ 之后的明朝保留了大理寺（大理寺卿正三品），但是将最高审判机构的职能留在了刑部。大理寺覆核刑部的判决。这与唐宋时期的程序正好相反。④

明朝初年，刑部、都察院、五军都督府会将当事人和案卷移交给大理寺覆核。大理寺只能将案件发回重审两次。如果第二次重审后对结果仍不满意，大理寺可以弹劾该案的主审法官，并将案件移送另一个机构再次重审。万不得已，大理寺也可以请求皇帝允许，让九卿来审理此案。九卿包括六部尚书、都御史、通政使和大理寺卿自己。该程序即圆审。⑤

随着时间推移，诉讼当事人不再被移送到京城受审。大理寺仅仅对案件进行书面覆核。此外还有一些其他变化，例如大理寺不再设有监狱也不再配有刑具。⑥ 1488 年，大理寺法官的数量从十二人减到八人。⑦

当然，大理寺一直以来都是国家的主要司法机构。无论何时，只要案件启动需要皇帝的命令，都是由大理寺向皇帝报告，请皇帝下令。⑧ 1500 年确立一项规则：如果皇帝要求“让法司处理”，则案件分配给大理寺，只有皇帝特别要求“让刑部处理”，刑部才对案件具有管辖权。⑨ 1532 年，刑部原本受限的管辖权被皇帝批准的一项规则进一步限制：京城任何机构作出的判决，如果没有经过大理寺的先行批准，就不能执行。⑩

---

① 沈家本：《沈寄簃先生遗书》，第 861 页。

② 沈家本：《沈寄簃先生遗书》，第 863 页。

③ 沈家本：《沈寄簃先生遗书》，第 868 页。

④ 如果把大理寺看作司法机构，把刑部看作行政机构，则刑部篡夺大理寺的权力，当然是通过牺牲司法权来扩张行政权。沈家本多次强调此观点，参见沈家本《沈寄簃先生遗书》，第 868、870、875、876 页。

⑤ 《明史》卷七三《职官志二》，第 766 页以及《大明会典》卷二一四，第 2368 页。

⑥ 《明史》卷七三《职官志二》，第 766 页。

⑦ 《明史》卷七三《职官志二》，第 766 页。

⑧ 《大明会典》卷二一四，第 2870 页。

⑨ 《大明会典》卷二一四，第 2870 页。

⑩ 《大明会典》卷二一四，第 2870 页，以及《明会要》卷三五，第 610 页。

（四）特殊审判机构的新变化

明朝司法体系中充斥着特别组织的覆审机构，其中许多渐渐变成惯例。

1. 京城的特殊审判机构

会审：会审开始于1384年。洪武皇帝下令，三法司作出的判决在提交给他批准前，应由翰林院、给事中、春坊正字司直郎[①]共同覆核。这与以前皇帝亲自进行重审有明显不同。1397年，这一安排演变成一种常规性的特殊法庭，专门覆核最为重大的案件。一段时间后，这个会审机构的成员扩大，包括了五军都督府、六部、六科给事中、通政司、詹事府，[②] 有时也包括驸马都尉。[③]

朝审：朝审是一种每年都会召集的特别法庭，职能是覆核和重审“重囚”。朝审机构由三法司首脑会同达官显贵如公、侯、伯等组成。首次朝审是在1459年霜降之后（公历10月23日）。从那以后，朝审成为永久性制度。[④]

大审：大审是指在司礼太监主持下，由三法司的主要官员在大理寺覆核案件。[⑤] 1481年，第一次大审举行，从此以后，每隔五年举行一次。[⑥] 大审之日，一个三尺高台树于大理寺前，司礼太监坐在黄伞之下，面朝南方（就像他是皇帝一样）。达官显贵站在他的两侧，群僚位于台下，虔敬惶恐地等待着他的指令。[⑦] 太监一时的心血来潮就可以改变法律和正义。实际上，大审只不过是宦官大权的定期宣示，时刻提醒人们，这些目不识丁的阉人有时会成为这个国家法律和行政的终极权威。[⑧]

---

① 该机构照管太子的教育。

② 此为服务太子的又一机构。

③ 《明史》卷九四《刑法志二》，第1014页。

④ 《大明会典》卷一七七，第2445页。

⑤ 《明史》卷九四《刑法志二》，第1014页。——但是，大审并非清代秋审的起源。秋审起源于“奏决单”。参见国务院法制局法制史研究室《清史稿刑法志注解》，法律出版社，1957，第89页。

⑥ 即每一个丙年和辛年。参见《明史》卷九五《刑法志三》，第1032页。

⑦ 这些场景被保留在壁画中，这些壁画在主持审判的宦官的坟墓中被发现。参见《明史》卷九五《刑法志三》，第1033页。

⑧ 《明史》卷九五《刑法志三》，第1032页。

热审：热审由会审机构或常规司法机构组织，开始于1404年，自那以后每年都会举行，主要功能是保释因轻罪入狱的囚犯。[①]

春审：1427年三月，宣德皇帝下令举行春审，从监狱中释放了超过一千名罪犯，允许其以金钱赎罪。据记载，后来的几年也举行过春审。[②]

寒审：举行寒审是为了在寒冷的冬月释放一些轻罪囚犯。依据皇帝的特别命令，寒审曾在1390年、1406年、1411年、1413年、1414年和1429年举行过。但是，这一程序并未变成永久性的制度。最后一次寒审在1637年举行。[③]

2. 全国范围的司法覆核

直到1470年代，京城以外的由特殊法庭进行的定期司法覆核才制度化。明朝初期，只有当皇帝有特别命令时，京官才会被派往外省，覆核当地的案件。1441年的一项敕令要求，强盗罪犯的死刑判决只有经过京城派出的御史和本省的提刑按察使会审确认之后才能执行。1444年，各省都从自己的司法机构中派出一员陪同监察御史在其辖区内覆核案件。1472年，各省组织了一场大型会审来覆核冤案，会审官员由刑部和大理寺的代表、巡按御史、省布政使、提刑按察使、都指挥使组成。1477年，这种会审又重复了一次。1481年，成化皇帝要求每隔五年，与京城大审同时，刑部和大理寺派员和巡按御史一同巡视全国。[④] 这种会审机构明显架空了三类省级官员的权力。

三 实际运作中的明朝法律

对于学习中国政治和法律史的人而言，明朝一章读之令人伤感。中国的君主专制在明朝达到顶峰，对君主的最后一丝制度性约束不复存在。法律的权威沦落为皇帝一时的心血来潮。几个世纪的宦官恐怖统治使中国百姓将法庭视为刑讯室。

---

① 《大明会典》卷一七七，第2446页。
② 《明史》卷九四《刑法志二》，第1014页。
③ 《明史》卷九四《刑法志二》，第1014页。
④ 《明史》卷九四《刑法志二》，第1016页。

中国早期的皇帝，虽然不受宪章制约，但也不是绝对专制的。汉朝时，宰相确实是政府首脑，而非皇帝的近侍。当宰相走入朝堂，皇帝要起身为礼。与宰相当街而遇，皇帝要下辇相迎。无须与皇帝磋商，作为百官之首的宰相就可以发布政令。

甚至在唐宋时期，皇帝的敕令也只有经过中书和门下的批准，才具有效力。[①] 一条宋朝法令规定：官员执行未经三省通过的敕令，处以徒二年的刑罚。[②]

洪武皇帝任用宰相十二年，但在1380年取缔了这一职位，直接控制六部。1395年，他下令，无论是谁以后胆敢建议恢复宰相，将被凌迟处死，全家斩首。[③] 黄宗羲（1610～1695）评论道："有明之无善治，自高皇帝罢丞相始也。"[④] 按照现代的说法，废除宰相使得中国从有限君主制走向绝对君主制。

（一）皇权至上取代法律至上

汉朝的统治思想融合儒法两家。[⑤] 从汉朝开始，"法律至上"（管仲的经典法家思想的遗产）[⑥] ——虽然从未被如此简洁概括——就是帝制中国的统治者和官僚认可的统治方针。公元前177年，汉文帝想要突破法定刑，严惩一个惊吓其马匹的人，新任廷尉张释之拒绝遵从，并称法律应被天子和百姓共同遵守，法有定规，如果加重处罚，无法取信于民。[⑦] 接下来的数个世纪，张释之的话变成了护身符。无论什么时候，只要正直的官员想

---

① 大约在685年，刘祎之拒绝遵从武皇帝的手令，说"不经凤阁鸾台，何名为敕"。参见《新唐书》卷一一七《刘祎之传》。

② 三省即尚书省、中书省和门下省。参见《庆元条法事类》中的令，第224页。

③ 此为"皇明祖训"的第一章，收录在《明朝开国文献》卷一。

④ 黄宗羲：《明夷待访录》"置相"，1662年版。但是绝对君主的想法正好相反。1781年，乾隆皇帝（1736～1795）曾评论道：如果统治者让宰相把颁布政令视为自己的职责，情况将极其糟糕。参见《东华录》，乾隆四十六年四月。

⑤ 此乃汉宣帝（前73年～前49年）告诉他儿子的话。参见《汉书》卷九《元帝本纪》（译者注：汉宣帝原话为"汉家自有制度，本以霸王道杂之"。）也可参见萧公权《中国政治思想史》，台北，"中央文物供应社"，1954，第281页。

⑥ "令尊于君"、"君臣上下贵贱皆从法，此之谓大治"。这些以及其他引文，参见萧公权《中国政治思想史》，第203页。

⑦ 《史记》卷一〇二《张释之传》。

要抵抗皇帝干涉法律的企图，都会援引这句话。

当然，根据中国的传统，皇帝作为公共权力的顶点，在司法体系中具有很大权力。但是，他的权力由法律清晰界定和限制。根据唐律，皇帝只在以下十个方面行使裁量权（唐律第 8 条“八议者”、第 26 条“犯死罪应侍家无期亲成丁”、第 30 条“老小废疾”、第 59 条“阑入宫门”、第 65 条“宫殿作罢不出”、第 122 条“指斥乘舆”、第 341 条“诬告谋反大逆”、第 351 条“投匿名书告人”、第 359 条“越诉”、第 497 条“死囚复奏报决”）：

1. 八议成员犯死罪；

2. 犯死罪者是独子，且父母年老体弱；

3. 八十岁以上、十岁以下和笃疾者，犯谋反大逆、杀人，应处死刑；

4. 持杖阑入宫门；

5. 工人因迷路滞留于宫殿；

6. 议论政事时攻击皇帝；

7. 诬告谋反大逆，非故意；

8. 投匿名书告人谋反大逆，被证实；

9. 百姓对司法不满，直诉至皇帝；

10. 所有死刑执行都必须经过皇帝三次批准。[①]

唐律将皇帝扮演的司法角色限制在三种正式职能之内：第一，皇帝通过行使对特殊法庭的任命权，成为上诉审的最高审级（上述第 9 条）；第二，皇帝批准所有死刑判决，从而拥有特赦的权力（上述第 10 条）；第三，皇帝可以在案件中施以仁慈，使得律典规定的惩罚不被实际执行（上述第 1 ~ 8 条）。除了上述所列事项，皇帝一般不干涉司法事务。[②]

洪武皇帝时期，事情发生根本变化。[③] 此人受过一些教育，又有一些

---

① 《旧唐书》卷五〇《刑法志》，第 1025 页。

② 大约在 1441 年，侍讲刘球说：“古者人君不亲刑狱，悉附之理官。”参见《明会要》卷六四，第 1239 页。

③ 更多细节和文献，参见徐道隣《明太祖与中国专制政治》，载《清华东方研究》，1969。（译者注：本文已被 2017 年清华大学出版社出版的《徐道隣法政文集》收录。）

疯癫，比中国历史上其他任何皇帝对于司法事务都有更为强烈和持久的兴趣。他在统治期间主导了不下十三次立法活动，颁布了无数单行法令。他本人会从常规司法机构那里接手并亲自审理较为重要的案件，还经常改变司法官员按照普通程序作出的判决。他也会详细覆核并常常推翻提交给他批准的最终判决。在许多场合，他会伪装自己的身份，混迹在京城的民众当中，以求铲除罪犯。但是，他的法律才能并不能与他的精力相匹配。

《明史·刑法志》中记载的十四个案例表明他是一个仁慈的、有爱的、悲天悯人的统治者。但是一些私人文献记载的案例则表现出他情绪化的、多疑的、喜怒无常的心性。[①]

他嗜杀成性，超过其所有前辈。例如，他杀戮了三十六位尊贵的开国将军，全部四任宰相，十一位尚书或侍郎，五位都御史。1390 年，三万人受胡惟庸牵连，作为其同谋被处死，而胡惟庸本人早在十年前就已经被杀。1393 年，另外一万五千人因被指控与蓝玉一同谋反而遭处决。赵翼援引一位明朝作家的记述说："京官每旦入朝，必与妻子诀，及暮无事，则相庆，以为又活一日。"[②] 另一方面，洪武皇帝也被认为是将蒙古人从华夏大地上驱逐的民族英雄，国人对其充满感激之情。他真诚地同情贫苦的百姓，流放或处死贪赃官吏时没有丝毫犹疑。所以，百姓害怕他，但也敬爱他。中国百姓接纳他们的皇帝就像接纳上天一样。他们感激皇帝的善良，就像对晴天感恩戴德，但是他们不知道如何面对皇帝的愤怒，如同面对暴风雨手足无措。皇帝全知全能，当他有所行动时，法律消失了，他就是法律，除此之外别无法律。

1402 年，洪武皇帝的第四个儿子永乐大帝从他的侄子那里篡夺了皇位。他登基后首先干的一件事就是处死拒绝为他草拟皇帝即位诏书的方孝孺，[③] 八百多位与方孝孺有关的人也被一同处死。他还创立了东厂，为宦官的恐怖统治奠定了基础。宦官的恐怖统治是明朝接下来二百四十余年政治的主要特征，后面会详细讨论。他对诤谏者也更有敌意。

① 上注的文章包含二十个案例。

② 赵翼：《廿二史札记》，第 681 页。

③ 黄宗羲：《明儒学案》，第 43 章。本案中，永乐皇帝比他父亲更为过分。1390 年，洪武皇帝杀死他的老友李善长时，也只牵连了他的七十几个亲人。

（二）廷杖下的诤谏者

在中国传统的政治模式中，官僚集团的诤谏是对皇帝滥用权力的重要限制。明君总是矢志不渝地尊重向他谏言的人。不杀谏官原是宋朝的祖宗家法，但明朝不再尊崇。洪武皇帝杀死了五位谏官，引入了廷杖制度，廷杖从此成为明朝皇帝对待异议官员的标准操作。整个朝代，对异议官员的廷杖不断发生（表4）。

表4 明朝遭受廷杖的人数

年 份	遭受廷杖的异议者人数
1455	3
1479	56
1482	数人
1508	超过300人被关押(未受廷杖)
1519	146(死亡11人)
1524	134(死亡16人)
1553	1(廷杖一百)
1554	5
1567~1572	4
1578	5
1584~1606	140
1621	2(全部死亡)

资料来源：《明会要》卷六七，第1296~1298页。

（三）接二连三的暴君

《明史·刑法志》尽最大努力回避或文饰皇帝的阴暗面。① 但是，即使写作时刻意文过饰非，也难免造成伤害的结果（表5）。

① 编纂《明史》的清朝史学家格外偏爱明朝皇帝，尤其是洪武皇帝。我曾经探讨过这一话题，参见徐道隣《宋濂与徐达之死》，载《东方杂志》第1卷第4期，台北，商务印书馆，1967年10月，第55页（译者注：本文已被2017年清华大学出版社出版的《徐道隣法政文集》收录）。

表5 《明史·刑法志》所载明朝皇帝的暴行

永乐皇帝(1402~1424)	"惧人窃议之疾,诽谤特甚"
明英宗(1436~1449)	"王振(专权宦官)始乱政,数辱廷臣"
明英宗(1457~1464)	"其后缇骑四出,海内不安"
正德皇帝(1505~1521)	"而廷杖直言之臣,亦武宗为甚"
嘉靖皇帝(1521~1566)	"遂痛折廷臣……其后猜忌日甚……中年益肆诛戮"
万历皇帝(1572~1620)	"帝性尤仁,而独恶言者"
天启皇帝(1620~1627)	(他或专权宦官魏忠贤的)"酷刑多别见,不具论"
崇祯皇帝(1627~1644)	"锐意综理,用刑颇急,大臣多下狱者矣"

资料来源:《明史》卷九四《刑法志二》。

明朝276年的历史中,有210年是处在暴君及其宦官的统治下。在明朝以前的数个世纪中,张释之捍卫"法律至上"的不朽名言被不断援引,用来击垮君主专制。① 但是,这一名言在整个明朝从未被援引过。1440年,侍讲刘球小心翼翼却又漫不经心地提到张释之的名字,尚未复述其一句话,就已经致其被下狱赐死。② 从那时起,张释之以及他在一千六百多年间所具有的符号意义都从中国的政治话语中消失了。

(四)特务机关和宦官的恐怖统治

中国曾有皇帝命人监视官员的先例,如隋文帝(581~604)和武则天

① 以下是对张释之名言的援引(无论是否提及姓名),参见《历代名臣奏议》:

汉	张释之(第2749页)
隋	柳　庄(第2767页)
唐	李素立(第2767页) 魏　徵(第2769页) 李乾佑(第2769页) 狄仁杰(第2770页)
宋	苏　辙(第2804页) 许　翰(第2812页) 章　谊(第2815页) 赵汝愚(第2824页)

② 《明史》卷九四《刑法志二》,第1022页。

(684～705)。中国也有宦官专权的先例，如在东汉和晚唐时期。但是到了明朝，中国变成名副其实的警察国家。在几乎整个朝代，宦官的权势都达到令人恐怖的程度。让我们先看看各种秘密警察机构。①

1. 锦衣卫和镇抚司

锦衣卫成立于1382年，配有因残酷而闻名的监狱，但是到1387年已被停用，因为即便是创立锦衣卫的洪武皇帝也已经预感到其不祥的后果。1402年，锦衣卫被重新启用，长期以来在残暴和恐怖方面和东厂不相上下。在专权的太监王振掌管锦衣卫的1440年代和门达担任指挥使的1460年代，锦衣卫权势最为鼎盛。

镇抚司②原是锦衣卫的下属机构，以令人惊恐的刑讯手段执掌宫廷监狱。1478年，镇抚司脱离锦衣卫，获得独立的身份和权力。镇抚司在1510年代和之后的1522～1566年最为活跃。到了1620年代，当镇抚司为专权的太监魏忠贤服务时，它达到了恐怖的顶峰。

2. 东厂、西厂和内行厂

如前所述，1420年永乐皇帝创建东厂。围绕在他的侄子建文帝身边的宦官，曾是他的内线，帮助他篡夺皇位。自他在位起，秘密机构就成为统治的主要手段，而对秘密机构的控制则交给了宦官。这一统治模式的唯一例外发生在洪熙（1425）、宣德（1426～1435）两朝。1470年代，东厂的地位屈居于西厂之下。嘉靖年间（1522～1566），锦衣卫更受偏爱。之后的万历年间（1595～1619），东厂和锦衣卫都不再使用，据说此时东厂和锦衣卫监狱的院子里都已杂草丛生。③ 但是除了上面这些短暂的间隔，东厂始终都是明朝最令人生畏的机构。1620～1627年，东厂在魏忠贤的领导下，权势达到巅峰。魏忠贤是明朝四大专权宦官中最糟糕的一个。那时东厂有成百上千的统领，每人带着数不胜数的走卒，在全国范围内搜寻猎物。东厂统领有权在任何时候进入任何人家施以刑讯，或将受害者押解到

---

① Charles Hucker, *The Traditional Chinese State in Ming Times*, Tucson (Univ. of Arizona Press), 1961, p. 56.

② Charles Hucker 将镇抚司译为 Prison of a Guard。我的翻译则基于《明史·职官志》对镇抚司历史的介绍。参见《明史》卷七六《职官志五》，第804页（译者注：作者英文原稿将镇抚司译为 The Gate Guards）。

③ 《明史》卷九五《刑法志三》。

阴森可怖的镇抚司监狱折磨致死。但是，他们只要收到认为足够的赎金，也可以释放人犯，无论其是否有罪。宦官的恐怖统治达到巅峰后的十六年，明朝就走向了灭亡。

1477年，专权的太监汪直创立了西厂。最终，西厂在滥杀无辜方面超过了令人生畏的锦衣卫。1482年，西厂曾被取消，1506年又被恢复，1510年最终取消。

1508年，专权的太监刘瑾创立了内行厂，[①] 作为对长期拥有权势的东厂和自己于1506年恢复的西厂的补充。内行厂包括两部分：办事厂和内办事厂。刘瑾亲自领导内办事厂，内办事厂甚至可以监视东厂和西厂。内行厂的用刑最为酷烈。所有被带进内行厂的人，都要经受杖打，戴枷重达150斤（律典允许的枷最重为25斤），轻罪也会被凌迟处死，有几千无辜者死于此处。1510年，刘瑾因失去皇帝宠信而被处死，内行厂和西厂一道被裁撤。

3. 宦官统治和法律信仰

汉（约160~190）、唐（约905~925）时期，宦官专权都曾给皇帝和王朝带来灾难，但他们对国家和政府的危害从未有明朝时期那样巨大。明朝宦官专权之所以会发生，是因为永乐（1402）以来，除了洪熙、宣德两朝那短暂的十年，太监是唯一获得皇帝完全信任的人。即使是终结了魏忠贤恶政的崇祯皇帝，在其整个统治期间（1627~1644）也依赖宦官，将其作为自己值得信任的帮手。

无论宦官是否执行法律，法律与专制都是不相容的。明朝接连产生了四个专权的宦官，他们是1440年代的王振，1470年代的汪直，1500年代早期的刘瑾以及1620年代的魏忠贤。在这些宦官的统治下，日常行政被完全破坏。[②] 1527年之前，刑部尚书林俊曾评论道："自刘瑾、钱宁用事，专任镇抚司，文致冤狱，法纪大坏。"[③]

---

① 不要与冯保的内厂相混淆。1570年代早期，冯保以司礼太监的身份监领东厂，建立新厂，命名为内厂，旧厂则称为外厂，以示区分，二者都是东厂的一部分。参见《明史》卷九五《刑法志三》，第1208页。

② Charles Hucker, *The Traditional Chinese State in Ming Times*, Tucson (Univ. of Arizona Press), 1961, p. 5.

③ 《明史》卷九五《刑法志三》。

即使宦官没有那么专权，他们也依然是国家中最有权力的一部分人。宦官既上传大臣的奏折，又下达皇帝的旨意。当嘉靖和天启皇帝二十年甚至更长时间拒绝接见朝臣时，只有上天知道哪些是皇帝的旨意，哪些是太监的命令。

宦官因贪婪而闻名，许多宦官因敛财而为人所知。金钱来自京城内外官吏的贿赂，官吏们通过贿赂来保住职位（为了敛财）或谋求晋升（为了敛更多财）。官吏自己则依靠敲诈勒索来敛财，他们从被关进监狱又被释放出来的人那里榨取赎金。

如果腐败和苛政（两者往往同步发生）让百姓忍无可忍，唯一的结果就是匪患。[①] ……[②]赵翼对 1421～1627 年之间发生的 13 起大规模匪患的记载表明，几乎每个省都遭遇过匪患，且在二百余年的时间里，几乎没有哪一大段时间杜绝过匪患。[③]

无论我们是否赋予匪患以正面的社会价值，中国历史上的匪患都被认为是恶政的结果，这是常识。但是两百年来腐败的官僚体系将法律当作勒索金钱的工具，对百姓的法律信仰造成的影响，是怎么强调都不为过的。

① 宦官专权、腐败和匪患之间的紧密联系已被缪风林和傅衣凌指出。参见缪风林《中国通史》卷三，第 14 页以及傅衣凌《明清时代商业》，北京，1956，第 8 页。

② 译者注：原稿此处有缺漏。

③ 赵翼：《廿二史札记》，第 743 页。

《中国古代法律文献研究》第十二辑
2018 年，第 536～558 页

《巴县档案》读书会研讨词汇集

〔日〕小野达哉 编著　杜 金 译*

前　言

巴县档案读书会自 2010 年 7 月起，基本以每月一次的频率，持续至 2015 年 8 月。以《巴县档案（同治朝）》（2010 年 7 月～2014 年 5 月）、《巴县档案（乾隆朝）》（2014 年 7 月～2015 年 8 月）（以上均有缩微胶片）为范围，每次读书会的负责人各自选择史料，进行会读。本稿涉及会读过程中讨论到的词汇，笔者根据当天的报告摘要和自己的笔记加以整理，作为本期特辑（原载《东洋史研究》第 74 卷第 3 号）的附录。

另外，本稿将本期（指原载杂志）刊载的诸篇论文所引用的《巴县档案》史料原文，也作为词汇采录的对象，以助读者理解正文。因此，本稿收录的词汇范围，难免会因读书会参加者的兴趣所在而有所偏重，也难免会因本期（指原载杂志）论文的主题而有所偏重，未必能反映《巴县档案》的整体面貌。再者，读书会上采录的主要是成为问题的词汇，这里也收入了对于研究者而言较为常识性的词汇，对此，我们参考了《汉语大词典》（汉语大词典出版社）和《中日大辞典》（大修馆书店）。

* 小野达哉，日本同志社大学文学部非常勤讲师；杜金，中山大学法学院副教授。

本稿采录词汇的文献出处，是以《巴县档案（乾隆朝）》和《巴县档案（同治朝）》为中心，也包括本期（即原载杂志《东洋史研究》第74卷第3号）刊载的各篇论文，《清代巴县档案汇编（乾隆卷）》（档案出版社，1991），《清代乾嘉道巴县档案选编》（四川大学出版社，1989、1996），《清代四川财政史料》（四川省社会科学院出版社，1984、1988），《巴县档案（咸丰朝）》（缩微胶卷）等。鉴于有些史料不易读到，因此附上史料原文的文献出处。

在本稿写作过程中，笔者根据读书会的报告摘要和笔记，并参考《汉语大词典》《中日大辞典》成稿。此后，虽然请夫马进先生阅读，并有三次讨论机会，但想必还会存在很多错误。恳请读者诸君指正。（2015年8月记）

［追记］随着基于科研经费的共同研究的终止，巴县档案读书会虽然于2016年3月已经结束；不过在此之后，参加者有志重聚，读书会于2016年7月重新启动，并以每月一次的频率持续至今。此次前稿中文译本出版之际，加入了读书会的后续成果，订正了前稿公开发表后发现的错误，并增补了若干词汇。与前稿一样，恳请读者诸君指正。（2017年5月记）

［凡例］

1. 本稿在以拼音顺序排列《巴县档案》词汇的基础上，摘录了词义和史料原文。

2. 史料分别以“乾”表示《巴县档案（乾隆朝）》，“咸”表示《巴县档案（咸丰朝）》，“同”表示《巴县档案（同治朝）》，数字表示案件号。《清代巴县档案汇编（乾隆卷）》简写为“汇”，《清代乾嘉道巴县档案选编》简写为“选”，《清代四川财政史料》简写为“财”，数字表示其页数。此外，《东洋史研究》第74卷第3号的词汇简写为“特”，数字表示页数。

3. 迄今为止参加巴县档案读书会的诸位，除笔者以外，还包括：夫马进、臼井佐知子、寺田浩明、伍跃、谷井阳子、水越知、中西竜也、增田知之、田边章秀、海丹、凌鹏、孟烨（至2016年3月止）。伍跃、水越

知、铃木秀光、魏敏、杜金、凌鹏、キムハンバク、王天驰、木下慎吾、王忠敬、梁镇海、张九龙（自2016年7月起）。

案搁 搁置未解决的案件。乾2437“赃悬案搁，不获追究。”

案鳞 参与众多诉讼。“案积如鳞”的略语。同14162“切东堂案鳞不法。”

案销 案件撤回。同8172“未讯案销。”特197页。

白契 未在县申报土地登记、未缴纳契税的契约。同14625“被奸中郑元合、艾大桃、张厚泽主摆，包匿藐握白契。”

摆 唆使，教唆。动摇心思做……同7086“无如，元统逞刁颠摆逆媳朱氏，胆窃名，以逆透距索翻首，准唤。”

扳 牵扯进案件。同85“程联三挟嫌供扳书弁弟兄。”

班上 当值的衙役。同3540“蚁寻获保人大盛、交与班上。”

包 约定承担。乾2286“张乾元、张九锡向蚁要钱五千，包还蚁牛。”同1509“立包不越挖字约。”

包当 将他人的土地一并抵押。乾1019“艾存仁出钱承当，凭中议定，时直当价铜钱捌拾贰千文正，即日踏看清楚，并无包当。”乾3015“并未包儅他人地界。”

保 保释或推举时的身份保证人。同85“赏准自觅妥保。”同145“前窃耿连成等名安保。”

抱 （1）代理。同6978“抱告王明堂暂行锁押，俟回乡后，再行省释。”（2）抱养。同6833“兄嫂凭亲族，主抱国奉次子正坤，过继何氏承祧，更名正位。”同3393“氏嫁丁其灼为妾，抱三房丁传模为子。”

备案 将文书整理好保管。同1509“恳请详销，遵断具结备案，就是。”

备文 准备好文书。乾2437“将该犯贺元周等羁候，备文广安州关拿唐恒益并起原赃茧绌，到案质讯，另行详报。”

比 “比较”的略语。（1）衙门对钱款的缴纳情况等进行调查。同4185“沈致和又来开比，今蒙提比，小妇人不应抗缴，已予掌责，限半月，小妇人变产措缴。”（2）对照衙役的税款征收和人犯逮捕定额，责罚其未完成部分。乾 2437“著令该捕等务获贼赃，以凭跟究，如违勒比。”同 14657“害役连年受比抬垫。”

禀状 “禀”有寄信、请愿、报告的意味，也最常被用于诉讼状。除此之外，诉讼状还有“首状”“告状”“诉状”“申状”“报状”等形式。同 14652“具禀状乡约李宜斋、粮差王真今为抬垫无着禀恳究追事。”

摒挡 处理。同 6940“提出彭家场砖房租谷一百石，以作养膳、嫁娶、摒挡一切费用。”

拨册 变更县黄册上的土地名义人、所有土地。同 14563“是乡约既不力催拨册完粮。”特 62 页。

捕府 江北厅理民府督捕同知。乾 1857“不料，周健国等去岁六月欠伊干婿王登梯银两，控在捕府台前，押追保逃。”

捕厅 巴县典史。也称“捕衙”。乾 975“伊等教唆文亮、三元等分头出控蚁，在捕府、左堂、捕厅。”

不场 没有出现在协商地点。同 6940“又约同到接龙场万天宫，神地公论，殊不惟刘韫山等弟兄不场。”

不耳 听不进。乾 1020“蚁屡劝诫不耳。”

不依 不听从。同 7060“过后，他母亲查知，捏说小的萧碧山唆使，以致杨戴氏不依，才把他长子杨光明并小的萧碧山、钟孝三具首在案。”

栽诬 嫁祸罪名。同 1443“媳弟干喜元阻葬，栽诬殴毙，吓搕给银方休。”

参吏 就任胥吏头目（典吏）。同 14646“又敏政前接书会银一千两，伊作参吏之需。”

仓谷 储备用的谷物。同 14405“前赴木洞镇，装运仓谷，来渝交卸。”

册名 县的土地黄册上登记的名义人姓名。同 14592“蚁祖辈业，载条粮壹钱七分，册名瞿国贤。”特 63 页。

茶房 县衙供应饮茶的部门，由衙役轮流交替工作。乾 683“充宪天茶房之廖正坤。”

查起 查出。乾 2437“希即添查协拘伙犯谢正元、唐恒益并查起接买赃物之原赃茧绸到案。”

差钱 徭役的分摊钱。同 14407“认帮龙隐镇临江门差钱，立定规约，数年无紊。”

缠讼 诉讼纠缠不止。同 1695“故此缠讼不休。”

解送人犯时，出发地衙门发给最终到达地衙门的文书称为长文，解送途中衙门的文书称为短文。同 145“沿途赏给口粮壹分，长短公文各一角。”

场 市集。同 1972“今年五月十一，小的赶场拿有黄膳回家。”

抄白 副本，抄本。同 7435“抄白约具……”

抄粘 附上文书抄本。同 8172“凭证甘书退约抄粘。”特 197 页。

超度 给死者做法事。同 1437“断令张贵安帮给尸夫张启安超度埋葬钱二十千文。”

超荐 与“超度”同。同 1443“令蚁等父子与冯成廷超荐。”

潮毛 质量低劣、数量极少的金额。财上 339 页“倘有包揽代纳，以潮毛抵赖者，许该柜扭禀，以便从严究惩。”特 34 页。

扯 （1）拉扯。同 14617“打伤两腿，扯落发弁一仔。”（2）当作自己的东西。同 7882“私扯银一百余两，经收数载，亦不算帐。”

掣 拉拽、控制。同 14652“掣揹合约不交，遂致银悬未给。”

成银 高纯度的足银。同 14507“议成银五百五十两，尚未足交。”

呈递 提交文书。有时也会在退回文书的情况中使用。同 6940“因前县未讯，亦应声明逞递，乃恃身列胶庠，瞒案岐控。”

承抱 当养子。同 6978“去年，小妇人投凭族戚，承抱夫弟次子开甲、以接宗支。”

承耽 担保。同 3540“当有雷兴隆、李洪太们承耽。”

承值 做值班的工作。乾 2913“有刑书彭星灿，凭王步英、杨作梁等，索去蚁钱一百四十文，承值与蚁送案。”

埕 十分之一。同 6940“着照四百六十石租，分作十埕，以壹埕帮助刘元庆作为养老之资，以一埕帮补刘元坦还债。”

冲公 与衙门交涉。同 6940“其中有违命作奸者，或父母许弟兄执约禀官，发银贰百两，壹百冲公，壹百以为送官费用。”

仇角 因恨引发争执。乾 683“廖德章素与蚁仇角切齿，绝其往来。”

出伙 从合股经营中退出。同 1509 “去八月，已经出伙，嗣荣山、春山伙挖，与无涉。”

出贴卖帖 张贴出售广告。乾 1837 “房室又不腾移，仅将铺房出贴卖帖。”

楚 清楚明白，彻底解决。乾 2913 “去今两年，品山欠租谷九石五斗不楚事小。”

戳记 印章。同 13013 “州同证上并无品级戳记。” 特 92 页。

存房 保管于衙门内。与 “存案” 同。同 6978 “现存产业红契存房。”

存状 提交给衙门 “存案” 的诉讼状，为了日后作为证据而要求保管的文书。同 6833 “具存状人崔敦五。”

措 筹措钱款。同 6278 “李郭氏邀会当业，措银二千余两，交明清楚。”

搭棚 搭建棚子。“搭盖棚厂” 的略语。同 1373 “窝招游勇沈痞二估来业内。搭棚鸠踞。” 特 131 页。

担承 担保。同 3540 “据伊控蚁担承，岂以信口为凭，不以红票为据。”

胆 大胆地。同 7086 “胆欺氏老迈，窃氏之名，翻首湖亭等存□，稀图抵审。”

当 （1）当场。同 3463 “陈光举邀同兄弟陈光寅们，估把他膳银六十两拿去，当投陈仕长们理说。” （2）作抵押。同 14664 “前年请中已将房土转当伍老太。”

当家 执行一切家事。也用于担任寺院住持的情况。乾 2913 “后僧天一当家。”

盗口 窃盗犯入侵的出入口。同 1855 “本月廿一日，小的刘玉往乡查看盗口，被窃属实。”

抵赖 刁难狡辩。财上 339 页 “倘有包揽代纳，以潮毛抵赖者，许该柜扭禀，以便从严究惩。” 特 34 页。

抵塞 搪塞。与 “搪抵” 同。同 1723 “蚁并无掌银情事，系伊畏咎诬赖，伪造抵塞，情真。”

底金 基金。同 14507“就文会底金备银，照数□顶，另招佛僧，还规正庙。”

点货 清点商品库存。乾 1871“十八日开帐，十九日点货。”

点卯 查点胥吏确认出勤。同 85“一遇点卯。”

店底 店内所有商品和钱款。乾 1871“店内余货店底算来。”

店保 歇家做身份保证人。同 85“书弁取具妥实店保。”

垫款 垫付款。同 14405“各家垫款虚实，悉作捐□。”

垫项 填补的款项。同 13953“垫项不认，掯租不纳。”特 129 页。

顶 代替他人，接替。同 14507“遭棍姚合顺勾引女僧，蓦顶庙业，实污圣庙，遗害地方。”

顶参 胥吏交付了顶参银，就任胥吏头目。顶参银被充作衙门的运营费。同 14646“书自同治六年顶参。”

顶打 接替使用。同 3540“其有顶打家具、器用、床铺、被条。”

顶首钱 为了接替他人的位子而支付的钱。不仅指买下胥吏的位子，也用于佃户的押垫银。乾 2926“陈西荣、西钊收回顶首钱贰拾千文整。”

丢跌 降价，价格下降。同 2139“中劝伊买图贱丢跌。”

斗市 米市。同 877“开设斗市，集卖杂粮食米。”特 93 页。

斗息 米市在米的交易过程中抽取的收益。同 7882“当酌分斗息，随时抽偿，□公私两有稗益。”

渎 滥诉。接二连三地提起诉讼。同 6940“今六月，蚁以霸吞朦塌上控刘元晖等于府辕，批录，应遵曷渎。”

赌禀 将诉讼坚持到底，以威胁对手。同 14523“屡寻取计，反凶赌禀。”

端公 男巫。乾 39“仍不时稽查啯噜匪类、赌博娼妓、私宰私铸、邪教端公、凶酒打架以及外来面生可疑之人。”特 32 页。

耳圈 耳环。同 8636“周俊即以耳圈一支向文易氏换油二斤使用。”特 92 页。

发家 积累家业和财产。同 6940“同治元年，母亲因前做厂发家。”

罚帖 承诺受罚的保证书。同 14407“凭团理处，认罚免赔，罚帖审呈。”

翻控 不服判决，重新提起诉讼。同 6940“是以录叩唤追，蚁愿伊前翻控之万山等到质。”

方圆 一块完整的土地。同 2132“昔年熊兴发买过孀妇田业半股，孀妇负债，请中任廷海们为中，把这半股田业卖与兴发，以成方圆。”

防堵 防备。同 14523“叠次经费防堵，尚不敷用，屡经众算，注帐朗凭。”

房书 胥吏。选下 305 页“许令房书查明，加具附禀，准其复用。”

分关 家产分割的凭证。同 13996“每人应分产田谷一百□十石，各房分关可凭。”特 128 页。

封篆 因年末工作结束而停止办公。同 3463“当经封篆未票，兹届开期，合行并票差唤。”

否 究竟怎么回事。同 14512“否被邪教笼洛惑入，今三月恩补查获，笞责笼架，罪孽自遭。”

否何 与“否”同。同 6833“殊逆媳同孙正位，否听何唆，私加押银一千两，犹将租谷扫卖。”

服约 承认做过坏事的保证书。同 145“案鳞服约无恶不作之蒋玉田即蒋恒兴。”

附卷 放进某件案卷中。同 14713“附卷备册，免后肇讼。”

覆 （1）回答。同 85“卑县详覆单发刑书程联三、讯问无指官撞骗情事。”（2）第二次的，再次的。同 1443“谕令呈递拦验，再行覆讯。”

该 （1）相当于。同 14625“因团内张昭宴、张老三弟兄五房各收租三十□，叠次派伊连年共该谷拾捌石，屡向理讨，颗粒不给，犹敢把持。”（2）有欠款。同 2139“除招佃，下该银壹百九拾两不给。”

干租 田租。乾 1033“田伊佃耕，议每年干租钱十六钱文，当约确据。”

赶集 去市场。同 6978“小妇人父亲王朗山赶集，会遇夫弟。”

赶船 乘船。同 1443“同小的熊玉贵赶船各自回家。”

告状 新案的诉讼状，与禀状相比“告发”的意味更强。同 1723“具告状民罗均安。”

各炊 别居，分家。同 3393“不以氏为母，忘氏勤劳教养，绝氏养膳，逼氏各炊。”

各爨 与“各炊”同。同3463“民父分民弟兄各爨。”

跟要 要求一并传唤。乾1056“为此禀恳仁宪赏差，拘集保户黄经等到案，跟要樊文彩等严审法究，追给银两。”

公俸 税役。同6940“所有公俸仍照弟兄作派，长幼无得异言推诿。”

公干 公务。同145“事关公干，未敢擅专。”

公冗 公务繁忙。乾1837“蚁等见有大差，仁宪公冗。”

公省 因公务去成都出差。“因公赴省”的略语。乾2926“璧主公省，赴报无门。”

公账 合股经营的共同账目。乾1871“小的支用过公账钱二千二百三十五文。”

估 用强力……占据。与“佔”同。同14523“不料，孔贤恃富藐签估措。”

隔团 别的团练。同1855“被隔团的赵狗儿、赵大同、补差刘大鼻子、周头们来他家里，把他衣物搂去。”

挂数 写明数字。乾1871“是潘宗贤照簿叫数，小的钟元斌打算盘，小的赖田庆挂数。”

关还 决算中向每股返还红利。同3540“每年清算，关账关还。”

关唤 发关文传唤临县的人。同14679“今正，蚁以乘阒撞害控，准关唤。”

关拿 发关文逮捕临县的人。乾2437“备文广安州关拿唐恒益并起原赃茧绌，到案质讯。”

关提 发关文跨县提人。同1630“先沐恩谕，与蚁石砫关提。”

关田 家族共同所有的未分割土地。同6940“因生母陆续积买三百余石，关田未分。”同6940“殊刘韫山、刘辅臣串将佃约揭出，私分关田。”

关约 家产分割的凭证。同6833“氏夫兄等分爨，各邑关约管业。”

官攒 胥吏。乾1873“官攒即将凌灿章具控廖日信卷宗检齐封固，□本县，以凭查讯。”

官斗 开设米市所要使用的官府发放的量器。同7882“该寺于嘉庆年间，发有官斗八张，扬量过江米石，打取息米，以资焚献。”

啯噜 四川省的无赖、游民群体的称谓。由外地流入的下层民众融入本地出身者所构成，涉足各种犯罪。乾 39“仍不时稽查啯噜匪类、赌博娼妓、私宰私铸、邪教端公、凶酒打架、以及外来面生可疑之人。”特32 页。

过交 递交。同 7699“他就挟忿，串张汉亭们，押搕熊芝田钱十三千，经杨丰顺过交。”

过手 交付。同 13996“殊文江父子套佃过手，延今抗租不纳。”特128 页。

过硃 知县签字认可。同 3463“其有陈光举另立领约，当堂过硃。”

行用 牙行收取的中介手续费。乾 1873“差繁，行用不敷。”

号 银号、票号。同 6940“慨交母亲存号，掌放生息。”

皓 小港。同 14402“蚁道荣当古龙门皓小甲。”

合面 身体的背面，趴着的一面。同 1437“合面，发髻脱落，周身发变，余无故。”

红呈 新任知县到任时为示恩典，不问放告（准许呈递诉讼状的日期。通常是带三和八的日子）日期、状纸格式受理诉讼状，被称为“红呈”“红禀”。同 2132“计乘仁天荣任，伊以红呈录禀蚁在案。”

红票 钱铺发放的借据。同 3540“央借蚁铺一千余两，红票应兑。”

红契 到县申报土地登记后领取了契尾附件，缴纳了契税的契约。同 3463“谕赶陈仕长到案，缴出原先红契，给领银两。”

红银 纳税手续费。同 6940“十年，继祖母同生母来栈，撑持外务、乐输、上粮、税契、红银、讼费。”

后娘 继母。同 3463“否逆等吼称氏系后娘，一局欺灭。”

花费 消费。同 8232“将银花费。”特 200 页。

会 （1）标会式的银会。同 6278“李郭氏邀会当业，措银二千余两，交明清楚。”（2）庙会。同 14592“蚁将派纳钱文交给会众牛轩三、白明汉、余立山、蓝恒春等领吞，骗粮不上。”特 54 页。

活证 活证人。乾 1857“现属活证。”

活质 与“活证”同。同 14625“团众活质。”

火食银 生活费。同 8484“今蒙审讯、王天佑该欠小的火食银属实。”

伙计 经营合股。乾 1056“去十月廿日，有开万盛钱铺伙计樊之贵，买蚁纵细，现兑银廿两，下该银廿六两二钱。”乾 1869“王信、王佩，伙计在行串弊。”

伙账 合股的账目。乾 1869“因伙账不清，宗贤投经街邻廖宗达等理论。”

计开 逐条写明。乾 2286“计开被禀张九锡、胡贵先，干证王杰、王宇生，石光月，照出张乾元、卢林、陈刚、熊贵，原禀张占魁。”

架 凭空捏造。同 14179“颠架以恶欺估霸控蚁在案。”

剪发 剪断头发。对女性而言是一种抵抗的手段。同 8232“遭夫逼贱，情迫剪发。”特 200 页。

贱 妓女，卖淫行为。同 7811“将金氏交身夫妇领回，择户另嫁，不得作贱。”特 197 页。

箭许 一箭地的距离。同 1437“宅后箭许有古墓数冢。”

交人 将人犯送交。同 3540“前蒙审讯、把小的锁押交人。”

交卸 移交完交替。乾 35“又未交卸。”

胶庠 学校。同 6940“刘平臣身列胶庠，与刘韡山等叔侄，素和无异。”

缴 （1）退回文书，或令其退回。乾 3010“奉批、仰即饬刘粹庵、刘璧、刘智、刘世位、刘顺、熊同潮、熊同海……个月，满日重责发落，余如详饬遵，仍令出示，凯切晓谕，毋许再行奉教诵经，倘再违犯，察……不贷。此缴。”“既经控县断追，仰县即勒限追缴给领，毋任宕延滋讼，词发仍缴。”（2）缴纳。同 6978“沐断，生兄妾王氏将剩业契据缴房，业交生管，限十日搬乡。”

较 计较，争论。同 1972“隔母子寫远，屡次嫌尅难堪，俱忍未较。”

接买 “接”有承接的意味。在有亲族购买土地的案例中，表示同族人优先购买土地。同 6978“伊族有人接买。”

揭 交付契约等文书后，变更关系。同 2139“今卖此业，并老契，抗不允揭。”“随以万仁、万彩原当约，揭交甫然等领执。”

揭搬 解除租佃契约后赶走。同 1855“断辉亭将心才揭搬。”

揭本 借本金。乾 1873“蚁等揭本，贩磁来渝。”

揭帖 招贴、传单、信札等为了公开发布用的文书。同 85“嗣后有拿散匿名揭帖及在各衙门投递者，务当查获投递之人，按律治罪。”

截角 将文件的一角剪下，表示已使用。乾 1857“今民等买铜，领有行票，经过宜宾炉州，验乞截角，种种可验、非私铜可比。”

藉 以此为托词……同 8484“兼被蠹差李忠、熊彪藉押、勒搕蚁钱六千。”

经厅 重庆府经历。乾 1857“民以诉明查取假造图记禀送经厅姜主。”

局 设圈套欺骗。同 3512“本月十三覆讯，伊等局供，狡混行引四十一张。”

圈套 陷阱，计略。同 14679“殊伊做成圈套，买痞陈长盛等中途吓逼。”

卷 偷了带走。同 7365“合顺买衣交周氏抬诬蚁卷教堂之赃。”特 198 页。

军需 交付给军队用的徭役负担。乾 3018“有乡约张文升协差催收蚁等军需，理应照股派纳，俱遵出银。”

开 （1）逐条写出。乾 2286“计开被禀张九锡、胡贵先，干证王杰、王宇生，石光月，照出张乾元、卢林、陈刚、熊贵，原禀张占魁。”（2）支付金钱。乾 2437“他说在外讨账，到二十日，开了小的三百文。”

开单 在审单（审问的清单）上登记有关人员的姓名。同 14679“辅臣在辕前禀之案，人证齐集，已经开单送案。”

开期 开始新年的工作，重新受理事务。同 3463“当经封篆未票，兹届开期，合行并票差唤。”

开消 解雇。同 14614“去腊，三合、正益将蚁开消。”

开销 结清付款。同 6940“凭族嘱兄等，将存银还生，开销外帐。”

扛 （2）结帮……同 14522“切丁粮国课，胆敢忿统扛，党夯殴差，情法难容。”（2）抬起。同 1437“沐饬扛抬妻子尸身相验作主。”

扛帮 结帮，结伙。乾 2913“伊串邹钦若等扛帮公禀。”

扛骗 结帮诈骗。同 6940“逆抗不前，反肆凶辱扛骗，凶伤沉重不测。”

扛抬 抬起。同 1437“沐饬扛抬妻子尸身相验作主。”

搕 狠夺。同 14523“把小的用元押在焦恒泰栈内，搕去钱六千八百文。”

掯 强行……同 6978“今虽断明，贿弊改供，踞城不归，掯契不缴。”

口岸钱 住宿费。也写作“口案”。同 14523“票差来乡，系在小的栈内，共该口岸钱七千文。”

拦 阻止诉讼。同 8636“周化南以事甚细微，即邀约周明朋等，向何辅臣拦劝。”特 92 页。

拦截 阻止。同 14407“否被裴小甲等拦截凶伤。”

老册 过去的簿册。同 14646“钱粮积欠肆两之谱，老册朗凭。”

理剖 判断正确与否。同 108“必先凭团族理剖。”特 95 页。

理清 弄明白。同 13996“投凭族证验对明确，理清息事。”特 128 页。

理问 讯问。同 13996“理问，恶霸反妄称系伊膳业。”特 128 页。

连环的保 承担连带责任担保。乾 1630“并取永祥连环的保，同差踊缉。”

粮票 纳税凭证。同 14554“始肯还蚁粮票。”特 61 页。

两现 现金支付。同 8763“有黄义顺欲买，托经纪蚁长兴，向蚁有兴议价承允，原言两现。”

笼 监禁在笼中示众的刑罚。同 14512“否被邪教笼洛惑人，今三月恩补查获，笞责笼架，罪孽自遭。”

拢 （1）靠近。同 1972“邀蚁等拢看，吼称要银百两，伊自安埋。”（2）到，至于。同 10833“拢彼差等说出刘六诬扳寄银，始知误换贼赃。”

搂 夺取。同 6833“侯国瑜、国璧统人毁仓，估搂氏存租谷廿八石。”

漏 侵占并使其损失财物。同 2132“故翁于嘉庆年间卖田摘业，立有摘约，何为漏界。”

录 将这之前的内容再次抄写，复写。同 3463“光应等情亏施奸，藉控陈仕长卖买讯结之案，捏抵烛奸。批录。”同 3393“录叩唤究，伏乞大老爷台前施行。”

轮班 书役轮流交替工作。同 14646“今值轮班，书未齐集。”

轮船 船体装有轮子的船。同 14405“木洞镇十五轮船，讦讼不休。”

轮子渡夫 轮船的艄公。乾 1630“蚁在黄葛渡轮子渡夫生理。”

满班 书役轮班工作时间结束。同 14646“今正满班。”

卯簿 胥吏的出勤簿。同 85“卯簿贴签，有发县字样。”

门役 看门的衙役。乾 683“蚁堂弟廖正魁昔充案下门役。”

藐 侮慢……同 14179“蚁叠催差，伊仍藐抗。”

磨对 检查文书有无错误。同 85“均各派有专司，如缮就，即交磨对之书对清。”

蓦 突然……同 14595“蚁等以霸伐蓦卖控高孝和等于王主。”

眸面 见面。同 8484“查验杨兴贵并眸面，无凭开阅。”

拿散 散布。同 85“嗣后有拿散匿名揭帖及在各衙门投递者，务当查获投递之人，按律治罪。”

奈 无可奈何。同 6978“奈仍霸害。”

挠夫 船工。乾 2437“同船挠夫谢正元起意。”

排解 仲裁、调停。选下 305 页“一切鼠牙雀角、钱债细故，允当善为排解，毋使滋讼。”

赔奁 嫁妆。同 6940“娶梁氏赔奁首饰拜钱。”

棚厂 搭建的棚子。巴县档案中，多用于验尸的棚子。同 1695“为此票仰该役前去，协同约保，速即搭盖棚厂。”

蓬船 有顶篷的船。同 14407“因底金不敷，团众议立蓬船，揽载客货。”

批发 写批向原告宣布准与不准。另外，批示会转给各房的负责人。同 14162“未沐批发，应不烦渎。”

批准 被受理在衙门审理。同 14512“今春生等以违霸害粮禀县，批准。”

票差 让其带着写有委派书役名字的票差遣。同 3463“沐恩票差书等，正在往验间旋。”

平白 凭空捏造。同 1855“遭不法赵狗儿等平白诬马文氏为窝户。”

平架 与“平白”同。乾 1857“不料，伊包藏祸心，本月廿三，平架背义网利事控蚁名为刘廷选在案。”

剖 判断是非。同 108“必先凭团族理剖。”

谱 约略，大约，程度。同 6278“夫弟李庭仲恐氏母子后祸，凭众议明，只足二赔之谱。”

欺调 欺骗愚弄。同 7699“屡次在团，欺调良善。”

岐控 向各处的官府递交诉讼状。同 6940“尔等瞒案岐控，均属逞刁，着能候戒饬，以儆效尤。”

契格 契约的模板。选下 305 页“限内果能查照前案所发契格。”

契税 签订契约后缴纳土地登记税。“立契投税”的略语。同 2139“立约承交契税。”同 7086“萧朱氏所卖分受田业，已价明契税。”

卡 （1）监禁在卡房（拘留所）。也有表示看守人住的小屋的情况。同 14512“永兴锁押来辕卡禁。”（2）从四面八方勒紧压逼。同 2132“熊兴发卡买业，勒缩价值，措不立契。”

签差 选择差役。同 2030“签差范成。”

签票 登记了书役等派遣人员名字的票。同 14554“四合翻禀，签票反出，塌翻显然。”

清 清楚明白，完全解决。乾 2922“欠租不清，氏具词投鸣地方。”

屈 使其做不想做的事。同 2139“去腊，央中屈蚁承买保家。”

权 “权管”的略语。代为掌管。同 6836“勒令德寿帮工□养，权租卖银花销，无帐核算。”

让 免除。同 13705“蚁扮租二十石，余求让免，不允。”特 129 页。

热服 服丧期间。同 14679“九皋乃敢乘外，热服抄毁，情理奚容。”

认约 认可了所写内容的保证书。乾 1033“在天、公万允收甫然等四名抵当认约执据。”

荣任 知县等上任。同 14523“恩主荣任。”

三府 对巴县典史的称谓。乾 1033“小的才在三府具控唐万仁阻耕毁犁的。”

扫 全部，完全。乾 683“锦章乘蚁偕妻岳家，杻锁搬入，钱谷任费，约据扫窃。”同 6978“今现中中，扫卖田业。”

缮就 制作好文件。同 85“均各派有专司，如缮就，即交磨对之书对清。”

稍船 稍与“艄”同。用舵的划船。同 14402“蚁子刘四拿稍船，装十余人。”

生息银 普济堂、书院等投放到钱铺、典当商的钱，取息还本的资金。同 863“书因申解帖课、并采访，及锦江书院生息赴省。”特 60 页。

时市 市场价格。同 2132“彼此争执，令祝心田他们出外，照时市秉公议价成交，以免缠讼拖累。”

事主 被害人。乾 2286“旋即以差役索钱上渎府宪，明系恃事主以健讼拖累计，殊属可恨。”

收押 拘禁在县监狱。拘禁在卡房或歇家时称为“差押”。同 85“仅发十三人下县收押。”

守法 服刑、安分。同 1855“同治六年，氏子因盗案在渝守法。”同 1855“前既沐委责枷，现遵守法。”

首状 亲族内诉讼时所使用的诉讼状。同 14652“具首状人牟双发为逆恶难容首拘法究事。”

殊 究竟怎么回事。同 6978“殊炳南等乘批，坚唆定臣抗案。”

鼠牙雀角 吵架之类的小纷争。选下 305 页“一切鼠牙雀角、钱债细故，允当善为排解，毋使滋讼。”

税红 到县办理土地登记时的税金。同 4185“断尹宜之缴出户房帐簿，核算税红银两并氏夫箱柜衣物。”

说合 谈判达成协议。同 8077“身始叠向照南再三曲劝说合。”特 200 頁。

私宰 未经官方许可宰杀家畜。乾 39“仍不时稽查啯噜匪类、赌博娼妓、私宰私铸、邪教端公、凶酒打架，以及外来面生可疑之人。”特 32 页。

私账 合股经营中的个人账目。乾 1871“公私账务均交宗贤经营料理。”

司主 木洞镇巡检司。同 14162“现被梁春芳以逆恶凶骗首迎龙于木洞司主。”

送案 将人送交衙门。同 14679“伊勒差朱超来逼送案。”

送卷 将某件文书送到衙门。同 14679“逼要同行送卷。”

送审 送往县堂准备审问。同 14512“生等来辕送审，始有房书数人，顶认清斋等名送开。”同 14162“役等以待本月初六长林等催要开单送审，役派散役高顺往向辉之要人。”

诉状 反诉、答辩时所使用的诉讼状。同 14652“具首状人牟双发为逆恶难容首拘法究事。”

算账 清算账目。同 7060“今蒙审讯，饬令两造差押算账，再行结案。”

塌 设诡计……同 6978“朦送过硃，塌示不出。”

抬诬 捏造冤案来告状。同 7635“合顺买衣交周氏抬诬蚁卷教堂之赃。”特 198 页。

弹钱 赌钱。乾 1020“纠串王文魁、萧大成、邓洪仁等打牌弹钱，无分昼夜。”

搪抵 搪塞。与“抵塞”同。乾 1033“妻卢氏捏禀搪抵。”

堂事 县堂事务。同 14646“敏政派书等经理宅门堂事公件。”

套 骗其做……同 14162“架以套卖吞捏翻控案外无辜梁东堂，并株氏夫在案。”

提 传唤，带走。同 6305“冀提达庵到质攸分。”

提比 把人带到衙门来追缴。同 8484“沐把他锁押，限十日如数缴清，如逾提比。”

天境 县的管辖地域。乾 1630“初五日，沐恩，票差役等天境，严加踹缉。”

填格 填写尸格。同 1972“仰巴县，即集人证验讯明确，照例填格录供通报。”

填桶送署 将文书放进转桶内送至内衙。同 85“始交承发房核对明白，填桶送署。”

厅主 巴县典史。乾 1843“讵遭建安于十月二十五将蚁租永治耕牛四只牵去，永治随控厅主，唤讯。”

通报 向所有衙门汇报。同 1972“仰巴县，即集人证验讯明确，照例填格录供通报。”

通关缉牌 允许越境逮捕犯人的牌。也可简称为“关牌”。乾 1630“为此恳恩批饬恩书，即送通关缉牌，并取永祥连环的保，同差踹缉。”

透 与“透漏”同。同 7086“殊元芳昔年透朱氏契约一纸。”

透漏 侵占使其损失财物。乾 683“二逆辙杻锁入室，透漏米谷约据。”

图赖 找借口威胁，或抵赖。乾 1857“伊即以藉端图赖狡抵。”乾 1033“唐万仁、唐万彩该蚁等当价钱捌拾千不偿，自焚茅屋图赖。”

推船 航行。同 14402“蚁白伦在该渡推船。”

拖累 案件拖延而受害。同 2132“彼此争执，令祝心田他们出外，照时市秉公议价成交，以免缠讼拖累。”

拖延 “拖”指拖拖拉拉。延长案件。同 8484“殊逆拖延，分厘不缴，腊底案销。”

驼 用家畜驮运。同 8763“但周麻子驼硕米，日后禀究。”

挖补 删去或添写文书上的文字。同 85“把文书挖补。”

外批 契约中的补记内容。同 1695“外批。青峰寺倘有山主族内人等，或有另招别僧焚献，寂一所备出，以揭前僧费用钱文，俱要如数交还。”

外债 从别处借的债。同 14523“害蚁等挪垫外债，追逼难偿还。”

外账 应收账款。乾 1873“外账又难收讨。”

委讯 由知县委任的典史等佐贰官来审问。同 3463“本月初五日，委讯，惟谕具结。”

委主 典史等佐贰官被知县委任负责审讯时的称谓。同 2132“今委主审讯问，谕令小的们出外，与他们两造，照时市秉公议价成交，以省缠讼拖累。”

未准 “准”与“不准”的中间阶段，衙门暂未处理的阶段。例如，不传唤到衙门，交给团练、亲族等进行调停。同 6833“藐批未准。”

闻音 收集信息。乾 1630“役等闻音，查至对河黄葛渡。”

无出 没有孩子。同 3463“民等生母早故，续娶继母彭氏无出。”

下该 有亏欠的钱，有欠款。乾 1056“去十月廿日，有开万盛钱铺伙计樊之贵，买蚁纵紬、现兑银廿两，下该银廿六两二钱。”

闲亡 无赖之人。同 14507“害遭地棍周文榜、闲亡李长顺、李聘三搕银。”

锁押 手脚用戒具连接，拘禁在卡房。此外，也有被拘禁在歇家的例子。同 14512“毛永兴锁押来辕卡禁。”同 3540“蚁锁押在店。”

小甲 船帮的头目。同 14402“蚁道荣当古龙门皓小甲。”

歇息 住旅店。同 8636“兼往来客商歇息不便。”特 95 页。

写田 订立土地契约。乾 2913“本月初七，蚁往璧山写田。”

卸篆 离任。同 14523“迨后，张主卸篆未讯。”

信赶 用信告知。同 7096“氏女逃至报国寺，剪发轻生信赶。”特 233 页。

信口 胡说八道。同 3540“据伊控蚁担承，岂以信口为凭，不以红票为据。”

悬牌 张挂粉牌。同 14405“俟今正开期，悬牌招募，禀候核夺。”

血本 本钱。乾 1871“如今反说是否各出本钱五十二千，图赖小的血本铺子。”

寻拼 找出来拼命。乾 2286“踊入蚁家，刀持寻拼，蚁非跑逃走，性命莫保。”

讯夹 夹棍拷讯。乾 1056“十三日，蚁归赴案，被宪讯夹。”

压 掩盖，隐蔽。乾 2913“更听稿书李明道串嘱，胆将蚁伤单呈词币压。”

压色浮收 通过低估银钱比价，多征收税款。财上 339 页“该柜书等亦不得压色浮收。”

押卡 拘禁在卡房。同 10705“捉获杨显万、杨如佑、杨酉送讯，分别责惩押卡。”

押银 租佃土地时的押租。同 13996“私取押银一百五十两吞用。”特 128 页。

烟土 鸦片原料。同 3540“李永兴买袁清泉烟土，彼即议定价值，当交定银九两零，约定二十三日兑银交土。”

央 求。同 2132“孀妇央请陈希发、祝心田们为中，作成熊兴发承买、议价银六百两。”

仰面 身体的正面，仰着的一面。同 1437“仰面，面色平，腐滥，两眼睛腐滥，口下腐滥。”

腰店 开设在镇与镇之间的乡下店铺、旅店。乾 1020“至今文榜在业内，大路傍造一腰店，名为小贸，实则聚赌。”

一局 设圈套欺骗。同 14162“后孝串众账主，一局翻根不认。”

一载 用船装运往返一次。同 14407“每日只许装客一载来渝，不装上货。”

移解 发移文解送人犯。乾 2437“赐文添差，移解过县，以凭讯详。”

蚁 普通百姓在诉讼状中的自称。咸 3001“蚁问辉山揭出借约。”特 94 页。

义渡 非营利目的，为助公益而善意设置的渡船。有收取船费的，也有不收取的。同 14407“生等童家溪码头，捐设义渡船只。”

扻 缴纳。同 6833“氏知清理，往扻膳谷。”乾 683“及蚁向催特生租谷，照市分扻。”

预印空白 预先盖好空印，之后将必要事项填入即可的文件。乾 3010“合填预印空白檄行。”

原中 原来的中人。同 14563“恳请严惩乡约、原中，勒赴方秉慎力催。”特 62 页。

在场 当场。来到现场。汇 194 页“凡我乡雀角微嫌，遇伊在场排解。”

造写 伪造。乾 1871“有凡行是小的造写的。”

摘 一部分。同 2132“故翁于嘉庆年间卖田摘业，立有摘约，何为漏界。”

宅门 在知县居住的官邸，幕友、门丁、门子处理事务的地方。同 14646“敏政派书等经理宅门堂事公件。”

宅门堂事公件 宅门内的文书、县堂处理的事务等。同 14646“敏政派书等经理宅门堂事公件。”

粘 附上文件。同 7826“另单粘呈。”

佔 用强力……占据。与“估”同。同 2132“任廷光听棍任廷海、任仕顺主使，挖蚁树头，争占界畔。”

站房 旅店。乾 1056“缘蚁遇兴盛站房，贩卖纵细生理。”

站客 旅店的住客。同 3540“切永兴系兴隆站客，谅必知其来往。”

栈 旅店。同 14162“九月十八进城，往东升栈，同李开顺、唐立春在彼。”

掌放 贷放钱款。同 3463“拿去小的光举掌放银六十两，把领约揭还。”

掌责 打耳光。同 3001“沐把他掌责收押。”特 94 页。

帐 欠款。同 14402“仮称躭承熊新顺帐，逼勒立约。”

帐项 欠款。同 863“即令金焕章照数缴还，以清帐项。”特 61 页。

账主 债主。乾 1857“诬告云弟等支使账主追逼。”

招兑 代为支付。同 1818“今天泰业卖余春亭招兑押银，尚未过结。”

招还 代为还清。同 1033“又令卢玺招还伊钱。”

招解 将犯人和供状解送上级。同 85“招解徒犯石得备，因与唐吴氏通奸败露，致令羞愧服毒身死一案。”

招帖 告示，布告。同 1855“本月廿四日，得见溪沟中有死尸二个，约离半里许，无人认识，出俱招帖，俟人认领。”

招主 将主人牵扯到案中。乾 2913“僧恐贻累招主，故于本年八月内，向伊退佃搬移。”

照 凭证。“执照”的意思。同 13013“当即追缴部监照三张查阅。”特 92 页。

照出 在文书中摘出。乾 2926“并照出王大忠、王正坤未曾移解来辕。”

照厅 江北厅照磨。乾 1019“经照厅柴主，审实公荣等赌博，将公荣等杖惩。”

折本 损失本钱。同 6940“同治元年复贸，命生经理，折本一千七百余金。”

折责 折算杖数来科以板刑。乾 3010“应各加枷号两个月，满日折责发落。”

支 唆使其做……同 1723“支他房族谢先山们来家肆师闹。”

支连 牵扯进案件。乾 1857“冤遭周健国捏控支连，未敢遽行旋。”

支使 与“支”同。乾 1857“诬告云弟等支使账主追逼。”

值补 当班的补役。乾 2437“批着值补先带该坐坊捕役，重行责处。”

职员 有官员资格者的自称头衔。同 7882“兹选得从九胡作焕者，（中略）为此札仰该职员胡作焕（以下略）。”同 6305“该原呈词称职员，调验部监各照，均不相符。”特93页。

只得 不得已……同8484“惨蚁年迈孤独，乏费难生，情情莫何，只得录叩唤追，沾感不朽。”

众剖 仲裁、调停时大家一起判断是非。同6940“复投族理，众剖以关业与生，收租三载填偿。”

株 案件株连。同1855“小妇人与杨兴发，不应听信陈辉亭唆摆捏报，株累无辜。”同14162“并株氏夫在案。”

硃点 知县签名认可。同7882“堂讯将僧垫银清单，硃点朗凭。”

主摆 也写作“主使”，教唆的意思。同14713“伊子玉奎权管，听族内恶棍秦月山等图肥主摆，欺氏孀居子幼，霸吞银钱租谷会项。”

抓扭 扭打在一起。同8636“彼此口角抓扭。”特92页。

转佃 再次转租租佃土地。同13996“伊子李应益反将蚁业转佃石如海。”特129页。

庄 田地和房屋的合称。乾683“锦章叠欺孤幼，踞庄透约，诓估钱米。”

装送 装配了发送。乾1630“伊女婿钟永祥并陈文林，船只装送下游。”

撞 欺骗……同6978“殊月亭图霸未遂，串撞行贿。”

资斧 报酬，津贴。咸112“乡约资斧无非取诸地方。”特32页。

字约 保证书。同9586“身知情亏，俯礼哀乞甘书永不妄捏字约一纸，与众存据。”特96页。

走边 围着土地转一圈来确定买卖的四至。同6978“中等妥议价银六千五百两，并议走边书，尽银五十两，立契投税。”

祖宪 重庆知府。同14679“继沐祖宪覆审确切、押办。”

阘 挺身挤入。同14162“并非同族，阘冒套吞。”

左堂 县丞的别称。这里指白市站的分县（县衙的派出机构）。乾3018“蚁于本月初一日以逆弟掯抗首，经左堂批，仍赴宪辕具禀。”

作成 担保。“作成某某”，即成为某某的保人。同2132“去年腊月间，有那任赵氏挪负重债，请小的们为中，将他的田业作成熊兴发承买，议□□□□五十两。”

作承 与“作成”同。乾 1056“樊学文与郑学换银，小的作承，后来樊学文无银还给，连小的们都告在案。”

作主 有利于自己。同 14523“再禀作主，赏察孔贤控卷注销，批入蚁等原案，并讯质追、以免阻公。”

坐坊捕役 负责该坊范围的补役。乾 2437“批着值补先带该坐坊捕役，重行责处。”

《中国古代法律文献研究》第十二辑
2018 年，第 559 ~ 589 页

论东川德治的东洋法制史研究

赵　晶[*]

摘　要： 东川德治是活跃于明治、大正年间的学者，他参与了台湾旧惯调查，撰写了《支那法制史论》《支那法制史研究》《支那法制大辞典》等著作，可谓日本东洋法制史研究领域的开拓者之一。他认为阐明王道要义是研究中国法制史的核心要务，且为当时相关著述所缺乏，但令他始料未及的是，这一自得之处却最为此后的研究者所诟病，被认为具有浓厚的儒家说教，尚未摆脱儒者的窠臼。

关键词： 东川德治　东洋法制史　儒者说教

在明治、大正之际，日本的东洋法制史学领域涌现出三位拓荒者——浅井虎夫（1877 ~ 1928）、広池千九郎（1866 ~ 1938）与东川德治（1870 ~ 1938）。浅井氏撰写了第一种以“支那法制史”为名的著作，又浸心于中国法典编纂史研究，两本专著皆在出版不久后被译介为中文，深具影响；[①] 広

* 中国政法大学法律古籍整理研究所副教授。

① 分别是《支那法制史》，博文館，1904；邵修文、王用宾译《中国历代法制史》，晋新书社，1906；《支那ニ於ケル法典編纂ノ沿革》，京都法學會，1911；陈重民译《中国法典编纂沿革史》（上、下），内务部编译处，1919。

池氏先后出版《东洋法制史序论》（1905）、《东洋法制史本论》（1915）等专著，又致力于整理《倭汉比较律疏》和《大唐六典》，并于1912年凭借《支那古代亲族法研究》获得东京帝国大学法学博士学位，此后投身道德科学（moralogy）研究，创立道德科学研究所，声名大噪，早年的著作也在他去世之后陆续由広池学园再版或初次整理、出版。[①] 相对而言，东川氏似乎略显寂寞。本文即拟以他的研究业绩为述评对象，并适当与浅井氏和広池氏进行比较，借此展现东川氏治学的特点所在。

一 生平

东川氏1870年3月16日出生于日本高知县，1881年小学毕业，进入佐川中学分校，后因学校被废止而辍学，于1883~1886年师从伊藤蓝林、山本迂斋学习汉学（兼修朱子派、阳明派、徂徕派）；1888年赴大阪，入山本宪（1852~1928）的私塾梅清处塾，以汉学（徂徕派）为中心，兼修英学（通过英语学习的课业）、数学；1889年，成为塾长，助教汉学，并一边从藤泽南岳、菊地三溪学习经学、诗文，一边在关西法律学校学习法律；1892年在鹿儿岛开设私塾，教授汉学；1893年成为岐阜师范中学补充学校教助，教授汉学、历史、作文，并从大垣硕儒野村藤荫，研究汉语语法，从前田某学习英学；1894年，在高知县高冈郡佐川町开设私塾，教授汉学及其他科目；1897年，成为台湾澎湖岛国语传习所教助；1898年，成为宫城县知事官房秘书，并开始自学法律；1900年，辞去宫城县厅的工作，赴东京，成为富士新闻社记者，1901年被聘为根室时事新闻主笔，2年间作为和佛法律学校校外生，继续研究法律；1903年，成为法政大学校外生、担任法令审议会编集主任，并由梅谦次郎（1860~1910）、吉田佐一郎推荐，成为法政大学“推荐校友”；1904年，经梅谦次郎推荐，任临时台湾旧惯调查会法制部调查员，在台湾从事与中国法制相关的实地调查；1906年，辅助冈松参太郎进行台湾立法事业调查，并转任设置于京都

① 详见拙文《论広池千九郎的东洋法制史研究》，《法制史研究》第30期，2016年，第331~365页。

帝国大学法科大学内的调查会行政部，担任《清国行政法》编纂补助委员，与织田万（1868～1945）、狩野直喜（1868～1947）、浅井氏、加藤繁（1880～1946）一起编纂此书；1915年，因调查会京都分部撤废而移居东京，并出版《支那法制史论》一书；1916年，受调查会委托，调查南中国的教育与宗教变迁；1919年，赴台湾出差两个月，回东京后因其在调查会中的业绩而被授勋（八等白色桐叶勋章）；[①] 1921年，由冈松参太郎的推荐，赴东北帝国大学法文学部任职，负责整理狩野文库、长谷川文库；1924年，集结历年所刊部分与中国法制史相关的论文，出版《支那法制史研究》一书；1930年，出版与中国法制史相关的辞书《典海》；1932年升任该校讲师，并于3月退职，移居东京；1933年移居名古屋，直至1938年9月29日逝世。[②]

由此可知，东川氏在求学的经历上与広池氏颇为相近，[③] 都曾在私塾中传习汉学，没有接受过系统、完整的大学教育，与浅井氏从兵库县寻常中学升入熊本第五高等学校、再考入东京帝国大学文科大学的求学经历完全不同；[④] 而且広池氏走上东洋法制史的研究道路，受到著名法学家穗积陈重的影响，最后取得东京帝国大学法学博士学位，东川氏则为著名法学家梅谦次郎所赏识，被推荐进入临时台湾旧惯调查会，由此开始中国法制史的研究，都可谓是“体制外”的千里驹遇到了“体制内”的伯乐。

据东川氏在《支那法制史论·叙》中所言，冈松参太郎建议他以支那

① 受赏理由提及东川氏在调查会中的工作：东川氏于明治三十七年（1904）7月就任临时台湾旧惯调查会补助委员，供职于台湾本岛，从事旧惯调查，尤其是与本岛南部亲族继承相关的中国法沿革史的调查，就婚姻、离婚、妾、夫妇财产关系、监护、亲子、亲权等撰写了详细的报告；明治四十年以来，供职于京都事务所，在织田委员的领导下，从事清国行政事项的调查，尤其是就行政组织、官吏、内务行政、司法行政的部分进行调查，并编纂报告书，对于《清国行政法》的编成贡献多有、功绩最为显著。参见総理府賞勲局编《従四位勲四等法學博士岡松参太郎外十五名叙勲並勲章加授ノ件》（1919年6月19日施行），《賞勲局百年資料集 特別叙勲類纂（生存者）下》，1982；转引自江户惠子：《揚舟東川德治年譜考》，《法学志林》第92卷第4号，1996；补订后作为参考资料收入東川德治：《支那法制史研究》，大空社，1999，附录第31～32页注（4）。

② 关于东川氏的生平及本文的附录，皆参考江户惠子《揚舟東川德治年譜考》，附录第1～50页。

③ 关于広池氏的经历，可参见拙文《论広池千九郎的东洋法制史研究》，第333页。

④ 嵐義人：《浅井虎夫小傳》，浅井虎夫：《支那ニ於ケル法典編纂ノ沿革》，汲古書院，1977，第399页。

法制史的调查研究为终生志业，这当然也是他本人的夙愿；而后又承织田万之命，在公务之余进行支那法制史研究，原本计划以刑法史为开端，慢慢转向亲族、继承等与人事相关的一切法制，最后再研究土地及商事。然而，因台湾旧惯调查会事务终了，最终仅完成刑法史一书。而且在他看来，当时与支那法制相关的著述陆续出现，但大多是纯粹历史性的叙述，探究法理的论著则极为少见，因此他的这本专著以阐明中国法上的原理、原则为主旨。[①] 这不由得令人想起内田智雄将1905年出版的広池氏的《东洋法制史序论》与1904年出版的浅井氏的《支那法制史》相比较，认为《支那法制史》只是平铺直叙地概述官制、行政制度等的历史，而《东洋法制史序论》采用训诂学、思想史、比较法学等方法，综合地、彻底地检讨法的概念与含义，这样的问题意识与研究方法在当时是绝无仅有的。[②] 也就是说，浅井氏的撰作应该就是东川氏所谓的“纯粹历史性的叙述”，而広池氏的研究路径或许更能引起东川氏的共鸣。

此外，《支那法制史论》目录列出“第一编 刑法史论”，书末则有“支那法制史论第一编（终）”字样，由此即可印证东川氏上述学术规划，但可惜的是他终究未能遂愿。与他相似，広池氏也曾雄心勃勃地宣称：“拟倾注毕生之力，著作支那法制史。前日所刊之《东洋法制史序论》则支那法制史之序说，而解释所谓法律之意义矣。今后顺次著作将及各论。其各论则分为宪法史、刑罚史、民法史、商法史、民事刑事诉讼法史、行政法史之六部”。[③] 可惜的是，広池氏在取得法学博士学位那年罹患重病，在死生边缘对此前的学问态度作了深刻反思，由此放弃了法制史的研究，开始倡导新道德学说（moralogy），转而成为社会教育家，[④] 相关著述止步于亲族法。

---

① 東川德治：《支那法制史論·叙》，臨時台湾旧慣調查会，1919初版，大空社，1999影印，第2~4页。

② 内田智雄：《〈東洋法制史序論〉の意義》，内田智雄編《生誕百年 廣池博士記念論集（增補版）》，廣池學園事業部，1973，第330页。

③ 広池千九郎：“挨拶状”（1908.3.10），広池千九郎：《清國調查旅行資料集》，モラロジー研究所，1978，第43~44页。

④ 参见内田智雄《東洋法制史研究·解題》，载廣池千九郎《東洋法制史研究》，創文社，1983，第703~704页。

或许正是因为二者有如此相近的经历、学术规划与研究旨趣，所以他们的著作呈现出类似的治学风格。如仁井田陞认为二氏之作有共同的特征，即罗列制度，不加区别地将经典作为法律进行引用，缺乏对经典的文本批判，而且论述多为一种教条式的说教。如东川氏认为，支那法制为古圣先哲的努力所造就，支那法制的研究与儒学的研究相须而行，才能发扬东洋固有的文明，因此支那法制的研究不应止于单纯的法律制度研究，而是要阐明王道治国的要义，近来所鼓吹的各种外来思想，皆为数千年以来东洋学者所言尽，民本主义本就是王道的根本要义。这在広池氏的著作中也有体现，如“支那古代盛行民主主义”之说。此外，二氏还将圣人的命令作为法律权威性的基础等等。[①] 岛田正郎也持类似看法：広池千九郎之《东洋法制史序论、本论》（1915）和东川德治的《支那法制史研究》（1924）具有共同的性质，即花费甚多篇幅以罗列制度，具有极为浓厚的儒家说教性质。日本的东洋法史研究，尤其中国法史研究，向来追奉视儒家经典为圭臬的汉学学者的著作，即使受清朝考证之学影响而从事文献考证者，也无法摆脱儒者的窠臼，终致其研究无法跻身历史学的行列，这一流弊迄明治时代依然不衰，无法革除。[②]

以下拟以东川氏的两本代表作为例，来检验前述仁井田氏和岛田氏的评价是否客观、中肯。

二 《支那法制史论》

该书分为三章，分别是“中国法的基础观念”“中国法的沿革”“结论”。东川氏在《叙》中介绍概要如下：自唐虞三代开始，中国法以保持纲常为目的，与儒教相须而存。而且中国本来就并非法律万能主义之国，汉族建国的大法在于礼乐刑政，其中尤其重视礼。礼汇总了修身、齐家、

① 仁井田陞：《東洋法史學の諸問題——その反省と課題》，原载《人文》第 4 卷第 1 号，1949，后收入幼方直吉、福島正夫编《中國の伝統と革命：仁井田陞集》1，平凡社，1974，第 9 ~ 10 页。

② 島田正郎：《東洋法史》，明好社，1970，第 21 页；中译文参考叶潜昭译《东洋法史——中国法史篇》，鼎文书局，1979，第 4 页。

治国、平天下的要义，是所谓的王道宪典，因此第一章第一节讨论汉族的建国主义与法律主义的关系，并阐明中国法的基础观念，第二节讨论法律与礼的关系，并详论礼的内容。第二章以下叙述中国法起源及发展的史实，展现中国建国以来四千二百年间的法制沿革。结论的第一节总结沿革概要与法制因革的要点，第二节则补论中国法的特色。[①]

以下循此框架，逐一概述其要点：

（一）第一章“中国法的基础观念”

1. 第一节：总说

东川氏首先讨论中国的建国主义与法律主义，认为中国虽以法律为国家统治的要件，但并不贯彻法律万能主义，想要明确中国法的基础观念，就需要先讨论建国主义。在建国之际，与汉族（东川氏用“汉族”一词，准确而言，应该是“华夏族”）相对立的是苗族，他们作五刑而擅断、滥用，属于“威吓主义”。世界各国的刑法史都可被划分为个人复仇时代、威吓时代、博爱时代和科学时代四个时代，汉族在唐虞以前是复仇主义、威吓主义的时代，因为有鉴于苗民统治的弊端，所以迈入了博爱主义时代。

在这一阶段，汉族以天理、人道为据，制定了利用厚生之法，贯彻经国济民之道，以“王道”为理想，以礼乐政刑为四柱，其根本要义是“一视同仁”，以明德配天地，从而同化天下。这种主义体现在中国法上，就表现为以下几点：法刑须预先公示（公示主义）；通过立法设刑来实现（罪刑法定主义）；赏罚以天理为本、代行天命，但不以宗教观念为起因（类似“神法主义”，但并不相同）；将有罪斥为反正义的行为，但其目的在于实现裁判公平、维护社会安宁（类似“纯理主义”，但不相同）；重视主观犯意，区分故意、过失（类似目的主义，但不相同）。

第二，他从广义与狭义两个角度辨析“法”的含义。从广义上说，如先王之法是指唐虞三代的经典，内容很广；狭义上的法，则仅指法律，在中国古代虽以刑法为本位，但也存在其他法规，因此又可进一步区分为一

① 東川德治：《支那法制史論·叙》，第3页。

般意义上的法与刑法，而就刑法来说，指称其名的法、律、刑三字也存在异同之处。如一般意义上的法包含正直、公平的意思，是限制人之行为的准则；刑法与律同义，即衡量罪情轻重、确定科刑尺度的法规；刑有法（一般意义上的法与刑法）与刑罚两种含义。

第三，他将天地自然之条理作为中国法的法源，而中国法与儒教一样，都以唐虞三代之经典为根源，关系极为密切，所以这一法源也就是儒教的天理，由此总结中国法的性质是以伦理人道为基础，以仁恕哀矜为要义。

第四，他将中国法的目的分为法的目的和刑的目的，前者是指维持社会秩序，推进儒教普及；后者是指以杀求生，令人畏威远罪。

第五，他认为中国法采用严格的法定主义，以尊重民命人权为治国经世的要义，所以在法刑的解释上极为严格，决不允许掺杂法官的个人意志，但在不违反天理人道的情况下也可适用类推解释，并通过解释《唐律疏议》的“本条别有制”条和“断罪无正条”条，认为中国法以对法律的文理解释为原则，在不违反立法目的的情况下可以允许类推解释。

2. 第二节：法与礼的关系

东川氏首先提出，中国的礼包罗万象，有关于行政的礼、关于仪式的礼、与修身齐家治国平天下相关的礼，但其本源在于以修身齐家来治国平天下。又因为周公制礼而为经国济民的规范，孔子编订《礼记》而为圣道教学的典谟，所以礼有政、教两性。

第二，他认为礼的原义是《说文》所谓的“履也，所以事神致福也”，它是“道”的形体，以忠正恭敬为要素，由此可以将礼扩大理解为人们在社会生活中应当遵守的准则，以“中”为礼之用，这就与广义的法相近了。

第三，他将礼分为广义之礼与狭义之礼，前者以《周礼》为本，内容可大致分为吉、凶、宾、军、嘉，属于维持国家秩序、保卫社会和平的强制性规范；后者则是《仪礼》《礼记》所见周代以前之制，由律作为强制力保证的行为规范，即违反礼的行为，都以律所规定的刑罚予以处罚。因此，从性质上说，礼具有法律性，礼与刑的关系是“失礼则入刑，相为表里”。

第四，他指出礼是因教化之需而产生的，其功用在于支配人心、预防犯罪，由此实现维持国家秩序、社会和平的目的。

第五，他还从礼与刑法的关系、礼与一般法的关系两个层面讨论礼法关系。在前者，礼是强制性规定，针对的是什么应该为的问题，而刑法是禁止性规定，针对的是什么不应为。在周代，“法”一般是指礼，而“刑”则指向刑罚；此后则礼、法分离，只有与五常五礼相关的通则性规定被编入法典。在后者，法是指刑法以外的行政法、民法等其他法规的总称，这是在战国以后、刑法典编成之后才出现的，因此与礼有高度的重合性。它们的区别在于，法直接作用于人的行为，而礼则直接作用于人的意志。总之，礼与刑法的关系、礼与一般法的关系大同小异，原因在于刑法与一般法的区别在于惩罚的轻重，前者以五刑为原则，后者以议处、罚金为限。

（二）第二章“中国法的沿革”

1. 第一节：中国法的起源

他将中国法的由来分为无文法时代、成文法时代、法典编纂时代。无文法时代是指唐虞以前，当时虽有一定法制，但兵刑一体，二者尚未出现分化，如伏羲设置法官，以白龙氏为名，以兵杖为刑具，采用罪刑擅断主义（即威吓主义）；黄帝以白云师为法官之名等。成文法时代是指尧舜时期，当时各种机构逐渐完备，以天理人道为基础，确立治国安民的方法，讲求利用厚生的手段，法制亦以钦恤平允为宗，改威吓主义为博爱主义，如唐尧时代制定了“五刑及流、宥、鞭、扑、赎、赦之法”，虞舜时代则沿袭前代法刑，推进王道的实现。其中，东川氏特别讨论申论了自古以来有关“象以典刑”的四种说法，即五刑公示说、罪刑法定说、五典鞭策说、象刑说，指出各说的优劣，并怀疑象刑是流刑的别称。

2. 第二节：中国法的编纂

在此之后，由于桀纣暴虐，使得法制受挫，中国法进入受挫时代。直至西周，才开始进入法典编纂时代，如《周礼》《吕刑》，前者包括的法规种类有邦典、邦法、邦成、士之八成、三典，刑罚种类有五刑、八刑、罚金、役刑、圜土、嘉石，负责法刑适用的主体有士官（乡士、遂士、县士、讶士、朝士等五官）和司寇（其职权包括五刑的适用、八辟的拟定、复审)，死刑适用的例外有三刺（陪审制度)、三宥（宥恕裁判)、三赦（不论罪)；后者的内容主要是刑事审判（如五刑、五罚、五过的刑事制裁、两造具备和师听五辞的诉讼程序、五过之疵的法官责任等)，其特色在于赎刑的相关规定，它贯彻的是钦刑恤命的“祥刑”主义，并非如后世儒家所谓的聚敛民财。东周时代以诸侯国的法制为主，最为典型的就是郑晋刑书、郑国竹刑、李悝法经和商鞅变法。

自此以下，他逐一概述秦代（分始皇时代和二世时代)、西汉（分高祖时代、惠帝以后)、东汉（分光武时代和明帝以后)、魏晋、南北朝（依次叙述南朝的宋、齐、梁、陈和北朝的北魏、东魏、西魏、北齐、北周)、隋唐（依次叙述隋代的开皇律、大业律、隋令和唐代的法典种类与沿革、唐律、令格式、六典)、五代（依次叙述后梁、后唐、后晋、后汉、后周)、宋（依次叙述法典种类与编纂，即刑统、编敕、敕令格式、断例及其他)、辽、金（依次叙述天会窃盗律、皇统制、正隆续降制书、军前权宜条理、明昌律、泰和修律、泰和令及敕条格式)、明（依次叙述刑律、明令、会典、问刑条例及其他法规)、清（依次叙述刑律、会典、会典则例及会典事例）等历朝法制，以立法活动或法典为纲，在其下详细阐述立法形式与刑事、民事、职官等各项制度。总体而言，在制度叙述上，详于唐代以前；五代以后的部分，基本限于法律形式的介绍，很少涉及制度内容。

（三）第三章“结论”

1. 第一节：沿革提要

东川氏总结了前述中国法沿革的脉络，即唐虞时代所确立的礼乐政刑四者相辅相成的法制原理为后世所继承，周代则制定了周礼与吕刑两部后世法典之模范，分别是行政法典和刑法典的渊源。至于秦汉以降的法典皆属战国李悝法经的系统，至唐代集其大成，且上溯三代遗制，为后世法典所继承，可谓历朝刑典之代表。

2. 第二节：中国法的特色

在他看来，中国法是纯然的性法，以天理人道为基础，其主旨在于维护纲常，如刑律之首就规定了十恶、八议，唐律的户婚篇或明清律的户律规定了对违反礼教者的严惩之法等。由于民事部分已详细载于《台湾私法》第二卷，因此在本书中，他仅列举法官责任、亲属容隐、自首制度、犯罪类别、保辜制度五项，来彰显与刑事相关的中国法的特色。

如在法官责任的规定上，以人命钦恤为主旨，对法官的越权等不法行为课以严格的刑事责任。相比之下，近代日本的立法在一定程度上扩张了司法官的权限，对于司法官的越权误审并未规定相应责任，这是最大的缺陷；他又将亲属容隐与近代西方诉讼法中证人免证特权相比拟，认为中国法是保护恩义友爱，而近代西方法是预防伪证；他指出中国法会将一种犯罪划分为数种类别，如杀伤罪被分为谋杀伤、故杀伤、斗殴杀伤、戏杀伤、误杀伤和过失杀伤，奸罪被分为和奸、强奸、刁奸、亲属相奸、诬执翁奸、欺奸、奴雇工奸、部民妻女奸、良贱相奸、轮奸、鸡奸等，其中以身份关系而区分奸罪的刑责轻重，可以说是中国法在保持伦理风教上的特色；至于保辜，其目的在于尊重人命、实现审判平允、保持司法权的威信等，是中国法上值得注意的一项制度。

总而言之，中国法不能离开伦理人道而独立存在，它与儒学相辅相成。

三 《支那法制史研究》

该书有三篇他序，分别由当时日本法学名宿穗积陈重、富井政章、织田万撰就。三序无一例外地提到，日本古代移植中国法律，因此有探究母法的必要。穗积氏更进一步指出，当时作为中国领土一部分的台湾、同属中国法系的朝鲜已改由日本统治，这就更需要对中国法进行“科学的”研究。由此可见日本近代兴起中国法制史研究的时代背景。

东川氏在自序中依旧发挥《支那法制史论》中的观点，如中国广义之法为先王之法，即礼乐政刑的总称，是王道治国的要件，其原理体现了造化之本、自然之义，属于纯粹的自然法。因此中国法制的研究不能仅限于历代法典宪章，而要扩展至经典礼书。

序言之后，东川氏依“总记”“讼狱”“人事”“杂”四编，分门别类地编排历年发表的27篇论文（初次发表的情况可参见本文附录）。以下分为述之。

（一）总记

该部分共收入6篇论文，分别涉及法律与王道、霸道、民本主义、周易、言论、复仇的关系以及春秋时代的国际关系。

1. 王霸主义与法律

东川氏首先区分王道与霸道，前者以诚为体，以仁为用，既诚且仁是天地造化之理，而代天以经国治民，这是王道的本义；后者以力为体，以权为用，其目的在于富国强兵。前者主仁，因此以德化礼治为主，为儒者所倡；后者主利，因此以威迫法治为主，为法家鼓吹。中国历史上，自秦而后，屡兴霸道，唐代王道复兴，此后又是存霸道而灭王道。

在他看来，王道所指有二：一是唐虞三代帝王之道，二是代天治国。前者在借由六经而展现，如舜典所载之法刑是汉族建国的初期法典，可谓世界上最古老的法律；据后者可知，王道政治立基于宗教信仰，承认宇宙间有超自然的绝对力量、至上真理，所以称之为天。至于霸道，是指齐桓、晋文、宋襄、秦穆、楚庄的五霸政治，可惜目前并无依法家所作之法律传世，而且所谓法家者，仅指战国末期的野心家（刑名法术之徒），此前、此后皆无纯粹的法家，尤其是秦朝之后，也无纯粹法家所作的法令。至于法家与儒家的区别，前者为现代主义，以迎合时势为急务，在法律适用上采取苛察主义，后者取尚古主义，在法律适用上采取恻隐主义。

通观中国历代法制，汉魏以后，王道、霸道依国君的人物性格而有所消长，到了唐代，与民事相关者“一准乎礼”，纯用王道主义，而唐代以后的国家在法典上，采用王道主义，再无王霸之别。

2. 王道与民本主义

明治维新以来，日本推崇西欧的民主与自由，而在东川氏看来，东方思想中本就有类似思想、良法美制，如作为王道思想之根本的民本主义就是一个显例。他将天命与民心相等同，并认为中国古代在理论上提倡民主主义，但实际统治中则多采专制主义，这也是频繁发生江山易代的原因。

该文的第二大部分分析了儒家经典所呈现的民本思想，如《尚书》反复强调天意民心所见天民一理的思想，彰显了公明正大之精神；《周礼》所载三刺三询之制，体现了国家决策过程中对民意的尊重。

3.《易》与制度

东川氏认为，根据既往之说，伏羲之易为先天之易，专以天理为本，文王以后之易为后天之易，悉拟为人事，而该书所见的原理原则在伏羲画卦以前就粲然于宇宙之间。《易经》的内容以太极为造化之本源，以阴阳为造化之两端，以五行为造化之要素，以四时为造化之效用，其阴阳造化、生生之理皆蕴藏在六十四卦、三百八十四爻中。

王道以礼乐政刑为治国要件，四者据元亨利贞（天之四德）而立制，所以王道与易之间关系最为密切，他以《系辞下》为例，分析了伏羲以来创制、利用、厚生的事迹与卦象的对照关系，展现了《易经》所见道德伦理之纲领、三纲五常之原理；又以乾、坤、咸、恒四卦比附男女婚姻关系的原理、以家人卦阐发家道原则，并借此批评当时日本民法不采旧惯，与社会观念悖反；还以噬嗑之卦，阐述王者制定法刑需公示的要求，用以预防犯罪，以丰卦表示立威以致丰大之治，旅卦与贲卦则分别表示君子明慎用刑、君子折狱致刑。

4. 中国法与言论

东川氏认为上意下宣、下情上达，由此疏通上下之壅蔽、保持国政之公平，这是汉族建国的宏谟，因此他先立足于《尚书》《周礼》等，叙述唐虞三代广开言路之制，然后参酌典籍，阐述历朝历代言论钳制之宽严，如在谏官之制未确立时，公卿大夫、平民百姓皆可上陈国政，而秦汉以后建立了言观制度，一般众庶能否陈情取决于人主的贤否。其中也有翻案之论，如对于秦始皇的苛政，东川氏认为经历了战国的无政府之后，为保持社会安定、防止言论过激，这样的措施是不得已而为之的。

5. 中国法与复仇

东川氏首先梳理了儒家经典中对于复仇的论述，认为复仇是儒教要义之一；然后再以韩愈的态度切入，讨论法典虽在表面上禁止复仇，但是一旦发生复仇事件，则兼用情法予以裁断。

6. 春秋时代的国际关系

东川氏认为春秋时期的会盟是诸侯国之间缔结条约的形式，其原则载于《周礼》及《礼记》，其具体事例则载于《春秋》，所以他从定时之会见、临时之会见、天子之报问三个方面讨论了“天子与诸侯之交涉事宜”，从平常之交涉（朝、问、聘）、临时之交涉（盟、誓、会、遇）讨论了“诸侯交涉事宜”。

（二）讼狱

该部分收入9篇论文，内容涉及司法责任、诉讼程序、犯罪与刑罚等。

1. 中国法与法官的责任

东川氏首先勾勒了中国古代从伏羲时代以来法官的沿革，认为周初开始规定法官之职，而对法官的违法行为科以责任，则在晚近。如刑律之集大成者唐律，将法官责任规定在断狱律中，源出李悝囚法。

其次，他总结法官的职分有以下诸项：以刑期于无刑，遵守金科玉律；裁判须体天意，至诚至公。因此法官若能以此自我约束，本无需外在科加责任，可惜历朝皆有滥用职权者。

最后，他将惩戒法官的规定追溯至周穆王时期的《吕刑》，即所谓的五过之疵；又以唐律为本，逐一阐述法官需要遵守的各项规定，如裁判必须依法、考讯必须依法、不得状外别求它罪、出入人罪需承担责任、重罪判决须取被告之服辩；还从明清律中摘出前代所无的两条新规进行分析，如淹禁之条、辨明冤枉之条。

2. 中国古代的陪审制度

东川氏认为中国古代的陪审制度与近世国家的陪审制度虽然不能等同视之，但在根本观念上则并无大异，如希望裁判的公平与收揽民心。中国的陪审规则在《周礼》中已经出现，在秋官小司寇之职中规定其大要，在其属官司刺之职中规定细则。他在解释“三刺”时，讨论了各家关于“刺”的字义，认为与其释为“杀”，不如解为“采取”“讯决”。至于“三刺”适用的条件，他认为是终审时特别重大的案件，当然对于民事复杂案件也可适用。

3. 八辟（一曰八议）

东川氏指出，自周代以降，中国法对特定身份者的犯罪规定了特别的处分，《周礼》的八辟与隋唐以后的八议即为其例。因为这八类人知儒教、辨人伦、有道德廉耻，所以被视为无害于礼教者。他们一旦犯罪，司寇只能审查罪之有无及议定刑罚之适用，并无定罪行刑之权，只有通过奏请，使轻罪者获得宥免、重罪者得以自尽谢罪或由甸人绞杀于隐蔽之处。《周礼》的这一制度为后世所继承，唐律与明清律中皆有专条，只不过唐律以流刑之上议定奏裁、流刑以下减一等为原则，而明清律将减等宥免之权一律归诸圣断。

4. 中国法与大赦

东川氏将鲁庄公二十二年“肆大眚”作为后世大赦的肇端，并认为这是因为春秋战国时期异端流行，当权者行权宜之法、怀柔民心所致，有悖王道本义。至于秦汉以后，以秦二世首开天子颁布大赦之例，汉代诸帝屡兴大赦，使其流于形式，失悯恤之实。直至唐代，才慎重对待大赦，宋代一度将大赦常规化，仁宗以后罢废，明代以后间有临时行赦之举，全凭皇帝个人之意志而定。此外，他还讨论了唐、明、清律有关大赦的条文，认为如果将中国法上的大赦与日本现行法上的大赦相比较，将颇有意趣，如中国法上的赦有恩赦、常赦两种，恩赦又可分为大赦与特赦。

5. 中国法与缓刑（附录囚、热审、秋审、朝审）

东川氏认为，中国在唐虞时代就已出现缓刑，是刑律的特色之一，如《尚书》所谓“眚灾肆赦”，“肆”即缓刑；《周礼》中明确使用“缓刑”一词，表达“出轻罪使自食其力”之类；《礼记》中则见热审之滥觞、类似假释的处理和缓刑等；至于后世，则录囚、热审、秋审、朝审皆为缓刑之变型。

6. 中国法与伤害罪

东川氏指出，自唐至清，在法典篇目归属上，伤害罪由分属贼盗、斗讼两篇变为合成刑律一篇，各种伤害罪对应的罚则也有所变化，但其类型始终被划分为谋杀伤、故杀伤、误杀伤、斗杀伤、戏杀伤、过失杀伤六种。而且在中国法上，与伤害罪的审判直接相关的还有一项重要制度，即保辜。

7. 犯奸

东川氏认为近世各国立法没有像中国法那样禁止未婚男女和奸，由此导致青年处女之堕落、情欲之无制、风俗之紊乱，因此中国法禁止一切奸通也是有合理性的。由于中国的婚姻制度在唐虞建国之前就已开其端，在周代则大为完备，因此对于奸淫之罪的处罚在周代以前便已出现。至于后代的奸罪，以清代法律规定得最为详尽，律典和条例分别规定了和奸、刁奸、强奸、欺奸、轮奸、鸡奸、调奸、图奸等名目。

8. 中国法与自首

东川氏回忆，自己年少时曾听闻某位法学家关于自首出于佛教忏悔的观点，直至自己从事中国法制史的研究，才知道自首本是中国刑法的特色，其根源在于儒教，符合王道好生之要义，《尚书·康诰》就道出了后世自首免刑的制度雏形。正是基于“过则勿惮改”之主义，唐、明、清律皆规定了自首免刑、赃物归还、赔偿损失等内容，还区分了官吏对公务失错的“自觉举”与自首在规定上的不同之处。

9. 登闻鼓

东川氏指出，登闻鼓之名起于南北朝，其制可追溯至《周礼》的路鼓、肺石，唐宋而下历代皆有定制，如唐代规定了邀车驾、挝登闻鼓、上表三种直诉形式，明清律本身虽然一承唐制，但清朝通过条例等其他法源的规定，对直诉大加限制，原因可能有二：第一，清朝设立了各种救济穷民的赈恤机关，又设置了六级司法机构，这使得直诉的需求度下降；第二，汉人一直有排满之心，直诉不仅会生妄诉之弊，且还会有人假托直诉，危害乘舆。此外，之所以中国法一方面尊重司法机关之权限，禁止百姓越诉，一方面又开直诉之门，其原因有二：第一，王道以保护穷困为先务，需要保证天下无一不平、无一不冤之民；第二，天子为民之父母，如不顾民众困穷冤屈，则不配为天司命。

（三）人事

该部分收入论文8篇，分别涉及家庭、婚姻、主奴关系等。

1. 中国家族制度之一斑

东川氏认为，中国虽采用国家组织，但以皇家为大宗，君主为父母的观念始终未变，所以中国特别重视家族、崇奉祖先。至于家族制度所贯彻的理念，则由《易经》家人卦述其大要，如“父子之亲，夫妇之义，尊卑长幼之序，正伦理而笃恩义者，家人之道也”。至于“家”字，原本是住所之名，或指建筑物，或指家族之集合体，后者是国家之单位，有公法、私法上的权责，又因中国为礼治国，所以家族制度也以礼教为基础。在中国法上，与家相关的制度有禁别籍异财、确定家长资格与家族范围、明晰家长的权利义务等。

2. 中国法与孝道

中国法以孝道为本，辅助伦理，与个人主义有根本区别。中国法将父母列于超乎亲族的地位，尤重不孝之惩，如唐、明、清律将不孝列入十恶，分别严惩子孙告言诅骂、别籍异财、供养有阙、居丧嫁娶、居丧作乐、释服从吉、匿不举哀、诈称祖父母父母死、委亲之官、冒哀求仕、违反教令、干名犯义等行为，并且通过设置权留养亲和申明亭等来贯彻孝道。东川氏有感于近代日本变法有损于这一社会观念，积极提倡要奖励伦理德教。

3. 中国法与养子

东川氏指出，中国的家族观念尤重祭祀祖先、绵延血统，继承、祭祀皆以直系卑亲属为原则，无直系卑亲属时为户绝，法律并不强制要求有养子，但在本人自愿的情况下，设置一定的限制条件，如在近亲血族之中选取昭穆相当者收养之类。至于历史上出现的养子的种类，可分为过继子、义子、螟蛉子、收养弃儿、养女、收留子女等，其中过继子因享有继承权而受法律约束最严，一般发生在家无可承家业的长子、寡妇守志、男子殉国难等情况下。养子过继之后，享受与亲生子一样的权利，继承养父之宗祧和财产，即使收养之家又有亲生子，也不改变养子的身份。

4. 中国古代的婚姻

东川氏通过阐述《周易》，总结中国的婚姻由男女的意思表示和终身结合两层含义构成，而且这两个字皆以“女”为偏旁，表示是发生夫妇关系之仪式，使配偶者一方与他方亲族间产生姻亲关系；又通过征引《礼记》和《孔子家语》，分析婚姻的目的在于事宗庙、继后嗣，因此在礼制上设置了七出之条、五不娶之制。至于婚姻的成立要件，则分为实质要件与形式要件，前者包括已届婚龄、一夫一妻、异姓、当事者同意，后者包括纳采、问名、纳吉、纳征、请期、亲迎的六礼程序。

5. 中国法与婚姻预约

近代日本民法以呈报户籍吏作为婚姻的生效要件，司法机构则将现实中未行呈报的实质婚姻定性为婚姻预约，一旦违反，则科以损害赔偿责任。东川氏认为这种立法、司法悖反日本固有风俗、破坏人伦基础、蹂躏女子贞操，故而想要通过阐明中国的婚姻制度来正本清源。从礼制上看，中国的婚姻须行六礼而成，六礼是婚姻的别名，并非婚姻的准备、预约，而从法律上看，婚姻也需依礼而行，法律不外惩罚违礼的行为。总之，中国的婚姻需举行一定的仪式，仪式完成，则婚姻即告生效。

6. 离婚

在东川氏看来，中国人羞恶离婚，虽然有七出之条，但在实际生活中适用此条而离婚者可能很少，但自从台湾交由日本进行殖民统治以后，当地的离婚率提升，这是日本人轻婚、轻离所致。这是他撰写这篇论文的初衷。他认为，婚姻是一种仪式，仪式终了，婚姻也就终了，既无婚姻，也就无所谓离婚，所以中国法上多用“离”“离正”“离异”“出妻”“和离”等。至于离婚的种类，大致可分为强制离婚和协议离婚，前者又可分为官府主导和夫家主导两种；除协议离婚外，离婚的原因主要有义绝和七出；离婚的方式，以制作离婚书为要件，同时还涉及聘财与妆奁的处理问题；在中国法上，离婚除了消灭婚姻关系，还会产生一些其他效果，如离婚后丈夫不得与妻之亲族通婚、离婚后亲子关系不断绝。

7. 妾的制度

东川氏将妾的起源追溯到黄帝四妃，认为夏代以后妾制得到承认，至清朝废除。妾在身份上低于正妻，妻妾之间尊卑有分，且妾与夫家的服制关系也较正妻为轻，丈夫对于妻、妾的权利、义务也有轻重之别。至于纳妾的方式，有买妾和娶妾两类，因此相关程序也有不同。

8. 中国法与奴婢

东川氏根据来源将奴婢分为因犯罪而为奴婢者、因买卖而为奴婢者、因投靠而为奴婢者、因家生而为奴婢者四类。无论何种奴婢，在法律上皆被视为一种财物，无人格可言。至于因罪为奴者与被卖为奴者的区别在于，前者是由政府根据管理的身份而配给相应数量的罪奴，后者则全依当事人的契约而生权利义务关系。

（四）杂

此篇共收 4 篇文章，其中 3 篇以法制人物为主角。

1. 常平仓

东川氏认为奖励生产、预防凶险，本就是王道要义，因此常平仓、社仓、义仓等类都是三代圣王之遗制。无论是《周礼》所载司徒以下的职掌，还是管仲所行敛散法、李悝所行平籴法等，都可视为汉宣帝时耿寿昌创设常平仓的由来，而青苗法、社仓等则是贯彻同一理念的变种。

2. 李悝与法律及经济

东川氏首先介绍了李悝的生平，然后简要勾勒了此后历朝律典篇目的调整过程，评价《法经》奠定了后世刑律的基本篇目和法制精神，并提及汉学堂丛书所载李悝《法经》6 篇、246 条为伪书；又以《汉书·食货志》为据，分析了李悝尽地力之教的措施和平籴法，将后世的常平仓、社仓等都追溯至李悝之法。

3. 商鞅与法律及经济

东川氏根据《史记》所载，介绍商鞅的生平、变法的经过与措施、强制农战的经济主义，由此评价他为法家之巨擘、中国法制的革命者，且反驳了后世儒家之说，认为商鞅推行峻法，实是当时情势使然，提倡王道难有效果。

4. 秦始皇与法制

东川氏总结秦始皇之所以厉行法治，是因为承孝公以来之遗法，所用之人皆是法家。他认为秦始皇能知人、容直谏、好贤爱士，焚书坑儒有不实不尽之处，多出自后世史家贬秦之笔，不足尽信。至于秦始皇的功绩，他认为改革政体与官制的重要性在统一天下、北筑长城之上。

（五）该书在中国的反响

该书出版后的翌年，中国学者王世杰撰写书评，认为此书虽是汇集已刊论文而成，“自亦不能构成一部有系统的中国法制史，但这二十几篇论文足使我们窥见吾国历来法制上大部分的特点”。其形式上的缺点有三：第一是“这些论文所讨论的，几乎纯是民刑法的问题，行政法一方面的问题则几完全阙略”；第二是“有时过为经传或经传注疏家的权威所宰制而不免流于浮夸与附会”；第三是“论述各项法制的流变，仅称引唐明清诸律，宋元诸律概阙而不论”。其观点上可资商榷有二：第一是东川氏所标举的“罚故意犯而宥过失犯”的原则，无法适用于卑幼之于尊长的过失犯罪；第二是周代的三刺与陪审制度虽有相似之处，实际上却大有不同，尤其是《周礼》所载之制有多少臆想成分，仍是有疑之处。[①] 由此可见，当时中国学界对于境外研究成果的及时反应，且评论者虽非专长于中国法制史，但指摘却能切中肯綮。

此外，中国学者廖维勋在数年后逐章译出此书，连载于《中国法学杂志》，并在译者前言中称：“本文作者东川德治，为日本法政大学教授，于汉学造诣甚深。尝与织田万合著《清国行政法》，又编有《支那法制辞书》，蜚声东瀛法界。本文曾散见《法学志林》《法学论丛》，由作者重加校订，汇辑成编。文中于我国儒家思想，推崇备至。其立论当否，读者自能辨之”。[②] 此一概括虽有错误（如东川氏非法政大学教授），但亦足见当时中国学界对于此书的重视。

四　余论

通读东川氏上述两种著作，我们不难发现：

第一，确如仁井田氏和岛田氏所论，他虽能广征博引，且对部分文献的真伪有所怀疑，但总体来说，并不注意辨析史料的时代性，尤其大量征引传世文献中对于上古三代的推崇之论，动辄将制度的起源上溯三代，确实存在儒者的陈腐之气。当时的日本学界存在着一条学科鄙视链“文献学〉历史学〉文学〉哲学”，[③] 东川氏的论调显然更接近鄙视链的底端。

第二，他的论著也反映了作者在和佛法律学校所受的近代西方法学的训练，偶见中西比较的论述，与此同时，他也常常将中国传统法与日本当时的立法进行比较，扬中抑西，这既凸显了作者的现实关怀，也表明了他

① 参见王世杰《学术书籍之绍介与批评：〈支那法制史研究〉东川德治著》，《国立北京大学社会科学季刊》第 4 卷第 1、2 期，1925，第 285 ~290 页。

② 引文摘自东川德治著，廖维勋译《中国法制史研究》，《中国法学杂志》第 1 卷第 3 期，1930 年，第 111 页。此期之后，译文以《中国法制史研究（续）》为名，陆续发表于《中国法学杂志》第 1 卷第 4 期，第 2 卷第 1、2、4、6、7、8、10、11、12 期，第 3 卷第 2、3 ~4、5、6、8、9、10、11 ~12 期，第 4 卷第 1、4、5 ~6、7 期，1930 ~1933。

③ 参见吴真《仁井田陞遭遇的学科鄙视链》，《文汇学人》第 353 期，2018 年 8 月 3 日。

对当时盛行的脱亚入欧论的反感。当然，这些比较甚至可称为“比附”是否准确（如他将德化天下比附为近代的“帝国主义”等），则另当别论。

第三，他的论著虽然存在上述问题，但不得不说，相比于同期的著述而言，在知识的覆盖面上有其独到之处。如以浅井氏的著作为参照系，《支那法制史》广论官制、身份、经济、财政、救恤行政、交通、教育行政、宗教行政、军制、法源、诉讼法、刑法、民法等，失之粗糙；《中国法典编纂沿革史》则仅立足于法源一项，太过专精。而东川氏的《支那法制史论》第二章的沿革部分，不仅讨论历代法源的构造法，而且还借此论及各种法律制度，相对来说详略得当，比《支那法制史》更适合作为当时的中国法制史教科书。

总之，东川氏坚持对王道要义的阐明是研究中国法制史的核心要务，且为当时相关著述所缺乏，但令他始料未及的是，他的自得之处却最为此后的研究者所诟病。相反，他倾二十余年之力所编纂的并不直接彰显王道要义的《典海》（与中国法制、经济相关的辞典），在出版3年后又推出增订版，在近半个世纪以后又被重印，深为学界所推崇，如推动重印事宜的山根幸夫在《复刻前言》中说：“自本书刊行至今，已经过半个世纪，我国尚未出现与此相类的辞典，因此本书的价值没有丝毫减损，对于中国法制史及日本法制史研究者而言，依然是非常便利的工具书。然而，本书最近在旧书市场颇为罕见，价格腾贵”。[①] 学者及其论著的命运真是奇妙。

附录：东川德治著作目录

一　独著

1. 《日露戦史》第一編，戦報社，1904年。
2. 《支那法制史論》，臨時台湾旧慣調查会，1915年。
3. 《博士 梅谦次郎》，法政大学、有斐閣，1917年。

① 山根幸夫：《復刻にあたって》，東川德治：《中國法制大辭典》，燎原，1979，第1～2页。

4.《南支ニ於ケル教育及ビ宗教ノ變遷》，臨時台湾旧慣調查会，1919 年。

5.《支那法制史研究》，有斐閣，1924 年（由“三 论文”部分标＊的论文修订集结而成）。

6.《典海》，法政大学出版部，1930 年。

7.《增訂　支那法制大辞典》，译松雲堂，1933 年；燎原，1979 年。

二　合著

1.《伊藤侯八面観》，与大町桂月合著，広文堂，1902 年。

2.《法律家庭》，与前田運吉合著，法政館，1903 年。

3.《六法辞解》，与前田運吉合著，法林館，1904 年。

4.《法律新辞典》，与前田運吉合著，帝国法律学会，1908 年。

三　论文

1.《支那における婚姻の沿革》，《霧生関》第 21 号，1907 年。

2.《支那最古の学校》，《霧生関》第 26 号，1912 年。

3.《支那古代に於ける法律及び衛生思想》，《霧生関》第 27 号，1913 年。

4.《漢族建国の根本主義》，《霧生関》第 28 号，1914 年。

5.《保辜の制》，《霧生関》第 29 号，1916 年。

6.＊《八辟》，《立命馆学誌》第 5 号，1916 年。

7.《敵伐と儒教及び法典》，《立命館学誌》第 5 号，1916 年。

8.＊《支那古代の陪審制度》，《法学志林》第 18 卷第 12 号，1916 年。

9.《王道と革命との根本義を論ず》，《立命館学誌》第 8 号，1917 年。

10.＊《支那法ト姦罪》，《法学志林》第 19 卷第 4 号，1917 年。

11.《霸道を论ず》，《立命館学誌》第 10 号，1917 年。

12.＊《支那法上ヨリ観タル婚姻ノ预約》，《法学誌林》第 19 号第 8 卷，1917 年。

13.《儒教ト宗教トノ関係》，《立命館学誌》第 12 号，1917 年。

14.＊《支那に於ける妾の制度》，《法政論叢》第 2 号，1917 年。

15. 《秋官司寇》,《法政论叢》第 3 号, 1917 年。

16. 《支那古代ノ婚姻制度》, 《京都法学会雑誌》第 12 卷第 6 号, 1917 年。

17. * 《商鞅と法律及経済》,《立命館学誌》第 13 号, 1917 年。

18. * 《支那法ト離婚》,《法学志林》第 20 卷第 1 号, 1918 年。

19. * 《李悝ト法律及ビ経済》,《立命館学誌》第 14 号, 1918 年。

20. * 《秦ノ始皇ト政体及ビ官制ノ改革》, 《立命館学誌》第 15 号, 1918 年。

21. * 《支那法ト養子》,《法学志林》第 20 卷第 4 号, 1918 年。

22. * 《春秋時代ノ国際法》,《立命館学誌》第 16 号, 1918 年。

23. * 《支那法ト自首》,《法学志林》第 20 卷第 8 号, 1918 年。

24. * 《支那家族制度ノ一斑》,《法学志林》第 20 卷第 9 号, 1918 年。

25. 《支那法ト救恤事業》,《立命館学誌》第 18 号, 1918 年。

26. * 《支那法ト刑ノ執行猶予》, 《京都法学会雑誌》第 13 卷第 12 号, 1918 年。

27. * 《支那法ト傷害罪》,《立命館学誌》第 19 号, 1918 年。

28. * 《支那法ト法官ノ責任》, 《法学志林》第 21 卷第 1、3 号, 1919 年。

29. * 《易ト制度》,《立命館学誌》第 20 号, 1919 年。

30. * 《登聞鼓》,《法学志林》第 21 卷第 8 号, 1919 年。

31. * 《支那法ト大赦》,《立命館学誌》第 23 号, 1919 年。

32. * 《支那家族制度の一斑》,《霧生関》第 31 号, 1919 年。

33. 《王制民治ノ一節》,《立命館学誌》第 25 号, 1920 年。

34. * 《王道ト民本主義》,《法学志林》第 22 卷第 2 号, 1920 年。

35. 《綱紀ノ解》,《立命館学誌》第 26 号, 1920 年。

36. * 《支那法ト言論》,《法学志林》第 22 卷第 4 号, 1920 年。

37. * 《支那法ト孝道》,《法学志林》第 22 卷 10 号, 1920 年。

38. 《支那法と酒"即禁酤及榷酤"》,《立命館学誌》第 34 号, 1920 年。

39. * 《常平倉》,《法学志林》第 23 卷第 1 号, 1921 年。

40. * 《王覇兩主義と法律》,《法学志林》第 24 卷第 8、9 号, 1922 年。

41. *《支那法と奴婢》,《法学志林》第24卷第12号,1922年。

42.《乾隆帝と社会政策》,《法学志林》第25卷第4、5、6号,1923年。

43.《支那法の親族会》,《立命館学誌》第68号,1924年。

44.《支那法と妖書妖言罪》,《法学志林》第26卷第1号,1924年。

45.《経典と法制》,《東洋文化》第2、4号,1924年。

46.《徳川幕末各藩の学風》,《東洋文化》第4号,1924年。

47.《論語と法制》,《東洋文化》第6号,1924年。

48.《支那法と不孝罪》,《東洋文化》第7、8号,1924年。

49.《漢代刑名一斑》,《法学志林》第26卷第8号,1924年。

50.《科挙の制》,《東洋文化》第12号,1925年。

51.《論語と法制》,《東洋哲学》第32卷第2号,1925年。

52.《支那法と棄兒》,《東洋文化》第13号,1925年。

53.《同書と法制》,《東洋文化》第15号,1925年。

54.《三父八母》,《法学志林》第27卷第6号,1925年。

55.《釈奠》,《東洋文化》第18号,1925年。

56.《支那歴朝の皇室と仏教》,《東洋文化》第21、22、23号,1925年。

57.《釈奠の沿革》,《法政大学報》第4卷第1号,1926年。

58.《鼇金とは何ぞや》,《法学志林》第28卷第1号,1926年。

59.《象刑とは何ぞや》,《法学志林》第28卷第5号,1926年。

60.《滿洲の正式婚姻》,《法学志林》第29卷第12号,1927年。

61.《元代の婚姻制》,《法学志林》第30卷第4号,1928年。

62.《礼、法、律、刑、罰の意義及び関係》,《東洋文化》第48号,1928年。

63.《校訂支那法制史論1-6》,《台法月報》第22卷第6、7、8、9、10、11号,1928年。

64.《校訂支那法制史論7-11》,《台法月報》第23卷第1、3、6、8、12号,1929年。

65.《校訂支那法制史論12-19》,《台法月報》第24卷第1、2、3、

6、7、9、11、12 号，1930 年。

66.《校訂支那法制史論 20－22》，《台法月報》第 25 卷第 1、9、10 号，1931 年。

67.《支那古代国際法》，《東洋文化》第 86、87 号，1931 年。

68.《唐律疏議の編纂及び其年代》，《東洋文化》第 90 号，1931 年。

69.《支那法家 沈寄簃遺書を読む》，《法学志林》第 33 卷第 12 号，1931 年。

70.《校訂支那法制史論 23－26》，《台法月報》第 26 卷第 1、2、4、8 号，1932 年。

71.《秦始皇の人物と其の事業》，《東洋文化》第 92 号，1932 年。

72.《周礼の一端　代議制と陪審制度》，《東洋文化》第 94 号，1932 年。

73.《満洲国王道政治の一端に資す》，《東洋文化》第 96 号，1932 年。

74.《繙訳科挙》，《東洋文化》第 98 号，1932 年。

75.《保辜》，《東洋文化》第 100 号，1932 年。

76.《旧慣親族会に就いて》，《東洋文化》第 102 号，1932 年。

77.《支那台湾の旧慣孤託に就いて》，《東洋文化》第 104 号，1933 年。

78.《秋官司寇の沿革及び罪名の司寇》，《東洋文化》第 106 号，1933 年。

79.《吕刑》，《東洋文化》第 108 号，1933 年。

80.《礼の種類》，《東洋文化》第 110 号，1933 年。

81.《周礼正釈》，《周礼講義錄》第 1－4 号，1933 年。

82.《周礼正釈》，《周礼講義錄》第 5－16 号，1934 年。

83.《周礼正釈》，《周礼講義錄》第 17－28 号，1935 年。

84.《周礼正釈》，《周礼講義錄》第 29－36 号，1936 年。

四　政论、随笔、诗歌等

1.《伊藤侯に与ふ（再び）》，《富士新聞》1900 年 10 月 4 日。

2.《我が外交策》，《富士新聞》1900 年 10 月 5、6 日。

3.《後輩の責任》,《富士新聞》1900年10月9日。

4.《所謂清国保全》,《富士新聞》1900年10月11日。

5.《元老の進退》,《富士新聞》1900年10月12日。

6.《政友会の前途》,《富士新聞》1900年10月13日。

7.《警察力養成策》,《富士新聞》1900年10月14日。

8.《清国の前途》,《富士新聞》1900年10月19日。

9.《新内閣の難題》,《富士新聞》1900年10月23日。

10.《渡辺問題の善後》,《富士新聞》1900年10月28日。

11.《猟官と任用令》,《富士新聞》1900年10月30日。

12.《現行刑法の不備》,《富士新聞》1900年10月31日。

13.《枢密院議長としての西園寺侯》,《富士新聞》1900年11月1日。

14.《新内閣の外交方針》(上、下),《富士新聞》1900年11月6、8日。

15.《不具的政治家》,《富士新聞》1900年11月11日。

16.《媾和談判の順序》,《富士新聞》1900年11月14日。

17.《枢密院議長としての西園寺侯(再び)》,《富士新聞》1900年11月15日。

18.《国家問題と政友会》,《富士新聞》1900年11月20日。

19.《我国民の気風　軽重の分を過る莫れ》,《富士新聞》1900年11月22日。

20.《收賄問題と司法大臣》,《富士新聞》1900年11月25日。

21.《判任官と中学校卒業生》,《富士新聞》1900年12月4日。

22.《政友会の改造》,《富士新聞》1900年12月7日。

23.《内国勧業博覧会位置変更論(再び)》,《富士新聞》1900年12月12日。

24.《星亨氏に与ふ》,《富士新聞》1900年12月15日。

25.《進歩党の前途》,《富士新聞》1900年12月21日。

26.《枢密院議長西園寺侯(三たび)》,《富士新聞》1900年12月25日。

27.《婦人の責任》,《富士新聞》1901年1月10日。

28.《第十五議會の形勢》,《富士新聞》1901 年 1 月 11 日。

29.《陸軍大臣と台灣総督》,《富士新聞》1901 年 1 月 12 日。

30.《学者の優遇》,《富士新聞》1901 年 1 月 26 日。

31.《刑法改正案を歓迎す》,《富士新聞》1901 年 2 月 2 日。

32.《帝国首府の体面　新橋、品川間の不潔》,《富士新聞》1901 年 2 月 8 日。

33.《故福沢諭吉氏を論ず》,《富士新聞》1901 年 2 月 10、13、14、15、16、17 日。

34.《議會観》,《富士新聞》1901 年 2 月 19 日。

35.《刑法改正案の握潰し　貴族院の無責任》,《富士新聞》1901 年 2 月 20 日。

36.《北清談判　遲延の原因》,《富士新聞》1901 年 2 月 22 日。

37.《朝鮮問題　伊藤首相の政策果して然るか》(上、下),《富士新聞》1901 年 2 月 26、27 日。

38.《伊藤首相の演説　併て貴族院の硬軟如何を観む》,《富士新聞》1901 年 3 月 1 日。

39.《伊藤首相と憲法》,《富士新聞》1901 年 3 月 3 日。

40.《所謂元老》,《富士新聞》1901 年 3 月 5 日。

41.《現内閣の大問題》,《富士新聞》1901 年 3 月 7 日。

42.《現内閣の責任　更に重且大なるに至る》,《富士新聞》1901 年 3 月 15 日。

43.《現内閣の陋劣策》,《富士新聞》1901 年 3 月 19 日。

44.《去る十九日の衆議院》,《富士新聞》1901 年 3 月 21 日。

45.《師団長諸君に与ふ》,《富士新聞》1901 年 3 月 24 日。

46.《司法官の醜態》,《富士新聞》1901 年 3 月 26 日。

47.《朝鮮問題の解決　加藤外相の決心を促す》,《富士新聞》1901 年 3 月 29 日。

48.《法官同盟事件の責任論》,《富士新聞》1901 年 4 月 2 日。

49.《面局一變　藪蛇の譬喩》,《富士新聞》1901 年 4 月 10 日。

50.《内政の急務　財政整理、行政刷新》(上、下),《富士新聞》

1901年4月11、12日。

51.《行政刷新の順序》,《富士新聞》1901年4月14日。

52.《償金問題　当局の注意を促す》,《富士新聞》1901年4月16日。

53.《事業繰延問題に関し閣員の責任を論ず》,《富士新聞》1901年4月18日。

54.《道徳と法律》(上、下),《富士新聞》1901年4月20、21日。

55.《公吏論》,《富士新聞》1901年4月25日。

56.《借款問題に関し策を当局に献ず》,《富士新聞》1901年4月26日。

57.《露領出漁規制》,《富士新聞》1901年4月28日。

58.《八方美人の弊》,《富士新聞》1901年5月2日。

59.《台湾行政を論ず》,《富士新聞》1901年5月4日。

60.《伊藤内閣の瓦解と吾人の予言》,《富士新聞》1901年5月5日。

61.《市参事会員の收賄罪の成立》,《富士新聞》1901年5月7日。

62.《弔古三首"延元帝陵、鎌倉神社、隠岐陵"》,《富士新聞》1901年5月9日。

63.《韓国借款問題　契約の要素を欠く者》,《富士新聞》1901年5月10日。

64.《滿洲開放說》,《富士新聞》1901年5月11日。

65.《宮中府中の別》,《富士新聞》1901年5月14日。

66.《武裝的平和》,《富士新聞》1901年5月15日。

67.《露国と滿洲　我国の決心》(上、下),《富士新聞》1901年5月17、18日。

68.《露の行動及意志　露国と滿洲の補遺》,《富士新聞》1901年5月19日。

69.《列国は何故に撤兵せざる乎》,《富士新聞》1901年5月21日。

70.《伊藤侯に与ふ》,《富士新聞》1901年5月24日。

71.《償金問題の解決》(上、下),《富士新聞》1901年5月25、26日。

72.《元老責任論》(上、下),《富士新聞》1901年5月28、30日。

73. 《現内閣の急務》（上、下），《富士新聞》1901 年 7 月 3、4 日。

74. 《經濟と耐忍力》，《富士新聞》1901 年 7 月 7 日。

75. 《我財界の慘況　並に救濟の準序》，《富士新聞》1901 年 7 月 10 日。

76. 《償金子問題》，《富士新聞》1901 年 7 月 12 日。

77. 《我邦人と蓄慾》，《富士新聞》1901 年 7 月 13 日。

78. 《処世術》，《富士新聞》1901 年 7 月 16 日。

79. 《北海の小海戦》，《少年世界》第 9 卷第 9 号，1903 年。

80. 《漢詩“秋日遊鞍馬、秋日遊山科書感”》，《法学志林》第 11 卷第 2 号，1909 年。

81. 《佐川と文学者》，《霧生関》第 25 号，1911 年。

82. 《漢詩“牛窓紀勝跋”》，《霧生関》第 25 号，1911 年。

83. 《漢詩“送別狩野博士遊歐洲”》，《霧生関》第 27 号，1913 年。

84. 《漢詩“大正甲寅正旦恭賦”》，《霧生関》第 28 号，1914 年。

85. 《漢詩“謹賦知古一首呈古賀博士”》，《法学志林》第 16 卷第 5 号，1914 年。

86. 《漢詩“祝杉浦天台先生為 東宮待講 次大町桂月氏韻”，《霧生関》第 29 号，1916 年。

87. 《追悼梅洋洋先生》，《法学志林》第 18 卷第 4 号，1916 年。

88. 《読書随抄》，《立命館学誌》第 9 号，1917 年。

89. 《随感随筆》，《立命館学誌》第 11 号，1917 年。

90. 《佐川に対する希望》，《霧生関》第 30 号，1917 年。

91. 《漢詩“清遊会序”》，《霧生関》第 30 号，1917 年。

92. 《正名鈔訳》，《立命館学誌》第 17 号，1918 年。

93. 《台灣雜観》，《立命館学誌》第 20 号，1919 年。

94. 《漢詩“立儲賀表”》，《霧生関》第 31 号，1919 年。

95. 《佐川に対する冀望》，《霧生関》第 32 号，1921 年。

96. 《桂月式の一例》，《桂月》，1926 年 2 月 1 日。

97. 《漢詩“新年偶成（用大槻習育詩韻）”》，《桂月》，1926 年 2 月 1 日。

98.《漢詩“解惑之詞”》,《桂月》,1926年5月1日;《法政大学報》第4卷第5号,1926年。

99.《漢詩“送近森君入京大大学院”》,《法政大学報》第4卷第5號,1926年。

100.《寄某氏》,《法政大学報》第4卷第8号,1926年。

101.《張懷淮の序文を読みて桂月兄を懷ふ》,《桂月》,1926年10月1日。

102.《無題錄》,《桂月》,1927年7月1日。

103.《我母校の五十年記念式に当り懷古の一節及び冀望を述べて以て祝詞に代ふ》,《法政大学五十年記念演講集》,法政大学,1928年。

104.《隨錄》,《東洋文化》第72、73、74、76号,1930年。

105.《隨筆隨錄》,《東洋文化》第91、93、97、99、101号,1932年。

106.《隨筆隨錄(頼山陽の外史に就いて)》,《東洋文化》第107号,1933年。

·寺田浩明著《中国法制史》书评专辑·

专辑说明：自近代以来，日本学界曾陆续推出过以下数种中国法制史教科书：浅井虎夫《支那法制史》（1904）、仁井田陞《中国法制史》（1952；增补，1963）、岛田正郎《东洋法史》（1970；增补，1980）、布施弥平治《中国法史学概要》（1973）、石冈浩等著《史料所见中国法史》（2012）。这些教科书虽然体例各别，所涉内容范围宽窄各异，但主旨皆在于勾勒流变、解析制度。

寺田浩明教授于2018年1月出版的《中国法制史》（东京大学出版会）则属这一教科书撰作传统的异例。此书是其多年来研究的集大成之作，但内中既无有关中国历朝历代法律制度发展的概述，也没有对法典律令或机构设置等方面的体系性介绍。虽然在日本的大学作为"东洋法制史"这一科目的授课教材，该书指向的目的却在于，透过种种史料史实去深入解读传统中国社会秩序形成与维系的动态及其内在逻辑的"编码"（code）。正因为出于这样具有高度理论性的研究目的，该书的对象范围大致以明清时期的家庭（"同居共财"）、宗族、土地和契约、司法制度（包括民事领域的"听讼"和作为刑事审判的"断罪"）为主，涉及的时代则延伸至帝制之后的民国和当代。通过对传统中国日常生活及社会秩序中"法"现象的叙述，作者试图描绘出或建构起某种从整体和根本上区别于西欧前近代法以及欧美现代法制的"另一类秩序"模式。

因此，相较于其他教科书，该书所论具有相当的理论辐射力和文化类型学建构的意义。有鉴于此，本刊特别策划了这一专辑，由该书核心章节的中译与不同领域（如法律史、社会史、经济史、"新清史"等）的学者对该书的评论两大部分组成。需要特别说明的有以下两点：

第一，此次译出的第八章，是该书的重要章节，且首次被译为中文在国内的刊物上发表披露。这一章从比较传统中国法与西欧前近代法中的契约入手，对我国近代以来法制的转型嬗变以及这个过程中"传统"与"现代”或者“固有”和“舶来”因素的交织、纠结、颉颃做了犀利的剖析。由于该章内容的理论性很强，涉及的知识面也十分广泛，将其移译为中文是一项艰巨的任务。幸运的是寺田教授的弟子、目前就职于台湾政治大学的黄琴唐博士担负了这份颇为不易的工作。在时间很紧、家人患病需要看视等不利条件下，黄琴唐博士完成了这一任务，其译稿得到了寺田教授本人的认可和嘉许。

第二，本专辑最终能够圆满完成，除了得到寺田教授、译者以及各篇书评作者的大力支持外，清华大学法学院王亚新教授全程参与，多所惠助，谨此申谢。

本刊编辑部

《中国古代法律文献研究》第十二辑
2018年，第590～625页

传统中国法与近代法

〔日〕寺田浩明 著　黄琴唐 译*

以上，笔者带着与西方法进行比较的意识，将传统中国法秩序的形态，从人民到国家做了一次概观。不过，清末以降，中国与西方各国实际发生接触以后，固有法与外来法之间发生了冲突与融合，而此一过程，甚至在现代中国的内部仍然持续推进着。对此历史过程的详细厘清，原非本书的课题，唯就法形态的比较而言，可以说，这个冲突与融合的局面，反而才是理论性的关键所在，不能忽视略过。

不过，不能忘记的一个事实是，到这里为止，我们看到了许多有关传统中国法与传统西方法在理论上的对比，但固有法与外来法的冲突、融合过程，其实并不只是这些对比的单纯重现。因为，和中国固有法发生冲突与融合的时期，不在明、清，而是近现代，当时中国本身业已朝近代国民国家进行转变。而且，发生冲突与融合的对象，并非西方法的整个传统，而是近代法，即“规则型的法”的近代形态，而理所当然地，即使在西方，近代法也是到了近代以后才产生。亦即，除了目前为止所讨论的东西法传统的比较之外，东西方的法中都出现了“近代”这个新的主题。如果我们未就近代法的内涵进行一定程度的了解，那么，接下来的讨论势将寸步

* 寺田浩明，日本京都大学名誉教授；黄琴唐，台湾政治大学法学院助理教授。

难行，又倘使没有弄清楚近代法与传统法的相对关系，则本书目前为止讨论的内容在现代所具有的意义，也将无法确定。因此，在本书的最后，虽然讨论的内容愈益超出了笔者的能力范围，但是，为了让本书的内容能够具备现代意义，笔者希望在必要的范围内，针对传统中国法、传统西方法和近代法的关联性，特别是它们在“法的形态”上有哪些异同，进行整理。①

掺入了近代法而进行中西法的比较时，可能存在着各式各样的着眼点，但从本书的立场来看，最重要的课题，如同序章中也曾稍微触及的，乃是以下两种社会形态的异同：一是在一君万民的国家体制下所开展的、在世界史上异常早熟的传统中国契约社会；一是经过“从身份到契约”的历史性变化而产生的西方近代市民社会与契约社会。而为了进行两者的比较，当然，我们也必须将近代以前西方社会中存在的契约所呈现的形态，纳入视野之中。因此，本章主要想根据契约的形态，思考传统中国法、传统西方法与近代法三者之间的相互关系。

首先，在第一节中，拟将传统中国契约的形态与近代以前的西方契约形态进行比较，然后，整理近代法自近代以前的西方契约中产生的情形。而在第二节中，拟介绍此种近代法导入中国以后，在中国内部引发的变化，最后，思考在法的世界史上对于近代法导入中国的过程进行定位时，需要什么样的理论架构。

第一节　一般的人际关系与制度性的关系

（一）传统中国的契约

传统中国的契约裁判　传统中国的社会关系，大多通过契约成立。当

① 顺带一提，关于以下将谈论的近代法，笔者所认识的事实，与本书目前为止有关西方法的论述一样，其大部分的根据，是基于笔者自身对于日本战后各种西方法史学研究成果进行学习后所累积的心得，而这些研究成果的代表作，乃是村上淳一所著的《近代法の形成》（岩波全書，1979）。但是，笔者就近代法进行讨论的所有内容，其呈现的清晰度，仅止于和本书所处理的传统中国法图像相互参看的程度，相信那些西方法史学的作者们一定都会说，不记得自己曾经做过如此草率的论述。无论如何，以下所提出的内容，毕竟只是一个传统中国法的研究者迫于立论上的必要性，从传统中国法这一侧遥望之下，描绘出来的西方法与近代法图像。关于西方法史的实际情况，尚请读者们就教于西方法史的专家。

然，进入裁判的纷争，也因此大多与契约有关，而当时的法庭，对于那些纷争不加区别地予以受理，并作出裁判。那么，在传统中国的裁判中，契约究竟被如何看待?[①] 首先，我们试着阅读下面三则史料，这些史料的来源，皆是清末的判语《三邑治略》。[②]

卷五“讯黄汉清一案”

> 讯明。黄汉清之祖黄佩臣〔A〕,[③] 买陈映堂〔Y〕住宅一所，计价九百串文。验明印约纸张，确系咸丰十一年所立。而〔关于该处土地，有第三人〕刘宏逵之父〔X〕在日控称有当价贰百五十串文未赎〔卖主Y以该处土地作为抵押，向自己借款贰百五十串文〕。查验归约〔可能是类似抵押契约，以不移转占有的形式作成的金钱借贷担保契约〕，陈际文〔Y〕亲笔〔此为X所主张〕两张，字迹均不相符，显有情弊。断令刘宏逵〔X〕让去钱五十串，仰黄汉清〔A〕书立二百串票据交伊〔X〕抱告〔代理出庭之人〕收领外，陈启运〔Y〕系出卖房主，义送钱壹百串文〔给代其偿债的买主和黄汉清A〕，此房即归黄汉清自得。老约〔咸丰十一年的卖约〕发还，当约注销，具结〔遵依甘结状〕完案。此谕。

Y欲以900串文将其土地卖给A时，X介入其中，宣称自己对Y拥有250串文的债权，该处土地乃是该债权的担保。裁判官员调查X提出的证明字据后，谓字据有可疑之处，因此将250串文的债权折减为200串文，并实质上使卖方Y与买方A平均分摊这200串文，借此让停滞中的买卖契约得以实现。

① 本节中的讨论，乃是根据寺田浩明《合意と契約——中国近世における“契約”を手掛かりに》，收入三浦徹、関本照夫、岸本美緒编《比較史のアジア——所有・契約・市場・公正（イスラーム地域研究叢書4）》，東京大学出版会，2004。中文版请参阅寺田浩明著《中国契约史与西方契约史——契约概念比较史的再探讨》，郑芙蓉、魏敏译，收入《权利与冤抑：寺田浩明中国法史论集》，清华大学出版社，2012。

② 《三邑治略》全五卷（光绪三十一年序）乃是清末地方官员熊宾的判语，其中卷四、卷五收录了熊宾在湖北省利川县、东湖县任官时所作的判文。

③ 〔〕中的文字为作者所增。

卷四“讯牟奇翠一案”

此案，牟奇翠〔A〕承买刘松魁〔Y〕田地，本无错误。因刘名著等〔C〕有祖坟在内，先经〔中人〕杨焕章〔B〕劝刘名贤〔X〕承买，而刘名贤〔X〕故意措贱，致使刘松魁〔Y〕转卖牟姓〔A〕。始终错误即在刘名贤〔X〕一人。断令此地仍归刘姓户族刘银魁〔D〕接买，将牟姓〔A〕所出之税契中资各费，均归刘银魁户族〔D〕付给。杨焕章〔B〕另代牟奇翠〔A〕再买田地一分，以免轇轕。牟奇翠〔A〕此次所买之约，着原中杨焕章〔B〕送来缴销，仍同杨焕章〔B〕邀刘姓合族及牟奇翠〔A〕等到面书立约据，卖于刘银魁〔D〕名下以作护坟之田，嗣后亦不得再卖他姓。各具结完案。此谕。

Y欲将祖先坟茔所在的土地卖给外姓A，缔结了契约，随后X介入，主张同族先买权。对此，裁判官员认定，Y原本欲将土地买给同族的X，但因X仗恃其同族先买权，想要强以低价买进，致Y生厌，将土地买给了A。唯裁判官员又认为，坟茔之地仍以同族买进为宜，故令Y将土地另外卖给同族的D。但在同时，考虑到善意第三人A的情况值得同情，因此命中人B为其寻找替代土地，缔结买卖契约。在此，与其说法庭是实现既存契约的地方，不如说它成了斡旋新的卖买契约之处。

卷四“讯曾成意一案”

讯明此案，曾成意从前归併刘传福老当，有二百四十串字据，钱尚未付。验明属实。而邓永潮等所取〔以担保欠款为词而强取?〕谷子，据邓永川等供有十余石，据曾宪藻供有三十馀石。经本县裁夺作为二十石，照二十四年以前市价每石作钱七串，合共一百四十串。外有邓永潮佃曾成意房屋一所，尚欠二十串佃钱未付。两项作抵〔作前述二百四十串之抵〕，合共一百六十串。除抵项外，曾成意净找邓永潮钱八十串文，以清此事。当堂书立〔支付八十串文之〕票据，将〔二百四十串之〕借据退还曾成意收执。至从前两姓互控各案夙嫌，着本城绅首刘子书等，在公所备办酒席三棹，二比见面，永敦和好。届时本县亦自亲临，均勿负谆谆劝诫苦心。此谕。

曾姓与刘姓之间，存在着许多个债权债务的关系，演变成涉及武力冲突的纠纷。于是，裁判官员将那些关系全部揭示后，一举进行清算，而且为了促成两姓的和解，甚至要备置酒席。又，这则判语另外记载：日后熊宾因公路经附近时，对于上述处置心怀感谢的两个宗族，还给了他热烈的款待，“足见百姓无不可感化”。

传统中国契约的特性 上述三则事例中，各个当事人提出的契约字据在裁判里都获得了详细的调查。但显然地，裁判并非致力于单纯地实现契约文书所记载的事项。在裁判中，当事人双方在过去缔结某些契约内容的这个事实，毋宁是被当成事态发展至此的一种原委，而获得考虑、调查，并且受到重视。但是，这终究不过是要确认、确定双方当事人在缔约时点成立的合意内容，不会由此马上导出此次裁判的结论。毋宁说，是由于先前的约定与利害分配变得难以实行，才会引起这次的纷争，因此，裁判官在裁判的过程中寻求的是，重新分配双方当事人的相互关系，解除现存的僵局。在此裁判中，曾经缔结契约的事实，对于双方当事人现在的行动，几乎不会发生束缚。如此一来，此种约定，是否可说与近代西方法上的契约具有同样的意义？

经过上述的思考后，若试着将视线转移到诉讼的领域之外，则在传统中国里订定数量最多的土地契约文书，其实质的内涵，乃是买主预先自卖主处取得的“产权证书”，作用在于买主日后遭人追问管业来历时，得以表明过去买入该笔土地的事实。买卖之际所做的事情，反而只是以产权证书和价金进行的以物易物或现金交易。这种约定，并不是自始就会对自己和他人行为课予将来义务的“契约文书”。

当然，即使在传统中国，把履行留待将来实现的这种约定类型，也有存在的必要性，而且，这种约定有时也会实际发生。但是，例如在进行远距离的大规模买卖时，常在缔约之际交付定金，整个买卖完成的方式，是一方反复发送相当于定金价值的部分物品，一方反复支付后续买卖之用的部分价金。当事人虽然很想进行大型的交易，但因担心对方是否会履行，故一旦交易达到某种程度以上的规模时，就会出现将大型交易分割成短期结算的小型交换的行为。此外，在佃农先行利用标的物，日后再支付对价的租佃关系中，如果田主不在土地所在地居住而城居化，主佃之间的日常人际关系松动，那么随后就会开始产生押租金的习惯。押租金原本的意义是预防欠租之用的担保金，但是根据不同的想法，也可能被理解为预付一年份租金以购买一年份土地用益权的手法。而通过每年秋季的纳租，此种租佃关系年复一年地重复着。此种关系要达成的目的，也是在维持同时履行的关系，或者贴近现金交易的形态。此外，另一种因应方法，是在分种的情况下极为典型的合股式关系的组成。这些关系的成员即使对于将来的情况有所不安，但是只要能够让各人以持份的方式分享利益、分担风险，则彼此之间于日后不再需要进行清算。上述的情形，都是在努力回避我们所想到的，将履行留待日后实现的此种“契约”。

在传统中国里，契约即使具有讨论并决定某个时点的利害分配的意义，但是，无论在社会生活或裁判中，它几乎都不具备严格约束日后行为的机能，也不具备和反复无常的现实社会关系相互区别且不受事实影响的独立地位。亦即，大部分的社会关系是通过当事人之间随意的约定而成立。在此意义上，传统中国社会可以称作“契约社会”，但在那里实际成立的社会关系，和人与人做成的一般约定之间，并没有太大的不同。

中国式的信义论　在传统中国里，将100%的实现视为理所当然的“契约”类型十分薄弱，或者根本不存在。对于这样的现象，我们应该要如何理解？经常被提到的是东方社会欠缺“契约精神”（因为是契约，所以绝对必须遵守的想法）的说法，这似乎是从人性的问题来回答上述的现象。但是当然地，传统中国的人们并非认为不遵守约定也没关系。《朱子增损吕氏乡约》“过失相规”内明确记载，“或与人要约，退即背之”（言不忠信）的行为，是最严重的一种过失。对于传统中国的人们而言，“信”乃是最重要的德目之一。

只是，在中国式的想法中，或许接着会出现以下的讨论。亦即，遵守约定固然正确（本人坚持遵守约定是对的），不过由于客观状况的恶化导致约定无法实现时，让对方独自承担情事变迁的全部责任，这真的是正确的、合乎信这个德行的行为吗？如果信指的是与对方的感受相通，那么就必须一直设身处地替对方着想，一旦发生了意想不到的新情事，当然必须和对方一同思考因应的对策。这就是人与人之间正确的互动关系，而追求此种正确性的想法，也支撑着约定的实现。

结果，传统中国契约与近代西方契约的分歧在于：即使有合理原因导致当初的约定内容难以实现，契约他方当事人乃至国家、社会是否仍会勉力要求实现契约条款的原本内容，又是否会认为此种要求是绝对正确的，且实现这个契约乃是公权力应该要担负的任务？近代契约论对于这个问题，基本上会回答“是”，相对于此，传统中国会积极地回答“否”。在此情况下若回答“否”，那么，无论如何完备文件的格式，如何强化证明的方法，契约和基于一般的社会信义所成立的约定之间，仍没有实质性区别。

中国式的公证　实际上，在传统中国也可以看到官方对于契约文书的真实性进行确认与强化的作为（广义的公证）。例如本书前面章节所述，若在买卖土地时缴交契税（契约税），州县官府会在契据的重要地方（价格与日期处）盖上官印，而盖有这种官印的契据（红契）比起未盖官印的契据（白契），被赋予了较高的可靠性。此外，有时候在法庭中，官员会废弃假文件，然后在真实文件旁边进行批注，以证明其真实性。但是，无论这些作法将文件的真实性提升了多少，获得证明的，单单只是过去成立合意的事实——亦即“原委”——的切确性。裁判进行的方式，乃是充分考虑这些原委后，思考在当下最适当的利益分配。

（二）西方近代以前的契约

西方近代以前的契约裁判　那么，西方在近代以前的契约，是什么样的内容？首先，和传统中国不同，在西方的法庭中，与近代世界一样，契约裁判的基调是对于契约记载事项的强制履行。不过同时，和传统中国及近代世界皆不同的是，在那里，涉及当事人之间约定的纠纷，原则上并非全部都会在法庭中获得受理与裁断。只有国家选定的某些种类的约定，或者履行国家规定的严格方式后作成的约定，才会被当成“契约”，在法庭中获得受理、成为裁判的对象。传统西方契约与传统中国契约、近代契约之间具有的此种微妙差异，正是思考各种问题时的关键所在。①

裁判权力的参与所代表的意义 关于这种起诉层面的限制，常见的一种说明是：即使在西方，由于近代以前的国家权力尚属脆弱，对于契约的"法律保护"范围仍较狭窄。由于这样的论点，不知不觉中，一种（没有经过特别论证的）反面理解竟悄然孕生，认为没有在法庭中提出的约定，本质上与受到法律保护的契约相同。

但是从逻辑上来说，上述的事实，当然也可以同时导出这样的理解，即：只有被提交到法庭的约定，才是100%实现型的约定，其外部则是不属于100%实现型的（与传统中国的信义类似的）辽阔世界。又西方法史上特有的"公证人"所承担的任务，也会支持这里的推论。公证人并非如同上述中国式的公证般，单单只是证明存在约定的这个事实，由于他的参与，人们之间的约定将会转变成具有法律上意义的"契约"。决定性的关键是，单纯的约定与特殊的约定（即法律上的"契约"），亦即普通行为与"法律行为"之间，存在着全有全无的区别。而涉及契约纠纷的裁判，其受理或不受理，也对应着此种区别，同时发挥着创设此种区别的作用。这么说来，按照下面的方式描述存在此处的事态，在论点上将能取得更大的平衡。

作为权力性机制的契约 亦即，在西方，一旦约定之后原则上就要100%实现的社会关系愈来愈有用，但是若将相关条件委诸当事人决定（可能反而被人们具有的信义所妨碍），则此种关系将会难以安定成立，故它和裁判、公证人等法律制度，是以成套的形式存在的。具体来说，国家为了将不同于一般约定的"特别约定"予以神圣化，规定了特定的方式

① 若为慎重起见进一步补充，在中国历代的法制中，也可以看到一些限制特定契约案件（大多是订立契据后经过一定年限的古老契约）起诉的条文。但是，那里并不存在着制度性契约与一般性约定的区别，而是律典对于当事人事到如今才拿出此种旧契据（大多是不实文件）挑起纷争的异常举止，保持着警戒的态度。而实际上在判例中也可以看到，如果能够清楚证明过去成立合意的事实，契据的陈旧程度并未被视为问题。以上参阅寺田浩明《清代中期の典規制にみえる期限の意味について》，收入《東洋法史の探究——島田正郎博士頌寿記念論集》，汲古書院，1987。中文版请参阅寺田浩明著《论清代中期典规制中的期限》，魏敏译，载《明清论丛》第18辑，故宫出版社，2018年预定刊行。

（“赋予法律效力”之用的礼仪），而且特别规定了某些类型的约定（必须注意，例如罗马法在早期脱离形式主义，承认诺成契约时，其契约亦仅限于买卖、租赁、合伙、委任四种类型），只受理和这些约定有关的诉讼，或者在法庭中只对这些约定进行100%实现型的处理。人们也可以如同从前一样，在当事人之间缔结以社会信义为基础的（传统中国式的）约定，但是，当他们决定要以100%实现型的形式进行这个交易时，首先要约定共同利用这个特殊的制度，或者将这个交易放进国家规定的架构里（履行制度所规定的仪式性程序、前往公证人面前等）以进行约定。西方所谓的“契约”，与其说是当事人之间的自然关系，不如说是有官方第三人介入的特定约定方式，若再进一步说，即是国家及司法制度创设，广泛提供人民利用，具有权力性质的机制。

这样一来，西方契约具有的绝对实现性质，与其说它是当事人的“契约精神”形态的问题，或许单纯地说是那个权力性制度因应其目的和设立趣旨而具有的属性更为恰当，而且这种说法的理由十分充分。

社会关系与契约制度 关于此种最初的契约制度（及其与当事人们的社会关系之间具有的关系），令人意想不到的是，现代伊斯兰法的实例提供了鲜活的意象。根据诺尔·库尔森（Noel J. Coulson）的看法，伊斯兰的契约法中原则上只有买卖、赠予、租赁、使用借贷等四种契约类型，国家只推荐这些契约，并仅针对这些推荐的契约进行积极的保护与支持，而与这些特定契约类型不同的一般性的契约概念与契约理论皆不存在。[①] 亦即，在那里，存在着契约自由成立以前的制度性契约的世界。但是，人们在从事上面四种类型以外的交易约定时，也希望能够受到国家的保护。典型的例子，是伊斯兰法上禁止的附利息之金钱借贷，人们为此发明了如下的操作手法。[②]

> 欲借贷金钱的人，以150万元向放款人购买某物，但支付金钱的日期订在一年以后。随后，放款人立即以100万元的价格向借款人买

① 参阅ノエル・J・クールソン著《イスラムの契約法——その歴史と現在》，志水巌译，有斐閣，1987。英文版请参阅Noel James Coulson，*Commercial Law in the Gulf States*，1984.

② 参阅柳橋博之《比較法上のイスラーム》，收入竹下政孝编《イスラームの思考回路（講座イスラーム世界4）》，栄光教育文化研究所，1995。

回该物，并当场支付价金。实质上这就是年利率50%的金钱借贷，但在形式上，只是进行了两次有效的买卖。

这是被称为“潜脱手段”的知名规避手法。在此，契约制度仅提供给国家认可的（认为有助于公共善的实现）交易，但是，人民想做的是国家认可之外的事情。其结果，“国家契约制度上的关系（所谓‘法律关系’）”与“当事人实际缔结的社会关系”明显发生龃龉。但反过来说，即使如此，契约制度仍然发挥了作用。因为所谓的契约是具有权力性保证的特殊工具，而人们会根据自己的目的决定如何搭配使用这些工具。

契约制度的社会效用 又，虽然契约是部分限定的制度，但国家创设契约制度提供人们利用的这件事情本身，给市场社会的形态带来了巨大的变化。因为，从前在市场交易的内容，局限于眼前存在的东西，但是，如果契约制度对于将来一定行为的实现，坚定地提供了保证，人们就可以把还不存在的东西也带到交易的场合，作为交涉的标的。契约制度是一种将市场交易标的的范围向未来进行扩张的时光机器，而最终在交易中交换的两个标的，全都会变成未来的东西。

当然，虽然有契约制度，但现实社会中存在的未来风险并不会全部消除，不过，风险因此受到了限定，而且那些风险反而也成了事前换算成金钱进行交涉的内容（甚至可以说，为此而设的机制，正是契约制度）。而此种发展，让裁判致力于契约内容100%实现的正当性获得了进一步的强化。

规则型裁判制度下契约制度的利用 此外，只要市场社会中存在此种需要，在规则型的法的世界中，即使在国家未创设、提供特别“契约制度”的地方，人们也会为了达到这个目的而开始设法运用裁判。其典型的例子，是英格兰法律史中被当成契约制度的开端之一，而被举出的“串通诉讼”。当人们想要以强而有力的方式约定本金100万元、年利率10%的金钱借贷时，放款人会以借款人为被告提起诉讼，主张目前尚有110万元的债权尚未获得清偿，借款人也会当场认诺，法院因此会下达借款人应支付110万元的命令，而放款人会在收到法院的命令状后，亲手交付100万元给借款人。在此，与其认为裁判制度（或国家）是为了实现社会正义而创设的机制，不如说它是被当成私人间进行特殊交易之用的工具。

提供形式性服务的国家 如此这般，在西方法律史上，从很早以前开始，在各地都可以看到一种坚定的社会关系的形式，这种社会关系由国家权力介入，双方当事人之间无法轻易创造，且这种社会关系不因时间流转和情事变更而有所松动。当时，相较于某些社会正义的实现者的这个身份，国家（裁判权力）更像是提供形式性服务的主体。或许在西方法律史中，此种形式性服务的形式性实现本身，就被视为是一种社会正义。而传统中国式的法与公权力，由于经常介入现实生活的核心，在那里致力于实质正义的实现，因此变成了现实生活的其中一种构成要素，反而绝对不具备这种国家与社会之间的相对关系。

那么，这个西方传统法上特有的、法的工具性面向，在近代有了什么样的开展？以下，将从工具性的法的全面性开展这个角度，试着描绘近代法的图像。

（三）近代法的历史性定位

法律空间的一元化 关于西方法在近代的开展，其他暂且不提，首先必须指出的是，人们谈论法的空间所产生的历史性变化。

亦即，如同第二章有关土地所有的说明，在近代以前的西方，原则上，当事人要凭自己的力量去实现法（=权利），因此，只有具备自力救济能力的人，才能成为法律主体。结果，拥有武力的家父长对于家庭成员和家内奴隶的支配、领主对于家父长们的支配，以及贵族对于领主们的支配，形成了多层次的政治支配结构，而在这些贵族的同侪中，具有最高权威的人是国王，这是中世纪时西方国家的实际状态。在近代以前的西方，并非所有的人都可以站上法的舞台，而且在那里的法的舞台，既多元又多层次。

近代国家形成的方式，是王权宣称自己是每个人民的权利保护主体，将上述的中间支配阶层打倒，然后将权力集中到自己的身上。国家能够独当一面地扛起权利保护的责任以后，各个主体就没有必要为了确保自己的权利而继续持有暴力。那么，一直以来用暴力支配及保护所属人民的中间权力阶层，当然也会丧失其社会性的存在意义。最后，连家父长权力的存在意义也遭到否定，于是具有理性判断能力的所有成年男女，开始作为权利能力的主体并列在国家的底部。又，在国家的顶端所需要的，不再是血肉之躯的君主，而是所有权力汇集后的抽象支点，由此产生了主权的概念。

于是，近代以前法律主体的限定性与法律空间的多样性同时消灭，取而代之的是以国家为单位创造的一个巨大的法律空间，而在这个空间之内，在国家主权下被彻底平均化的市民，平等且对等地并列着。

契约服务提供范围的全面化 第二个变化，必须举出契约自由原则的成立。[①]

在近代以前的西方，“契约”提供的服务内容，基本上是由国家权力单方面地作政策判断上的决定。我们可以在脑海中想象一种状态，即在社会里面，零零星星地放着几台具备特殊用途、特定目的的“要件——效果”型的输送带，提供人们使用。但是，由于近代的市民革命，契约服务内容的判断主导权，从国家转移到了市民身上，从此以后，原则上市民所做的正当合意，全部都应该受到国家的法律保护，而运用法律保护这些正当合意也是国家的任务。但即使如此，既然国家参与其中，那么当然里面会残留着实现最低限度公共善的要素。不过在此，图画与留白的比重已经逆转，对于契约的限制，变成只有在契约内容违反“公序良俗”的情形，才例外地将它从法律保护的对象中排除。

于是，契约成了可以全面性地将人们的大部分合意盛入其中的通用容器，或是用以形成坚定社会关系的普遍性工具。在此，社会全体成员就其所要处理的大部分社会关系，拥有了初期契约制度中可见的“由国家权力支持的处分能力”。而私人普遍地运用国家权力以后，反过来说，是国家权力变成以中立的形式，普及到了各种社会关系之中。因此，以国家权力所保证的契约来武装自己的个体，拥有的处分能力急遽增大，从前原本所

① 关于“契约自由”原则的研究，可参阅星野英一《契約思想．契約法の歴史と比較法》，收入《岩波講座　基本法学 4——契約》，1983。根据星野教授的说明，契约自由原则有以下几种含义。消极地说，包括：一、缔结或不缔结契约的自由；二、选择缔约对象的自由；三、决定契约内容的自由；四、排除要式契约的自由（契约方式的自由）。积极地说，则契约自由指的是：因当事人的请求，国家通过法院强制性地实现契约的内容。从当事人的角度来看，这意味着实现契约的内容时，能够得到国家权力的帮助；从国家的角度来看，则是在一定范围内把社会关系的形成授权给了私人。

有人都不敢着手的跨越时空的大规模交易，却在此时的一般市民之间很平常地进行着。

规则的体系化 和以上的衍变并行，裁判中使用的规则，其涵盖范围的全面化与内容方面的体系化，也获得了推进。

在近代以前，以规则的名义出现的是许多个别获得承认，在某些（例如传统、宗教等）意义上具有正当性基础的，零散、片段的因果关系命题所形成的庞大类群。诉讼与权利也和那些片段式的规则一样，具有个别性与片段性的特征。诉讼当中具体存在的是援引片段式的规则进行的辩论，而这些辩论不但种类繁杂，不易掌握，并且深具个别性质。另外，神与理法的意象，朦胧地笼罩着整个裁判。

不过，中世纪的法学者以完备无缺的法作为努力的目标，近代法学者则想要通过人类自己的手，自觉性地把握那埋藏在人与社会当中的“法的全貌”，将它转化成语言。他们以理性之眼，重新检查、评价所有的规则。其后，一种崭新的状态获得建立，在这里面，规则之间彼此紧密地配合，规则自身又形成了自我充实、内部无矛盾的逻辑空间与“体系”，而且（并非以模糊的意象，而是以非常具体的方式）渗入现实生活中的大部分社会关系。

近代法与东西传统法的异与同 以上三个发展互起作用，让法似乎成了与现实社会情况相称的蓝图。从商品买卖到身份关系的缔结，现实社会中成立的重要合意，亦即现实社会中存在的大部分重要社会关系，如今可以用法律关系来形成。而其实际上呈现的状态是：重要的社会关系全都预先在法的平面上描绘设计图，接着，在现实社会中实现这些关系，又，倘使事实和法律之间产生分歧，则依照法律对事实进行纠正。

如果将此种状态放进历史之中来看，传统中国法从最初开始，就希望形成一个将世间所有的人、事皆纳入其视野中的秩序。但是，由于传统中国法采取了直接操作现实社会关系的方式，结果几乎导致法与现实的一体化，使得法不具有独特的形式性空间。相对于此，在传统西方法中，无论是遵循规则的裁判，或是形成社会关系时作为工具使用的契约制度，从很早开始就兼备了形式性的要素。不过，在近代以前，它们全都只是片段式的东西，法仅仅渗透了社会关系的一小部分。可是到了近代以后，此种形式性的法，继续保有其形式性而又变得全面，并且带着国家权力的支持几乎渗透到了现实世界的每一个角落。

这是人类未曾见过的法的形态，而人类开始尝试运用此种新形态的法，将历史性的秩序对自化与相对化（亦即对原本被视为绝对的历史性秩序，重新以理性反省其对于人类的意义，并将之相对化），并进行人为的重新建构。这就是近代法。的确，这是近代西方的一大课题，而显然地，人类在其中做出了对他们而言具有决定性意义的突破，使近代法成为人类法律历史的分水岭。

近代法与社会——三个侧面 近代法为西方法带来的历史性变化，若重新进行理论性的整理，可以从下面的 ABC 三个面向来掌握。第一是局限于法的内部发生的变化；第二是近代法为社会关系的形态带来的变化；第三是近代法为人类的样貌带来的变化。这些变化，也可以说是工具性的法渗透到现实世界时的三个深度。

近代法 A——法的国家化、理性化、工具化 随着前述国家体制的变化，从前由分散在社会里的各种权力担负的裁判，全部遭到国家独占，而且法也基本上成了国家制定法。同时，裁判的主要任务，也从当场发现、实现法与正义，转变成辅助工具性的法进行运作（即确保“法的安定性”）。

当然，国家在此制定的民事法，从内容上来看，大部分只是一直以来内在于人类与社会中的规则性经过自觉化与明确化之后的产物。但是，通过国家将之制定法化的这个过滤方式，法脱离了“内在于社会的规则性”此种地位，重新被定位成国家为了创设某些因果关系命题、形成合理的社会关系，而向人们提供的工具。而此种因果关系命题，是经过人类理性深思熟虑后，由国家权力所确保实现的。反过来说，一直以来形成法的实际内容，且确保其正当性的历史要素与社会要素，对于裁判的运作与秩序的形成，并未直接发生作用，而是被推捧为限制国家立法内容的原理，实际上转化为次要的因素。

于是，法的全部内容，暂且被国家所吸收。

近代法 B——法律关系的原则化 法律作为形成社会关系之用的工具，无论形态如何改变，从逻辑上来说，它都是有别于人与人之间的社会关系，乃是一种国家的制度，而人们会依照自己的需要，利用此种带有权力性质的制度。

但是，在西方的历史上，随着封建制度的各种权力解体，所有的社会关系也跟着任意化与合意化，亦即共同体发生解体，以及市民社会开始形成。这个所谓“从身份到契约”的历史性转换，以一种国家权力支持人们利用法律制度（或利用法律制度脱离封建性的关系）的形式进行，而且，在这种形式下产生的社会关系的扩大，也促进了工具性的法的发达。在此，以国家权力作为后盾的法律关系本身，无论内容良窳如何，都被认为是逐渐诞生的新式社会的社会关系所具有的标准形态。在此，我们可以看到中国社会的契约化与西方社会的契约化，其形态的根本差异所在。亦即，中国社会的契约化中，社会关系是不具特定形式的任意关系化；相对于此，在西方社会的契约化中，社会关系朝向“形式性且权力性的契约关系”衍变。

因此，我们也可以认为，法律制度的利用，不仅仅是当事人依其方便对于个别制度的使用，而是以“合理性秩序”完整替换历史上的社会秩序的过程（以前者驱逐后者的过程）。此“合理性秩序”是根据理性仔细地设计，并由国家权力为之担保；而历史上的社会秩序，则易为私人间的权力关系所左右。或者我们也可以认为，这是利用“从巫术中解放”的理性个体汇集成的国家权力，将社会关系的形态完全改造（使之“合理化”）的过程，抑或是将个人从地方性的社会关系——亦即共同体式、惯例式的制约——之中解放出来，重新安置于只受正义和理性支配的平坦平面上的过程。又或者可以说，法律制度的利用是在国家备置的法律平台上，重新建构新式的社会。

于是，原本暂时全部被国家吸收的法，再度开始渗透到整个社会。而在此现实基础之上，局势又往前面迈进了一步。

近代法C——按照近代法性质的人类图像重新建构整体人类世界　构成近代法的主要要素（其立基于自由且独立的个人、私人土地所有权、契约自由原则的契约），从事实上来看，全都带着明显的国家制度性、人为性，以及因此产生的历史性。因此，具备理性且被拟制为权利主体的所有成年男女并列的状态，只有在国家权力全面接手需要暴力的权利实现以后，才会在法的历史中出现，且才能持续地存在。另外，所有权（尤其是近代的土地所有权）也如同第二章所见那般，其原本的实质内容，只是国家的土地利用权制度中的一小块碎片的商品流通，其真正的成立，必须要等到近代主权国家导致封建势力解体，以及由此解体形成的土地所有的去政治支配化。而对等的法律主体之间互相自由缔结，且缔结以后彼此都必须严格受到拘束的契约，从历史上来看，反而也只是契约此种权力性制度的全面化（反过来说，是国家权力渗透、普及到了整个社会）以后所产生的东西。

但是，关于近代法的讨论，尤其是关系到如何赋予整体法秩序基础的社会契约论，带有一种强烈的倾向，将此种对应于近代这个特殊历史阶段的，且大多从国家权力中产生的各种要素，竭力巧辩为自然的事物或国家成立以前即存在的事物。他们主张，所有的人天生都是独立自主的平等主体，这些主体向自然投入劳动，而作为劳动的反射效果，产生了土地所有权；由此种独立自主的主体按照自己的意志订定契约，且该契约因独立的意志同时具有的自我拘束性，因而产生了效力。这些基本要素在国家产生以前，基本上全都已经存在于人们之间。毋宁说，所谓的国家，是这些自由的个人们为了进一步确保独立的个人们原本享有的各种权利，而在事后自发形成的团体。

目的、属性与效能　社会契约论进行此种理论建构的目的是显而易见的。为了对抗将社会的权力性要素全部吸纳、已变得极度肥大的国家权力，就必须厘清人民与国家在理论上的相互关系。或者谓人民为主，国家为从；或者谓每一个人民才是实存的实体，国家不过只是那些人民所创造的名称。而如果要提出一种人民命国家消失则国家马上就消失的论述，首先必须将一切还原到个体之中，因此，社会契约论导入了先于国家存在的自然状态的虚构说法。

但是，社会契约论无论在多大程度上将人类社会倒回到如同原子单位的人类的并存状态，它从一开始就决定，人类社会最终会到达的地方，是近代国家 = 市民社会的这个成套组合（如果不能顺利到达，独立的个体实际上将会马上消失）。在此意义上，社会契约论当中的个体图像，是从理想的最终秩序开始反推而创造出来的，它把原本属于国家制度方面的东西

(国家权力在近代法中担负的任务)拿出一部分,以人类本性的形式,事先嵌入了个人里面。其典型的例子,或许是本节前项中所见有关“契约精神”的论点。在国家成立以前的阶段,若考虑到100%实现型的契约,想要为其拘束力赋予正当性的基础,那就必须提出一旦表明合意后即永远拘束自己的此种个人意志,以作为解答。如果我们说,那是人类的约定所具有的本质,那么它确实是先于国家存在的东西,国家仅仅是给予了它“法律上的保护”,且防止其发生例外的脱轨。而人类之间的社会关系,在原理上被认为和法律关系互相重叠,或以为法律关系才是真正的人际关系,此种想法的背后,隐藏着契约原本具有的国家干涉与国家制度性的元素。近代法以此种方式,不仅吞没了国家与社会,最后甚至也将人们吞没其中。

法与人的相互关系 这样整理后,我们可以清楚地看到,通过近代法的形成,法和人之间的关系正好发生了一个大回转。

亦即,在传统法的阶段中,理法内在于作为自然存在与历史性存在的人与社会中,人类可说是受理法束缚着。根据不同的看法,也可以说那是人类被囚禁于巫术之中的状态。然而,由于近代法 A,法被国家从历史性存在的社会与人类之中抽出,作为一种理性的构筑物而彻底地外部化与客观化。接着,由于近代法 B,此种外部化、客观化的法,对于社会进行了改造。最后,这种法以近代法 C 的形式,再度被嵌入人类之中,人类的内部因此充满了近代法。而这些人类,又重新创设了国家。进展到这里的话,近代法与其说是一种工具,不如说,它近乎成了涵盖一切与人类、社会、国家相关事物的“世界”。当人们察觉到这一点的时候,他们居住的世界已经在不知不觉中发生了改变。

而“理性”这个词汇,是为了作为这个回转的立足点而发挥作用。社会按照理性(摆脱惰性)重新建构,而人类既被要求按照理性行动,同时也如此自我期许(努力使自己改变)。不过,这样使理论自我充实化的结果,其付出的代价,是理性这个词汇几乎丧失了实证性的根据。存在那里的,结果只是一个庞大的循环论证。不过可以说,由于完成了此种论证的循环,人们最终才得以从传统法与传统社会的制约,以及历史给予的条件中脱离。

社会契约论，乃是为了建立这个从历史中分离的世界，而运用的“创世纪”，它虽然可以说明这个世界的内部构成，但是在此内部构成中无论如何追溯，都不可能到达现实的过去。这么一来，也不是不能说，人类被完全关进了这个空间里。

ABC三者同时进行 不过，在实际的西方法律史中，前述的ABC三者，以近代国家的形成、近代社会的形成与近代人类的形成等方式，既相互的影响、促进，又同时前进。既然国家直接积极地从事市民权利的实现这件事，成为人类一切行动的关键，那么，法的功能朝向国家集中的情形，以及契约制度和规则的全面性整备（近代法A），实际上与社会关系的法律化（近代法B）互为表里，在前者促进后者的同时，后者也推进着前者。此外，在国家权力强大化的同时，为了对此强大化的权力进行市民的统制，当然也必须随之发展相关的理论与制度（近代法C）。不过反过来说，只要有C的保证，A与B也可以放心地向前迈进。或许，正是对于国家权力进行制约的理论，意外地成了国家权力在现实中得以强大化的最大支持。

此种新的法形态，在近代西方各国中急速形成，而那些近代西方国家乘着商船与战舰，逼近了亚洲。

第二节　中国与近代法

（一）近代法导入的历史脉络

东亚继受近代法的实貌 东亚之所以导入近代法，与其说是基于当地法律固有的因素，不如说是出于国际关系方面的原因。当近代西方型的“国家”形态逐渐成为世界的标准，为谋幸存，首先最重要的是，一定要使国家的外在形态符合帝国主义时代的规格。于是，在一些国家内，急速进行了政治上的反省，以及国家权力的集中（未能这么做的地方则遭殖民地化）。

近代法的国家制度部分的导入 这些国家运用了集中后的国家权力，循着近代西方国民国家形成的既有“公式”，一一布下了阵势，其中，也导入了近代法制度。至于其背景，有作为条约修正的条件（在现代来说，就是 WTO 的加盟）等来自外国的外部压力，以及富国强兵、殖产兴业的内在动机等。在此导入的是前述近代法的 A 部分，亦即国家为了形成合理的社会关系，当作其中一种工具，而创设、提供给市场的法制度。这是传统东方国家完全无法想象的新式机制，他们期待能够借此促成社会的高效率化。

在遭受殖民地化的地方，由殖民地当局代为从事这些法制度的导入工作，而这从反面暗示了，从某个侧面来看，在那里的法制度导入无论是好是坏，形成近代国家的精英分子正在对国内进行着殖民地的开发工作。在那里做的事情，是对于已在其他地方被“发明”的技术（完成品）进行“利用与应用”，如果局限于国家制度部分来说的话，乃是整套封闭体系的导入。当然，为了导入近代法，必须要有相应的土壤，而导入的程序，与铁路网、邮政制度的导入和运用基本相同。最初，先从几个模型中选定适合本国情形的模范国家，接着配合本国的环境，对其规格进行一定程度的本土化，并招募外国人及设立培训专门人员的学校。当该学校的第一期毕业生爬升为国家组织的领导阶层，系统就会自律地运作。

不过反过来说，这样的导入作业之所以能够完成，全是因为近代法 A 具有让这些导入成为可能的高度可移植性。在近代法中，法的实际运作部分完全被集中到了国家，而且无论在哪个国家，被集中的内容（与警察相关的部分暂时搁置，仅限于司法制度部分而言）都出乎意外地具体而微。在某些看法中，那只是政府机关的其中之一，亦即国家制度里极小的一部分。而且，那个制度标榜的是基于（人类普遍的）工具理性对于合法性秩序的形成，在原理上，那甚至不是最早的“西方”法，它从最初开始，就彻底地从历史社会中割离。很显然地，正因为近代法是此种形态，才能成功导入。

立宪主义等问题　不过，近代主权国家的形态对于亚洲而言，也是一种舶来品。与近代法 A 的导入同时间，近代法 C 式的意识形态（特别是市民社会、立宪主义性质的秩序构想）也以思想的形式到来，为新政权实施国家权力的正当化，以及精英分子对抗主流权力而提出关于参政的要求，提供了理论性的根据。不过，东西方的发展方向，有很明显的差异。在西方，权力朝向国家集中，是为了因应人民希望国家提供法律保护的要求（或者说在此限度内将权力集中给国家），因此，在法律化获得进展的同时，出现立宪主义式的国家统制理论，乃是非常自然的事。相对于此，在东方，权力朝向国家集中的现象，乃是国际关系下的产物，近代法制度的存在，可以说是强大的国家权力为了富国强兵、殖产兴业而进行的国内布局。是以，对于国家权力要进行立宪主义式的统制，还必须付出其他的努力。至于剩下的近代法 B 的部分，亦即法律上的关系在社会关系形成之际应该居于多重要的地位，这取决于生活在社会当中的人民要在多大的程度上予以选择。

各国传统法之间的差异 此种导入近代法的活动，与传统秩序（社会关系与公权力）和传统法之间会发生什么样的纠结？虽然是同属亚洲地区的国家，但是既然传统时期各个国家、社会及法的形态截然不同，其发展的情形当然不可能完全一样。

例如在日本，明治维新以前的秩序，是类似前近代西方的封建割据型的国家及社会。对于日本而言，统一的国家和全国性的市场和西方一样，属于近代的新现象。而近代法制度作为一种与之相应的新机制，在必要的限度内获得导入，其配合着新社会关系形态的扩展与深化，进行法空间的扩展与深化，或走或停。但是，两者之间最初的关系，有点类似分居两地的状态，而其开展的结果所呈现的二次世界大战战败，也被赋予了“近代化不足”的此种意义，而后，近代法进一步持续地导入。如果对此详细说明，当然要耗费相当于几部专书的心血，但是可以说，其间的发展所呈现的构图本身，比较接近一直线。

中国近代法史概略 相对于此，关于中国的近现代史，无论是谁看了，都会感到迂回曲折。[①] 最重要的是，如同本书开头处所见，作为近代法前提的统一国家与市场社会此种成套的组合，对于中国而言，一点也不是新鲜的事物。在中国，那是一千年乃至二千年前开始就已经存在的现象，而且，当时已经完成了成套的法与裁判，以独特的方式因应此种早期

---

① 具体的历史发展，参阅高见泽磨、铃木贤《中国にとって法とは何か——統治の道具から市民の権利へ》，岩波书店，2010，等。

的“市场社会”化。在那里，存在着和日本及西方都完全不同的历史性前提。

可是，这样的中国也遭受了西方列强的入侵，殖民地化的危机迫在眉睫。于是，这里也进行了近代西方式国民国家的形成作业。但是，此一作业的内容，并非如同西方与日本般，要去除封建制度以完成国家的大一统，相反地，是将扩及“天下”那么广大的秩序构想，缩小到近代西方式的“国家”，而且将那些生活中与国家不发生关系的“天下公民”，重新锻炼成为精勤于国家的近代性“国民”。然后，这个国家就会变成导入近代法制度的主体。

但是，中国已经有了因应契约社会的民事裁判制度，不仅如此，它已经占据了对于秩序形成而言不可或缺的位置。虽然做了近代民事法源与民事裁判制度的整备，但与其说那是从无到有的过程，或另外重新建立与现实相互区分的制度性平台的作业，不如说，此处采取的方法，是将既存于中国但形态松软的东西，维持原状地重新缝合，使它变得更加紧实。在此(与日本不同)，新与旧之间，有点处在一种零和博弈的关系。由于已经是二十世纪的社会法时代，因此在法的内容上，不加回避地对于社会福利的面向进行了考虑（例如1930年保护佃户的土地法）。但是，另外还存在着“法的形态”这个问题。假使裁判必须遵守规则，那么能够提交到法庭中的论据，无论是好是坏，都将会受到限制，这无异于将特权的地位仅仅赋予给那些和规定相对应的部分论据，而将剩下的自然生存权的要求，从公的世界中排除。如果按照从前的价值观，这正意味着原本应该站在全体共存立场上公平行动的国家，存在着“偏私”。

不久之后，“革命”发生，新的国家=共产党以“全体人民的生存”，即中国式的“公”的直接体现者的角色改弦易辙，要让私权完全废绝。在地方社会中，为了克服“个家利己主义”（以“家”为单位的利己主义），乃建立了人民公社（即以乡村为范围的同居共财制度）。此外，民国时期开始整备的规则型裁判，以及运用于裁判中的整套规则（仿效日本通称为《六法全书》），也全部遭到废弃，取而代之的是着手于人民调解制度的整备，由共产党的基层干部在工作单位中，进行听讼型、情理型的纷争解决。

就这样，中华人民共和国陆续建立了含有大量传统要素的制度，取代“中华民国”时期导入的近代法制度。但必须注意的是，实行这件事的国家，已经不是传统时期的国家。例如，从国家权力的集中程度或国家对于社会渗透的程度来看，清代绅士在人口中所占的比例，是前述的0.36%（本书第9页），而现代共产党员所占的总人口比大约是5%。[①] 其因誓言效忠国家而获得自身社会地位的人数，有着一位数的差距。这样的国家，致力于国民识字率的提升，同时运用报纸、收音机等近代特有的硬件，每日勤于所有人民的“齐心”与“整风”。由于其中带有不合常理的趋同强制力，导致所有生活层面的过度政治化，最终走向了“文化大革命”。

基于这个历史教训，1980年代以后，中国开始了改革开放、“市场经济”化的时代，政府容许了在全体人民生存范围内受到管控的私权，而再次进行近代法制度的导入。其后，西方型的民事诉讼制度依序导入，在一定程度上生根，而民事实体法体系也进行一整套的整备，并培育庞大的专业人员团体，以支持这个体系。在此，“现代中国实定法学”的世界成立，与世界的民事法学和民事法制度进行接壤。

那么，中华人民共和国的法，是否已经完全替换为近代法？当然，事实并非如此。[②] 在此无法将涉及多方面的论点全部讨论，仅试着举出一两个论点作为例子。

（二）现代中国的法与国家

对于司法权力的角色期待 在近代法之下，司法权力如果以中立冷静的态度，实现外部订定的规则，其最低限度的任务就已经完成。但是，现代中国的司法权力被寄予的期待和课予的任务，稍微比较复杂。

---

① 1997年为4.7%，（党员数5800万人／人口12亿3626万人）。2015年为6.4%（党员数8779万人／人口13亿7462万人）。

② 关于以下的讨论，参阅寺田浩明《民间法论を超えて》，载《ジュリスト》第1258号，2003年12月15日，其中文版参阅吴博译《超越民间法论》，收入前揭《权利与冤抑：寺田浩明中国法史论集》；季卫东《中国の法治はいずこに向かうのか》，载《中国21》第35号，2011年；铃木贤《中国的法観念の特殊性について——非ルール的法のゆくえ》，载《国际哲学研究》（别册2），东洋大学，2013年等。又各个部门法领域的详细讨论，参阅高见泽磨、铃木贤编《要说　中国法》，东京大学出版会，2017。

现代中国里，最典型地呈现出此种复杂性的，是刑事裁判的场合。在著名的刘涌事件（2003）中，关于黑社会首领刘涌教唆杀人的案件，负责最终审的辽宁省高级人民法院认为，在调查阶段中存在以拷问的方式强迫取得口供的可能，故以此作为理由，判处刘涌的死刑缓期执行。判决出炉以后，社会各界的非难蜂拥而至，最高人民法院迫于“民愤”，发动审判监督权自行提起再审，重新下达死刑立即执行的判决，并于当日执行了死刑。[①] 关于该事件的公众讨论，高居所有事件的首位。

既然政权就是要随时体现舆论的制度性主体，一旦舆论出现后，司法就理所当然地会变成政治的从属品，而在法理论中，也直接公开说明了这件事。[②]

> 司法与政治并不属于两个不同的系统，因为，司法系统就在政治系统之内；无论是从应然的角度还是实然的角度来看，司法都不相对独立于政治，因为，司法本身就是政治的一个组成部分，是政治的一个分支（喻中：《社会主义法治理念概论》，法律出版社，2012，第116页）。
>
> 不搞机械、僵化的“法条主义”，不搞孤立封闭的法律中心主义；要正确行使司法裁量权，善于进行价值判断和利益衡量……在我国，司法审判讲政治，落脚点在于必须讲求司法审判的政治效果……在有些特殊的背景下，也需要把法律问题政治化。尤其是在我国社会变革的特定历史条件下，必须善于从政治上分析和处理问题，充分运用法律之外的手段（包括政治手段）解决争端和处理案件（最高法院副院长江必新：《正确认识司法与政治的关系》，《求是》2009年24期，第51页）。

当然，如果国家政权决定对于特定犯罪进行重点式的“严打”行动，则除了检察机关和警察外，就连法院也会被要求加入，在此期间，关于该

① 参阅小口彦太《劉涌事件をめぐって——中国刑事手続の一齣》，载《早稲田法学》87卷3号，2012年。

② 以下内容皆转引自铃木贤前揭论文。

种犯罪的量刑将会变得较重。[①]

实定法的角色 而且，承认因地制宜、因时制宜的必要性后，法的制定就会止于大纲，法的具体内涵也必须由裁判担当者一面与当事人等进行对话，一面在裁判的现场形成。最重要的是，在立法作业开始之初，裁判的现场遵循着中央提示的原则，进行了各种的试行，制定法本身以“立法试行”的形式被创设。[②] 而既然司法欠缺独立性，那么不可避免的情况是，国家完成了实定法的制定，且要求按照文字的内容实现，但是在裁判的现场中，实定法也不是被定位为涵盖所有事例的一般性规则，而是被当成命令、基准般对待。写在法律文字中的内容，被视为是具有绝对性质的命令，但没有写进法律文字的内容（与清代“律无正条”的情况相同），就被当成法未规定来处理。[③] 那些空白，有时由裁判官当场作成的裁量加以填补，有时在请示中央后，以最高人民法院的“司法解释”进行补充。

民众主张权利的态样 不过，若允许市场经济，重新开始让私人之间互相竞争，这当然会激化人们的“权利主张”。由于市场经济的趋势导致基层“单位”（用来管理社会的基层组织）崩解，从前的人民调解制度也已经不生作用，在此情况下，国家提供的纷争解决服务遂取而代之。如果朝这个方向推进，一般而言，规则型的民事法秩序发挥作用的空间应该会持续地渐渐扩大，但是实际上，在这里也没有轻易地获得进展。

维权 在现代中国，民众于各种生活领域中要求实现自己正当权益的行为，统称作“维权（维护权益）”。吴茂松著《現代中国の維権運動と国家》，是首次以日语撰写的综合性实证研究。该书以田野调查为基础，针对消费者、住宅所有人、出租车司机、国有企业职员和农民工们为实现各自的经济性权益而展开的各种活动，详细介绍了相关的情况。[④] 而国家对于人民此种实现正当权益保护的要求，将之定位为正当性的诉求，积极地予以接受。“维权”这个词汇本身，基本上是国家承认，并且本身也使用

① 参阅坂口一成《现代中国刑事裁判论》，北海道大学出版会，2009。

② 参阅季卫东《権力の試行と反省的法》，收入《超近代の法——中国法秩序の深層構造》，ミネルヴァ書房，1998。

③ 参阅森川伸吾《中国法の法源と調查方法》，载《JCAジャーナル》，国际商事仲裁协会，2000 年 2 月号、3 月号。

④ 参阅吴茂松《現代中国の維権運動と国家》，庆应义塾大学出版会，2014。

的体制性用语。

信访 只不过，维权行动的活跃趋势，未必直接意味着西方式的法律化。因为，如同另一个在日本具有代表性的维权研究——毛里和子、松户庸子编著《陳情》中收录的各篇论文所传达的，民众的维权活动中，大多数就像“信访不信法”这句顺口溜所表明的，采取的方式不是向法庭提出控诉，而是“信访”“上访”，即向上级部门或中央部门进行陈情。[①] 有时候，心怀不满的当事人最初向基层政府要求处理，却无法获得救济；有时候，侵害自己权益的对象，也可能原本就是那个基层政府。在这些情况下，动员“中央权威”来揭发基层政府的暴虐，不由得变成了实现自己权益的基本计划。当事人们学习中央的政策时也会一并学习法律，且他们对基层政府提示中央的政策时也会一并提示法律，这显示了对于法律的学习及对于法律内容的提示，也被定位成牵制基层政府而援用中央权威的一种方式。

但是，如果信访的案件数量过度庞大（据说 2000 年全国超过 1000 万件），人们会认识到信访制度的机能不全，渐渐地也会讨论改革制度的必要性。当时，强化裁判制度和引导人们利用司法解决的构想曾经被提出，但是，2005 年的《改正信访条例》所选择的路线，却是要更进一步强化信访制度。一旦国家加强了对于信访的重视，当事人对于明确的法律问题甚至是法院起诉完毕的案件进行信访，亦即“涉法信访”的情形就会增加。此外，对于政府基层部门的作为不满而向上级部门进行控诉，这样的构图在裁判机关本身也可能存在。在那里，我们甚至可以看到，作为信访制度改革的一环，法院本身为了那些不满判决的人，设置了信访受理机关。当然，全有全无型的判决下达后当事人心存不满，这与信访容易产生联结。而当法院意识到被民众信访有失颜面，它们就可能会避免作出全有全无型的裁判，转而偏好运用调停的方式。如此一来，在现代中国，“市场经济”化的进展与民众经济权益主张的激烈化，未必形成司法解决的空间扩大的

① 参阅毛里和子、松戸庸子编著《陳情——中国社会の底辺から》，东方书店，2012。特别是其中但见亮《陳情への法的视点——制度の沿革及び規定上の問題点》。此外，同书里的“陈情”，完全是当作中文“信访”的日文翻译来使用。信，指的是信件；访，指的是访问。

结果。

另一个维权 不过，上揭吴茂松氏的研究，也介绍了在维权名义下进行的另一个系统的活动。亦即，虽是维权，但也存在着不以个人经济利益为主题，而以市民基本权利（公民权）为主题的活动。例如，未携带身份证的学生孙志刚被收容审查却不明不白地死亡（2003），以此事件为契机，掀起了抗议收容审查制度违反法治原则的国民运动。而从事此种运动的人们，被称作“维权人士”。在这种维权活动的延长线上，还出现了主张在中国推行立宪主义和实现政治民主化等言论。对于此种伴随着政治民主化主张，与公民权相关的“维权”，国家采取各种方式进行限制（事实上，虽然同样是维权，一旦变成“维权运动”，就会带有反体制的色彩）。那么，与维权的诉求有关的各种价值，究竟呈现了什么样的分布状态？

私权实现的两个脉络 民众的经济权利、政治权利与国家之间的关系，理论性地加以整理后，大概可以描绘成下图那样。

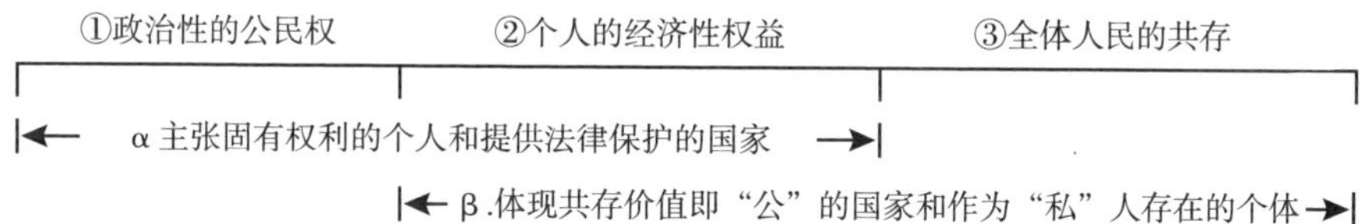

民众的正当经济利益的实现要求，处于图②的位置。但是，关于②在理论中的定位，有 α 和 β 两种脉络。

α 是近代西方立宪主义的模式，根据前一节中所见的历史性过程，在那里，正当权益在社会中的实现，是通过持有固有权的个体的权利主张，以及来自国家的法律保护来完成。固有权的内涵以经济性的私人所有权为中心，但言论自由、集会结社自由、人身自由等政治公民权，即类别①，也是被分配给个体（或在国家出现以前为个体所持有）的固有权，而①和②不能分割。可以将经济性的所有权理解为政治基本权的延伸，相反地，也可以将政治上独立自主的公民所拥有的地位，理解为私人所有权的重要部分。

相对于此，β 是现代中国体制中的维权所采取的理解方式。在此，民众的正当经济利益，是取得平衡后的全体秩序③的一部分，而且因此受到保护。针对民众的利害争执，国家从全体共存的立场出发，限制私人利益的主张，不过在这样宣称的同时，对于利益主张中认为正当的部分，仍会予以保护和实现。国家的任务是要思考如何维持全体秩序的平衡，因此各个民众身上，不存在着绝对限制全体秩序的固有权利。这样的思考方式，与传统的公私观和“应分之物”的理念相通，对于中国人而言，非常熟悉。

虽然都是②经济利益的保护实现，但α和β在原理上显然不同。前者的背后是客观性的、绝对性的权利理论；而后者的背后，不过是相对性的权利理论。但麻烦的是，无论东西方，现代私权的标准内涵都是公共利益与私人利益之间的平衡。实际实现的经济权益的内涵，无论采取α或β的设想，都不会有太大的差异。而在现代中国，由于自身的历史性原委与发展过程，②的实现是由β，即体制维护、信访制度等担当。对于大多数民众而言，只要适当地发挥作用，现存的一切制度已经足够。即使制度的功能出现了问题，在接受了大致上的框架以后，也还有达到合理化与公正化的方法。而且即使更进一步提出根本性的批判，质疑现在的政权是否真的站在全体共存的立场上，公平地分配私权，依照这个理论，出现在前面的，也将会是更正确地站在全体共存立场上的β型政权。

但是，当人民要求的内容是政治公民权的情况，这样的理论不会产生作用。在β的世界中，完全不存在着这样的主张——认为个体拥有无论政府或全体人民都不能侵犯的权利。当然，把政治权利和经济权利区分开来讨论，在理论上或许是有可能的，但是在现况之下，即使仅仅提出①讨论，也只会变成只有一部分人参加的反体制政治运动。或许在现实上较佳的作法是，把②导入自己的运动之中，建立一个①与②不可分割的α世界，具体而言，就是将与经济利益的确保有关的民众能量，引导到扩充司法制度的方向，进而再将司法制度的保护对象扩充到公民权。或许这正是存在于“维权人士”脑海中的意象。

“维权”话语权的争夺　结果，在这里出现的是：二种体制构想之间，针对私人权益确保的这个庞大政治资源②，展开了争夺战。属于体制内利益确保行动的“维权”，与反体制的“维权人士”活动，两者之间以此种方式重叠，并以此种方式错开。吴茂松氏对于这种政治现况，以二个“维权观”的对立、与维权相关的“解释权与主导权”之争来加以表达。

可是在现状中，②大体上被放进了国家所经营的信访制度里。而根据上述的情况，国家在今后应该也会致力于民众正当利益的实现，关于这一点，相信反体制派也没有反对的理由。但是，在②被体制派夺去的情况下，要致力于 α 的实现，当然就会变得困难。不过，国家方面也有其两难之处。要用行政方式解决民众之间的私人权益争执，需要耗费大量的成本，而且作为此种机制的宿命，若持续失败，最后连政权的正当性也会遭受质疑。实际上，通过信访解决案件的概率并不是那么高，而若所有地方都无法解决这些案件，纷争最终会朝向集团暴力化的方向发展（群体性事件）。只要不迈向立宪主义，那么，显然有必要扶植司法制度，并且将大部分私人权益的纷争解决，托付给一个按照规则自动执行的机制。而实际上，“将‘涉法涉讼信访’纳入法治的轨道解决，建立依法终结‘涉法涉讼信访’的制度”的运动已经重新展开。[①] 这场拔河竞赛，似乎仍将慢慢地持续进行。

（三）传统法与近代法

那么，近代以后中国的法所呈现的状况，亦即传统法与近代法在那里呈现的关系，在中国法与世界法的历史中，应该要如何予以定位？目前可见的讨论，大致区分为以下两个方向。

从近代法形成史着眼的理论 第一，将现状视为世界近代法形成史的其中一个片段（因此，这个理解方式，是宣称自身的情况为“普世史”式的理解架构）。在此，按照近代法 C 式的想法，所有独立自主的个人，以及保护其权利的国家权力，两者的组合，被视为是人类历史的目标，而近代法乃是此种秩序在法律上的形态（或者说，只有近代法才有资格称作法）。法的整个历史发展，即是抵达近代法全面化的这段路程，而近代法的全面化，亦即用法将所有非法的要素完全排除、克服的状态。而如同反

① 参阅中共中央办公厅、国务院办公厅《关于依法处理涉法涉诉信访问题的意见》，2014 年 3 月。另关于最近的相关运动，参阅宇田川幸则《纷争解决法》，收入高见泽磨、铃木贤编《要说　中国法》，东京大学出版会，2017。

复发生的近代法制度的导入史所说明的那样，中国当然也处在此种普世性的历史推移之中。

清末民初在中国负责导入近代法的当事人中，有半数的人本身持有这样的认识。他们存在着强烈的意志想要实现“近代化与合理化”，认为那是一种可以抵抗帝国主义列强侵略的国家改造、社会改造及文化改造，而近代法乃是用以实现（或紧紧抓住）这个梦想的东西。

当然，如果在这样的框架下进行理解，则所有的现状都是对过去进行彻底清算的漫长过渡期中的一个片段。而且，如果有近代法 A（国家法制度），按理来说应该也会有近代法 B（社会关系的合理化）和近代法 C（国家权力的立宪主义化），甚至必须要有近代法 B 和近代法 C。而如果改造未能顺利实现，那纯粹是因为有某些人（恶人）在阻挠。

或许可以说，直到 1980 年代为止，这是大部分中国人乃至全世界多数人们在思考这个问题时，当然共同拥有的理解框架，而此框架存在的基础，是人们对于一元性的进步史观与历史必然性的模糊信仰。而且，如果使用从近代国家状态反推回去的人类图像来进行历史叙述的话，无论什么样的历史社会，都可以描绘成期待（开始等待近代国家的出现，人类与国家的关系将会回复平衡的状态）近代国家出现般的样貌。此外，若将近代法当作认识、评价事物状态的唯一概念框架（唯一的“法”概念），来记述现状，那么就可以把现存的一切，描写成朝向近代法发展的路途上的某个阶段（还欠缺某些东西的状态）。无论这样的论述内容好或不好，它是一个可以自我充实、自我圆满的体系。

但是现在，这种信仰从大多数人的心中消失了，同时，这个论述在概念的层次上一开始就具有的循环论的构造，逐渐变得显眼。之所以看起来好像欠缺了什么，就是因为用这个概念框架去观看事物。唯事实的状态，其实就是现在所呈现出来的样貌，没有更好，也没有更差。而关于历史的走向，事实并不能提供任何的说明。

当然，即使在人们的热情冷却之后，以这样的论述设定政治目标，仍可充分成立。但是在此情形下，现状的认识与目标的设定之间的关系，开始变得具有讨论的意义。亦即，如果希望说服自己人以外的其他人们，何以那个设定的目标会成为大家应该要向前迈进的目的地，那么就必须另外寻求解释，进行说明（或政治性说服）。因此，论述会自然而然地转变成其他的内容。

从中国的固有法着眼的理论 相对于第一种观点，第二，将现状定位在中国法的固有历史发展中（与普世史的理解对比的话，是一种“固有法”论）。

伴随着传统中国法研究的进展，中国的“市场经济”化、“契约社会”化的早期发展及对于它们采取的固有处理方式，获得了厘清。明清时代与其说是和现状断裂的前近代，不如说是和现状接壤，可称之为初期现代的时代，而我们也可以在这个基本框架中，从私权保护的比重变动这个角度，来理解中国近代法史。[①] 若从这个视角重新观察，则在公与私取得平衡的帝制时期的悠长传统之后，中华民国初期导入近代法，短暂地将私权全面化，但由于中国的革命，这些发展暂时归零，新政府创设了使“公”全面性优先的体制。然“市场经济”化以后，渐渐回归到一个中庸的状态，在全体共存的范围内承认私权，近代法制度是那里面为了特殊用途而制定的极小部分内容。在此种想法之下，现状被定位成中国型市场秩序的最安定基本形式的回归（不是一个不安定过渡期），亦即与西方接触后造成的近代混乱的结束。短期之内，现状不会再发生变化，也已经不再需要变化。

这个说明，对于近代法化以外的秩序，也赋予其历史上的定位，在这一点上，相较于只能说明新秩序优势登场，全面称霸世界的普世史式的理论架构，明显地更加具备实证性及理论上的魅力。不过，这个论述是建立在一个假设之上，即明清时代的国家与现代的国家面对社会时，站在同样的位置。但实际上，现代国家如同前面所述般，是疯狂集中权力的近代型国家权力。

传统中国的国家揭示了一君之下万民共存的理念，但实际上，它只是追认了无数个别的“家”在那里拥挤生存、紧张竞争的大致状态，并进行了微小的调整。反过来说，当时的国家在现实上的脆弱性，正好和“公论

① 参阅寺田浩明《近代法秩序と清代民事法秩序——もう一つの近代法史論》，收入石井三记、寺田浩明、西川洋一、水林彪编《近代法の再定位》，創文社，2001。

之口”——即具体揭示平衡的秩序状态之人——此种权力正当化的方式相互匹配。相对于此，现代中国的国家拥有非常强大的权力，在某个时期足以废绝一切私权，实现以乡村为范围的同居共财状态。那里存在的实体，无论怎么装成传统的样子，事实上几乎已经是不同的东西。“文化大革命”的否定以及“市场经济”化，导致那个政治权力想要建立的社会模型产生变更，但并未形成那个政治权力的新式统御方式。而之后共产党员的人数，也还继续增加着。这样的国家，以它拥有的力量单方面地左右着社会。这样的话，从传统式的说法去定位公权力是否真的可能？又是否真的适当？

共通的缺点　关于现状的说明，从近代法形成史着眼的理论，把近代法完全称霸的状态放在未来，而从中国的固有法着眼的理论，将传统法式框架的持续存在当作论述的大前提。结果，两者在途中都变成了政治论述。或许两者共通的一点是，即使除去政治色彩，仍会将自身的法形态予以绝对化，并从此处描写所有的景色。但是，现状显然是传统法与近代法的各种要素发生混淆的状态，而且人们寻求的也是能够俯瞰法形态变化的更大理论架构。

引用世界的一切来理解自己的“普世史”，以及仅仅注目中国的“固有法”，其间存在着裂缝，而跨越这个裂缝的提示，可能就存在现实的西方法律史之中。因为，即使在西方，近代法也是近代的产物，且就现实而言，近代法在西方也尚未完全称霸，那里也可以看到某些传统法（固有法）与近代法的混淆。幸好我们在前一节曾经比较西方的前近代法与近代法，而在本节中，我们看见近代法进入中国的法传统后所呈现的状况。若将这两者并列观察，那么，共通的部分是什么？相异的部分又是什么？普世史式的现象究竟为何？这一点，将由实际上的历史发展告诉我们。

近代法与传统法——四个问题层次　近代法（或其背后的主权国家权力及人类理性这两个近代性要素）在什么样的程度上，深入地渗透进历史性存在的各个社会秩序（其中包括西方型与中国型的秩序）中？同时，各个文明发生的历史性问题，以何种方式呈现？如果从这些视角出发，尽可能形式性地整理问题，则应该讨论的层次，以及应该获得解答的问题，大概可以分成以下四者。

问题一——作为共通要素的近代法制度 无论东西方，其共通出现的法是起源于西方、完成于近代的、一种形成社会关系的成套工具。在社会关系形成之际准备好这样的选项，其好处毋庸置疑。尤其对于资本主义经济而言，可以说那是不可或缺的社会基础。虽然这是西方发明的创意，但由于西方技术的导入，非西方各国制作出来的，基本上也是等级品。对于近代社会而言，近代法类似电力、铁路的发明，而就像我们现在看到电灯时不会想到美国，看到铁路时不会想到英国一样，今日已经无须特别拘泥于近代法的来源。

近代法在理论上的支撑，是工具性的人类理性，现实上的支撑，则是独占其领域内一切暴力的近代国家权力。但是，如果近代法的安定运行，对于社会的运作而言变得不可欠缺，随后即使少了国家的后盾，它也可以借由自身具有的合理性与规则性，在依照理性运作的社会中获得自己的位置。

即使概略地提到近代法，其中当然也会有几种样式（例如大陆法系与英美法系）。当然，围绕近代法的普及与运用、更加合理的制度改良，以及由此形成的内容之间的关系调整等，国际之间有必要展开合作与竞争。事实上，如果有某个国家制定了新式的民法典，全世界的民法学者将会深感兴趣，热衷其间，并致力于创作世界最新版的民法典。这不仅仅是西方国家的事情，东方各国的法律实务界和法学界也有参与其中的权利与责任。

此种参与，乃是以参与者的近代理性提出合理性秩序的构想，也是为经济合理主义的行动提供形式上的平台。在此意义上，此种参与，是近代法在形成过程及向世界普及的过程中一开始就存在的特性，而东亚各国对于近代法的导入，也可以说是此种参与在早期留下的一个镜头。

问题二——各国社会中对待近代法的方式 只是，近代法制度这个人为的、合理的，但又具有权力性质的法制度，以及由它形成的片面性的社会关系（法的关系），在各国遭遇其历史上既存的各种整体秩序时，受到如何的对待？这个问题，与上述如何设计较好制度的问题，是个别独立的存在。具体地说，它有两个面向，亦即：从社会的面向来看，面对具有权力性、形式性、部分性等性质的此种近代法式的法律关系，原本具有全面性的日常社会关系，会如何反应？另外，从国家的面向来看，关于秩序的形成，国家公权力扮演了什么样的角色（例如，为了提升计算可能性，主动承担强化规则性的角色，或者站在全体共存的立场，主动阻止规则的强行）？

从近代法和传统西方法的关系上来说，两者具有承续性的关系。这是因为在西方法传统中，法的其中一个侧面，即它是形成社会关系的工具，而近代法是借由将这个侧面极大化的方式才得以成立。而在对于权力有何角色期待的这一点上，两者之间也没有太大的历史性变化。但是，纵使在西方社会中，面对社会关系的法律关系化（所谓“合理化”），从近代的一开始就存在着批判与恐惧。因为一旦社会关系要通过法律关系形成，则实际上个体之间的关系将会变成要以国家权力作为媒介。那么，无论国家多么谦抑地行动，但由国家备置的个体之间的关系，依其本质，乃是具有限定性质和片面性质的关系，利用这些关系来缔结人际关系，无异于要放弃原本丰富而全面性的人际关系。而且，愈是仰赖国家备置的法律关系，其背后代表的是血肉之躯的人类自己形成社会关系的能力衰退，以及个人对于体系的从属性、依赖性增加。而且，对于大部分的市民而言，法这个机制的内部关联并不明确，难以正确地理解。如此一来，即使原本打算以合理性的关系取代巫术，但对于近代法的新手而言，这些合理关系本身反而可能成为另一种“巫术”。[①]

相对于此，在亚洲各国，近代法终究是外来物，其与日常的社会关系之间的区别，对于任何人而言都是显而易见的。旧有的社会关系依然残留，且国家权力有一半是由传统式的公权力观念所支撑。近代法中司法权力被要求扮演的角色与传统公权力被期待的角色间，出现了无法避免的紧张关系。但即使如此，由于种种的因素，亚洲各国仍自发地导入了近代法，而近代法一旦开始使用，日后恐怕也不能欠缺。究竟应该在什么地方停下脚步才是适当的，目前仍处于持续摸索的阶段。由此看来，进行近代法的导入时，各国的旧有社会秩序与近代法之间，无论是承续性或断裂性

① 关于韦伯等人对于近代的批判，参阅中野敏男《近代法システムと批判——ウェーバーからルーマンを超えて》，弘文堂，1993；山之内靖《マックス・ウェーバー入門》，岩波新书，1997。

的关系，都会出现各自的难题。

问题三——近代法对于各国社会的改造 但是，除了前述对于近代法的抵抗之外，另一方面，近代法制度（正确的说，是创造近代法的，拥有强大力量能够左右那个整体秩序的国家权力，以及不受一切惯例束缚的近代理性）也对抵抗它的传统国家社会进行改造，将他们吞没。在此，之前所见的西方模式下的近代法 B 和近代法 C 所具有的机能，亦即以近代法的法律关系全面取代社会关系，进而将所有人类改造成“近代性人类”的机能，可以当作先例来加以理解。

不过，如果要运用近代理性和近代国家权力改良社会，提出的设计图（理性的秩序构想）不限于古典自由主义式的近代法图像。最重要的是，近代国际社会的现实状态是主权国家彼此之间的军事对抗。为了在以国民国家为单位的国际生存竞争中胜出，国家内部反而被要求在有限的资源当中达成全体共存。当个体和全体之间的和谐状态被迫再度调整后，强调权利的社会性的各种新式法理论也因此应运而生。此外，就有限的资源当中达成全体共存，以及个体、全体间的和谐状态的调整而言，共产主义也是其中一种回答的方式。事实上，那与近代法 C 的情况一样，是要使所有人“翻身”成为“共产主义的人类”，而这就是近代中国实际选择的道路。在现代中国，与近代法 C 对抗的，不是中国的法传统本身，而是经过重新造型的“另一个近代”。

通过近代法开启了新的“法的形态”之后，接着，法的内容会受到检讨。也许检讨的范围会一直延伸到近代法 C，而若能将法与历史社会间的理论联系切断，检讨法的内容时，就会变得完全自由。如果最后甚至能够修改人类的图像，在某个意义上，表示在那个法的里面出现了“什么都有”的世界。虽然所有近代法的理论，都无法提供检视法的内容是否正确的终极判断标准，但反过来说，既然人们赋予了近代国家权力彻底改变人类与社会的力量，那么人们就不得不做出某些选择以进行改变。无论在哪里，每个人都必须要仰赖理性，选取自己现在与未来的秩序形态。

而在选取现在与未来的秩序时，主要会被追问的是全体与个体的关系，而思考这个问题时，首先会出现两个方法的选项：一是从全体出发，寻找个体在其中的定位；二是从个体出发，构思全体的形态。而经由本书所见的东西法传统差异，意外地和这个对比互相对应，这令人不能不感到惊讶。这个对比，可以说是人类自始抱持的本质性问题的呈现，因此，将**现存关于东西法文化比较**的各种论述，定位成这个传统的自觉性的再定位或现代性的再生，也不是不可能。

只是必须注意的是，存在此处的是理性的人类（具体上是以国民国家作为单位）重新作出的价值选择，亦即在广义的近代法平面上所做的设计方案的选择。在以近代国家权力和理性作为背景开始进行陈述时，不管是什么样的论述内容，在一定程度上都是对于古典自由主义式的近代法意识形态进行的改版。关于个体与全体的关系为何，提问的场域显然已朝向近代理性支配的世界滑动，因此现在如果还在谈民族性、地域性的问题，当然是不合时宜的。而针对法提出各种有关“亚洲价值”的讨论时，同样也不宜囿限在这些问题上。有关亚洲价值的讨论，乃是借由积极带入东方的传统价值，将有关人类理性的问题从西方的独占中解放出来的过程；同时，也可以说是东方以此种形式，最终被卷入始于西方的新式论述方法（即西方的游戏规则、近代法的讨论空间）的过程。

实际上，第二个问题与第三个问题互为表里地前进。而在此过程中，传统秩序中的价值要素，即人们经过自觉后而意识到的传统价值要素，会作为近代法的内涵之一，渐渐被放进近代法所创造的各种秩序构想中。

问题四——事实性的界限　不过，是否只要人类想到什么，秩序就会发生同样的改变？人类是否也会那样改变？短期的成果不能保证长期的成功。20 世纪的共产主义实验并未达到预期的成果，而且经过那个实验，人们看来似乎并没有真正实现思想上的“翻身解放”。在一些发展中国家创造近代法秩序，此种“法与发展研究”（Law and Development Studies）的尝试未必会如心所愿地获得成果，但其不发生改变的原因（反过来说，为何在某些地方会成功?），目前尚不清楚。又，是什么在现实世界中支撑着实存的秩序？关于这个答案的全貌，实际上我们现在还是不知道。于是，在第四个问题，这些东方、西方、左派、右派等各种理性主义、建构主义式的秩序理论，在现实上全部都存在着界限，但这个问题可能会永远持续蔓延。

总结　即使存在着传统的差异，但是在第一个问题的层次，还是可以谈论共通的问题。不过，不能说因为在那里可以谈论共通的问题，传统的差异就会立刻消失。而且，传统要素从第二个问题到第四个问题，以各式各样的形式出现。人们经过自觉而认识到的传统价值，其中一部分，反而会转换为有关近代法内容的讨论；而尚未经过自觉，继续维持的传统要素，在发生新旧的冲突以前，人们甚至无法察觉到它们的存在。这些多样性的新旧对比轴，在今日仍复杂地交叠在一起。前述和维权相关的话语权争夺，可说就是其中一个例子。

广义上而言的近代法化过程，整体看来一直持续前进着，但其内涵未必是“普世史”的理解所设想的单一内容。法的形态的此种历史性衍变，并非让人们的选择性缩小，反而具有扩大人们选择范围的面向。因此，要迎来什么样的近代，其实取决于每个不同国家的选择。

《中国古代法律文献研究》第十二辑
2018 年，第 626 ~ 650 页

恶战苦斗的结晶

——读寺田浩明《中国法制史》

伍　跃*

今年（2018）新春伊始，收到寺田浩明先生寄来的《中国法制史》。这部书是寺田先生在退休前出版的专著，而且是一位享誉学界的知名学者的首部专著（包括母语在内）。正如作者在信中所说，本书是旨在重新认识传统中国法秩序的“恶战苦斗”的结果，亦即作者在过去数十年间研究思考中国法制史问题的结晶。

寺田浩明于 1987 ~ 2017 年先后在日本的千叶大学、东北大学和京都大学担任“中国法制史”的讲席。此外，他在东京大学、名古屋大学、大阪大学、九州大学、福冈大学和大阪市立大学等校也讲授过同一课程。[①] 本书就是作者在长达数十年教学研究生涯中独立完成的中国法制史讲义。作者曾经说过，讲课时不使用讲义、在退休之际才出版讲义是日本法学部流传下来的一种令人费解的传统。恪守了这一传统的作者认为，作为一名法学部的教员，其首要任务应该是在授课时就自己涉及的学术领域提出自身的理解，而这一理解必须是成体系的。法学部教员基本上都感受到这种“体系”所带来的无声且无形的压力，即便是讲授实定法（positive law）、

---

* 大阪经济法科大学国际学部教授。

① 关于寺田浩明的研究特色，请参看王亚新的介绍。〔日〕滋贺秀三等著，王亚新等编《明清时期的民事审判与民间契约》，法律出版社，1998，第 266 ~ 279 页。

如民法和刑法的教员也无一不在努力创立自身的学术体系，努力在授课中体现出自己对该法的理解。[①]

从史学、特别是中国史学的传统来说，最能全面反映学者自身学术思想和体系的、最理想的作品应该是一部独立著作的通史，即司马迁所说的"通古今之变，成一家之言"。这一点，在日本的中国法制史研究领域中也是有前例可循的。1904 年，毕业于东京帝国大学文科大学汉学科史部、日后参加过《清国行政法》编纂工作的浅井虎夫出版了《支那法制史》。该书上起号称唐虞三代的尧舜夏殷周，历述汉、唐、宋、明的法制，最后将当时尚存的清代法制作为附录略加叙述。冠以"法制史"书名的该书实际上是一部典章制度史的著作，主要内容仅限于对历代国家制度的概述，疏于对法与社会的分析。[②] 有鉴于此，仁井田陞在 1952 年出版了《中国法制史》。该书涉及了国家制度、村落和行会等，在刑法之外，包括了家族法、土地法和商贸法等方面的内容。本书作者寺田浩明曾说，自从仁井田陞《中国法制史》问世之后，日本学界没有出现过同类和同等规模的著作，因此他本人在写作本书时就致力于阐明自仁井田陞以来学界对中国法制史研究的最新认识。[③] 我个人认为，仁井田陞的研究代表了日本学界 20 世纪中叶，尤其是受到中国社会巨变影响之后的研究水平。相比之下，寺田浩明的研究则包括了 20 世纪末以来、日本学界在中国法制史研究中取得的最新成果。

众所周知，如果除去对中国律令的吸收移植，日本的中国法制史研究至少可以回溯到江户时代。荻生徂徕兄弟对明律和清代国家制度的研究就是那一时期的代表。[④] 近代以后，由于西洋近代法的影响，日本的中国法制史研究取得了很多令人瞩目的成果。[⑤] 笔者在本文中除寺田浩明著作之

---

① 〔日〕寺田浩明：《中国法制史・跋》，东京大学出版会，2018，第 381 ~ 383 页。文中引文均由笔者自译。不妥之处，恭请指正。

② 〔日〕仁井田陞：《中国法制史（增订版）》，岩波书店，1974，第ⅷ页。文中引文亦由笔者自译，另请参看牟发松译本（上海古籍出版社，2011）的相关部分。

③ 〔日〕寺田浩明：《中国法制史》，注 3，第 361 页。

④ 〔日〕荻生徂徕：《明律国字解》，创文社，1966。〔日〕荻生观：《荻生考》，《名家叢書》下，关西大学东西学术研究所，1982，影印内阁文库藏写本，第 205 ~ 248 页。

⑤ 赵晶：《近代以来日本中国法制史研究的源流——以东京大学与京都大学为视点》，《比较法研究》2012 年第 2 期，第 56 ~ 68 页。

外，仅提到了仁井田陞的《中国法制史》。笔者如此处理的原因在于，仁井田陞和寺田浩明固然吸收了前辈和同时代海内外学者的研究成果，但他们在执笔时，或者在讲授时是以填补学界的空白为己任的。具体说来就是，仁井田陞曾说，有感于中国法制史的研究水平远远低于同期的日本法制史和西洋法制史，故立志撰写一部名副其实的中国法制史概论。寺田浩明也明言执笔的目的之一是旨在揭示自仁井田陞以来，学界对传统中国法秩序的新认识。

我本人对法制史研究属于门外汉，在友人的鼓励之下，不揣冒昧，仅就寺田浩明新著中有关传统中国社会特质的部分略做介绍与评论，更多的还是阅读后的感想。以下首先从该书预设的课题和章节的安排谈起。

一

寺田浩明为自己设定的第一个课题是揭示清代法秩序的实际状态。这也就是说，这部名为《中国法制史》的著作实际上是一部“清代法制史”。这种看似矛盾的做法实际上蕴含着作者对人类、对不同文明之间法秩序问题的思考。在此基础上，作者为自己设定了第二个课题，这就是思考“法”在西方以外的传统社会中作为一种社会现象是如何存在、它具有何种功能、该功能是如何发挥的问题，由此探寻一个不同于西方的法秩序模式。

作者如此设置课题是基于对以下史实的思考：西方世界是在 17 世纪至 18 世纪的绝对君主制时代方才最终克服了封建割据，在统一的国家权力之下诞生了国内的统一市场，在此市场之下出现了土地买卖和契约关系，这些最终促成了一个法秩序空间的形成。相比之下，在东方世界的中国，专制君主统治的大一统国家的形成至少可以上溯到公元前 3 世纪秦始皇统治时期，而民间土地的自由买卖的确立至迟不晚于 10 世纪的宋代。作者注意到水林彪关于“法制文明化”的见解，即法制文明化的标志是从封建领主制向统一的国家权力的转化。根据这一标志，西方世界的社会大变革完成于 17 世纪至 18 世纪，而中国则在公元前 3 世纪到公元后 10 世纪之间完成了这一变革，实现了水林彪所说的法制文明化。不过，本书作者的思考并没有就此止步，进而观察了如下事实，即西方世界的法制文明化最终导致了带有浓厚西方特色的近代法秩序的确立，而中国的法制文明化却没有（至少是还没有）将自己的体系推向世界，没有形成一个带有自身烙印的近代法秩序。所以，中国从 19 世纪开始，直至 21 世纪的今天都在努力地移植起源于西方世界的近代法制度。问题的关键在于，在完成了水林彪所说的法制文明化之后，中国人对随之出现的各种课题是如何思考、如何对应的。换句话说，中国在完成了法制文明化之后并没有停止思考和摸索，在中国人特有的思维方式之下，通过实践逐渐形成了具有独自特色的法秩序；这一法秩序与近代前夜传统中国社会的相对稳定有着密切的关系。应该说，作者的课题设置就是源于这种思考。至于作者选取清代作为认识中国法制史突破口的做法，应该是受到恩师——滋贺秀三先生的影响，但更重要的是，作者是将清代法制作为近代以前之传统中国法秩序的完成形态，在此基础上与西方世界的法秩序进行比较研究的。

我们由课题的设置可以看出，作者笔下的“中国法制史”并不是一个仅仅限于“中国”这一政治文化背景中的“法制史”，而是在与西方前近代法制史和近代法制史对比的过程中存在的另一个法秩序发展至完成形态的历史。从这个角度看，作者的这一著作与仁井田陞的同名著作之间有着明显的区别。仁井田陞的《中国法制史》是他自 1948 年起在东京大学法学部主讲“东洋法制史”时使用的教科书。与在退休前才出版讲义的本书作者不同，仁井田陞之书首次出版于主讲 4 年之后的 1952 年，以后又经过几次增补，最后一次增补是在退休前两年的 1963 年。仁井田陞作为日本中国法制史学的开拓者，他写作该书的目的（亦即讲授东洋法制史的目的）就是为了通过与日本和西方的对比，研究中国社会曾经面对何种课题，中国人是通过何种方法解决或正在解决所面对的课题。以增订版的仁井田陞《中国法制史》为例，我们可以看出该书叙述范围至少可以上溯到战国时期的李悝，下限一直延续到人民公社化后的 1960 年代初期，这是一部旨在涵括从古代中国到现代中国的法制史著作。相比之下，寺田浩明的《中国法制史》则是以清代法制为原点俯瞰传统中国法秩序的著作。

翻开寺田浩明的《中国法制史》，我们可以发现，该书在全书章节安排上与仁井田陞的《中国法制史》有着明显的不同。请看表 1。

表 1　寺田浩明《中国法制史》与仁井田陞的《中国法制史》章节比较

序号	仁井田陞《中国法制史（增订版）》岩波书店，1974	寺田浩明《中国法制史》东京大学出版会，2018	附：石冈浩等《来自史料的中国法史》法律文化社，2012
1	第 1 章：绪言	序章：传统中国的法秩序	第 0 讲：本书的课题
2	第 2 章：序说——东洋的社会与规范意识	第 1 章：人与家	第 1 部：法与刑罚 第 1 讲：律令法体系的形成（周至隋）
3	第 3 章：法典编纂	第 2 章：宗	第 2 讲：律令法体系的变化（唐至清）
4	第 4 章：刑法	第 3 章：家业与财产	第 3 讲：五刑刑罚体系的形成（周至隋）
5	第 5 章：审判	第 4 章：秩序 · 纷争 · 诉讼	第 4 讲：五刑刑罚体系的变化（唐至清）
6	第 6 章：调停和解	第 5 章：听讼——审判与判决的社会基础	第 2 部：法与审判 第 5 讲：审判的构造
7	第 7 章：身份制度——尤其是奴隶	第 6 章：断罪——对犯罪的处罚与判决的统一	第 6 讲：审判的程序
8	第 8 章："封建"与封建制度	第 7 章：法 · 权力 · 社会	第 7 讲：拷问的必要性
9	第 9 章：城市与行会	第 8 章：传统中国法与近代法	第 8 讲：法官如何处理纠纷
10	第 10 章：人法	终章：法的言说——跨越不同文明	第 9 讲：误判的纠正
11	第 11 章：户籍制度		第 10 讲：法与道德的关系
12	第 12 章：宗族法与亲族法		第 3 部：刑事法 第 11 讲：犯罪与刑罚
13	第 13 章：家族法		第 12 讲：老年犯、少年犯和残障犯人
14	第 14 章：土地法		第 13 讲：自首
15	第 15 章：商法		第 14 讲：正当防卫
16	补 1 章：村落法		第 15 讲：犯罪集团
17	补 2 章：占有及其保护		第 16 讲：杀人的类别
18	补 3 章：土地改革法的确立与发展		第 4 部：家族法 第 17 讲：婚姻
19	补 4 章：新婚姻法的确立与发展		第 18 讲：离婚与再婚
20			第 19 讲：财产继承
21			第 20 讲：嗣子与养子

由此可见，仁井田陞的著作基本是以某一类法为纲展开叙述的，寺田浩明的新著则是以社会构成为纲，在叙述社会基本单元、社会组织构成的基础上，说明社会成员的社会活动，同时叙述相关的家族法、财产法和刑法等。这就是说，仁井田陞是以近代法为中心的法意识和法结构观察传统中国社会的法秩序，而寺田浩明则以近代法为基础，在注重“尽可能地按照当事者的思维途径”的基础上展开叙述。①

通观上述 3 部教科书的章节构成，我们可以看到一个共同点，那就是这些著作比较注重从法学、法体系的角度观察传统中国法制的特征与变化。② 相比之下，近年国内学者写作的中国法制史教科书在章节的构成方面相对偏重于史学传统，是按照历史时代进行通史性叙述的。兹举两例（表 2）。

表 2　朱勇主编《中国法制史》与叶孝信主编《中国法制史》章节比较

序号	朱勇主编《中国法制史》 高等教育出版社，2017	叶孝信主编《中国法制史》 复旦大学出版社，2008
1	绪论	第 1 章：中国法律的起源和夏商时期的初步发展（约前 21 世纪 ~ 前 11 世纪）
2	第 1 章：中国法律的起源与特点	第 2 章：西周的法制（前 11 世纪 ~ 前 771）
3	第 2 章：夏商法制	第 3 章：春秋战国的法制（前 770 ~ 前 221）
4	第 3 章：西法法制	第 4 章：秦国及秦朝的法制（前 356 ~ 前 206）
5	第 4 章：春秋战国时期的法制	第 5 章：两汉的法制（前 206 ~ 220）
6	第 5 章：秦朝法制	第 6 章：三国两晋南北朝的法制（220 ~ 581）
7	第 6 章：汉朝法制	第 7 章：隋唐五代的法制（581 ~ 960）
8	第 7 章：魏晋南北朝时期的法制	第 8 章：两宋的法制（960 ~ 1279）
9	第 8 章：隋唐法制	第 9 章：辽、金、西夏、元朝的法制（916 ~ 1368）
10	第 9 章：宋朝法制	第 10 章：明朝的法制（1368 ~ 1644）
11	第 10 章：辽夏金元法制	第 11 章：清朝的法制（1644 ~ 1911）
12	第 11 章：明朝法制	第 12 章：中华民国的法制（1912 ~ 1949）

① 〔日〕寺田浩明：《中国法制史》，第 3 页。

② 关于石冈浩等著书，请参看赵晶《中国法制史教科书编写臆说——评石冈浩等著〈史料所见中国法史〉》，徐世虹主编《中国古代法律文献研究》第 7 辑，社会科学文献出版社，2013，第 483 ~ 498 页。

续表

序号	朱勇主编《中国法制史》 高等教育出版社,2017	叶孝信主编《中国法制史》 复旦大学出版社,2008
13	第 12 章:清朝法制	第 13 章:中国共产党领导下的革命根据地法制(1927~1949)
14	第 13 章:清末法制改革	后记
15	第 14 章:民国前期(1912~1927)的法制	
16	第 15 章:民国后期(1928~1949)的法制	
17	第 16 章:新民主主义革命时期民主政权法制	
18	第 17 章:中华人民共和国法制的发展与挫折(1949~1976)	
19	第 18 章:中国特色社会主义法律体系的形成(1976~2010)	
20	第 19 章:香港澳门特别行政区法制	
21	后记	

当然，这种比较或许没有意义，甚至是徒劳的。从大的环境来说，作为一位身在异域的法制史学者，他对研究对象国法制史的了解和讲授自然会受到许多主客观因素的制约，至少没有必要如同本国法制史一般予以详尽细述，甚至无须按照对象国历史王朝的年代顺序安排著作的章节或授课计划。其次，由于教育制度等相关国家制度的不同，法制史教育在设置思路和教学内容安排方面必然会存在较多差异。与其他法学方面的课程一样，中国国内大学的法制史教育受教育部和司法部相关规定的上位制约,[①] 因此有必要也必须按照考试体系规定的要求讲授相关内容。由于日本的国家司法考试基本上没有与法制史有关的内容，故担任此门课程的教员在决定讲授内容时有很大的自主选择空间。以笔者曾经服务过的日本某私立大学的法学部为例，作为本科生必修课的法制史课程仅有日本近代法制史，中国法制史则属于门可罗雀的任意选修课，听讲者人数只手可数。再者，由于教育制度的不同，国内大学多选择使用教育部或司法部等相关国家机

① 如《全国高等学校法学专业核心课程教学基本要求》《普通高等教育精编法学教材编写规则》《2018 年国家统一法律职业资格考试大纲》等。同样，日本在涉及国家司法考试或公务员考试的相关课程中也要顾及考试科目的要求。

构审定颁布的教材，而日本的大学中不存在所谓的部定教材。同时，我们从上述表格中可以看出，国内的中国法制史教材多是集体执笔的产物，书中的章节设置和选择章节名称时虽然互有出入，但在整体框架方面，基本上都遵循了《全国高等学校法学专业核心课程教学基本要求》中“中国法制史教学基本要求”的规定。所以，尽管主编不同，出版社各异，章节设置却是大同小异。[①] 相比之下，仁井田陞和寺田浩明的《中国法制史》，都是以一人之力完成的著作，故在体系选择和章节设置上可以充分表现出个人的学术特点。当然，日本的这两部《中国法制史》在严格意义上与其说是“教科书”或“讲义”，不如说是代表了执笔者乃至学界研究水准的研究专著。我们透过这两部著作可以初步了解到以东京大学和京都大学为代表的日本学者在讲授中国法制史时的特点，了解到日本培养“研究型人才”的方法，也可以了解到有志于研究中国法制史的日本年青一代是如何接触和学习中国法制史的。

读过仁井田陞著《中国法制史》的人都知道，这位日本中国法制史学的开拓者是将中国法制史置于“权威主义”的框架之下进行理解和叙述的。他曾经指出：“如果不把握权威主义——中国社会内部秩序的主要支柱——的整体构造，就不能充分地理解中国社会。”[②] 正如寺田浩明指出的那样，仁井田陞在执笔时面对的是一个刚刚诞生的“新中国”，反映在他笔下的是作为其对立面的“旧中国”的“权威主义和专制主义”的法秩序。[③] 不过，在寺田浩明的著作中，我们几乎很少看到这种预设标准的价值判断。

寺田浩明在《中国法制史》中为了实现预设的目标（尽可能地重新构筑一个与西方接触之前的、传统中国的法秩序），将叙述和议论主要集中

① 除上表所列两部《中国法制史》之外，曾宪义主编的《中国法制史》（北京大学出版社，2000）等教科书在安排章节时同样遵循了相关规定的要求。同时，国内也不乏以一人之力完成的法制史教科书，如最近出版的郑显文编《中国法制史》（中国法制出版社，2017）。但这些著作至少在章节设置上与其他集体作品几乎没有什么区别。详细情况请参看赵晶《中国法制史教科书编写臆说——评石冈浩等著〈史料所见中国法史〉》，徐世虹主编《中国古代法律文献研究》第 7 辑，第 483～498 页。

② 仁井田陞：《中国法制史（增订版）》，第 10 页。

③ 寺田浩明：《中国法制史》，第 361 页。

于家族法、土地法、身份法、审判制度和刑罚制度，并且事先声明不涉及清朝时代特有的历史要素（多民族统一国家之内的民族地域和民族法）。同时，对于其他包括仁井田陞的《中国法制史》在内的几部著作中都独立开立章节进行叙述的法典编纂问题，寺田浩明只是在本书的相关章节中分别叙述。此外，该书日文标题为“中国法制史”，英文标题作 *China's Traditional Legal Order*。其英文标题就显示了该书的独特之处：作者将主要的注意力放在中国传统社会中存在的法秩序之上。

如同本书的章节安排所示，寺田浩明依次讨论了个人与家庭、土地所有和雇佣关系、社会关系的构成、民事刑事审判的形态、法典和判例的作用、契约社会的性质等问题。在讨论的过程中，作者“尽可能地按照当事者的思维途径，对他们昔日使用过的日常概念进行分析”。[①] 在此基础上，作者说明了“公论型秩序”是传统中国法秩序的特点，认为这一特点明显不同于西方世界的“规则性秩序”，并且认为应该更加关注传统中国法秩序在世界法史的地位，以及为今后人类法史提供的可能性。

但是，应该说明的是，在日本的大学课堂中的中国法制史教学实践中，如果要有效使用上述仁井田陞、寺田浩明和石冈浩的教科书（伍按：前两者如上所述，实际上应该被称为研究专著），教员本人和学生需要有相当一番刻苦的功夫。

以本书为例，由于将叙述的侧重点置于以清代法制为代表的传统中国法秩序之上，故基本上没有关于法制发展变化的通史性叙述。这实际上是日本的中国法制史教育中的一个久待解决的课题。滋贺秀三本人早年在东京大学法学部任教期间，与其他教员一起为法学部一年级学生讲授“法史学”，其中由他担任的“中国的法学”仅有一个课时，令他感到在质与量方面去日本法制史和西洋法制史甚远。[②] 而且，从学习对象的情况来看，即便将学习对象定位于大学三年级以上学生，但是由于学生尤其是法学部

① 〔日〕寺田浩明：《中国法制史》，第 3 页。另请参看王亚新对战后日本中国史学界研究趋势的概述，〔日〕滋贺秀三等著、王亚新等编《明清时期的民事审判与民间契约》，第1～5 页。

② 〔日〕滋贺秀三：《中国法文化的考察》，王亚新译，〔日〕滋贺秀三等著、王亚新等编《明清时期的民事审判与民间契约》，第 1～18 页。本文原载《東西法文化：法哲学年報 1986》，有斐阁，1987，后收入《続・清代中国の法と裁判》（创文社，2009）。

学生对包括中国史在内的历史知识的了解有限，影响了对教员讲授内容的吸收和理解。有鉴于此，在水林彪的主持之下，日本学术会议法学委员会所属“法史学・历史法社会学分科会”于2008年进行了一项问卷调查，寺田浩明本人也是这一分科会的成员。该调查的目的之一是了解法学部一年级学生掌握历史知识的程度。问卷共有30个问题，其中世界史20问，日本史10问，难易程度以高中历史教科书为准。鉴于高中历史教学中东洋史部分涉及法学基础知识者不多，故世界史问题完全是西洋史的问题，例如雅典的民主制度、中世纪的宗教改革、美国的独立宣言、法国大革命、魏玛共和国宪法等等。调查的对象是4所国立大学和8所私立大学。结果发现，包括所谓的研究型大学在内，法学部一年级新生的历史知识，尤其是对近代以前世界历史的缺乏了解，所以很多学生是在不具备通史知识的情况下开始学习法制史的。以西洋史为例，关于神圣罗马帝国奠基人查理曼大帝、《罗马民法大全》、法国大革命的年代、1917年俄国革命的平均正答率都在50%以下，个别大学甚至只有令人无语的4%。由于这一问卷中几乎完全不涉及中国历史，故难以知晓法学部一年级学生掌握的中国史知识。根据这一调查结果，该分科会建议在全国各大学为法学部一年级学生开设法史学的入门科目，同时建议改善高中的历史教育和大学入学考试。① 这一建议已经过去了将近10年，个别大学已经开展了一些尝试，② 至于整体的情况尚有待新的调查。但有一点可以肯定的是，日本的法学部通常将中国法制史或东洋法制史安排在大三或大四学年，而从法学部教学安排的特点来说，又很难保证在大三或大四学年选修该课的学生在大一或大二学年能够在每学期15课时的时间内有系统地学习关于法制史、至少也是某对象国例如中国的通史性知识。在这种情况下，如果要有效地使用类似寺田浩明《中国法制史》那样的教科书，或者理解如此内容的课程，对于教师

① 日本学术会议法学委员会法史学・历史法社会学分科会：《大学法学部1年生の歴史素養調査と法史学関連科目の開講状況調査》，日本学术会议，2008，第19～20页。

② 例如，九州大学法学部以二年级学生为对象有一学期的“法史学基础”选修课。以2018年度为例，该课由日本法制史、东洋法制史、西洋法制史和罗马法构成，共计讲授13次，其中东洋法制史讲授4次，分别为“中国的法概念”“传统中国的审判与法”“近代中国对法的继承与吸收”“殖民地与法”。在此基础上，大三和大四学生可以选修“东洋法制史”。

和学生都具有一定的难度，势必需要下一番刻苦的功夫。实际上，日本的学者在中国法制史教学中已经和正在付出着极大的努力。所以，从这个角度来说，前文列举的几种国内中国法制史教科书在编辑方针上固然受制于教学大纲，但是可以为日后培养教学研究人员打下一定的通史基础。我认为，这一点与水林彪主持的上述委员会在提案中所追求的方向是一致的。

二

在仁井田陞的《中国法制史》和其他的一些法制史著作中，传统中国社会中存在的纷争、冲突和诉讼几乎被视为当然存在的、无须说明它的前提。与此相比，寺田浩明《中国法制史》没有将诉讼发生的原因视为众所周知、不言自明的问题，而是用了全书将近50%的篇幅着重论述了在传统中国社会中诉讼产生的原因。这是本书的特点之一。

寺田浩明认为，与“股份有限公司”式的日本式家庭不同，传统中国作为社会成员生活基盘的家是同居共财的近亲者的集合体。父亲代表着家的意志，当父亲去世后，则由男性子嗣共同代表家的意志。家庭成员虽然负有同居共财的义务，但是分家可以切断这一义务。与日本的长子继承制不同，中国采取男性子嗣均分制。这样，原本较大的同居共财的集团就会变成一个个小的同居共财集团。寺田浩明在此基础上分析了“社会”是如何形成的问题。他认为，虽然20世纪前期在华北地区进行的中国农村调查已经证明中国并不存在所谓的村落共同体，但是这并不能理解为中国的农民在生产生活中没有某种形式的互助合作，也不能理解为活动空间的远近与这种互助合作没有关联。寺田浩明在此基础上认为，有必要考虑中国农民的活动空间，以及在该空间中存在着何种社会关系的问题。

在活动空间方面，寺田浩明主要沿用施坚雅的理论，认为标准市场圈就是普通农民的生活圈。在社会结合方面，寺田浩明认为，由于不存在乡村共同体，故各家庭根据自身的需要，在上述生活圈之内自己构筑了多种多样的社会关系。其中之一是着眼于经济目的的组织，如办五会、青苗会、谢会、请会、猪会和庙会等等。寺田浩明将这种关系称之为“临时拼凑型”。他认为，各个家庭根据自身在某一时期、某一特定方面的需要，与有同样需要的家庭之间通过短期契约形成了这种社会关系。在此之外，还有基于“同类”意识、即“分形同气”基础上的社会关系，他称之为“一体型”的社会关系。这种社会关系主要包括血缘关系组织（宗族）、地缘关系组织（同乡团体）、同业关系组织（行会），以及秘密结社。在这两类社会关系中，他将重视自身经济利益的前者称为“冷关系”，而将重视团体利益的后者称为“热关系”。

寺田浩明进一步认为，传统中国的社会关系很难持之以恒。因为，即便是在重视团体利益、享有同一血缘的宗族内部，同样存在着贫富的差别，能够维持这种“一体型”社会关系的终极方法依然是和“临时拼凑型”的社会关系一样，即以家庭为单位进行的互助。所以，这种“一体型”的社会关系虽然在理念上不同于旨在实现某一具体目标的“临时拼凑型”的社会关系，但是由于内部各个家庭的动向，“一体型”的社会关系在最终会变为以家庭（或个人）为中心的“临时拼凑型”的社会关系。为了尽可能地降低生活中的各种风险，中国人通常会选择均分家产的小家庭生活方式。现实中的社会就建立在这种彼此之间存在着生存竞争的无数小家庭之上。在这种社会中，最最基本的结合方式是“临时拼凑型”，但当出现了需要更有力的互助时，这些小家庭也会提出实现“一体型”社会关系的要求。但是，即便是实现的“一体型”的社会关系，也不会出现同居共财的情况。而且，“一体型”的社会关系也难以长久维系，一旦出现问题则回归到“临时拼凑型”的社会关系。寺田浩明在这里借用了汉语的“散沙”来形容传统中国社会的基本构造。①

这样，寺田浩明将传统中国的社会关系分成两种基本类型，即“临时拼凑型”和“一体型”的社会关系，前者为主，后者为辅，并且这两种基本类型之间并非不可逾越。我认为，寺田浩明的这种分析是为了说明存在竞争、发生利益纠纷进而导致产生诉讼的社会关系基础。实际上，在这两种基本类型之下还存在着更深层的社会关系形态，而且这两种基本类型之所以可以互相转换，是因为它们彼此之间就是并存的。这应该就是费孝通提出的“差序格局”。

① 〔日〕寺田浩明：《中国法制史》第3章“社会关系”，第99～125页。

费孝通指出，西方的社会关系属于一种“团体社会”，即家庭界限分明，由若干人组成的团体也是界限分明的。相比之下，传统中国社会中“家”的概念是“因时因地可伸缩的，大到数不清，真是天下可成一家”。在这样的社会中，人与人的关系不是“一捆一捆扎清楚的柴”，“而是好象把一块石头丢在水面上所发生的一圈圈推出去的波纹。每个人都是他社会影响所推出去的圈子的中心。被圈子的波纹所推及的就发生联系。每个人在某一时间某一地点所动用的圈子是不一定相同的”。根据费孝通的理解，这种差序格局首先存在于血缘关系、即“我们社会中最重要的亲属关系”之中。他以兄弟关系为例，指出兄弟二人虽然同属一个大家庭，有相同的父母，但是他们同时也有自己的小家庭，有自己的妻子儿女。所以，亲属关系的网络是以无数个“己”为中心的次一级网络的集合体，亦即无数个以“己”为中心的社会关系的同心圆。由此反观寺田浩明的说法，“临时拼凑型”和“一体型”的社会关系实际上就是以“己”为中心的、由多个既彼此分立又相互关联的社会组织构成的。

在地缘关系方面也是如此。费孝通指出：“在传统结构中，每一家以自己的地位做中心，周围划出一个圈子……可是这不是一个固定的团体，而是一个范围。范围的大小也要依着中心的势力厚薄而定……中国传统结构中的差序格局具有这种伸缩能力。在乡下，家庭可以很小，而一到有钱的地主和官僚阶层，可以大到象个小国。中国人也特别对世态炎凉有感触，正因为这富于伸缩的社会圈子会因中心势力的变化而大小。”

在费孝通看来，构成这种富于伸缩性的差序格局的核心是“己”的概念。这一概念是自我主义，与有着权利界定的个人主义不同，所有的价值都是以“己”作为中心的。费孝通就此总结说：“在差序格局中，社会关系是逐渐从一个一个人推出去的，是私人关系的增加，社会范围是一根根私人联系所构成的网络，因之，我们传统社会里所有的社会道德也只在私人联系中发生意义。”① 因此，差序格局是传统中国的社会关系的基础结构，而寺田浩明所指出的“临时拼凑型”和“一体型”的社会关系实际可以视为这一基础结构的表现形态。

① 以上叙述皆参考费孝通《乡土中国》，人民出版社，2008，第25~34页。

我个人认为，寺田浩明对家庭是社会关系核心问题的看法在一定程度上受到了费孝通的影响。费孝通根据在开弦弓村的调查指出，社会关系源自个人，是私人关系的增加。他说："农村中的基本社会群体就是家，一个扩大的家庭。这个群体的成员占有共同的财产，有共同的收支预算（伍按：寺田浩明称之为'每家只有一个钱包'）……村中更大的社会群体是由若干家根据多种不同目的和亲属、地域等关系组成的。由个人成员组成的社团很少而且占次要位置。"① 由此可见，费孝通认为家庭是社会关系的核心。寺田浩明数次引述了费孝通的观点，即农民生活在家庭这一细胞之中，但细胞彼此之间不存在有力的纽带。他认为，兄弟之间的利己主义虽然增加了同居共财的困难，但是并不能直接导致以个人为单位的利己主义。因此，中国的利己主义就其本质来说是以家庭为单位的利己主义。②

三

在论及社会秩序的时候，寺田浩明注意到引起纷争的重要原因之一是"赤裸裸的利益主张的横溢"。③ 他认为，就传统社会的法秩序尤其是民事法秩序而言，通常将具有一定的规范性的规则视为"法"，将赋予各个不同主体的地位视为"权利"。在这个意义上，传统中国社会中的同居共财、家产均分，土地交易时的"管业"、"绝卖"和"典卖"都可以归入"法"的范畴。既然有"法"，同时也会伴随着"权利"。虽然这些法与权利在国家成文法典中并无系统的规定，但当时的社会成员对此有着共同的认识，并且还能通过国家的审判得到实现。同样，国家也通过自身的司法实践在事实上认可这些法与权利。寺田浩明通过阅读档案史料，发现有些人、甚至是那些在通常被认为属于弱势群体的佃户在社会生活中乃至法庭之上，都能对既存权利构造提出公开挑战，同时堂而皇之地主张自身应该享有的利益。寺田浩明在这里引用了《湖南省例成案》中一段很有意思的史料，说明田主即便将佃户告至官衙也不一定有维权胜诉的把握。

---

① 费孝通：《江村经济——中国农民的生活》，商务印书馆，2002，第41页。

② 〔日〕寺田浩明：《中国法制史》，第44页。

③ 〔日〕寺田浩明：《中国法制史》，第127～136页。

佃户中有一种“游惰之农”，居然将田主的土地“卖与别主，而自己仍即认为佃户”。面对这种情况，享有正当“权利”的田主往往会将佃户告至官府，但“一经涉讼，未免有守候之盘费与往返之耽延，计所欠之租即时如数追还，尚然得不偿失。况告官未必即追，追而未必全还乎。是以田主只得哑忍，而恶佃且以为无如彼何”。可见，从诉讼成本的角度考虑，即便是享有正当“权利”的田主也往往是忍气吞声，不能如愿以偿。

当田主因不满“旧佃”屡屡欠租而另招“新佃”时，“旧佃”对“新佃”百般骚扰，致使“新佃”不得不放弃佃种，而田主之田几乎成了佃户的“世业”。“亦有田主不甘，另招别人耕种，而旧佃虎踞鸠占，刁恶多端。或将老病之父母放死图赖，或将撒泼之妇女辱骂上门，或称价顶之世业，横索陋规，或称肘腋之良田，谁敢接种。于是新佃畏不敢接，情愿裹足而退，而此田竟为佃户之世业，永无还租之日矣”。[①]

寺田浩明在此基础上认为，首先，佃户一方有实施对抗手段的事实上的可能。除了史料中开列的种种手段之外，还可以采取其他低成本的破坏活动，如利用夜晚破堰放水、践踏青苗，或者干脆纵使老幼妇孺肆意偷盗等。关键在于，这些低成本破坏活动不仅防不胜防，而且难以下重手根治。其次，在此基础上，最终导致无人敢出面承租，甚至告至官衙也不一定可以满足田主的诉求，结果造成旧佃继续占有土地的既成事实。也就是说，佃户主张的“权利”在最终得到了认可。我们知道，佃户的这种行为实际上就是史料中屡见不鲜的“图赖”的一种。寺田浩明认为，“图赖”在传统中国之所以有存在的空间，原因之一就是钻了国家法律制度的空子，具体说来就是利用了《大清律例·刑律·人命》之“威逼人致死”条的规定。该条云：“凡因事（户婚田土钱债之类）威逼人致（自尽）死者（审犯人必有可畏之威），杖一百……并追埋葬银一十两（给付死者之家）。”[②] 他指出，一旦触动上述法条，对于被认为是“威逼人致死”者来说，在当时的司法审判制度和审理环境之下，姑且不论最终能否胜诉，

① 《湖南省例成案·工律》“河防”卷一，影印嘉庆十八年（1813）湖南按察司刻本，《中国古代地方法律文献》丙编第5册，社会科学文献出版社，2012，第459～460页。

② 马建石等：《大清律例通考校注》，中国政法大学出版社，1992，第809页。

他首先必将承受着巨大的经济压力。有鉴于此，当图赖者以死相逼的时候，花钱买平安就成了相对明智的选择之一。正因如此，有恃无恐的“图赖”作为弱者谋求经济利益的一种屡试不爽的手段，形成一股股屡禁不止的“刁风”。[①]

这种在通常认识上属于社会“弱者”的人们，为追求自身利益而利用国家法律制度的现象，在传统中国可以说具有一定的普遍性。夫马进曾经指出，在无冤理念的基础上，传统中国的诉讼制度中有禁止“告状不受理”的规定，并且允许上诉。这些规定的初衷应该是为了实现“天下无冤民”，即理想中的无讼社会。但始料不及的却是国家的这种统治理念为国家自身制造出许多棘手的问题。其结果是，无冤的理念“不仅仅是作为一种话语而被付诸实践之时，有时不仅不能达到无讼的结果，反而会激发诉讼的产生”。[②] 徐忠明透过对明代天启年间南直隶徽州府休宁县潘氏家族辑录的词讼稿——《不平鸣稿》的分析后认为，“以往学者每每指责传统中国社会的小民百姓乃是一群氓民，不仅愚昧软弱，而且毫无法律意识”，但是实际情况却并非如此。通过诉讼文书，不仅可以看到民间百姓中有着高超的诉讼智慧和策略，更能看出民众中存在着强烈的诉讼热情和勇气。[③]

寺田浩明在此基础上进一步指出，“弱者”之所以如此积极地利用国家法律制度追求自身的经济利益，是因为国家法律中有保护弱者的理念。这种理念的出现，在很大程度上源于家产均分导致社会中长期存在着下降压力。呈现在眼前的贫苦家庭的生活惨景，很可能就是自家日后的真实写照。正所谓“我只道铁富贵一生注定，又谁知人生数顷刻分明”，每个社会成员都必须时刻面对来自方方面面的挑战。与“朝为田舍郎，暮登天子堂”的千载乃至万载难得一遇的机缘相比，“金满箱，银满箱，转眼乞丐人皆谤”的可能性要来得更大。岸本美绪曾经借用前人的研究，用“水淹

① 〔日〕寺田浩明：《中国法制史》，第131页。

② 〔日〕夫马进：《中国诉讼社会史概论》，范愉译，收入徐世虹主编《中国古代法律文献研究》第6辑，社会科学文献出版社，2012，第13页。

③ 徐忠明：《明镜高悬：中国法律文化的多维观照》，广西师范大学出版社，2014，第159页。

至颈”形象地比喻传统中国社会的生存压力。[①] 在充满如此压力的社会中，人们对于强者过度地压迫弱者，以及机械地照搬财产法规的做法往往会表示疑问。日常生活中所谓“得理让人”“切莫逼人太甚”等俗谚说的就是这个道理。在这里，基于财产法的“权利”与基于社会情理的“生存权”发生了碰撞。强者固然可以根据契约或分家阄书主张自家对于“管业”的权利，弱者则以自家生存为由反对田主退佃或向后佃要求一定的经济补偿。即便是强者也不能肆无忌惮地为所欲为，哪怕是社会的弱者也可以找到申诉的机会。由于国家制度中对上述“权利”与“生存权”没有明确的界定，故强弱双方在考虑到最后可能达成的妥协时，往往会在事先提出一些过分的要求。这种过分要求的总和甚至会超出现有资源的总量，最终形成一种“拥挤电车”一般的社会现象。

寺田浩明认为，在这样的社会中，也存在着固有的秩序。每个社会成员在追求自身经济利益、进行交涉的过程中，当各方彼此之间都考虑到周围的反应以及自己一方可能忍受的外来压力，并作出某种程度的忍让时，便会形成一种可被称为“互相充足关系”的秩序，彼此之间的关系出现暂时性的平衡状态。但是，问题在于这一交涉过程充满了彼此之间的利益冲突，不可能是一帆风顺的。这种冲突最初有可能是无言的，以后会逐步发展到争吵乃至诉诸暴力。当彼此之间无法自行达成妥协的时候，打官司便成为可供选择的手段之一。

寺田浩明指出，对于打官司，官府一方面基于“无讼”的理念对诉讼持否定意见，通过种种手段要求减少诉讼，但是另一方面出于对现实生活中“民生有欲，不能无讼”的认识，对诉讼本身又表示出一定程度的同情。他认为，如果将前者视为持续追寻的终极目标，而将后者视为现实性的选择，则官府的这种既否定又同情的态度其实并无矛盾。这就是说，“无讼”与“听讼”实际上是目的与手段之分。汪辉祖认为，“治以亲民为要”，而“亲民在听讼”，教化民众“非止条告号令具文而已，有其实焉。其在听讼乎？使两造皆明义理，安得有讼？讼之起，必

① 〔日〕岸本美绪：《伦理经济论与中国社会研究》，陈少峰译，〔日〕滋贺秀三等著，王亚新等编《明清时期的民事审判与民间契约》，第 346 ~ 347 页。原载《思想》第 792 号，岩波书店，1997 年 6 月。

有一暗于事者持之，不得不受成于官，官为明白剖析，是非判，意气平矣”。①

寺田浩明的这一研究涉及传统中国的国家与社会的关系，具体说来就是国家对各社会成员负有何种责任，各社会成员如何看待国家权力和向国家提出自身诉求的问题。到目前为止的中国法制史、社会史和制度史等领域的研究已经证明，传统中国的国家始终力图将自身的统治深入到社会的基层，深入到普通百姓的炕头灶边。居住在远离县城的某户人家即便是丢失一件破旧衣衫，只要事主告到衙门，知县便有责任在规定的时间之内破案，否则便会根据《处分则例》等受到相应的处罚。可见，虽然基层政权仅设置到州县一级，但是并不等于它们所代表的皇权未能伸延至州县城之外的乡村庄屯。浩如烟海的诉讼档案告诉我们，居住于乡村庄屯的人们都承认（至少也是默认）皇帝 = 国家的权威，期待着它能为自己排忧解难，甚至利用该权威满足自己的目的。当庶民们认为有需要的时候，甚至可以不远万里前往京城，通过京控和告御状的形式直接向国家最高统治者倾诉自身的“冤屈”。另一方面，国家也借用各种手段直接向人民灌输统治的理念和规则。从朱元璋的“六谕”到康熙皇帝的“圣谕”和雍正皇帝的“圣谕广训”，再到不胜枚举的包括文言、白话和方言在内的各种诠释性的宣讲读物，均是国家试图透过乡约保甲等社会组织直接教化人民的具体体现。② 由此可见，国家希望自身的统治延伸到社会的底边，并为此做出了相应的努力。普通社会成员也希望在家门之内感受到浩荡的皇恩。所谓“清官难断家务事”并非是停留于口头的谚语。宗族内乃至家庭内部的纠纷常常被诉至公堂本身就说明了，虽然家务事“难断”，但是当事者还是寄希望于“清官”。普通百姓总是将国家权威视为和平解决纠纷的终极选项，故国家有必要满足他们的要求。这就是汪辉祖所说的，为了实现“两造皆明义理，安得有讼”的愿景，就必须“听讼”。

---

① （清）汪辉祖：《学治臆说》“亲民在听讼”，影印同治十年（1871）慎间堂刻汪龙庄先生遗书本，《官箴书集成》第5册，黄山书社，1997，第275页。

② 周振鹤：《圣谕、〈圣谕广训〉及其相关的文化现象》，载氏著《圣谕广训：集解与研究》，上海书店出版社，2006，第581～632页。

四

滋贺秀三将“听讼”定义为处理户婚田土细事的州县自理案件。① 负责审理的官员在听讼时的判断指针就是滋贺秀三曾经指出的国法、天理、人情。与具有实定的、人为的属性的国法不同，天理和人情的属性是非实定的和自然的。尤其是后两者，它们虽然是“深藏于各人心中的感觉而不具有实定性，但它却引导着听讼者的判断”。在这个意义上，滋贺秀三将听讼的过程解释为，根据“常识性的正义公平感觉”——“情理”——“通融无碍地寻求具体妥当的解决”。这一点既是官僚的职责所在（滋贺秀三称其为“职分”），更是国家对社会的责任。在这种职责所在和源自责任的要求之下，由地方官进行的听讼实际上是一种“靠说服当事者来平息纷争的程序”。滋贺秀三将这种程序称作“教谕式的调解”。值得注意的是，与生活在近代法秩序之下我们不同，传统中国的听讼之后只有在当事者提交了“遵依结状”的情况下，该“教谕式的调解”的程序方告一段落。这就是“裁决之公平性的保障只在于当事人同意接受解决才能终结案件的程序结构之中”。实际上，情理不仅引导着听讼者的判断，也引导着当事者的思维和实践。由于情理是因人、因事、因时、因地而异的，故当事者的思维不会随着“遵依结状”而终结，在实践上也会表现出来，即“当事者虽然一时呈交了遵依结状，却又制造口实将争议重新提出以期变更裁定的情况也屡屡出现”。用寺田浩明的话说就是，最理想的状态是通过听讼得出某种“公论”，使两造达到“同心”的状态。但在以家庭为单位的利己主义的作用之下，即便达成了“同心”，也往往难以维持长久。在这种情况下，现实的做法是求得两造之间的另外一种“公论”，即“一时的齐心”，或曰短期的妥协。当然，这种“一时的齐心”因当事方的原因很容

① 以下叙述请参看〔日〕寺田浩明《中国法制史》第五章“听讼——审判与判决的社会基础”，第163~218页；以及〔日〕滋贺秀三著，王亚新译《中国法文化的考察》，第1~18页；〔日〕滋贺秀三著，王亚新译《清代诉讼制度之民事法源的考察》，〔日〕滋贺秀三等著，王亚新等编《明清时期的民事审判与民间契约》，第54~96页。原载《東洋史研究》第40卷第1号，1981年，后收入《清代中国の法と裁判》，创文社，1984。

易被打破，于是又要进入下一轮听讼。滋贺秀三从制度论的角度出发，认为这种“当事者只要想争执就一直可以争下去”的情况表明在传统中国民事法领域内的裁决不具有确定力，[①] 无论是裁决者本人还是两造，对裁决本身有可能发生变化这一点都是心知肚明的。

寺田浩明同样从制度论的角度出发，指出这种裁决者的裁决必须得到当事者的一定的同意方能生效的做法在制度上是不安定的。而且，所有的裁决本身都是基于个别主义的原则，不具有普遍适用性。在此基础上，寺田浩明进一步发展了滋贺秀三的观点。滋贺秀三指出在传统中国的民事法领域中“并不存在习惯法逐渐获得实定性的机制”，虽然他本人并不否定在传统中国也存在着“正义的观念”，但他所举出的“正义”的事例仅仅是“自我修养，进而靠世人的评判和后世史家的笔下评价来决定”。相比之下，寺田浩明指出，在听讼的过程中，当事者感到不满时可以随时提起上控，将问题拿到更广阔的场合的做法固然显现了制度自身具有不安定性，更重要的是这种不安定的制度却为实现公正的裁决提供了保证。由复数的衙门和官僚构成的听讼体系之中曾经存在着制度——争讼处理机制——上的不安定，而这种不安定的存在恰恰体现着传统中国特有的社会正义。他认为，这种社会正义有两个特点：其一是恰到好处地分配利益；其二该分配必须得到包括两造在内的相关人员的认可。寺田浩明对传统中国社会中实施公正裁决的保证和中国特有的社会正义所做的说明是十分重要的，这些与受到近代法影响之下的我们认为只有“以法律为准绳”、只有符合法律规定的判决才是公正的想法是完全不同的。

我认为，这是一个关于国家与社会互动，以及国家对社会实施有效治理的重要观点。这就是说，听讼制度的不安定保证着裁决的公正，为社会成员寻求他们心目中的公正和正义创造了条件。当然，这种条件的创造并不是国家在设计听讼制度和上控制度之时有意地做了如此安排，在很大程度形成于运用的实践过程之中。例如，律例中规定不得越诉，但是我们在档案中可以发现大量越诉的事实。这就是说，各级官员，甚至被拦舆告状

① 〔日〕滋贺秀三：《清代中国の法と裁判》，第 145 ~ 262 页。本文原载《法学協会雑誌》第 91 卷 8 号、第 92 卷 1 号，1974 年 8 月，1975 年 1 月。

的皇帝在实际听讼的过程中，并不是机械地照搬法条，而是酌情准理地进行判断。由此可见，如果我们换一个角度观察这种源于制度论观点上的“不安定性”，或许可以发现，这实际上是一种理念型的国家制度在实践中酌情准理，亦即努力地适应着千变万化的各种社会情况。这种做法向广大社会成员发出了一个明确的讯息，即国家是“亲民”的。其具体表现形式就是，允许社会成员可以持续地根据他们的意愿寻找他们所追求的公正的裁决，直到他们认为满意为止。这也就是滋贺秀三说的，作为优秀的知州知县应该具有的态度不是固执于已经作出了裁决，而是不辞辛劳地反复听讼——倾听社会成员的声音。应该说，司法实践下的这种安排是符合当时大多数社会成员的要求的。

如果说滋贺秀三是从制度论的角度揭示了传统中国民事法领域中的裁决不具有确定性，而寺田浩明是在关注裁决在制度论上的不安定的同时，从社会的角度，或说从存在于社会中的诉讼的角度观察了这种看似不安定的制度究竟具有何种机能，且带来何种影响的问题。寺田浩明的这种视点为我们提供了一个思考国家是如何治理社会的问题的思路。

应该说，国家通过这种并无明文规定的、在实践中因事因时因地因人制宜灵活的听讼相对有效地保证了社会的稳定、调节了社会成员之间的相互关系。因此，这种听讼就是传统中国的国家向广大社会成员提供的重要的公共品之一。在寺田浩明笔下，体现了“亲民”的听讼并不是被动地应对诉讼，其本身是在官方主导之下实现某种社会正义的过程。也恰恰是因为这一点，期待着该种社会正义能够为自己排忧解难的社会成员方才萌生了向官方诉说自身冤屈的意愿，这也就是前文提到的居住于乡村庄屯的人们都承认（至少也是默认）皇帝 = 国家的权威的原因所在。

这种旨在“亲民”的听讼在实践中之所以可以成为传统中国民事法的一个基本特征是与它的存在环境息息相关的。寺田浩明认为，传统中国社会的“公论型秩序”得以存在的前提是基于如下一种社会意识，即社会成员只要抛却“私心”和“私欲”，就可以实现“同心”或“齐心”。我认为，这种意识的产生和存在首先是基于传统中国社会的特质——乡土社会。费孝通说：“乡土社会的生活是富于地方性的。地方性是指他们活动范围有地域上的限制。在区域间接触少，生活隔离，各自保持着孤立的社会圈子……这是一个‘熟悉’的社会，没有陌生人的社会”。这种乡土社会的结构就是前面介绍过的“差序格局”。在差序格局之下，伴随着观念上不具有实定性的“情理”，一切社会关系都是以同心圆的形式存在的。“在这种社会中，一切普遍的标准并不发生作用，一定要问清了，对象是谁，和自己是什么关系之后，才能决定拿出什么标准来。”[①] 可见差序格局本身必然会引起社会成员之间的纷争，但就民事法的领域来说，这些纷争在本质上是“熟人”之间的摩擦。考虑到两造今后依然会生活在同一个“熟悉”的社会之中，故在处理时应以求得“同心”或“齐心”为主，避免出现近代法之下胜负泾渭分明的情况。

寺田浩明就注意到了这一点，他引用了汪辉祖的一段著名论述，说明听讼的特点。[②] 这就是：“夫人命奸盗及棍徒肆横原非常有之事，一切口角争斗类皆户婚细故。两造非亲则故，非族则邻，情深累世，衅起一时，本无不解之仇。第摘其词中要害，酌理准情，剀切谕导，使弱者心平，强者气沮，自有亲邻调处。与其息于难理之后费入差房，何如晓于具状之初，谊全姻睦”。汪辉祖精准地说明了存在于传统中国社会——乡土社会——的纷争的性质，即“本无不解之仇”的熟人之间的纷争。对于这种性质的纷争，听讼的关键在于“酌理准情，剀切谕导，使弱者心平，强者气沮”，从而“谊全姻睦”。汪辉祖所云“谊全姻睦”的基础就是以同心圆形式存在的社会关系。所以，在“熟悉”的社会的成员之间有着实现“同心”或“齐心”的可能。透过听讼诱导社会成员归于“同心”或“齐心”，[③] 既是听讼的主要功能，也是国家对社会的重要义务和治理社会的主要方法。

我认为，寺田浩明的研究在这一点上推进了对中国传统社会治理问题的认识。我们一方面看到浩如烟海的诉讼档案，通过统计可以大略了解到每年将会发生多少案件，通过各种史料可以领略诉讼现场的钩心斗角和刀

① 费孝通：《乡土中国》，第6、42页。

② （清）汪辉祖：《续佐治药言》“批驳勿率易”，影印同治十年（1871）慎间堂刻汪龙庄先生遗书本，《官箴书集成》，第5册，第327页。

③ 关于诱导的具体方法，寺田浩明分析了裁决时以“情可掩法”要求两造“和息修好”的事例，和派遣差役促成民间调解的事例。请参看〔日〕寺田浩明《中国法制史》，第180～182页。以及淡新档案第22703号，四川大学历史系等编《清代乾嘉道巴县档案选编（上）》，四川大学出版社，1989，第95页。

笔功夫。但是，另一方面，即以最后的王朝——清王朝而论，在该王朝统治中国大约 270 年间，固然出现过种种社会不安，除去末年的一段时间之外，清王朝始终维持着对国家的有效治理。应该说，这种治理在太平天国占领了清王朝财赋之区的 10 余年间也未曾中断。当然，清王朝如何能够保持对国家的有效治理是一个非常相对复杂的问题。但是，如果清王朝统治时期不曾存在过寺田浩明所说的那种社会正义，制度上亦未能为社会成员寻求“公论”之下的公正与正义提供哪怕是些许的可能，那么很可能早就在“予与女皆亡”① 的呐喊声中灰飞烟灭，不可能维持有效的统治，甚至不可能为继承了清朝的后人留下如此广袤的疆域。

五

在本书中，寺田浩明对精心选择的史料进行了详尽的分析和解剖。在此基础上，本书为读者展现了一个活生生、充满动感的传统中国社会。作者对传统中国社会特征的描述也别具一格。他认为，传统中国社会的各种纷争和诉讼发生在市场社会和契约社会的基础之上，将市场、契约和诉讼三者有机地联系在一起。②

1990 年，寺田浩明在整理和展望清代法制史研究时，针对研究领域问题写下过这样一段文字：“一个领域关系到皇帝和官吏们从事的审判活动具有什么性质，以及在皇帝官僚制度的内部成文法占有何种位置等问题；而另一个领域则越出了国家司法的范围，与整个帝制中国的法秩序具有什么样的性质、在旧中国的社会中所谓一般的社会规范又占有何种位置等更广泛或更深层次的问题相关。”如他本人所说，“第一个领域”的问题经过滋贺秀三和中村茂夫等人的努力已经得出了大致的答案，而他本人自写下这段文字以后的研究，始终围绕着上述“另一个领域”的问题，亦即传统中国社会的法秩序问题。这些问题是“涉及到旧中国的社会秩序通过什么样的规范形式而形成、形成的秩序又具有何种原理或特质等有关文明的根

① （汉）司马迁：《史记·殷本纪》，中华书局，1959，第 95 页。
② 〔日〕寺田浩明：《中国法制史》，第 2 页。

本层次问题”，也就是以清代为代表的传统中国社会特质的问题。本书就是寺田浩明本人通过长年的研究对这一问题给出的回答。[①]

近百年以来，日本学界对传统中国，尤其是清代中国社会的特质展开过长期的研究。在不同的历史时期，研究的重点也不尽相同。例如，围绕着传统中国社会是否存在有共同体的问题，曾经爆发过著名的“平野—戒能论战”。[②] 但是，1980 年代以后，随着明清时期公私文书的大量公开，日本学界在对传统中国，尤其是明清时代史研究方面逐渐失去了共同关心的问题，转而埋首于个别的实证问题研究，对传统中国社会特质问题的研究在一段时间内曾经有所减少。森正夫在 1981 年提出了作为方法论概念的“地域社会论”。根据其本人的说明，地域社会的定义是：“尽管彼此之间的关系包含着阶级的矛盾或差异，但为了从事广义上的再生产而面临共同现实问题的人们，置身于共同的社会秩序下，并在共同的领导者（领导者个人或领导集团）指导下结合起来而形成的地域性场境。”[③] 这一方法论概念的提出，推动了对明清时期的地方社会、宗族、移民等问题的研究。但是，森正夫所说的“共同的社会秩序”似乎作为一个不言自明的前提，很少有人通过研究去抽象地概括这一秩序的特征。进入 21 世纪以后，情况开始发生了一些变化。夫马进鉴于某些社会成员热衷于使用诉讼手段实现自身的要求，提出了“诉讼社会”的概念；[④] 近藤一成重视科举制度在中国社会中的重大作用，使用了“科举社会”的概念[⑤]等。寺田浩明在其新著中关于传统中国社会特质的上述表述，也代表了日本中国学界对这一问题的最新思考。

① 〔日〕寺田浩明：《日本的清代司法制度研究与对“法”的理解》，王亚新译，〔日〕滋贺秀三著，王亚新：《明清时期的民事审判与民间契约》，第 112 ~ 138 页。本文原载《思想》第 792 号，岩波书店，1990 年 6 月。

② 〔日〕旗田巍：《中国村落と共同体》，岩波书店，1973，第 35 ~ 49 页。

③ 〔日〕森正夫：《中国前近代史研究における地域社会の視点——中国史シンポジウム（地域社会の視点——地域社会とリーダー）基調報告》，《名古屋大学文学部研究論集・史学》第 28 卷，1982 年 3 月，第 201 ~ 223 页。后收入〔日〕森正夫：《森正夫明清史論集（3）地域社会・研究方法》，汲古书院，2006。

④ 〔日〕夫马进：《中国诉讼社会史概论》，范愉译，徐世虹主编《中国古代法律文献研究》第 6 辑，第 1 页。

⑤ 〔日〕近藤一成：《宋代中国科举社会の研究》，汲古书院，2009。

费孝通认为，中国社会“从基层上看去”属于乡土社会。[①] 他列举了乡土社会的种种特征，如本文已经提到的差序格局、家族、无讼等概念，以及男女有别、礼治秩序、长老统治、名实分离等等。寺田浩明则通过市场、契约和诉讼的角度观察传统中国社会，说明了该社会中法治秩序的出现、形成和运作的问题，抽象地概括了乡土社会中存在的上述特征的性质。我期待寺田浩明的研究成果可以进一步推动对传统中国社会的研究，加深学界对传统中国社会的认识。

几十年来一直从事中国社会史研究的岸本美绪曾经指出，对于日本人来说，认识中国社会和研究中国社会史极具挑战性。因为在日本人看来，“中国的社会结合既松散又强力，中国人的行动方式在精于打算的同时又极为重视伦理，在各自为政的同时又有归属集体的倾向”。[②] 只不过岸本美绪反复说明日本学者的研究不仅仅是在探究传统中国社会的性质，而且直接关系到对传统日本社会性质的认识。由此反思作为身在此山中的中国学者，在关注实证问题的同时，我们也应该认真地思考，究竟应该如何通过浩如烟海的史料抽象地概括中国社会的特质。

2018年3~6月，香港新亚天一亭——大阪八尾生驹山麓乐音寺

本文的写作承中国政法大学赵晶老师和中山大学杜金老师惠赐意见，谨志简端，用示感谢。

① 费孝通：《乡土中国》，第1页。

② 〔日〕岸本美绪：《近一百年日本的清代社会史研究——以中间团体论为中心》，《清史研究》2015年第2期，第27~40页。

《中国古代法律文献研究》第十二辑
2018 年，第 651 ~657 页

近代法视野下的清朝法律秩序研究：寺田浩明《中国法制史》

阿　风*

20 世纪 80 年代初，一位 30 岁左右的日本青年法制史研究者，以清代的崇明县为中心，探讨了中国的“一田两主”与租佃制度。当时，对于如何利用近代法理论恰当地解释传统中国的土地所有与土地租佃关系，有很多问题一直困扰着这位年轻人。当时他的一位历史学出身的朋友告诉他，上海某图书馆还藏有一部《崇明县志》，建议他去查一下。不过，这位年轻人没有认同朋友的建议。他回答说，资料已经足够多了，现在最重要的是“思考”，思考如何能够用理论圆满地解释各种疑惑。

这位年轻的研究者就是后来日本著名的中国法制史学者寺田浩明教授。当时他作为东京大学法学部的助手，正跟随滋贺秀三先生研究中国法制史。对于一位法制史的研究者而言，能够看到更多的资料当然是研究的前提，但展开理论的思考也极为重要。寺田浩明作为一位法学专业出身的中国法制史研究者，此后的 30 余年间，一直践行着“理论思考”这一理念。他先后就职于日本千叶大学、东北大学、京都大学，讲授中国法制史。2018 年初，他在结束 30 余年教职生涯之际，将其教学与研究心得，整理成书，由东京大学出版会出版。

* 中国社会科学院历史研究所研究员。

正如英文题目 *China's Traditional Legal Order* 所显示的那样，本书研究的重点是传统中国的法律秩序。作者在序章中指出，本书设定了两个课题：第一个课题是探明清朝法秩序的实态，这是历史学的问题意识；第二个课题就是建立起一个传统中国（非西方的）法秩序模型，这是法学的问题意识（第 4 页）。全书包括序章与终章在内，共计十章。正文 380 页。作者精通法学、社会学理论，能够熟练运用各种正史、政书、律典、判牍、文集及档案文书史料，考察了传统中国，特别是清代中国的家族法、土地法、裁判制度与刑罚制度，进而分析了传统中国契约社会、诉讼社会秩序。本书努力将西方近代法理论与中国传统社会实际结合起来，对于 19 世纪末台湾旧惯调查以来，日本的中国法制史研究各种论点进行总结，并提出了一系列的新观点，推动了日本的中国法制史走向深入，具有里程碑的意义。

一

近代法的构成要素包括自由自立的个人、土地私人所有与自由契约制度（第 331 页）。从近代法的角度了解传统中国的法秩序，这三个方面是首要的前提。

作者指出，与具有多重政治构造的西欧、日本的封建社会不同，中国从公元前 3 世纪就已经建立了官僚制国家。至少从 10 世纪的宋代开始，中国就已经实现了土地自由买卖，很早就进入了市场社会、契约社会与诉讼社会。不过，帝制中国作为早熟的国家，不仅与西方前近代的封建制不同，而且也与西方近代经历了“从身份到契约”的历史变化而形成的市民社会、契约社会有很大差异（第 2 ~ 3、318 页）。因此，如何从世界史的角度认识传统中国特有的法秩序，必须理解东西方的经济基础与社会构造方面的差异。

本书的序章（“传统中国的法秩序”）、第一章（“人与家”）、第二章（“生业与财产”）、第三章（“社会关系”）就以人（登场的人物、家、宗族与村落）、业（生业与财产）、契约（买卖、租佃、雇佣）三个方面为中心探讨了传统中国的政治构造、经济基础与社会关系。

作者首先引用南宋大儒朱熹的《大学章句序》中“一有聪明睿智能尽其性者出于其间，则天必命之以为亿兆之君师，使之治而教之，以复其性。此伏羲、神农、黄帝、尧、舜，所以继天立极，而司徒之职，典乐之官所由设也”这段话，并借鉴狩野直喜《清朝的制度与文学》（みすず書房，1984）的研究成果，指出中国的皇帝制度与日本明治维新时期推崇的“一君万民”理念之间具有共通性。而基于科举制度而形成的“司徒之职、典乐之官”以及绅士阶层，成为皇帝实现统治与教化的重要助手（第7～11页）。

本书比照日本社会，探讨了传统中国社会中家、宗与姓的含义。他指出，日本传统社会中的“家”是具有公司性质的组织体，当主（家主）负有运营的责任（第13页）。而中国的“家”则是血缘相近者的生活共同体，每个成员的收入与支出都是共同的，是一种“同居共财”关系。当然，“共财”并非“共有”关系，家庭成员并不具有同等的权力。基于“分形同气”的血缘观念，父亲作为家庭的代表，具有“专权性”（第14～29页）。从法的世界来看，女性的地位体现在丈夫去世后，母亲作为尊长，具有家产分割的决定权、家产处分的主盟权（第32页）。“同气”则“同姓”，同姓的集合则成为宗族（第33～34页）。

寺田先生还考察了中国人生存的空间结构及社会关系，他指出，与前近代日本与西欧固化的“村落共同体”不同，基于“诸子均分”家庭组成的中国的村落，存在着宗族、同乡会、同业行会及秘密会社等各种社会关系，他们一方面采取“通力合作”的方式，实现了生产与生活的互助（第111页）。但另一方面，各种社会组织的结合也具有“临时拼凑”的特点，难以长久维系。因此，与西方“一体型社会”不同，传统中国的社会构造是一种“散沙型”（第124页）。

土地是传统中国社会最主要的经济基础。传统中国的土地所有权观念，虽然制度上没有明确的规定，但作为一种常识，却是存在于人们的日常意识之中（第57页）。从近代法的角度来看，土地产权关系包括卖（土地所有权转移）、典（用益权设定）、押（抵押权设定）三种形式。但在讨论这三种产权观念时，要注意到中国的土地买卖文书中经常出现的“为业”“管业”“业主”等称谓，也就是“业”的观念（第48页）。作者认为，“业”实际上投射的是土地的收益，而不是实体的产业。包括“一田二主”等产权关系均是“管业”的不同形态，而“来历”则是“管业”的基础（第95～97页）。

二

传统中国，由于财产的均分与科举制度的社会地位激烈的垂直流动，造成了生存竞争激烈。而且，前近代的中国也不存在着能够完全独立地处理纷争的权力团体。因此，人们一旦发生纷争，在亲邻、宗族无法调解的情况下，陈告于官便不可避免，这也就中国人所说的“打官司”（第141～142页）。本书的第五章（“秩序、纷争与诉讼”）、第五章（“听讼——审判与判决的社会基础”）、第七章（“断罪——对犯罪的处罚与判决的统一”）全面地分析中国人打官司的整体面貌。

以往的中国法制史研究，普遍都认为官方的意识形态导向始终是“良民不涉讼”。不过，在本书中，作者引用明代官员的“民生有欲，不能无争”[①]这段话，指出官方实际上对于“打官司”也存在着同情的心理。作者指出，这两种官方的态度实际上并不矛盾。《论语》所说的“听讼，吾犹人也，必也使无讼乎”，汪辉祖《学治臆说》所说的“亲民在听讼”，这些话语实际上都同时反映出这两种态度（第142～143页）。本书也引述《易经·讼卦》中“中吉、终凶”之语，指出在传统中国人看来，诉讼过程中法庭之外的调停和解是一种“中吉”，而持续到最终判决则是“终凶”，这种理念与以往将和解、判决区分开来的常识性看法略有不同（第192页）。因此，将传统中国的司法审判中的“抑讼”的表达与“实务审判”的实践对立起来的观点，并不符合当时中国人的观念。

传统中国的诉讼，民刑之间缺乏明确的区分。本书总结以往的研究成果，正式将清代中国的诉讼分成了“听讼”与“断罪”两种形式。其中“听讼”多是与户婚田土有关的民事案件，由州县自理。而“断罪”则是命盗重案之类的刑事案件，州县官员需要援引律例，将案情申报上级，经

① 《皇明条法事类纂》卷三八《在外问刑衙门官员务要新理词讼不许辄委里老等地保勘例》。

过必要的“复审”，才能定案（第161~162页）。

从民事诉讼来看，其所强调的是对方的无理与自身的冤抑，从而寻求到“最适合的互让线”“最适合的共存线”。“情理”成为民事判决的重要依据。“理”就是指事物普遍、妥当的道理。“情”是指具体的事实关系，也含有人情、情让之意（第148、194页）。情理与真相互为表里，从而形成了一种“共通的认识”，成为民事诉讼解决的基础（第203页）。在命盗等刑事案件中，追求的是“情法之平”，也就是情（犯罪行为的恶性度）与法（刑罚）之间取得均衡（第227页）。从清代审判的构造来看，“情理”与“情法之平”所占的位置相同。“情”和“情法之平”中的“情”一样，指一个个纷争所拥有的个别的特征，纷争双方当事所各自抱有的个别情形。对每个无限不同的纷争给予相应的符合情理的解决，是对地方长官职责的要求（第249页）。

作者指出，中国虽然可能存在着韦伯所说的习律（Konvention）相类似的法律现象，比如土地法中以出售、自耕、欠租为由的夺佃行为，具有社会自生的规则性。但从审判过程中所显示理念来看，其目的是抑制市场规则的失控。即使如“来历管业”这种最重要的产权凭据，也只是审判中需要考虑的因素之一，而没有成为一种明确的审判规范（第288~289页）。

因此，与西方历史上的审判中强调规则（rule）不同，清代审判中对于“情”的综合考虑的要求很高，所以不能对事态中如“规则”这样的部分要求给予特权性的社会位置。其解决方式就是在判决时不断地将各个事件包含的所有具有情况和情理贯穿起来，因此“判决是否符合乎情理”，是否符合“公论”，就变得尤为重要（第277~286页）。与西方的“规则型法与审判”不同，传统中国是一种“公论型的法与审判”（第211页）。

三

近代以来，中国法制史研究的基本理论与研究框架深受西方的影响。对于现代研究者而言，如何利用西方的理论更准确地解释中国历史上的法律秩序，一直是研究的重点与难点。

本书提出了一系列的理论与框架，试图从近代法的角度，从世界史的角度，从当时人的法律观念出发，全方位地分析传统中国的法律秩序。其所提出很多观点，比如“听讼”与“断罪”之别，“规则”与“情理”之别，都极具启发性。本书是近年来中国法制史研究中最具有法学化、理论化的成果，很多观点都已经接受了新史料、新研究成果的检验，其所提出的理论思考必将会极大地推动中国法制史研究的进步。

与一般的史学著作相比，本文并没有去堆积史料。其有关“听讼”的研究，也主要是利用了台湾淡新档案一个卷宗（淡新档案 22615，光绪十九年至二十年，计 41 件文书）。不过，作者却能够通过一个卷宗，就将清代的审判过程作出了全面、清晰、准确的论述，并就情理与法等诸多问题提出了一系列的理论思考。这一方面说明作者非常熟悉制度史，善于从一般的史料中发现普遍的规律。另一方面也表明作者对于清代诉讼档案的整体情况非常熟悉。虽然他仅引用了一个卷宗，但实际上是在阅读大量的卷宗基础之上，选择出最具有代表性的资料展开研究。

当然，中国传统的法律秩序与西方有着很大的差异。因此，基于西方传统而形成的近代法理论，如何能够更恰当地分析中国传统的法律秩序，尚需要不断更新。特别是本书构建理论框架的事例，基本上都是发生于清朝。这种基于清朝社会而得到出结论，是否能够完全体现传统中国社会的特征，还是值得深入思考的。

例如，在明代的田土讼案中，最重要的书证是赋役黄册，而不是契约。随着清初废止了黄册制度，“告田土必以契券、地邻为据”，契约才逐渐成为案件受理的前提条件。同时也正是黄册制度的取消，造成了清朝土地产权关系的多样性。[①] 因此，有关清代土地法秩序中的活卖与绝卖、一田两主以及“业”各种表现，很多情况下只是清代的特色。又如，在清代户婚田土案件中，官员并不需要专门向上级政府申报。然而，在明代，存在着监察官员的定期刷卷制度，包括户婚田土案件在内，巡按御史会要求州县官员抄案，进行“吊刷”，“如刷出卷内事无违枉，俱已完结，则批以

① 阿风：《公籍与私籍：明代徽州人的诉讼书证观念》，《徽学》第 8 卷，黄山书社，2013；阿风：《中国历史上“契约”》，《安徽史学》2015 年第 4 期。

照过”。[1] 因此，明代的州县官员对于“自理案件”的判决也会定期受到监察官员审查。

同时，在明清时代的告状与诉状中，原告或被告引用律例来主张权利的情况也是很常见的。这在明代尤为明显。例如，明代天启、崇祯年间，徽州府休宁县余、潘两姓围绕土地与佃仆发生了诉讼。余姓在诉状中强调“律例：民产卖过五年，不许再赎。纵然加至万金，难变王朝法纪”，同时强调土地交易已经“人历三代，册（黄册）过四轮”。而被告潘姓则认为余姓谋买宗族公产，“谋买盗卖，律有明条”。双方都根据律例来主张自己的权利。最终的判决虽然要求潘姓赎回田产，但却是增加了经济补偿。[2] 虽然知县、府通判、府推官在各自的判决并没有直接引用相关的律例，最终没有完全按照某一方主张的律例进行裁决，但律例肯定存在官员的意识之中，成为判决的一个重要依据。同时，州县自理案件常常引用“不应得为而为之者（谓律令无条，理不可为者）”的条文对于当事人进行刑事惩罚，这又与“断罪”有相同的意味。因此，换一个角度来说，“听讼”与“断罪”之间也不一定有明确的界限。

事实上，寺田浩明先生很早已开始关注了明代的诉讼文书。2004 年 9 月 11 日，他在东洋文库“前近代中国的法与社会”研究会合宿上发表了《明代的州县裁判文书——清代听讼的前史》一文，以徽州诉讼文书、淡新档案为例，对比明清两代状式、公文的不同。指出清代州县自理案件的范围更广，地方官的权限更为集中。同时，明代的“听讼”存在着引律拟罪的情况，听讼也要求“合律”。直到清代康熙、乾隆年间，这种情况才开始发生转变。这些想法都很有启发意义，希望寺田先生今后能够就这些问题提出更新的解释。

本书中涉及的一些重要问题，比如“情理与法”“非规则型法”等，作者另外发表过多篇论文进行过详细的讨论，这些论文均已译成中文，收录在《权利与冤抑：寺田浩明中国法史论集》（清华大学出版社，2012）等书中，读者可以参考。

---

① 万历《大明会典》卷二一〇《都察院二·照刷文卷》。

② 阿风：《明代后期徽州诉讼案卷集〈不平鸣稿〉探析》，《明史研究论丛》第 9 辑，紫禁城出版社，2010。

《中国古代法律文献研究》第十二辑
2018 年，第 658 ~ 667 页

评寺田浩明《中国法制史》

赵思渊*

寺田浩明教授的新著《中国法制史》（东京大学出版会，2018；以下直接引用页码处均出自该著）虽题为“法制史”，开篇却未谈任何律例或礼制。“绪论”从清代中国人均五口的家庭规模、土地细碎化及发达的市场流通谈起。第一章题做“人与家”，讨论家的范畴及家族成员的财产关系。倘若从律例的文本结构出发，不会形成这样的论述框架，因而也多少不同于中文读者印象中的法制史体系。

为何如此呢？寺田浩明在书中反复使用“规范秩序”一词，强调法的实质是一套秩序，这套秩序是为了应对既存的社会事实而形成的。这样的认识中，法的范畴当然超出了律例的范围，法制史的论述也就不再围绕律例而展开。“绪论”中，寺田浩明批评中国及日本法制史研究中存在“法概念的贫困”。中国、日本的现代法律体系都是在 19 世纪末自欧洲引入，尤其是系统引入了德国法律体系。因此，描述法律关系的所有术语都来自欧洲，以至于对中日法学家来说，“与西洋法不同”和“不是法律”差不多是同义语（第 5 页）。基于这样的批评，寺田浩明在此著作中设定的目标是：（1）从世界史的角度理解传统中国法秩序；（2）建立非西洋式（欧

* 上海交通大学人文学院历史系副教授。

陆传统）的法秩序模型（第6~7页）。

由此也就不难理解，寺田浩明是著的第一章从“人与家”谈起，这里要解决的问题是中国社会基本单元的“家”的结构与秩序。寺田浩明接续了滋贺秀三以来的家族法研究传统，强调诸子均分制、同居共财、分形同气等中国家族法的基本原理。从日本学术传统的立场来看，他们对中国家族法的兴趣更多在于同日本家族法的比较。

两者的显著差异在于，中文史料中的“家”，多数情况下指核心家庭或者主干家庭；日语中的“家”（いえ）则更类似于拟制亲属关系的“企业”。中国的家族继承是绝对均分的，日本的家业继承则贯彻能力主义，甚至不必有血缘关系。

从生活经验感来说，战国至江户时代的日本，武士阶层为继承家业改姓、入赘、建立义父子关系都屡见不鲜，到江户时代后期，此风气甚至扩展至商人、平民。明清时代的中国，入赘而继承家业的情况可以见到一些，但通常不改姓，入赘通常是因为本家无男性子嗣。所谓“人家有女无子，恐世代自此绝，不肯嫁出，招婿以补其代。”[①] 这与日本迥然不同。

寺田浩明认为，基于这样的家族结构，个人主义没有发展的土壤。也就是说，不存在以个人为中心的财产权利（第28页）。这一点在更早的法律史研究中已经有所讨论，与此对照，16世纪之后的英国是高度个人主义的，即使在核心家庭内部，也很早就确立父子各自的财产权利。[②]

但是，如果由此继续引申，寺田浩明的论述框架中尚存在一个缺环。同居共财与产权的高度市场化流通同时并存，国家在司法实践中也认可这一事实。连接起家族、市场、司法实践的纽带是什么呢？早在20世纪90年代，岸本美绪就曾经提问，支配着中国存在的各种私人间的契约的观念以及秩序是怎样的呢？乡村中的各种社会规范如何围绕着农民的个体经济行动及国家权力而生成呢？[③]

① 王应奎：《柳南续笔》卷一，王彬、严英俊点校，中华书局，1983，第139页。

② 阿伦·麦克法兰：《英国个人主义的起源》，管可秾译，商务印书馆，2008，第83页。

③ 岸本美绪：《明清契约文书》，滋贺秀三编《中国法制史——基本资料の研究》，东京大学出版会，1993，第759~783页；岸本美绪：《道义经济论与中国社会研究》，氏著《清代中国的物价与经济波动》，社会科学文献出版社，2010，第61~84页。

发达的“契约社会”这一事实，从经济史方面考虑的关键问题是信用如何达成，从法律史方面考虑的问题是规范秩序如何得到认可。我认为，将信用与规范秩序联结起来考虑，从寺田浩明所设定的论述框架及研究目标考虑，这是必须要解决的问题，也的确是目前的研究还不够充分的地方。如果从家族与市场的关系这一线索考虑，可以注意到，明清以降契约的订立及存留形态本身就反映了中国家族法的特色。这一时期契约文书的格式不仅基本是单契，而且权利受让方（买主或典主）的姓名常常省略，仅写形式。这种形式除了可能显示出契约订立双方存在着不平等之外，[①]其实也反映出，契约订立中，姓氏比姓名是更主要的信息。留存至今的明清契约文书，多数情况下，“户”都是最基本的保留单位。在徽州，通常有一种称为“归户清册”的文献与契约文书一同保留下来，因此有些学者将所谓“归户性”视作明清契约文书的一个特色。[②]

所谓“归户清册”登载了一个“户”内的全部土地，这些土地记录通常能与该户的契约文书一一对应。但是，这里的一个“户”既非一个核心家庭，也不总是对应一个家族或一个宗族。这里的“户”本质是一个赋役登记单位，这种登记单位及其与乡村中的社区的关联性是在 16 世纪末至 18 世纪初的赋役制度与地方社会的互动中渐次形成的。这里我想援引刘志伟教授的一段话说明明清赋役制度中的“户”及其在乡村社会中的意义：

> 明清里甲制下“户”的性质的衍变，意味着社会成员的身份地位是建立在土地财产和对民间社会组织的从属关系的基础之上，而不像过去的传统那样建立在编户齐民对王朝的直接人身隶属关系之上。在这样一种与以往的传统不同的社会秩序下，民间社会必然与国家权力在政治上和利益上趋于一致，处在民间社会与国家权力之间的中介的作用具有了更重要的意义……既然‘户’本身并不是一定的社会实体，而是一定的课税客体或税额的登记单位，那么共同支配和使用同一‘户头’的社会成员之间，必然形成某种形式的利益集团，这种利

① 俞江：《契约与合同之辨——以清代契约文书为出发点》，《中国社会科学》2003 年第 6 期，134 ~ 148 页。

② 刘伯山：《徽州文书的遗存与特点》，《历史档案》2004 年第 1 期，122 ~ 126 页。

> 益集团就成为单个社会成员与官府之间最为基本的中介……因此，图甲制下的‘户’的构成及其变动，实际上是清代宗族组织分化和重组的一种折光。[①]

也就是说，明清赋役制度及司法实践的框架下，土地交易的主体是若干这样的户。这一点，当时的地方政府是清楚的。清初嘉定著名的官员、学者陆陇其在他的官箴书《莅政摘要》中说："民又以出业报者，便当关会受业之家，割税归户，然后却、与、除、退，庶几无泛追、无滥罚、无推摊抵捱之弊。"[②] 这样，赋役制度中的"户"，将家族、市场、司法实践扭结在一起。

从规范秩序的视角观察明清社会中的土地市场，还可注意到契约惯行中普遍存在"加找"或称"找价"，经济史及法律史学者对这一现象都有很多研究，总的来看，经济史及法律史的多数研究对找价的评价都比较消极。另外，经济史研究中，从市场发育的角度考虑，找价逐渐形式化，土地买卖的价格由卖价与找价构成，土地信贷的价格则仅表示为"卖价"。[③]

但是，为何在契约传统极为发达的中国土地市场中，找价行为长期存在呢？我想援引岸本美绪从社会秩序角度对找价的解释。岸本美绪曾引述明末苏州士绅陈确的一段议论，陈确在《产述论》中说：

> 赎产是极美事，当成其美；加价是极苦事，当谅其苦。确尝称是言于人，而莫吾悦也。患无哀子之心耳，奚患其为之而自困乎？故产有以义赎，有以义辞；有以情赎，亦有以情辞。权客主之情义而深求其中，是未可以一言尽。故曰存是心而酌处之，其可也。[④]

---

① 刘志伟：《在国家与社会之间：明清广东地区里甲赋役制度与乡村社会》（修订版），中国人民大学出版社，2010，第 204 页。

② 陆陇其：《莅政摘要》卷上，第 12 页，《官箴书集成》第 2 册，黄山书社，1997，第 628 页。

③ 曹树基、李霏霁：《清后期浙南山区的土地典当：基于松阳县石仓村"当田契"的考察》，《历史研究》2008 年第 4 期，第 41 页；曹树基、李楠、龚启圣：《"残缺产权"之转让：石仓"退契"研究（1728～1949）》，《历史研究》2010 年第 3 期，第 118 页。

④ 陈确：《陈确集》，中华书局，2009，第 159～161 页。

岸本美绪认为，找价从程序上看不合理，但其中又包含了对于人际关系中的公正的感觉。由此引申考虑的是，中国与西洋法律并非必然相互对立，这种公正感并非中国人固有的思考方法，也具有更普遍的性质。[①]

陈确希望人们能够体谅要求找价者的苦衷，但他并非完全同意找价行为。他引述了吴裒仲与吴仲木的两种观点。吴裒仲认为如果有原主请求找价或者赎回，一旦同意，就会引来无穷的麻烦，但如此看重财产又会轻薄乡里故旧。因此“宁失财产，毋失乡旧也”。与此相反，吴仲木认为：“虽先世之产不得已而暂质他人，亦宁赎毋加耳。”陈确评价吴裒仲为“仁”，吴仲木为“智”。陈确个人的取向则是希望在“仁”与“智”之间保持平衡。

另外还可注意到的是，陈确说明末的风气是“今夫质者，谓必宜赎，受质者谓必无赎”。也就是说质（典）从受典方的立场看，以完全获得土地为最终目标。清代之后各种名目的活卖越来越发达，田面越来越被视作独立的“业”也许也可以从这一角度理解；同时，出典方则总希望能够赎回土地，这其中也包含了“业”的观念，人户与土地的观念联系超越了买卖这一经济行动以及对买卖事实的司法裁定。

寺田浩明的前一本著作中，特别强调明清土地交易中“业”的观念。[②]“业”并非土地的实体概念，而是土地经济收益的概念。如果以德国法系为参照，“业”的主人应当是唯一的，但因为中国社会中的“业”是经济收益概念，“业”的主人常常是复数的，每个业主对土地的权利以“股”或“分”的形式确认。

对于此种现象，学界有“一田二主”及“永佃权”两种不同的表述。新著中，寺田浩明基本摈弃了永佃权的概念，认为中国的土地权利不能以土地所有权与永佃权进行区分（第90页）。也就是说，永佃权既非传统中国的社会事实，也非既存的规范秩序或裁判实践。

与此相对照的是，前一代日本法制史学者，以仁井田陞为代表，视永

---

① 岸本美绪：《明清時代における「找価回贖」問題》，《中国：社会与文化》12号，1997年，第264~293页。

② 寺田浩明：《权利与冤抑：寺田浩明中国法史论集》，王亚新译，清华大学出版社，2012，第72页。

佃权为中国土地制度的固有存在。仁井田陞认为永佃权与一田两主制并存但有时难以区分。仁井田陞依据“东换不换佃，倒东不倒西”等说法认为永佃权是“一种既可以继承又可以出租、让渡的权利，这些并不需要地主的承诺，除了欠租之外，地主是不能将其土地收回的”。[①] 然而这里存在着逻辑矛盾，如果永佃权可以继承、出租、让渡，与田底、田面的差别又在哪里呢？

众所周知，永佃权并非一个来自中文史料的概念，而是为引入大陆法体系而创造的法学词汇。[②] 光绪三十三年（1907）清政府制定民律，其中第三遍《物权》首次制定了独立章节“永佃权”，这个概念以日本民法中的“永小作权”为参照，而未直接套用德国民法体系的“用益权租”。[③] 永佃权的规定与本来中国社会中通行的田面权惯行之事实相去甚远。

以《中华民国民法》为例，其第三编第四章“永佃权”规定：

> 第八百四十二条　称永佃权者，谓支付佃租永久在他人土地上为耕作或牧畜之权。永佃权之设定，定有期限者视为租赁，适用关于租赁之规定。
>
> 第八百四十三条　永佃权人得将其权利让与他人。
>
> 第八百四十四条　永佃权人因不可抗力致其收益减少或全无得者，得请求减少或免除租佃。
>
> 第八百四十五条　永佃权人不得将土地出租于他人。永佃权人违反前项之规定者，土地所有人得撤佃。
>
> 第八百四十六条　永佃人权积欠地租达二年之总额者，除另有习惯外，土地所有人得撤佃。
>
> 第八百四十七条　前二条之撤佃，应向永佃权人以意思表示为之。
>
> 第八百四十八条　第八百三十九条之规定于永佃权准用之。
>
> 第八百四十九条　永佃权人让与其权利于第三人者所有前永佃权

① 仁井田陞：《中国法制史》，牟发松译，上海古籍出版社，2011，第228页。

② 何莉萍：《民国时期永佃权研究》，商务印书馆，2015；刘承涛：《〈民国民法·永佃权〉考》，硕士学位论文，华东政法大学，2008。

③ 何莉萍：《民国时期永佃权研究》，第111页。

人对于土地所有人所欠之租额由该第三人负偿还之责。

第八百五十条　第七百七十四条至第七百九十八条之规定于永佃权人间或永佃权人与土地所有人间准用之。①

根据以上法条，明清时代的田面权都不能称为永佃权，因为“永佃权人不得将土地出租于他人”，而田面是普遍出租的，这才形成一田两主。

中国法律史与经济史研究中，未考虑以上法律概念的演变，直接使用永佃权概念的情况不绝如缕。如赵冈研究田面、田底地权结构的专著就题做《永佃制研究》（中国农业出版社，2005）。最近还有学者考证宋代的田面权分化时，将永佃权视作从租佃向田面权发展的中间过程，以宋代江西屯田为例，“自‘祖宗时’就‘许民间用为永业’，日久天长，租佃关系演变为永佃关系”，并依据仁井田陞的《中国法制史》，定义永佃权为“所谓永佃权，是一种可继承的永久性的租佃权，即使是地主的更替，也并不会影响到佃户的权利”。② 这种解释恐怕都多少脱离了永佃权这一概念的历史脉络。

傅衣凌是最早研究一田两主制的学者之一。他在讨论一田两主时使用了较为模糊的“佃权”一词，或将“永佃”作为动词，并未视作一种法权。傅衣凌说：“其实，这个佃权问题，早已发生于宋代，即其时农民有永佃旧田主的土地的权利，并有购买其耕作土地的优先权。”并做了一个很长的脚注：

佃权由来已久，宋魏泰《东轩笔记》卷八云：“侯叔献为杞县，有逃田及户绝没官田甚多。虽累经检估，或云定价不均。内有一李诚庄，方圆十里，河贯其中，尤为膏腴府。佃户百家，岁纳租课，亦皆奥族矣。前已估及一万五千贯，未有承卖者。贾魏公当国，欲添为二万贯卖之。遂命陈道古衔命，计会本县令佐，而增损其价。道古至汜，阅视诸田，而议增李田之值……叔献叹曰：郎中知此中本末乎？

① 《中华民国民法》，上海文明书局，1931。

② 戴建国：《从佃户到田面：宋代土地产权形态的演变》，《中国社会科学》2017 年第 3 期，173 页。

> 李诚者，太祖时为邑酒务专知官，以汴水溢，不能救护官物……故此田亦籍没。今诚有子孙，见居邑中，相国纵未能恤其无辜，而以田给之，莫若损五千贯，俾诚孙买之。道古大惊曰：始实不知，但受命而来，审如此，君言为当；而吾亦有以报相国矣。即损五千贯而去。叔献乃召诚孙，俾其买田。孙曰：实荷公惠，奈甚贫何？叔献曰：吾有策矣。即召见佃人百户，谕之曰：汝辈本皆下户，因佃李庄之利，今皆建大第高廪，更为豪民。今李孙欲买田，而患无钱；若使他们买之，必遣汝辈矣。汝辈必毁宅撤廪，离业而去，不免流离失职。何若醵钱借与诚孙，俾得此田；而汝辈常为佃户，不失所业，而两获利耶？皆拜曰：愿如公言。由此诚孙，卒得此田矣。①

傅衣凌以这条材料证明“新田主可任意换佃，而旧田主在时，则许农民有永耕此田的权利”。但是，这个故事最显著的一层意思是，旧田主因买卖或其他原因失去一块田产后，观念上仍然与田产具有深刻、密切的联系，并且当时的士绅阶层理解、同情此种观念。韩森从宋元时代的诉讼及虚构故事中也观察到这种感觉。人们即使合法出让土地，仍然认为这块土地与自己存在联系。② 这与前文所讨论的问题一脉相承，即围绕“业”的观念，人户与土地的联系超越经济行动与司法裁定。

从以上几种材料反观寺田浩明在《中国法制史》中特别强调的“规范秩序”，至少可以得到一个相当深刻的印象：明清社会中处置个人财产权利，律例并非主要的原则，赋役制度中“户”的意义，社会中普遍认可的“业”与“分”的观念，共同约束了财产权利。由此可以联想到欧中坦（Jonathan Ocko）曾经有一篇有趣的文章。他试图论证：早期近代的中国与欧洲都存在灵活、丰富的产权体系，但在欧洲，产权成为嵌入法律与经济学的一个“根本隐喻”；在中国，“根本隐喻”是宗族而非产权。③ 这里欧

① 傅衣凌：《清代永安农村赔田约的研究》，《明清农村社会经济》，中华书局，2007，第48页。

② 韩森：《传统中国日常生活中的协商》，鲁西奇译，江苏人民出版社，2009，第116～117页。

③ 欧中坦：《消失的隐喻——对运用西方法学学术知识研究早期近代中国契约与产权的分析》，加德拉等编《早期近代中国的契约与产权》，浙江大学出版社，2011，第173页。

中坦意图说明的可能是，在早期现代以降的欧洲社会中，个人乃至政治主体之间处理政治、经济关系的基本原则都是从高度明晰的产权结构中演绎而来；同时期的清代社会中，某种类似于宗族的秩序则可能是演绎的起点。

这样的思路也许可以帮助我们理解阅读《中国法制史》时自然会思考的问题：明清社会中契约行为如此发达，基于产权与契约形成的“规范秩序”如此通行，但这些“规范秩序”何以未能进入政治，成为权力与资源分配的根本原则？

最后，回到司法实践来观察清代社会中通行的产权结构。至少在原则上，清代地方政府并不认可“一田二主”或“田面权”。寺田浩明论证了契约以及田面权在“规范秩序”中得到广泛认可，但对司法实践层面似乎谈得不多。管见所及，清代明确处理田面权纠纷的案例可能不多，“山骨”之类山林权利的纠纷档案中虽可见到，但是山林权利围绕木材经营展开，“山骨”的权利与林木养成周期相关，逻辑有所不同，暂且不论。

《淡新档案》收录的档案中，存在有关大租、小租的诉讼。有的诉讼涉及税粮，控告方论及被诉方隐匿大租应承担的税粮；[①] 有的诉讼涉及大租主与小租主之间的纠纷。[②] 这类记录主要出现于状告者的禀状、投状中，官府的判决通常并不直接针对大租、小租，也就是说，司法档案中直接针对“一田二主”惯行的判决仍不多见。

此外，有一种间接的材料似乎可以探知清代地方政府对于田面权的态度。《山阳收租全案》刊于由中国社会科学院历史研究所清史研究室编、商务印书馆于1982年出版的《清史资料》第2辑，当时作为反映清代租佃关系的一种重要资料而发布，已为学界所熟知。这一资料收录道光年间江苏、淮安、山阳各级政府发布的多种告示、示禁碑，以及当地士绅的详、呈。其中收录的《江南征租原案》中有一份《计开详定规条》，内称

① 《业户张克荣即张题为占垦匿田租乞饬勘丈追租照管事》，道光二十三年（1843）七月八日，台湾大学“台湾历史数位图书馆”，档名：〈Lab303_ DanXin-13202_ 006. html〉。其中有“大租隐匿二十余年，非蒙饬丈归管追租押纳，亏题国课何征”的说法。

② 《禀为业户吴顺记股伙吴耑等擅自将伊外甥温阿才掳去禀请淡水厅同知张启□饬差押放》，咸丰三年（1853）五月廿九日，台湾大学“台湾历史数位图书馆”，档名：〈Lab303_ DanXin-32601_ 005. html〉，其中称：“……均称甥室一佃，从无蒂欠大租。”

“佃户揽种包租田地，向有取用、顶首等名目钱文，名为田面”。显然，这就是我们从契约中常常看到的“一田二主”惯行。

从省一级官员的立场看，这种行为是“私相授受”，是佃户抗租的根源。因此布政司规定：“其有实在收成微薄无力之佃，拖欠一半者，令其下年带完。如下年不完，接算欠数，已及一年全租者，准收回田面抵偿欠租。新招之佃，应令图总、佃户同业三面写立承揽，勿许自向旧佃私相授受。所有应出田面顶价，即交业户收执。如有私将田面价卖别人，及不向业户说明，私以价银顶种者，许业户一并呈官治罪。”[①] 也就是说禁止佃户私相授受，如果要更换佃户，必须图总、佃户、业户共同订立契约，并且要求田面每亩的定价以田面的租额为准，而且转让田面的费用应当交给业户。

总的来看，这样的规定意味着官府不承认田面主的权利。但是，规定中明确了田面的价格，也可以认为官府承认了田面作为一项独立的权利。不过，这种裁定可能也只能视作山阳县一地，或至多苏南的地方行政实践。这样的行政惯例，多大程度上获得普遍的认可，仍然难以探知。

寺田浩明将规范秩序视作重写中国法律史的起点，这确实拓辟出研究主题与方法的新天地。一田二主或找价这一类题目，如果以律例为中心审视，不容易形成一个整体的法律史论述框架。寺田浩明所强调的规范秩序的视角，则更具有弹性，上述事实在这样的法律史论述框架中，不必局限于民间惯习的范畴，从而也有可能重构、拓展中国史中法律这一术语的意涵。与此同时，沿着规范秩序这一视角继续思考的话，则不能不考虑：一方面，在市场、司法实践、社会伦理等不同层面存在表达规范秩序的大量社会事实；另一方面，传统中国的政治结构与律例体系中存在若干“坚硬的”根本性原则，这两者之间的关系是怎样的？进而，基于社会事实而演绎出的规范秩序，能否影响、介入那些“坚硬的”根本性原则？从《中国法制史》所提出的新的视角来看，此后的研究中更多地讨论这一类问题也许是有意义的。

① 《山阳收租全案》，中国社会科学院历史研究所清史研究室编《清史资料》第2辑，商务印书馆，1982，第30页。

《中国古代法律文献研究》第十二辑
2018年，第668～681页

评寺田浩明《中国法制史》

——从内亚视角谈法律多元主义与跨文明比较法制史的展望

孔令伟*

在今日的中国法制史学界中，原京都大学法学部教授寺田浩明可说是一位几乎无人不晓的代表人物。他关于中国法制史的著作，不仅史料功底扎实，且深有洞见。在大量且细致的个案研究的基础之上，寺田进一步对传统中国法，尤其是清代中国的法秩序，提出了不少精辟独到的总体见解，如为中国法制史学者所熟知的“非规则型法”（非ルール的な法）[①]以及“拥挤列车模式”（満員電車のモデル）[②]等理论性描述，对开辟中国法制史的研究范式，均多有贡献。寺田治中国法制史的著作，往往又围绕着两个核心的问题意识，首先是该如何立足于历史学的基础，适当地描述清代法秩序的实际运作方式？除此之外，当代的法学研究者该如何跳脱出以西方近代法为圭臬的偏见，进而通过中国与日本法制史研究重新定义

* 美国哥伦比亚大学东亚系博士候选人、日本京都大学文学研究科外国人共同研究者。

① 〔日〕寺田浩明：《「非ルール的な法」というコンセプト——清代中国法を素材にして》，《法学論叢》2007年3月第160卷第3～4号，第51～91页。中译本为魏敏所译，收入中国政法大学法律史学研究院编《日本学者中国法论著选译》（下册），中国政法大学出版社，2012，第544～575页。

② 〔日〕寺田浩明：《満員電車のモデル——明清期の社会理解と秩序形成》，〔日〕今井弘道、森際康友、井上達夫編《変容するアジアの法と哲学》，有斐閣，1999，第133～147页。中译本为阮云星所译，收入中国政法大学法律史学研究院编《日本学者中国法论著选译》（下册），第465～478页。

前近代的“法”概念？这两个一体两面的问题意识，也正是寺田近著《中国法制史》所关照的核心课题。[①]

寺田《中国法制史》一书，除去序章与终章外，共分为八个章节，分别就“人与家生业与财产”、“社会关系”、“秩序—纷争—诉讼”、“听讼”、“断罪”、“法—权力—社会”以及“传统中国法与近代法”等议题对中国法制史进行深入的探讨。根据后记，本书的写作基础实际上为寺田历年在日本各大学法学部教授“中国法制史”“东洋法制史”等课程讲义的总结修订；而这份课程讲义的总结，也反映出寺田本人的学术体系的架构。[②] 也由于本书各章节的内容，具有面向大学生与研究生课程的讲义性质，所以内容深入浅出、行文流畅，借由通读本书，读者不仅可以对寺田的法史学体系有概要式的理解，也可以管窥日本大学法学部的基础学科教育内容。

总体而言，本书体大思精，比较全面地涉及了中国法制史中的诸多面向，又能深入浅出地利用清代法律文献对各议题进行精辟的阐发，无疑是一本近年法制史研究的代表性著作。由于《中国法制史》涉及范围甚广，又由于笔者自身的学术背景所限，本文无意也不能对本书进行通盘的评价，而更倾向由历史学的立场，尤其是清朝史与内亚史的视野，为《中国法制史》的读者提供一些补充性的思考。

在序章中，寺田便开宗明义地提及本书的两点限制。首先是本书虽以中国法制史为题，实际上却是以清代法律的性质为主要讨论素材，寺田清楚地指出家族法、土地法、身份法、裁判制度与刑罚制度等议题随着中国历代的历史变迁，不可以立基于清代中国传统法研究所得出的结论进行逆推并笼统地概括，然而本书的用意在于以清代各类型的法律案例为出发，反映出中国历代法律发展的折射过程。[③] 有鉴于此，本书虽名为《中国法制史》，读者在阅读本书时，理应具备独立的历史思辨力，不宜将作者以清代案例总结出的中国传统法特征，视为千百年来一成不变的中国法制史定律，否则极有可能陷入美国学者络德睦（Teemu Ruskola）所谓的“法律

① 〔日〕寺田浩明：《中国法制史》，东京大学出版会，2018，第3~5页。

② 〔日〕寺田浩明：《中国法制史》，第381页。

③ 〔日〕寺田浩明：《中国法制史》，第6~7页。

东方主义”（legal orientalism），亦即将中国法视为停滞不前的他者。[①] 笔者认为本书在时间维度上定义中国传统法时，之所以会无可避免地遭遇以清代案例为主要研究对象的困难，实际上反映出中国法制史研究材料的核心问题，亦即清代以前中央司法档案与地方契约文书等史料的稀缺性，而这也是所有中国法制史研究者在试图建构跨断代的理论性论述时，所必须遭遇的主要问题。

关于寺田本书在时间维度上的限制，笔者一方面认为实属非战之罪，另一方面同时也反映出中国法制史研究中一个迫切的问题，即文献学与法史学研究的跨学科整合与对话。随着20世纪初以降中国考古学的发展，殷墟甲骨、周代金文、秦汉简牍与敦煌吐鲁番文书等地下材料已成为中国史研究前沿不可忽视的重要部分，这些史料的相关研究，亦逐渐各自发展为甲骨学、简牍学与敦煌吐鲁番学等相对独立的学科；而这些地下材料研究的发展，如秦汉简牍研究与敦煌吐鲁番文书中的地方司法与民间社会经济文书研究，正为开拓中国法制史的历史纵深提供了绝佳的契机。然而由于断代史、文字学与文献学等专业门槛，要求所有的法制史研究者兼具甲骨、简牍与敦煌吐鲁番文献的释读能力，显然并不实际。相反地，笔者在此更加想要强调的是，法学背景出身的法制史学者如何超越学科的藩篱，与精通甲骨、金文、简牍等地下材料的历史学与文献学同道展开实质对话，将是未来深化中国法制史维度的一大关键。另一方面，研究中国上古、中古、近世与近代等各个断代的法制史研究者，将来该如何展开跨断代的统合性研究，也是值得思考的重大课题。

除了时间维度上的限制外，本书亦具有地域与文化维度上的限制。寺田在序章中亦自承本书虽以清代法为主要考察对象，却无法包纳清朝特有的历史要素与地域差异，尤其是满洲、蒙古与八旗等清代法中的特殊因素。[②] 换句话说，寺田所定义的“中国”，本身具有地理与文化上的限制，亦即以中原地区与汉文化为“中国”法制史的代表，而以满蒙与汉军为核

① Teemu Ruskola, *Legal Orientalism: China, the United States, and Modern Law*, Harvard University Press, 2013. 〔美〕络德睦著《法律东方主义》，魏磊杰译，中国政法大学出版社，2016。

② 〔日〕寺田浩明：《中国法制史》，第7页。

心的八旗制度以及通行于清代藏区与西北地区的佛教法与伊斯兰法，并不在其讨论范围之中。寺田虽在序章中直言了本书的限制，然而这并不代表其本人对于满、蒙、藏、伊斯兰等清代法中特殊因素的漠视；相反地，寺田的坦率或许反映出其对于清代法制史中民族因素的重视与开放态度。而寺田本人在京都大学法学部任教时，亦曾指导过清代蒙古法制史方向的研究生，如现任东京大学大学院情报学环兼东洋文化研究所准教授、清代蒙古法制史学者额定其劳（Khohchahar Erdenchuluu）便是寺田的高足，由此可见寺田本人对清代蒙古法制史研究实有提携推动之功。额定其劳在京都大学求学时，亦曾编纂《蒙古法史日本语论文著作目录（1924～2008)》并于2009年刊登在当时寺田的研究室网页上，[①] 供相关研究者利用参考，对于促进蒙古法史研究产生了一定的积极意义，这也侧面显示出寺田本人对于蒙古法研究的正面态度。

事实上，日本法制史学界自20世纪初以降，对于蒙古法史乃至于内亚法传统，累积了相当可观的研究成果，在此仅列举较具有代表性的学者及其著作。日本的内亚法史研究中，以蒙古法研究为大宗，而田山茂是日本学术界较早关注蒙古法传统的学者之一，其相关代表著如《清代蒙古社会制度》[②]《蒙古法典研究》[③] 等。此外，原明治大学名誉教授岛田正郎也是一位具有指标性的人物，他在内亚法制史方面的研究，从契丹、女真、西夏的法律传统乃至于明清时期的蒙古法，均有所涉猎，其代表作如《北方欧亚法系之研究》[④]《清朝蒙古例之研究》[⑤]《明末清初蒙古法之研究》[⑥]《清朝蒙古例实效性之研究》[⑦]《北方欧亚法系通史》[⑧]《西夏法典初探》[⑨]

① 〔日〕額定其労：《蒙古法史日本語論文著作目録（1924～2008)》，原寺田浩明研究室网页（随寺田退休，已于2018年由其继任者铃木秀光接手），http：//www. terada. law. kyoto－u. ac. jp/sonota/mongol. htm（检索日期：2018/7/20）。

② 〔日〕田山茂：《清代に於ける蒙古の社会制度》，文京书院，1954；田山茂：《清代蒙古社会制度》，潘世宪译，商务印书馆，1987。

③ 〔日〕田山茂：《蒙古法典の研究》，日本学術振興会，1967。

④ 〔日〕島田正郎：《北方ユーラシア法系の研究》創文社，1981。

⑤ 〔日〕島田正郎：《清朝蒙古例の研究》，創文社，1982。

⑥ 〔日〕島田正郎：《明末清初モンゴル法の研究》，創文社，1986。

⑦ 〔日〕島田正郎：《清朝蒙古例の実効性の研究》，創文社，1992。

⑧ 〔日〕島田正郎：《北方ユーラシア法系通史》，創文社，1995。

⑨ 〔日〕島田正郎：《西夏法典初探》，創文社，2003。

等，可谓著作等身。除前辈学者外，目前日本青壮辈的学术骨干中亦不乏专研蒙古法制史的学者，如神户大学教授萩原守著有《清代蒙古的裁判与裁判文书》、[①] 东北大学教授冈洋树著有《清代蒙古蒙旗制度研究》，[②] 均属清代蒙古法制史不可多得之佳作。在以上较具有代表性的蒙古法制史专著外，日本学者在发掘蒙古法律文书方面也有开创之功，比较具有代表性的有二木博史对蒙古文《白桦法典》的译注工作。[③] 碍于篇幅限制，本文无法全面列举近年日本乃至于国际学界蒙古法制史的研究成果，有兴趣的读者可自行参考萩原守与额定其劳2014年所撰写的研究回顾。[④]

在蒙古法史之外，传统满洲法研究也是日本内亚法史研究的一大重心，其中又以八旗制度为重点，近年比较具有代表性的相关著作，如追手门学院大学教授承志《大清国及其时代：帝国的形成与八旗社会》、[⑤] 天理大学教授谷井阳子《八旗制度研究》、[⑥] 东京大学准教授杉山清彦《大清帝国的形成与八旗制》[⑦] 等。在满文法制史史料开拓方面，有日本大学教授加藤直人对《逃人档》的译注研究，[⑧] 以及国士馆大学教授石桥崇雄等人对乾隆《钦定八旗则例》的题解介绍[⑨]等相关成果。

与中原内地、满蒙地区的法制史研究相比，日本学界中从事清代藏地与西北地区法制史研究的学者，数量上相对较少。总体而言，日本大学中

---

① 〔日〕萩原守：《清代モンゴルの裁判と裁判文書》，創文社，2006。

② 〔日〕岡洋樹：《清代モンゴル盟旗制度の研究》，東方書店，2007。

③ 〔日〕二木博史：《訳注白樺法典（Ⅰ）》，《遊牧社会史研究》第50号，1977，第10~19页；《訳注白樺法典（Ⅱ）》，《モンゴル研究》第12号，1981，第50~63页；《訳注白樺法典（Ⅲ）》，《モンゴル研究》第14号，1983，第12~27页；《白樺法典について》，《アジア・アフリカ言語文化研究》第21号，1981。

④ 〔日〕萩原守、額定其労：《モンゴル法制史研究動向》，《法制史研究》第64卷，2014，第171~211页。本文中译参考〔日〕萩原守、额定其劳著《蒙古法制史研究动态》，彩虹、蒙古勒呼译，《中国边疆民族研究》第10卷，2016，第209~241页。

⑤ 〔日〕承志：《ダイチン・グルンとその時代：帝国の形成と八旗社会》，名古屋大学出版会，2009。

⑥ 〔日〕谷井陽子：《八期制度の研究》，京都大学学术出版会，2015。

⑦ 〔日〕杉山清彦：《大清帝国の形成と八旗制》，名古屋大学出版会，2015。

⑧ 〔日〕加藤直人：《逃人档》，東北アジア文献研究会，2007。

⑨ 〔日〕石橋崇雄：《史料紹介満文〈欽定八旗則例〉（乾隆七年版）》（Ⅰ~Ⅲ），《國士舘東洋史學》2006年第1号，第151~174页；2007年第2号，第38~70页；2012年第6号，第70~98页。

的东洋法史教席，仍以中原内地传统法研究为主流；至于满蒙法史，则因20世纪初日本的北进政策而获得较多关注，从而得以建立相对独立的学术传统。相形之下，日本学界中从事清代藏区与西北地区的法制史的研究者，尤其是藏传佛教与伊斯兰宗教法方面，人数则相对较少，这主要可能是日本大学的学科建设所造成的。如明治大学名誉教授冈野诚，虽师从著名内亚法史学者岛田正郎并继承其教席，其学术贡献却以唐宋法制史文献为主，并没有承袭其师内亚法史的治学路线。根据冈野诚本人回忆，他在1971年的研究生入学面试时，曾对岛田正郎说将来想从事西藏法制史方面的研究工作，岛田则建议以研究传统中国法史为主，若有余力再研究西藏与蒙古法，因为研究内亚法史在日本大学中很难获得教职。[①] 这段故事也反映出日本法制史学界，长期以研究中原内地的传统法为主流，满蒙法研究次之，而中国藏区、西北地区与宗教法研究又次之的局面。

虽然日本学界中中国藏区、西北地区、藏传佛教与伊斯兰宗教法的研究者在人数上相对较少，却仍出版了不少质量优良的相关研究成果。在清代藏区法史方面，代表作如东京大学教授平野聪《清帝国与西藏问题：多民族统合的成立与瓦解》,[②] 除了专书以外亦有不少相关的博士学位论文，如现任鸟取大学准教授、毕业自东京大学的柳静我,[③] 以及京都大学片桐宏道[④]均曾撰写过相关博士学位论文。至于在清代新疆法史相关方面，前辈学者如原金泽大学名誉教授佐口透、[⑤] 甲南大学名誉教授堀直[⑥]等人均有所建树，近年来东北学院大学小沼孝博[⑦]与东京外国语大学

① 〔日〕岡野诚：《意志の人、情の人——島田正郎先生の思い出》，《法史学研究会会報》第15号，2010年，第211頁。笔者最初是通过阅读赵晶对冈野诚的介绍文章而注意到这段文字。赵晶：《日本东、西两京东洋法制史学的“双子星座”》，《文汇学人》2018年3月2日。

② 〔日〕平野聡：《清帝国とチベット問題——多民族統合の成立と瓦解》，名古屋大学出版会，2004。

③ 〔日〕柳静我：《清朝の対チベット政策 ：雍正時期を中心に》，东京大学博士论文，2008。

④ 〔日〕片桐宏道：《ダライラマ政権の構造》，京都大学博士论文，2012。

⑤ 〔日〕佐口透：《十八—十九世紀東トルキスタン社会史研究》，吉川弘文馆，1963。

⑥ 〔日〕堀直：《回疆犯科帳：清代漢籍史料からみたる社会の一断面》，《甲南大学紀要・文学編》第105号，1997，第24~43页。

⑦ 〔日〕小沼孝博：《清と中央アジア草原：遊牧民の世界から帝国の辺境へ》，東京大学出版会，2014。

准教授野田仁[①]等人又有相关著作问世，为学界理解清代民族法规与新疆地方社会变迁等议题，皆有所助益。

除了内亚法史的政治与社会经济层面外，近年来日本学界也有学者关注清代藏传佛教与伊斯兰宗教法等面向。在藏传佛教与法制方面，代表学者如早稻田大学教授石滨裕美子[②]与关西大学准教授池尻阳子[③]等人，研究藏传佛教寺院与扎萨克喇嘛制度等议题；在伊斯兰法方面，则有京都大学准教授中西竜也对清代汉人穆斯林社群法律传统的相关研究。[④]

以上所列举之日文学界内亚法史研究中的既有成果，正如寺田在序言所言，并未被其统整纳入新作当中。然而本书既然以“中国法制史”为讨论范畴，而不使用范围较小的“清代内地法制史”，加上本书最初的预设读者又是刚入门的本科与研究生，不免容易使不熟悉中国通史、清史的入门读者有一种“中国传统法”等于“内地传统法”的错觉。

作为中国法制史的前辈学人，寺田对整体学科业已贡献良多，笔者在此的目的并非指出其近作之不足，而是站在后学的立场，希望自己与治中国法制史的同仁一同反思，未来的研究者该如何正视中国法制史中的多元面向，避免落入将“中国法制史”限缩于“清代中原法制史”的窠臼中？又该如何站在世界史的视野，将传统中国法与奥斯曼、俄罗斯各地的前近代法进行比较研究，进而摆脱一味以近代西欧法为普世价值的法律东方主义？而这也正是寺田在序章与终章中，对未来中国法制史研究者所提出的期许。本文以下将以寺田《中国法制史》部分章节内容为经，以内亚法史视野为纬，以期通过内亚传统法的研究实例，来深化寺田本书所提出的关键议题。

在第一章“人与家”中，寺田敏锐地考察了作为前近代中国法的基础

---

① 〔日〕野田仁：《露清帝国とカザフ＝ハン国》，東京大学出版会，2011。Noda Jin, *The Kazakh Khanates Between the Russian and Qing Empires: Central Eurasian International Relations During the Eighteenth and Nineteenth Centuries*, Brill, 2016.

② 〔日〕石濱裕美子：《清朝とチベット仏教—菩薩王となった乾隆帝》，早稲田大学出版部，2011。

③ 〔日〕池尻陽子：《清朝前期のチベット仏教政策—扎薩克喇嘛制度の成立と展開》，汲古书院，2013。

④ 〔日〕中西竜也：《中華と対話するイスラーム：17～19世紀中国ムスリムの思想的営為》，京都大学学术出版会，2013。

社会单位“家”概念，尤其是同居共财、家产分割、尊卑长幼以及宗族观念等等。然而读者需要注意的是，本章所定义之传统中国的“家”概念，是一个根据清代内地经验所概括的原则性表述，无法充分解释清朝所统治的广袤内亚地区的社会基础。换言之，清代中国统治下满、蒙、藏等民族地区的社会基础，并不能用内地汉人的宗法与家庭概念来理解。例如适用于内地的《大清律例》，其刑律关于斗殴与故杀等部分，对于长幼亲属之间的暴力犯罪的惩罚，有很复杂的加减等系统，而这也反映出儒家文化亲疏尊卑的人伦思想。[①] 然而在清代《蒙古律例》中有关暴力犯罪的条文，却并没有如《大清律例》那般强调施暴者与受害者之间亲疏关系，而是以“贵族－平人－家奴”的身份差异作为量刑加减等的基础，[②] 这也反映出清代蒙古法的社会基础主要是根据“领主－属民”（ejen-albatu）的人身依附关系而非内地的宗法观念。

实际上，即便清代内地以儒家思想为基础的宗族观念并不适用于内亚地区，“家”这个概念对于理解满、蒙、藏等地的传统法，尤其是对身份制社会下人身依附关系与法律实践的关联性，具有相当重要意涵。关于“家”一词，满文作“包”（boo）；蒙古文作“格儿”（ger）；藏文则为“囊”（nang），而由此又引申出“家人”的特殊含义，即作为家中依附人口的“奴婢”。如满文“包衣”（booi，意即“家里的”）；蒙古文里则有“家人”（ger-ün kömün）、“家儿”（ger-ün köbegün）；藏文的“郎生”（nang bzan，意即“家里养的”），这些称呼实际上所指的都是与家长不具有血缘关系的“家奴”，即家中的依附人口。

从上述满、蒙、藏等身份制社会中的“家”与人口依附关系的关系出发，可与清代家内奴婢、雇工人等依附人口的法律地位进行有趣的比较。寺田在第二章“生业与财产”中，曾参考高桥芳郎《宋—清身份法研究》[③] 的相关论述，对于清代一般平人的亲属律、奴婢律与雇工人律进行了深刻的比较，指出《大清律例》中奴婢和雇工人若殴伤主家尊长，需参照殴伤亲属尊长的原则加重量刑，这是考量到主人作为家长对于奴婢和雇

① 〔日〕寺田浩明：《中国法制史》，第42页。

② 《蒙古律例》卷7，成文出版社，1968，第149～155页。

③ 〔日〕高橋芳郎：《宋－清身分法の研究》，北海道大学图书刊行会，2001。

工人等依附人口具有恩养关系。换句话说，清代雇佣关系在很大程度上被视为家内的人身依附关系。虽然就国家的良贱体系而言，作为良人的雇工人与奴婢在法理上有严格的区分，然而在法律的执行层面上雇工人却与奴婢处于相似的隶属层。[①] 就清代雇工人的法律地位而言，由国家主导的良贱体系有所弱化，寺田亦注意到这可能与满洲人习惯中所存在的家奴有关，[②] 可惜并未展开进一步的讨论。

事实上，根据《清实录》等史料，[③] 雍正四年（1726）十一月关于奴婢法律地位的变更，就是清廷试图以“满洲待奴仆之法”更改“汉人之俗”的一次改革。此后汉人奴婢如果有犯上、逃匿等情，“照满洲家人例治罪”；不仅如此，“典当雇工限内，及身隶门下为长随者，照满洲白契所买家人例治罪”。由此以降，汉人奴婢乃至于典当雇工人的法律地位被分别纳入“满洲家人例”与“满洲白契所买家人例”，而这也正式象征着就奴婢与雇工问题而言，清廷在雍正四年以满洲例取代明朝遗留旧制的历史进程。雍正四年上谕内阁中所提到的“夫主仆之分一定，则终身不能更易……而且世世子孙，长远服役”，正是满洲人所谓的“世仆”（dangkan）观念，如康熙《满蒙清文鉴》云：“世代为奴者，谓之世仆”。[④] 对于雍正四年汉人奴婢适用满洲例的改革，《大清会典》中又多出一部分说明：“或婢女招配，生有子息者，俱属伊等家奴，世世子孙，永远服役。婚配俱由家主，仍造清册。”[⑤] 这里实际上指的是满洲人“家生子”（ujin），如《满

① 〔日〕寺田浩明：《中国法制史》，第59～69页。

② 〔日〕寺田浩明：《中国法制史》，第70页。

③ 《清世宗实录》：“谕内阁：‘满洲风俗，尊卑上下，秩然整肃，最严主仆之分。家主所以约束奴仆者，虽或严切，亦无不相安为固然，及至见汉人陵替之俗。彼此相形。而不肖奴仆，遂生觖望……夫主仆之分一定，则终身不能更易。在本身及妻子，仰其衣食，赖其生养，固宜有不忍背负之心。而且世世子孙，长远服役，亦当有不敢纵肆之念。今汉人之奴仆，乃有傲慢顽梗，不遵约束，加以诃责，则轻去其主。种种敝俗，朕所洞悉。嗣后汉人奴仆，如有顽傲不遵约束，或背主逃匿，或私行讪谤，被伊主觉察者，应作何惩治，与满洲待奴仆之法，作何划一之处，着满洲大学士九卿详悉定议具奏。’寻议：‘汉人奴仆，有傲慢不遵约束，及讪谤家长，背主逃匿者，俱照满洲家人例治罪。如典当雇工限内，及身隶门下为长随者，照满洲白契所买家人例治罪。’从之。”《清世宗实录》卷五〇，雍正四年十一月二十五日，中华书局，1986，第757～758页。

④ 满文原文：“jalan halame aha oho urse be dangkani aha sembi”。《御制满蒙清文鉴》卷五，乾隆八年武英殿刻本，第14a页。

⑤ 《大清会典·户部》卷三〇，雍正年间刻本，第40～41页。

蒙清文鉴》曰："包衣所生之子，谓之家生子"。[①] 由此可见，满洲法律传统中的"包衣"、"世仆"与"家生子"等概念，在雍正四年以后也被用于管理汉人奴婢甚至是典当雇工，对内地传统法产生了极为深远的影响。而不理解满洲文化语境中的"家"概念，就无从理解"包衣"、"世仆"与"家生子"等满洲例中的重要术语，也自然就无法深入探讨清代法制史中的满洲因素及其与内地传统法的交融过程。虽然对于以上议题，寺田本书中并未多涉及，然近年来开始有越来越多研究清代中国法制史的学者关注旗人的法律地位及清代中国法制史中的满洲因素，[②] 这点或许也反映出中国法制史研究朝向多元化发展，而不再只是关注内地传统法的未来趋势。

在第二章的后半节中，寺田详细地介绍了租佃关系与土地所有制，[③] 但是如同其先前对于奴婢与雇工人的论述，本书对于官庄、旗地与庄头等清代土地法中关键的满洲因素，依旧是着墨不多。寺田在此讨论租佃关系与管业来历的目的，主要还是试图通过"业"这个关键词，将传统中国所谓的土地所有权做概念上的梳理，进而与西方近代法中的土地所有权进行比较。寺田所讨论的土地制度，主要仍是以清代的案例为出发，却没有讨论在华北地区占据大量土地的旗人社会。实际上，在 1644 年清朝入关以后，在清廷的允许下，旗人通过圈地与投充在华北地区占领了极为广袤的土地，并以满洲固有的旗地与庄园制度进行土地管理。这些旗人所拥有的土地，性质与一般汉人民地极不相同，不仅是由内务府或八旗王公而非地方官府所管辖，庄园土地亦不可自由进行市场交易。而这些土地的所有权虽然在皇室宗亲与八旗王公手中，实际的管理者却多半为作為土地所有者家奴的庄头（满文 jangturi）与园头（满文 yafan i da）等人。而这些具有家奴性质的庄园旗人因为世仆，而人身属性与一般民人地主并不相同，不仅人身自由受到主仆关系的严格限制，即便是土地使用权的继承也取决于主人的态度。这些在畿辅地区占据庞大土地的旗人社会，其土地观念与所有权秩序，与一般汉人民地截然不同，尤其是八旗王公与庄头之间立基在主仆观念

---

① 满文原文："booi niyalma de banjihajui be ujinsembi"。《御制满蒙清文鉴》第 5 卷，第 13 页 b。

② 鹿智钧：《根本与世仆：清朝旗人的法律地位》，秀威出版社，2017。

③ 〔日〕寺田浩明：《中国法制史》，第 74 ~ 97 页。

之上的土地关系，无法以中原传统法的租佃关系与管业来历等模式一概而论，而是必须回归到满洲固有的人身依附与土地观念来理解。关于以上问题，有兴趣的读者可以参考中国社会科学院副研究员邱源媛的近期研究。[①]

在第三章“社会关系”中，寺田总结了施坚雅（William Skinner）的中地理论来讨论传统中国的市场网络，并提及宗亲会、同乡会与秘密结社等社会团体的作用。寺田根据施坚雅的宏观区域理论制作、加工了一张地图，[②] 但由于施建雅模型本身并未将蒙古、藏地与新疆等地纳入讨论范围，因此清代统治下的民族地区在本章中再次被略过。如前所述，内亚地区并没有华南汉人社会中那样的“宗族”概念，因此相对于汉文化中宗亲会与同乡会等血缘与地缘组织，蒙、藏、疆等清代民族地区中宗教寺院组织扮演着社会网络的枢纽。由于十六世纪末以降藏传佛教在蒙藏地区取得的主导地位，佛教寺院不仅得以累积大量的属人与土地进而形成强大的社会经济基础，更成通过经院教育与举行法会等宗教活动成为地方社会共同体的精神中心。这些蒙藏地区的佛教寺院，不仅有着相对严密的宗教法规（藏文 bca' yig；蒙古文 J̌ayiɣ）以维持其制度基础，另一方面又通过施供关系（藏文 mchod yon）的佛教理论与地方势力甚至是朝廷中央有所联系，进而形成颇具影响力的社会关系网络，与中原汉人社会的宗亲会与民间信仰团体有着结构上的本质区别。而上述宗教为基础的社会网络，实际上也影响了清代内亚地区的汉人社会，例如在喀尔喀蒙古地区便有不少汉人移民投靠哲布尊丹巴所辖寺院而成为其属人，使得这些汉人的法律地位乃至于身份认同产生了关键的变化。[③] 而甘青地区藏地佛教寺院与地方民族势力的政教结合所形成的社会网络，也影响了清朝针对当地寺庙制定的规范以及边疆政策。[④] 除了蒙藏寺院所使用的佛教法规外，西北地区所盛行的伊斯兰教沙里亚

① 邱源媛：《土地、继承与家族——八旗制度影响下的华北地方社会》，《历史人类学学刊》2017 年第 2 期，第 17 ~ 51 页。

② 〔日〕寺田浩明：《中国法制史》，第 109 页。

③ 蔡伟杰：《居国中以避国——大沙毕与清代移民外蒙古之汉人及其后裔的蒙古化（1768 ~ 1830）》，《历史人类学学刊》2017 年第 2 期，第 129 ~ 167 页。

④ 孔令伟：《洮岷藏传佛寺入清之兴衰及其背后的蒙古因素——以〈内阁大库档〉与〈理藩院满蒙文题本〉为核心》，《中央研究院历史语言研究所集刊》第 86 本第 4 分，2015 年，第 855 ~ 910 页。

(Shari'ah) 法以及清真寺与麻扎等宗教组织[①]亦是研究当地社会关系不可忽视的重要课题。有鉴于此，汉人社会网络中所盛行的血缘与地缘关系，并不能用来深入理解内亚地方社会的法律实践，而是应该考察佛教与伊斯兰教宗教团体及其宗教法传统对建构地方团体所发挥的关键作用。

在第四、五、六章中，本书重点通过清代中原地方档案讨论诉讼、听讼与断罪等司法审判议题。在讨论清代国家行政与裁判机构时，寺田列出了一张图表，相对清晰地表现出皇帝、军机处、内阁、六部、都察院、大理寺、地方督抚与府州县之间的层级关系；[②] 然而这张图表中，却并没有列入宗人府、内务府、理藩院、扎萨克、各地驻防将军与驻藏大臣等重要裁判机构。由此可见，本书在讨论所谓清代的国家裁判体系时，其范围仅限缩在中原地区的汉人族群，不仅没有涉及作为清朝统治核心的旗人，同时对于外藩蒙古、藏人以及突厥语系穆斯林等非汉族群，均不在其讨论范围之内，因此本书关于司法审判与诉讼部分的讨论，似乎也仅适用于清代中原部分地区，并不能用来理解直隶的旗人与蒙藏疆地方的法律实情。如读者想进一步比较清代中原与民族地区司法审判的异同，近年来利用清代内亚地区多语地方档案研究司法审判等相关议题，亦有不少新兴研究发表，在此仅列其一二。如在清代京控与光棍例等中央司法制度中，回民与旗下人等多元因素所发挥的历史作用，可参考李典蓉的研究成果。[③] 理藩院审判职能的形成，则有 Dorothea Heuschert-Laage 近年发表的论文。[④] 关于清代蒙古盟旗案件的审理与裁判制度，可以参考额定其劳[⑤]与蒙古勒呼[⑥]

① Jonathan Lipman, *Familiar Strangers: A History of Muslims in Northwest China*, University of Washington Press, 1998; Rian Thum, *The Sacred Routes of Uyghur History*, Harvard University Press, 2014.

② 〔日〕寺田浩明：《中国法制史》，第 153 页。

③ 李典蓉：《棍徒奴仆与流氓：对清前期旗下人与光棍例发展的推想》，《法制史研究》2015 年第 26 期，第 111 ~ 144 页；《编户下的回民：以清朝杜文秀京控案为例》，《清史研究》2007 年第 2 期，第 39 ~ 53 页。

④ Dorothea Heuschert-Laage, "Manchu-Mongolian Controversies over Judicial Competence and the Formation of the Lifanyuan," in Dittmar Schorkowitz & Ning Chia eds., *Managing Frontiers in Qing China: The Lifanyuan and Libu Revisited* (Leiden: Brill, 2017), pp. 224 - 253.

⑤ 〔日〕额定其劳：《役所と“地方”の間——清代モンゴルのオトグ旗における社会構造と裁判実態》，《法制史研究》第 67 卷，2018，第 41 ~ 97 页。

⑥ 蒙古勒呼：《清代蒙古秋审考》，沈卫荣主编《西域历史语言研究集刊》第 9 辑，科学出版社，2017，第 73 ~ 102 页。

的相关论文。至于清朝司法制度在安多藏区的继受以及与地方传统的交融转化，可以参考马海云[①]与欧麦高（Max Oidtmann）[②] 的相关研究。

在第七、八章与最终章中，本书从中国传统法的习惯、契约等基本核心概念出发提升到与西方近代法进行概念比较的理论层面，并提出寻求覆盖世界史的法概念以寻求比较法制史的主张。而笔者认为，未来中国法制史研究如果能超越以“中原传统法”笼统概括“中国传统法”的刻板印象，进一步正视中国法制史中满、蒙、藏、伊斯兰等多元因素，将极有助于比较法制史开展工作。寺田本书在法的类型学方面，提出了许多精辟独到的研究框架与问题意识，值得后学追比；然而在研究对象与史料取材方面，本书的写作范围与其说是“中国法制史”，不如说更像是“清代中原法制史”，而这个现象实际上也片面体现出中国法制史学界长期“重中原、轻内亚”的研究范式。其实不只是满、蒙、藏等内亚地区，西南地区的非汉族群也有独具一格的传统法，如乾隆元年（1736）年平定苗乱后，清廷为符合现实统治需求，乾隆帝便明令：“苗民风俗与内地百姓迥别，嗣后苗众一切自相争讼之事，俱照苗例完结，不必绳以官法。”[③] 这显示出内地传统法并无法用来充分理解清代苗疆的法律实践。

实际上，清朝对于满洲、蒙古、西藏、新疆乃至于西南民族地区的治理，一方面采取了“因俗而治”的方式，将民族地区习惯纳入地方司法实践；另一方面也吸收民族地区在历史时期所发展出的成文法，进而将其制度化，因此在民族地区制定了与内地有所区别的法律规范。清朝这种在大一统国家体制下尊重各民族传统法与习惯的治理方式，可以被理解为近年法律史学界兴起的“法律多元主义”（legal pluralism），亦即一个国家体制内，可以包纳多元的法传统，进而形成大一统的重层体

---

① Haiyun Ma, “Fanhui or Huifan? Hanhui or Huimin?: Salar Ethnic Identification and Qing Administrative Transformation in Eighteenth-Century Gansu,” *Late Imperial China* 29. 2 (2008): 1-36.

② Max Oidtmann, “A ‘Dog-eat-dog’ World: Qing Jurispractices and the Legal Inscription of Piety in Amdo,” *Extrême-Orient Extrême-Occident* 1 (2016): 151-182.

③ 鄂尔泰等修，靖道谟、杜诠纂：乾隆《贵州通志》，《中国地方志集成》第33卷，巴蜀书社，2006，第62页。

国家。[1] 就这点而言，清朝与包纳多元法律传统的奥斯曼以及俄罗斯帝国具有相似性，[2] 通过重视清代中国的“法律多元主义”，亦即将满、蒙、藏、伊斯兰等多元法律传统与内地传统法等量齐观，以法制史为切入点将清朝、奥斯曼与俄罗斯帝国进行比较研究，正可为寺田在终章中所强调跨文明比较法制史的愿景，[3] 提供极佳的实践可能。总体而言，寺田《中国法制史》一书通过立基于清代汉文中央史料以及中原地方档案，为开展中国法制史研究提出了深刻的见解，可谓成一家之言。而未来的研究者们如何站在前辈学人的基础上，共同合作整理汉、满、蒙、藏、察合台文等多语种法律文书，进一步展开跨断代、跨学科乃至于跨文明的中国法制史研究，将是学人值得思考的问题。

---

① 关于清代中国的法律多元性的讨论，可参见孔令伟《国法与教法之间：清朝前期对蒙古僧人的禁限及惩处——以〈理藩院满蒙文题本〉中蒙古僧人坐罪案例为核心》，《历史人类学学刊》第15卷第2期，2017年，第187～220页。

② 岡本隆司：《世界史と宗主権》，《宗主権の世界史，東西アジアの近代と翻訳概念》，名古屋大学出版会，2014，第1～19页。

③ 〔日〕寺田浩明：《中国法制史》，第353～358页。

《中国古代法律文献研究》第十二辑
2018 年，第 682 ~690 页

2017 年度台湾地区中国法律史研究论著目录*

刘欣宁

一　通代

【论文】

1. 徐振雄：《从礼、法与“礼之法文化”探析传统中国法律的意涵》，《理论与政策》20：1，2017 年。

2. 邹浚智：《侦查语言学的上层学科、内涵及其在中国犯罪侦查史的源头追溯》，《警专论坛》22，2017 年。

3. 曾春侨、邹浚智：《我国古今刑事鉴识科技综论》，《弘光人文社会学报》18，2017 年。

二　先秦

【专著】

1. 陈绍辉：《楚国法律制度研究》，昌明文化，2017。

* 本目录由陈品伶小姐协助编制，杨晓宜博士亦提供建议，谨此致谢。

【论文】

1. 李若晖：《〈厚父〉“典刑”考》，《哲学与文化》44：10，2017 年。

2. 洪增宏：《中国最早的司法观念——论〈周易〉中“狱”的思维》，《孔孟月刊》56：1 ~2，2017 年。

3. 陈琼霞：《由〈管子〉观齐法家的法治特征》，《哲学与文化》44：11，2017 年。

三　秦汉魏晋南北朝

【专著】

1. 倪彬：《汉唐“匿哀”等罪研究》，花木兰文化，2017。

2. 简牍整理小组编《居延汉简（肆）》，中研院历史语言研究所，2017。

【论文】

1. 陈伟：《岳麓书院藏秦简先王之令解读及相关问题探讨》，《中央研究院历史语言研究所集刊》88：1，2017 年。

2. 陈松长：《岳麓秦简〈亡律〉初论》，《古文字与古代史》第 5 辑，2017 年 4 月。

3. 刘欣宁：《秦汉诉讼中的言辞与书面证据》，《古文字与古代史》第 5 辑，2017 年 4 月。

4. 罗仕杰：《从敦煌、居延汉简看汉代边郡的官、私马与骆驼》，《止善》22，2017 年。

5. 徐世虹：《大庭修先生与中国法制史研究——以〈秦汉法制史研究〉为中心》，《法制史研究》31，2017 年。

6. 游逸飞：《从张家山汉简论汉初之郡的中央外派性质》，《汉学研究》35：3，2017 年。

7. 张循：《儒、法之间的过渡环节：战国时代三晋地区的儒学》，《鹅湖月刊》43：3，2017 年。

8. 李绣玲：《〈张家山汉墓竹简·二年律令〉所见〈说文〉未收字研究》，《东海中文学报》34，2017 年。

四 隋唐五代

【专著】

1. 严茹蕙：《唐日令中所见节假生活初探》，稻乡，2017。

2. 陈登武：《地狱·法律·人间秩序：中古中国宗教、社会与国家》，台湾师范大学出版中心，2017。

3. 徐道邻：《唐律通论》，台湾中华书局，2017。

【论文】

1. 邵祖威：《唐代军法与军事审判案例探讨》，《博雅与融通：2016 吴凤科技大学通识教育学术研讨会论文集》，吴凤科技大学通识教育中心，2017 年。

2. 陈登武：《敦煌出土〈唐判集残卷〉中的法律与社会问题——兼论唐代“判”的传播》，《法制史研究》31，2017 年。

3. 陈俊强、高梓轩：《唐律十恶是否能以赎论》，《法制史研究》31，2017 年。

4. 赵妙菁：《唐律中的华夷通婚——以日本遣唐人员为例》，《景文学报》27：2，2017 年。

5. 王志浩：《中唐“复仇”案例与礼法争议研究》，《书目季刊》51：3，2017 年。

6. 古怡青：《从差役看唐朝流刑的配送与执行》，《成大历史学报》53，2017 年。

7. 洪铭吉：《从日本〈大宝令〉、〈养老令〉的〈学令〉探讨初、盛唐〈学令〉存废》，《弘光人文社会学报》21，2017 年。

8. 陈俊强：《关于唐代法律中的时间问题》，《法制史研究》32，2017 年。

9. 杨晓宜：《从〈为人兴利判〉看唐代官员的均水理念与为政经验》，《早期中国史研究》9：2，2017 年。

五 辽宋金元

【专著】

1. 邹濬智：《〈折狱龟鉴〉与古代犯罪侦查：代表案例之分析与古今合证》，中央警大，2017。

2. 洪倖珠：《宋朝儿童收养》，花木兰文化，2017。

3. 高明士主编《天圣令译注》，元照，2017。

4. 邹濬智：《捕快的口袋书：从现代犯罪侦查看〈折狱龟鉴〉》，独立作家，2017。

【论文】

1. 张仲元：《论西夏皇帝制度的转变》，《史化》33，2017 年。

2. 李如钧：《予夺在上——宋徽宗朝的违御笔责罚》，《台大历史学报》60，2017 年。

3. 李如钧：《简便之罚：宋代的违制罪与“以违制论”》，《史学汇刊》36，2017 年。

六 明清

【专著】

1. 刘冰雪：《清代丧葬法律与习俗：以〈大清律例〉的规定为主要依据》，花木兰文化，2017。

2. 陈惠馨：《向法规范回归之清代法制研究》，元照，2017。

3. 沈成宝：《清代则例适用研究》，花木兰文化，2017。

4. 鹿智钧：《根本与世仆：清朝旗人的法律地位》，秀威信息科技，2017。

【论文】

1. 狄君宏：《论〈孝慈录〉之改制与影响》，《台大中文学报》56，2017 年。

2. 林文凯：《清代台湾与近代早期英格兰的土地制度与经济发展：一

个统治理性的比较制度分析》,《思与言》55：1，2017 年。

3. 陈殷宜：《清朝回疆阿奇木伯克的职掌》，《民族学界》39，2017 年。

4. 池永歆：《清代台湾中部的鹿产：以“岸里大社文书”文本为主轴的论述》,《嘉大应用历史学报》2，2017 年。

5. 吴静芳：《清律“原殴伤轻，因风身死”例的成立与变化》,《东吴历史学报》37，2017 年。

6. 林宜萱：《清代台湾渔村社会——牵罟合约文书解析》,《台湾史料研究》49，2017 年。

7. 张凯特：《晚明公案小说集中清官形象形构之对蹠笔法所映现社会意识》,《汉学研究集刊》24，2017 年。

8. 江存孝：《清代前期“杀死奸夫”条的规定及其裁判实态》,《法制史研究》31，2017 年。

9. 谢晶：《财产何必“神圣”？——清代“盗官物”律例论解》,《法制史研究》31，2017 年。

10. 顾元：《名分攸关与夹签声请——清代服制命案中的严格责任与衡平裁断》,《法制史研究》31，2017 年。

11. 孔令伟：《国法与教法之间：清朝前期对蒙古僧人的禁限与惩处——以《理藩院满蒙文题本》中蒙古僧人坐罪案例为核心》,《历史人类学学刊》15：2，2017 年。

12. 陈殷宜：《清朝回疆伯克年班制度》,《民族学界》40，2017 年。

13. 杨镇魁：《明太祖时期中央审判机构的渊源与变迁——以大理寺设置为例》,《史汇》20，2017 年。

14. 齐汝萱：《黜邪崇正——〈大清会典〉中的民间秘密宗教兼论官方政策》,《史汇》20，2017 年。

15. 吴静芳：《清代前期（1723～1820）民间伤口处理与破伤风治疗——以斗殴因风身死案为中心的分析》，《国立政治大学历史学报》47，2017 年。

16. 李宗育：《〈大清律例·刑律·斗殴〉与和谐秩序的想象——十九世纪中国川陕楚地区客民钱债纠纷及其暴力》，《法制史研究》32，

2017年。

17. 邱唐：《清代对外法律秩序的规范分析——以乾隆朝为中心》，《法制史研究》32，2017年。

18. 陈玉美：《跨域、情杀与法秩序——乾隆时期台湾边区的法律与社会问题》，《法制史研究》32，2017年。

19. 郭嘉辉：《论“李善长案”的形成与性质——从〈昭示奸党录〉的重构切入分析》，《明代研究》29，2017年。

20. 张孟珠：《“卖某少头嘴”：从“以妻为货”现象窥探台湾底层社会的能动性（从清领到日治初期）》，《文化研究》25，2017年。

【书评】

1. 张孟珠：《书评：Matthew H. Sommer，*Polyandry and Wife-Selling in Qing Dynasty China*：*Survival Strategies and Judicial Interventions*，California：University of California Press，2015》，《中央研究院近代史研究所集刊》95，2017年。

2. 胡祥雨：《书评：Matthew H. Sommer，*Polyandry and Wife-Selling in Qing Dynasty China*：*Survival Strategies and Judicial Interventions*，Oakland，CA：University of California Press，2015》，《汉学研究》35：2，2017年。

3. 林文凯：《从“性别政治”论卖妻现象：评论张孟珠“卖某少头嘴”一文》，《文化研究》25，2017年。

七　近现代（1840～1949）

【专著】

1. 王泰升：《去法院相告——日治台湾司法正义观的转型》，台湾大学出版中心，2017。

2. 武之璋：《台湾光复日产接收真相暨档案汇编》，致知学术，2017。

3. 施玮：《近代中国刑事审判制度研究（1902～1937）》，花木兰文化，2017。

4. 吴豪人：《殖民地的法学者：“现代”乐园的漫游者群像》，台湾大学出版中心，2017。

5. 刘波：《中国邮政立法研究——以近现代社会变迁为背景（上、下）》，花木兰文化，2017。

6. 唐屹编辑《中华民国国史馆典藏外交部移转中法边界及抗战以来中国外交专题研究档资丛书第一册》及《中华民国国史馆典藏南沙群岛档资丛书第一册刊本》合刊本，唐屹，2017。

7. 何凤娇、林正慧、吴俊莹编《雾峰林家文书集·补遗》，“国史馆”，2017。

8. 薛化元、许志雄主编，王良卿等著《中华民国宪法七十年》，中正纪念堂管理处，2017。

【论文】

1. 余青：《论陶希圣的法治思想——以〈夏虫语冰录〉为主要依据》，《湖北文献》202，2017年。

2. 吴有道：《从古契约书探讨台湾地方土著地权的流动：以台中大肚山坪顶台地区为例》，《中国地方自治》70：2，2017年。

3. 赵萃文：《试析刑法亲亲相隐的历史轨迹和当代价值》，《军法专刊》63：1，2017年。

4. 王泰升：《台湾的继受欧陆民法：从经由日中两国到自主采择》，《法令月刊》68：4，2017年。

5. 吴宗谋：《实践导向的法律史研究：运用欧洲法律史知识书写台湾原住民族传统规范的可能性》，《台湾原住民族法学》1：2，2017年。

6. 林文凯：《台湾“中央财政”体制的转型：日治初期（1898～1905）后藤新平总督府财政改革之历史意义》，《中央大学人文学报》63，2017年。

7. 梁弘孟：《论大理院判解中妾的地位——以财产关系为重心》，《中正大学法学集刊》55，2017年。

8. 李承机：《在文字权力与档案统治之外——殖民地台湾的音声文化与唱片取缔政策的形成》，《历史台湾》13，2017年。

9. 李春福：《台湾日治时期“刑事诉讼”近代化之探讨》，《兴大法学》21，2017年。

10. 吴聪敏：《大租权土地制度之分析》，《经济论文丛刊》45：2，

2017 年。

11. 黄仁姿：《战争与粮食：二战期间台湾粮食管理体制的建构（1939～1945）》，《国史馆馆刊》52，2017 年。

12. 谢浚泽：《二十世纪初台湾与福建商人间的国籍选择与商业纠纷：以林谋昌案为中心》，《台湾史研究》24：2，2017 年。

13. 王志亮：《中西刑狱文化交流中的〈万国公报〉》，《矫政》6：2，2017 年。

14. 江玉林：《人格尊严与徐复观的民主政治思想》，《法制史研究》31，2017 年。

15. 吴欢：《“形散”与“神聚”——民初平政院行政诉讼裁决书再探》，《法制史研究》31，2017 年。

16. 李春福：《民初大理院非常上诉判决之研究》，《东吴法律学报》29：1，2017 年。

17. 黄源盛：《晚清民国民法继受百年》，戴东雄教授八秩华诞祝寿论文集编辑委员会编，《身分法之回顾与前瞻：戴东雄教授八秩华诞祝寿论文集》，元照，2017 年。

18. 陈宛妤：《日治时期土地法律关系之法源——最高法院 105 年度台上字第 1980 号判决评析》，《月旦裁判时报》63，2017 年。

19. 陈宛妤：《辩护士古屋贞雄的跨境、思想与行动》，《台湾史研究》24：3，2017 年。

20. 王泰升：《政府档案的整编及学术上运用：一位台湾法律史研究者的经验谈》，《国史馆馆刊》54，2017 年 12 月。

21. 林文凯：《台湾近代统治理性的形构：晚清刘铭传与日治初期后藤新平土地改革的比较》，《台湾史研究》24：4，2017 年。

22. 许蕙玟：《日治初期商标法施行及其发展——以烟草商标登录为主》，《台湾史学杂志》23，2017 年。

23. 黄美惠：《日本統治初期における在臺日本人の社会秩序の形成——地域自治組織の結成を中心に》，《台大日本语文研究》34，2017 年。

24. 杨素霞：《原敬の内地延長主義とその実現——臺湾と樺太の植民地統治機構の構築》，《台大日本语文研究》34，2017 年。

25. 赵晶:《论宫崎道三郎的东洋法制史研究》,《法制史研究》32,2017年。

26. 刘楷悦:《法律近代化对女性的负面影响——以民国荣县继承纠纷中的寡妇权利为例》,《法制史研究》32,2017年。

《中国古代法律文献研究》第十二辑
2018 年，第 691 ~ 709 页

2017 年度国外中国法律史研究论著目录

〔加〕郭跃斌 〔日〕吉永匡史
〔韩〕金 珍 〔法〕梅 凌 寒

一 通代

（一）日文

【专著】

1. 谷川道雄，《谷川道雄中国史論集》上・下巻，汲古書院，2017 年。

【论文】

1. 岸本美緒，《地域論・時代区分論の展開》，歴史学研究会編《第 4 次現代歴史学の成果と課題〈2〉世界史像の再構成》，績文堂出版，2017 年。

2. 渡辺信一郎，《伝統中国の国家体制》，渡辺信一郎・西村成雄編《中国の国家体制をどうみるか：伝統と近代》，汲古書院，2017 年。

3. 渡辺信一郎，《中国における第一次古代帝国の形成：龍山文化期から漢代にいたる聚落形態研究から》，渡辺信一郎・西村成雄編《中国の国家体制をどうみるか：伝統と近代》，汲古書院，2017 年。

【书评】

1. 飯塚靖，《塚瀬進『マンチュリア史研究』》，《歴史学研究》954，2017 年。

（二）韩文

【论文】

1. 장웨이（张伟），《중국 전근대시기 티벳 지역 민사 분쟁 해결 체제 연구（我国西藏古代民事纠纷解决机制研究）》，《中國史研究》108，2017年。

2. 전영섭（全永燮），《唐宋元·高麗의 典에 具顯된 謀反罪의 構成要件과 刑罰體系（唐宋元与高丽律典所体现的谋反罪的构成要件及刑法体系）》，《역사와 세계（历史与世界）》51，2017年。

3. 정긍식（郑肯植），《중국율령의 수용과 한국 전통사회（吸收中国律令与韩国传统社会）》，《저스티스（正义）》158－2，2017年。

4. 최해별（崔碧茹），《13－18세기 동아시아 '檢驗（檢屍）' 지식의 전승과 변용（13－18世纪东亚"检验［检尸］"知识的传承与变化）》，《역사문화연구（历史文化研究）》61，2017年。

（三）英文

【专著】

1. Zhang Taisu, *The Laws and Economics of Confucianism: Kinship and Property in Pre-Industrial China and England*, Cambridge University Press, 2017.

【论文】

1. Frédéric Constant（梅凌寒），"Accusation and Social Hierarchies : Legal Coherence and the Establishment of Categories in Chinese Legal Science", *The Journal of Comparative Law*, 11－2, 2017, pp. 51－74.

2. Maxim Korolkov, "Legal Process Unearthed: A New Source of Legal History of Early Imperial China", *Journal of the American Oriental Society*, 137－2, 2017, pp. 383－391.

3. Zhang Xiuhua, Yao Tianyu, Xu Wenjun, and Zhai Yujia, "Crime and Punishment in Ancient China and Its Relevance Today", *American Journal of Economics and Sociology*, 76－5, 2017, pp. 1191－1218.

（四）法文

【论文】

1. Pierre-Etienne Will（魏丕信），“Constitutions virtuelles et constitutions réelles：l'encadrement du pouvoir en Chine，de la dynastie des Ming à la République de Chine”（虚拟和事实的宪法：在中国明朝至民国对于权力的限制），Mireille Delmas-Marty，Robert Guillaumond，*La constitutionnalisation du droit en Chine et en France*（中国和法国法律的宪法化），Pedone，2017，pp. 31 –69.

二　先秦

（一）日文

【专著】

1. 野間文史訳注，《春秋左傳正義譯注〈第 1 冊〉：序・隱公・桓公篇》，明徳出版社，2017 年。

2. 野間文史訳注，《春秋左傳正義譯注〈第 2 冊〉：莊・閔・僖公篇》，明徳出版社，2017 年。

【论文】

1. 王震中（小祝大輝翻訳），《中国王権の誕生：夏・商・西周の王権研究における新たな理論的視座》，中国社会科学院歴史研究所・東方学会・早稲田大学総合人文科学研究センター編《中国史学の方法論》，汲古書院，2017 年。

2. 柏倉優一，《清華簡『楚居』に関する試論》，《出土文献と秦楚文化》10，2017 年。

3. 佐々木研太，《周王の諸国統治の方策とその展開の形態》，《中国出土資料研究》21，2017 年。

4. 若江賢三，《『菅子』軽重甲篇に於ける資料学》，《資料学の方法を探る》16，2017 年。

（二）韩文

【论文】

1. 방윤미（方允美），《包山楚簡 司法文書를 통해 본戰國 楚의 文書行政體系（以包山楚简司法文书论战国楚国的文书行政体系）》，《東洋史學研究》139，2017年。

三　秦汉魏晋南北朝

（一）日文

【专著】

1. 岡部毅史，《魏晋南北朝官人身分制研究》，汲古書院，2017年。

2. 窪添慶文，《墓誌を用いた北魏史研究》，汲古書院，2017年。

3. 田中一輝，《西晉時代の都城と政治》，朋友書店，2017年。

4. 松崎つね子，《睡虎地秦簡と墓葬からみた楚・秦・漢》，汲古書院，2017年。

【论文】

1. 青木俊介，《漢代肩水地区A32所在機関とその業務関係：肩水金関と肩水東部を中心に》，髙村武幸編《周縁領域からみた秦漢帝国》，六一書房，2017年。

2. 安部聡一郎，《走馬楼呉簡からみる三国呉の郷村把握システム》，窪添慶文編《魏晋南北朝史のいま》（アジア遊学213），勉誠出版，2017年。

3. 阿部幸信，《漢初の天下秩序に関する一考察》，《中央大学文学部紀要》史学62，2017年。

4. 阿部幸信，《魏晋南北朝皇帝璽窺管：玉璽・金璽と「伝統」の虚像》，《中央大学アジア史研究》41，2017年。

5. 池田雄一，《里耶秦簡の治獄について》，中國古代史研究会編《中國古代史研究〈第8〉：創立七十周年記念論文集》，研文出版，2017年。

6. 石原遼平,《漢代更卒輪番労役の各県における不均一と均一化》,《日本秦漢史研究》18,2017年。

7. 伊藤敏雄,《日本における楼蘭研究100年》,《歴史研究》54,大阪教育大学歴史学研究室,2017年。

8. 伊藤敏雄,《楼蘭出土漢文文字資料中の簿籍と公文書について:殘紙の簿籍と公文書を中心に》,土肥義和・氣賀澤保規編《敦煌・吐魯番文書の世界とその時代》,汲古書院,2017年。

9. 内田昌功,《魏晋南北朝の長安》,窪添慶文編《魏晋南北朝史のいま》(アジア遊学213),勉誠出版,2017年。

10. 王素(河内桂翻訳),《高昌王令形式総論》,土肥義和・氣賀澤保規編《敦煌・吐魯番文書の世界とその時代》,汲古書院,2017年。

11. 太田幸男,《秦漢簡牘史料再考二題》,中國古代史研究会編《中國古代史研究〈第8〉:創立七十周年記念論文集》,研文出版,2017年。

12. 大知聖子,《魏晋南北朝期の官爵による刑の減免:秦漢時代の削爵および唐代の官当・除名・免官の比較からみた》,《学習院大学国際研究教育機構研究年報》3,2017年。

13. 岡田和一郎,《征服から専制へ:中国史上における北魏国家の形成》,渡辺信一郎・西村成雄編《中国の国家体制をどうみるか:伝統と近代》,汲古書院,2017年。

14. 小野響,《前燕国家体制考:慕容儁称帝以後を中心として》,《史滴》39,2017年。

15. 于振波(關尾史郎翻訳),《走馬楼呉簡に見える郷の行政》,藤田勝久・關尾史郎編《簡牘が描く中国古代の政治と社会》,汲古書院,2017年。

16. 楠山修作,《中国古代国家論》,中國古代史研究会編《中國古代史研究〈第8〉:創立七十周年記念論文集》,研文出版,2017年。

17. 窪添慶文,《北魏後期の門閥制》,窪添慶文編《魏晋南北朝史のいま》(アジア遊学213),勉誠出版,2017年。

18. 侯旭東(永木敦子翻訳),《湖南長沙走馬楼三国呉簡の性格についての新解釈》,藤田勝久・關尾史郎編《簡牘が描く中国古代の政治と社会》，汲古書院，2017 年。

19. 小林伸二，《戦国封君：王権構造の一側面》，中國古代史研究会編《中國古代史研究〈第 8〉：創立七十周年記念論文集》，研文出版，2017 年。

20. 佐川英治，《鄴城に見る都城制の転換》，窪添慶文編《魏晋南北朝史のいま》，勉誠出版，2017 年。

21. 佐藤達郎，《保塞蛮夷小考》，《関西学院史学》44，2017 年。

22. 柴田昇，《最初期漢王朝の一性格》，《愛知江南短期大学紀要》46，2017 年。

23. 蔣非非（畑野吉則翻訳），《秦統一後の法令「書同文字」と古代社会における「史学」について：里耶秦簡の公文書を中心として》，藤田勝久・關尾史郎編《簡牘が描く中国古代の政治と社会》，汲古書院，2017 年。

24. 陶安あんど，《嶽麓秦簡司法文書集成『為獄等状等四種』訳注稿——事案四》，《法史学研究会会報》20，2017 年。

25. 末永高康，《前漢廟制論議と『礼記』祭法篇》，《東洋史研究》76－3，2017 年。

26. 關尾史郎，《簡帛と紙石の世紀》，《歴史学研究》964，2017 年。

27. 關尾史郎，《「貲簿」の周辺：北涼時代の簿籍と税制》，土肥義和・氣賀澤保規編《敦煌・吐魯番文書の世界とその時代》，汲古書院，2017 年。

28. 關尾史郎，《出土史料からみた魏晋・「五胡」時代の教》，藤田勝久・關尾史郎編《簡牘が描く中国古代の政治と社会》，汲古書院，2017 年。

29. 孫聞博（吉田章人・關尾史郎翻訳），《商鞅県制の推進と秦における県・郷関係の確立：出土史料と伝世文献による再検討》，藤田勝久・關尾史郎編《簡牘が描く中国古代の政治と社会》，汲古書院，2017 年。

30. 髙村武幸，《肩水金関を往来した人々と前漢後半期の辺郡・内郡》，《東洋学報》99－3，2017 年。

31. 髙村武幸，《前漢後半期以降の河西地域に対する物資供給：漢代辺郡の存在意義を考える手がかりとして》，髙村武幸編《周縁領域からみた秦漢帝国》，六一書房，2017 年。

32. 仲山茂，《地理志の誕生：漢志・班固自注の作者をめぐって》，《名古屋大学東洋史研究報告》41，2017 年。

33. 畑野吉則，《漢代辺郡の文書逓伝と管理方式》，藤田勝久・關尾史郎編《簡牘が描く中国古代の政治と社会》，汲古書院，2017 年。

34. 畑野吉則，《漢代辺郡の文書逓伝と肩水金関漢簡》，《資料学の方法を探る》16，2017 年。

35. 廣瀬薫雄，《青川郝家坪秦墓木牘補論》，藤田勝久・關尾史郎編《簡牘が描く中国古代の政治と社会》，汲古書院，2017 年。

36. 藤田勝久，《『史記』と出土資料の方法論》，中国社会科学院歴史研究所・東方学会・早稲田大学総合人文科学研究センター編《中国史学の方法論》，汲古書院，2017 年。

37. 藤田勝久，《『史記』平準書の歴史観：八書の意図をめぐって》，中國古代史研究会編《中國古代史研究〈第 8〉：創立七十周年記念論文集》，研文出版，2017 年。

38. 藤田勝久，《中国古代の情報システムと社会：簡牘から紙・木簡の選択》，藤田勝久・關尾史郎編《簡牘が描く中国古代の政治と社会》，汲古書院，2017 年。

39. 藤田忠，《漢代の救恤政策について：『罷癃』を中心として》，中國古代史研究会編《中國古代史研究〈第 8〉：創立七十周年記念論文集》，研文出版，2017 年。

40. 町田隆吉，《河西出土五胡時代「板」（官吏辞令書）小攷》，土肥義和・氣賀澤保規編《敦煌・吐魯番文書の世界とその時代》，汲古書院，2017 年。

41. 松島隆真，《前漢郡国廟の設置とその意義》，《古代文化》69－3，2017 年。

42. 水間大輔，《張家山漢簡「奏讞書」と嶽麓書院蔵秦簡「為獄等状四種」の形成過程》，《東洋史研究》75－4，2017 年。

43. 宮澤知之，《財政貨幣の確立：前漢の通貨政策》，《唐宋変革研究通訊》8，2017 年。

44. 山口正晃，《将軍から都督へ：都督制に對する誤解》，《東洋史研究》76－1，2017 年。

45. 山口正晃，《曹魏および西晋における都督と将軍》，《大手前大学論集》17，2017 年。

46. 吉田浤一，《中国における国家の形成と「公私」イデオロギー》，渡辺信一郎・西村成雄編《中国の国家体制をどうみるか：伝統と近代》，汲古書院，2017 年。

47. 吉本道雅，《睡虎地秦簡年代考》，《中国古代史論叢》9，2017 年。

【书评】

1. 柿沼陽平，《髙村武幸著『秦漢簡牘史料研究』》，《東洋史研究》75－4，2017 年。

2. 金子修一，《川本芳昭著『東アジア古代における諸民族と国家』》，《歴史評論》802，2017 年。

3. 陶安あんど，《鷹取祐司著『秦漢官文書の基礎的研究』》，《法制史研究》66，2017 年。

4. 角谷常子，《藤田勝久著『中国古代国家と情報伝達：秦漢簡牘の研究』》，《史学雑誌》126－9，2017 年。

5. 福永善隆，《楯身智志著『前漢国家構造の研究』》，《史学雑誌》126－2，2017 年。

6. 堀毅，《若江賢三著『秦漢律と文帝の刑法改革の研究』》，《法制史研究》66，2017 年。

7. 村元健一，《佐川英治著『中国古代都城の設計と思想』》，《唐代史研究》20，2017 年。

8. 目黒杏子，《福島大我『秦漢時代における皇帝と社会』》，《歴史学研究》962，2017 年。

（二）韩文

【论文】

1. 김진우（金珍佑），《秦漢代 奏讞文書의 被告진술을 통해 본 기층

사회의實相（从秦汉奏谳文书的被告陈述看基层社会的真相）》，《中國古中世史研究》43，2017 年。

2. 임병덕（林炳德），《『岳麓書院藏秦簡』·「爲獄等狀四種」案例七識劫婏案考》，《中國史研究》110，2017 年。

3. 임병덕（林炳德），《秦·漢시기의官吏의休假（秦汉时期官吏的休假）》，《역사와담론（历史与话语）》84，2017 年。

【书评】

1. 임병덕（林炳德），《『秦簡牘合集』（陳偉主編，武漢大學出版社，2014）》，《中國史研究》106，2017 年。

四 隋唐五代

（一）日文

【专著】

1. 氣賀澤保規編，《新編唐代墓誌所在総合目録》，明治大学東アジア石刻文物研究所·汲古書院，2017 年。

【论文】

1. 荒川正晴，《通行證としての公驗と牒式文書》，土肥義和·氣賀澤保規編《敦煌·吐魯番文書の世界とその時代》，汲古書院，2017 年。

2. 石野智大，《武周時代の村落制度と基層社会の人的結合：河南省輝県市文物管理局蔵「百門陂碑」の分析を中心に》，《法律論叢》90－2·3，2017 年。

3. 市大樹，《日本古代交通制度の法的特徴：日唐令文の比較を通じて》，鷹取祐司編《古代中世東アジアの関所と交通制度》，汲古書院，2017 年。

4. 榎本淳一，《中日書目比較考：『隋書』經籍志の書籍情報を巡って》，《東洋史研究》76－1，2017 年。

5. 大西磨希子，《奈良時代における文物の移入と唐関市令：『天聖令』関市令を中心に—》，《唐代仏教美術史論攷：仏教文化の伝播と日唐交流—》，法藏館，2017 年。

6. 河野保博，《唐代厩牧令の復原からみる唐代の交通体系》，《東洋文化研究》19，2017 年。

7. 川村康・唐律疏議講読会，《『唐律疏議』捕亡律現代語訳稿(下)》，《法と政治》68－3，2017 年。

8. 神戸航介，《律令官衙財政の基本構造：民部省・主計寮の職掌を中心に》，《史学雑誌》126－11，2017 年。

9. 武井紀子，《古代日本の農事慣行と地方官人》，吉川真司・倉本一宏編《日本的時空観の形成》，思文閣出版，2017 年。

10. 田中則行，《唐代後半期における勲官》，《立正史学》121，2017 年。

11. 趙晶（辻正博翻訳），《唐令復原における典拠史料の検証：『大唐開元禮』を中心に》，《東方学》133，2017 年。

12. 土肥義和，《唐代における均田法施行の史料雜抄》，土肥義和・氣賀澤保規編《敦煌・吐魯番文書の世界とその時代》，汲古書院，2017 年。

13. 鳥居一康，《唐前期節度使の権力構造：唐宋時代の軍制と行政(Ⅱ)》，《唐宋変革研究通訊》8，2017 年。

14. 松本保宣，《宋人を中心とする唐代朝儀制度理解について：「入閤」とは何か?》，《唐代史研究》20，2017 年。

15. 姚晶晶，《『諸道勘文　神鏡』所引『唐暦』新出逸文の紹介と検討：唐代の銅魚符制度を中心に》，《関西大学東西学術研究所紀要》50，2017 年。

16. 劉安志（速水大翻訳），《唐代解文初探：敦煌吐魯番文書を中心に》，土肥義和・氣賀澤保規編《敦煌・吐魯番文書の世界とその時代》，汲古書院，2017 年。

【书评】

1. 江川式部，《礪波護著『隋唐仏教文物史論考』》，《唐代史研究》20，2017 年。

2. 岡野誠，《新見まどか著「唐武宗期における劉稹の乱と藩鎮体制の変容」》，《法制史研究》66，2017 年。

3. 高瀬奈津子,《礪波護著『隋唐都城財政史論考』》,《唐代史研究》20, 2017 年。

(二) 英文

【论文】

1. Norman P. Ho, "The Legal Thought of Emperor Taizong of the Tang Dynasty (618 - 907)", *Frontiers of Law in China*, 12 - 4, 2017, pp. 584 - 625.

2. Tony D. Qian, "Classical Learning and the Law: Erudition as Persuasion in the Dragon Sinews, Phoenix Marrow Judgements of Zhang Zhuo", *Tang Studies*, 35 - 1, 2017, pp. 20 - 50.

五 辽宋金元

(一) 日文

【专著】

1. 土肥祐子,《宋代南海貿易史の研究》, 汲古書院, 2017 年。

【论文】

1. 赤木崇敏,《地方行政を仲介する文書たち: 賭博に関する賞金のこと》, 赤木崇敏他著《元典章が語ること: 元代法令集の諸相》, 大阪大学出版会, 2017 年。

2. 遠藤総史,《未完の「統一」王朝: 宋朝による天下理念の再構築とその「周辺」》,《史学雑誌》126 - 6, 2017 年。

3. 河辺隆宏,《日宋貿易の制度》, 荒野泰典他編《前近代の日本と東アジア: 石井正敏の歴史学》(アジア遊学 214), 勉誠出版, 2017 年。

4. 清水浩一郎,《北宋徽宗期の「公相制」についての一考察: 尚書令廃止とその意図》,《集刊東洋学》116, 2017 年。

5. 高橋弘臣,《南宋の上供米制度運用の実態と臨安における米不足について》,《愛媛大学法文学部論集》人文学 42, 2017 年。

6. 高橋弘臣,《『咸淳臨安志』所載の財政関連史料について》,《資料学の方法を探る》16，2017 年。

7. 高橋文治，《戸籍と〈本俗〉：弟・妹を兄は他家に養子に出してはならない》，赤木崇敏他著《元典章が語ること：元代法令集の諸相》，大阪大学出版会，2017 年。

8. 高橋文治，《宣徽院の人びと：ニセの薬を販売することを禁じる》，赤木崇敏他著《元典章が語ること：元代法令集の諸相》，大阪大学出版会，2017 年。

9. 高橋文治，《律令と典章：『元典章』はいかに編まれたか》，赤木崇敏他著《元典章が語ること：元代法令集の諸相》，大阪大学出版会，2017 年。

10. 松井太，《トゥルファン＝ウイグル人社会の連保組織》，土肥義和・氣賀澤保規編《敦煌・吐魯番文書の世界とその時代》，汲古書院，2017 年。

11. 宮澤知之，《北宋交子論》，三木聰編《宋—清代の政治と社会》，汲古書院，2017 年。

12. 山崎覚士，《帝国の中世：中華帝国論のはざま》，渡辺信一郎・西村成雄編《中国の国家体制をどうみるか：伝統と近代》，汲古書院，2017 年。

13. 山本健太郎，《「祖宗の法」と宋代の国都》，《中国：社会と文化》32，2017 年。

14. 輿座良一，《宋代兵籍考》，《唐宋変革研究通訊》8，2017 年。

【书评】

1. 青木敦，《大澤正昭著『南宋地方官の主張：『清明集』『袁氏世範』を読む』》，《法制史研究》66，2017 年。

2. 梅村尚樹，《大澤正昭著『南宋地方官の主張：『清明集』『袁氏世範』を読む』》，《歴史学研究》958，2017 年。

3. 川邉貴伸，《大澤正昭著『南宋地方官の主張：『清明集』『袁氏世範』を読む』》，《七隈史学》19，2017 年。

4. 近藤一成，《大澤正昭著『南宋地方官の主張：『清明集』『袁氏世範』を読む』》，《史学雑誌》126－9，2017 年。

5. 中純夫，《劉琳・刁忠民・舒大剛・尹波等校点『宋会要輯稿』》，《洛北史学》19，2017 年。

（二）韩文

【论文】

1. 김현라（金贤罗），《高麗와 元의 奸非律비교와 여성의 지위（高丽与元的奸非律比较及女性地位）》，《역사와 세계（历史与世界）》51，2017 年。

2. 서은미（徐銀美），《송대 차법의 처벌규정과 그 변화（宋代茶法的处罚规定及其变化）》，《中國史研究》108，2017 年。

3. 조원（赵阮），《元후기『經世大典』의 편찬과 六典體制（元后期〈经世大典〉的编纂与六典体制）》，《東洋史學研究》141，2017 年。

六　明清

（一）日文

【专著】

1. 岡本隆司，《中国の誕生：東アジアの近代外交と国家形成》，名古屋大学出版会，2017 年。

2. 川越泰博，《明朝档案が開く新地平：明代軍事・変乱史研究の新階梯》，中央大学人文科学研究所，2017 年。

3. 新宮学，《明清都市商業史の研究》，汲古書院，2017 年。

【论文】

1. 新井崇之，《明代における景徳鎮官窯の管理体制：工部と内府による2つの系統に着目して》，《明大アジア史論集》21，2017 年。

2. 殷晴，《提塘からみた清朝中央と地方の情報伝達》，《東洋学報》99－3，2017 年。

3. 王天馳，《順治朝における旗人の法と刑罰：内閣題本を中心に》，《東洋史研究》76－3，2017 年。

4. 王長青,《清代モンゴルの「会盟に下した命令書」: 作成の経緯を中心に》,《日本モンゴル学会紀要》47, 2017 年。

5. 王東平（櫻井智美翻訳),《清代天山南路地区における刑法の研究》,《明大アジア史論集》21, 2017 年。

6. 海丹,《「官は官を庇う」か: 清代後期における地方官の「上控」をめぐる連絡・交渉》,《東方学報》91, 京都大学人文科学研究所, 2017 年。

7. 伍躍,《『順天府档案』に見える清代国家基礎権力の実現: 宝坻県の官僚配置と社会組織の役割を例に》,《東アジア研究》66, 2017 年。

8. 謝祺,《中国清代咸豊以前の四川塩の湖北進出について》,《名古屋大学東洋史研究報告》45, 2017 年。

9. 谷口規矩雄,《乾隆期、災害救済活動における官・吏・諸役の不法行為について》,《愛大史学》26, 2017 年。

10. 陳穎,《明代の考察制度について: 在京四品以上の大臣の自陳致仕を中心として》,《集刊東洋学》117, 2017 年。

11. 辻大和,《朝鮮の対明朝貢使節が携帯した文書: 符験と勘合》,《韓国朝鮮文化研究》16, 2017 年。

12. 土居智典,《清朝末期の省財政》,《九州歴史科学》45, 2017 年。

13. 娜鶴雅,《清朝末期の覆判制度について》,《東洋文化研究所紀要》172, 2017 年。

14. 中村正人,《清代贖刑制度に関する初歩的考察: 捐贖・納贖に焦点を当てて》,《金沢法学》59, 2017 年。

15. 年旭,《明初朝貢体制の確立と日本の位置》,《東アジア文化交渉研究》10, 2017 年。

16. 荷見守義,《明代遼東武官の罪と罰: 明初から宣徳年間までを中心に》,《人文研紀要》88, 中央大学人文科学研究所, 2017 年。

17. 堀地明,《清代北京の食糧流通》,《七隈史学》19, 2017 年。

18. 三木聰,《雍正五年「抗租禁止条例」再考》, 三木聰編《宋一清代の政治と社会》, 汲古書院, 2017 年。

19. 宮崎聖明,《明末広東における吏員の人事・考課制度: 顔俊彦

『盟水斎存牘』を手がかりに》，三木聰編《宋—清代の政治と社会》，汲古書院，2017 年。

20. 劉恋（新井崇之翻訳），《清初における旗人婦女の旌表制度確立に関する初歩的考察》，《駿台史学》159，2017 年。

【书评】

1. 赤城美恵子，《村上正和著「清代北京の捕り手：番役・捕役とその社会関係について」》，《法制史研究》66，2017 年。

2. 荒武達朗，《『近現代中国における社会と国家：福建省での革命，行政の制度化，戦時動員』》，《中国研究月報》71 – 9，2017 年。

3. 稲田清一，《三木聰著『伝統中国と福建社会』》，《社会経済史学》82 – 4，2017 年。

4. 上田裕之，《加藤直人『清代文書資料の研究』》，《歴史学研究》960，2017 年。

5. 喜多三佳，《水越知著「清代後期における重慶府巴県の寺廟と地方社会：『巴県档案』寺廟関係档案の基礎的考察」》，《法制史研究》66，2017 年。

6. 鈴木秀光，《小野達哉他著「『巴県檔案』に見る清代社会と地方行政」》，《法制史研究》66，2017 年。

7. 高遠拓児，《太田出著『中國近世の罪と罰：犯罪・警察・監獄の社会史』》，《東洋史研究》75 – 4，2017 年。

8. 村上信明，《加藤直人著『清代文書資料の研究』》，《中国研究月報》71 – 2，2017 年。

9. 森田成満，《太田出著『中國近世の罪と罰：犯罪・警察・監獄の社会史』》，《法制史研究》66，2017 年。

10. 山本英史，《三木聰著『伝統中国と福建社会』》，《史学雑誌》126 – 3，2017 年。

（二）韩文

【论文】

1. 데라다 히로아키（寺田浩明），《明清中國의 民事裁判의 實態와 性

格（明清时期民事审判的实态与特点）》，《法史學研究》56，2017 年。

2. 이영옥（李永玉），《상벌과 지시 - 『清實錄』의 命案 기사 분석, 1875 - 1908（懲罚与指示 - 〈清实录〉命案案例分析，1875 - 1908）》，《明清史研究》47，2017 年。

3. 장경준（张景俊），《『大明律直解』，『大明律講解』，『律解辯疑』와 洪武律에 대한 試論（试论〈大明律直解〉、〈大明律讲解〉、〈律解辩疑〉与洪武律）》，《민족문화（民族文化）》49，2017 年。

（三）法文

【论文】

1. Pierre-Emmanuel Roux（胡白石），"Un empire en marche contre la secte des Européens ? La politique des Qing face au catholicisme dans la première moitié du XIXe siècle"（与欧洲邪教斗争的发展中的帝国？——十九世纪前叶清朝对着天主教的政策），Dejanirah Couto，François Lachaud，*Empires en marche : Rencontres entre la Chine et l'Occident à l'âge moderne*（*XVIe - XIXe siècle*）（发展中的帝国：近代世纪［16 ~ 19 世纪］中国与西方的相遇），École Française d'Extrême-Orient，2017，pp. 291 - 319.

2. Claude Chevaleyre（施振高），"La nature pénale du statut d'esclave dans la Chine des Ming"（"奴婢者，罪人也"——从明代的法律规则来探讨奴婢身分及其根本特性），*Extrême-Orient*，*Extrême-Occident*，41，2017，pp. 93 - 117.

3. Jérôme Bourgon（巩涛），"Fictions légales et réalités militaires : les lois de la partie 'Armées' dans le code pénal des Qing"（法律上的假设与军事事实：《大清律例》里的兵律），Jean Bæchler，Pierre Delvové，*Guerre et droit*（战争与法律），Hermann，pp. 43 - 56.

（四）英文

【专著】

1. Mark McNicholas，*Forgery and Impersonation in Imperial China：Popular Deceptions and the High Qing State*，University of Washington Press，2016.

【论文】

1. Frédéric Constant（梅凌寒），“Compensation of Injuries and Homicide in Ming and Qing Law”，*Law and History Review*，35－4，2017，pp. 977－1016.

2. Du Yue，“Concubinage and Motherhood in Qing China（1644－1911）：Ritual，Law，and Custodial Rights of Property”，*Journal of Family History*，42－2，2017，pp. 162－183.

七　近现代（1840～1949）

（一）日文

【专著】

1. 宮古文尋，《清末政治史の再構成：日清戦争から戊戌政変まで》，汲古書院，2017 年。

【论文】

1. 王貴松（松井直之翻訳），《中国における「法律による行政」の原理の継受と変容》，《北大法学論集》68－3，2017 年。

2. 何娟娟，《清末江西省における日本製紙幣の導入》，《東アジア文化交涉研究》10，2017 年。

3. 金子肇，《中国の憲法制定事業と日本》，水羽信男編《アジアから考える：日本人が「アジアの世紀」を生きるために》，有志舎，2017 年。

4. 川尻文彦，《『万国公法』の運命：近代における日中間の「思想連関」の観点から》，『愛知県立大学外国語学部紀要』言語・文学 49，2017 年。

5. 韓大元（松井直之翻訳），《マグナ・カルタと中国憲法学の伝統》，《北大法学論集》68－4，2017 年。

6. 久保茉莉子，《南京国民政府時期における刑事上訴制度》，《史学雑誌》126－9，2017 年。

7. 久保茉莉子，《南京国民政府時期における刑事訴訟法改正と自訴

制度》,《法制史研究》66, 2017 年。

8. 呉迪,《近代中国の法制整備と岡田朝太郎》,《法学政治学論究》114, 2017 年。

9. 孔穎,《清末法部郎中韓兆蕃の『考察監獄記』について》,《東アジア文化交渉研究》10, 2017 年。

10. 小西豊治,《中国立憲君主政国家構想: 制限された皇帝権と三権分立体制》,《社会経済史学》608, 2017 年。

11. 田口宏二朗,《永租と登記: 重畳する制度》, 日本孫文研究会編《孫文とアジア太平洋: ネイションを越えて》, 汲古書院, 2017 年。

12. 譚娟,《「満洲国親属継承法」立法過程における女性財産相続権の問題》,《東洋学報》99 - 3, 2017 年。

13. 張暁紅,《「満洲国」の綿業統制と土着資本》,《歴史と経済》234, 2017 年。

14. 中川太介, 《中華民国北京政府期における雲南の塩政改革》,《社会経済史学》83 - 1, 2017 年。

15. 林幸司,《近代中国における経済制度の再検討: 重慶における手形交換を中心に》,《成城大学経済研究》218, 2017 年。

16. 夫馬進, 《清末『申報』に見る律師観の進展と訟師観の推移: 訟師から律師へ (1)》,《東方学》134, 2017 年。

17. 森川裕貫,《「五五憲草」解釈から見る五権憲法: 雷震と薩孟武の所論をめぐって》, 日本孫文研究会編《孫文とアジア太平洋: ネイションを越えて》, 汲古書院, 2017 年。

18. 杜崎群傑,《中国の議会制度から見たロシア革命》,《研究中国》124, 2017 年。

19. 鷲尾浩幸,《民国初期の江南における水利事業と地方自治: 1914 年の地方自治停止を基点にして》,《東洋学報》98 - 4, 2017 年。

【书评】

1. 大野太幹,《陳來幸著『近代中国の総商会制度: 繋がる華人の世界』》,《現代中国》91, 2017 年。

2. 廖赤陽, 《陳來幸著『近代中国の総商会制度: 繋がる華人の世

界』》，《東洋史研究》76－1，2017 年。

3. 金子肇，《陳來幸著『近代中国の総商会制度：繋がる華人の世界』》，《アジア経済》58－3，2017 年。

（二）韩文

【论文】

1. 쑨자홍（孙家红），《서방•일본•중국법 －일본법정대학 법정속성과강의록 고론（西方・日本・中国法 －日本法政大学法政速成科讲义录考论）》，《中國史研究》106，2017 年。

（三）英文

【论文】

1. Jonathan Chappell, " Maritime Raiding, International Law and the Suppression of Piracy on the South China Coast, 1842 – 1869." *The International History Review* , 40－3, 2018, pp. 473－492.

2. Peter Thilly, "Opium and the Origins of Treason in Modern China: The View from Fujian", *Late Imperial China*, 38－1, 2017, pp. 155－197.

《中国古代法律文献研究》稿约

《中国古代法律文献研究》为中国政法大学法律古籍整理研究所所刊，于1999年创刊，自2010年始改版为年刊，欢迎海内外同仁不吝赐稿。

《中国古代法律文献研究》以中国古代法律文献为主要研究对象，刊发原创性的学术论文、书评和研究综述。本刊以中文简体出版，来稿以2万字以下为宜，同时请附300字以内的中文摘要、关键词与英文标题；如是外文稿件，请作者授予本刊中文版的首发权利。已经公开发表（包括网络发表）过的中文稿件，请勿投稿。本刊采取同行专家匿名评审制度，将在收到稿件后两个月内回复作者有关采用与否的信息。

有关投稿中的版权问题，请作者自行妥善解决。

本刊投稿截止时间为6月30日。

来稿一经刊发，本刊将向作者寄赠该辑图书1册。

来稿请附作者简历、详细通信地址、邮编、电子邮件等联系方式，以纸版或电子版形式，分别寄至：

（100088）北京海淀区西土城路25号中国政法大学法律古籍整理研究所　赵晶　收

电子邮箱：zhaojing0628@ gmail. com

《中国古代法律文献研究》编辑部

Journal of Chinese Ancient Legal Literature Studies

Journal of Chinese Ancient Legal Literature Studies is edited by the Institute for Chinese Ancient Legal Documents, China University of Political Science and Law. It was published for four times during the period of 1999 - 2007. The Institute starts to publish it annually from 2010. Submission of papers both from domestic and overseas is welcomed.

The Journal mainly focuses on the research of the legal literature in ancient China, publishing original academic papers and book reviews, each of which should be no more than 20, 000 words. The journal will be published in simplified Chinese, please submit your paper with a Chinese abstract no more than 300 words, keywords and an English title. If it is a paper in other language, the authorization for publication of its Chinese version in this journal for the very first time will be appreciated. If the paper in Chinese was published in any form including on Internet, please don't submit again. All the papers submitted will be reviewed and examined by the scholars in an anonymous manner. Whether it is accepted or not, the author will be informed within two months upon the receipt of the paper.

For copyright related matters, please properly address on your own in advance.

The deadline of submission is June, 30th annually.

Once the paper is published, the contributors will receive one copy of the Journal.

The paper for contribution, prepared in soft or hard copy, and supplied with a brief resume of the author and his/her detailed information for contact, such as the address, post code, and email etc, shall be sent to the following address:

Dr. Zhao Jing, Institute for the Research of Legal Literature in Ancient China, China University of Political Science and Law, Beijing (100088), China.

E - mail: zhaojing 0628@ gmail. com.

Institute for the Research of Legal Literature in Ancient China

China University of Political Science and Law

《中国古代法律文献研究》撰稿凡例

一　论文缮打格式

字体：中文请使用宋体简体字，英文请使用 Times New Roman。字号：正文五号字，注解小五号字。

二　标题层级

请依次使用一、（一）1.（1）A. a.

三　标点

请使用新式标点，除破折号、省略号各占两格外，其他标点均占一格。书刊及论文名均请使用《》。

四　数字表示

公元纪年使用阿拉伯数字，中国年号、古籍卷数使用中文数字（年号例如建武二十五年、贞观八年、乾隆三十五年，卷数例如卷一〇、卷二三、卷一五四）。第一次涉及年号者，请用（）配加公元纪年。

五　注释体例

请采取当页脚注、每页连续编码的方式。

注释号码采用阿拉伯数字表示，作①、②、③……每页重新编号。

再次征引，不需出现来源书刊或论文的全部信息，采用"作者，书名/论文名，页码"的形式。

引用古籍，应依次标明作者、书名、版本、卷数，如（清）顾炎武著，黄汝成集释：《日知录集释》卷一五，清道光十四年嘉定黄氏刻本。

引用专著（包括译者）或新印古籍或古籍之点校整理本，应依次标明作者（包括译者）/整理者、书名、章/卷数、出版者、出版年代、版次（初版无需标明）、页码，如瞿同祖：《瞿同祖法学论著集》，中国政法大学出版社，1998，第50页；（清）黄宗羲著，全祖望补修《宋元学案》第1册，陈金生、梁运华点校，中华书局，1986，第150页。

引用论文，应依次标明作者、论文名称、来源期刊/论文集名称、年代、卷次、页码，如徐世虹：《对两件简牍法律文书的补考》，载中国政法大学法律古籍整理研究所编《中国古代法律文献研究》第2辑，中国政法大学出版社，2004，第90页；张小也：《明清时期区域社会中的民事法秩序——以湖北汉川汈汊黄氏的〈湖案〉为心》，《中国社会科学》2005年第6期，第190页。

引用外文文献，依常规体例，如 Brian E. McKnight, *Law and Order in Sung China*, Cambridge University Press, 1992, pp. 50 – 52.

图书在版编目（CIP）数据

中国古代法律文献研究．第十二辑／徐世虹主编．--北京：社会科学文献出版社，2018.12
ISBN 978-7-5201-3996-0

Ⅰ.①中… Ⅱ.①徐… Ⅲ.①法律-古籍研究-中国-文集 Ⅳ.①D929-53

中国版本图书馆CIP数据核字（2018）第274267号

中国古代法律文献研究【第十二辑】

主　　编／徐世虹
执行编辑／赵　晶

出 版 人／谢寿光
项目统筹／宋荣欣
责任编辑／宋　超

出　　版／社会科学文献出版社·近代史编辑室（010）59367256
地址：北京市北三环中路甲29号院华龙大厦　邮编：100029
网址：www.ssap.com.cn
发　　行／市场营销中心（010）59367081　59367083
印　　装／三河市东方印刷有限公司

规　　格／开　本：787mm×1092mm　1/16
印　张：45.25　字　数：715千字
版　　次／2018年12月第1版　2018年12月第1次印刷
书　　号／ISBN 978-7-5201-3996-0
定　　价／128.00元